JEAN DE BERTIER (1877-1926)

La collection **CONVERGENCES**, publiée avec l'appui d'un comité de lecture franco-allemand, réserve une place privilégiée à des ouvrages relatifs aux périodiques culturels et politiques considérés comme expressions de l'opinion publique, des mouvements d'idées, des mentalités ainsi que des phénomènes culturels et sociaux pris dans leur ensemble.

CONVERGENCES est une collection d'esprit pluraliste et interdisciplinaire. Elle est vouée à la fois à la rencontre des méthodologies et des champs disciplinaires en lettres et sciences humaines ainsi qu'à l'étude des phénomènes d'interculturalité envisagés sous leurs formes les plus diverses.

La collection est ouverte à des travaux qui concernent de manière prioritaire — mais non exclusive — l'aire culturelle germanique, les relations franco-allemandes et les transferts culturels.

Collection publiée sous la direction de Michel Grunewald

C O N V E R G E N C E S

Vol. 114

JEAN DE BERTIER (1877-1926)

UN ARISTOCRATE À LA FRONTIÈRE. FRANCE, ALLEMAGNE, LUXEMBOURG

Stéphane Einrick

PETER LANG

Bruxelles · Berlin · Chennai · Lausanne · New York · Oxford

Information bibliographique publiée par « Die Deutsche Bibliothek »

« Die Deutsche Bibliothek » répertorie cette publication dans la « Deutsche National-bibliografie » ; les données bibliographiques détaillées sont disponibles sur le site <http://dnb.ddb.de>.

Image de couverture: Photographie de Jean de Bertier figurant sur sa carte d'identité militaire (1914)
©Archives du château de Lagrange, Manom, Moselle
Publié avec le soutien financier de l'Université de Lorraine.

ISSN 1421-2854
ISBN 978-3-0343-5081-5
ISBN 978-3-0343-5083-9 E-PUB

ISBN 978-3-0343-5082-2 E-PDF
DOI 10.3726/b22677
D/2025/5678/02

Publié avec le soutien financier de l'Université de Lorraine.

À mes grands-parents

Sommaire

Préface

Encore une biographie d'aristocrate de l'ère proustienne ? Telle pourrait être la première réaction face à une étude qui s'attache, de surcroît, à reconstituer la trajectoire d'un « illustre inconnu » n'ayant pas eu la gloire d'inspirer l'un des personnages de la Recherche du Temps perdu (ou même de frayer avec son auteur) et apparaissant, à bien des égards, comme un « second couteau », que ce soit dans la phalange des « barons du fer »[1] de l'espace lotharingien, au sein des états-majors ou parmi les parlementaires français de son temps. Une telle appréciation ne rendrait toutefois pas justice au livre, tiré de sa thèse de doctorat, que Stéphane Einrick a consacré au comte Jean de Bertier de Sauvigny (1877-1926). Certes, ce dernier a occupé des positions – et joué un rôle – souvent secondaire dans les divers secteurs d'activité dont il a été partie prenante. Certes, il a promptement sombré dans l'oubli collectif après son décès prématuré. Pour autant, ce rejeton d'une famille d'ancienne noblesse de robe reconvertie dans le métier des armes, qui n'est ni un *self-made-man*, ni un héritier cantonné à la seule perpétuation des pratiques et des considérations des générations l'ayant précédé, se retrouve dans d'opportunes positions d'interface, voire de nodalité, dans les champs économique, militaire et politique à la croisée desquels est envisagée son existence.

Les qualités de l'ouvrage dont il constitue le pivot sont d'abord d'ordre épistémologique et méthodologique. Loin de succomber aux pièges de l'idéalisation ou de l'illusion biographique, Stéphane Einrick parvient à construire une véritable « biographie herméneutique » – dans le sens entendu par François Dosse – et à articuler dans leurs spécificités les divers contextes multiscalaires au sein desquels la trajectoire de Jean de Bertier se déploie, sans survaloriser la singularité de cette dernière, mais sans chercher non plus à en faire un simple cas représentatif ou significatif du milieu social et du cadre spatio-temporel dans lesquels elle s'inscrit. La tension entre l'individuel et le collectif est ainsi appréhendée grâce à une reconstitution minutieuse des multiples réseaux – à la fois successifs, cumulatifs et imbriqués – dans lesquels s'intègre le protagoniste de l'étude et qui constituent pour lui un faisceau d'opportunités et de contraintes dont il se saisit avec une persévérance et un succès fluctuants. Par la mise au jour des limites, des échecs et des ambivalences des stratégies qu'il met en œuvre, les « champs des possibles » qui pouvaient encore s'offrir à un aristocrate dans l'Europe du tournant des XIXe et XXe siècles se donnent ainsi à voir.

---

1 Nous empruntons cette formule au titre de l'ouvrage de Jean-Marie MOINE, *Les barons du fer. Les maîtres de forges en Lorraine du milieu du 19ᵉ siècle aux années 1930*, Metz, Serpenoise, 2000 (rééd.), lequel n'évoque significativement jamais Jean de Bertier – dont les actifs industriels sont localisés, il est vrai, au-delà de la frontière franco-luxembourgeoise.

Une telle étude n'a été possible que par la rigoureuse exploitation des archives privées que les descendants de Jean de Bertier conservent au château de Lagrange, dans la commune mosellane de Manom. Celle-ci devient le « fief » électoral à partir duquel le comte amorce un *cursus honorum* politique qui, au lendemain de la Première Guerre mondiale, le mène au Sénat. Inédit, ni classé, ni trié, ce fonds a été étudié avec une minutie qui force le respect, en particulier pour ce qui est de nombreux documents d'ordre financier ou gestionnaire. Stéphane Einrick a réussi le tour de force d'en tirer la matière d'une très vivante et stimulante restitution des stratégies d'investissement ou d'optimisation financière et fiscale dont les détails s'y cachaient au détour – ou dans l'implicite – d'actes apparemment arides. Il est vrai que les sources du for privé étaient a contrario assez rares à Lagrange, si l'on excepte quelques agendas ou des épaves de correspondance. Si cela a pu limiter les investigations dans une perspective d'histoire culturelle – laquelle n'est toutefois pas absente des investigations, loin s'en faut, avec l'étude des modes de vie et pratiques de consommation, de la mondanité parisienne ou des aventures extra-conjugales du comte –, Stéphane Einrick n'en a été que plus incité à moissonner, avec le plus grand profit informatif, dans les archives publiques françaises et luxembourgeoises.

Les recherches qu'il y a menées en mobilisant une documentation bilingue lui ont permis de restituer une trajectoire qui illustre à la fois les pratiques, les opportunités et les ambivalences de la multiterritorialité transfrontalière caractérisant une partie des noblesses européennes[2]. Jean de Bertier n'appartient certes pas à ce gotha d'envergure transnationale qui cultive un cosmopolitisme distinctif et exclusif et qui déploie jusqu'en 1914 (voire au-delà) un train de vie ostentatoire dont les détails peuplent les pages des mémorialistes et les lignes de la chronique mondaine à travers tout le continent européen. Mais son ascendance est prestigieuse, il est introduit dans la plus « haute société » et il reste riche en dépit des soubresauts économiques et monétaires de son temps, grâce à de judicieux redéploiements patrimoniaux qui ne s'encombrent pas de considérations sentimentales ou sociosymboliques. En témoigne la vente du château familial de Lagrange en 1911, à une époque où le « retour à la France » de la Moselle semble hors de portée, où le centre de gravité de son existence et de ses affaires se recentre vers Paris et la Bretagne et où les valeurs mobilières et prêts hypothécaires apparaissent plus lucratifs que l'immobilisation du capital dans des propriétés immobilières grevées de charges…, mais qu'il peut devenir opportun de racheter, à bon prix, lors de la liquidation des biens « ennemis » après le traité de Versailles !

Force est par ailleurs de constater que sa carrière d'officier, puis de maire de Manom, de conseiller général de Thionville et de sénateur de la Moselle s'effectue dans un cadre institutionnel strictement hexagonal. Issu d'une famille de tradition légitimiste et catholique, « rallié » pour sa part à la République, économiquement conservateur, mais socialement progressiste, Jean de Bertier s'intègre à l'Union

2 COGNÉ, Albane, GOUJON, Bertrand et HASSLER, Éric (dir.), *Les Noblesses transnationales en Europe, XIIIᵉ-XXᵉ siècle*, Tours, Presses Universitaires de Tours (à paraître en 2025).

Républicaine Lorraine, après de premières tentatives avortées en 1919 et au prix de durables réticences envers sa personne et ses ambitions au sein même de cette organisation politique qui entend concilier patriotisme « bleu-horizon » et préservation des intérêts mosellans. Il n'en reste pas moins que ses horizons restent internationaux, ce que facilitent sa maîtrise de plusieurs langues étrangères, son intégration dans la sociabilité élitaire et son goût des voyages et de l'itinérance résidentielle – et ce qui interdit de voir en lui une simple notabilité provinciale ou nationale. Il en va ainsi des missions qu'il a assurées comme officier breveté stagiaire au Maroc et comme attaché militaire à Washington durant les dernières années de la « Belle Époque », puis en tant qu'agent de liaison auprès d'états-majors britannique et américain avant de devenir en octobre 1917 instructeur de troupes étatsuniennes aux côtés desquelles il entre en Allemagne après l'armistice de Rethondes.

Si le constat de l'ouverture internationale est moins net dans ses prises de position politiques, Jean de Bertier n'étant ni un « homme des frontières » comme Robert Schuman, ni un « homme de la frontière » comme Raymond Poincaré (deux de ses contemporains, Lorrains comme lui, qui ont contribué à son occultation historiographique et mémorielle), il est en revanche frappant sur le terrain économique. Grâce au dépouillement des archives de l'ARBED (le groupe sidérurgique luxembourgeois qui devait être intégré en 2002 dans Arcelor), Stéphane Einrick révèle un homme qui, dépourvu de compétences techniques en matière industrielle, sait parfaitement « rester noble dans le monde des affaires »[3] au sein de ces structures qui incarnent sur le plan affairiste une Lotharingie transfrontalière préfigurant l'intégration économique de l'espace européen après 1945. Administrateur prompt à cumuler les jetons de présence, habile à ménager les susceptibilités de ses collègues et à user d'un entregent qu'a conforté son habitus notabilitaire, Jean de Bertier sait y ménager au mieux ses intérêts financiers, en période d'inflation galopante et de différenciation des politiques fiscales et monétaires entre la France et le Luxembourg. Héritier de terrains à Dudelange, il les convertit sans état d'âme pour des usages industriels ou spécule sur leur lotissement pour financer le train de vie distinctif par lequel il maintient le lustre de son lignage, sinon parmi les « deux cents familles », du moins parmi les franges les plus aisées de la société française. Actionnaire apte à saisir les informations d'initiés et les conseils avisés d'experts patentés, contribuable jouant volontiers la montre pour s'acquitter de ses impôts et dissimulant sciemment ses placements à l'étranger qui en ont fait un discret « profitant de guerre », il ne s'encombre pas des considérations patriotiques au nom desquelles il appelle ses électeurs à souscrire à des emprunts nationaux qu'il dédaigne dans son propre portefeuille mobilier.

Sans doute son cas n'est-il ni généralisable, ni emblématique des mutations effectuées par les aristocrates français dans les premières décennies du XXᵉ siècle – et telle n'est pas, d'ailleurs, l'ambition de la démonstration rigoureusement et très pédagogiquement effectuée par Stéphane Einrick. L'écriture fine et prudente

3 MENSION-RIGAU, Éric, *Rester noble dans le monde des affaires. De l'utilité des anciennes élites*, Paris, Passés Composés, 2024.

que ce dernier met en œuvre permet de penser la complexité et l'ambivalence d'un homme qui apparaît singulièrement opportuniste et flexible, que ce soit dans sa carrière militaire, dans ses engagements et calculs politiques, dans ses straté-gies patrimoniales et fiscales ou dans ses amours. À la fois brillant et limité dans ses ambitions comme dans ses réalisations, sérieux et dilettante, séducteur et manipulateur, parfois attachant et souvent horripilant, Jean de Bertier révèle les ambiguïtés d'un groupe social qui sait ne plus pouvoir s'en remettre au seul « plaisir de Dieu »[4] pour maintenir ses positions dans la France de la Troisième République, mais qui n'en persiste pas moins à (prétendre) se jouer des règles communes, à se distinguer dans la quête de formes d'excellence et d'illustration partiellement inabouties, mais qui n'attestent pas moins que l'Histoire n'est pas (seulement) un « cimetière d'aristocraties »[5].

Bertrand Goujon
Professeur d'histoire contemporaine
Université de Reims Champagne-Ardenne (CERHiC, UR-2616)
Reims, le 22 septembre 2024

---

4   Nous empruntons la formule au célèbre roman de Jean d'ORMESSON, *Au plaisir de Dieu*, Paris, Gallimard, 1974.
5   PARETO, Vilfredo, *Traité de sociologie générale*, 1916 (rééd. Genève, Droz, 1968), chap. XI, § 2053, p. 1303.

Introduction

1. Les *fantômes de Lagrange* et la genèse d'un projet

Ma première rencontre avec Jean de Bertier date du 16 septembre 2001. Dans le cadre des journées du patrimoine, le château de Lagrange, à Manom, en Moselle, proposa son traditionnel spectacle, intitulé « les fantômes de Lagrange ». Il s'agissait de faire revivre, grâce à l'illusion théâtrale, des ancêtres défunts, et, à travers eux, de permettre aux visiteurs de découvrir un peu de l'histoire du château et de la région. Ce jour-là, je fus moi-même l'un de ces fantômes. J'incarnai le représentant en France de la Gutehoffnungshütte et donnai la réplique, dans la chambre dorée, à un certain Jean de Bertier[1]. Ce premier face-à-face ne dura qu'une journée.

Au cours des éditions suivantes, je continuai à me prêter au jeu. Les rôles changeaient et Jean de Bertier disparut de la distribution. En 2014, lors de la préparation du spectacle, le comte et la comtesse de Selancy m'apprirent que le château abritait les archives familiales. Je décidai immédiatement de travailler sur ces sources, inédites et abondantes. Je me consacrai d'abord à la biographie d'Anne-Pierre de Bertier de Sauvigny (1770-1848)[2]. Ensuite, je retrouvai Jean de Bertier, la figure la mieux documentée des archives de Lagrange. Ce second face-à-face allait durer 10 ans.

Toute biographie approfondie requiert en effet du temps. David Bates le souligne expressément : « depuis la publication de *William the Conqueror* en 2016, on m'a souvent demandé combien de temps avait pris sa rédaction. Elle a demandé 50, 16 et 3 ans »[3]. Les 50 ans se réfèrent à ses premiers contacts d'historien avec la figure de Guillaume le Conquérant, les 16 ans au contrat passé avec l'éditeur et les 3 ans au débouché de sa réflexion. Dans une formulation parallèle, je pourrais affirmer que la rédaction de *Jean de Bertier* me prit 23, 10 et 2 ans : 23 ans depuis le premier contact, 10 ans depuis les débuts de mon exploration des archives et 2 ans de réagencement de mes résultats.

La nécessaire maturation du travail implique la maturité de l'auteur. François Dosse y voit une condition du travail biographique. Il cite les points de vue convergents de Jean-Pierre Azéma : « écrire une biographie ne peut être qu'une entreprise de la maturité » et d'Anthony Rowley : « la biographie est un genre casse-gueule

---

1 La Gutehoffnungshütte était une société sidérurgique allemande, à laquelle Jean de Bertier vendit Lagrange en 1911-1912 (voir première partie). Les *fantômes de Lagrange* furent créés dans les années 1980, suite à l'instauration des journées du patrimoine. Ils prirent leur retraite en 2017.

2 EINRICK, Stéphane, *Le général de Bertier de Sauvigny (1770-1848). Un royaliste au temps des révolutions*, Metz, Éditions des Paraiges, 2016, 200 p.

3 BATES, David, *Guillaume le Conquérant*, Paris, Flammarion, collection « Grandes Biographies », 2018 [2016], p. 9.

et c'est pour cela que c'est une œuvre de la maturité »[4]. Toutefois, si l'on se réfère à l'avis de Pierre Chaunu, lui-aussi cité par François Dosse : « la démarche (biographique) convient peut-être mieux à la vieillesse, car il faut avoir expérimenté le chemin de la vie pour être un bon biographe »[5]. Ayant consacré moins de temps à Jean de Bertier qu'Anthony Bates à Guillaume le Conquérant, j'achève donc mon travail à l'âge trop jeune de 44 ans !

2. Les enjeux du récit biographique

2.1. De la disgrâce au renouvellement : un genre revenu à la mode

La biographie est une forme très ancienne d'écriture de l'Histoire. Dans son genre héroïque, elle présentait des modèles de comportement, en revêtant un aspect hagiographique. À l'échelle de la famille Bertier, une œuvre se rapproche de cette tradition. Il s'agit des deux tomes publiés en 1899, sous la plume de Jean Charles Kohn, et intitulés *Histoire des seigneurs et de la seigneurie de Lagrange*[6]. Cet ouvrage, sans doute commandé par la famille, ne fait apparaître aucune des sources utilisées. Il se concentre sur la période antérieure au XIXᵉ siècle, et notamment sur les questions familiales et matrimoniales. Il est donc de peu de secours pour une étude scientifique des Bertier.

Au cours du XIXᵉ siècle, le genre de la biographie héroïque perdit son prestige. L'histoire cherchait à se légitimer comme science sociale. Pour cela, elle tendit à « affirmer l'impersonnalité comme critère fondamental de scientificité »[7]. Le discrédit fut renforcé à l'époque de la domination de l'école des Annales, des années 1930 aux années 1980. Reprenant la proposition du sociologue François Simiand de se détourner des trois « idoles » chronologique, politique et biographique, les historiens mirent l'accent sur une histoire économique et sociale, orientée vers l'étude des structures, des espaces et de la longue durée[8]. La société primait sur l'individu. Ce dernier, dans une vision déterministe, subissait l'action de structures le dépassant. Le travail biographique se trouva dévalué, réduit à la compilation d'anecdotes[9].

---

4   DOSSE, François, *Le pari biographique. Écrire une vie*, Paris, La Découverte, 2005, p. 26-27. Anthony Rowley était le directeur littéraire des éditions Perrin.

5   *Ibidem*, p. 123.

6   KOHN, Jean Charles, *Histoire des seigneurs et de la seigneurie de Lagrange. Tome premier : Histoire des seigneurs de Lagrange. Tome second : Histoire de la seigneurie de La Grange*, Luxembourg, Worré-Mertens, 1899.

7   LORIGA, Sabina, *Le petit x. De la biographie à l'histoire*, Paris, Éditions du Seuil, 2010, p. 38-43 et 46.

8   DOSSE, François, *L'histoire*, Paris, Armand Colin, collection « Cursus », 2010 [2000], p. 94-95. Remarquons ici que Lucien Febvre, un des fondateurs des Annales, avait auparavant rédigé *Un destin : Martin Luther* (1928).

9   DOSSE, *Le pari biographique*, p. 18 et 197-198. La biographie ne disparut pas totalement. Elle continua de trouver un public, et de prolifiques contributeurs, parmi lesquels Alain Decaux, André Castelot et Jean Lacouture. Pour l'aspect scientifique, il fallait s'en remettre aux historiens étrangers, comme Paul Murray Kendall, signant, en 1971, son célèbre *Louis XI* (DOSSE, *Le pari biographique*, p. 28 et 123-131).

Les années 1980 marquèrent le renouvellement de la biographie. Deux nouveaux modes d'écriture s'imposèrent. Le premier fut la biographie modale, dans laquelle le sujet choisi est représentatif d'une catégorie sociale donnée, à une époque donnée. Le présent ouvrage ne relève pas de cette catégorie. Jean de Bertier évolue dans un espace et des champs d'action trop spécifiques pour être caractéristique d'un large groupe. Il faut donc, pour l'étudier, choisir le second mode d'écriture, la biographie herméneutique[10]. Elle est liée au développement, à partir des années 1970, en Italie, d'un nouveau courant historique, la *micro storia* (micro-histoire). Cette dernière mit justement l'accent sur les « logiques individuelles, singulières, qui s'insinuent à l'intérieur même des logiques structurelles »[11]. Étudier Jean de Bertier n'est donc plus anecdotique. C'est le moyen de révéler les interactions entre lui-même et la société de son temps, sans postuler de priorité de l'un(e) sur l'autre. Il ne s'agit pas d'une restriction de la réflexion, puisqu'un individu peut être plus complexe que l'ensemble social dont il fait lui-même partie[12].

La légitimité du travail biographique ne se limite donc pas aux seuls idéaux-types (biographie modale), mais s'étend potentiellement à chaque individu (biographie herméneutique). Alain Corbin s'intéressa même à un parfait inconnu, choisi au hasard, si bien qu'il commença son propos par la formule suivante, surprenante : « Louis-François Pinagot a existé »[13]. Avec Jean de Bertier, nous avons un individu au positionnement intermédiaire, entre anonymat et célébrité. Sa carrière politique lui procura, de son vivant, une notoriété et une visibilité locales, mais dont la mémoire fut perdue. L'éloignement temporel faisant aussi son effet, Jean de Bertier est aujourd'hui oublié, même en Moselle, et même à Thionville. Ce travail lui offre une existence nouvelle, et, permet, pour reprendre les mots d'Alain Corbin, « de le re-créer, de lui offrir une seconde chance […] d'entrer dans la mémoire de son siècle »[14].

2.2. Pièges et difficultés de l'écriture biographique

Sur le plan épistémologique, le travail biographique présente de nombreux risques. Un premier écueil consiste à réduire la biographie à « une sorte de test pour confirmer ce que l'on sait déjà par ailleurs d'une époque […] le risque étant

---

10 Rappelons que l'herméneutique correspond à l'interprétation et à la hiérarchisation des faits mis en évidence grâce à l'exploitation des sources. Une biographie « herméneutique » envisage donc l'individu dans tous ses aspects.

11 DOSSE, *L'histoire*, p. 96.

12 DOSSE, *Le pari biographique*, p. 273, 282-284 et 379-380.

13 CORBIN, Alain, *Le monde retrouvé de Louis-François Pinagot. Sur les traces d'un inconnu (1798-1876)*, Paris, Flammarion, collection « Champs », 2016 [1998], p. 7. Louis-François Pinagot était un sabotier ayant vécu au XIXe siècle, dans le Perche. Alain Corbin reconstitue son « univers mental » ainsi que son cadre de vie et de travail.

14 *Ibidem*, p. 8. La différence avec Alain Corbin est double. Au départ, je disposai de volumineuses archives privées, alors qu'il n'avait rien. À l'arrivée, ce travail n'atteindra jamais le tirage des œuvres d'Alain Corbin (!) et Jean de Bertier, même « recréé », restera moins célèbre que Louis-François Pinagot.

dans ce cas de ne rien apporter de nouveau à la connaissance historique »[15]. J'ai donc veillé à ne jamais restreindre Jean de Bertier au rôle de banc d'essai des thèses dominantes de l'historiographie actuelle. Une deuxième difficulté ressort de la complexité de toute trajectoire individuelle. Claire Bidart invite à dépasser le sujet biographié, en prenant en compte les « vies reliées »[16]. Ainsi, écrire la biographie de Jean de Bertier impose d'étudier les réseaux dans lesquels il fut intégré et donc d'envisager, au-delà de sa personne, toute une galaxie de portraits annexes.

Il convient de s'attarder davantage sur la troisième difficulté. L'historien, dans une démarche scientifique, doit faire preuve d'objectivité, ou, pour utiliser un vocable plus judicieux, d'impartialité[17]. Ce nécessaire détachement serait difficile à conserver. L'écriture biographique crée, entre l'historien et son sujet d'étude, un rapprochement, une connivence qui rendrait l'impartialité impossible[18]. Pour ma part, je me reconnais, vis-à-vis de Jean de Bertier, dans le sentiment exprimé par Alain Corbin envers Louis-François Pinagot : « un être […] auquel aucun lien affectif ne me rattache ; avec lequel je ne partage, *a priori*, aucune croyance, aucune mission, aucun engagement »[19]. Contrairement à Jean de Bertier, je n'appartiens pas à l'aristocratie. Je ne suis ni officier, ni homme d'affaires. Je n'envisage pas de carrière politique. Enfin, et surtout, je vis à une époque très éloignée de la sienne. À y bien réfléchir, notre seul point commun serait d'avoir, en partie, grandi et vécu dans le même espace, la région de Thionville, et de nous identifier comme Mosellans, ou Lorrains. Je confesse donc une certaine empathie pour Jean de Bertier lorsqu'il batailla pour défendre les intérêts mosellans face à Strasbourg, ainsi que les intérêts de la Moselle et de l'Alsace face à Paris. Toutefois, ce sentiment d'impartialité ne serait-il pas une illusion, une sorte de *satisfecit* que je m'accorderais, pour me dédouaner, à bon compte, de l'inévitable parti-pris du biographe ? Martine Boyer-Weinmann, en s'intéressant plus spécifiquement aux biographies littéraires, définit ce qu'elle appelle la « relation biographique » :

> La *relation biographique* qui s'instaure entre pairs, un biographe et un biographié écrivains, repose en effet sur une transaction complexe, aux enjeux symboliques différents, parfois opaques, où l'un comme l'autre doit trouver plus de gain de reconnaissance que de perte[20].

15 VALENTI, Catherine, « La biographie historique en France : un essai d'historiographie », *Cercles*, n° 10, 2007, [en ligne], <www.revistes.ub.edu/index.php/cercles/article/view/16532/19497>.
16 BIDART, Claire, « Intégrer la complexité des parcours de vie », in CollectiF. B, *Parler de soi. Méthodes biographiques en sciences sociales*, Paris, Éditions de l'EHESS, 2020, p. 87.
17 SÉGAL, André, *L'histoire et moi*, Québec, Éditions MultiMondes, 2012, p. 20, [en ligne], <www.univ-scholarvox-com.bases-doc.univ-lorraine.fr/book/88816278>. L'auteur explique qu'il ne faut pas confondre la subjectivité de l'historien, nécessaire, avec son éventuelle partialité, répréhensible car l'éloignant de la recherche de la vérité.
18 BATES, p. 10 : « objectivité impossible » pour reprendre les mots exacts du traducteur.
19 CORBIN, p. 8.
20 BOYER-WEINMANN, Martine, *La relation biographique. Enjeux contemporains*, Seyssel, Champ vallon, 2005, p. 436. L'expression « relation biographique » est soulignée par l'autrice.

Jean de Bertier et moi-même ne sommes pas des écrivains, et donc, à ce titre, pas des pairs. Il n'empêche que je fus – et que je suis encore – en « relation biographique » avec lui. Nous en tirons tous deux avantage. J'y obtiens une audience scientifique. Il y acquiert une visibilité historiographique. Inévitablement, je me présente sous un jour favorable, et je veille à le rendre intéressant. Je dois donc convenir d'une partialité dans mon travail, même limitée, même inconsciente.

Une quatrième et dernière difficulté se rapporte à la manière de rédiger. Faut-il privilégier le style ou, au contraire, s'en tenir à une rigoureuse sobriété scientifique ? La question dépasse la biographie. L'histoire reste, avant tout, un récit, relevant des règles de la littérature. Nicolas Offenstadt propose une attitude à suivre, pour conserver un maximum de scientificité : « aujourd'hui, il est généralement considéré que l'écriture de l'histoire se doit d'être avant tout précise et claire, sans trop d'effets de style »[21]. Je me suis efforcé de suivre ce conseil, en donnant au texte produit un double caractère : intelligent pour l'historien, et intelligible pour le novice.

3. Une opportunité archivistique à saisir

Pour les grandes figures, maintes fois étudiées, l'historien bénéficie des travaux de ses prédécesseurs. Philippe Contamine l'avoue sans ambages : « tant de biographies [de Charles VII], dont quatre ou cinq servent toujours de référence (j'y ai puisé sans scrupules) »[22]. Pour Jean de Bertier, je devais construire, sans appui, une première biographie. Il me fallait donc « fouiller toutes les sources »[23]. Il s'agissait essentiellement des archives de Lagrange, hébergées au grenier du château, dans de grandes malles et de grands cartons. Le volume des archives utilisées pour ce travail peut être estimé à environ 60 boîtes de dimensions 33,5 × 25 × 10 cm, soit 6 mètres linéaires[24]. Je les complétai par des recherches dans des fonds publics, à savoir les archives du Service historique de la Défense, à Vincennes, les archives du Sénat, à Paris, les archives nationales du Luxembourg et les archives départementales de la Moselle et des Côtes-d'Armor.

Les archives de Lagrange sont des archives privées. Elles sont la propriété du comte de Selancy. Ce dernier peut librement décider de leurs conditions de consultation[25]. Sa confiance en moi m'a permis d'y accéder sans aucune restric-

---

21 OFFENSTADT, Nicolas, *L'historiographie*, Paris, Presses universitaires de France, collection « Que sais-je ? », 2011, p. 53 : « la question littéraire dans la discipline historique a toujours une dimension épistémologique ».

22 CONTAMINE, Philippe, *Charles VII. Une vie, une politique*, Paris, Perrin, 2017, p. 11.

23 SÉGAL, p. 7 : « l'histoire dans son ensemble ne veut rien oublier, ne rien négliger. Elle est exhaustive ».

24 Il est toujours difficile de déterminer précisément le volume d'un fonds utilisé. Certains parlent en « cartons d'archives » mais les dimensions de ces derniers ne sont pas standardisées et varient en fonction des institutions. Les « mètres linéaires » sont une unité plus précise. Cependant, dans notre cas, les archives sont conservées dans des contenants différents. Un calcul précis requerrait d'aligner toutes les archives sur le plancher du grenier.

25 NOUGARET, Christine et ÉVEN, Pascal (dir.), *Les archives privées. Manuel pratique et juridique*, Paris, La documentation française, 2008, p. 164.

tion. Il m'a même été possible d'emprunter les différents cartons d'archives pour les étudier chez moi. De plus, je n'ai jamais perçu de volonté de contrôle, ni de censure, de sa part. Enfin, Jean de Bertier et tous les protagonistes mentionnés dans ce travail étant décédés, je n'ai pas été soumis au respect de leur vie privée[26]. J'ai ainsi bénéficié d'une totale liberté, condition indispensable à toute recherche historique efficace.

Les archives de Lagrange sont aussi des archives familiales, à l'intérêt double. Le premier est leur quantité et leur très grande diversité, permettant d'explorer des champs thématiques multiples. Claude-Isabelle Brelot qualifie même d'« irremplaçable » l'apport des archives familiales privées pour l'étude des élites des XIXe et XXe siècles[27]. Elles peuvent être utilement complétées par la mémoire familiale. La distanciation temporelle vis-à-vis de Jean de Bertier a cependant réduit son recours à l'épilogue[28]. Le second intérêt des archives de Lagrange est qu'il s'agissait de sources jamais encore exploitées. Ainsi, Jean de Bertier restait une figure méconnue. La seule publication dans laquelle il apparaît vraiment est l'œuvre d'une historienne britannique, Elizabeth Greenhalgh[29]. Elle avait, pour ce faire, eu recours à des fonds publics, sans connaître l'existence d'archives familiales. Je me trouvais donc dans une configuration archivistique exceptionnelle.

Toutefois, les archives de Lagrange présentent des limites. Comme n'importe quel fonds d'archives, elles ne peuvent être exhaustives. Leur état actuel résulte, sans doute, de sélections ou d'épurations antérieures, dont nous ne savons rien. Ces éventuelles pertes peuvent aussi résulter d'une dispersion des archives au cours du temps, au gré des déménagements et des héritages. Les archives de Lagrange présentent aussi des contraintes. Elles ne sont pas classées. Elles étaient même mélangées. Il s'agit d'une situation fréquente dans les fonds privés des familles de la noblesse. On y distingue traditionnellement les « archives », rares, anciennes et précieuses, des « papiers », plus nombreux et récents, datant des XIXe et XXe siècles, et auxquels peu d'attention est portée[30]. Ce sont justement ces « papiers » qui tiennent lieu de source à ce travail, et que je désigne moi-même sous le vocable d'« archives ». Pour pouvoir structurer mon travail, j'opérai un classement qui,

26 *Ibidem*, p. 156-157 et 169 : « la jurisprudence limite le respect de la vie privée aux vivants ». Les auteurs précisent, en note de bas de page : « toutefois, pour les morts, l'atteinte au respect qui leur est dû peut être sanctionné si les descendants s'estiment touchés dans leur honneur. Les plaignants devront prouver l'intention de l'historien de porter atteinte à leur propre honneur et considération ».

27 BRELOT, Claude-Isabelle, « Archives privées, archives publiques, mémoire familiale : questions de méthode et de déontologie », [*in*] FAVIER, René (dir.), *Archives familiales et noblesse provinciale. Hommage à Yves Soulingeas*, Grenoble, Presses universitaires de Grenoble, 2006, p. 75.

28 *Ibidem*, p. 83. De nombreuses anciennes photographies, également non classées, sont conservées à Lagrange, mais, en l'absence de toute légende, il est très difficile, même pour le comte de Selancy, d'en identifier les protagonistes.

29 GREENHALGH, Elizabeth, *Victory through coalition. Britain and France during the First World War*, Cambridge, Cambridge University Press, 2008 [2005], 308 p.

30 FAVIER, p. 9 et OFFENSTADT, *L'historiographie*, p. 29.

sans respecter les règles d'un archivage professionnel, permet de retrouver rapidement un document.

Il faut rappeler que les archives de Lagrange ne constituent pas l'unique source de ce travail. Celles du Service historique de la Défense s'imposent, en raison de la carrière militaire de Jean de Bertier. En plus de son dossier personnel d'officier, les principales ressources sollicitées furent les séries GR 7N (état-major de l'armée, 1872-1940), GR 16N (grand quartier général, 1914-1920) et GR 17N (missions militaires françaises, 1914-1923). Il faut accorder une mention spéciale à la cote GR 7N 2170, permettant d'accéder à 29 longues lettres manuscrites de Jean de Bertier, relatives à son activité de renseignement au cours de l'expédition des Dardanelles en 1915. Les archives du Sénat furent également interrogées, puisque Jean de Bertier y fut élu en 1922 et réélu en 1924. Les débats en séance plénière étant numérisés à partir des journaux officiels, ils sont facilement accessibles sur le site internet de la bibliothèque nationale de France[31]. Ce n'est pas le cas des débats en commission. Je me suis donc rendu au palais du Luxembourg, afin de consulter les procès-verbaux des délibérations des commissions dont Jean de Bertier fut membre : Alsace-Lorraine, armée et affaires sociales[32]. Quant à son engagement politique local, il peut être documenté grâce aux archives départementales de la Moselle, tant par les procès-verbaux des assemblées dont il fut membre (conseil général de la Moselle et conseil consultatif d'Alsace-Lorraine) que par les articles de presse relatifs à sa carrière politique. D'autres fonds publics permettent de compléter les archives de Lagrange au niveau des questions économiques. Il s'agit, en France, des archives départementales. J'ai eu recours à celles des Côtes d'Armor, pour mieux comprendre les évolutions du patrimoine foncier détenu en Bretagne. Celles de la Moselle ont été fondamentales pour mieux analyser les successions. Les archives nationales du Luxembourg ont été précieuses pour vérifier certaines interprétations et tenter d'approfondir la réflexion sur le rôle de Jean de Bertier et de son père Anatole dans la sidérurgie luxembourgeoise.

4. La question des limites et des échelles

L'explication d'un parcours individuel requiert de mobiliser toutes les échelles de temps. Robert Belot indique que le temps court correspond aux émotions, aux réactions face aux événements de la vie ; que le temps moyen serait celui de l'organisation, de l'affirmation, dans le cas notamment d'un homme politique ; et, enfin, que le temps long conviendrait aux valeurs, au milieu social, au contexte[33].

---

31 <www.senat.fr/histoire/les_travaux_du_senat_de_la_troisieme_republique.html>.

32 Je n'ai pas eu sous les yeux le dossier personnel de Jean de Bertier : d'après les archivistes, il ne s'agirait que d'un simple récapitulatif, très pauvre, d'informations basiques, que sa fiche biographique en ligne reprend : <www.senat.fr/senateur-3e-republique/de_bertier_de_sauvigny_jean_marie0704r3.html>.

33 BELOT, Robert, « La biographie, entre mémoire et histoire, affect et concept », [*in*] COPPOLANI, Antoine et ROUSSEAU, Frédéric (dir.), *La biographie en histoire. Jeux et enjeux d'écriture*, Paris, Michel Houdiard, p. 62.

Il faut évidemment adapter ce modèle au sujet biographié. La moyenne durée me servit de cadre temporel général. Dès que nécessaire, je basculai vers le temps court, pour analyser par exemple l'élection de Jean de Bertier au Sénat en février 1922. L'intérêt de mettre en évidence ce qui relève du temps long m'amena à dépasser l'existence propre de Jean de Bertier (1877-1926), pour ajouter prologue et épilogue, et ainsi doubler l'extension temporelle de mon étude (vers 1840-1940). Bien sûr, je n'atteignis pas un temps *absolument long*, plur.séculaire, mais un temps *relativement plus long*, suffisant pour une mise en perspective pertinente, entre Jean de Bertier d'une part, et ses prédécesseurs et successeurs d'autre part.

Le prologue (vers 1840-1903) couvre les générations précédentes. Il permet de mettre en scène le contexte familial et les héritages reçus par Jean de Bertier. On remarque que ce prologue déborde sur la jeunesse de Jean de Bertier (1877-1903). Il convient de déterminer s'il s'inscrivit ou non dans la continuité de ses parents et de ses ancêtres, autrement dit, si ces données du temps long restèrent valables au cours de sa vie, et même au-delà. L'épilogue, de façon simplifiée, procède de la réflexion inverse. Il s'agit de réfléchir aux continuités entre Jean de Bertier et son épouse Marie-Louise, de 1926 à 1940. En plus de leur pertinence biographique, prologue et épilogue présentent un intérêt archivistique. Ils sont l'occasion d'exploiter, autour du grand pôle documentaire que représente Jean, les archives intermédiaires subsistantes[34]. Si on y ajoute mes travaux précédents centrés sur Anne-Pierre (1770-1848), j'aurai ainsi, en m'appuyant sur les archives de Lagrange, étudié la dynastie nobiliaire des Bertier sur un très long XIXᵉ siècle, de 1789 à 1940.

Venons-en maintenant au cadre spatial. L'échelle nationale, longtemps dominante, a perdu sa suprématie. Pour illustrer cette réalité, citons deux ouvrages : *Histoire mondiale de la France* et *C'était 1958 en Bretagne. Pour une histoire locale de la France*[35]. Un exemple encore plus fort de ces jeux d'échelles est la publication *Le cinéma à Metz : 1908-1919. Une histoire locale du cinéma mondial*[36]. Le travail biographique s'inscrit aisément dans ce décloisonnement. Pour étudier Jean de Bertier, il faut en effet multiplier les échelles, qu'elles soient locale (par exemple, à Manom), régionale (en Moselle, en Bretagne, en Alsace-Lorraine), nationale (en France, au Luxembourg) ou internationale (dans l'Europe en guerre, et dans une économie déjà mondialisée).

Il est donc impossible de cantonner Jean de Bertier à une échelle donnée, ni à un espace défini. La région de Thionville et le sud du Luxembourg peuvent cependant être considérés, du point de vue de ses activités et préoccupations, comme un espace central. Au gré des modifications de frontière de 1871 et 1918, cette

---

34 Le château de Lagrange abrite d'autres documents postérieurs à 1940 mais qui ne présentent pas le même intérêt. Je reviendrai sur ce point en conclusion.

35 BOUCHERON, Patrick (dir.), *Histoire mondiale de la France*, Paris, Éditions du Seuil, 2017, 795 p. et LE GALL, Erwan et PRIGENT, François (dir.), *C'était 1958 en Bretagne. Pour une histoire locale de la France*, Rennes, Éditions Goater, 2018, 528 p.

36 STOTZKY, Pierre (dir.), *Le cinéma à Metz : 1908-1919. Une histoire locale du cinéma mondial*, Nancy, Presses universitaires de Lorraine, 2021, 174 p.

terre d'entre-deux, ou *Zwischenraum*, mit en contact, d'une part, la France ou l'Alsace-Lorraine allemande et, d'autre part, le Luxembourg. En ce sens, écrire la biographie de Jean de Bertier revient à faire de l'histoire transnationale. Cette dernière repose justement sur l'étude d'acteurs non étatiques, agissant de part et d'autre des frontières traditionnelles[37]. Histoire transnationale et biographie fonctionnent donc bien ensemble[38]. Elles résonnent avec le développement actuel des eurorégions, comme la Grande Région, regroupant Sarre, Rhénanie-Palatinat, Wallonie, Luxembourg et Lorraine[39]. Dans le cadre plus général des *border studies*, des espaces longtemps étudiés séparément et vus comme périphériques sont désormais reliés. La présente biographie s'inscrit totalement dans ce mouvement. Par la suite, les archives familiales de Lagrange, bien que privées et donc potentiellement difficiles d'accès, pourraient nourrir de futures recherches sur ces questions transnationales, toujours dans le cadre de la Grande Région.

Il faut cependant nuancer. Jean de Bertier représente un cas-limite. Au niveau de sa carrière, au niveau de son identité comme de sa culture, il se définit dans un cadre national français. Mes travaux restent fondamentalement axés sur des archives et une bibliographie françaises. Il faudrait sans doute parler de pratiques *transfrontalières* plutôt que d'un positionnement *transnational*, cette dernière grille de lecture étant surtout valide dans le domaine économique, à propos de la gestion de la fortune. Tout dépend donc de la thématique envisagée.

5. La convergence des thématiques

La mémoire familiale désigne Jean de Bertier comme « le sénateur », mais il est difficile de le réduire à sa seule activité politique, relativement brève (1919-1926). Il faut aussi étudier sa longue carrière militaire (1896-1919) et s'interroger, à travers lui, sur l'évolution de la noblesse, dans une dimension sociale. Enfin, les questions financières et économiques s'ajoutent aussi, en raison de sa fortune, des investissements réalisés et de sa participation à la gestion de grandes entreprises.

Les multiples facettes de Jean de Bertier ont donc laissé des traces relevant, avant tout, du social, du militaire, du politique et de l'économique. Or, l'historiographie est, depuis une vingtaine d'années, largement dominée par les thématiques culturelles. Mon travail est-il, dès lors, dépassé ? En réalité, il a pu bénéficier de renouvellements récents. L'histoire militaire s'est profondément transformée, sous des vocables multipliés (*war studies, imperial studies*). Les recherches intègrent notamment les questionnements économiques et sociaux (relevant des sociétés) tout comme le sujet de l'expérience combattante (relevant des individus).

---

37 MAUREL, Chloé, *Manuel d'histoire globale. Comprendre le « global turn » des sciences humaines*, Paris, Armand Colin, collection « U », p. 6, 62, 81.

38 Une preuve en est ma participation en juin 2022 au colloque « Destin(s) de la Grande Région », qui visait à « mettre en lumière des parcours de vie individuels ou collectifs, illustrant les rapports entre les territoires composant aujourd'hui la Grande Région ».

39 Citons par exemple l'ouvrage suivant : ARBOIT, Gérald (dir.), *Renseignement et avant-guerre de 1914 en Grande Région*, Paris, CNRS Éditions, 2019, 166 p.

Les commémorations du centenaire de la Première Guerre mondiale furent l'occasion d'une intense production scientifique. En histoire politique, de nouvelles pistes de réflexion ont émergé, orientées vers les partis et mouvements politiques, les réseaux, les circulations et les transferts[40]. L'université de Lorraine a renouvelé l'histoire des modérés, par des travaux biographiques, dans la lignée desquels cet ouvrage s'inscrit. Dans le domaine économique, l'histoire des entreprises et des innovations est en essor[41]. L'échelle micro a suscité de nouvelles recherches, en portant la focale, à une échelle locale, sur les réseaux, les produits et les patrimoines. Parallèlement, le développement de l'histoire globale revivifie l'histoire financière[42]. Étudier le patrimoine de Jean de Bertier, dans une perspective transnationale, correspond donc bien aux problématiques actuelles. Enfin, l'histoire sociale a bénéficié de multiples travaux au cours des dernières années. Remarquons d'ailleurs qu'Éric Mension-Rigau développe dans son ouvrage de 2019, *Enquête sur la noblesse. La permanence aristocratique*, une notion proche de celle employée par Alice Bravard en 2013, dans *Le grand monde parisien. La persistance du modèle aristocratique*[43]. La mesure de cette persistance et de cette permanence, appliquée à Jean de Bertier, résonne donc avec les réflexions actuelles des spécialistes. En outre, cette biographie opère le croisement des thématiques, prônée par certains historiens. Steven Pincus et William Novak proposent une nouvelle histoire totale, plus intégrative (*integrative history*), refusant les divisions sectorielles[44]. Une biographie reposant essentiellement sur les champs politique, militaire, économique et social, et les croisant, a donc toute sa validité.

Une autre critique, bien différente, serait relative à mon objet d'étude luimême. L'histoire globale promeut une rupture avec le paradigme de l'européocentrisme. Ceci favorise l'émergence de branches annexes, telles les *postcolonial studies* ou les *subaltern studies*, désireuses de pratiquer le décentrement à tout niveau social,

40 AUDIGIER, François, « Introduction », [*in*] AUDIGIER, François, COLON, David et FOGACCI, Frédéric (dir.), *Les partis politiques. Nouveaux regards. Une contribution au renouvellement de l'histoire politique*, Bruxelles, PIE Peter Lang, 2012, p. 13, et DARD, Olivier, « Écrire l'histoire des droits en France au XXᵉ siècle : une décennie d'historiographie française (2008-2019) » [*in*] BARJOT Dominique, BELLAVITIS, Anna, HAAN, Bertrand et FEIERTAG, Olivier (dir.), *Regards croisés sur l'historiographie française aujourd'hui*, Paris, SPM, 2020, p. 104-106, 111 et 116.

41 BARJOT, Dominique, « Histoire économique et historiographie française : crise ou renouveau ? », *Histoire, économie et société*, 2012/2, p. 5-27, [en ligne], <https://doi.org/10.3917/hes.122.0005>.

42 FEIERTAG, Olivier, « Histoire financière, histoire globale », *Revue française d'histoire économique*, 2020/2, n° 14, p. 6-9, [en ligne], <https://doi.org/10.3917/rfhe.014.0006>.

43 MENSION-RIGAU, Éric, *Enquête sur la noblesse. La permanence aristocratique*, Paris, Perrin, 2019, 396 p. et BRAVARD, Alice, *Le grand monde parisien. 1900-1939. La persistance du modèle aristocratique*, Rennes, Presses universitaires de Rennes, collection « Histoire », 2013, 404 p.

44 PINCUS, Steven et NOVAK, William, « Political history after the cultural turn », *Perspectives on history*, May 2011, [en ligne], <historians.org/publications-and-directories/perspectives-on-history/may-2011/political-history-after-the-cultural-turn> : « nous nous opposons à la tendance qu'ont les historiens du politique, du social ou du culturel de considérer que leur champ d'étude peut être étudié indépendamment des autres composantes de l'expérience historique. L'histoire spécialisée, sectorielle, ne devrait plus exister » (traduction de l'auteur).

en mettant l'accent sur les dominés, longtemps délaissés par l'historiographie[45]. Rédiger la biographie d'un homme, blanc, européen et fortuné paraît tout à coup démodé, pour ne pas dire à contre-courant. J'assume ce choix. Il serait dommage que les nouvelles approches de l'histoire globale entraînassent un effacement des réflexions sur les individus et les groupes déjà précédemment étudiés. La complémentarité doit primer, tant au niveau des secteurs de l'histoire que des focales et des objets d'étude. Plus fondamentalement, l'historien doit toujours disposer d'une liberté de choix de ses sujets : « *historians should be free to choose the problems that interest them, provided they can persuad the non-specialist that the question is one worth answering* »[46]. Je souscris totalement à cette déclaration. Il me reste donc à convaincre le lecteur du bien-fondé des problématiques envisagées.

6. Une structure classique pour des questionnements multiples

André Ségal rappelle les deux principes fondamentaux de la recherche historique : « "Pas de documents, pas d'histoire" disaient les historiens positivistes du XIXe siècle. Les historiens du XXe siècle, comme Lucien Febvre, ont ajouté "pas de problème, pas d'histoire" »[47]. Dans une biographie, il s'agit d'expliciter le parcours de l'individu choisi, révélateur de faits et de facteurs sociaux qui le dépassent[48]. Au-delà de cet objectif intrinsèque, quelle problématique plus spécifique est-il possible de définir ?

Une problématique unique peut être adoptée dans le cas d'un idéal-type, « révélant au lecteur le comportement moyen [d'une] catégorie sociale d'un moment »[49]. Ainsi, Éric Phélippeau utilise-t-il Armand de Mackau pour résoudre la question de la professionnalisation du personnel politique[50]. Une telle démarche est impossible dans le cas de Jean de Bertier. Dans sa vie, les variables l'emportent sur les constantes, ce qui réduit drastiquement la taille du groupe dont il pourrait être représentatif. En outre, il fallait partir d'un fonds ni classé ni inventorié pour

45 MAUREL, p. 20, et OFFENSTADT, *L'historiographie*, p. 95 et 97.

46 PINCUS et NOVAK, *op. cit.* : « les historiens devraient être libres de choisir les sujets qui les intéressent, à condition de pouvoir convaincre le non-spécialiste que le sujet en vaut la peine » (traduction de l'auteur).

47 SÉGAL, p. 15. L'école positiviste est l'autre nom de l'école méthodique, associée à Charles-Victor Langlois et Charles Seignobos. Lucien Febvre était, avec Marc Bloch, le fondateur de l'école des Annales, déjà évoquée.

48 BERTHO LAVENIR, Catherine, « La biographie en histoire culturelle », *Globe*, volume 15, n° 1-2, 2012, p. 183-199, [en ligne], <https://doi.org/10.7202/1014631ar> : « envisager, à travers l'histoire d'un individu précis, toutes les dimensions culturelles de son expérience historique ».

49 DOSSE, *Le pari biographique*, p. 213.

50 PHÉLIPPEAU, Éric, *L'invention de l'homme politique moderne. Mackau, l'Orne et la République*, Paris, Belin, collection « Socio-histoires », 2002, p. 7. Mackau fut député de l'Orne entre 1867 et 1918. Il accomplit une seule carrière, politique, toujours dans le même cadre de la IIIe République, fondée en 1870.

arriver à une biographie herméneutique, ou totale. À une problématique unique, j'ai donc privilégié la multiplicité des questionnements. Tout document, même inattendu, put ainsi être rattaché à l'une des problématiques provisoires. Ces dernières, dans un stimulant dialogue avec les sources progressivement révélées, furent régulièrement complétées et réorientées.

Au départ, il y a la mémoire familiale, présentant Jean de Bertier comme « le sénateur ». Il fut le premier des Bertier à s'engager en politique. Il paraissait surprenant de voir un aristocrate, de tradition légitimiste, réussir à faire carrière, alors que le régime républicain, consolidé par la victoire de 1918, était solidement installé. N'y avait-il pas là aussi un contre-exemple de l'idée d'un renouvellement du personnel politique sous la IIIe République, avec l'essor de « nouvelles couches » au détriment des élites traditionnelles[51] ? Peut-être la carrière de Jean de Bertier s'expliquait-elle par un cadre spatio-temporel spécifique ? Toute une partie du patrimoine familial se situait en effet en Alsace-Lorraine, devenue allemande en 1871 et redevenue française en 1918. Il fallait donc étudier les conséquences multiples de ces changements de frontière à l'échelle de l'individu. On rejoint ici les questionnements de l'histoire transnationale et le nécessaire croisement des thématiques. Il s'agissait de questionner les conciliations possibles entre intérêts locaux et engagements nationaux, entre conservation du patrimoine et poursuite de la carrière.

Une deuxième interrogation se rapportait à la noblesse et à la fortune, assurant l'appartenance des Bertier à une élite sociale et économique. J'avais, dans un travail antérieur, mis en évidence les inquiétudes du couple Anne-Pierre – Reinette quant à la conservation du patrimoine et des valeurs familiales[52]. Or, le château de Lagrange est, aujourd'hui encore, propriété de leurs descendants. Tout cela donne l'impression d'une position sociale maintenue. Il fallait donc examiner les générations suivantes pour vérifier la thèse de la persistance du modèle aristocratique. En cas de réponse positive, il convenait de préciser les stratégies mises en œuvre, y compris dans un cadre spatial transnational. Une interrogation parallèle est bien sûr, derrière le patrimoine, celle des revenus, en exploitant notamment les travaux de Thomas Piketty pour déterminer la position et l'évolution des Bertier dans la hiérarchie des fortunes[53].

Cette idée de persistance conduisit à poser la question des ruptures et des continuités, tant à l'échelle de la vie de Jean de Bertier que du temps long familial. La Première Guerre mondiale occupa une position centrale dans sa vie et engendra de profonds bouleversements : démission de l'armée, engagement en politique, recentrement sur Lagrange. Il faut donc analyser la sortie de guerre de Jean de Bertier, puis, en explorant les années 1920 comparées aux années d'avant-guerre,

---

51 NIESS, Alexandre, *L'hérédité en République. Les élus et leurs familles dans la Marne (1871-1940)*, Paris, Presses universitaires du Septentrion, 2012, p. 21-22. L'auteur avance la thèse d'une grande « hérédité » du personnel politique.

52 EINRICK, *Le général de Bertier*, p. 151-152.

53 PIKETTY, Thomas, *Les hauts revenus en France au XXe siècle. Inégalités et redistribution*, Paris, Grasset, 2001, 812 p.

déterminer la portée du conflit sur les données du temps long familial. Il est nécessaire de rester attentif à tout autre potentiel moment de rupture ne répondant pas à des logiques globales, mais plus locales et/ou individuelles. De tels moments seraient l'année 1903 (décès de ses parents) ou bien l'année 1911-1912 (vente de Lagrange). D'autres ruptures encore sont non réductibles à un événement précis mais relèvent de la moyenne durée. Il faudrait alors plutôt parler d'évolutions, d'adaptations. Jean de Bertier disposa tout au long de sa vie de hauts revenus, mais comment évolua la composition de ces derniers, entre revenus fonciers, revenus mobiliers et revenus d'activité ? Il faut aussi se demander s'il devint un véritable décideur économique, ou s'il resta un simple investisseur, uniquement soucieux de ses intérêts patrimoniaux.

Finalement, tous ces questionnements peuvent être rassemblés dans une seule problématique globale, qui demanderait comment Jean de Bertier combina les trois domaines d'action du militaire, du politique et de l'économique ainsi que des interfaces géographiques et culturelles multiples, pour maintenir, voire améliorer, sa position de représentant d'une élite traditionnelle confrontée à de nouveaux cadres politiques (enracinement de la République), socio-économiques (industrialisation, mondialisation, urbanisation) et culturels (déchristianisation, essor de nouveaux médias).

Toute première biographie d'un individu requiert de la prudence. J'ai donc choisi un plan chronologique classique. Bartolomé Bennassar l'associe aux usages des historiens anglo-saxons : « la méthode anglo-saxonne s'apparente au tissage. L'historien saisit les fils pour composer une vie »[54]. Il attribue au plan chronologique un bon rendu de la complexité de l'individu, mais lui reproche un manque de hauteur. Lui-même préfère donc commencer sa biographie de Don Juan d'Espagne par le jour des obsèques, tout comme Marc Ferro avait commencé la sienne de Pétain par l'année 1940[55]. Cette optique nécessite l'existence préalable d'un corpus de faits bien établis. Elle n'est valable que pour les grands personnages. Sans être impossible, une telle démarche aurait été, dans mon cas, inutilement compliquée[56].

La première partie (1877-1914), intitulée « la Belle Époque de Jean de Bertier », est généraliste. Elle analyse notamment la personnalité de Jean de Bertier. La deuxième correspond à la Grande Guerre (1914-1919) et aux expériences militaires, sociales et culturelles en lien avec le conflit. Enfin, la troisième partie traite des années d'après-guerre (1919-1926), dominées par l'engagement politique de Jean de Bertier. La progression chronologique s'adapte donc bien à ses deux carrières successives. Quant aux questions patrimoniales, elles traversent toute l'étude et sont

---

54 BENNASSAR, Bartolomé, « La biographie, un genre historique retrouvé », [*in*] CAVALLO, Delphine, BOISSEVAIN, Katia et BENDANA, Kmar (dir.), *Biographies et récits de vie*, Institut de recherche sur le Maghreb contemporain, 2005, p. 89-95, [en ligne], <https://doi.org/10.4000/books.irmc.624>.

55 BENNASSAR, *op. cit.* et FERRO, Marc, *Pétain*, Paris, Fayard, 1987, 789 p.

56 DOSSE, *Le pari biographique*, p. 48 : on ne peut déconstruire un personnage encore inconnu.

à chaque fois présentées en une sous-partie autonome. Un regroupement de toutes les questions économiques en une seule partie indépendante eût été possible, mais au détriment des croisements thématiques et des interactions chronologiques.

Le plan adopté, équilibré dans son dessein, ne l'est pas dans sa concrétisation : chacune des parties est plus longue que celle qui la précède. Cette inflation interprétative est à l'image de l'inflation documentaire qui accompagne la carrière de Jean de Bertier. On peut y voir une ascension, une montée en puissance, culminant avec son élection au Sénat en 1922. Il faut toutefois se garder de toute reconstruction *a posteriori* d'une cohérence ou d'une progression continue. Ce serait tomber dans le piège de l'« illusion biographique », décrit par Pierre Bourdieu[57]. Je m'efforcerai donc de pointer les doutes, les erreurs, les interruptions, les échecs qui peuvent être éventuellement révélés. Cette dernière précaution étant prise, il est désormais temps, avant de rencontrer Jean de Bertier lui-même, de faire connaissance avec ses parents et ses grands-parents, et de s'immerger dans le contexte du milieu du XIXe siècle.

---

57 BOURDIEU, Pierre, « L'illusion biographique », *Actes de la recherche en sciences sociales*, n° 62, 1986, p. 69-72, [en ligne], <www.persee.fr/doc/arss_0335-5322_1986_num_62_1_2317>.

Prologue : la part des héritages

Le 18 mars 1902, Jean de Bertier écrivit à sa mère, dans la perspective d'un voyage en Angleterre : « la simple présentation d'un homme titré, annonçant que je suis du Jockey Club, suffira à m'ouvrir toutes les portes, me dit-on »[1]. Son statut de jeune aristocrate lui donnait accès à des relations et à une vie mondaine, autrement dit à un capital social très développé[2]. Jean de Bertier n'était pas un *self-made man*, mais l'héritier d'une dynastie nobiliaire. Deux grandes figures le précèdent : Louis-Bénigne de Bertier, intendant de Paris de 1776 à 1789, et le fils de ce dernier, Anne-Pierre, qui acquit la terre et le château de Lagrange en 1803, par son mariage avec Marie Renée Louise de Fouquet, dite « Reinette ». Anne-Pierre et Reinette eurent plusieurs enfants, mais seul Louis (1808-1877) parvint à l'âge adulte et leur survécut. Il épousa en 1835 Éléonore de Klinglin (1815-1880). De ce mariage naquirent Anatole (1839-1903) et Ludovic (1842-1862). En 1874, Anatole épousa Henriette de Kergariou (1855-1903). Ils eurent deux enfants, Louise (1875-1891) et Jean (1877-1926)[3]. Trois générations se succédèrent donc à Lagrange entre 1803 et 1903.

Les Bertier appartenaient à la noblesse d'Ancien Régime, dans laquelle aucune hiérarchie des titres n'existe. Le choix de l'un ou de l'autre variait, suivant les usages, ou la mode[4]. Anne-Pierre utilisa toute sa vie le titre de vicomte, mais Louis et Anatole préférèrent celui de comte, qui s'imposa définitivement. Quant au patronyme, il devint officiellement « Bertier de Sauvigny » suite à une décision de justice de 1896[5]. Pour des raisons de commodité, le nom de Sauvigny n'est pas repris dans le présent travail, d'autant plus que Jean signait systématiquement et uniquement « Bertier ».

Éric Mension-Rigau souligne que, malgré sa « diversité foisonnante », la noblesse française présente des caractéristiques communes, que sont « une perception longue

---

1   Archives du château de Lagrange (ALG), Lettre de Jean de Bertier à sa mère, 18 mars [1902].
2   David HIGGS distingue trois groupes, tout en reconnaissant leur interconnexion : les *nobles*, héritiers du 2ᵉ ordre de l'époque de l'Ancien Régime, les *titrés* ayant été anoblis au XIXᵉ siècle et les *aristocrates*, représentant l'élite des nobles et des titrés, ceux détenant fortune et pouvoir (HIGGS, David, *Nobles, titrés, aristocrates en France après la Révolution (1800-1870)*, Paris, Liana Lévi, 1990, p. 20). Les Bertier appartiennent aux 1ʳᵉ et 3ᵉ catégories ; les termes « nobles » et « aristocrates » leur sont donc appliqués sans distinction particulière dans cet ouvrage.
3   Pour plus de visibilité, prière de se reporter à l'arbre généalogique figurant en annexe.
4   BERTIER DE SAUVIGNY (de), Guillaume, *Le comte Ferdinand de Bertier (1782-1864) et l'énigme de la Congrégation*, Paris, Les Presses continentales, 1948, p. 153.
5   ALG, Lettre de G. de Berly, référendaire au Sceau de France, à Anatole, 23 novembre 1896. Le jugement fut rendu le 13 novembre précédent par le tribunal de la Seine. Tout un dossier avait été monté en ce sens en 1895.

du temps, une volonté d'enchaînement entre les générations et une détermination à transmettre un héritage culturel identitaire »[6]. En tant que futur chef de famille, Jean de Bertier se vit donc transmettre l'ensemble des héritages familiaux. Pour les identifier, il faut porter le regard sur les générations précédentes, et notamment celles de Louis (1808-1877) et d'Anatole (1839-1903)[7]. Envisageons successivement les valeurs traditionnelles, les habitudes plus récentes acquises par la famille, puis les questions des sociabilités, de la nationalité et de la frontière.

1. Les valeurs traditionnelles : la foi, le roi et la terre

1.1. La foi catholique

En France, le catholicisme est constitutif de l'identité nobiliaire[8]. Il ne s'agit pas de déterminer si les Bertier étaient catholiques, mais quel fut le degré de leur piété religieuse. Le sentiment religieux oscille, sur un temps long, à l'échelle de la société[9]. Il varie aussi, sur un temps moyen, d'une génération à l'autre, au sein d'une même famille. Cependant, les archives de Lagrange mentionnent très rarement les questions religieuses – le catholicisme allant de soi. Les quelques éléments retrouvés ne doivent pas être surinterprétés. Il faudrait pouvoir les comparer aux pratiques d'autres familles de la noblesse locale, pour une meilleure évaluation.

L'impression générale est qu'Anne-Pierre et Reinette, et plus tard Anatole et Henriette, furent plus fervents que Louis et Éléonore. Anne-Pierre, catholique ardent et clérical, se montra très attentif à la perpétuation d'un fort sentiment religieux :

> Éléonore me donne des marques de tendresse auxquelles je suis sensible, mais celle qui me touchera le plus, sera qu'elle ne sépare jamais un souvenir de moi du désir que j'ai de la voir aider son mari, de pratiquer farouchement la religion et à en inculquer fortement les principes à ses enfants[10].

« Farouchement », « fortement » : il n'était pas question de modération. Le même attachement à la religion se retrouve chez les Kergariou. Le comte de Kergariou, père d'Henriette et grand-père de Jean de Bertier, souhaita la foi à ses

---

6   MENSION-RIGAU, Éric, *Enquête sur la noblesse*, p. 6. L'auteur travaille sur la noblesse actuelle, mais l'idée générale d'une « permanence » de l'éducation, des traditions et des valeurs laisse penser que ce qui reste vrai aujourd'hui l'était plus encore à une époque antérieure.

7   Elles ont déjà donné lieu à une publication : EINRICK, Stéphane, « Louis de Bertier (1808-1877). Un rentier au temps des notables », *Les Cahiers lorrains*, 2018, n° 3-4, p. 23-34 et « Anatole de Bertier (1839-1903). Un investisseur au temps de l'industrialisation », *Les Cahiers lorrains*, 2019, n° 3-4, p. 28-39.

8   MENSION-RIGAU, *Aristocrates et grands bourgeois : éducation, traditions, valeurs*, Paris, Plon, 1994, p. 427. L'auteur précise que, depuis l'époque de la révocation de l'édit de Nantes (1685), la noblesse française est presque exclusivement catholique (p. 18).

9   CHOLVY, Gérard et HILAIRE, Yves-Marie (dir.), *Histoire religieuse de la France contemporaine, 1. 1800-1880, 2. 1880-1930*, Toulouse, Privat, 1985 et 1986. L'époque d'Anne-Pierre et de Louis correspondit à un essor de la pratique religieuse et celle d'Anatole à un retrait. Les Bertier n'étaient donc pas représentatifs.

10 ALG, Testament d'Anne-Pierre, 23 juin 1846.

enfants, avant toute autre chose[11]. Il semble qu'Anatole et Henriette suivirent ce modèle de ferveur religieuse. Suite au décès de leur fille Louise, en 1891, l'évêque de Metz écrivit : « Vous trouverez dans votre foi vive et dans vos sentiments de piété la force de supporter un aussi rude coup »[12]. Le couple multiplia les financements en faveurs des paroisses de Manom et de Dudelange. Il dépensa près de 10 000 francs pour financer la construction d'une nouvelle chapelle, au sommet du mont Saint-Jean, toujours à Dudelange[13]. Dans son éloge funèbre d'Anatole, le comte de Saintignon put donc le saluer comme un « chrétien sans reproche ». Surtout, il présenta son fils comme son « pieux continuateur »[14]. Il semble donc que cette intense foi catholique familiale avait été transmise.

1.2. Le roi légitime

Au début du XIXᵉ siècle, les idées politiques des Bertier correspondaient à celles de beaucoup de nobles. Hostiles au libéralisme, systématiquement associé à la Révolution, ils défendaient la monarchie légitime, c'est-à-dire la dynastie des Bourbons[15]. Il faut dire que le père d'Anne-Pierre, Louis-Bénigne de Bertier, intendant de Paris, avait été l'une des premières victimes de la Révolution. Il fut massacré le 22 juillet 1789 (voir *infra*). Anne-Pierre s'engagea donc, et aussi sous des formes politiques, afin d'éradiquer un libéralisme honni à ses yeux. Il participa activement à la Restauration de 1815, puis à la défense de la monarchie rétablie. Cependant, la Révolution de 1830 chassa les Bourbons du trône. Leurs partisans, désormais appelés « légitimistes », se retrouvèrent pour longtemps écartés du pouvoir. En réaction, un mouvement légitimiste apparut, dans le but de renverser la nouvelle dynastie des Orléans et son chef Louis-Philippe. Anne-Pierre s'y impliqua peu. Il vécut retiré sur ses terres de Lagrange, en un exil intérieur[16].

Les archives révèlent des liens de sociabilité conservés avec la cause légitimiste au cours des décennies suivantes. À l'occasion de son voyage en Allemagne en 1833, Louis se rendit à Prague où il put rencontrer la famille royale en exil : Charles X, son fils le duc d'Angoulême et son petit-fils Henri, comte de Chambord[17]. En 1848, ce dernier, devenu prétendant légitimiste au trône de France, écrivit une lettre de condoléances à Louis, suite au décès d'Anne-Pierre :

11 ALG, Lettre du comte de Kergariou à valeur de testament, 1ᵉʳ mai 1859.
12 ALG, Lettre de François-Louis Fleck, évêque de Metz, à Anatole, 16 janvier 1891. Il peut aussi s'agir d'une formule convenue. Il faudrait mieux connaître le degré de proximité entre les deux hommes.
13 ALG, Arrêté grand-ducal, 18 janvier 1892 et Travaux de restauration exécutés sous la direction de M. R. Jacquemin, architecte à Metz pendant le courant des années 1885, 1886, 1887 et 1888. Sur l'histoire monétaire du Luxembourg, voir <http://www.bcl.lu/fr/apropos/histoire_monetaire/index.html>.
14 ALG, Éloge funèbre d'Anatole par le comte de Saintignon, prononcé le 7 septembre 1903.
15 FIGEAC, Michel, *Les noblesses en France du XVIᵉ au milieu du XIXᵉ siècle*, Paris, Armand Colin, 2013, p. 343, 352 et 353.
16 Pour l'engagement politique d'Anne-Pierre, voir EINRICK, *Le général de Bertier*.
17 ALG, Lettres de Louis à ses parents, depuis Prague et Dresde, 12 et 19 juin 1833 respectivement.

Je reçois, Monsieur le Comte, la lettre par laquelle vous m'annoncez la perte cruelle que vous venez de faire. Vous savez combien j'aimais, combien j'estimais votre père, dont la vie a été un modèle d'honneur et de fidélité ; vous ne devez donc pas douter de la part bien vive que je prends à votre juste douleur. Je perds moi-même un ami plein de zèle, de loyauté, de dévouement ; mais c'est pour moi une grande consolation de le voir revivre dans son fils, qui se fait et se fera toujours gloire de suivre ses nobles traces. Je compte donc sur vous, comme je comptais sur lui. Croyez, Monsieur le Comte, à toute mon affection. Henry[18].

D'autres indices de l'intégration des Bertier dans les réseaux légitimistes existent. Par exemple, Anatole épousa en 1874 Henriette de Kergariou, elle-même issue d'une famille légitimiste. Son parrain était en effet « Henri Charles Ferdinand Marie Dieudonné Bourbon d'Artois duc de Bordeaux »… c'est-à-dire le comte de Chambord[19]. Ce dernier écrivit de nouveau aux Bertier quand Louis décéda[20]. Il mourut lui-même en 1883, en exil, sans être parvenu à monter sur le trône. Avec lui s'éteignirent les Bourbons. Les légitimistes avaient échoué. Ils ne purent jamais imposer leurs vues, même les rares années où ils participèrent au pouvoir (de 1849 à 1851, de 1873 à 1875 et quelques mois en 1877). Le comte de Chambord avait largement contribué à l'échec, en prônant une abstention absolue face aux régimes en place[21]. Les Bertier suivirent parfaitement la consigne, comme les autres figures légitimistes de la noblesse locale, les Wendel et les Puymaigre[22]. Les archives ne dévoilent en effet aucun signe d'action politique, ni de manifestation d'idées politiques. On ne peut que supposer, pour les Bertier, et à l'instar des autres légitimistes, un « extraordinaire immobilisme de l'idéologie et des mentalités »[23].

Dépossédée de son prétendant, la noblesse légitimiste se rallia majoritairement au prétendant orléaniste[24]. L'histoire familiale rendait la chose impossible pour les Bertier. Ils considéraient en effet Philippe-Égalité, le père de Louis-Philippe, comme l'un des instigateurs de l'assassinat, en 1789, de leur ancêtre Louis-Bénigne, l'intendant de Paris (voir *supra*)[25]. En cette fin de XIXe siècle, la famille conserva donc une fidélité légitimiste, devenue minoritaire au sein de la noblesse française. Plus généralement, les idées républicaines avaient supplanté les idées monarchistes dans la société française. Jean de Bertier hérita ainsi d'idées très conservatrices, pour ne pas dire réactionnaires. Elles étaient tellement à droite et minoritaires qu'elles ne pouvaient permettre d'envisager aucune participation à la vie politique

---

18 ALG, Lettre du comte de Chambord à Louis, depuis Frohsdorf (Autriche), 25 novembre 1848.

19 ALG, Extrait de baptême de Henriette de Kergariou (1855). Henri portait les titres de duc de Bordeaux et de comte de Chambord, mais le second fut le plus usité.

20 ALG, Lettre du comte de Chambord à Anatole, depuis Frohsdorf, sans date [1877].

21 LÉVÊQUE, Pierre, *Histoire des forces politiques en France. Tome 1 : 1789-1880*, Paris, Armand Colin, 1992, p. 180 et 190-195.

22 ROTH, François (dir.), *Histoire de Thionville*, Gérard Klopp, 1995, p. 173 : « Les opposants légitimistes (de Wendel, de Puymaigre, de Berthier [sic]) restent discrets ».

23 LÉVÊQUE, Tome 1, p. 170.

24 *Ibidem*, p. 180-195. Le prétendant principal au trône de France était désormais le chef de la famille d'Orléans, descendant de Louis-Philippe.

25 ALG, Document de la main d'Arnaud de Bertier – fils de Jean – intitulé « Fausseté des documents. Causes » et relatif à l'ouvrage de Kohn, 27 septembre 1931.

de l'époque. Il ne faut toutefois pas imaginer les Bertier exclus du jeu : « les nobles en général, et particulièrement les aristocrates, avaient fini par se rallier à tous les régimes », parce quel tel était leur intérêt et la condition de leur appartenance à l'élite[26]. La tradition familiale, clairement légitimiste, accepta donc peut-être ces « infidélités opportunistes », selon le mot de David Higgs[27].

1.3. La terre familiale

Le foncier a toujours occupé une place majeure dans la symbolique et le patrimoine nobiliaires. Éric Mension-Rigau intitule « la fidélité à la terre » un de ses chapitres consacrés aux valeurs aristocratiques[28]. La terre représentait une fin en soi : sa possession asseyait l'identité nobiliaire. Elle était aussi le moyen de garantir la richesse nécessaire afin de perpétuer le mode de vie aristocratique. En effet, jusqu'aux années 1860, la terre resta l'investissement par excellence, offrant une rente régulière et sans risque[29].

Encore fallait-il déjouer le risque représenté par le code civil de 1804. Il abrogeait le droit d'aînesse, au profit d'un partage égalitaire entre les héritiers[30]. Une famille trop nombreuse risquait donc un appauvrissement rapide. Les Bertier échappèrent à cet écueil, en ayant un seul héritier par génération : Louis, puis Anatole et enfin Jean héritèrent de la totalité du patrimoine de leurs parents. En outre, des précautions avaient été prises, comme le montre l'extrait suivant :

> Cette dame [Reinette] a légué à M. son fils, son seul héritier [Louis de Bertier], tout ce qu'elle possédait dans la terre de Lagrange, à charge pour lui de le conserver et de le rendre à son fils aîné grevé lui-même de pareille charge de conserver et de rendre à son propre fils aîné[31].

De multiples stratégies furent donc mises en œuvre par la noblesse, pour garantir au fils aîné, conservateur du nom et porteur du titre, la terre familiale, ainsi qu'une fortune suffisante. Toutes sortes de sous- ou surévaluations, fausses estimations permettaient de contourner les dispositions légales des partages, si bien que « la réalité des successions est très différente de ce que laisse déduire la consultation des papiers officiels »[32]. Pour tenter de déjouer ce risque, utilisons comme point de départ une pièce de la main d'Anne-Pierre, datée de 1834.

26 HIGGS, p. 250. Sur la différence entre nobles et aristocrates, voir note 2 du prologue.
27 *Ibidem*. L'auteur donne des exemples de ces distorsions entre une pratique d'accommodement avec le régime en place et un discours légitimiste de façade : « des tirades sur la pureté historique leur dévotion à la branche aînée » (p. 250-251).
28 MENSION-RIGAU, *Aristocrates et grands bourgeois*, p. 154-185.
29 HAUPT, Heinz-Gerhard, *Histoire sociale de la France*, Éditions de la maison des sciences de l'homme, 1993, p. 73 et 109, ROTH, *La Lorraine annexée, Étude sur la Présidence de Lorraine dans l'Empire allemand (1870-1918)*, Metz, Éditions Serpenoise, 2011 [1976], p. 250.
30 MENSION-RIGAU, *Le donjon et le clocher. Nobles et curés de campagne de 1850 à nos jours*, Paris, Perrin, 2003, p. 9.
31 ALG, Traité entre le général vicomte de Bertier et son fils après le décès de madame la vicomtesse de Bertier [Reinette], 1er octobre 1845.
32 MENSION-RIGAU, *Le donjon et le clocher*, p. 9, note 4.

Tableau 1: Possessions foncières d'Anne-Pierre et de Reinette en février 1834[33].

Propriété	Sainte-Geneviève-des-Bois (Seine-et-Oise)	Lagrange (Moselle)	Dudelange (Luxembourg)	Total
Origine	Bertier[1]	Fouquet	Metz (achat en 1829)	
Superficie (ha)	551[2]	382	256	1 189
Valeur estimée[3] (F)	850 000	550 000	220 000	1 620 000
Revenu brut (F)	28 400	17 000	10 200	55 600
Revenu net (F)	24 900	15 400	9 100	49 400

[1] 61 hectares avaient été achetés par le marquis de Fouquet après le mariage de sa fille Reinette avec Anne-Pierre. Reinette en hérita en 1827. Fondamentalement, Sainte-Geneviève venait en très grande majorité des Bertier.

[2] 1306 arpents en réalité. S'agissait-il de la perche de 22 pieds du roi (résultat 667 hectares) ou de la perche ordinaire de 20 pieds (résultat 551 hectares) ? Cette dernière option, plus vraisemblable au vu des autres pièces, a été retenue.

[3] Il s'agit d'une valeur minimale, Anne-Pierre indiquant lui-même : « Ne peut être évaluée moins de ».

Dès le début des années 1830, les Bertier possédaient donc, répartis en trois domaines principaux, près de 1 200 hectares de terres, d'une valeur supérieure à 1 600 000 francs. En 1878, la succession de Louis estima Sainte-Geneviève-des-Bois à 1 250 000 francs et Dudelange à 500 000 francs[34]. Même en restant prudent (chiffres possiblement manipulés), et en intégrant la faible inflation du XIXᵉ siècle, force est de constater que la valeur des terres des Bertier s'était fortement appréciée. Les Bertier bénéficiaient de la situation très avantageuse de leurs domaines : proximité de la capitale pour Sainte-Geneviève-des-Bois et développement de l'industrie sidérurgique à Dudelange. Faute d'avoir retrouvé les papiers successoraux d'Anatole et d'Henriette, il est difficile de dresser un état précis de la fortune des Bertier en 1903. Il semble que les seuls biens fonciers garantissaient alors, au minimum, une fortune de 3 millions de francs. Les Bertier appartenaient clairement au 1 % des Français les plus riches, le « gratin », qui, en 1910, concentrait 60 % de la fortune totale des habitants[35]. Jean de Bertier disposait donc d'un patrimoine plus que suffisant pour perpétuer le mode de vie aristocratique de ses ancêtres.

1.4. Des mariages homogamiques

Parmi les archives de Lagrange, aucun document intime ne permet d'explorer le thème du mariage, à l'exception de quelques lettres d'Anne-Pierre à Reinette,

33 ALG, État de la fortune de monsieur le vicomte et de madame la vicomtesse de Bertier. Février 1834. Document de la main d'Anne-Pierre, à usage privé, dont on peut espérer une plus grande fiabilité.

34 ALG, Partage de la succession de monsieur le comte [Louis] de Bertier [1877/1878] et Inventaire après le décès de madame la comtesse [Éléonore] de Bertier, 1ᵉʳ mars 1880.

35 PROST, Antoine, *Les Français de la Belle Époque*, Paris, Gallimard, 2019, p. 28.

relatives au mariage de leur fils Louis. Les deux critères mis en avant étaient la moralité et la fortune, et le premier primait sur le second : « il faut la prendre [la future mariée] même avec 10 mille livres de rentes de moins, qu'un autre parti, ayant moins les garanties morales »[36]. La moralité correspondait essentiellement aux valeurs traditionnelles précédemment exposées, le catholicisme fervent et la fidélité au légitimisme, que le mariage devait conforter. Les sentiments de Louis n'étaient pas prioritaires. Les Bertier s'inscrivaient ainsi dans la tradition aristocratique du mariage de raison alors que Louis, dans le contexte romantique de l'époque, espérait peut-être un mariage d'amour[37]. Caroline Muller, en étudiant les négociations entre familles nobles à l'occasion des mariages, parvient à une conclusion similaire :

> Au sein de la bourgeoisie et de l'aristocratie du XIXe siècle, le choix du conjoint est l'affaire financière d'une vie. C'est l'avenir économique et social d'une famille qui est engagé par le jeu de la transmission des patrimoines : le nom et la fortune. Aussi l'influence et le pouvoir d'une famille aristocratique dépendent-ils étroitement du mariage des enfants. Le choix de la personne répond à plusieurs exigences : une fortune au moins équivalente à celle de l'enfant que l'on marie, une position sociale similaire ou supérieure (titres et prestige), une bonne santé et, en dernier ressort, l'apparence physique[38].

Le mariage représentait donc un enjeu majeur. Tout au long du XIXe siècle, les Bertier respectèrent parfaitement les critères de l'homogamie. Les familles Fouquet, Klinglin et Kergariou étaient toutes nobles, ardemment catholiques, légitimistes, et riches[39]. Chacun des mariages successifs fut donc une occasion de garantir le lignage, de maintenir les valeurs et d'accroître le patrimoine. Caractérisons succinctement les trois mariages réalisés par les Bertier au XIXe siècle.

Reinette était ce que Michel Figeac appelle une « héritière universelle », apportant à son époux la terre de Lagrange, léguée par ses parents. Anne-Pierre récupéra ainsi, par ce « mariage réussi », tous les biens du marquis et de la marquise de Fouquet[40]. En 1835, Éléonore se vit promettre un minimum de 250 000 francs sur le futur héritage de son père, le baron de Klinglin. Or, William Serman qualifie un mariage d'« avantageux » à partir de 72 000 francs de dot, et de « riche » au-delà de 120 000 francs. Il précise que les dots dépassant les 200 000 francs caractérisaient les seuls grands propriétaires[41]. C'était bien le cas du baron de Klinglin,

---

36 ALG, Lettre d'Anne-Pierre à Reinette, 8 décembre 1833. Les autres lettres relatives au mariage datent des 27 février, 1er et 6 mars 1834.

37 BOLOGNE, Jean-Claude, *Histoire du mariage en Occident*, Paris, J. C. Lattès, 1995, p. 343-344 et 348.

38 MULLER, Caroline, « Un secret bien partagé. La place du directeur de conscience dans les négociations de mariage d'une famille noble (seconde partie du XIXe siècle) », *Genre & Histoire*, 18 – Automne 2016, <http://genrehistoire.revues.org/2558>. Caroline Muller utilise, comme étude de cas, les mariages de René et de Marie de Menthon, deux petits-enfants du baron de Klinglin, le père l'Éléonore et donc beau-père de Louis de Bertier.

39 ALG, Contrats de mariage des 10 juin 1835 et 10 septembre 1874 et EINRICK, *Le général de Bertier*, p. 21-23.

40 FIGEAC, p. 242.

41 SERMAN, William, *Les officiers français dans la nation 1848-1914*, Paris, Aubier Montaigne, 1982, p. 175-176.

dont la fortune, estimée à 2 300 000 francs, dépassait celle des Bertier[42]. Enfin, en 1874, Henriette apporta en héritage de ses père et oncle décédés 21 biens fonciers, répartis sur 8 communes des Côtes-du-Nord [actuellement Côtes-d'Armor]. Ils représentaient une superficie totale de près de 200 hectares, pour une valeur estimée à près de 500 000 francs. Il faut y ajouter le château des Rosaires à Plérin, un autre héritage Kergariou dont il sera question plus tard[43]. Cette alliance avec les Kergariou impliquait des contacts et des relations préalables, sans doute à Paris, où les familles disposaient d'une résidence. Il s'agit de ce que Claude-Isabelle Brelot appelle un « mariage lointain », réservé aux couches supérieures de la noblesse, et garant d'une belle alliance[44].

Mariage réussi, mariage lointain, mariage avec la fille d'un grand propriétaire : la stratégie matrimoniale des Bertier se révélait efficace. Jean de Bertier disposait donc de modèles à suivre. La différence est qu'il était encore célibataire au décès de ses parents en 1903. Il fut donc, nécessairement, plus libre du choix de son épouse.

1.5. Exempla *et comportements déviants*

Tout au long du XIXe siècle, les Bertier se suivirent mais ne se ressemblèrent pas. Anne-Pierre, Reinette, Louis, Éléonore, Anatole et Henriette avaient chacun leur personnalité, et donc, forcément, des inclinations différentes. Si l'on considère les aptitudes financières, la noblesse était un groupe partagé entre modernistes et routiniers, bons et mauvais gestionnaires[45]. Chez les Bertier, le moderniste serait Anatole, le bon gestionnaire Anne-Pierre, et le mauvais gestionnaire, Louis. Ce dernier fut le seul à contracter des emprunts, multiples et croissants, et sans but d'investissement. Le plus important fut le prêt de 260 000 francs accordé en

---

42 ALG, Lettre de Foullon de Doué à Anne-Pierre, 20 octobre 1836. Par la suite, le baron de Klinglin connut des revers de fortune. Les pièces relatives à la succession du baron de Klinglin et aux partages et échanges entre ses enfants sont multiples et complexes (par exemple, un dossier intitulé « affaires avec les Menthon » dont il est difficile de tirer des conclusions sûres). Éléonore hérita finalement, au décès de son père en 1863, et au minimum, 105 hectares de bois à Troisfontaines, près de Sarrebourg (Moselle). Cela ne représentait sans doute plus les 250 000 francs initialement promis, qui correspondaient en 1835 à 400 hectares de bois (ALG, Contrat de mariage du 10 juin 1835 et Inventaire après le décès de madame la comtesse [Éléonore] de Bertier, établi par Legay, notaire à Paris, le 1er mars 1880).

43 ALG, Contrat de mariage d'Anatole et Henriette, 10 septembre 1874 et Service historique de la Défense (SHD), GR 5YE 39915, Dossier militaire d'Anatole de Bertier : Rapport fait au ministre le 17 août 1874 sur une demande de permission de mariage [d'Anatole]. Dans ce dernier document, l'évaluation de la dot d'Henriette est légèrement inférieure : 450 000 francs en valeur. Ni les archives de Lagrange ni la mémoire familiale ne permettent de savoir précisément comment les Rosaires échurent à Henriette : « je ne sais pas grand-chose sur les Rosaires, pour ne pas dire rien du tout. J'ai, effectivement, toujours entendu dire que c'était une propriété Kergariou, ce qui est assez logique. Je pense que l'ensemble a été acheté au début du XIXe siècle » (SELANCY (comte de), Courriel à l'auteur, 12 juin 2017).

44 BRELOT, Claude-Isabelle, « Itinérances nobles : la noblesse et la maîtrise de l'espace, entre ville et château au XIXe siècle », [*in*] BRELOT, Claude-Isabelle (dir.), *Noblesses et villes (1780-1950), Actes du colloque de Tours 17-19 mars 1994*, Éditions de la Maison des sciences de la ville, Université de Tours, 1995, p. 99-100.

45 HIGGS, p. 114-123.

mai 1870 par le Crédit foncier de France, et remboursable sur 60 ans, c'est-à-dire jusqu'en 1930[46]. Cet exemple montre l'importance des individus, au-delà des structures et groupes dans lesquels ils évoluent. Toutefois, l'aléa représenté par la personnalité de Louis ne se transforma pas en catastrophe. La dette contractée restait peu de chose par rapport aux actifs, et Anatole put s'en défaire assez facilement. Nous ne pouvons déterminer quelle fut l'influence sur Jean de Bertier de ces différentes façons de gérer le patrimoine. Lui-même ne connut à la tête des affaires familiales que son père Anatole. Sans doute ce dernier inclina-t-il son fils à suivre sa voie, celle d'une gestion rigoureuse, portée vers les investissements modernes (voir point suivant).

Un autre domaine que la gestion de fortune importait particulièrement à la noblesse. C'était, nous l'avons vu, la transmission des valeurs traditionnelles. Celles-ci s'incarnaient préférentiellement dans des ancêtres choisis comme modèles, ou *exempla*, glorifiés par la mémoire familiale. Nous pouvons en identifier au moins deux : Louis-Bénigne de Bertier, élevé par la famille au rang de martyr de la Révolution, et son fils Anne-Pierre, modèle de piété religieuse et de dévouement aux Bourbons. Un document de la main de Reinette et destiné à son fils Louis ne laisse aucun doute sur l'influence ce ces *exempla* dans l'éducation des jeunes Bertier :

> Toi mon fils, tes devoirs te sont tracés par la conduite de tes pères, que t'importe la reconnaissance des rois, de plus nobles motifs te lient à leur cause que celui de l'intérêt, le sang de ta famille a été le premier versé par les ennemis du trône, cette distinction honorable, cette gloire payée si cher, personne ne peut te la ravir, et quelles obligations elle t'impose ! […] Toi, tu dois suivre leurs exemples [ceux des ancêtres], celui de ton père dont toute la vie est un modèle de dévouement, de loyauté et de grandeur d'âme. Heureux mon fils celui qui trouve parmi les siens tant de vertus à imiter[47].

Par ces phrases, Reinette soumettait son fils Louis à toute une série d'obligations, familiales, politiques mais aussi religieuses. On retrouve ici l'une des constantes de l'éducation aristocratique. Le jeune noble est conditionné par le passé familial et surtout la mémoire qui en est conservée[48]. Il faut aussi remarquer que ce document, de la main de Reinette, illustre bien la place privilégiée des femmes de la noblesse dans l'éducation des enfants et la transmission des valeurs[49].

Nul doute que Jean de Bertier fut, deux générations plus tard, lui aussi élevé dans le culte des grandes figures familiales. Cependant, il faut aussi penser à de contre-exemples possibles. Éric Mension-Rigau explique que l'unité affichée des

---

46 ALG, Prêt conditionnel de 260 000 francs par le Crédit foncier de France à M. le vicomte [Louis] de Bertier, 14 mai 1870. Le prêt fut réalisé le 6 août 1870 alors que la guerre franco-allemande avait éclaté, et de multiples documents concernant les années 1856 à 1870 sont rassemblés dans un dossier « créances et prêts ».

47 ALG, Document rédigé par Reinette à l'intention de son fils, 16 juin 1822 [présenté en annexe dans EINRICK, *Le général de Bertier*, p. 178].

48 MENSION-RIGAU, Éric, *Aristocrates et grands bourgeois*, p. 14-15 et 416.

49 *Ibidem*, p. 17 et EINRICK, Stéphane, « Les femmes chez les Bertier au XIXᵉ siècle (1803-1903) », *Les Cahiers du pays thionvillois*, 2020, p. 28-41.

nobles, autour de valeurs communes, cache bien des désaccords pouvant exister au sein des familles. À cause de comportements jugés déviants, par exemple le concubinage ou un mariage exogamique, un membre du groupe pouvait être exclu, au moins symboliquement[50]. Or, l'un des Bertier, Ludovic (1842-1862), est quasiment absent des archives. Seules trois coupures de presse se rapportent au meurtre de Ludovic par sa maîtresse, Catherine Bernette, une jeune fille non issue de la bonne société[51]. Sans aucun doute Louis et Éléonore furent-ils opposés à cette relation. Son dénouement tragique et le non-respect par Ludovic des normes imposées par le groupe expliquent sans doute son occultation de la mémoire familiale, jusqu'à une époque très récente[52]. Ici encore, nous ne pouvons savoir dans quelle mesure Jean de Bertier fut mis au courant de l'infortune de son oncle Ludovic, décédé 15 ans avant sa naissance. L'essentiel est de retenir que des comportements considérés comme déviants existaient, et pouvaient donc se reproduire à l'avenir. Jean de Bertier n'était pas condamné à devenir un *exemplum*.

2. Les nouvelles pratiques familiales

2.1. *Depuis la Révolution : l'engagement militaire*

Au niveau militaire, le lecteur pourrait considérer que la continuité prévalut. Anne-Pierre, Louis, Anatole, Ludovic et Jean furent tous militaires. Pourtant, sous l'Ancien Régime, les Bertier avaient été magistrats, ou hauts fonctionnaires. Rappelons que Louis-Bénigne de Bertier occupa les fonctions d'intendant de Paris, de 1776 à 1789. L'engagement militaire de son fils Anne-Pierre résulta de la Révolution. Il combattit, entre 1791 et 1799, dans l'armée des émigrés, dirigée par le prince de Condé[53]. Par la suite, il n'y eut jamais de retour vers la magistrature, ni de simple pratique de la rente foncière. Le XIXᵉ siècle vit donc le métier des armes s'imposer comme nouvelle tradition familiale, ainsi que le résume Arnaud de Bertier, dans un document daté du 27 septembre 1931 :

> [Anne-Pierre], époux de Mademoiselle de Fouquet, mon arrière-arrière-grand-père, servit l'Empire et la Restauration mais, après la prise d'Alger, ne voulut pas servir le fils de Philippe-Égalité. Après lui, tous ses descendants furent militaires sous la Seconde République et le Second Empire, mais jamais sous la monarchie de Juillet[54].

---

50 MENSION-RIGAU, *Aristocrates et grands bourgeois*, p. 71-72 et 76.

51 ALG, Extraits de *La Sentinelle de Thionville*, 25, et 29 janvier 1862, et une autre coupure, sans date. Catherine Bernette fut condamnée à 10 ans de travaux forcés, la cour d'assises retenant le caractère passionnel et involontaire du meurtre [Extrait du journal *Le Temps*, 24 mars 1862, <http://gallica.bnf.fr/ark:/12148/bpt6k221115p.texte.langFR>].

52 SELANCY (comte de), Courriel à l'auteur, 12 juin 2017 : « j'ai découvert l'existence de Ludovic de Bertier il n'y a pas très longtemps, je ne sais plus comment ».

53 EINRICK, *Le général de Bertier*, p. 19-20.

54 ALG, Document daté du 27 septembre 1931 de la main d'Arnaud de Bertier intitulé « Fausseté des documents. Causes » et relatif à la monographie de Kohn. Arnaud (1910-1935) était le fils de Jean de Bertier.

Arnaud de Bertier commettait deux erreurs : Anne-Pierre ne servit jamais sous Napoléon et Anatole et Ludovic, nés en 1839 et 1842, étaient bien trop jeunes pour être militaires au moment de la IIe République (1848-1852). Peu importent ces inexactitudes. Fondamentalement, il s'agissait de montrer que les Bertier pouvaient s'accommoder, en tant que militaires, de régimes très différents. Anatole poursuivit d'ailleurs sa carrière sous la IIIe République. Les Bertier partageaient donc l'idée moderne de service de l'État qui s'était imposée au XIXe siècle. Les militaires ne défendaient plus un régime ou la personne du souverain, mais la nation et l'ordre. Des légitimistes comme les Bertier pouvaient donc, sans se renier, prêter serment de soumission à l'exécutif[55]. L'extrait précédent insiste cependant sur une entorse à cette nouvelle règle. Anne-Pierre et Louis, tous deux militaires en 1830, refusèrent de reconnaître la monarchie de Juillet et de prêter serment à Louis-Philippe. On pourrait y voir un archaïsme, un attachement à la dynastie des Bourbons plutôt qu'à l'État ou à la nation. C'est en partie vrai[56]. Toutefois, seule une petite minorité d'officiers (environ 400) quitta l'armée en 1830-1831, et tous les légitimistes ne démissionnèrent pas[57]. La raison principale était ailleurs : l'inimitié personnelle entre les Bertier et la nouvelle dynastie régnante des Orléans empêchait tout serment, même formel, à Louis-Philippe. Remarquons d'ailleurs que ce dernier est désigné par Arnaud comme « le fils de Philippe-Égalité », pour bien rappeler le nom honni par la famille.

Il n'y avait donc aucun obstacle pour que Jean de Bertier devînt, à la suite de son père Anatole, officier sous la IIIe République. La voie était tracée : Saint-Cyr, puis la cavalerie, qui restait l'arme de prédilection de la noblesse[58]. La carrière militaire répondait d'ailleurs parfaitement aux critères d'honorabilité du groupe : solde faible (afin de ne pas risquer de déroger), oisiveté endémique et forte considération sociale, paradoxalement renforcée après la défaite de 1870[59].

La nouvelle tradition militaire des Bertier généra ses propres *exempla*. Pour Jean de Bertier, un premier modèle fut sans doute son arrière-grand-père Anne-Pierre, « le général ». Il commanda une brigade lors de l'expédition d'Alger (1830) et ses souvenirs sont, aujourd'hui encore, exposés à Lagrange. Il fit même construire, dans le parc de Lagrange, une réplique de la demeure du consul de Hollande, où il avait, semble-t-il, séjourné. Cette « maison d'Alger », bien que ruinée lors de la

---

55 GIRARDET, Raoul, *La société militaire de 1815 à nos jours*, Paris, Perrin, 1998, p. 88, 92 et 95-96.

56 EINRICK, *Le général de Bertier*, p. 140-145 et SHD, 8 YD 2103, Dossier militaire du vicomte Anne-Pierre de Bertier de Sauvigny : Lettre d'Anne-Pierre au ministre de la Guerre, 14 septembre 1830 : « je n'ai jamais prêté qu'un seul serment, celui qui a dévoué mon existence à Sa Majesté, Louis dix-huit (sic), et à son successeur légitime, Charles dix (sic) ».

57 SERMAN, William et BERTAUD, Jean-Paul, *Nouvelle histoire militaire de la France 1789-1919*, Paris, Fayard, 1998, p. 228.

58 SERMAN, p. 8 et 24-25. En 1885, 38 % des officiers de cavalerie étaient nobles contre 8 % de ceux de l'infanterie.

59 SERMAN, p. 14-15, ROTH, François, *La guerre de 1870*, Paris, Fayard, 1990, p. 572 : « Jamais l'armée et les valeurs militaires n'ont été autant respectées qu'après 1870 ». Les autres carrières privilégiées par les nobles étaient celles de diplomate ou de magistrat.

guerre de 1870, continua de servir de témoin des hauts faits d'Anne-Pierre : « ses ruines rappellent bien des souvenirs à ceux qui connaissent son humble histoire ; elles nous rappellent des illustrations de la France : les héros d'Alger »[60]. Le second modèle militaire familial de Jean de Bertier fut sans nul doute son père Anatole. Pendant la guerre de 1870, il se retrouva, avec un détachement de son régiment de dragons, enfermé dans Strasbourg. Les 11, 12 et 16 août, il participa à quelques sorties avec ses hommes, sans pouvoir rompre le siège. La bravoure d'Anatole fut reconnue par le commandant de la place, le général Uhrich. Il fut promu capitaine et, plus tard, décoré de la légion d'honneur[61].

Il faut aussi remarquer que l'engagement militaire des Bertier changea progressivement de raison d'être. Il ne s'agissait plus, à l'instar Anne-Pierre, de combattre la Révolution ou les idées libérales. À partir d'Anatole et de la guerre de 1870, le nouvel ennemi était les armées allemandes, souvent désignées dans les sources sous le vocable réducteur des « Prussiens ». Le danger concerna les Bertier, personnellement et physiquement. Anatole fut grièvement blessé lors du siège de Strasbourg :

> Ce fut en revenant de parlementer, le 9 septembre, que M. le capitaine de Bertier fut renversé sous son cheval grièvement atteint par des éclats d'obus et transporté à l'hôpital où il resta jusqu'à la fin du siège. Il était lui-même blessé en cinq endroits par des éclats d'obus[62].

Son père Louis fut également menacé, à Lagrange. Le 24 août, les Prussiens mirent le siège devant Thionville[63]. La suite des événements nous est contée par Jean Charles Kohn :

> Pendant les débuts du siège, le comte de Bertier était resté dans son château. D'une grande indifférence au danger qui le menaçait, il voyait passer, sans s'émouvoir, les projectiles dirigés de la ville sur la batterie de la maison d'Alger […]. Le patriotisme ardent de M. le comte de Bertier, ainsi que la position élevée qu'il occupait dans le pays, le désignaient à l'ennemi. Il avait déjà été question de l'arrêter comme otage et de l'interner dans une forteresse d'Allemagne en attendant qu'il fût autrement disposé de son sort. Quelques personnes avaient prévenu Monsieur de Bertier des projets qu'on formait contre lui. Cependant il ne tenait aucun compte de ces avertissements, lorsqu'un soir, au mois de novembre, quelques jours avant le bombardement de la forteresse, il reçut un papier sur lequel on avait griffonné que, dans une heure, il allait être arrêté et qu'un escadron de cavalerie devait partir d'Hettange-Grande pour s'emparer de

60 KOHN, Jean Charles, *Histoire des seigneurs et de la seigneurie de Lagrange, tome second, Histoire de la seigneurie de Lagrange*, Luxembourg, Worré-Mertens, 1899, p. 192.
61 SHD, 4 M 136, PUYBAUDET, BERNOUIS et CLÉRIC, *Historique de la marche du 10ᵉ régiment de dragons de Limoges à Sedan 20 juillet-1ᵉʳ septembre*, Poitiers, 10 août 1871. Anatole obtint la légion d'honneur le 15 novembre 1870 avec la mention : « S'est distingué au siège de Strasbourg et a reçu deux blessures ».
62 *Ibidem*.
63 ROTH (dir.), *Histoire de Thionville*, p. 182 et *La guerre de 1870*, p. 404.

sa personne. C'était vers sept heures, la soirée était sombre et pluvieuse. Ce billet ne manqua pas son effet ; quelques minutes après avoir été prévenu, le propriétaire de Lagrange monta en voiture et partit pour Dudelange, dans le Luxembourg, où il arriva à dix heures du soir[64].

Ce texte relevant du modèle héroïque de la biographie ne présente aucune garantie d'impartialité. Faute d'autres sources disponibles, on ne peut non plus contrôler sa véracité. Son avantage est de présenter les risques auxquels Louis fut apparemment confronté (proximité des combats, menaces d'arrestation voire d'internement). Surtout, il confirme la désignation de l'Allemagne comme nouvel ennemi et insiste sur le « patriotisme ardent » de Louis[65]. Engagement militaire et patriotisme se fondaient dans une nouvelle affirmation identitaire de la noblesse[66]. L'éloge funèbre d'Anatole par le comte de Saintignon l'atteste : « Le comte de Bertier fut un soldat. Il idéalisait en effet dans tout ce qu'il y a de plus noble et de plus élevé les vertus de l'officier français »[67]. Jean de Bertier assista à cet éloge funèbre. Il était lui-même noble, officier et Français : il suivait le modèle paternel.

Le dossier militaire d'Anatole contient beaucoup de remarques élogieuses. Il fut décrit comme suit en 1880 : « Très bel officier supérieur, excellent cavalier, est instruit, intelligent, capable, actif, zélé, aime son métier. A de l'avenir[68] ». Pourtant, Anatole démissionna 3 ans plus tard, le 21 juillet 1883[69]. La raison n'est pas explicitée dans les archives mais se déduit de la lettre du commandant du régiment au ministre de la Guerre : « Monsieur le commandant de Bertier qui possède une fortune très considérable est obligé à de fréquentes absences qui ne peuvent s'accorder avec les obligations du service militaire »[70]. Anatole choisit

---

64 KOHN, p. 277. L'auteur relate que, suite au départ de Louis, le château subit des tirs. Les carreaux volèrent en éclats, les façades tournées vers la forêt furent criblées de balles. Lagrange fut même investi et occupé par les Prussiens. Pour l'anecdote, il est précisé que ces derniers ne trouvèrent pas la cave aux vins fins, qui avait été murée (p. 278-279).

65 Il faut ici aussi se méfier de cette écriture héroïque et postérieure. On peut même se demander si ce ne fut pas l'officier allemand en charge de son arrestation qui fit prévenir Louis, dans une forme de courtoisie nobiliaire. Les aristocrates considéraient en effet appartenir, par-delà nations et frontières, à un même monde (MENSION-RIGAU, *Aristocrates et grands bourgeois*, p. 338).

66 MENSION-RIGAU, *Aristocrates et grands bourgeois*, p. 411 et 480.

67 ALG, Éloge funèbre d'Anatole de Bertier par le comte de Saintignon, 7 septembre 1903.

68 SHD, GR 5YE 39915, Dossier militaire d'Anatole de Bertier : Inspection générale de 1880. 9ᵉ régiment de cuirassiers. Note du général commandant le 14ᵉ corps d'armée. Dans ses évaluations des années 1860, on peut déjà lire par deux fois « aime son métier ».

69 Le comte de Chambord décéda en 1883, mais le 24 août, soit un mois après la démission d'Anatole. Ce dernier ne s'était pas engagé dans l'armée dans l'espoir d'une hypothétique restauration… et n'aurait eu aucune raison de démissionner suite au décès du prétendant légitimiste. Il ne faut donc faire aucun lien entre les deux événements.

70 SHD, GR 5YE 39915, Lettre du colonel commandant le 9ᵉ cuirassier au ministre de la Guerre. Le lecteur souligna au crayon bleu ce qu'il identifia sans doute comme la raison majeure de la démission.

donc de mettre un terme à sa carrière pour se consacrer à la gestion de sa fortune. Selon William Serman, cette pratique concernait le tiers des officiers nobles. La décision intervenait souvent suite à un mariage richement doté, ou suite au décès du père[71]. Cependant, la fortune d'Anatole était déjà faite dès 1874 (mariage et dot) et encore davantage en 1877 (héritage de son père Louis). Le fait d'attendre 1883 pour démissionner nous permet de conclure avec une certaine assurance au rôle essentiel de son engagement dans l'industrie, à partir de 1882. Devenu investisseur et administrateur, il n'avait plus guère de temps pour la vie de garnison. Son fils Jean n'avait que 5 ans au moment de sa démission. De son père, il ne dut avoir que très peu de souvenirs en uniforme, et davantage en homme d'affaires.

2.2. À partir des années 1880 : les investissements industriels

Pour des aristocrates, investir dans l'industrie n'était pas un comportement nouveau. Avant la Révolution, 80 % des forges étaient possédées par des nobles[72]. Le baron de Klinglin, le père d'Éléonore, avait d'ailleurs remis en activité un haut-fourneau à Saint-Loup (Haute-Saône) et possédait une verrerie à Vallerystahl (commune de Troisfontaines, Moselle). La crise économique de 1847-1848 le frappa durement et ses créanciers lui réclamèrent 200 000 puis 400 000 francs. Il sollicita l'aide de Louis : « J'ai l'intime conviction que si vous voulez <u>sérieusement</u> m'aider encore pendant deux ans nous approcherons du premier résultat plutôt que du [mot illisible] et cela en vaut la peine »[73]. Louis ne réagit pas, ou trop peu, et le baron de Klinglin constata quelques années plus tard : « Par des circonstances malheureuses j'ai perdu une grande partie de ma fortune »[74].

La terre resta longtemps, pour les Bertier comme les autres notables, la base de la richesse. Toutefois, le XIXe siècle vit le glissement progressif d'un monde agricole et rural vers un monde de plus en plus industriel et urbain[75]. À partir de 1870, d'autres placements plus rémunérateurs que la terre eurent la faveur des investisseurs, et notamment les actions et obligations industrielles. Déterminons si les Bertier suivirent le mouvement, en examinant l'évolution de leurs titres mobiliers.

---

71 SERMAN, p. 8 et 147.

72 AINVAL (d'), Henri, *Deux siècles de sidérurgie française. De 1003 entreprises à la dernière*, Presses universitaires de Grenoble, 1994, p. 13.

73 ALG, Lettre du baron de Klinglin à Louis, 13 mai 1847. Le mot « sérieusement » est souligné deux fois.

74 ALG, Lettre du baron de Klinglin à Louis, 1er janvier 1855. Cette ruine du baron pourrait expliquer l'héritage finalement réduit d'Éléonore.

75 En France, les campagnes connurent leur plus grand peuplement vers 1850, le « maximum démographique rural ». Au recensement de 1931, la population urbaine dépassa pour la première fois la population rurale, mais le déclin des campagnes ne fut consacré que dans les années 1950, par un exode rural accéléré.

Tableau 2: **Bien non fonciers des Bertier au XIXe siècle**[76].

Année	Couple	Titres	Valeur (F)	Revenu (F)
1834	Anne-Pierre & Reinette	1 action dans le titre de presse *La Quotidienne*	20 000	> 1 200
		Créances de particuliers (dont le prince de Monaco)		4 100
		Rente étrangère (Autriche et Naples)		1 600
1845		1 action dans le titre de presse *La Quotidienne*	20 000	> 1 200
		7 actions des mines de Mont Rambert et Château-Gaillard	3 500	
		Rente étrangère (Autriche)	30 000	1 400
1878	Louis &	1 action de la Banque de France	3 000	
		1 obligation des chemins de fer de l'ouest	670	
1880	Éléonore	1 action de la Banque de France	3 000	
		2 obligations des chemins de fer de l'ouest	670	
		Rente sur l'État à 3 %		150
1882	Anatole &	**Actions – SA des hauts-fourneaux et forges de Dudelange**	**525 000**	**1 050**
1890	Henriette	40 actions – Société J.N. Klensch et compagnie	?	
1893		40 actions – SA lux. de produits physiologiques	20 000	
1894		48 actions – SA lux. de produits physiologiques	24 000	
1895		50 actions – SA des ardoisières d'Asselborn	20 000	
1896		80 actions – SA lux. de produits physiologiques	40 000	

Il se produisit un véritable *take-off* des investissements industriels familiaux, dans le cadre luxembourgeois et à partir des années 1880, sous l'impulsion d'Anatole. Sa démission de l'armée dès 1883 prouve qu'il s'agissait d'une réorientation majeure, tant au niveau de sa personne que du patrimoine familial. Il convient de s'y attarder, d'autant que Jean de Bertier hérita en 1903 de toutes les positions acquises par son père dans l'industrie au cours des 20 années précédentes. Expliquons successivement les raisons de l'essor industriel puis quel(s) rôle(s) Anatole y joua.

En Lorraine, au Luxembourg et en Sarre, les conditions d'un décollage industriel durable furent remplies à partir des années 1860-1870. Le développement du chemin de fer permit de connecter les gisements de minerai de fer lorrains et

76 ALG, État de la fortune dressé par Anne-Pierre en février 1834, Traité du 1er octobre 1845 entre Anne-Pierre et Louis suite au décès de Reinette, Règlement de succession de Louis du 12 mars 1878, Inventaire après décès d'Éléonore du 1er mars 1880 et informations relatives à Anatole sur <www.industrie.lu>.

luxembourgeois et les gisements de charbon sarrois[77]. Au Luxembourg, une loi de 1874 imposa aux titulaires de concessions minières de transformer le minerai de fer sur place. Ce dernier, appelé « minette », présentait toutefois un grave inconvénient. Sa richesse en phosphore rendait les fontes et les aciers cassants. En 1877, cet obstacle technique fut levé grâce au procédé de déphosphoration, mis au point par les chimistes Sidney Thomas et Percy Gilchrist. Les « Terres rouges » du sud du Grand-Duché purent dès lors se muer en une Ruhr ou un Nord-Pas-de-Calais luxembourgeois[78].

Investir dans la sidérurgie était donc un choix rationnel pour Anatole. Il s'associa avec le Luxembourgeois Norbert Metz (1811-1885) et le Belge Victor Tesch (1812-1892) pour créer, le 5 juillet 1882, la Société anonyme des hauts-fourneaux et forges de Dudelange. Il s'agissait d'une grande entreprise moderne : étaient prévus dès 1883 quatre hauts-fourneaux, une aciérie à quatre convertisseurs, un laminoir, un atelier mécanique et une fonderie ainsi que des mines exploitées à ciel ouvert, ou par galeries. Les capacités prévues étaient de 300 000 tonnes de minerai et de 80 000 tonnes d'acier par an.[79] Le capital de départ de la nouvelle société s'élevait à 8 millions de francs, fractionné en 16 000 actions de 500 francs[80].

Pour concrétiser un tel projet, il fallait de très vastes terrains, pour établir des mines et pour construire des usines. Les trois associés purent s'appuyer sur le patrimoine possédé par Anatole à Dudelange. Ce dernier fournit au moins 20 hectares de terres et le droit d'extraire dans ses propriétés, avoisinant les 290 hectares et en partie devenues terrains à mines[81]. Cette base foncière fut complétée par les achats réalisés par Norbert Metz et Victor Tesch en 1881-1882 : 327 terrains à mine, d'une superficie de 74 hectares, pour près de 560 000 francs, ainsi que 104 parcelles, représentant 22 hectares acquises pour 280 000 francs[82]. La comparaison des chiffres montre que l'apport d'Anatole fut indispensable et explique le choix de la localisation à Dudelange.

Toutefois, Anatole n'apparaît pas dans les ouvrages relatifs aux questions industrielles. En effet, les dirigeants effectifs de la société étaient ceux qui maîtrisaient les questions techniques liées au fonctionnement d'une usine. Ces

77 ROTH, « Espaces sarrois et Lorraine, relations et convergences 1815-1925 », [*in*] BRÜCHER, Wolfgang et FRANKE, Peter Robert (dir.), *Probleme von Grenzregionen: das Beispiel SAAR-LOR-LUX Raum, Saarbrücken*, Philosophische Fakultät der Universität des Saarlandes, 1987, p. 70 et 73.

78 LEBOUTTE, René, PUISSANT, Jean et SCUTO, Denis, *Un siècle d'histoire industrielle (1873-1973). Belgique, Luxembourg, Pays-Bas. Industrialisations et sociétés*, SEDES, 1998, p. 24-25 et 109, et BARTHEL, Charles, Courriel à l'auteur, 15 avril 2022.

79 KOVACS, Stéphanie, *Relations entre maîtres de forges, autorités communales et gouvernementales au Grand-Duché de Luxembourg de 1850 à 1914*, Thèse d'histoire, sous la direction de René Leboutte, Université du Luxembourg, 2012, <http://hdl.handle.net/10993/15629>, p. 153.

80 BARTHEL, Charles, « L'émergence de l'ARBED (1904/05-1913) », [*in*] *Terres rouges. Histoire de la sidérurgie luxembourgeoise : volume 7*, Luxembourg, Archives nationales de Luxembourg, 2022, p. 162.

81 <http://www.industrie.lu/deBertier.html> : « Les industries de la famille de Bertier. Historique ».

82 KOVACS, p. 117 et 153.

capitaines d'industrie s'appelaient Norbert Metz, Victor Tesch et, plus tard, Émile Mayrisch[83]. Anatole, incompétent en la matière, se trouvait automatiquement relégué au second plan. Pour vérifier la validité de ce raisonnement, il est utile de consulter les procès-verbaux des conseils d'administration de la Société anonyme des hauts-fourneaux et forges de Dudelange, conservés aux archives nationales du Luxembourg. Anatole se montra particulièrement assidu, en assistant à 52 des 63 séances tenues entre 1882 et 1896[84]. Les procès-verbaux ne restituent pas la réalité des discussions éventuelles. La formule collective « le conseil » permet de dissimuler tout débat. Seuls les noms du président (Victor Tesch puis Léon Orban à partir de 1892), du vice-président (Charles Simons) ou de l'administrateur délégué (Émile Metz) apparaissent quelquefois. Anatole n'est jamais explicitement mentionné[85]. Les procès-verbaux postérieurs à 1896 étant manquants, on ne peut que se référer aux délibérations du conseil général de la société. Encore une fois, la lecture du registre ne révèle rien de l'influence des différents participants, la formule « aucune observation, approuvé à l'unanimité » étant très largement dominante, voire exclusive. On ne peut que confirmer la grande assiduité d'Anatole (36 présences sur 43 réunions entre 1882 et 1903)[86].

Ainsi, Anatole ne se transforma pas en un décideur économique, et encore moins en un patron d'usine. Il avait sans doute gardé à l'esprit l'expérience malheureuse de son grand-père, le baron de Klinglin[87]. Anatole sut s'associer, et laisser à d'autres le soin de gérer les questions techniques. Il devint ainsi un investisseur et se montra impliqué dans ses nouvelles fonctions d'administrateur. Il y avait là, pour Jean de Bertier, un second modèle professionnel, à côté de la carrière militaire. Démissionnerait-il lui aussi pour reprendre les positions occupées par son père à la Société de Dudelange ?

83 Lors de la fondation de la société en 1882, Victor Tesch et Norbert Tesch s'étaient d'ailleurs chacun octroyé 8 000 parts de fondateur, ce qui, avec les 1 858 actions de capital qu'ils possédaient, leur garantissait la majorité des voix et donc le contrôle de l'entreprise (BARTHEL, « L'émergence de l'ARBED », p. 162).

84 Archives nationales du Luxembourg (ANLux), ADU-U1-102 [cote provisoire], Procès-verbaux des conseils d'administration de la Société anonyme des hauts-fourneaux et forges de Dudelange, 1882-1896. Anatole ne manqua donc que 11 séances et pour 4 d'entre elles, il fut « excusé pour cause d'indisposition ».

85 *Ibidem*. Nous reviendrons plus longuement sur le fonctionnement d'un conseil d'administration dans la 3ᵉ partie, quand il sera question du pouvoir de décision de Jean de Bertier.

86 ANLux, ADU-U1-105 [cote provisoire], Registre aux délibérations du conseil général de la Société anonyme des hauts-fourneaux et forges de Dudelange, 1882-1911. Le conseil général regroupait les membres du conseil d'administration et les commissaires aux comptes. Il préparait les assemblées générales des actionnaires.

87 Il faudrait, pour ce faire, se renseigner sur l'existence, le devenir et la localisation des archives des Klinglin. Une lettre du baron témoigne d'une proximité avec son petit-fils : « Quant à ce charmant Anatole – ce sera je l'espère un jeune homme excellent – toutes ses inclinations sont bonnes et avec cela il a beaucoup de raison. Vous savez que j'ai toujours eu une prédilection pour lui – cela n'a aucun inconvénient pour un grand-père » (ALG, Lettre du baron de Klinglin à Louis, 2 décembre 1847).

3. Sociabilités, nationalité et frontières

3.1. Un double réseau, local et national

Le tableau 1, précédemment commenté, récapitule les principaux biens fonciers détenus par les Bertier au milieu du XIXe siècle. Sainte-Geneviève-des-Bois (aujourd'hui dans l'Essonne) était la terre familiale des Bertier, héritée par Anne-Pierre, l'aîné effectif de la famille[88]. Lagrange (Moselle) provenait de son épouse Reinette, et représentait l'héritage de ses parents, le marquis et la marquise de Fouquet. Enfin, Dudelange (Luxembourg) avait été acquis en 1829. À ces trois domaines, il faut ajouter le château ou manoir des Rosaires à Plérin (aujourd'hui dans les Côtes d'Armor), ainsi que les autres biens fonciers obtenus suite au mariage d'Anatole avec Henriette de Kergariou[89]. Les Bertier disposaient donc de plusieurs implantations locales, avec, à chaque fois, une possibilité de résidence. Les inventaires du mobilier, effectués à l'occasion de décès, permettent d'avoir une idée des lieux de séjour de la famille.

Tableau 3. Valeur du mobilier présent dans les résidences des Bertier vers 1880 (en francs)[90].

Résidence	Origine	1878 (succession de Louis)	1880 (décès d'Éléonore)
Paris (rue de Verneuil)	location	10 000	9 000
Lagrange	Fouquet	15 000	1 300
Sainte-Geneviève	Bertier	500	500
Dudelange	Metz	Aucune mention	Aucune mention
Les Rosaires	Kergariou	Pas encore hérité ?	Pas encore hérité ?

Concentrons-nous sur les quatre résidences de province, en laissant pour l'instant de côté le logement parisien. Le tableau, lacunaire, est à l'image des sources. Y avait-il du mobilier à Dudelange ? Lagrange perdit-elle une partie de son mobilier entre 1878 et 1880, pour quel usage et vers quelle destination ? Il a été impossible de le déterminer. En tout cas, Sainte-Geneviève-des-Bois semble ne jamais avoir été un lieu de séjour pour la famille, même si des logements y étaient entretenus, pour être utilisés à l'occasion des chasses. Anne-Pierre, pour lequel

88 En réalité, Anne-Pierre avait un frère aîné, Antoine, qui, frappé de « démence », vécut placé dans différentes institutions (voir EINRICK, *Le général de Bertier*, p. 17-18).

89 Anne-Pierre vend ses terres en Bourgogne, et Anatole vend les forêts héritées des Klinglin à ses cousins Menthon (ALG, Traité entre M. le général vicomte de Bertier et M. son fils, 1er octobre 1845 [cession/échange des bois possédés en Bourgogne] ainsi que <http://troisfontaines.free.fr/livre/chap13.html> [vente de forêt de 1888]).

90 ALG, Partage de la succession de M. le comte [Louis] de Bertier (1878) et Inventaire après le décès de madame la comtesse [Éléonore] de Bertier du 1er mars 1880. Jean de Bertier possédait les Rosaires, qu'il tenait de sa mère Henriette, mais il est difficile de savoir quand cette dernière en hérita.

Sainte-Geneviève représentait la terre paternelle, y fut le plus assidu. Une clause du contrat de fermage imposait en effet à ses fermiers de lui fournir à manger :

> Ils [les fermiers] fourniront tous les ans au bailleur [Anne-Pierre] 500 pommes, 250 poires et 20 livres de raisin sur les fruits qu'ils auront récoltés dans les jardins et potagers, et les légumes dont M. de Bertier pourrait avoir besoin dans les petits voyages qu'il fait à Sainte-Geneviève[91].

Le même Anne-Pierre décrivit Dudelange comme une « maison bourgeoise » alors que Lagrange était présentée comme « un beau château bâti en pierres de taille et presqu'entièrement réparé et arrangé à neuf[92] ». À côté du logement parisien, l'autre résidence habituelle était donc Lagrange. La famille n'y séjournait pas qu'en été. Louise, la sœur aînée de Jean de Bertier, y décéda en janvier 1891, et Henriette, sa mère, en décembre 1903. Anatole et Ludovic furent tous deux baptisés dans la chapelle du château, en mai 1839 et en septembre 1842 respectivement. Lagrange pouvait donc être occupée en toute saison. Ainsi devint-elle le château de famille des Bertier.

À Lagrange, tout comme à Sainte-Geneviève-des-Bois, à Dudelange et aux Rosaires, les Bertier occupaient une position sociale exceptionnelle : celle de grands propriétaires par rapport à la communauté villageoise locale. Ils allouaient des terres, commandaient des travaux, accordaient des legs, pratiquaient la charité[93]. Jean-Luc Mayaud insiste sur l'importance de ces transferts et de cet évergétisme. Ils permettaient de faire accepter les inégalités sociales persistantes. Ils revêtaient aussi une dimension identitaire pour la noblesse : l'ancrage dans un terroir et les liens forts établis avec les habitants signifiaient ancienneté et prestige[94]. Le réseau local devenait particulièrement visible lors des obsèques. Lors de celles d'Anatole, en 1903, la liste des couronnes offertes permet d'identifier la ville de Thionville, le conseil municipal de Manom, le *Kreisdirektor*, le conseil d'administration de l'usine de Dudelange, le personnel des usines ainsi que des notables en leur nom propre, essentiellement des membres de la noblesse et/ou de l'industrie locale[95].

Le réseau local débordait donc Manom et Thionville pour atteindre Dudelange, au Luxembourg, à moins de vingt kilomètres de distance. Par leur proximité, Lagrange et Dudelange sont donc liés en un seul réseau, local et transnational. Son versant luxembourgeois touchait lui aussi toutes les couches sociales. Il concernait, de premier abord, les familles paysannes et ouvrières de Dudelange, liées dans une relation de paternalisme à ce grand propriétaire, devenu investisseur et presque bienfaiteur. La *Libre Parole* écrivit, suite à la mort d'Anatole, que « les ouvriers des

---

91 ALG, Contrat du 28 novembre 1834 entre Anne-Pierre et MM. Degeorge, Berchut et Lopinot.

92 ALG, État de la fortune dressé par Anne-Pierre en février 1834.

93 ALG, Multiples exemples dont legs aux fabriques de Manom et Dudelange, reconstruction de la chapelle du Mont Saint-Jean à Dudelange, pain payé pour les pauvres à Sainte-Geneviève-des-Bois.

94 MAYAUD, Jean-Luc, « Noblesses et paysanneries de 1789 à 1914 : des rapports d'exclusion ? », [*in*] BRELOT, p. 61-67.

95 ALG, Liste des couronnes offertes aux obsèques d'Anatole, dressée par son fils Jean. Le *Kreisdirektor* était, dans l'administration allemande, une sorte d'équivalent du sous-préfet français.

forges de Dudelange, dont il était le propriétaire, perdent en lui un ami[96] ». Le réseau luxembourgeois des Bertier intégrait aussi les milieux d'affaires, de par les investissements industriels d'Anatole et sa fonction d'administrateur de la société de Dudelange. D'ailleurs, les Bertier connaissaient de longue date la famille Metz : ce fut à Justine Gérard, mère de Norbert Metz, qu'Anne-Pierre acheta le domaine de Dudelange en 1829[97]. Enfin, le réseau luxembourgeois s'étendait jusqu'à la famille grand-ducale. Anatole et Henriette furent invités à venir dîner au palais le 10 décembre 1896, un repas auquel ne participaient que 15 convives. Un an plus tôt, en 1895, le grand-duc Adolphe s'était invité à déjeuner à Lagrange. Un aide de camp avait fait parvenir les consignes suivantes à Anatole :

> Comme c'est encore le matin la redingote serait suffisante mais cela dépend de vous. La place à table serait à droite de Madame la Comtesse. Comme je vous le disais un déjeuner simple, une soupe légère, un bon plat d'œufs seront très agréables à S[on] A[ltesse] R[oyale] parce qu'il y est accoutumé. Pour le reste votre excellente cuisinière saura s'en tirer à merveille. Son A[ltesse] R[oyale] compte passer 1 ½ [une heure et demie] chez vous[98].

« Votre excellente cuisinière » n'était sans doute pas une formule de politesse et témoignait peut-être d'une familiarité entre les destinataires. Pour tenter d'en savoir plus, il fallait solliciter les archives de la maison grand-ducale. Edith Leiner répondit n'y avoir trouvé aucune information utile, en précisant que le fonds contient « peu de documents de cette époque et malheureusement aucun journal documentant les visites et réceptions de S.A.R. le Grand-Duc Adolphe des années 1895-1896 »[99]. Ajoutons que le souverain accéda au trône luxembourgeois en 1890, à l'âge de 73 ans. Préférant résider dans ses propriétés allemandes, il laissa Paul Eyschen diriger le pays[100]. Il ne faut donc pas surévaluer cette proximité avec le grand-duc, ni l'importance de cette dernière.

À ce(s) réseau(x) à l'échelle locale, s'ajoutait un réseau à dimension nationale et française, puisque les Bertier habitaient aussi à Paris. Cette attitude était, selon Éric Mension-Rigau, courante chez les aristocrates fortunés de l'époque : « Rares sont les nobles qui résistent à sa force attractive [Paris] : ils en ont besoin pour rencontrer leurs pairs, côtoyer le pouvoir, suivre l'évolution des usages et des styles[101] ». Cette pratique de la double résidence, entre château de famille provincial et logement parisien, ne concernait que la « meilleure noblesse de province », c'est-à-dire sa frange la plus riche. Jean-Marie Wiscart établit qu'en Picardie, seul un noble sur

---

96   ALG, Article de la *Libre Parole* relatif aux obsèques d'Anatole, 8 septembre 1903.

97   ALG, Acquisition du domaine de Dudelange sur les héritiers Metz, 27 août 1829.

98   ALG, Carton d'invitation à venir dîner au palais le 10 décembre 1896 et Lettres du baron de Syberg, 21 et 23 janvier 1895. Le grand-duc vint sans doute déjeuner immédiatement après le 23 janvier, puisqu'il avait été demandé une réponse par télégraphe à la lettre du 21, pour plus de rapidité.

99   LEINER, Edith, (archiviste de la maison grand-ducale), Courriel à l'auteur, 18 août 2022.

100   KREINS, Jean-Marie, *Histoire du Luxembourg*, Paris, PUF, collection « Que sais-je ? », 2015 [1996], p. 83.

101   MENSION-RIGAU, *Le donjon et le clocher*, p. 455.

sept pouvait se le permettre[102]. La consultation des archives permet de localiser les logements successifs loués par les Bertier au cours du siècle : en 1839, le 34, avenue des Champs-Élysées, en 1855, le 25, rue Saint-Dominique, dans les années 1870, le 17, rue de Verneuil et le 44, boulevard de la Tour Maubourg, puis, dans les années 1880, le 17, rue de Berri et enfin, à partir de 1896, le 11 bis, rue Jean-Goujon. Il s'agissait (et il s'agit encore) des beaux quartiers de la capitale, et qui, à cette époque, concentraient les lieux de résidence privilégiés de l'aristocratie : le faubourg Saint-Honoré et le faubourg Saint-Germain[103].

Les Bertier résidaient à Paris une partie importante de l'année. Anatole y naquit et Louis et Éléonore y moururent. Leurs longs séjours permirent aux Bertier d'intégrer les cercles aristocratiques et la haute société. Déjà, en 1847, le baron de Klinglin s'adressa à Louis pour lui demander de mobiliser en sa faveur ses « nombreuses relations d'affaires et autres à Paris »[104]. En 1903, au moment du décès d'Anatole, la plupart des coupures de presse rassemblées par son fils contiennent la même phrase : « Membre du Jockey Club, le comte [Anatole] de Bertier de Sauvigny était très répandu dans la haute société parisienne où il ne comptait que des amis »[105]. L'intérêt d'une domiciliation parisienne – et d'une vie effective dans la capitale – résidait justement dans ces contacts facilités avec les autres nobles, mais aussi avec les instances du pouvoir, avec les évolutions de la mode, etc., autant de conditions pour perpétuer l'appartenance à l'élite. Les dépenses supplémentaires liées à la vie parisienne pouvaient à ce titre être regardées comme un « investissement social ». Le mariage d'Anatole, le fils de Louis, avec une demoiselle de la noblesse bretonne en fut peut-être le fruit. Les Bertier participèrent ainsi au mouvement de « fusion des noblesses provinciales en une noblesse française » assurant réseaux, relations et alliances futures[106].

3.2. *La nationalité française et le sentiment patriotique*

La question de la nationalité devint un enjeu crucial au cours du XIXe siècle[107]. Les mouvements nationaux bouleversèrent la carte de l'Europe. La plupart des États aujourd'hui voisins de la France furent créés à cette époque, au nom du principe des nationalités : la Belgique en 1830, le Luxembourg en 1839, l'Italie en

102 WISCART, Jean-Marie, « Un contre-exemple ? La noblesse de la Somme et la ville à la fin du XVIIIe et au XIXe siècles », [*in*] BRELOT, p. 72-74.

103 DAUMARD, Adeline, « Noblesses parisiennes et civilisation bourgeoise au XIXe siècle », [*in*] BRELOT, p. 110-112.

104 ALG, Lettre du baron de Klinglin à Louis, 13 mai 1847. À la recherche de fonds, le baron de Klinglin sollicita prioritairement Louis par rapport à ses deux autres gendres, « les Menthon, dont les relations sont restreintes ».

105 ALG, On retrouve cette même phrase dans *le Petit Moniteur, le Petit National, le Petit Bleu, le Jour, l'Événement, la Gazette de France, le Pays.*

106 BRELOT, Claude-Isabelle, « Itinérances nobles : la noblesse et la maîtrise de l'espace, entre ville et château au XIXe siècle », [*in*] BRELOT, p. 95-96 et 101-103.

107 SCUTO, Denis, *La nationalité luxembourgeoise (XIXe-XXIe siècles). Histoire d'un alliage européen*, Éditions de l'Université de Bruxelles, 2012 : « Le XIXe siècle a été "le siècle des nationalités" mais aussi le siècle de la nationalité » (p. 3).

1860 et l'Allemagne en 1871. L'importance croissante de la nationalité se retrouve dans les archives. Dans le contexte troublé de l'été 1815, Anne-Pierre écrivit à son épouse Reinette : « Si nous devons renoncer à la France, j'aurais envie d'aller au Canada ; c'est un des pays les plus [mot illisible], et qui de longtemps sera le moins agité de l'univers »[108]. Nationalité et patriotisme comptaient moins à ses yeux que le combat contre les idées libérales. Un demi-siècle plus tard, la question de la nationalité se posa de manière plus aiguë aux Bertier. Suite à la guerre de 1870, la France céda au nouvel Empire allemand l'Alsace (sauf Belfort) ainsi qu'une partie de la Lorraine. Un droit d'option fut accordé aux habitants qui y étaient nés : ils pouvaient, jusqu'au 1er octobre 1872, conserver la nationalité française, sous condition de transférer leur domicile en France (article 2 du traité de Francfort du 10 mai 1871). L'option généra de multiples complications administratives. Une instruction du ministre de la Justice du 30 mars 1872 dut préciser que les individus nés en Alsace-Lorraine et résidant en France devaient également opter, s'ils ne souhaitaient pas devenir allemands[109]. Louis de Bertier, né à Lagrange en 1808, mais résidant essentiellement à Paris, fut donc concerné. Il opta le 26 avril 1872 à la mairie du 7e arrondissement[110].

Pour les Bertier, le choix de l'option fut sans conséquence, grâce à leur pratique de la double résidence. En effet, le traité de Francfort ne remettait pas en cause le droit de propriété : « Ils [les sujets français] seront libres de conserver leurs immeubles situés sur le territoire réuni à l'Allemagne » (article 2). En se déclarant domiciliés à Paris, les Bertier pouvaient donc continuer de séjourner à Lagrange. La majorité des grands propriétaires fonciers de Lorraine annexée firent de même. Ainsi, le recensement de 1887 dénombra, parmi les 896 propriétaires d'exploitations supérieures à 50 hectares, 556 français, 325 Alsaciens-Lorrains [non optants], 9 Allemands [non Alsaciens-Lorrains, *Altdeutsche*] et 6 étrangers[111]. Quinze ans après l'option, près des deux tiers des grands domaines restaient aux mains de Français, dont la plupart étaient forcément des optants. Pour majorité de la population en revanche, opter signifiait l'obligation de déménager en France, condition pour beaucoup rédhibitoire. Alfred Wahl dresse ainsi un bilan global de 150 000 optants déclarés pour seulement 50 000 émigrés effectifs[112].

Louis n'hésita sans doute pas un seul instant entre les nationalités française et allemande. Tout son univers était français : la vie parisienne, les terres des Bertier à Sainte-Geneviève-des-Bois, l'alliance avec les Klinglin. Ceci était encore plus vrai pour son fils Anatole. Ce dernier n'avait pas à opter : né à Paris et non en Alsace-Lorraine, il restait automatiquement français. Son identité française était évidemment renforcée par sa fonction d'officier, de même que sa légion d'honneur, reçue à

---

108   ALG, Lettre d'Anne-Pierre à Reinette, 19 juillet 1815.
109   WAHL, Alfred, *L'option et l'émigration des Alsaciens-Lorrains (1871-1872)*, Paris, Ophrys, 1974, p. 83.
110   ALG, Option pour la nationalité française par monsieur le vicomte Louis René de Bertier le 26 avril 1872.
111   ROTH, *La Lorraine annexée*, p. 222.
112   WAHL, p. 9-10, 60-61, 147-153.

l'occasion de la défense de Strasbourg, la « ville héroïque ». Lors de ses obsèques, le comte de Saintignon le salua comme un « vrai lorrain ». D'Anne-Pierre à Anatole, l'évolution était donc double. Les Bertier avaient affirmé et prouvé leur nationalité française et leur sentiment patriotique. Ils s'étaient aussi enracinés dans leur « petite patrie » lorraine, ou, plus exactement, dans leur réseau local transnational franco-luxembourgeois[113]. Après 1871, ces deux identités, française et lorraine, se recoupèrent aisément dans l'esprit de tous ceux espérant le retour des « provinces perdues ». La *Libre Parole*, journal très nationaliste, se lamenta ainsi à la fin de son article consacré aux obsèques d'Anatole : « Encore un Lorrain patriote qui s'en va avant d'avoir vu la Lorraine enfin revenue à la France ! »[114]. Cet espoir paraissait, en réalité, de plus en plus chimérique. Après plus de 30 années d'annexion, plus personne en France ne souhaitait risquer une guerre pour l'Alsace-Lorraine, et rétablir l'ancienne frontière de 1815[115].

3.3. Les frontières en question

Jusque 1870, la frontière ne joua aucun rôle. Toutes les possessions des Bertier étaient en France. Certes, le domaine de Dudelange, acheté en 1829, se situait au Luxembourg, donc à l'étranger. Toutefois, moins de 20 kilomètres séparaient Lagrange de Dudelange. Les relations de proximité, traditionnellement existantes de part et d'autre des frontières, s'appliquaient[116]. La langue ne posait pas non plus de problème. Lagrange et Dudelange étaient tous deux en terre germanophone mais le français était partout la langue des élites, et la langue administrative de fait au Luxembourg[117]. La plupart des actes notariés relatifs aux acquisitions à Dudelange furent rédigés en français et il y est précisé qu'une explication en allemand ou en « langue du pays » (autrement dit en luxembourgeois) était donnée au contractant non francophone. Enfin, les difficultés de politique internationale n'étaient pas non plus gênantes. Le devenir politique du Luxembourg resta incertain entre la révolution belge de 1830 et le traité de Londres de 1839 qui délimita son territoire. Cela n'empêcha nullement Anne-Pierre de continuer à investir pendant toutes ces années[118]. Bref, du début du siècle à 1870, la seule frontière concernant les Bertier était la frontière franco-luxembourgeoise et elle n'était en rien une barrière[119].

---

113 Sur la notion de « petite patrie », on peut se référer à GRENOUILLEAU, Olivier, *Nos petites patries : identités régionales et État central, en France, des origines à nos jours*, Paris, Gallimard, 2019, 288 p.

114 ALG, Article de la *Libre Parole* relatif aux obsèques d'Anatole, 8 septembre 1903.

115 ROTH, François, *Alsace-Lorraine, Histoire d'un « pays perdu ». De 1870 à nos jours*, Place Stanislas, 2010, p. 65-66. Pour l'Allemagne, l'annexion était un fait définitif (p. 37).

116 ROTH, [*in*] BRÜCHER et FRANKE, p. 69.

117 ROTH (dir.), *Histoire de Thionville*, p. 172 et TRAUSCH, Gilbert (dir.), *Histoire du Luxembourg. Le destin européen d'un « petit pays »*, Toulouse, Privat, 2003, p. 216-217.

118 KREINS, p. 72-73, et ALG, État de la fortune dressé par Anne-Pierre en février 1834 ainsi que de multiples documents notariés.

119 Sur un temps plus long, la tendance était à l'extension de la France vers l'est. Les Bertier espéraient, peut-être, avoir acheté dans un futur territoire français... ce qui faillit se produire. En 1866, Napoléon III essaya en vain d'acheter le Luxembourg (KREINS, p. 79).

Les premières manifestations du rôle de la frontière apparurent lors de la guerre de 1870. D'après un extrait précédemment cité de l'ouvrage de Jean Charles Kohn, Louis échappa, semble-t-il, à une arrestation en franchissant la frontière luxembourgeoise. Le fait majeur fut le déplacement de la frontière franco-allemande plaçant désormais Lagrange en Allemagne. Pourtant, cette nouvelle frontière ne constitua pas une barrière. François Roth l'affirme de façon très claire :

> Parfois, par une assimilation aussi abusive qu'injustifiée, on peut être tenté de comparer cette frontière au Rideau de fer qui sépare l'Europe de l'Est et celle de l'Ouest et de l'imaginer comme une barrière infranchissable, comme un ensemble militarisé, surveillé, hérissé de barbelés que des héros intrépides se risqueraient à franchir au péril de leur vie. Rien n'est plus faux. Les frontaliers circulent, se rendent à leurs champs, au village voisin, sans contrôle ni entrave. [...] Cette frontière est calme et paisible. On ne contrôle guère les allées et venues[120].

La nouvelle frontière franco-allemande ressemblait donc grandement à la frontière franco-luxembourgeoise, que les Bertier pratiquaient depuis longtemps. Elle restait ouverte et permettait déplacements, commerce et investissements. À une seule occasion, les tensions franco-allemandes eurent un effet sur la frontière. En 1887, l'arrestation par les autorités allemandes du commissaire de police Guillaume Schnaebelé, à la limite de la Lorraine allemande et de la Meurthe-et-Moselle française, provoqua une crise entre les deux pays. Bismarck fit rapidement libérer Schnaebelé mais imposa dès lors un passeport pour pouvoir entrer en Alsace-Lorraine. Cette obligation « jugée à l'époque monstrueuse » fut supprimée en 1891[121]. La nouvelle frontière entrava donc, partiellement et temporairement, la liberté de circulation des Bertier et leur faculté de se rendre rapidement d'un domaine à l'autre. Remarquons toutefois que leur statut social élevé leur faisait bénéficier d'aménagements et que l'administration allemande savait se montrer compréhensive. Louise de Bertier, la sœur de Jean, décéda en janvier 1891. L'obligation de passeport était alors toujours en vigueur mais « monsieur le *Kreisdirektor* de Thionville avait bien voulu prendre les mesures nécessaires pour laisser la frontière ouverte à toutes les personnes qui devaient assister à l'enterrement[122] ».

Le glissement de la frontière eut un impact linguistique. L'allemand prit une place croissante en Alsace-Lorraine, d'autant plus que Manom et Thionville se situaient en zone germanophone. Les Bertier maîtrisaient sans doute l'allemand, mais il est impossible de l'établir avec certitude. Les indications du dossier militaire d'Anatole sont contradictoires. À Saint-Cyr, il obtint une note médiocre en

---

120 ROTH, François, *La Lorraine dans la Guerre de 1870*, Presses universitaires de Nancy, 1984, p. 81-83. On remarque, à travers cet exemple, combien l'écriture de l'histoire est conditionnée par le présent. Le Rideau de fer n'est, en 2024, plus une référence évidente dans l'univers mental des Européens.

121 *Ibidem*, p. 83-84. L'obligation de passeport resta en vigueur après 1891 pour les militaires d'active. Anatole, ayant démissionné en 1883, ne fut pas concerné, mais son fils Jean le fut par la suite. Un autre incident, « l'affaire de Vexaincourt », éclata quelques jours après l'affaire Schnaebelé (VAILLOT, Benoît, *L'invention d'une frontière. Entre France et Allemagne, 1871-1914*, Paris, CNRS Éditions, 2023, p. 129-141).

122 ALG, Article de journal relatif aux obsèques de Louise, décédée le 13 janvier 1891 à Lagrange [sans date]. Cette ouverture de la frontière est une autre preuve du réseau étendu des Bertier.

allemand. L'inspection de 1879 affirme qu'il « lit et parle l'allemand très couramment ». Enfin, les inspections de 1880 et 1881 se contentent d'indiquer « un peu d'allemand »[123]. Il semble toutefois peu probable qu'Anatole fût resté réfractaire à l'allemand, même si la connaissance de la langue allemande n'était indispensable ni pour les affaires ni dans le cadre des relations de sociabilité.

La nouvelle frontière participa sans doute aussi à l'orientation vers le Luxembourg des investissements opérés par Anatole. Il évitait par-là même de mêler ses capitaux à ceux des firmes allemandes qui dominaient désormais la Lorraine annexée. *L'Indépendance bretonne* put ainsi écrire : « Il défendait par ses hautes positions dans l'industrie les intérêts français en Alsace-Lorraine »[124]. En réalité, Anatole occupait certes de « hautes positions » dans l'industrie, mais au Luxembourg et non pas en Lorraine. Par ailleurs, le Luxembourg faisant partie du *Zollverein*, des liens économiques étroits existaient avec l'Allemagne. Les hauts-fourneaux et forges de Dudelange n'étaient donc pas une entreprise *allemande* mais une entreprise qui travaillait, essentiellement, *avec l'Allemagne*. Plus généralement, les échanges entre Luxembourg, Lorraine restée française, Alsace-Lorraine allemande et Sarre étaient en plein développement. François Roth se risque même à parler de « marché commun avant la lettre[125] ». Pascal Raggi précise tout de même que, dans ce cadre transnational, les logiques d'investissement restaient, avant tout, nationales[126]. Anatole représenterait donc un cas original. Français, mais ne voulant investir en Alsace-Lorraine allemande, il se serait reporté sur le Luxembourg. Méfions-nous toutefois de toute surinterprétation. Les investissements à Dudelange s'appuyaient, avant tout, sur l'emprise foncière des Bertier, établie à partir de 1829, c'est-à-dire bien avant la nouvelle frontière franco-allemande. Quoi qu'il en fût, les frontières n'empêchèrent rien pour les Bertier, tout au long du XIXe siècle.

Conclusion sur la part des héritages

Jean de Bertier perdit sa sœur Louise en 1891 puis ses parents Anatole et Henriette en 1903. À vingt-cinq ans, il devenait le seul représentant du lignage des Bertier, tel qu'issu du mariage d'Anne-Pierre et de Reinette en 1803. La dynastie des Bertier avait donc réussi à survivre au siècle, contrairement à beaucoup d'autres. Le XIXe siècle fut en effet marqué par un déclin numérique de la noblesse française, dont les effectifs seraient passés de 220 000 membres vers 1820 à 90 000 membres en 1870[127]. De nombreux lignages disparurent. Le plus célèbre exemple fut celui

---

123 SHD, GR 5YE 39 915, Inspection générale de 1879, 1880 et 1881. 9e régiment de cuirassiers. États de notes pour officier et Feuille signalétique de l'école impériale spéciale militaire. Anatole obtint 9/20 en allemand, sa meilleure note était 17/20 en hippologie ; mais que représentait un 9/20 dans cette matière, dans cette école, à cette date ?

124 ALG, Coupure de presse issue de l'*Indépendance bretonne*, 7 septembre 1903. Le mariage d'Anatole avec Henriette de Kergariou permit aux Bertier d'acquérir un réseau local en Bretagne, d'où cet article.

125 ROTH, [in] PARISSE, Michel (dir.), *Histoire de la Lorraine*, Toulouse, Privat, 1987 [1977], p. 401.

126 RAGGI, Pascal, *La désindustrialisation de la Lorraine du fer*, Paris, Classiques Garnier, 2019, p. 43.

127 HIGGS, p. 65-66.

des Bourbons : le comte de Chambord décéda sans enfant en 1883. Ce fut aussi le cas des Fouquet, dont la fille Reinette, l'épouse d'Anne-Pierre, écrivit en 1822 : « Mon nom s'éteindra bientôt, mon père et mon oncle n'ayant que des filles et notre maison n'ayant fourni aucune branche »[128]. En ayant toujours au moins un fils, Louis, puis Anatole et Ludovic, et enfin Jean, les Bertier échappèrent à la première forme de disparition, celle du patronyme.

Survivre, c'était aussi, dans une vision identitaire, perpétuer les valeurs familiales, tenir son rang et conserver son château[129]. Nous avons vu comment les Bertier y parvinrent, notamment grâce à des mariages toujours homogamiques. En plus de cet héritage nobiliaire traditionnel, Jean de Bertier recueillit un héritage de type nouveau, lui-même double : d'une part, l'engagement militaire, parallèlement à l'affirmation d'un sentiment patriotique français et, d'autre part, une nouvelle orientation vers les investissements industriels au Luxembourg. Le patrimoine qu'il reçut en 1903 se trouvait ainsi éclaté entre plusieurs pays.

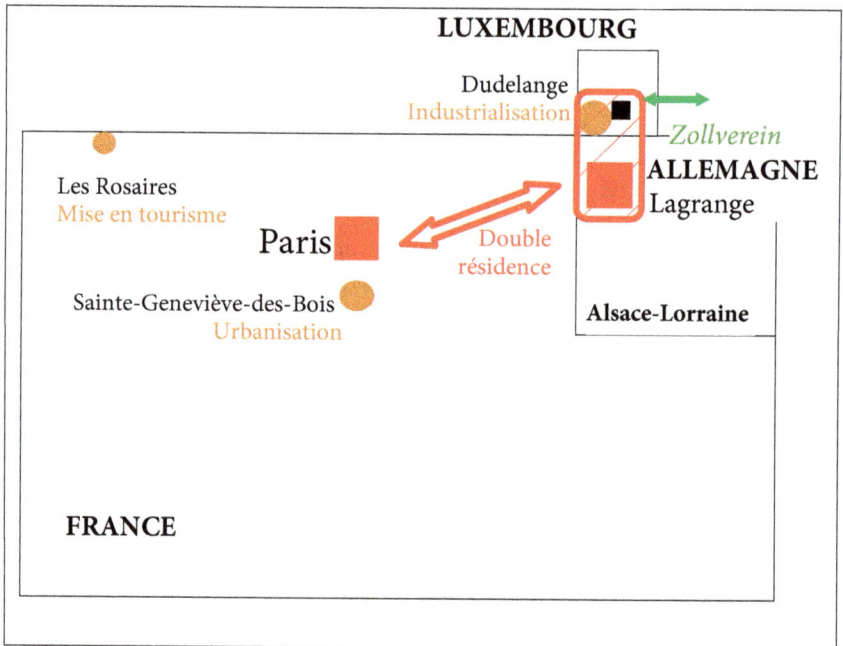

Schéma 1 : *Localisation du patrimoine foncier des Bertier à la fin du XIXe siècle.*

---

128 ALG, Document rédigé par Reinette à l'intention de son fils, 16 juin 1822. Reproduit dans EINRICK, *Le général de Bertier*, p. 178.
129 MENSION-RIGAU, *Aristocrates et grands bourgeois*, p. 110-117 : « garder la propriété et la transmettre *coûte que coûte*, *à tout prix*, est considéré comme *un devoir moral* » (souligné par l'auteur).

Un tel double, voire triple héritage, était-il soutenable ? N'y avait-il pas, pour Jean de Bertier, une incompatibilité entre poursuite de sa carrière d'officier français, conservation de Lagrange, désormais en Alsace-Lorraine allemande, et maintien des positions de son père dans la sidérurgie luxembourgeoise ? Le comte de Saintignon, dans les dernières paroles de son éloge funèbre d'Anatole, s'adressa aussi à Jean :

> Au revoir cher ami, vous léguez à votre cher fils un héritage d'honneur dont il est et restera digne : il sera en France et à Lagrange votre pieux continuateur. Vous laissez à vos amis le souvenir ineffaçable de l'honneur chevaleresque, simple, bon et honnête par excellence. Et c'est ainsi que vous avez comparu devant Dieu. Il vous jugera comme un Français sans peur et un chrétien sans reproche. Adieu[130].

Il était donc enjoint à Jean de Bertier de suivre la part traditionnelle de l'héritage, typiquement aristocratique (« honneur » deux fois répété)[131]. S'y agrégeait le plus récent engagement militaire et national, pour inventer une nouvelle tradition identitaire. Éloge funèbre oblige, aucun mot n'était dit sur les considérations financières, et notamment les investissements industriels au Luxembourg. En revanche, le maintien du double réseau de sociabilités était clairement demandé : « en France et à Lagrange ». Il est intéressant de remarquer que le comte de Saintignon appelait de ses vœux une stricte continuité entre le père et le fils, alors même que nous avons établi que les transmissions réussies nécessitaient elle-mêmes des évolutions. C'était particulièrement vrai pour le patrimoine. Anatole avait fait le choix nouveau de l'industrie, pour pouvoir conserver aux Bertier leur fortune et donc un mode de vie garant de leur identité nobiliaire. Désormais, c'était à Jean, devenu chef de famille, de trancher entre tous les héritages reçus, pour déterminer lesquels conserver et lesquels, à son tour, faire évoluer.

---

130 ALG, Éloge funèbre d'Anatole par le comte de Saintignon, prononcé le 7 septembre 1903.

131 Les recommandations de Reinette à son fils Louis (1822) avaient une tonalité voisine : honneur et vertu.

Première partie :
la Belle Époque de Jean de Bertier (avant 1914)

Le « Belle Époque », incontestablement, prend fin avec le déclenchement de la Première Guerre mondiale en 1914. En revanche, sa date de commencement est difficile à déterminer. Les travaux des historiens la situent entre 1871 et 1904[1]. La Belle Époque ne fut pas « belle » pour tous les Français. L'expression, forgée après-guerre, concerne avant tout les élites, nostalgiques d'un « âge d'or paré d'une inégalable douceur de vivre, un paradis perdu »[2]. Le concept peut donc être appliqué à Jean de Bertier, mais doit aussi lui être adapté, afin de réfléchir aux caractéristiques et aux limites de « sa » Belle Époque.

Trois grands thèmes permettent d'embrasser la vie de Jean de Bertier jusqu'en 1914. Il faut, d'abord, caractériser sa personnalité. Pour ce faire, il est utile de remonter jusqu'à l'enfance, et d'utiliser tous les documents disponibles sur la période 1877-1914. Dans un deuxième temps, il convient de s'intéresser à sa carrière militaire, qui débuta en 1896. Enfin, il faut étudier la gestion par Jean de Bertier du patrimoine familial, qui lui échut à la mort de ses parents en 1903. Ces trois thèmes sont l'occasion de mettre en évidence les ruptures et continuités avec les générations précédentes, et donc le respect ou non des héritages reçus.

1. Un mondain jouisseur

1.1. Les années de jeunesse (1877-1903)

L'année 1903 constitua un tournant dans la vie de Jean de Bertier. Jusqu'à cette date, c'était le temps de la jeunesse, des apprentissages et de la construction du caractère. Avec la mort de ses parents s'ouvrit l'âge des responsabilités et des engagements. Remarquons d'ailleurs que le décès précoce de Jean de Bertier en 1926 fit que cette période de jeunesse (1877-1903 : 26 années) fut plus longue que celle des responsabilités (1903-1926 : 23 années). Il faut donc lui porter une attention particulière, malgré la faiblesse des sources disponibles.

Jean de Bertier naquit à Saint-Mihiel (Meuse) le 31 octobre 1877, six ans après la cession de l'Alsace-Lorraine à l'Allemagne unifiée. La tradition familiale veut que

---

1   KALIFA, Dominique, *La véritable histoire de la « Belle Époque »*, Paris, Fayard, 2017, p. 17-18.
2   PROST, Antoine, *Les Français de la Belle Époque*, Paris, Gallimard, 2019, p. 11.

sa mère, Henriette de Kergariou, partît accoucher en France, afin que son fils fût français. Saint-Mihiel ne fut pas choisi par hasard. Anatole, alors militaire de carrière, s'y trouvait en garnison[3]. Il n'a pas été possible de savoir si Henriette habitait Saint-Mihiel avec son mari, ou si elle vint spécialement le rejoindre à l'approche de l'accouchement. Dans ce cas, le fit-elle depuis Paris ou depuis Lagrange ? Seule cette dernière possibilité pourrait valider le discours patriotique familial. En tout cas, né en France et de parents français, Jean de Bertier était lui aussi français.

Les jeunes années de Jean de Bertier sont entrevues au travers les lettres envoyées à ses parents, davantage d'ailleurs à sa mère (⅔ du corpus) qu'à son père (⅓). Les lettres de la petite enfance sont, dans leur contenu, assez banales. Celles de l'adolescence recèlent beaucoup d'informations que l'on pourrait juger anecdotiques. Nous apprenons par exemple qu'à l'été 1892, Jean de Bertier se baigna dans la Moselle, dont la température avait atteint 21 °C[4]. On pourrait en tirer l'impression de premières années heureuses, pendant lesquelles Jean de Bertier put profiter de la multi-résidence pratiquée par sa famille, entre Paris, Lagrange, et les Rosaires, en Bretagne. En réalité, le jeune adolescent fut confronté à un drame. Sa sœur aînée Louise décéda à Lagrange le 13 janvier 1891, à l'âge de 15 ans. Sa mère en rendit ainsi compte à une amie : « notre fille bien aimée nous a été enlevée presque subitement ; la veille encore le médecin affirmait qu'elle n'était qu'anémique ! »[5]. D'autres lettres écrites à la même amie révèlent que le décès de Louise bouleversa la vie de la famille.

Tableau 4: Extraits des lettres d'Henriette de Kergariou à Émilie Parreaux.

Date	Citations
Janvier 1893	« Nous n'attendons plus de bonheur en ce monde ; que Dieu protège Jean c'est tout ce que nous lui demandons » ; « le chagrin de la mort de notre chère Louise a ébranlé nos santés et jamais je ne reprendrai le dessus »
26 août 1896	« Il est bien douloureux de voir disparaître tous ceux que l'on aime ; notre seule consolation est dans l'espoir de les retrouver au ciel ! »
2 janvier 1899	« Tout notre bonheur s'est envolé avec notre cher ange qui nous manque chaque jour davantage. Grâce à Dieu Jean se porte bien, il fait tout ce qu'il peut pour nous consoler, mais le voilà officier de dragons maintenant et nous ne le verrons que de loin en loin. Que le Bon Dieu le protège, c'est ce que je lui demande instamment. [...] Nous passons une grande partie de l'année seuls à Lagrange »

Ainsi Lagrange reprit-elle, pour Henriette et Anatole, la fonction de refuge qu'elle avait déjà occupée pour Anne-Pierre et Reinette dans les années 1830 et 1840.

---

3   Pour plus de détails sur la carrière militaire d'Anatole, on peut se référer à EINRICK, « Anatole de Bertier », p. 31-36.
4   ALG, Lettre de Jean de Bertier à sa mère, 18 juillet 1892.
5   ALG, Lettre de Henriette de Kergariou à Émilie Parreaux, sans date [janvier 1891].

La différence est que ce fut cette fois-ci non pour une raison de politique nationale (la chute des Bourbons en 1830), mais pour une raison familiale, la perte d'un enfant. Les extraits précédents nous montrent que le deuil fut insurmontable. Les conséquences sur Jean de Bertier furent également profondes. Il avait, nécessairement, grandi avec Louise, de 2 ans seulement son aînée et n'avait pas d'autre sœur ni frère. Il ressentit une « perte cruelle qui laissera son souvenir dans toute [sa] vie[6] ». Il confia à sa mère les effets du décès de Louise sur lui-même : « je lui dois ce détachement fataliste, qui est devenu un des traits caractéristiques de mon tempérament moral »[7]. Ses parents reportèrent sur lui leur affection et leurs espoirs. Il en avait conscience et ne voulait pas les décevoir. À l'occasion du quatrième anniversaire de la disparition de Louise, il écrivit à sa mère :

> Je suis bien triste de ne pouvoir être auprès de toi demain pour te consoler et t'assurer que je t'aime de tout mon cœur et que je veux être ton soutien et ta consolation dans la vie, si triste maintenant pour toi[8].

Cette perception d'un devoir moral vis-à-vis de ses parents favorisa sans doute la réussite de ses études secondaires. À cette époque, l'instruction primaire avait déjà été rendue obligatoire, avec les célèbres lois Ferry de 1881-1882. Jean de Bertier n'alla toutefois pas à l'école. Dans la tradition aristocratique, il fut confié à des précepteurs. Au lendemain de ses obsèques, la *Moselle Républicaine*, journal local thionvillois, affirma que son précepteur fut l'abbé Wetterlé, l'une des grandes figures de la défense du sentiment français en Alsace-Lorraine allemande[9]. Sans pour autant douter de cette information, impossible à confirmer au vu des archives, il faut remarquer que Jean de Bertier eut certainement plusieurs précepteurs différents, toujours ecclésiastiques. Il évoque en effet un « abbé Bertho » en Bretagne, et, dans une autre lettre plus tardive, « monsieur l'abbé », sans plus de précision[10]. Nul doute que les valeurs familiales, tournant autour du catholicisme et du patriotisme, lui furent ainsi inculquées. Éric Mension-Rigau précise que l'éducation préceptorale convenait bien à la pratique de la double ou multi-résidence[11].

À la fin du XIXe siècle, l'enseignement secondaire ne concernait qu'une minorité aisée : pas plus de 160 000 garçons[12]. Jean de Bertier rejoignit un collège jésuite, où il fut sans doute interne. Les larges revenus de ses parents leur permettaient de financer les meilleures études pour leur fils, ce qui n'était pas possible

---

6　ALG, Lettre de Jean de Bertier à sa mère, 31 octobre 1894. Dans ses lettres d'après 1903, Jean de Bertier n'évoque plus Louise, sans que cela signifie qu'il l'avait oubliée. Ses nouveaux interlocuteurs n'ayant jamais connu sa sœur, il pouvait difficilement les entretenir de ce sujet très intime.

7　ALG, Lettre de Jean de Bertier à sa mère, sans date [à l'occasion de l'anniversaire de la mort de Louise].

8　ALG, Lettre de Jean de Bertier à sa mère, 12 janvier 1895 [4e anniversaire du décès de Louise].

9　ALG, *La Moselle républicaine*, 1er octobre 1926.

10　ALG, Lettres de Jean de Bertier à son père, 16 juillet [1890 ou avant] et à sa mère, 22 août 1892.

11　MENSION-RIGAU, *Aristocrates et grands bourgeois*, p. 29.

12　RIOUX, Jean-Pierre et SIRINELLI, Jean-François, *Histoire culturelle de la France, 4. Le temps des masses. Le 20e siècle*, Paris, Seuil, collection « Points histoire », 2005 [1998], p. 34-35.

pour toutes les familles de la noblesse[13]. Les études secondaires de Jean de Bertier furent conclues par l'obtention du baccalauréat, ciment des élites de l'époque, comme le note Antoine Prost : « la culture désintéressée qu'il sanctionnait, destinée à des garçons qui n'auraient pas besoin de travailler, et dont les parents pouvaient payer les études, unifiait les élites »[14].

Jean de Bertier entra ensuite à Saint-Cyr pour débuter une carrière militaire qui le retenait en France et l'éloignait de ses parents habitant essentiellement Lagrange (« une grande partie de l'année » avait écrit Henriette en 1899 – voir tableau 4). Jean de Bertier resta très dépendant d'eux au niveau financier. Il leur écrivait régulièrement pour leur demander de régler ses factures, ou de lui envoyer de l'argent, ce qui créa des tensions : « je fais ma caisse : 17 F 80. Voilà ce que vous désirez, un compte exact, mais je le savais d'avance pas brillant. J'attends donc 1 000 balles pour partir »[15]. Jean de Bertier menait grand train, participant à de multiples événements du grand monde de l'époque, dans une dimension européenne et non seulement nationale. Il séjourna dans les lieux de villégiature de l'élite, par exemple à Ostende, en Belgique, ou à Saint-Moritz, en Suisse. Il accomplit aussi un « grand tour » dans la plus pure tradition de formation des élites. Ce modèle, né au XVIIe siècle au sein de l'aristocratie anglaise, perdurait en ce tournant du siècle[16]. Jean de Bertier passa par Munich puis le col du Brenner, pour embarquer à Fiume, à destination de Raguse (aujourd'hui Dubrovnik) puis Corfou. Il revint via l'Italie, en visitant Naples, Rome et Turin. Plus tard, sans doute en 1903, il envisagea un tour du monde devant le mener en Inde et à Ceylan (aujourd'hui Sri Lanka), en passant par la Syrie à l'aller et par l'Égypte au retour[17].

L'argent de ses parents avait donc permis à Jean de Bertier de faire les meilleures études et de s'intégrer facilement dans la vie mondaine, obligatoire pour parfaire l'éducation de tout jeune noble[18]. Il est important de remarquer que le patriotisme inculqué à Jean de Bertier ne signifiait pas un repli sur des sociabilités uniquement françaises. Anatole et Henriette voulaient préparer leur fils à reprendre la suite de son père, et donc à conserver Lagrange et à perpétuer l'engagement industriel au Luxembourg. Pour ce faire, ils avaient veillé à le familiariser

---

13 MENSION-RIGAU, *Aristocrates et grands bourgeois*, p. 29. Antoine PROST indique que les dépenses d'éducation pouvaient représenter jusqu'à 10 % du budget (*Les Français de la Belle Époque*, p. 58).

14 PROST, *Les Français de la Belle Époque*, p. 31.

15 ALG, Lettre de Jean de Bertier à sa mère, 16 juillet [année non renseignée].

16 BERTRAND, Gilles, *Le grand tour revisité : pour une archéologie du tourisme. Le voyage des Français en Italie, milieu XVIIIe siècle-début XIXe siècle*, Rome, École française de Rome, 2008, 791 p. L'auteur s'intéresse plus particulièrement aux débuts de cette pratique, quand elle donnait lieu à des publications (jusqu'au milieu du XIXe siècle).

17 ALG, Manuscrits de Jean de Bertier relatifs à son grand tour [sans date, avec indication des lieux visités] et Lettre à sa mère sans date, et multiples autres lettres à ses parents [dont en 1903]. Ce dernier projet semble ne pas avoir été concrétisé, du fait du décès de ses parents.

18 MENSION-RIGAU, *Aristocrates et grands bourgeois*, p. 70.

avec l'environnement désormais allemand de Lagrange[19]. À l'âge de quinze ans, il accomplit un voyage sur le Rhin, puis dans l'Eifel, et revint à Lagrange en suivant la vallée de la Moselle. Il fallait aussi que Jean de Bertier maîtrisât la langue de Goethe. Dans son collège jésuite, sans doute parisien, il figurait parmi les meilleurs de sa classe en allemand. L'apprentissage de la langue était d'ailleurs encouragé : « nous sommes tous unis à la même table que je suis chargé de présider et de veiller, entre autres, à ce qu'on parle allemand à certains repas »[20]. Jean de Bertier put mettre ses acquis en pratique à Lagrange également :

> Nous avons eu hier des officiers à dîner. Ils ont été aussi aimables et bien élevés que possible. [...] Le costume des cuirassiers est très joli. J'ai parlé allemand avec l'un d'eux qui ne parlait pas le français ; l'autre savait le français car il avait été longtemps à Paris, pas comme espion prétend-il cependant[21].

Ces officiers allemands reçus à dîner appartenaient sans doute à la noblesse, ce qui facilitait les contacts. Les aristocrates considéraient en effet appartenir, par-delà nations et frontières, à un même monde[22]. Cet exemple prouve que des liens de sociabilités locaux et transnationaux avaient été établis entre la famille et les autorités allemandes, ici incarnées par ces deux officiers. Jean de Bertier fut ainsi familiarisé avec le double réseau de relations des Bertier, adapté aux nouvelles réalités nées du changement de frontière de 1871.

Toutefois, Jean de Bertier, progressivement, montra des signes de détachement par rapport à Lagrange. Le décès de Louise en 1891 avait plongé ses parents et Lagrange dans une ambiance lugubre, dans laquelle la mort était chrétiennement attendue comme une délivrance. Il écrivit ainsi à sa mère, en 1902 : « ce jour-là, je serai encore plus distant de l'obscure âme atavique que conservent religieusement les mornes plaines et les bois ennuyeux de Lagrange[23] ». « Encore plus » signifie qu'un premier détachement s'était déjà produit. Jean de Bertier n'appréciait pas (ou n'appréciait plus) le lieu, ce qui facilita peut-être le second détachement, radical, du début des années 1910 : la vente de Lagrange. En outre, et malgré sa forte dépendance financière vis-à-vis de ses parents, Jean de Bertier affirma son indépendance d'esprit :

> Ta dernière lettre, chère petite mère, me montre que vous me connaissez bien peu. Vous me croyez jeune de caractère, écervelé et un peu fou [...]. Si j'ai un gros défaut, au contraire, c'est plutôt de ne pas être romanesque pour un sou, ni chercheur de rêves :

19 La région de Thionville se germanisait rapidement. Dans la ville de Thionville elle-même, il ne restait plus, au début du XXe siècle, que 1 500 à 1 600 francophones, soit 10 à 15 % de la population totale seulement (ROTH (dir.), *Histoire de Thionville*, p. 210-211 et BRASME, Pierre, *La population de la Moselle au XIXe siècle*, Metz, Éditions Serpenoise, 2000, p. 171).

20 ALG, Lettre de Jean de Bertier à sa mère, 5 octobre 1895. Il n'a pas été possible de retrouver le nom ni la localisation de l'établissement fréquenté par Jean de Bertier. Ce ne pouvait pas être en Alsace-Lorraine annexée, où l'allemand avait définitivement été imposé en 1883 comme langue d'enseignement, à tous les établissements (ROTH, *La Lorraine annexée*, p. 163).

21 ALG, Lettre de Jean de Bertier à sa mère, sans date [depuis Lagrange].

22 MENSION-RIGAU, *Aristocrates et grands bourgeois*, p. 338.

23 ALG, Lettre de Jean de Bertier à sa mère, 31 octobre 1902 [à son 25e anniversaire].

je suis effroyablement positif, un peu sceptique, très froid au fond [...]. Quoique vous en disiez, j'ai une volonté très ferme [...]. Je la crois éclairée par une intelligence nette et servie par une confiance en moi-même absolue devant le public. Aussi je ne prends conseil que de <u>moi-même</u> et si, comme vous le dites, je semble parfois me confier à n'importe qui, je réserve ce que je ne veux pas dire, je mets en confiance et le profit est encore de mon côté, tu peux m'en croire[24].

Cette lettre ne doit pas laisser penser que Jean de Bertier fut un « déviant », ne respectant pas les valeurs familiales. Il faut plutôt y voir des « marginalités légères » ne remettant pas en cause la tradition des valeurs nobiliaires[25]. Qui plus est, il exprimait un nouveau modèle en essor à la Belle Époque, et analysé par Anne-Marie Sohn comme celui d'une masculinité maîtrisée, où le contrôle de soi l'emporte[26]. On pourrait parler de *self-control*, et de l'essor d'une éducation à l'anglaise, promouvant le soin apporté au corps, le développement du sport, et une place croissante pour l'initiative individuelle[27]. Jean de Bertier restait finalement, au sein du groupe nobiliaire, un conformiste, s'adaptant aux nouvelles modes. S'il s'éloigna du modèle de comportement parental, ce fut par son goût de la vie mondaine, qui se jouait à Paris, et non pas à Metz ou à Luxembourg. Il aurait même développé une aversion pour les Luxembourgeois :

> On y boit [en Anjou] certainement moins que chez ces gros p.[orcs ?] de Luxembourgeois qui ne pensent qu'à engloutir des chope sur des bocks et des bocks sur des chopes. Ils sont ensevelis dans la matière crasse et épaisse.[28]

Derrière son goût des mondanités (son père Anatole le considérait comme un « noceur »), Jean de Bertier voulut aussi, vis-à-vis de ses parents, insister sur d'autres traits de sa personnalité : « je lis et je travaille beaucoup ; à Paris je suis des conférences et vois toutes les pièces qui paraissent, ce qui me constitue un fonds de bagage littéraire. Et surtout j'étudie le voisin, sa mentalité »[29]. Il n'a pas été possible d'en savoir plus, et notamment de déterminer les lectures et sources d'information favorites de Jean de Bertier. Sa formation intellectuelle et politique reste dès lors obscure.

Ces analyses permettent de dresser un premier portrait de Jean de Bertier. Ses parents avaient veillé à ce qu'il fût français et qu'il suivît sa scolarité en France, tout en apprenant solidement l'allemand pour pouvoir développer une socialisation transnationale. Ils avaient aussi garanti, grâce à son éducation par des précepteurs puis par les jésuites, son imprégnation des valeurs catholiques et patriotiques. Confronté au drame de la perte de sa sœur, il se montra sensible et attentionné envers ses parents. Cette bonne volonté semble avoir donné place, à l'âge adulte, à un certain durcissement et à une prise de confiance en lui-même et en ses capacités

---

24 ALG, Lettre de Jean de Bertier à sa mère, 25 janvier [1900]. Ce fut lui qui souligna.
25 MENSION-RIGAU, *Aristocrates et grands bourgeois*, p. 72.
26 SOHN, Anne-Marie, « *Sois un homme !* ». *La construction de la masculinité au XIXᵉ siècle*, Paris, Seuil, 2009, p. 407.
27 MENSION-RIGAU, *Aristocrates et grands bourgeois*, p. 335-336.
28 ALG, Lettre de Jean de Bertier à sa mère, depuis Saint-Cyr, sans date [1896-1898].
29 ALG, Lettre de Jean de Bertier à sa mère, sans date.

qui, plus tard, lui serviraient dans le monde du renseignement puis de la politique : capacité d'observation et d'adaptation à ses interlocuteurs, force de travail. Cette esquisse de portrait étant faite, complétons-la en déterminant quels pouvaient être les moteurs d'action de Jean de Bertier.

1.2. *L'argent, les chevaux et les femmes*

Jean de Bertier semble avoir entretenu un rapport à l'argent différent de celui de ses parents. Il en avait davantage besoin. Pour cela, il n'hésita pas à se séparer de quatre panneaux et douze fauteuils en tapisserie de Beauvais, légués par ses parents. Les époux Doucet, antiquaires à Paris, en firent l'acquisition pour 1 275 000 francs. Il s'agissait donc de meubles exceptionnels, les plus précieux de tous ceux transmis par Anatole et Henriette. Ces derniers les avaient même, en termes juridiques, « grevés de substitution » : cela signifiait que ces meubles étaient censés être conservés, pour être transmis à la génération suivante. Jean ne respecta donc pas la volonté de ses parents. Que fit-il de l'argent ainsi rendu disponible par la vente de ce mobilier de luxe ? Nous ne pouvons pas le déterminer précisément, mais les pages suivantes donnent des pistes de réponses[30].

La volonté de nettement restreindre les dépenses se remarque plus fréquemment dans les archives. Jean de Bertier n'hésita pas à reprocher à ses parents leurs prodigalités à Lagrange[31]. Dès le décès de son père, il se rendit à Sainte-Geneviève et à Lagrange pour dresser un inventaire de la fortune, qu'il ne connaissait pas exactement. Il découvrit un prêt de 100 000 francs contracté par Anatole en 1884 et enjoignit à sa mère de partout diminuer les dépenses : « il faut absolument enrayer tout ça et vivement, à Lagrange comme à Sainte-Geneviève, sois ferme [...] c'est tout à fait indispensable »[32]. Pour limiter la dispersion du patrimoine, il proposa à sa mère de renoncer à l'héritage de son mari, en échange d'une pension qu'il lui verserait[33]. La mort d'Henriette en décembre 1903, trois mois seulement après Anatole, empêcha la concrétisation éventuelle du projet. Désormais seul détenteur du patrimoine, Jean de Bertier supprima les dons aux œuvres charitables. Plusieurs documents en attestent, et pas seulement à Lagrange. L'extrait suivant concerne la Bretagne :

> J'ai parlé au recteur et à M[onsieur ?] Bienvenue de votre désir de vous débarrasser de l'école. Mais ces questions ne sont pas faciles à régler. Monsieur votre père remettait annuellement au recteur 200 F et aux sœurs de Lanvellec 50 F. Vous me direz si je puis verser ces sommes qui m'ont été demandées[34].

---

30 ALG, Constatation d'emploi de fonds soumis à restitution dépendant de la succession de Monsieur le comte de Bertier de Sauvigny, par maître Legay, 16 août 1910 (Legay était le notaire parisien des Bertier) et SELANCY (comte de), Courriel à l'auteur, 23 octobre 2018. Ce dernier ignore ce que sont devenus les fauteuils mais précise que les panneaux en tapisserie de Beauvais sont aujourd'hui visibles au musée d'art de Cincinnati (Ohio, USA).

31 ALG, Lettre de Jean de Bertier à sa mère, 31 octobre 1902 [à son 25e anniversaire].

32 ALG, Lettres de Jean de Bertier à sa mère, sans date [entre septembre et décembre 1903].

33 *Ibidem.*

34 ALG, Lettre de maître Duval à Jean de Bertier, 16 mars 1904. Duval était le notaire des Bertier en Bretagne.

L'expression « vous débarrasser de l'école » révèle que la charité parentale était remise en question. Un des correspondants bretons de Jean de Bertier mentionna « l'âge d'or du pillage et de la gabegie qui enrichissaient à tes dépens tout le pays », évoquant peut-être les grandes libéralités d'Anatole et d'Henriette, auxquelles Jean souhaitait mettre un terme[35]. Dans ce contexte, les bénéficiaires devaient faire preuve de beaucoup de persuasion pour espérer conserver les aides promises par Anatole et Henriette. Le docteur Melchior, médecin des hospices de Thionville, s'y risqua :

C'est au nom de cette humanité souffrante qui a perdu dans votre noble mère, dont le souvenir ineffaçable est béni parmi nous, une si inépuisable Providence, que je vous prie de prendre sa place dans cette œuvre où j'eus l'honneur d'être encouragé par elle[36].

Il s'agissait de financer l'installation de rayons X à l'hôpital de Beauregard, à Thionville. Henriette avait déjà versé 250 francs… sur les 3 000 nécessaires. Il n'a pas été possible de savoir si Jean accorda l'argent. La réduction des dépenses ne se limitait pas aux dons et touchait aussi la gestion quotidienne. Jean de Bertier avait un secrétaire du nom de Richshoffer qui gérait également sa fortune. Ce dernier, suivant les consignes de Jean, était un adepte des réclamations. Le but était de faire baisser les prix (à Dudelange, 2,04 francs de rabais obtenu sur 28,50 francs de frais de procuration en 1911), quitte à devoir faire face à une procédure judiciaire (en Bretagne, non-paiement de l'entreprise Denis en 1913)[37]. Le personnel était également réduit au minimum. Davaut, intendant des Rosaires, dut insister par de multiples lettres pour obtenir l'embauche d'une servante payée 40 F par mois, une dépense pourtant bien faible, qu'aucune charge sociale ne venait alourdir[38].

Jean de Bertier était-il donc avare ? En réalité, son attitude correspondait bien au rapport très particulier de la noblesse avec l'argent. D'un côté, il fallait poursuivre un mode de vie coûteux, sans regarder à la dépense, ce qui explique la vente du mobilier ; d'un autre, la conscience de la nécessité des économies était présente, si bien qu'Éric Mension-Rigau parle d'« avarice relative »[39]. En ce sens, Jean de Bertier n'était pas « passionné » par l'argent. Il optimisait ses revenus comme ses dépenses, pour pouvoir continuer à financer son train de vie dispendieux. Que son avarice fût absolue ou relative, la chasse aux dépenses marquait toutefois un changement d'attitude par rapport à Anatole et Henriette, pas toujours compris, ni bien perçu, par ses interlocuteurs. Dans le contexte d'avant la mise en place d'un

35 ALG, Lettre de A. de Guenyveau à Jean de Bertier, 19 septembre 1910.
36 ALG, Lettre du docteur Melchior à Jean de Bertier, 30 mars 1904.
37 ALG, Lettre de Richshoffer à maître Brasseur, notaire à Dudelange, 14 janvier 1911 et Lettre de Hubert Tanquerey, avocat à Saint-Brieuc, 28 mai 1913. Il ne s'agit que de deux exemples, non exhaustifs.
38 WINOCK, Michel, *La Belle Époque. La France de 1900 à 1914*, Paris, Perrin, 2002, p. 125.
39 MENSION-RIGAU, *Aristocrates et grands bourgeois*, p. 371 et PROST, *Les Français de la Belle Époque*, p. 42 : « l'aristocratie faisait mine de mépriser l'argent. S'en soucier était mesquin, et le compter vulgaire ».

impôt progressif sur le revenu, les œuvres charitables restaient considérées comme une obligation morale et sociale des plus riches[40]. Jean de Bertier, en choisissant de les réduire ou de les supprimer, prenait aussi le risque d'affaiblir les réseaux locaux tissés par ses ancêtres.

Un autre exemple en ce sens est, indirectement, révélateur d'un possible détachement de Jean de Bertier par rapport à la religion. Une certaine sœur Odilia lui écrivit pour lui demander de continuer à financer les couvents de religieuses franciscaines de Dudelange et de Luxembourg. On devine que Jean de Bertier n'en avait pas l'intention, et sœur Odilia fit pression sur lui, par des mots durs et un ton moralisateur :

> Votre bonne maman [...] a donné la dernière goutte de sang pour sauver votre âme et la faire sortir des griffes de Satan. [...] Aimez et revenez bien vite au Dieu de votre première communion. Quittez je vous en supplie cette mauvaise société qui vous perd complètement et ne restez plus longtemps esclave de Satan[41].

Il est impossible de conclure à un détachement religieux de Jean de Bertier au vu de cette seule et unique lettre, qui plus est d'une personne étant juge et partie[42]. La référence à la première communion appelle ce commentaire d'Antoine Prost, relatif à l'évolution du sentiment religieux au cours de la vie : « la pratique religieuse des hommes s'effondre après la première communion, vers 14-15 ans, et remonte faiblement à partir de la soixantaine : il est peu probable que ce calendrier soit sans rapport avec la sexualité »[43]. Jean de Bertier, alors âgé de 26 ans, vivait sans doute sa propre phase d'effondrement de la pratique religieuse et, si sœur Odilia l'avait connu comme un enfant fervent, elle put en ressentir du dépit. Nous avons en tout cas ici un indice d'un autre changement d'attitude de Jean de Bertier vis-à-vis du modèle parental.

Les chevaux faisaient partie du quotidien de la fin du XIXe siècle. Ils servaient aux travaux agricoles mais aussi aux transports, l'automobile ne prenant son essor qu'après 1900. Leur présence était encore plus marquée chez les nobles, car liée à la chasse, un marqueur identitaire[44]. Les Bertier étant officiers de cavalerie, la place du cheval se trouvait encore renforcée. Jean Bourcart, dans son étude sur la garnison de cavalerie de Lunéville, parle même du « couple » formé par l'officier et son cheval. Il indique que le cheval ne se cantonnait pas au service mais pouvait être mis en avant dans la vie mondaine locale, créant ainsi une

---

40 GUILLAUME, Pierre, *Histoire sociale de la France au XIXe siècle*, Paris, Masson, 1992, p. 193-194. L'impôt sur le revenu, voté en 1914, ne fut mis en place qu'à la fin de la Première Guerre mondiale.

41 ALG, Lettre de sœur Odilia à Jean de Bertier, 4 janvier 1904.

42 ALG, Lettre de sœur Odilia à Jean de Bertier, [sans date] : sœur Odilia transmit à Jean les soi-disant dernières volontés d'Henriette, dont la suivante, signifiant un financement illimité : « qu'après sa mort je fasse dire des messes tant que je voudrai pour le repos de son âme et que j'envoie la note à M. le comte son cher fils ».

43 PROST, *Les Français de la Belle Époque*, p. 271.

44 *Ibidem*, p. 56.

sociabilité qu'il dénomme « société équestre »[45]. Jean de Bertier alla encore plus loin en pratiquant l'élevage dans sa propriété bretonne des Rosaires. Un abondant courrier révèle son intérêt pour la chose. Le fait que les chevaux y soient désignés sous les appellations « vos élèves » ou « vos petits élèves » montre la proximité et l'attention du propriétaire. Jean de Bertier espérait une rapide montée en puissance : « sous 3 ans dans les concours les lauréats habituels devront compter avec l'élevage des Rosaires[46] ». Cependant, le souci de rentabilité économique restait présent. Certaines pièces des archives indiquent les prix de vente obtenus, par exemple 650 francs pour la jument Hortense en juillet 1911 et 1 000 francs pour le poulain Isly en novembre de la même année. Cette dernière somme représentait 10 mois de traitement de l'intendant Davaut lui-même, et jusqu'à 3 années de salaire des domestiques les moins bien payés[47]. Il s'agissait cependant de prix courants, révélant la faiblesse des gages donnés alors au petit personnel[48]. D'ailleurs, d'autres documents plus détaillés montrent que les bénéfices tirés de l'élevage étaient limités. Un certain Gast proposa à Jean de Bertier une « association pour l'exploitation de la carrière d'Hellé pendant sa troisième année ». Las, la pouliche ne brilla pas autant qu'espéré dans les concours. Le bénéfice final ne fut que de 117 francs, soit le tiers des 325 francs initialement prévus[49]. Bref, les chevaux représentaient certes une passion, mais une passion maîtrisée et subordonnée à l'argent.

La dernière des trois passions à examiner est celle des femmes. Les archives de Lagrange conservent trois types de lettres, avec, par ordre décroissant d'importance : des lettres reçues de ses maîtresses, des lettres qu'il leur envoya ainsi que quelques lettres où il se confia à un ami proche, François de La Tour du Pin, membre d'une famille de la haute aristocratie[50]. Ce corpus est, comme pour la plupart des archives, incomplet, d'autant plus que la plupart de ces relations étaient censées rester cachées. Il est donc impossible de dresser un inventaire exhaustif de toutes les conquêtes féminines de Jean de Bertier. Afin de faciliter la compréhension des réflexions ultérieures, il est utile de donner une liste succincte des maîtresses dont il sera question.

---

45 BOURCART, Jean, *Lunéville : une garnison de cavalerie dans l'espace frontalier lorrain 1873-1921*, [thèse d'histoire, sous la direction de François COCHET], 2013, p. 373, 442-443, <www.theses.fr/2013LORR0331>.

46 ALG, Lettre de Madame Beaudré à Jean de Bertier, 13 juin 1909.

47 ALG, Comptes mensuels établis par Davaut, intendant [Source incomplète, absence de certains mois].

48 WINOCK, *La Belle Époque*, p. 125.

49 ALG, Lettre de Gast, 27 octobre 1909 et Compte du règlement d'association, 22 septembre 1910.

50 François de La Tour du Pin (1878-1914) et Jean de Bertier avaient certainement des maîtresses en commun. Les deux amis illustraient bien le « libertinage mondain des fils de bonne famille » (BOLOGNE, p. 343).

Tableau 5: Liste – non exhaustive – des maîtresses de Jean de Bertier[51].

Nom	Années	Remarque particulière
Margot	Vers 1898 ?	« À près de 15 ans d'intervalle je t'écris. Je t'écris encore avec mon cœur pareil pour toi à mon cœur de jeune fille, de petite fille même puisque c'est si tôt qu'on a enchaîné ma vie ».
Liette	1901-1902	Pseudonyme : « Madame d'Arnay ».
Stella	1906	Juste avant son mariage : « aimez votre future femme ».
Linda	1912	« Notre petit appartement » : se voient dans un meublé ?
Huguette Vanora	1912-1914	Actrice en vue des théâtres parisiens.
Mone	1912-1917	Était-elle Anne-Marguerite Perrin, une prostituée entretenue par Jean ? [Enquête commandée par Marie-Louise]
Christiane	1912-1914	Amie du couple Jean-Marie-Louise. Se suicide en 1914.
Natacha Trouhanowa	1913-1914	Célèbre danseuse russe se produisant à Paris.
Liudith	1914	-
?	1914	Appelle Jean « le jaguar » dans ses lettres.

Les femmes identifiées étaient toutes, à l'exception peut-être de Margot et de Mone, des « demi-mondaines ». La plupart des femmes du monde ne pouvaient en effet se permettre de tels écarts[52]. Alain Corbin dresse la hiérarchie des femmes galantes. Les demi-mondaines (femmes divorcées, séparées, veuves joyeuses, riches étrangères, filles lancées et parvenues) en occupaient le sommet, puis l'on trouvait les « soupeuses de restaurant de nuit » et les « femmes de café ». Il y avait aussi des courtisanes cachant leur réelle identité et puis des femmes entretenues, installées dans une chambre ou un appartement[53].

L'analyse des lettres conservées nous apprend que Jean de Bertier plaisait, ou, du moins, que ses maîtresses le flattaient sur son physique. Il correspondait à l'idéal masculin de la Belle Époque : importance accordée aux yeux, goût des immenses moustaches, avec une taille bien prise et un nez aquilin[54]. Les photographies de l'époque, en noir et blanc, montrent que Jean arborait ces fameuses moustaches « à la gauloise ». Il était plutôt grand (1,79 m) et certaines lettres confiaient : « je ne savais pas qu'il était si dangereux de regarder au fond des yeux verts et qu'on en gardait la nostalgie[55] ! ». La séduction n'opérait pas que par l'apparence, mais aussi par la conversation. Jean de Bertier semble avoir été un amant délicat et

51 ALG, Nombreux documents, dont certains seront précisément identifiés dans les notes suivantes.

52 CHASTENET, Jacques, *La France de M. Fallières. Une époque pathétique*, Paris, Fayard, 1959, p. 148 : les femmes du monde « sont tenues d'assez court ».

53 CORBIN, Alain, *Les filles de noce. Misère sexuelle et prostitution (19ᵉ et 20ᵉ siècles)*, Paris, Aubier, 1978, p. 200-204.

54 SOHN, Anne-Marie, *Du premier baiser à l'alcôve. La sexualité des Français au quotidien (1850-1950)*, Paris, Aubier, 1996, p. 180.

55 ALG, Lettre de Christiane à Jean de Bertier, 18 avril 1914. Pour l'anecdote, l'institution militaire considérait que les yeux de Jean de Bertier étaient bleus (SHD, GR 6 YE 1413, Dossier militaire de Jean de Bertier : Livret matricule d'officier).

attentionné : « personne ne m'a jamais traité comme vous ! C'est dire combien ma vie était terne et pauvre avant d'avoir ce rayon de soleil qui êtes-vous[56] ! »

Jean de Bertier recherchait la jouissance à travers la multiplicité des partenaires. Il l'avoua à son ami François de La Tour du Pin en parlant de « nos milieux fiévreux, sensuels, jouisseurs » et de « vicieuse recherche de sensations neuves ». On apprend d'ailleurs dans ces lettres qu'il continua à voir des maîtresses après son mariage, en affirmant « la vie est bien douce entre elles » [son épouse et sa(ses) maîtresse(s)][57]. Avec les maîtresses, il n'était pas question d'amour mais, sans le dire explicitement, de séduction et de sexe. Cette recherche des plaisirs charnels correspond à l'image d'une Belle Époque frivole et polissonne. Le fait de vivre à Paris et de fréquenter bals, théâtres et opéras facilitait les rencontres[58]. Jean de Bertier, homme du monde, devint ainsi l'amant de deux célébrités du moment : Huguette Vanora et Natacha Trouhanowa. Ce sont les seules maîtresses dont nous disposons du nom complet. Remarquons toutefois qu'il ne fut pas l'amant des demi-mondaines les plus en vue, et dont Jacques Chastenet dresse la liste :

> Emilienne d'Alençon, Liane de Pougy, la Canada, Madeleine Carlier, Pierrette Rotschildi, Blanche d'Antigny, Lina l'Alsacienne, Lota Bernard, Yahne d'Argent, Lola de Beaumont, Caroline Otero, Coco Marmier sont les étoiles de ce firmament[59].

Les relations, la plupart du temps, ne duraient pas. Jean de Bertier le reconnaissait sans détours : « ça dure ce que ça peut jusqu'à ce qu'une autre divinité soit venue manger la première[60] ». Il s'agissait de ce qu'on appelait, déjà à l'époque, des *flirts*. La rupture devait être facile. Anne-Marie Sohn indique que la flamme s'entretenait par la correspondance (au style recherché) et des attentions prenant la forme de petits cadeaux (comme des portraits ou des photographies signées)[61]. Les archives de Lagrange en recèlent et sont donc bien représentatives de l'esprit du temps. Après la rupture, la correspondance pouvait être poursuivie, la « bonne amie » se transformant dès lors en simple amie ou confidente : « c'est donc fini mon ami si cher, vous ne serez plus mon amant. Jamais. Jamais »[62].

Cependant, malgré ce « modèle » du flirt avec ses codes, le risque de tomber amoureux de sa maîtresse existait. Jean de Bertier y fut peut-être confronté avec Liette, à laquelle il écrivit les lettres les plus enflammées. Cependant, la comparaison avec le courrier adressé à François de La Tour du Pin révèle que cet amour s'effilocha. Si Jean de Bertier continuait à assurer Liette de son amour, c'était par dissimulation, ce dont elle n'était pas dupe : « pourquoi m'écris-tu et me donnes-tu ta parole d'homme que tu n'aimes que moi ? Quand à d'autres [François de La

---

56 SOHN, *Du premier baiser à l'alcôve*, p. 187 et ALG, Lettre de Natacha Trouhanowa à Jean de Bertier du 28 novembre [1913].
57 ALG, Lettres à François de La Tour du Pin, sans date.
58 KALIFA, p. 12-14 et SOHN, *Du premier baiser à l'alcôve*, p. 163 et 171.
59 CHASTENET, p. 150.
60 ALG, Lettre de Jean de Bertier à François, sans date.
61 SOHN, *Du premier baiser à l'alcôve*, p. 207-209.
62 ALG, Lettre de Stella à Jean de Bertier, 31 décembre 1906.

Tour du Pin] tu jures le contraire ? »[63]. Un deuxième risque était que ce ne fût pas lui, l'homme, mais la femme, sa maîtresse, qui le mît devant ses responsabilités, alors que l'hypocrisie des conventions sociales favorisait l'homme au détriment de la femme (voir *infra*) :

> Puisque vous savez, cher ami, à quoi sert <u>notre</u> petit appartement vous ne serez pas étonné que je vous demande de me renvoyer mes objets et meubles chez Krieger faubourg Saint-Antoine ou si vous préférez les garder je vous prie d'envoyer à mon compte […] la somme de <u>dix mille francs</u>[64].

Le caractère confidentiel de ces relations poussait les amants à se voir de préférence à l'hôtel ou dans un petit meublé[65]. Le troisième risque était la mise au jour de ces amours cachées. Jean demanda plusieurs fois à Liette de brûler ses lettres. La plus grande alerte retrouvée dans les archives fut le vol de sa valise contenant « des lettres de 9 femmes différentes, dont les deux actuelles[66] ». Enfin, un autre genre de risque était, bien sûr, la contraction d'une infection sexuellement transmissible (IST). Alain Corbin caractérise l'époque comme l'« âge d'or du péril vénérien », la crainte principale étant celle de la syphilis[67]. Aucune lettre des archives de Lagrange ne fait état d'éventuelles préoccupations de Jean de Bertier à ce sujet.

De multiples relations de Jean de Bertier semblent avoir été des secrets de polichinelle. Nombreuses étaient les maîtresses qui avaient connaissance de ses autres flirts. Il avouait parfois, tout en s'efforçant de nuancer : « si je te trompe, je te jure que ce n'est pas pour mon plaisir », ou bien « cette femme, qui a couché avec moi, mais presque pas[68] ». Les flirts et l'adultère étaient alors des comportements tout à fait acceptés pour les hommes de la bonne société[69]. Finalement, le secret ne fut important que dans trois cas retrouvés dans le corpus documentaire. Liette utilisait un pseudonyme, « Madame d'Arnay » et Jean lui demandait de brûler ses lettres, pourquoi ? Y avait-il opposition potentielle de la famille de la jeune fille ? Quant à Christiane, c'était une amie de Jean et de Marie-Louise. Il leur fallait veiller à rester discrets : « servez-vous du téléphone c'est plus sûr que la poste[70] ». Enfin, il existait une hiérarchisation des relations. Anne-Marie Sohn distingue les liaisons

63 ALG, Lettre de Liette à Jean de Bertier, sans date. François était intéressé par Liette, ce qui n'était pas réciproque : « je ne serai <u>jamais</u> sa maîtresse ». Jean ne pouvait donc « se délester » de Liette dans les bras de son ami.

64 ALG, Lettre de Linda à Jean de Bertier, 24 octobre 1912. Ce fut elle qui souligna.

65 ADLER, Laure, *Secrets d'alcôve. Histoire du couple de 1830 à 1930*, Paris, Hachette, 2006 [1983], p. 152.

66 ALG, Lettre de Jean de Bertier à François de la Tour du Pin, sans date.

67 CORBIN, *Les filles de noce*, p. 386-387. Pour le contrer, la Société française de prophylaxie vit le jour en 1901, militant pour un contrôle de la prostitution et le développement d'une éducation à la sexualité (p. 391).

68 ALG, Lettres de Jean de Bertier à Liette, sans date.

69 WALCH, Agnès, *Histoire du couple en France de la Renaissance à nos jours*, Rennes, Éditions Ouest-France, 2003, p. 195 et SOHN, *Du premier baiser à l'alcôve*, p. 276 : « aux hommes la liberté, aux femmes la réserve ».

70 ALG, Lettre de Christiane à Jean de Bertier, 11 février 1912.

de passage des femmes entretenues. La plupart des maîtresses de Jean de Bertier relevaient du premier groupe, sauf Mone. Sans surprise, ce fut elle qui fit l'objet d'une enquête commandée par Marie-Louise. La durée de la relation (5 ans au moins) et son statut social de prostituée dénotaient : « Madame P... ne tire ses moyens d'existence, ses ressources que du produit de sa galanterie[71] ».

Il est difficile d'établir précisément les raisons pour lesquelles Jean de Bertier multipliait les aventures. Des hypothèses très générales privilégieraient la volonté de tester son pouvoir de séduction, un grand appétit sexuel ou une insatisfaction permanente. Cette dernière possibilité semble devoir être évacuée au profit des deux premières. Un tel comportement n'était pas exceptionnel. Agnès Walch affirme que « l'adultère [...] passe pour être quasi généralisé dans la société française ». L'adultère était peut-être encore plus banal dans l'aristocratie, avec toutefois un fort clivage hommes-femmes[72]. Jean de Bertier était, finalement, un homme de son temps.

Le grand nombre de ses liaisons (dont nous ne connaissons qu'une partie) caractérise cependant un comportement passionnel, auquel il consacrait forcément beaucoup de temps, et pour lequel il prenait des risques (les 10 000 francs réclamés par Stella, la valise volée, etc.). Pour déterminer jusqu'à quel point ces passions furent dévorantes, mentionnons une lettre adressée à François de La Tour du Pin. Il y affirmait rester maître de ses passions : « je travaille beaucoup, car jamais les femmes ni le cheval ne m'ont empêché de travailler ». Il confiait aussi des remords : « ah ! Pouah ! Je suis un sale individu, décidément[73] ». C'est donc qu'il pouvait regretter *a posteriori* son attitude, et qu'il pouvait, par moments, ne pas être maître de ses passions. À une reprise au moins, cela affecta sa carrière. Présentons face à face la requête de Jean de Bertier et l'avis de l'autorité militaire :

Lettre de Jean de Bertier au ministère de la Guerre 20 avril 1904	Avis du général de brigade en charge du dossier[74]
Des incidents personnels me mettent en opposition d'idées avec des personnalités de Compiègne, et me rendent le séjour dans cette garnison de plus en plus difficile.	Monsieur de Bertier a eu, à Compiègne, des relations avec une femme de la société, et désire s'éloigner, pour rompre et pour éviter les bavardages.
Vous savez que j'aime mon métier par-dessus tout et que je n'ai pas hésité à lui sacrifier mes intérêts, à la mort récente de mes parents.	

Bien des observations déjà effectuées se retrouvent dans cet exemple : les tentatives de dissimulation, la brièveté des relations etc. Il est désormais temps

71 ALG, Enquête relative à Madame Perrin, avec notes manuscrites de Marie-Louise, [sans date].
72 SOHN, *Du premier baiser à l'alcôve*, p. 277, WALCH, *Histoire du couple en France*, p. 159, ADLER, p. 134.
73 ALG, Lettre de Jean de Bertier à François, [sans date].
74 SHD, GR 6YE 1413 et ALG, Brouillon de lettre à son supérieur.

de s'intéresser au mariage de Jean de Bertier. Le prologue a rappelé l'importance de cette institution au sein des familles nobles, comme condition de la transmission des valeurs et des biens. Il semble que le mariage ne faisait pas rêver Jean de Bertier :

> Pauvre garçon ! En voilà un de plus à la mer !! Quelle vie il se prépare de chien à l'attache, même auprès d'une jolie riche et d'une grasse pâtée ! Combien je préfère mon rôle de loup un peu maigre, mais de plus d'allure[75] !

Pourtant, il n'hésita pas à faire miroiter la perspective d'un riche mariage pour que son père Anatole continuât de lui envoyer de l'argent : « mon vieux papa, je te supplie de secouer le fond de tes poches : qui sait si ce n'est pas ici [à Saint-Moritz] que je trouverai la richissime américaine devant laquelle il faudra représenter dès le commencement ? »[76]. Le « mariage américain » était alors à la mode, mais davantage dans les esprits et les fantasmes que dans les réalités. L'exemple le plus célèbre – et toujours cité – est celui de Boni de Castellane avec Anna Gould, la fille du roi des chemins de fer Jay Gould[77].

Au décès de ses parents en 1903, Jean était encore célibataire. Il était donc libre du choix de son épouse. De toute façon, un avis familial conforme n'était plus nécessaire au début du XXe siècle[78]. Malgré ses réticences initiales, Jean de Bertier envisagea de se marier. Ayant besoin d'argent, il espéra peut-être un mariage américain, comme le laisse supposer la lettre suivante :

> Il s'agit d'une jeune veuve américaine, comtesse, 25 ans, très bien sous tous les rapports, ayant une fortune de 70 millions et une petite fille de 2 ans. Cette dame part samedi pour le midi et l'on voudrait pouvoir vous présenter à elle avant son départ[79].

70 millions [de francs, sans doute] représentaient une fortune exceptionnelle. Nous ne savons si la rencontre put être organisée. Le mariage, en tout cas, n'eut pas lieu. Jean de Bertier épousa finalement, le 5 février 1907, Marie-Louise Chalmeton de Croÿ[80]. Cette dernière appartenait à une famille de la haute bourgeoisie originaire du sud-ouest. Son grand-père, Ferdinand Chalmeton, avait épousé Claire Thérèse Huberte de Croÿ le 7 août 1849, et par la suite ajouté « de Croÿ » à son nom initial. Les circonstances de cet ajout ne sont pas claires. Cela permettait à cette famille de la haute bourgeoisie de faire plus « riche »[81]. Son patrimoine nous est connu grâce à l'enquête militaire réalisée à son sujet. Rappelons que les officiers avaient besoin d'une autorisation de la hiérarchie militaire pour pouvoir

---

75 ALG, Lettre de Jean de Bertier à sa mère, 4 septembre [1902 ?].

76 ALG, Lettre de Jean de Bertier à son père, depuis Saint-Moritz, [sans date].

77 WINOCK, *La Belle Époque*, p. 368 et HOUTE, Arnaud-Dominique, *Le triomphe de la République 1871-1914*, Paris, Seuil, collection « Points histoire », 2018 [2014], p. 318.

78 SOHN, *Du premier baiser à l'alcôve*, p. 225 et WALCH, *Histoire du couple en France*, p. 182.

79 ALG, Lettre de Rousseau, avocat à Paris, à Jean de Bertier, 26 avril 1904.

80 ALG, Certificat de mariage, 5 février 1907, à Nesles-la-Vallée (Seine-et-Oise, aujourd'hui Val d'Oise).

81 SELANCY (comte de), Courriel à l'auteur, 9 août 2018.

se marier. La fortune de Marie-Louise était estimée à 400 000 francs. On était bien au-delà des 24 000 francs de patrimoine considérés comme un minimum par l'armée, et au-delà des 120 000 francs à partir desquels on pouvait parler de « riche mariage »[82].

Plusieurs remarques sont à faire sur cette union. Contrairement à son père et grand-père, Jean de Bertier n'épousait pas une jeune fille issue de la noblesse, mais de la bourgeoisie. Suzanne Fiette indique que ces mariages entre nobles et bourgeois progressaient depuis la deuxième moitié du XIXᵉ siècle. Ils participaient à la fusion des élites, pouvant se retrouver autour de certaines valeurs, comme le conservatisme ou le catholicisme[83]. Cyril Grange, grâce à une étude statistique, relativise toutefois cette ouverture de la noblesse vers la bourgeoisie[84]. On peut synthétiser les deux points de vue en remarquant que ces alliances se faisaient principalement entre un jeune homme noble et une jeune fille bourgeoise, et non pas en sens inverse. La noblesse étant transmise par les hommes, le titre était conservé et la dot apportée par l'épouse permettait de « redorer son blason »[85]. Remarquons aussi que la grand-mère (de Croÿ) ainsi que la mère de Marie-Louise (fille du baron de Chazelles) étaient issues de familles nobles. Les Chalmeton étaient déjà assimilés à la noblesse. Ainsi, l'union entre Jean et Marie-Louise respectait la pratique homogamique des générations précédentes. Épouser une riche héritière américaine eût été beaucoup plus inattendu, et même détonnant, dans l'histoire familiale des Bertier.

Dans sa correspondance avec Marie-Louise, Jean rappela plusieurs fois les circonstances de leur première rencontre. Celle-ci eut lieu en 1906, dans le cadre de la participation à une association de charité, le Secours perpétuel : « je passe aussi constamment sur le chemin qui fut il y a 8 ans mon "chemin de Damas" mais je n'ai pas encore eu le temps d'aller faire un pèlerinage sentimental à notre arbre »[86]. L'expression « chemin de Damas » désigne une conversion, et initialement celle de Paul de Tarse, qui, de persécuteur des chrétiens, devint un apôtre du Christ. La conversion de Jean de Bertier signifiait sans doute son acceptation du mariage, un mariage d'amour, dans l'esprit du temps[87]. Il existait une vraie complicité entre les deux époux, visible au travers de leur correspondance. Tous deux avaient perdu leurs parents avant leur mariage. Leur premier enfant, Arnaud, naquit en 1910[88]. Jean de Bertier appelait son épouse « mon cher petit chéri », « ma chérie », « ma

82 SHD, GR 6YE 1413, Rapport du capitaine Kurz, 15 janvier 1907 et SERMAN, p. 151-157 et 175-176.

83 FIETTE, Suzanne, *La noblesse française. Des Lumières à la Belle Époque. Psychologies d'une adaptation*, Paris, Perrin, 1997, p. 214-221.

84 GRANGE, Cyril, « Fusion des élites aristocratiques et bourgeoises à la Belle Époque : les mariages à Paris et en province », [*in*] BRELOT, p. 250-256.

85 BRAVARD, p. 111 et MENSION-RIGAU, *Aristocrates et grands bourgeois*, p. 17.

86 ALG, Lettre de Jean de Bertier à son épouse, 4 octobre [1914].

87 BOLOGNE, p. 357 : « au début du XXᵉ siècle, l'amour est plus que jamais d'actualité dans le mariage ».

88 ALG, Extrait des minutes des actes de naissance du 16ᵉ arrondissement de Paris. Arnaud naquit le 1ᵉʳ avril 1910.

petite fille aimée », « ma petite Mimi » et s'inquiétait régulièrement de sa santé fragile. Leur correspondance était dense mais non sans « chicaneries » selon les mots de Jean :

> Tu te plains donc de la brièveté de mes lettres. Je te ferai timidement remarquer qu'une page de moi, à trente lettres par lignes en moyenne et seize à vingt lignes à la page en vaut six des tiennes. Tu vois si je deviens abruti de compter mes lettres et mes lignes[89] !

Pourtant, l'amour de Marie-Louise ne fit pas renoncer Jean de Bertier aux autres femmes, sauf, peut-être, lors des premières années de son mariage. Le tableau 5, présentant les maîtresses de Jean de Bertier, n'en indique en effet aucune entre 1906 et 1912[90]. En tout cas, les aventures extra-conjugales commencèrent, au plus tard, en 1912, suscitant, directement ou indirectement, reproches et interrogations de Marie-Louise. L'usage social dans les élites lui imposait cependant de ne pas en faire un drame, comme le résume Laure Adler : « la femme doit savoir gérer convenablement cet ennui ménager avec distinction[91] ». Il faut dire que Marie-Louise avait peut-être aussi ses amants. L'un d'entre eux, très épris, a laissé une correspondance très régulière, de la fin 1913 à l'été 1914 : Jean de Laborde. Il est resté dans les mémoires pour avoir commandé le sabordage de la flotte française à Toulon en 1942. Cette relation semble toutefois être restée platonique, soit que Jean de Laborde ne plût pas assez à Marie-Louise, soit que les conventions sociales eussent pesé de tout leur poids. L'inégalité entre hommes et femmes face à l'adultère est bien résumée par Anne-Marie Sohn : « aux hommes la liberté, aux femmes la réserve[92] ». Au vu des archives, cette maxime paraît pouvoir s'appliquer aux époux Bertier, sans pouvoir établir si Marie-Louise eut *effectivement* des amants. Les lettres de Jean de Laborde font état de flirts de Marie-Louise à Washington et de « potins » au sujet de son comportement. Elle n'hésita pas non plus à faire languir Jean de Laborde. Peut-être eut-elle donc aussi une part de la liberté dont son mari usait allègrement.

Remarquons pour finir la grande imbrication de toutes ces relations : Christiane était une amie de Marie-Louise, Jean de Laborde connaissait bien Jean de Bertier… Qui savait quoi, et jusqu'où, des relations et aventures extra-conjugales de l'un ou de l'autre ? Jean de Bertier se doutait-il de quelque chose en décrivant ainsi Arnaud à Marie-Louise : « blond, rose, bébé anglais, ces qualités ne lui viennent pas de son père légal, alors ?… Elles me semblent plutôt se rapporter à Laborde ??… »[93]. On touche ici à la subtile nuance entre le privé, l'intime et le demi-public ou public, ce dernier domaine correspondant à la vie mondaine dont il faut maintenant parler.

89 ALG, Lettre de Jean de Bertier à son épouse, 10 octobre [1910]. Autant l'écriture de Jean de Bertier est régulière, bien formée et très lisible, autant celle de Marie-Louise est désordonnée et… très souvent illisible.
90 Rappelons que ce tableau, par son côté lacunaire, ne permet pas de dégager de conclusion définitive.
91 ADLER, p. 169.
92 WINOCK, *La Belle Époque*, p. 169, ADLER, p. 156-157 et SOHN, *Du premier baiser à l'alcôve*, p. 276.
93 ALG, Lettre de Jean de Bertier à son épouse, sans date [1910-1911 sans doute].

1.3. Le goût de la vie mondaine

Noblesse, grande et moyenne bourgeoisie rassemblaient à la Belle Époque environ 1 million de personnes, soit 1 Français sur 40. Cependant, seul un cercle beaucoup plus restreint participait à la vie mondaine. Cette dernière ne concernait que « la société », comprenons la haute société, regroupant uniquement noblesse fortunée et haute bourgeoisie[94]. Alice Bravard s'est particulièrement intéressée à ce « grand monde », essentiellement parisien. Elle indique que les deux critères essentiels de l'appartenance à ce groupe étaient l'argent et la notoriété[95]. Elle distingue quatre niveaux de richesse pour les gens du monde. Faut-il classer les Bertier dans la première catégorie (millionnaires, à la fortune supérieure à 2 millions de francs) ou dans la deuxième (groupe fortuné, avec un capital compris entre 500 000 et 2 millions de francs, au revenu moyen de 50 000 francs annuels)[96] ? Dans une lettre à son épouse, Jean de Bertier lui rappela qu'ils devaient vivre avec 8 000 francs par mois, comme s'il s'agissait d'une somme restreinte[97]. Cela représentait un budget de dépenses annuelles de près de 100 000 francs, ce qui tend à classer les Bertier parmi le groupe des millionnaires, c'est-à-dire des plus fortunés, disposant largement des revenus nécessaires pour vivre dans le monde : « le pouvoir de l'argent est avant tout celui de permettre, ou non, aux gens du monde, de satisfaire l'ensemble des coûteuses consommations induites par la vie élégante[98] ». Les Bertier y sacrifièrent, par la possession de biens de luxe pour l'époque (une automobile) ainsi que par les dépenses de toilette de Marie-Louise : par exemple, une facture de 21 484,50 francs pour des achats dans un magasin de robes, manteaux, dentelles et fourrures, entre novembre 1907 et juin 1908[99]. Le couple avait l'habitude des grands logements, desservis par une domesticité importante, comme le prouve la recherche menée par Jean de Bertier à Washington, où il fut nommé attaché militaire en décembre 1913 : « j'aurai d'ailleurs beaucoup de peine, quel que soit le prix, à trouver les quatre chambres de maître et les huit chambres de domestique qu'il nous faut : ça n'existe pas[100] ».

La seconde condition d'appartenance au monde était la notoriété. Les Bertier figuraient dans les annuaires mondains, comme le Tout-Paris : « Bertier de Sauvigny [Comte de, capitaine de cavalerie breveté et Comtesse née Marie-Louise Chalmeton de Croÿ], avenue d'Eylau, 19 (XVIe) J – P – RR – V[101] ». Le statut d'officier de Jean renforçait cette indispensable notoriété. En effet, les officiers se devaient de « paraître », autrement dit de participer à la vie mondaine. C'était chose bien difficile pour tous ceux n'ayant pas de revenus complémentaires à leur

---

94 WINOCK, *La Belle Époque*, p. 117 et LEJEUNE, Dominique, *La France de la Belle Époque 1896-1914*, Paris, Armand Colin, collection « Cursus », 2011 [1991], p. 140.

95 BRAVARD, p. 44 et 59.

96 *Ibidem*, p. 115.

97 ALG, Lettre de Jean de Bertier à son épouse, mercredi 15 mai [1907 ou 1912].

98 BRAVARD, p. 136.

99 ALG, Facture de la maison Worth adressée à Marie-Louise.

100 ALG, Lettre de Jean de Bertier à son épouse, 16 décembre 1913.

101 ALG, Lettre du Tout-Paris, 1er septembre 1913 pour demander les corrections éventuelles à la mention parue en 1913 pour l'annuaire de 1914. « J » correspond au Jockey Club, « P » au Polo de Paris.

solde[102]. Le capitaine de Bertier, lui, disposait, grâce à l'héritage familial, de bien plus amples revenus, permettant la multi-résidence entre logement parisien et demeures en province. C'était d'ailleurs le cas de 95 % des gens du monde appartenant à la noblesse d'Ancien Régime, dont les Bertier faisaient partie[103]. Il faut ici préciser que la notoriété comporte un rapport assez paradoxal au château familial de province. D'un côté, il était occupé, exploité, mis symboliquement en scène comme un bien identitaire. La Belle Époque fut la dernière époque de construction (ou d'agrandissement) de châteaux en France[104]. Jean de Bertier s'inscrivit quelque peu dans ce mouvement, avec le projet de la construction d'une chapelle aux Rosaires[105]. D'un autre côté, Adeline Daumard montre que le séjour en province n'était pas le plus apprécié. La résidence principale était à Paris[106]. Ici encore, Jean de Bertier était représentatif : les archives ne mentionnent pas de séjour à Lagrange, ni à Sainte-Geneviève, mais uniquement aux Rosaires, en Bretagne.

Paris, en effet, concentrait le grand monde. Le calendrier était scandé, en hiver et au printemps, par la succession de la « petite saison » puis de la « grande saison », avec comme temps forts le Salon et les grands rendez-vous hippiques ; l'été donnait lieu à des séjours balnéaires, et l'automne, saison des chasses, se passait plutôt au château[107]. Le grand monde s'organisait en réseaux, animés par des cercles, et parmi eux le Jockey Club, l'un des plus sélectifs de Paris. Il comptait environ 1 000 adhérents à la Belle Époque[108]. Jean de Bertier en était membre, comme son père Anatole avant lui. Un dernier point reste à élucider, celui du logement parisien des Bertier. Le tableau suivant donne une idée non exhaustive de la localisation des logements successivement occupés par le couple.

Tableau 6: Logements occupés par les époux Bertier entre 1907 et 1914[109].

Années	Adresse	Quartier/situation
1907-1910	33, avenue Rapp	7ᵉ arrondissement
1912	90, avenue Marigny [auj. avenue Foch] à Fontenay-sous-Bois	proche banlieue est (limitrophe de Vincennes)
1912-1913	19, avenue d'Eylau	16ᵉ arrondissement
À partir d'avril 1913	37, avenue de l'Alma [auj. avenue George V]	8ᵉ arrondissement

102 SERMAN, p. 137-138, 220.
103 BRAVARD, p. 147.
104 MENSION-RIGAU, *Le donjon et le clocher*, p. 10-13.
105 ALG, Plan de la chapelle des Rosaires dressé par Marteroy, architecte, 17 décembre 1912. Il semble que cette chapelle ne fût finalement pas construite.
106 DAUMARD, p. 112.
107 CHASTENET, p. 133-135 et 145-146.
108 LEJEUNE, *La France de la Belle Époque 1896-1914*, p. 140 et BRAVARD, p. 152.
109 ALG, Repérage des adresses sur de multiples documents. Au cours de la période 1907-1914, Jean de Bertier fut en poste au Maroc (fin 1909-début 1911) puis à Washington (fin 1913-été 1914). Marie-Louise l'y rejoignit par moments. Le couple continuait pendant ce temps à louer un logement parisien. Précisons que l'obligation de loger au régiment pour les officiers n'était que théorique. Il était possible de louer un logement extérieur, où vivre en famille.

On retrouve sans surprise les beaux quartiers. Les domiciles des membres du Jockey Club s'y concentraient et facilitaient un entre-soi recherché[110]. Approchons maintenant les formes de cette vie mondaine, ainsi présentées par Dominique Kalifa :

> La Belle Époque évoque presque toujours l'univers insouciant et frivole de la bonne société, la belle vie des salons, de la mondanité, du *high life*. Avec elle on fréquente les théâtres, l'opéra et les hippodromes, on dîne au champagne chez Maxim's, les hommes portent des « huit-reflets » et des œillets à la boutonnière, les femmes des jupes entravées et de gigantesques chapeaux[111].

Il y avait là, notamment pour la noblesse ayant perdu beaucoup de ses prérogatives, comme une compensation. Face aux nouvelles élites, émergeant avec la République et le développement industriel, l'aristocratie ancienne souhaitait garder quelque primauté. Elle investit donc les mondanités, dans lesquelles l'un des reproches à éviter était justement de paraître « snob »[112]. Les archives de Lagrange ne permettent pas de déterminer, ni précisément ni quantitativement, les pratiques mondaines de Jean de Bertier, puis du couple qu'il forma avec Marie-Louise. Sans aucun doute salons et loisirs ostentatoires faisaient-ils partie de leurs habitudes. Il est en revanche possible d'entrevoir les différents lieux de cette vie mondaine, et leur hiérarchie, en fonction des affectations de Jean de Bertier.

La vie mondaine n'était en effet pas uniquement parisienne. Les lettres de deux des maîtresses de Jean de Bertier révèlent qu'elles fréquentaient les endroits suivants : Fontainebleau, Vichy, Deauville, Cannes, Monte-Carlo[113]. On retrouve là des dépendances de Paris. D'ailleurs, l'usage, dans le grand monde, voulait qu'on ne restât pas dans la capitale toute l'année. En été, particulièrement, « tout le monde quitte Paris – rester en ville serait la dernière inconvenance »[114]. Ainsi, la vie mondaine pouvait être recréée ailleurs. Ce fut le cas à Casablanca, au Maroc, où Jean de Bertier et son épouse vécurent entre la fin 1909 et le début 1911. Rentrée en France avant son mari en raison de problèmes de santé, Marie-Louise se tint au courant de la vie mondaine à Casablanca. Une lettre trouvée dans les archives contient tous les thèmes caractéristiques de la vie sociale du grand monde :

---

110 PINÇON, Michel et PINÇON-CHARLOT, Monique, « Beaux quartiers et stations balnéaires : la logique de l'entre-soi menacée », [*in*] BRELOT, p. 207.

111 KALIFA, p. 12.

112 BRAVARD, p. 21. Ce reproche de snobisme apparaît dans une lettre d'Huguette Vanora du 18 mars 1914, à propos de Cannes : « c'est snob ». Il fut fait à Jean de Bertier lui-même en 1900 : « une certaine forme de snobisme » (SHD, GR 6YE 1413, Dossier de Monsieur [Jean] de Bertier de Sauvigny. Relevé de notes).

113 ALG, Lettres d'Huguette Vanora, 3 et 23 juillet 1914, et d'une autre maîtresse [celle appelant Jean de Bertier « le jaguar » – voir tableau 5], 18 mars 1914.

114 KALIFA, p. 12 et HOUTE, p. 316.

Thème	Citations[115]
Proximité du pouvoir & oisiveté	« Elle [Mme Ollier] essaie de me passer sa succession près de Mme Moinier [épouse du général commandant en chef], m'invite à aller les rejoindre sur la plage, à me promener avec elles… Je suis très flattée. »
Sport	« À propos de Jean : Je le vois presque tous les jours au tennis. »
Loisirs	« C'est une journée sensationnelle puisque nous avons des courses avec 800 F de prix. »
Mode & mœurs	« Avec sa compagne coiffée du chapeau que voici, en jouy garni de rubans violets, et aussi avec sa <u>fausse belle-fille</u>… ornée d'un autre chapeau que voilà jaune d'or uni avec dentelle tombante. Peut-être que c'est la mode ? » [avec 2 dessins]
Réseaux	« Le tout Casablanca élégant (!) était là et papotait ferme. »

De retour du Maroc, Jean de Bertier fut muté au 31ᵉ régiment de dragons, à Épernay (Marne). Il se montra satisfait de cette affectation d'un point de vue militaire, mais la vie mondaine quotidienne menée à Paris ou Casablanca n'était plus possible. Il trouva toutefois des avantages à Épernay, décrite comme « un bled où on pourra se pinter tous les deux et devenir dégustateurs en champagne »[116]. Plus décevant pour Jean de Bertier fut son séjour à Washington, en tant qu'attaché militaire (décembre 1913-été 1914). Il affirmait s'ennuyer dans « ce patelin de Washington », n'y retrouvant pas l'équivalence des réseaux ni des lieux (théâtres, restaurants) de la société parisienne[117]. Il faut ici préciser qu'à l'époque, la capitale américaine comptait moins de 300 000 habitants et ne pouvait offrir aux Bertier l'ambiance frénétique de New York. En outre, les États-Unis, pays neuf, ne pouvaient être le cadre de son grand monde à lui, héritier d'un passé aristocratique inexistant outre-Atlantique. Jean de Bertier ne retrouva cette atmosphère qu'il aimait qu'à l'occasion d'un séjour au Canada en juillet 1914 :

> Je suis trimballé partout par des gens charmants en automobile, en yacht et suis invité dans des maisons de campagne exquises : si j'acceptais tout, j'en aurais pour plusieurs mois !! Comme on est loin de ces sales Américains[118] !!

Il faut nuancer les plaintes de Jean de Bertier. Sa correspondance révèle qu'à Washington aussi, il participa à des dîners rassemblant le « beau monde » des milieux politiques et militaires. Peut-être était-il plus difficile d'y trouver des maîtresses qu'à Paris, ce qui pourrait expliquer son ennui… Une autre source intéressante sont les lettres de Jean de Laborde, résumant le séjour américain de Marie-Louise à « trois mois de vie mondaine enragée ». Jean de Laborde, dans l'espoir de la rejoindre, déclara même s'entraîner aux mondanités, qui n'étaient

---

115 ALG, Lettre de Magdeleine à Marie-Louise, 9 septembre [1910].
116 ALG, Lettre de Jean de Bertier à son épouse, 10 février 1911.
117 ALG, Lettres de Jean de Bertier à son épouse, 26 décembre 1913 et 16 mars 1914.
118 ALG, Lettre de Jean de Bertier à son épouse, 16 juillet 1914.

pourtant pas son « truc »[119]. Des coupures de presse retrouvées dans les archives indiquent que Marie-Louise fut remarquée pour son élégance ; « *she's considered one of the most smartly dressed woman in the diplomatic circle* »[120]. La vie mondaine se trouvait donc partout où il y avait des mondains ; et les lettres de Jean de Laborde révèlent qu'il ne suffisait pas de *pouvoir* être du monde, encore fallait-il le *vouloir*. C'était le cas de Jean et de Marie-Louise. Ils emmenaient la vie mondaine avec eux, partout où ils allaient.

Conclusion sur la personnalité de Jean de Bertier

Le portrait que nous venons de dresser ne fait pas apparaître les deux grandes valeurs familiales traditionnelles que sont le catholicisme et le légitimisme. Il faut dire que les années 1860-1910 furent une période de déclin de la pratique religieuse, et la Belle Époque fut marquée par l'anticléricalisme et la sécularisation (séparation de l'Église et de l'État en 1905). Parallèlement, la pérennisation de la République à partir des années 1880 avait rendu le mouvement monarchiste très minoritaire[121]. Cela ne signifie pas pour autant que Jean de Bertier s'était détaché de la religion, ni qu'il n'était plus monarchiste. Si ces thèmes sont absents des archives, c'est avant tout parce qu'ils n'étaient pas au cœur de la personnalité de Jean de Bertier. Ce dernier pourrait être résumé par son ambition de vivre en dandy, en usant de son argent et de son pouvoir de séduction, pour profiter de la vie mondaine.

Pour ce faire, il put, en partie, délaisser les réseaux locaux hérités de ses parents, en réorientant les dépenses vers les mondanités. Encore faut-il minimiser l'impression de rupture de mode de vie, entre des parents reclus à Lagrange et un fils jouisseur, à Paris et ailleurs. À l'été 1903, et après être allé jouer au polo à Ostende, Jean rejoignit ses parents à Évian. Les Bertier, parents comme enfant, fréquentaient donc le monde, et il s'agissait aussi d'une pratique familiale ancienne, simplement exacerbée par Jean, dans le contexte nouveau de la Belle Époque. Un autre héritage familial parfaitement respecté par Jean de Bertier fut l'engagement militaire.

2. L'amour du métier

Suivant l'exemple initial d'Anne-Pierre (1770-1848), les Bertier s'étaient engagés dans la carrière militaire. Cette nouvelle tradition n'était cependant pas définitivement établie. Jusqu'à son baccalauréat (obtenu en 1896), Jean de Bertier resta indécis. Il pensait que son père souhaitait le voir intégrer l'École des mines plutôt

---

119 ALG, Lettres de Jean de Laborde à Marie-Louise, 9-10 février et 22 mars 1914. D'après ces lettres, Marie-Louise flirtait volontiers. Jean de Laborde, quant à lui, se languissait, sans se résoudre à rompre.

120 ALG, Coupure de presse, avec dessin, [sans date-1914] : « elle est considérée comme l'une des femmes les plus élégantes des cercles diplomatiques » (traduction de l'auteur).

121 Il restait vivace dans certains secteurs. En 1908 fut fondé *L'Action française*, quotidien ouvertement royaliste. Les militants du mouvement (les « camelots du roi ») gagnèrent une influence dans la jeunesse étudiante, notamment dans le Quartier latin.

que Saint-Cyr et demanda à sa mère : « il y a tant de carrières : conseillez-moi ?? […] Je travaillerai pour toutes les carrières qui me sont possibles »[122]. En 1883, Anatole avait démissionné de l'armée pour se consacrer à ses investissements dans la toute récente Société anonyme des hauts-fourneaux et forges de Dudelange, dont les usines n'étaient qu'à une quinzaine de kilomètres de Lagrange. Deux options s'offraient donc prioritairement à Jean de Bertier : l'École des mines, pour confirmer cette nouvelle orientation vers l'industrie, ou bien Saint-Cyr, voie royale pour devenir officier français. Il arbitra, avec nuance, en faveur de Saint-Cyr :

> Voilà donc ma décision bien mûrie depuis longtemps et ferme : ne pas entamer une carrière qui durerait 10 ans sans profit et amorcer des relations industrielles pour l'époque où ma volonté me fera changer de carrière[123].

Jean s'inscrivait ainsi dans les pas de son père. À une carrière militaire initiale succéderait une carrière industrielle.

2.1. Un officier de cavalerie appliqué et ambitieux

Les archives ne révèlent pas les motivations du choix de la carrière militaire. Au-delà de l'exemple des aïeux (et du souvenir de leurs faits d'armes), le sentiment patriotique, en essor, joua forcément un rôle dans la vocation de Jean de Bertier. La fin du XIXᵉ siècle vit même, dans toute l'Europe, un développement des nationalismes, s'appuyant surtout sur des critères linguistiques et ethniques, souvent xénophobes, éventuellement aussi racistes, comme l'explique Eric Hobsbawm[124]. Il considère que ce mouvement aurait été favorisé par la démocratisation de la politique, et l'on comprend pourquoi les aristocraties européennes restèrent en retrait du mouvement[125]. Bref, Jean de Bertier fut, peut-être, porté vers la carrière militaire par patriotisme, mais non par nationalisme[126]. Quoi qu'il en fût, le patriotisme lui fut inculqué à Saint-Cyr puisqu'il y représentait la valeur fondamentale à transmettre aux futurs officiers. Alex Alber indique que le sens de l'honneur, typique de la noblesse, fut remplacé par le service de la patrie : « les militaires agissent (et meurent) au nom de "l'honneur de la France" »[127].

Choisir le métier des armes était un engagement fort qui soumettait Jean de Bertier à toutes sortes de contraintes et d'empêchements. Tout d'abord, il fallait, pour entrer à Saint-Cyr, non seulement réussir le concours d'entrée, mais aussi fournir de multiples garanties : n'être ni marié ni veuf avec enfant, présenter un certificat d'aptitude physique, de bonne vie et mœurs ainsi qu'un

122 ALG, Lettre de Jean de Bertier à sa mère, 4 janvier 1895.
123 ALG, Lettre de Jean de Bertier à sa mère, [sans date].
124 HOBSBAWM, Eric, *Nations et nationalismes depuis 1780. Programme, mythe, réalité*, Paris, Gallimard, collection « Folio histoire », 1992, p. 195, 197-198, 201 et 203.
125 *Ibidem*, p. 204 et 216.
126 Nous reviendrons sur la distinction entre les deux concepts dans la 3ᵉ partie.
127 ALBER, Alex, « Une sacralisation professionnelle par l'histoire : la formation morale des Saint-Cyriens et la martyrologie politique », [*in*] Temporalités, 6/7, 2007, <https://doi.org/10.4000/temporalites.88>.

extrait de casier judiciaire[128]. Plus tard, Jean de Bertier dut demander à la hiérarchie militaire l'autorisation de pouvoir se marier. L'enquête réalisée constata
que Marie-Louise bénéficiait de « la plus parfaite considération [et] toutes les
garanties d'honorabilité », et qu'elle disposait de 400 000 francs de fortune personnelle[129]. Il était rare que la future épouse disposât d'un tel patrimoine. Seules
3 % des dots dépassaient les 240 000 francs[130]. Il faut préciser qu'il ne s'agissait
pas ici d'une dot. Marie-Louise, en tant qu'orpheline, avait déjà hérité de ses
parents. Une des motivations de cette autorisation préalable au mariage était le
souci pour l'État de faire des économies. La solde des officiers étant modeste,
ils devaient la conserver pour leurs propres dépenses. Leurs épouses devaient
donc compter sur leurs revenus propres. Ce système évitait aussi de devoir leur
accorder une pension de veuvage[131]. Une autre contrainte concernait le domicile. Les changements d'affectation imposaient des déménagements réguliers.
En 1911, par exemple, il fut muté au 31e régiment de dragons d'Épernay : « pas
trop près (sic) de Paris où on ira facilement une fois par semaine »[132]. N'oublions
pas qu'à une occasion, Jean de Bertier fut lui-même à l'origine d'une mutation.
Afin de rompre avec une femme qu'il fréquentait, il demanda en 1904 à quitter
Compiègne pour un régiment stationné dans le sud-ouest[133]. Enfin, d'autres
contraintes de la vie militaire n'en étaient pas pour Jean de Bertier, qui disposait
de l'argent et de l'envie nécessaires : participer à la vie mondaine, aux bals, aux
réceptions officielles[134].

Jean de Bertier choisit la cavalerie, qui était l'arme de prédilection de la
noblesse. Les statistiques le confirment. À la fin du XIXe siècle, seuls 10 % des
sous-lieutenants et 20 % des généraux de division étaient nobles, contre 38 % des
officiers de cavalerie[135]. Beaucoup de camarades de Jean de Bertier étaient donc
également nobles et, comme lui, aimaient la vie mondaine. William Serman parle
même d'un « culte du cheval et du luxe », une attitude résumant bien Jean de
Bertier. Son amour des chevaux a déjà été évoqué à travers son élevage des Rosaires,
en Bretagne. Il se remarque aussi à d'autres occasions. Par exemple, il demanda et
obtint l'autorisation d'emmener un cheval à Washington quand il y fut nommé
attaché militaire[136]. Cette passion du cheval pouvait aussi aveugler Jean de Bertier.
La guerre de 1870 avait remis en question le rôle de la cavalerie, et surtout des
troupes cuirassées, dont les charges s'étaient avérées inefficaces. L'arme ne gardait

---

128 SHD, GR 6YE 1413, Acte d'engagement [de Jean de Bertier à Saint-Cyr], 29 octobre 1896.
129 *Ibidem*, Certificat délivré par l'adjoint au maire de Nesles, 28 décembre 1906 et Rapport de
       Kurz, capitaine de gendarmerie de la section de Pontoise, 15 janvier 1907.
130 SERMAN, p. 175-176. Les orphelines et les veuves étaient ainsi, relativement, les plus riches.
131 *Ibidem*, p. 152-154. La future épouse devait disposer de 1 200 francs de revenus annuels au
       minimum.
132 ALG, Lettre de Jean de Bertier à son épouse, 10 février 1911.
133 SHD, GR 6YE 1413, Lettre de Jean de Bertier au ministre de la Guerre, 20 avril 1904.
134 SERMAN, p. 138.
135 SERMAN, p. 8 et CORVISIER, p. 73.
136 SHD, GR 6YE 1413, Autorisation d'emmener un cheval, accordée le 31 décembre 1913 [soit
       après son départ].

son utilité que pour la reconnaissance et la couverture. La tendance se retourna avec les directives de 1913, confiant à nouveau un rôle de rupture à la cavalerie[137]. Jean de Bertier crut sans doute à cette importance retrouvée de la cavalerie, au vu de la phrase finale d'une conférence de 1913 qu'il donna, ou plutôt à laquelle il assista : « on peut admettre, avec le général Cherfils, que "si la guerre de 66 a été le triomphe du fusil, celle de 70 le triomphe du canon, la guerre prochaine sera le triomphe du sabre et de la lance" »[138]. Jean de Bertier se trompait. Les troupes de cavalerie ne jouèrent qu'un rôle très faible pendant la Grande Guerre[139]. Précisons que Jean de Bertier semble ne jamais avoir développé de réflexion militaire théorique : la base de données Milindex, développée par Rémy Porte et Julie d'Andurain, ne fait apparaître aucune contribution de Jean de Bertier dans l'ensemble des périodiques recensés et traitant des questions militaires[140].

L'intérêt pour son métier contribua à rendre Jean de Bertier appliqué et performant. Saint-Cyr restait alors très attractif, avec plus de 2 000 candidats en 1894[141]. Jean de Bertier fit partie des 546 élèves recrutés en 1896 et formant la 81ᵉ promotion de l'école. Parmi ses camarades de trouvait notamment le futur général Catroux[142]. Jean de Bertier termina Saint-Cyr au 22ᵉ rang sur 522 élèves. Ayant choisi la cavalerie, il intégra l'école d'application de cavalerie, à Saumur, où il obtint le 2ᵉ rang sur 73 élèves[143]. On trouve d'autres exemples de son excellence. Ainsi, à l'occasion d'un concours, la moitié des meilleurs lanciers du régiment provenaient de son escadron. Il écrivit à son épouse : « le concours de ce matin a été un triomphe. [...] Chaudes félicitations du patron »[144]. Il accumula les remarques flatteuses de sa hiérarchie. Son côté séducteur l'aida à se faire apprécier des autres. Son dossier militaire ne recèle qu'une seule fausse note, en 1903 : « je réserve mon jugement sur cet officier, brillant m'affirme-t-on, mais que je crois peu sérieux et peu zélé »[145]. Il avait alors demandé un congé de six mois, pour voyager en Turquie, qui lui fut refusé[146]. La mort de ses parents au cours des semaines suivantes bouleversa de toute façon ses projets.

137 CORVISIER, p. 24-25.
138 ALG, Résumé de la conférence du 11 février 1913, *La cavalerie. Son rôle stratégique et tactique. Ses tendances actuelles en France et en Allemagne*. La « guerre de 66 » désigne la guerre entre la Prusse et l'Autriche, et notamment la bataille de Sadowa, où les fusils prussiens furent décisifs.
139 Leur rôle se limita aux théâtres d'opérations lointains (Proche et Moyen Orient). Ils ne furent d'aucune utilité sur les fronts occidentaux (voir deuxième partie).
140 <www.penseemiliterre.fr/milindex/plugins/milindex/entry_list.php>.
141 BENOIT, Christian, *Les officiers français dans la Grande Guerre (1914-1918)*, Soteca, 2019, p. 61.
142 BOY (général), Jean, *Historique de la 81ᵉ promotion de l'École spéciale militaire de Saint-Cyr (1896-1898), promotion Première des Grandes Manœuvres*, 2010, <https://saint-cyr.org>.
143 SHD, GR 6YE 1413, États de service de Jean de Bertier. Son Livret matricule d'officier donne un autre rang de sortie pour l'école de cavalerie de Saumur : 2/85.
144 ALG, Lettre de Jean de Bertier à son épouse, « ce samedi 20 juillet » [1912 ?]. Il y avait 4 à 6 escadrons par régiment, il s'agissait donc d'une performance dont Jean de Bertier pouvait être fier.
145 SHD, GR 6YE 1413, Relevé des notes et feuillets techniques.
146 *Ibidem*, Note pour la direction de la cavalerie, 1ᵉʳ septembre 1903.

Brillant, motivé, prometteur, Jean de Bertier avait le profil pour intégrer l'École supérieure de guerre, créée en 1880 et destinée à compléter la formation des meilleurs officiers. Le concours d'entrée se composait de trois écrits et de quatre épreuves orales. Jean de Bertier le réussit, de même que l'examen de sortie, après deux années d'étude (1906-1908). Il faisait partie du premier quart des promus (16ᵉ rang), avec la mention très bien[147]. On retrouve ici la même excellence qu'à Saint-Cyr. Christian Benoit note en effet que, pour une centaine de places disponibles, le nombre de candidats augmenta, passant de 200 en 1880 à 692 en 1909[148]. Les élèves étaient principalement des lieutenants et capitaines, âgés d'une trentaine d'années. Il y avait, vers 1910, 1 800 officiers brevetés, soit environ 5 % du corps des officiers[149]. Jean de Bertier faisait donc partie de l'élite, que son rang de sortie (16ᵉ) renforçait. L'École supérieure de guerre étant surnommée « l'école des généraux », il aurait pu espérer atteindre ce grade, mais seulement 25 à 30 années après sa sortie, c'est-à-dire… après 1930[150].

Certes, le but de l'École supérieure de guerre était de former des officiers pour les services d'état-major, mais, en réalité, seul un officier breveté sur six était effectivement employé dans un état-major vers 1910. De façon générale, il y avait trop d'officiers en activité, conséquence de la longue période de paix depuis 1870-1871. En l'absence de pertes au combat, il devenait difficile de monter en grade. William Serman parle de « crise de l'avancement ». Un officier breveté ne pouvait plus guère dépasser, en fin de carrière, le grade de lieutenant-colonel[151]. L'engorgement des services faisait que toute place devenait difficile à obtenir :

> Cet après-midi je vais aller au ministère le plus tôt possible, car je viens de relire la circulaire concernant les officiers à choisir pour l'état-major de l'armée… et elle est bien mauvaise pour moi, car elle impose tellement de conditions différentes que j'ai peur de ne pas les remplir : ancienneté, stages, etc., etc.[152]

Les perspectives d'avancement ne dépendaient pas que de la valeur militaire, mais aussi de la naissance, de la fortune et du réseau de relations. Les possibilités d'accéder au grade de général étaient très différentes suivant les origines familiales : une chance sur trente-trois pour un officier issu des classes populaires, contre une chance sur deux pour un fils de grand notable civil. En tant que fils d'officier, Jean de Bertier n'avait, d'après les statistiques, qu'une chance sur six[153]. Il pouvait cependant compter sur son réseau nobiliaire et mondain. Il en fit usage, et mit son épouse à contribution : « combien je suis touché des démarches que tu as faites pour mon 4ᵉ galon : si j'obtiens ma mise au tableau immédiate, c'est bien à toi

---

147 *Ibidem*, États de service de Jean de Bertier.
148 BENOIT, p. 136.
149 CORVISIER, p. 74 et SERMAN et BERTAUD, p. 536 et 563.
150 BENOIT, p. 140.
151 SERMAN et BERTAUD, p. 568-570.
152 ALG, Lettre de Jean de Bertier à son épouse, 15 octobre 1912.
153 SERMAN, p. 17. Il existe, bien sûr, des exceptions à ce déterminisme, par exemple : Joffre fils de tonnellier, Pétain fils de cultivateur, Foch fils de percepteur.

que je le devrai »[154]. La guerre éclata une semaine après cette lettre et remit tout en cause. Jean de Bertier entra dans le conflit avec le 3ᵉ galon de capitaine. Pour finir, remarquons qu'on ne trouve pas trace d'une proximité entre Jean de Bertier et les principaux chefs militaires de l'époque. Seuls deux noms connus apparaissent dans les archives : le général Moinier et le général Franchet d'Espèrey, tous deux commandants au Maroc, et qui purent à l'occasion plaider en sa faveur.

En septembre 1913, Jean de Bertier obtint le poste d'attaché militaire à Washington. Il a été impossible de déterminer ses motivations, ainsi que ses éventuels soutiens pour y parvenir. Il s'agissait d'une fonction nouvelle. Les attachés militaires, au nombre de 4 en 1860, étaient devenus 25 au début du XXᵉ siècle. Jean de Bertier avait le profil-type de l'emploi. Sur les 60 attachés militaires ayant été en poste entre 1900 et 1914, 50 étaient brevetés et disposaient d'une fortune et de relations dans le monde. La fonction consistait à promouvoir les coopérations dans le domaine militaire, à assister à des manœuvres, à des formations, sans oublier les mondanités, elles aussi obligatoires. Une autre tâche des attachés militaires était de fournir, au célèbre 2ᵉ bureau de l'état-major, toutes sortes d'informations sur les armées étrangères[155]. Sa maîtrise de l'anglais et de l'allemand permit à Jean de Bertier de multiplier les contacts à Washington. Il se fit fort de soutirer des informations au major Herwarth von Bittenfeld, l'attaché militaire allemand, « se déboutonnant entièrement lorsqu'il peut parler allemand, ce qui vous expliquera les confidences qu'il m'a faites ». Il eut même accès au président Wilson, en reconnaissant toutefois qu'« ici on aborde le président beaucoup plus facilement que n'importe quel chef de bureau chez nous »[156]. Jean de Bertier était à son aise dans ce rôle d'officier de renseignement. Il produisit des rapports sur l'armée américaine et la situation au Mexique, alors en guerre civile. Son avis sur l'armée américaine fut très négatif :

Absence totale de puissance militaire, voilà le point faible que je ferai tous mes efforts pour faire ressortir clairement. [30 décembre 1913, après deux semaines sur place]

Un pays qui n'a pas l'armée de sa politique et risque fort ainsi de recevoir un jour un camouflet inattendu. [30 juin 1914, après six mois de poste]

Certes, l'armée américaine restait faible, malgré sa victoire de 1898 contre l'Espagne (guerre hispano-américaine). En ce sens, Jean de Bertier ne se trompait pas. Il manqua cependant de vision à moyen ou long terme, et ne perçut pas le potentiel militaire des États-Unis, que la Grande Guerre révéla quelques années plus tard. Terminons à présent l'étude de sa carrière en présentant ses états de service.

154 ALG, Lettre de Jean de Bertier à son épouse, 26 juillet 1914. Le « 4ᵉ galon » correspond au grade de commandant, ou, dans la cavalerie, à celui de chef d'escadrons.
155 SERMAN et BERTAUD, p. 540.
156 SHD, GR 7N 1716, Lettre de Jean de Bertier, 30 décembre 1913 et Lettre non datée.

Tableau 7 : **Résumé de la carrière de Jean de Bertier jusqu'en 1914**[157].

Date	Affectation et [détachements]	Grade
10/96	École spéciale militaire (Saint-Cyr)	Élève, Élève de 1ʳᵉ classe, Brigadier, Maréchal des logis
10/98	5ᵉ régiment de dragons	Sous-lieutenant puis Lieutenant
[10/99 à 8/00]	[École de cavalerie de Saumur]	(10/00)
7/04	15ᵉ régiment de dragons	Lieutenant
12/04	1ᵉʳ régiment de cuirassiers	
[12/04 à 3/06]	[Cabinet du ministre de la Guerre]	
12/06	4ᵉ régiment de cuirassiers	Capitaine
[11/06 à 10/08]	[École supérieure de guerre]	
[10/08 à 2/11]	[État-major du commandement des troupes débarquées à Casablanca]	
2/11	31ᵉ régiment de dragons	
3/11	23ᵉ régiment de dragons	
3/13	1ᵉʳ régiment de spahis [État-major de l'armée – 2ᵉ bureau]	
3/13	11ᵉ régiment de cuirassiers [État-major de l'armée – 2ᵉ bureau]	
9/13	Attaché militaire aux États-Unis	

Jean de Bertier cochait toutes les cases devant assurer une carrière prometteuse : Saint-Cyrien, breveté de l'école de guerre, ayant l'expérience aussi bien du commandement sur le terrain que des services d'état-major et des cabinets ministériels. Seule une part infime des officiers brevetés avait pu accéder au poste d'attaché militaire. En dépit de la crise de l'avancement, Jean de Bertier avait donc brillamment réussi son début de carrière.

L'analyse de son parcours militaire peut-elle faire ressortir certaines critiques ? Nous avons déjà mis en évidence un certain manque de capacité de projection sur les évolutions futures. Relativisons cependant. Il est facile de juger *a posteriori* ; Jean de Bertier ne faisait que reprendre les opinions les plus diffusées à l'époque. Peut-être plus significatif fut son insatisfaction et/ou son manque de constance, repéré à deux reprises. La première manifestation eut lieu lors de son stage d'officier breveté, effectué au Maroc, dans le service d'état-major auprès du corps d'armée débarqué à Casablanca. Il rejoignit son poste en janvier 1909, pour un service réglementaire de 2 ans. Cependant, dès décembre 1909, il demanda une nouvelle affectation :

> En raison de ma situation actuelle de famille, qui me fait désirer mon retour en France, j'ai l'honneur de solliciter de votre bienveillance l'autorisation d'achever mon stage dans l'un des états-majors ci-après [...]. Je suis orphelin ainsi que ma femme, et n'ai aucun parent dans les garnisons ci-dessus désignées[158].

157 SHD, GR 6YE 1413, États de service et Livret matricule d'officier de Jean de Bertier.
158 SHD, GR 6YE 1413, Lettre de Jean de Bertier au ministre de la Guerre, 13 décembre 1909.

Malgré l'avis favorable de sa hiérarchie sur place (Moinier, commandant en chef et Berguin, chef du service d'état-major), les services centraux rejetèrent sa demande. Bertier avait multiplié les absences (175 jours cumulés en décembre 1910) si bien qu'à Paris on considérait que « pour arriver à un pareil total de journées d'absence, il a trompé la religion de ses chefs et abusé de leur bienveillance ». La consigne était de faire respecter scrupuleusement les règles en vigueur et « ne pas faire passer l'intérêt général après des convenances – sinon des fantaisies – personnelles »[159]. Un second exemple de ce manque de constance, voire de cette instabilité, concerne sa fonction d'attaché militaire à Washington. Dans les lettres envoyées à son épouse, il confiait son ennui et se montrait soucieux de son avancement futur. Il alla même jusqu'à dénigrer son poste, pourtant rare et recherché[160].

Ces deux exemples ne révèlent-ils pas un Jean de Bertier trop sûr de sa valeur ? Ou bien ne montrent-ils pas les limites de l'attachement de Jean de Bertier à l'armée, pour laquelle, malgré son amour du métier, il n'était pas prêt à tout sacrifier ? Pour pouvoir trancher, il faudrait connaître les raisons de sa volonté de quitter le Maroc fin 1909. La seule information trouvée et susceptible de fournir une explication fut que Marie-Louise y tomba malade, dut être rapatriée en France, mais ce fut à l'automne 1910, et non en 1909[161]. Étudions donc plus en détail cet épisode marocain de 1909 à 1911. Il donna à Jean de Bertier une expérience du combat, ce qui justement lui manquait afin de devenir un officier complet.

2.2. L'expérience combattante au Maroc

Au cours des pages précédentes, il a déjà été question du Maroc. Encore indépendant au début du XXᵉ siècle, le royaume chérifien suscita les convoitises de grands groupes européens, puis l'intervention de leurs gouvernements. Les accords conclus entre le Royaume-Uni, l'Italie, l'Espagne et la France entre 1900 et 1904 laissèrent à ces deux derniers pays les mains libres au Maroc, face à un sultan fragilisé par ses emprunts auprès des créanciers européens ainsi que par les multiples rébellions, jusque dans sa propre famille. Moulay Abdelaziz fut ainsi évincé par son frère Moulay Abdelhafid en 1907. Dans cette situation trouble de guerre civile, les gouvernements français et espagnols réagirent au meurtre d'Européens par le débarquement d'un premier contingent qui occupa Casablanca en août 1907. L'année suivante, les troupes françaises contrôlaient (plus ou moins) la région autour de la ville, la Chaouia[162]. La carte ci-dessous permet de mieux comprendre le déroulé des événements auxquels Jean de Bertier participa en 1910.

---

159 *Ibidem*, Avis de Berguin, 14 décembre 1909, Note pour la section du personnel d'état-major, 27 décembre 1909 et Note sur monsieur le capitaine de Bertier de Sauvigny, remise le 17 janvier 1911.

160 ALG, Lettres de Jean de Bertier à son épouse, 14, 16, 26 décembre 1913, 15 et 16 mars 1914, et 26 mai 1914.

161 ALG, multiples Lettres de Jean de Bertier à son épouse, septembre et octobre 1910.

162 WEIBEL, Ernest, *Occident-Maghreb, 13 siècles d'histoire*, Paris, Ellipses, 2010, p. 475-476.

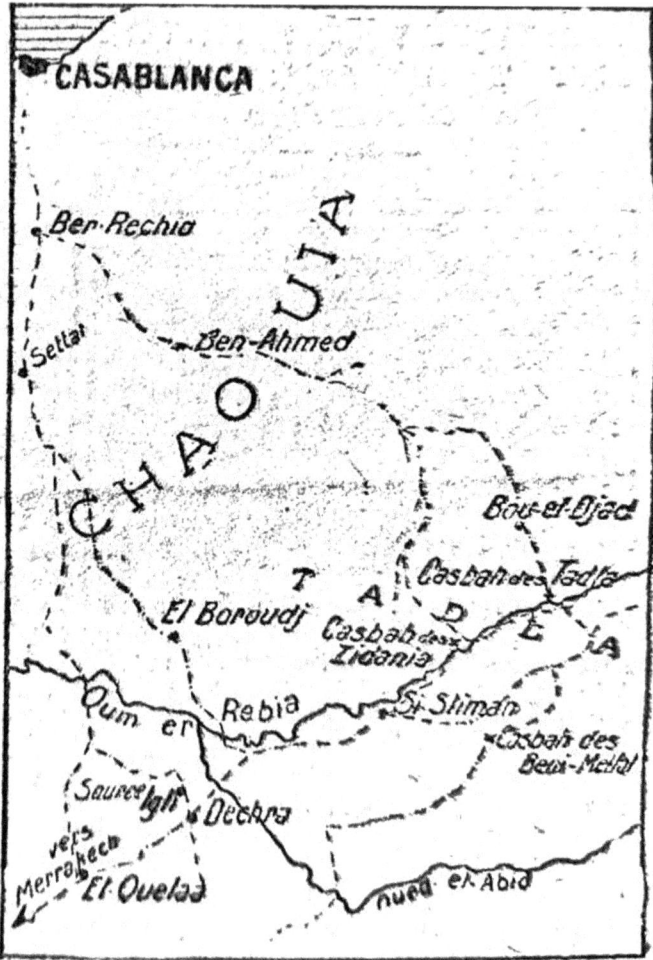

Carte 1 : *Le Maroc entre Casablanca et le Moyen Atlas.*
Source : ALG, Article de presse « Contre Ma El Aïnin.
Les prouesses de nos soldats au Maroc », [1909]

Jean de Bertier, fraîchement breveté de l'école supérieure de guerre, débarqua à Casablanca en janvier 1909. Nous avons déjà vu qu'il demanda, sans succès, à rentrer en France dès la fin de la première année, et qu'il sut intégrer la vie mondaine de Casablanca. Il y louait, rue de l'ambulance, une maison avec jardin et dépendance, pour 6 000 francs par an[163]. Son épouse l'y rejoignit. En septembre 1910, elle tomba malade et rentra en France pour se soigner. Jean de Bertier, craignant une rechute, l'exhorta à ne plus revenir au Maroc avant la fin désormais proche de

163 ALG, Contrat de location entre René Ferrière et Jean de Bertier.

son stage. La correspondance conservée relative au Maroc couvre ainsi les mois de septembre 1910 à février 1911, sans que l'on y apprenne quelque chose de particulièrement utile. Précisons, pour l'anecdote, que ce fut au Maroc, en 1909, que Marie-Louise fit la connaissance de Jean de Laborde[164].

Nous allons resserrer notre propos sur le mois de juin 1910. Une expédition fut lancée vers la Tadla, la région en arrière de la Chaouia, contre les partisans du cheikh Ma El Aïnin. Ce dernier contrôlait certaines parties de l'ouest du Sahara, autour de sa capitale, établie à Smara (aujourd'hui Es-Semara, Sahara occidental). À partir de 1905, il intervint de plus en plus dans les affaires marocaines. Il utilisa son prestige pour appeler à la guerre sainte contre les Français, se présentant comme « une sorte de messie appelé à sauver l'islam menacé »[165]. À partir de 1907, Ma El Aïnin se confronta aussi au futur général Gouraud en Mauritanie[166]. En cette année 1910, il décida de marcher sur Fès, la capitale marocaine de l'époque, pour venir en aide au sultan – à moins que ce ne fût pour le renverser[167]. Le général Moinier reçut ordre de l'en empêcher. Ce fut ainsi que fut montée l'expédition de juin 1910.

Jean de Bertier devait, au cours de son stage, servir dans une autre arme que la sienne. Ce fut l'infanterie. Il intégra en mai 1910 le « bataillon sénégalais », composé en fait de soldats originaires de toute l'Afrique occidentale française. Jacques Frémeaux indique que le Maroc fut le premier théâtre d'opérations où les tirailleurs sénégalais furent employés, à partir de 1908. Ils étaient considérés comme plus résistants que les soldats de la métropole, notamment face aux maladies tropicales. Ces troupes dites « indigènes » composaient *grosso modo* la moitié des effectifs employés dans les colonies[168]. Ce bataillon sénégalais fit partie du détachement spécial envoyé vers la Tadla, commandé par Aubert et composé de 35 officiers et 1 230 hommes, avec 20 chevaux et 18 mulets. Il s'agissait donc d'une colonne d'infanterie, devant parcourir un itinéraire prédéfini pour intercepter les forces de Ma El Aïnin et les empêcher de rejoindre Fès. L'essentiel du temps était consacré à la marche :

> Du 16 au 26 juin 1910, la colonne placée sous mon commandement a fait 9 jours de marche et 2 séjours et a soutenu 3 engagements, dont le dernier particulièrement dur. Elle a parcouru environ 225 kilomètres dans une région où les Européens, à part quelques rares exceptions, n'avaient jamais pénétré jusqu'alors[169].

Les archives retrouvées permettent de caractériser ce type de mission. D'abord, la colonne où se trouvait Jean de Bertier évoluait dans un environnement difficile :

164 ALG, Lettre de Jean de Laborde à Marie-Louise, 13 mars 1914.
165 JULIEN, Charles-André, *Le Maroc face aux impérialismes 1415-1956*, Paris, Éditions du Jaguar, 2011 [1978], p. 47, SERMAN et BERTAUD, p. 696 et ALG, Compte-rendu politique de Aubert du 28 juin 1910.
166 ANDURAIN (d'), Julie, *Le général Gouraud. Un destin hors du commun, de l'Afrique au Levant*, Paris, Perrin, 2022, p. 149-150 et 162-166. L'autrice référence Ma El Aïnin en index sous « Mostafa, Mohamed ».
167 JULIEN, p. 47.
168 FRÉMEAUX, Jacques, *De quoi fut fait l'empire. Les guerres coloniales au XIXᵉ siècle*, Paris, CNRS éditions, 2010, p. 128-129 et 415.
169 ALG, Compte-rendu d'opérations signé Aubert, 27 juin 1910.

présence de montagnes servant de refuge à l'ennemi, aridité, absence d'infrastructures et difficultés de ravitaillement. Les mulets, plus sobres, étaient généralement
préférés aux chevaux, mais notre exemple montre que les deux espèces pouvaient
être employées[170]. Un deuxième problème était la mauvaise connaissance du
territoire à parcourir : « la marche du 22 nous fait d'abord prendre la direction
de Krazza […] mais, erreur ou tentative de trahison, nos guides déclarent bientôt
qu'on a fait fausse route ». Enfin, la troisième difficulté était l'incertitude permanente quant à l'attitude des tribus rencontrées. Les écrits de Jean de Bertier en
témoignent :

> [22 juin au soir, bivouac d'Aïn Zerga] Les tribus voisines, d'abord hésitantes, finirent
> par nous apporter du bétail et du bois mais leur attitude recommande chez nous une
> circonspection qui se traduit par un redoublement de vigilance ; une nuit paisible
> prouve cependant que nos précautions ont été superflues.

> [23 juin] Les habitants, qui paraissent nombreux, nous regardent passer sans
> manifestation hostile et s'approchent en grand nombre pour nous vendre des œufs,
> des galettes [passage déchiré]. Ces bonnes dispositions changèrent en un clin d'œil :
> pendant la halte horaire de [6:50], un cavalier sur notre flanc gauche à quelques
> centaines de mètres, nous envoya une balle qui tomba en avant des faisceaux formés.
> Il me fut défendu de riposter cependant les coups de fusil éclataient de toute part[171].

Ces deux citations permettent de percevoir un sentiment d'insécurité, nécessitant une vigilance permanente, s'ajoutant à la fatigue des longues marches sous
le soleil de juin. L'expédition était éprouvante et risquée. Sa seule protection fut
de ne pas trop d'éloigner de « la zone de sûreté contiguë au territoire occupé »[172].
Autrement dit, en cas de besoin, une retraite rapide vers la Chaouia était possible.
Les multiples combats se soldèrent, à chaque cas, par un succès français.

Tableau 8: Combats dans la Tadla en juin 1910[173].

Date	Lieu	Durée	Pertes françaises	Pertes ennemies	Munitions utilisées
19/6	Kasbah Tadla	6:00-7:40	0	« nous avons trouvé une quinzaine de cadavres sur le terrain »	1 500 cartouches
21/6	Kasbah Zidania	8:30-10:30	5 blessés dont un seul sérieux	« fortes pertes » « on a trouvé 12 morts » « de nombreux morts ou blessés ont été aperçus transportés »	6 000 cartouches 19 obus

170 FRÉMEAUX, p. 12-13 et 248.
171 ALG, Récit manuscrit des opérations par Jean de Bertier, sans doute brouillon d'un rapport
(ratures et corrections).
172 ALG, Compte-rendu politique, par Aubert, 28 juin 1910.
173 ALG, Récit manuscrit des opérations par Jean de Bertier, sans doute brouillon d'un rapport
(ratures et corrections).

Date	Lieu	Durée	Pertes françaises	Pertes ennemies	Munitions utilisées
23/6	Sidi Salah	7:00-14:00	13 tués : 3 Européens, 8 tirailleurs, 1 goumier, 1 spahi 61 blessés : 2 officiers, 10 Européens, 42 Sénégalais, 5 spahis, 2 goumiers	« pertes énormes » « elles doivent atteindre un millier, tant tués que blessés »	60 000 cartouches 133 obus

Ces combats sont emblématiques des guerres coloniales jusqu'en 1914. Les engagements, de courte durée, mettaient en jeu des forces réduites : le plus grand affrontement, à Sidi Salah, mit aux prises les 1 200 hommes de la colonne à 4 à 5 000 adversaires seulement. De même, les munitions étaient utilisées avec parcimonie. La colonne ne pouvait compter que sur elle-même, aucun renfort ni approvisionnement supplémentaire n'étant prévu. Ces combats de juin 1910 faisaient donc partie des « petites guerres », sans être pour autant des « conflits de basse intensité ». Jacques Frémeaux explique que la faible puissance de feu était souvent compensée par un engagement très fort des combattants[174]. Une lettre de Jean de Bertier à son épouse le fait bien comprendre :

> Ces terribles fanatiques de la montagne [...] viennent se faire tuer mais nous démolissent également du monde : l'officier et 39 hommes dans ma compagnie de 140 hommes !! Et cette retraite pénible avec nos morts et nos blessés ! Car à la compagnie, nous sommes revenus à la baïonnette pour relever tous nos hommes tombés[175].

La 6ᵉ compagnie sénégalaise, sous le commandement de Jean de Bertier, subit donc des pertes considérables : près de 30 % de son effectif. Cela conduit à s'interroger sur la valeur militaire de Jean de Bertier. Pour son action à Sidi Salah, il obtint une citation, indiquant qu'il avait « commandé une compagnie à l'arrière-garde avec une bravoure et une ténacité digne d'éloges »[176]. S'agissait-il de ce combat où il perdit 30 % de ses hommes ? La précision de la situation, en « arrière-garde » de la colonne, explique que la compagnie Bertier fut, peut-être, prise dans une sorte d'embuscade. Les très lourdes pertes ne seraient donc pas le fait d'erreurs de commandement de Jean de Bertier. À la Kasbah Zidania, en revanche, il lui fut reproché une trop grande prise de risques, au vu de la méconnaissance du

---

174 FRÉMEAUX, p. 311.
175 ALG, Lettre de Jean de Bertier à son épouse, sans date, sans doute relative au combat de Sidi Salah.
176 SHD, GR 6YE 1413, États de service de Jean de Bertier. Il obtint également la médaille commémorative du Maroc.

terrain. Il avait débordé l'adversaire par la droite, faisant franchir à sa compagnie le fleuve Oum Errabiaa. Il dut se justifier :

> Si ce mouvement, conforme aux recommandations d'initiative et de large articulation faites quelques jours auparavant, a pu être considéré comme aventuré et « cavalier seul », j'estime cependant qu'il a hâté la retraite des défenseurs de la Kasbah et des jardins adjacents[177].

Les guerres coloniales permettaient une plus grande liberté d'action aux officiers, même subalternes[178]. Jean de Bertier en fit usage. Le bilan de sa valeur d'officier semble mitigé. Remarquons pour terminer qu'il savait se mettre en avant, pour obtenir prestige et considération. Un extrait de presse retrouvé à Lagrange intitulé « Contre les prouesses de nos soldats au Maroc » cite justement les faits d'armes de Jean de Bertier. Il est indiqué que les informations furent communiquées par « un de nos vaillants troupiers »… qui, certainement, n'était autre que Jean de Bertier lui-même[179].

La prise de contrôle du Maroc fut, pour la France, longue et difficile. De 14 000 hommes déployés en 1908, les effectifs grimpèrent à 38 000 en 1911, 47 000 en 1912, et 80 000 en 1914. Il s'agissait à cette date du plus gros contingent envoyé outre-mer[180]. Quand Jean de Bertier rentra en France en février 1911, rébellions et révoltes persistaient. Le sultan, encerclé dans sa capitale, appela à l'aide et les troupes françaises occupèrent Fès en mai 1911. L'Allemagne réagit en juillet (coup d'Agadir). Un accord fut trouvé entre les deux puissances et la France établit officiellement son protectorat en mars 1912. Quelques mois plus tard, Mangin défit un des fils de Ma El Aïnin et s'empara de Marrakech[181]. Une grande partie du Maroc, et notamment ses villes principales, était désormais sous contrôle français. L'exploitation des ressources du pays s'en trouva facilitée, et nous verrons que Jean de Bertier tenta d'y participer.

Au départ, Jean de Bertier avait tenté d'écourter son stage au Maroc. Finalement, il accomplit les deux années de services prévues. Il y acquit une expérience des combats, même dans le cadre particulier des guerres coloniales. Il reste à envisager un domaine dont nous n'avons encore rien dit et qui, pourtant, concernait tous les officiers : leur positionnement religieux et politique.

2.3. *Des opinions politiques et religieuses dissimulées ?*

Puisque le château familial de Lagrange se situait en Alsace-Lorraine désormais allemande, le patriotisme avait, pour Jean de Bertier, une tonalité particulière.

177　ALG, Récit manuscrit des opérations par Jean de Bertier, sans doute brouillon d'un rapport (ratures et corrections).

178　FRÉMEAUX, p. 57-61 et 102.

179　ALG, Coupure de presse « Contre Ma El Aïnin. Les prouesses de nos soldats au Maroc », sans date.

180　SERMAN et BERTAUD, p. 696-697, FRÉMEAUX, p. 73 et CORVISIER, p. 50.

181　ABITBOL, Michel, *Histoire du Maroc*, Paris, Perrin, 2009, p. 405-412.

Il entretenait l'espoir du retour des « provinces perdues » par ses discours à ses hommes. Voici les effets de l'un d'eux sur un soldat breton, nommé « le Dorz » :

« Eh bien le Dorz, tu te rappelleras de ce qu'il a dit le capitaine ?

– Oh oui, mon lieutenant, ça fait <u>frissonner</u> !... Quand on pense à ce qu'ils ont fait, les ancêtres... Mais on les vaut encore, et si, comme le dit le capitaine, la France aura bientôt besoin de nous, on fera si bien qu'on l'aura <u>de retour</u>, l'Alsace et la Lorraine ». J'étais très fier...[182]

« Le capitaine », c'était, évidemment, Jean de Bertier. L'émotion (« frissonner » ; « très fier ») réunissait dans un même sentiment patriotique un soldat et son capitaine, pourtant originaires de provinces différentes. Le retour à la France n'était donc pas l'affaire des seuls Alsaciens-Lorrains ni des enfants et petits-enfants des optants de 1871-1872. Il devait être un ciment du sentiment national français, dont l'armée se voulait l'un des vecteurs[183]. En dépit de ces efforts, l'idée du retour s'affaiblit progressivement dans l'opinion. Le temps passant, les souvenirs de 1870 s'estompaient et aucun gouvernement français n'envisagea plus de guerre pour reprendre l'Alsace-Lorraine[184]. Même Maurice Barrès, l'un des chantres du retour, dut convenir de son improbabilité, voire de son impossibilité :

Je rentrai pour l'hiver à Paris et les souvenirs de mon automne lorrain ne tardèrent pas à s'embrumer. [...] Je m'aperçus très vite que les gens à qui je le racontais concluaient à la germanisation de l'Alsace, ce qui m'amenait à des discussions énervantes[185].

Les « provinces perdues » n'étaient toutefois pas complètement oubliées. Dans la littérature, le thème du voyage en Alsace-Lorraine était revenu à la mode depuis le début du XXᵉ siècle. De plus, le souvenir des deux provinces continuait d'être entretenu, à l'école et dans l'armée. Il y avait là une petite musique de fond persistante, suivant le mot de Gambetta de 1871 : « pensons-y toujours, n'en parlons jamais ». Toute crise éventuelle, comme l'affaire de Saverne en 1912, permettait une mobilisation rapide de l'opinion, avec une forte dimension émotionnelle[186]. La crise de juillet 1914 agit de même sur Jean de Bertier, alors en poste à Washington :

Dans ce dernier cas [déclenchement du conflit], naturellement, je plaque mon poste que n'importe quel cul-de-jatte peut occuper, et je m'en vais voir en face les Prussiens, en m'embarquant sur n'importe quel bateau : nous avons eux et moi trop de comptes à régler pour que je reste ici les bras croisés[187].

---

182 ALG, Lettre à son épouse, 30 août 1911. Les mots furent soulignés par Jean de Bertier lui-même.

183 TURETTI, Laurence, *Quand la France pleurait l'Alsace-Lorraine. 1870-1914. Les « provinces perdues » aux sources du patriotisme républicain*, Strasbourg, La Nuée bleue, 2008, p. 191 et 194.

184 CONORD, Fabien, *La France mutilée. 1871-1918, La Question de l'Alsace-Lorraine*, Paris, Vendémiaire, 2017, p. 159-160, 164, 178-179 et aussi ROTH, François, *Alsace-Lorraine*, p. 65-66.

185 BARRÈS, Maurice, *Au service de l'Allemagne*, Paris, Fayard, [1906], p. 35.

186 TURETTI, p. 193-194 et GIRARDET, Raoul, *Le nationalisme français. Anthologie 1871-1914*, Paris, Seuil, 1992 [1966], p. 237-239, ainsi que l'ouvrage de GRANDHOMME, Jean-Noël et VONAU, Pierre (dir.), *L'Affaire de Saverne*, Metz, Éditions des Paraiges, 2017.

187 ALG, Lettre de Jean de Bertier à son épouse, 26 juillet 1914. L'Allemagne déclara la guerre à la France le 3 août.

Le terme de « Prussiens » se voulait très péjoratif. Et nul doute que les « comptes à régler » avaient à voir avec l'annexion de 1871 et les vexations qu'il avait lui-même subies (formalités pour venir à Lagrange etc.). Jean de Bertier était donc assurément patriote, sans pour autant être militariste, ni nationaliste. Il confia en effet à sa mère, à propos d'un café où se réunissaient de nombreux officiers : « ça sent par trop le militaire, et, moi, je ne suis pas assez cocardier pour trouver cela charmant »[188]. En outre, s'il lisait Barrès, il gardait un esprit critique :

> Il [Paul Adam] traite un sujet qui me passionne… de loin, le même que Barrès dans « Au Service de l'Allemagne » et « Colette Baudoche ». Mais si Adam est très supérieur en serrant la vérité de plus près, il ne nous flatte pas, car le Français est vieux jeu et battu d'avance par l'immigré à l'affût du progrès[189].

Cette citation est très révélatrice. En effet, les histoires racontées par Barrès étaient, sinon peu vraisemblables, du moins des exceptions dans les réalités de l'Alsace-Lorraine du début du siècle. À travers elles, le public français gardait l'image d'Épinal d'une Alsace-Lorraine prisonnière du « joug » allemand et attendant sa « délivrance ». Laurence Turetti résume bien cette situation : « observée à travers le filtre du patriotisme, l'image que les Français se font de l'Alsace-Lorraine est de plus en plus éloignée de la réalité »[190]. Jean de Bertier, lui, savait les choses plus complexes. Si Barrès dénigrait (voire insultait) systématiquement les Allemands dans ses écrits, Jean de Bertier, lui, pensait aussi à ses intérêts économiques, à Lagrange et au Luxembourg. Il acceptait également les critiques sur la France : « il ne nous flatte guère ».

Venons-en maintenant à son positionnement politique. Les archives ne recèlent que de très faibles indices. Dans une lettre à sa mère, Jean de Bertier, encore jeune, critiqua « cette cuisine immonde et inutile » et rejeta tout engagement politique[191]. Par la suite, il ne mentionna plus le sujet, dans aucun de ses écrits. Ce désintérêt, cette indifférence – plutôt qu'un dégoût, qui aurait davantage été verbalisé – reste difficile à interpréter. Il pouvait relever d'une mode. De nombreux officiers de l'époque se disaient apolitiques :

> Beaucoup considèrent la politique comme un jeu interdit, se flattent de ne jamais s'en préoccuper et affichent une totale indifférence aux questions idéologiques, à la nature du régime et aux querelles de partis. […] Ce défaut de curiosité, ce superbe détachement, ce dédain à l'égard de la politique sont bien souvent feints[192].

---

188 ALG, Lettre de Jean de Bertier à sa mère, sans date.
189 ALG, Lettre de Jean de Bertier à son épouse, 9 décembre 1910. Il souligna « très supérieur » et faisait sans doute référence à l'ouvrage *Contre l'Aigle ; Contre nous* publié par Paul Adam la même année.
190 TURETTI, p. 8. Voir aussi GIRARDET, *Le nationalisme français*, p. 239.
191 ALG, Lettre de Jean de Bertier à sa mère, « samedi 27 septembre », sans doute 1902. Ce fut lui qui souligna.
192 SERMAN, p. 66.

Puisque William Serman nous met en garde contre un détachement qui ne serait qu'une façade, essayons de préciser quelles pouvaient être les idées politiques de Jean de Bertier. Une première piste possible est de s'attacher à la tradition familiale. Les Bertier étaient légitimistes. Le décès du comte de Chambord en 1883 avait certes marqué la fin des espoirs d'une véritable restauration monarchique, mais le courant de pensée légitimiste n'avait pas disparu. Son positionnement très à droite le rapprochait des mouvements nationalistes et antisémites, animés par les ligues. Or, à l'occasion des obsèques d'Anatole, les coupures de presse les plus longues provinrent de la *Libre Parole*. Ce journal avait été fondé par Édouard Drumont, le fondateur de la ligue antisémitique, puis était passé entre les mains de catholiques très réactionnaires. Il s'agit cependant d'un indice trop ténu pour établir une conclusion solide. Jean de Bertier n'était pas aussi nationaliste qu'un Drumont et l'on ne trouve pas dans ses écrits de signes d'antisémitisme[193]. Retenons plutôt que Jean de Bertier était issu d'une famille noble légitimiste attachée aux valeurs traditionnelles, ce qui le positionnait clairement à droite. Il n'était pas pour autant rigide, comme le révèle cette réflexion faite à son ami François de La Tour du Pin, et qu'on pourrait considérer comme inattendue : « regarde ce qu'il y a de vrai dans le socialisme, dans ses âpres réclamations contre le riche fainéant, le <u>rentier</u> ! »[194].

Une seconde piste à suivre est son statut de militaire. Essayons de déterminer l'opinion dominante de l'institution puis de redescendre jusqu'à l'individu Jean de Bertier. La chose est difficile puisque, depuis la loi électorale du 30 novembre 1875, les militaires n'étaient plus ni électeurs ni éligibles et n'étaient pas non plus censés pouvoir exprimer publiquement leurs opinions. Xavier Boniface considère que, derrière l'image d'une emprise catholique sur les milieux militaires, ceux-ci connurent également la laïcisation. La patrie devint une religion de substitution et la grande majorité des officiers se rallièrent au régime républicain par raison, résignation ou ambition[195]. François Cochet et Rémy Porte tirent les mêmes conclusions au niveau plus spécifiquement politique. La grande majorité des officiers se voulaient légalistes ; les antirépublicains assumés ne représentaient qu'une minorité[196]. Les différentes crises secouant l'armée au cours de la période (affaire Dreyfus, affaire des fiches puis crise des inventaires) ne mobilisèrent effectivement que de faibles effectifs contre le régime républicain[197]. On trouva pour-

---

193 GIRARDET, *Le nationalisme* français, p. 16 et 224-227 et BECKER, Jean-Jacques et AUDOIN-ROUZEAU, Stéphane, *La France, la nation, la guerre : 1850-1920*, SEDES, 1995, p. 188-197. Raoul Girardet distingue le nationalisme « des nationalistes » et le nationalisme beaucoup plus diffus présent dans la société.

194 ALG, Lettre de Jean de Bertier à son ami François de La Tour du Pin, sans date. Ce fut lui qui souligna.

195 BONIFACE, Xavier, *L'armée, l'Église et la République, 1879-1914*, Paris, Nouveau monde éditions, 2012, 523 p.

196 COCHET, François et PORTE, Rémy, *Histoire de l'armée française 1914-1918*, Paris, Tallandier, 2017, p. 29 et 36.

197 *Ibidem*, p. 35-37.

tant parmi eux un oncle de Jean de Bertier, Paul de Kergariou. Il fut arrêté en 1899, à Auteuil. Lui et deux autres officiers avaient manifesté contre le président de la République, Émile Loubet. On était alors en pleine affaire Dreyfus (1894-1906) et certaines parties de la droite tentaient de susciter un coup d'État militaire qui eût renversé le régime républicain[198]. Très certainement, Jean de Bertier n'agit pas comme son oncle Kergariou. Il se rallia au régime républicain par ambition, pour servir au mieux ses intérêts, et avant tout assurer son avancement. Il le confia à sa mère :

> Moi je sacrifie, oh ! avec joie, ma prétendue position à mon avancement : laisse faire les armées, nos amis et moi et le résultat ne sera pas trop vilain. Seulement, il ne faudra pas m'embarrasser de « ce qui se saura » ni de « ce qu'on dira ». Une fois pour toutes je suis décidé à n'en tenir aucun compte[199].

Il faut à ce propos analyser un épisode particulier de sa carrière militaire : son passage au cabinet du ministre de la Guerre, de 1904 à 1906. Dès 1899, le ministre de la Guerre, le général de Galliffet, avait supprimé les commissions de classement et de cooptation. Le but était de « républicaniser » l'armée, en favorisant l'avancement des officiers républicains. Cette politique fut suivie par son successeur, le général André, ministre de 1900 à 1904. Pour savoir qui étaient les officiers républicains, le gouvernement s'appuya sur la franc-maçonnerie, qui établit des fiches sur les candidats à l'avancement. Le procédé, découvert, provoqua un scandale. « L'affaire des fiches » fit tomber le gouvernement. Le général André démissionna et fut remplacé en novembre 1904 par Maurice Berteaux[200]. Ce fut son cabinet que Jean de Bertier intégra, de décembre 1904 à mars 1906. Cela peut surprendre. Berteaux, franc-maçon et homme de gauche, présidait le parti radical. Pourquoi faire de Bertier un de ses aides de camp ? Le scandale des fiches avait affecté le moral de l'armée. Il fallait rassurer l'institution et se démarquer du général André, qui s'était entouré d'officiers radicaux et anticléricaux[201]. La présence de Jean de Bertier au cabinet du ministre – sans doute avec d'autres officiers conservateurs – put représenter un signe d'apaisement. Aucune pièce des archives de Lagrange ne se rapporte à ce passage de Jean de Bertier au ministère. De même, les papiers du cabinet du ministre, conservés à Vincennes, ne font jamais apparaître le nom de Bertier. On ne peut donc savoir ni ce que Jean de Bertier y fit, ni ses idées du moment. Il semble qu'il accepta la fonction par opportunisme et par ambition. La précédente lettre citée pourrait d'ailleurs correspondre à cet épisode.

Les opinions religieuses de Jean de Bertier sont encore plus difficiles à attester à travers les archives. Il n'en est jamais question. Sans doute était-il, dans la

198 SERMAN, p. 73.
199 ALG, Lettre de Jean de Bertier à sa mère, sans date.
200 GIRARDET, *La société militaire de 1815 à nos jours*, p. 194-195 et SERMAN et BERTAUD, p. 596-600.
201 SERMAN, p. 78 et 82.

tradition familiale, catholique pratiquant. Il n'en faisait, en tout cas, pas étalage. Peut-être faut-il rapprocher cette retenue dans l'expression des convictions religieuses de sa discrétion sur le plan politique, toujours dans le but de favoriser son avancement ? William Serman établit un classement de l'attitude des officiers pendant l'affaire Dreyfus. Il distingue les dreyfusards, les antidreyfusards, les indifférents et les neutres. Il définit ainsi cette dernière catégorie : « les officiers qui ont assez de caractère pour résister aux pressions de l'opinion publique, de leurs camarades ou de leurs supérieurs hiérarchiques »[202]. On imagine bien Jean de Bertier derrière ce portrait. Il avait trop de finesse pour se laisser emporter par d'éventuelles passions politiques. L'essentiel était pour lui le patriotisme, unissant la grande majorité des Français, dans la perspective d'un conflit toujours possible avec l'Allemagne.

Conclusion sur la carrière militaire

Jean de Bertier ne pouvait sans doute pas dissimuler à ses proches ses opinions politiques et religieuses profondes. Il gardait sans doute en lui un attachement sentimental à l'idée monarchique et au catholicisme, marqueurs de son identité nobiliaire. Cependant, il accepta, par raison, le régime républicain et fit donc partie de ces officiers « légalistes » très majoritaires. Le but était aussi de favoriser sa carrière, motivée par un patriotisme qui n'allait pas jusqu'au nationalisme. Il savait faire preuve de modération. Cette attitude se révéla efficace car, malgré la crise de l'avancement, son début de parcours fut brillant et lui permit de multiplier les expériences, afin de devenir un officier complet.

Au contraire de son père, Jean de Bertier ne démissionna pas. Il s'engagea de façon résolue dans la carrière militaire, en recherchant des postes prestigieux qui s'articulaient parfaitement avec sa vie mondaine. Il aimait son métier, ou plutôt cette vie combinée de service, d'honneurs et de plaisirs. Il ne pouvait cependant pas totalement s'y adonner. Il devait aussi, nécessairement, gérer le patrimoine familial, pour assurer les revenus nécessaires à cet art de vivre.

3. Le recentrement du patrimoine vers Paris

Jean de Bertier était un rentier, c'est-à-dire qu'il vivait essentiellement des revenus tirés de son patrimoine. Les soldes des officiers de l'armée d'active étaient modestes. Le traitement maximum d'un capitaine (grade de Jean de Bertier) s'élevait à 6 660 francs par an en 1914[203]. C'était peu de chose par rapport aux revenus patrimoniaux de Jean de Bertier. Il a été impossible de déterminer ces derniers avec précision, mais rappelons certains éléments déjà établis. Jean et Marie-Louise disposaient d'un budget de dépenses d'environ 100 000 francs par

---

202 *Ibidem*, p. 104-105.
203 SERMAN et BERTAUD, p. 570. La solde dépendait de l'ancienneté dans le grade.

an et d'un capital total dépassant largement le million de francs. Ainsi, la solde militaire de Jean ne représentait-elle pas plus de 5 % des revenus du couple.

Cette situation était très caractéristique de la Belle Époque, véritable « âge d'or des rentiers » selon Michel Winock[204]. Les revenus du patrimoine, autrement dit du capital, surpassaient de beaucoup les revenus du travail. Les riches ne vivaient pas d'un éventuel salaire, mais de leurs revenus fonciers ou mobiliers. Cette minorité fortunée concentrait toujours plus de fortune entre ses mains. Thomas Piketty souligne qu'à Paris, où résidaient les Bertier, les 1 % les plus riches possédaient 55 % du capital total au début du siècle, puis 70 % en 1914[205]. Jean de Bertier faisait partie de ce centile supérieur. Examinons s'il parvint à accroître la fortune familiale, et comment.

Avant de rentrer dans les détails, il convient de dire un mot sur la figure du rentier, économiquement considéré comme inactif et socialement vu comme oisif. La consultation des archives révèle que la gestion de patrimoine était une véritable occupation. Certes, Jean de Bertier disposait d'un secrétaire particulier, du nom de Richshoffer, dont le nom est déjà apparu[206]. Bien des questions restaient cependant directement gérées par Jean de Bertier, ou remontaient jusqu'à lui. Au-delà des traditionnelles transactions notariales (achats, ventes foncières, etc.), il faisait l'objet de multiples sollicitations, liées à son statut de notable et de grand propriétaire : « je considérais même comme une œuvre de charité me faire si vous m'autoriserez à extraire gratuitement les pierres qui me seront nécessaires, pour ma petite construction, pour vous ce serait peu de chose et pour moi une grosse affaire (sic) »[207]. On retrouve ici les inégalités sociales de la Belle Époque, ainsi que la charité attendue des riches en général et de la noblesse en particulier, afin de corriger – en partie – cet état de fait[208]. Plus compliquée était la gestion du personnel. Les multiples lettres retrouvées dans les archives font ressortir la difficulté pour Jean de Bertier de savoir ce qui se passait réellement sur ses domaines, ainsi que sa volonté de maximiser les économies.

204 WINOCK, *La Belle Époque*, p. 9.
205 PIKETTY, Thomas, *Le capital au XXIᵉ siècle*, Paris, Seuil, 2013, p. 436-438 et 542-543.
206 Malheureusement, les archives de Lagrange ne contiennent aucune information personnelle sur Richshoffer, personnage-clé que nous voyons agir sans pouvoir mieux le connaître.
207 ALG, Lettre de François Hamon à Jean de Bertier, 26 septembre 1910.
208 GUILLAUME, p. 194.

Tableau 9: Difficile information de Jean de Bertier sur la situation aux Rosaires et multiples sollicitations et arbitrages, pour des sommes modiques[209].

Salaires des domestiques	Mathurin Desbois	« *Vous avez accepté* de lui donner 60 F pas nourri, c'est meilleur marché que de lui donner 40 ou 50 F et le nourrir »
	Françoise Desbois	« Je compte lui donner de 20 à 25 F quoique *vous me dites* 30 à 40 »
Davaut, intendant	Ce que lui-même écrivait	« *Vous ne devez pas ignorer*, Monsieur le Comte, qu'une grande rivalité même de la haine existe dans les personnes à votre service ou qui fréquentent les Rosaires. Chacun me raconte son histoire, je n'en tiens aucun compte. »
	Jean Fouilloux, autre domestique, le critiquait...	« *Je redis encore à Monsieur le Comte* qu'il n'y a nullement besoin de femme car ce sera un sujet continuel de commérage et de frais inutiles. »
	... et il dut se justifier pour avoir une servante	« *Vous me dites Monsieur le Comte que* Jean pourrait peut-être arriver à faire la cuisine, il ne fait pas plus la cuisine que nous, d'abord souvent il n'est pas là »
	Un propriétaire des environs rassura Jean de Bertier	« Je ne suis pas de *ton avis que* Davaut est incapable ou paresseux ou ivrogne ; il me semble au contraire qu'il s'occupe bien de son affaire [...] on cherche à *le débiner auprès de toi* »
Autres exemples de demandes	Sur les travaux agricoles	« *Faut-il vous faire du cidre ?* »
	Sur les dépenses	« Monsieur votre père remettait annuellement au recteur 200 francs et aux sœurs de Lanvellec 50 francs. *Vous me direz si* je puis verser ces sommes qui m'ont été demandées »

Nous ne disposons pas des lettres de Jean de Bertier. Cependant, les passages mis en italique prouvent ses interventions et son implication. La gestion des propriétés foncières prenait donc du temps. Cela en valait-il la peine ?

3.1. Les grandes propriétés foncières : bonnes ou mauvaises affaires ?

Jean de Bertier, seul héritier de ses parents, devint à leur décès en 1903 propriétaire de leurs quatre grandes propriétés foncières. Il s'agissait de Lagrange, Dudelange, Sainte-Geneviève-des-Bois, ainsi qu'un ensemble de biens plus épars en Bretagne, dont le château ou manoir des Rosaires. Son mariage avec Marie-Louise Chalmeton en 1907 n'apporta aucun bien foncier majeur supplémentaire. Ces grandes propriétés produisaient des revenus, essentiellement des fermages liés à la location des terres agricoles et/ou des forêts. Elles occasionnaient aussi des dépenses, notamment par la présence de bâtiments voire d'habitations à entretenir et à

209 ALG, Lettres adressées à Jean de Bertier par Davaut, (26 novembre 1909, 13 et 19 septembre 1910), Jean Fouilloux (24 novembre 1909), A. de Guenyveau (19 septembre 1910) et le notaire Duval (16 mars 1904).

restaurer. Remarquons enfin que Lagrange et les Rosaires étaient occupées et meublées, tandis que les Bertier ne séjournaient pas à Sainte-Geneviève ni à Dudelange.

Jean de Bertier bénéficia d'un contexte doublement favorable. D'abord, à l'échelle nationale et même européenne, les années 1890 avaient marqué un retournement de la tendance économique. À la Grande Dépression (1873-1896) succédait une nouvelle période de croissance des prix[210]. Elle profitait aux rentiers : la hausse des prix agricoles provoquait une augmentation du prix des fermages. Ces derniers ne s'ajustaient toutefois qu'*a posteriori* aux prix agricoles. Les revenus de la rente foncière progressèrent ainsi à partir de 1903-1905, au moment même où Jean de Bertier hérita[211].

Ensuite, à une échelle plus locale, Jean de Bertier profita de la situation avantageuse de ses quatre grandes propriétés. Sainte-Geneviève était à proximité de Paris, dont l'agglomération s'étendait. Les besoins du bâtiment avaient permis dès les années 1880 le développement dans la propriété de l'extraction de pierre meulière, plus lucrative que la vente de coupes de bois[212]. À Dudelange, l'industrialisation entraînait une urbanisation rapide, illustrée par les chiffres donnés par Fabian Trinkhaus : de 1880 à 1905, la population passa de 1 598 à 10 104 habitants, et le nombre de maisons de moins de 300 à 1 059[213]. Des terres jusque-là agricoles furent vendues comme terrains à bâtir. Jean de Bertier en profita. Les comptes retrouvés dans les archives de Lagrange montrent la grande rentabilité de ces opérations immobilières.

Tableau 10[214]: Ventes de terrains à bâtir à Dudelange en 1909.
Dépenses et recettes

Lieux-dits	Dépenses renseignées		Recettes connues
in der Burg : 23 lots	Plans :	181,16 F	22/11/1909 : 10 400 F
in Huoven : 15 lots, 33 a	Arpentage :	67,50 F	13/12/1909 : 9 795 F
im Billig : 26 lots, 53 a	Publicité, affiches, crieur : 136,28 F		
Total		384,94 F	20 195 F

Les dépenses mises en œuvre étaient donc très faibles : seulement 2 % du volume des recettes. Il faut dire que tous les frais (notaire, impôts) étaient supportés par les acquéreurs. Jean de Bertier ne touchait donc pas l'intégralité du prix de vente, mais

210 ASSELAIN, Jean-Charles, *Histoire économique de la France du XVIIIe siècle à nos jours, 1. De l'Ancien Régime à la Première Guerre mondiale*, Paris, Seuil, collection « Points histoire », 2002 [1984], p. 174-177.

211 FIETTE, p. 175-176.

212 Pour plus de détails sur cette activité, on peut de référer à EINRICK, « Anatole de Bertier », p. 31.

213 TRINKHAUS, Fabian, *Arbeiterexistenzen und Arbeiterbewegung in den Hüttenstädten Neunkirchen/Saar und Düdelingen/Luxemburg (1880-1935/1940), Ein historischer Vergleich*, Saarbrücken, Kommission für saarländische Landesgeschichte e. V., 2014, p. 101 et 104.

214 ALG, Compte de Monsieur le comte Jean de Bertier en l'étude de maître Pierre Brasseur et Affiche *Bedeutende Wiesen- und Bauplätze Versteigerung zu Düdelingen* annonçant la vente du 22 novembre 1909.

il était quitte de toute avance de trésorerie envers le notaire ou l'administration fiscale. Au total, en deux séances de vente publique, et sans vendre toutes les parcelles disponibles, Jean de Bertier toucha presque 20 000 francs. C'était deux fois les revenus annuels de l'ensemble du domaine de Dudelange : environ 10 000 francs pour 250 hectares de superficie[215]. Autrement dit, en vendant moins d'un hectare, il empochait deux revenus annuels produits par 250 hectares.

Les terres possédées à Dudelange avaient donc été l'objet de plus-values intéressantes. Ce fut aussi le cas en Bretagne, où il n'était pas question d'industrialisation mais des prémices du développement touristique. Le tourisme existait depuis le XIXe siècle mais ne concernait qu'une élite fortunée, fréquentant quelques lieux de villégiature bien déterminés : villes d'eau comme Vichy, stations balnéaires de Normandie et de la côte d'Azur. Nacima Baron-Yellès rappelle que la mise en tourisme du littoral dans une grande extension ne débuta qu'après la Première Guerre mondiale, pour se généraliser après 1945[216]. Les projets de développement touristique aux Rosaires avant 1914 étaient donc tout à fait précurseurs. Furent aménagées deux nouvelles routes. Elles reliaient la grande plage des Rosaires au bourg de Plérin (1908) et à Saint-Laurent (1911). Cela permit le lotissement de la plage des Rosaires, avec électrification, dès 1912[217]. Une affiche publicitaire retrouvée dans les archives de Lagrange vantait le nouvel espace de villégiature ainsi créé : « Eau de source. Bains de mer à toute heure. Pêche abondante et chasse. Approvisionnements faciles. Température très douce. Plage très abritée »[218]. En attendant une « importante fréquentation de baigneurs et de touristes, qui sera favorable au développement des communes de la région », les principaux bénéficiaires étaient les propriétaires riverains. La valeur de leurs propriétés était en effet décuplée[219].

En Bretagne tout comme à Dudelange, Jean de Bertier profitait d'un contexte favorable, valorisant considérablement ses biens. Remarquons qu'il n'était pas l'initiateur des changements dont il profitait. Ce fut l'architecte parisien Marteroy qui, possédant des terres aux Rosaires, lança les premiers travaux de voirie en 1908, puis vendit les terrains à bâtir du lotissement[220]. Jean de Bertier, voisin et client de Marteroy, fut tenu au courant des projets dès leur commencement et put bénéficier de toutes sortes d'aménagements. De même, en 1911, il demanda peut-être

215 ALG, Lettre de Brasseur à Richshoffer, 16 septembre 1909.
216 BARON-YELLÈS, Nacima, « Le tourisme à la conquête des littoraux », [*in*] CABANTOUS, Alain, LESPAGNOL, André et PÉRON, Françoise (dir.), *Les Français, la terre et la mer XIIIe-XIXe siècle*, Paris, Fayard, 2005, p. 688-689.
217 ALG, Rapport de l'agent cantonal Daubert, 11 août 1908, Lettre d'Henri Jaffrain, Expert pour le partage des biens et des propriétés à Jean de Bertier, 2 novembre [1911 ?] et Lettre de l'entreprise Thiéry et compagnie à Jean de Bertier, 26 février 1912.
218 ALG, Affiche publicitaire sans date faisant la promotion du lotissement de la plage des Rosaires.
219 ALG, Lettre d'Henri Jaffrain à Jean de Bertier, 2 novembre [1911 ?].
220 ALG, Rapport de l'agent cantonal Daubert, 11 août 1908 et Affiche publicitaire sans date faisant la promotion du lotissement de la plage des Rosaires. En 1912, Marteroy dessina pour Jean de Bertier les plans d'une chapelle, finalement non construite semble-t-il.

des modifications du tracé de la route à construire, à son avantage, sachant que l'ingénieur des travaux publics voulait absolument la réaliser :

> Sans vouloir le laisser paraître, il [l'ingénieur, Harel de la Noë] est fanatique de cette route. Et comme il le disait en nous quittant : « Avant de mourir je voudrais créer cette route donnant accès aux plus belles plages de Bretagne, et montrer aux étrangers les beautés de mon pays »[221].

Il faut toutefois nuancer cette augmentation de la valeur des biens fonciers de Jean de Bertier. Les 250 hectares de Dudelange ne pouvaient pas intégralement être convertis en terrains à bâtir. De même, en Bretagne, seul le château des Rosaires et les biens situés à sa proximité immédiate bénéficiaient d'une appréciation. Finalement, seule une minorité des superficies voyait sa valeur fortement croître ; mais cette augmentation était tellement forte (valeur multipliée par dix ou davantage) qu'elle justifiait l'intérêt de posséder le bien dans son ensemble. Ces conditions locales favorables étaient pour Jean de Bertier une chance dont de nombreux grands propriétaires fonciers ne bénéficièrent pas. Urbanisation, industrialisation, développement touristique ne concernaient qu'une petite partie du territoire. La plus grande partie de la France restait rurale. Elle subissait depuis le milieu du XIXe siècle un exode rural qui dépréciait la valeur des propriétés[222].

Revenons aux propriétés de Jean de Bertier et approfondissons les analyses précédentes. Deux configurations peuvent être identifiées. Soit les revenus annuels du domaine augmentaient (exemple de l'exploitation de la pierre meulière plus rémunératrice que la vente de coupes de bois). Soit la valeur foncière de la propriété s'appréciait (urbanisation liée à l'industrie et au tourisme). Ce dernier cas était majoritaire : il concernait Dudelange, Lagrange et la Bretagne. Ces propriétés atteignirent une valeur jamais encore atteinte. C'était le moment idéal pour les vendre, mais une telle décision signifiait aussi rompre avec la tradition familiale d'extension régulière des propriétés foncières, tout au long du XIXe siècle. Encore une fois, Jean de Bertier agit en homme de son temps. Sa vie essentiellement mondaine l'éloignait de la gestion de ses domaines ruraux et les placements mobiliers, plus rentables que les biens fonciers, étaient privilégiés[223].

Jean de Bertier chercha donc à se séparer de ses propriétés foncières. La seule qu'il vendit effectivement fut Lagrange. Il céda également des fermes en Bretagne, ce qui nous est indirectement révélé par cette confidence faite à son épouse :

221 ALG, Lettre d'Henri Jaffrain à Jean de Bertier, 2 novembre [1911 ?].
222 L'exemple de la Moselle est étudié par Pierre BRASME dans son ouvrage *La population de la Moselle au XIXe siècle*. Il montre le dépeuplement des régions les plus rurales et la concentration de la population dans les bassins industriels devenus les principaux foyers de peuplement du département, avec les villes.
223 BRAVARD, p. 130-132 : « les loyers et fermages […] intéressent désormais moins que les dividendes ».

« je n'ai plus en effet d'autres fermes à vendre »[224]. Les archives familiales nous apprennent que la vente de Dudelange fut envisagée en 1908-1909, et que celle de Sainte-Geneviève était en projet en 1910[225]. Ces transactions n'aboutirent toutefois pas. Jean de Bertier était certes vendeur, mais uniquement à bon prix. Le cas de Dudelange est bien documenté. En 1909, la commune proposa 180 000 francs pour le château, ses dépendances et le mont Saint-Jean, représentant 6 hectares en tout. L'offre fut refusée, de même que la proposition d'un marchand de biens nancéien d'acheter toute la propriété pour 480 000 francs. Pierre Brasseur, le notaire de Jean de Bertier sur place, estimait la valeur de l'ensemble à près de 800 000 francs. Il conseilla à son client la vente au détail, lot par lot, plus longue mais plus rentable[226]. À travers cet exemple, on comprend qu'il ne s'agissait pas de se débarrasser de ces grandes propriétés foncières. Faute de prix d'achat satisfaisant, Jean de Bertier préférait les conserver. Elles n'étaient donc pas de mauvaises affaires, contrairement à ce qu'un document retrouvé dans les archives pourrait laisser croire : « ces propriétés de luxe et d'agrément sont un gouffre qui absorbe toujours et ne produit jamais »[227].

En attendant de pouvoir vendre au meilleur prix, il fallait optimiser la gestion de ces grands domaines. Richshoffer veillait à comprimer les dépenses, même les plus faibles. Il réclama par exemple une réduction sur 28,50 francs de frais de procuration versés au notaire Pierre Brasseur et obtint 2,04 francs de rabais[228]. Minimiser les dépenses n'était cependant pas sans risque. D'une part, les dépenses de nature sociale liées à la pratique traditionnelle de la charité étaient elles aussi remises en question. Anatole et Henriette, les parents de Jean, étaient connus pour leur générosité[229]. En restreignant dons et pensions, Jean de Bertier pouvait s'aliéner la bienveillance des populations locales. La perspective de la vente de ces propriétés le conduisait sans doute à négliger ce point. D'autre part, tous les interlocuteurs de Jean de Bertier et de son secrétaire Richshoffer n'étaient pas aussi compréhensifs que le notaire Brasseur. On retrouve ainsi dans les archives des courriers de réclamation pour des factures non honorées, ou dont le montant fut contesté. Dans un cas au moins, le litige prit une dimension judiciaire. L'entreprise Denis confia sa cause à un avocat qui écrivit à Jean de Bertier : « je serai très heureux si je puis parvenir à solutionner amiablement avec le concours de monsieur

---

224 ALG, Lettre de Jean de Bertier à son épouse, mercredi 15 mai [1912 ?]. Il justifiait ainsi la limitation du train de vie du couple à 8 000 francs par mois. C'était en Bretagne que les Bertier possédaient des fermes de petite superficie. Les grandes fermes de Sainte-Geneviève et de Lagrange ne semblent pas concernées ici.

225 ALG, Lettre de Jean de Bertier à son épouse, 16 octobre 1910 (pour Sainte-Geneviève).

226 ALG, Lettre de la commune de Dudelange à Richshoffer, 13 septembre 1909, Lettre de Richshoffer à Neuman, notaire à Dudelange, [sans date] et Lettre de Brasseur à Richshoffer, 16 septembre 1909 à propos du « meilleur mode de réalisation [vente] de la propriété de monsieur de Bertier à Dudelange ».

227 ALG, Note dactylographiée justifiant la vente de Lagrange, sans date.

228 ALG, Lettre de Richshoffer à Brasseur, 14 janvier 1911.

229 ALG, multiples documents à ce sujet.

Marteroy cette affaire dans laquelle il m'a été fort désagréable de vous faire appeler en justice »[230]. Cette volonté d'optimiser et donc de réduire les dépenses rejoint l'avarice avérée de Jean de Bertier, déjà identifiée.

Une seule propriété semble avoir été épargnée par les tentatives de vente : le château des Rosaires, en Bretagne. Jean de Bertier y séjournait volontiers et y élevait des chevaux. Sa volonté de ne vendre qu'au meilleur prix fit qu'il conserva finalement la plupart des propriétés héritées de ses parents. Sainte-Geneviève et Dudelange lui appartenaient toujours en 1914. Manquait donc uniquement Lagrange, le château de famille, dont la vente doit être analysée plus en détail.

3.2. La vente de Lagrange : un abandon de la Lorraine ?

Parmi toutes les propriétés des Bertier, Lagrange occupait une place à part. Depuis l'époque d'Anne-Pierre et de Reinette (de 1803 à 1848), il s'était imposé comme le château de famille. Tout au long du XIXe siècle, les Bertier y vécurent. Anatole avait confirmé le statut particulier de Lagrange dans son testament de 1897. Il « grevait le domaine de substitution », c'est-à-dire qu'il imposait à son fils Jean de le transmettre à ses héritiers à venir. Les autres propriétés de Sainte-Geneviève, Dudelange et de Bretagne ne faisaient pas l'objet d'une telle obligation. Il s'agissait donc, pour Anatole, de pérenniser la présence familiale à Lagrange[231]. Ajoutons que la tendance de l'époque était au réinvestissement par la noblesse du château familial de province, marqueur identitaire servant à s'affirmer face aux autres élites sociales[232]. Vendre n'avait donc rien d'une évidence, et pouvait même paraître impossible.

Plusieurs circonstances allaient toutefois pousser Jean de Bertier à se séparer du château. Il y avait tout d'abord ses sentiments personnels. Il préférait les Rosaires, ses chevaux et sa plage, à Lagrange, sans doute associée à des souvenirs douloureux (décès de sa sœur) ou à un mode de vie éloigné de ses envies (refuge de ses parents dans une vie austère). Peut-être envisageait-il ainsi de substituer Les Rosaires à Lagrange, de manière à garder un château familial en province. En ce sens, il aurait suivi une pratique déjà mise en œuvre par son arrière-grand-père Anne-Pierre, qui avait préféré Lagrange à sa terre familiale de Sainte-Geneviève.

Il y avait ensuite des données structurelles, liées à la localisation de Lagrange en Alsace-Lorraine, allemande depuis 1871. En tant qu'officier français d'active, il devait obtenir une autorisation de l'administration allemande pour pouvoir s'y rendre, et, une fois sur place, régulièrement se présenter aux autorités policières

---

230 ALG, Lettre de Hubert Tanquerey, avocat à Saint-Brieuc, à Jean de Bertier, 28 mai 1913. L'entreprise Denis (textile, literie, aménagement intérieur) avait réalisé des travaux pour environ 5 000 francs aux Rosaires.

231 ALG, Notes dactylographiées justifiant la vente de Lagrange et copies des actes de vente du 4 novembre 1911. Le testament d'Anatole, évoqué dans ces pièces et daté du 6 juin 1897, n'a quant à lui pas été retrouvé.

232 MENSION-RIGAU, Le donjon et le clocher, p. 10-13.

et militaires[233]. Ces obligations n'étaient pas bien respectées : « de nombreux officiers [...] auraient, à plusieurs reprises, et surtout depuis le mois de novembre 1904, franchi, sans autorisation, la frontière d'Alsace-Lorraine ». Le ministère de la Guerre insista sur le respect des procédures, afin d'éviter tout incident avec l'Allemagne[234]. Le voyage de Lagrange devenait donc de plus en plus difficile. Jean de Bertier sollicita des congés « pour se rendre en Allemagne » (comprenons, pour aller à Lagrange) en 1904 (45 jours) et en 1905 (15 jours). Il n'y eut plus de demandes par la suite : « Il ne saurait être question pour lui de l'habiter même seulement une partie de l'année [...] sans briser sa carrière ou renoncer à celle-ci »[235]. Ainsi, le choix du métier des armes éloignait inexorablement Jean de Bertier de Lagrange.

La seconde donnée structurelle était la germanisation de la région de Thionville. Alors qu'en 1870 la francisation de la ville était en cours, l'annexion à l'Allemagne renversa la situation. La militarisation du secteur fut un premier facteur de germanisation. La création d'un système de fortifications appelé *Moselstellung* entraîna le développement des places de Metz et de Thionville. Cette dernière fut défendue par trois forts modernes, construits à Guentrange, Illange et Koenigsmacker. Il y avait ainsi 2 500 militaires à Thionville en 1910, représentant près de 20 % de la population[236]. L'emprise foncière de cette militarisation toucha Jean de Bertier. Le domaine de Lagrange ainsi que certains prés possédés à Illange étaient en partie situés dans les périmètres des forts de Guentrange et d'Illange respectivement. Il en découla expropriations partielles, servitudes, contraintes, demandes de dédommagements[237]. Les changements de population représentaient le deuxième vecteur de la germanisation. L'option puis l'émigration vers la France avaient fait perdre à l'Alsace-Lorraine une partie de sa population, notamment francophone. L'intégration dans l'espace allemand et l'expansion industrielle après 1890 attirèrent une nouvelle population immigrée, allemande et italienne essentiellement. Ce fut dans le bassin ferrifère de l'arrondissement de Thionville que le boom industriel fut le plus fort. La proportion d'Allemands (non Alsaciens-Lorrains) y passa de 7 % en 1875 à 17 % en 1890 puis 23 % en 1905. À Thionville même, la germanisation était encore plus accentuée. Dès 1891, les actes municipaux furent rédigés en allemand. À partir de 1904, le maire fut un immigré allemand. Enfin, les travaux d'urbanisme lancés au début du siècle devaient faire de la cité une ville allemande moderne. En 1910, les Alsaciens-Lorrains ne représentaient plus

---

233 ALG, Lettre du *Ministerium für Elsass-Lothringen*, 11 avril 1904. Il s'agissait des services administratifs centraux du *Reichsland*, établis à Strasbourg. Rappelons que le passeport, exigé suite à l'affaire Schnaebelé (1887), fut supprimé en 1891, sauf pour les militaires d'active. Jean de Bertier devait donc posséder autorisation administrative *et* passeport pour se rendre à Lagrange. Sur cette question des différents documents exigés par les autorités allemandes, voir VAILLOT, p. 158-159, 161, 163, 168, 174.

234 SHD, GR 5N 6, Lettre de Maurice Berteaux, ministre de la Guerre, adressée aux principaux responsables militaires, à propos des séjours d'officiers en Alsace-Lorraine, 29 mars 1905.

235 ALG, Note dactylographiée justifiant la vente de Lagrange, sans date.

236 ROTH, *La Lorraine annexée*, p. 453-454.

237 Par exemple, ALG, Lettre à Rischshoffer, 7 août 1912, [auteur inconnu]. Il est question d'un éventuel procès pour obtenir davantage de dédommagements.

que 50 % de la population de la ville[238]. À sa proximité immédiate, le château de Lagrange et son propriétaire français n'étaient-ils pas devenus les témoins d'un passé révolu ?

À ces éléments structurels s'ajoutèrent des aléas conjoncturels. Jean de Bertier dut affronter plusieurs procès. Le plus anecdotique fut celui que lui intenta la baronne de Wedel. Elle se plaignit des dégâts causés à sa propriété par la prolifération des lapins qu'Anatole avait introduits dans les bois de Lagrange. Suite à plusieurs années de procédure (1905-1908), Jean de Bertier fut condamné à verser environ 3 000 marks à la plaignante[239]. Un autre procès fut plus sensible. La plainte émanait d'un officier allemand, le lieutenant Koschwitz. En 1906, il fit une chute, par une porte-fenêtre laissée ouverte à l'étage du château de Lagrange. Blessé et handicapé, il réclama d'abord 2 300 marks pour couvrir ses frais médicaux, puis 70 000 marks en dédommagement. Il voyait en effet sa carrière compromise. Jean de Bertier refusa d'endosser la responsabilité de l'accident :

> Es könne ihn, der nicht in Scheuern wohne und dort langjährige Diener seines verstorbenen Vaters mit der Bewachung des Schlosses betraut hätte, eine Verantwortlichkeit nicht treffen.[240]

Ces arguments ne convainquirent pas le tribunal et Jean de Bertier fut condamné le 14 mars 1910 à verser au lieutenant Koschwitz une pension à vie. Il fit appel et un arrangement à l'amiable fut conclu à l'été 1910 : Jean de Bertier versa 45 000 marks au lieutenant Koschwitz, qui renonçait à toute plainte ultérieure[241]. Il a été impossible de déterminer les raisons de la présence de cet officier allemand à l'intérieur du château, ce qui aurait pu témoigner de sociabilités transnationales maintenues. D'autres procès furent perdus. Quelle somme globale cela représenta-t-il ? Si les 100 000 francs indiqués dans un document semblent exagérés, 60 000 francs peuvent être attestés grâce aux archives (le taux de change étant *grosso modo* de 0,8 mark pour 1 franc). Ces aléas conjoncturels compromirent l'équilibre financier du domaine de Lagrange[242]. Faisons le bilan. Certes, Lagrange était la propriété identitaire des Bertier, celle qu'il ne fallait pas vendre, mais ceci était contrebalancé par l'accumulation de données défavorables : difficultés pour Jean de Bertier de s'y rendre, germanisation du secteur, soucis judiciaires. Lagrange était devenu un souci, un poids dont il décida de se délester.

238 BRASME, p. 110-111, 129-130.
239 ALG, Tout un dossier sur ce sujet, dont des lettres d'Albert Grégoire, l'avocat de la baronne de Wedel. Cette dernière habitait avec sa famille le château Sainte-Marie et sa propriété jouxtait le domaine de Lagrange.
240 ALG, Retranscription d'une décision de justice du 14 mars 1910 du *kaiserliches Landesgericht* de Metz : « aucune responsabilité ne peut lui être imputée, puisqu'il n'habite pas Lagrange et qu'il a continué de faire confiance aux employés de son défunt père pour l'entretien du château » (traduction de l'auteur).
241 ALG, Retranscription de l'accord (*Vergleich*) passé entre les deux parties le 14 juillet 1910 (en allemand).
242 ALG, Deux notes dactylographiées justifiant la vente de Lagrange, sans date.

La recherche d'un acquéreur débuta sans doute dès 1906-1907. La principale difficulté était la proximité du fort de Guentrange « sous les zones duquel tombe la presque totalité de la propriété de Lagrange ». Certains amateurs renoncèrent à l'achat, à cause de ces servitudes militaires[243]. Malgré cela, le contexte local favorisa Jean de Bertier, comme à Dudelange et à Sainte-Geneviève. Thionville devenait la « métropole du fer » et attirait les industriels à la recherche de vastes terrains pour y établir de nouvelles usines[244]. Parmi eux, une société sidérurgique de la Ruhr, la Gutehoffnungshütte, se montra intéressée par la vente de Lagrange dès 1910.

La vente fut conclue le 4 novembre 1911 pour un prix de 2 500 000 francs : 500 000 francs pour des bois, 1 000 000 francs pour la partie du domaine non grevée de substitution, et 1 000 000 francs pour la partie grevée : celle qu'Anatole avait imposé de transmettre à la génération suivante[245]. La correspondance entre la Gutehoffnungshütte et Bertier ou son secrétaire Richshoffer montre une très grande cordialité. Les deux parties étaient satisfaites. La Gutehoffnungshütte disposait désormais de suffisamment de terrains pour construire une usine sidérurgique complète aux portes de Thionville. Quant à Jean de Bertier, il écrivit à sa femme : « Richshoffer me dit que la vente de Lagrange est chose <u>faite</u> à 2 millions ½ avec des réserves qui représentent plus de 500 000 balles !! Tu penses si je suis content ! »[246]. Comme à l'accoutumée, Jean de Bertier n'était vendeur qu'à bon prix. Il semble avoir réussi à vendre au-dessus du « prix du marché » au vu d'un document retrouvé dans les archives et détaillant ainsi la valeur du domaine : bâtiments 467 000 (dont château 200 000), terrains de valeur 242 000, bois 750 000, terres et eau 407 500, soit un total de 1 866 500 marks, c'est-à-dire 2 230 000 francs environ[247].

Deux derniers obstacles à la vente devaient aussi être surmontés. Il fallait déjà se défaire du testament d'Anatole et pour cela obtenir l'avis favorable du conseil de famille. Cela n'allait pas de soi. La conservation du château familial représente, aujourd'hui comme hier, une obligation morale absolue dans le système de valeurs nobiliaires. Éric Mension-Rigau écrit même que « la vente de la propriété est interprétée en termes de rupture définitive avec le passé, et par conséquent de trahison »[248]. Jean de Bertier mobilisa son épouse, pour tenter d'obtenir l'assentiment d'un certain « oncle Paul », à savoir Paul de Kergariou, déjà mentionné : « tu as

243 ALG, Correspondance entre Richshoffer et Müller, avocat à Metz : Lettres des 15 novembre 1909 et 2 juin 1910.

244 ROTH, [*in*] GRANDHOMME, Jean-Noël et VONAU, Pierre (dir.), *L'affaire de Saverne*, Metz, Éditions des Paraiges, 2017, p. 52.

245 ALG, Lettre de la Gutehoffnungshütte à Richshoffer, 24 octobre 1911 et Copie des deux actes de vente passés le 4 novembre 1911. Un second contrat fut sans doute signé le 29 juin 1912. Sans modifier le prix d'achat, il définissait un échéancier un peu différent.

246 ROTH, *La Lorraine annexée*, p. 316 et ALG, Lettre de Jean de Bertier à son épouse, 26 septembre 1910.

247 ALG, Valeur réelle de la propriété de Lagrange, sans auteur [en marks, donc de l'époque de la vente, ou avant].

248 MENSION-RIGAU, *Aristocrates et grands bourgeois*, p. 110-111.

aussi la délicate mission de ranger l'oncle Paul à notre avis et de préparer l'opinion grâce à lui »[249]. La justification de la vente se voulait rationnelle et imparable :

> À ceci vient s'ajouter la considération que la propriété est située de l'autre côté de la frontière, qu'elle ne peut pas être habitée par le propriétaire actuel [...] et que selon toute probabilité ses enfants ne pourront jamais l'habiter. [...] Au cas d'une guerre toujours possible, la propriété serait fatalement vouée à la destruction[250].

La vente était présentée comme inéluctable devant des réalités exposées de façon implacable (« jamais », « fatalement »). Paul de Kergariou ne fut cependant pas convaincu par les arguments de Jean et de Marie-Louise : il fut donc écarté du conseil de famille, qui autorisa la vente[251]. Cet accord ainsi obtenu, le jugement du tribunal de la Seine du 26 juillet 1911 libéra définitivement Jean du respect des dispositions testamentaires de son père.

Le second obstacle était la potentielle réaction négative de certaines parties de la population, à savoir le réseau local des Bertier mais aussi ceux des habitants attachés à ce qui restait français. Le maintien de la présence des Bertier avait donc une signification à la fois sociale et patriotique. Vendre Lagrange, n'était-ce pas abandonner les Lorrains à la germanisation ? Jean de Bertier s'attendait à des réactions négatives. Les archives conservent deux exemples de plainte. Kempff Grosse, qui fut sans doute intendant à Lagrange, constata : « À présent monsieur le comte a je crois rompu avec la Lorraine ». Les mots les plus durs furent ceux de Vagner, curé de Manom :

> Ne serait-ce pas déplorable, Monsieur le Comte, si vos écoles fondées dans un si noble but devaient un jour ne plus servir qu'à favoriser la cause allemande et protestante ? Vos parents et grands-parents eussent fait l'impossible pour que pareille chose ne puisse se produire[252].

Vagner écrivit « vos écoles », car elles étaient financées par les Bertier. Elles se composaient de deux bâtiments. L'un était la « maison ancienne », sans doute établie par Anne-Pierre, qui servait en 1911 de logement aux sœurs institutrices. L'autre était la « maison d'école », achevée en 1903, et qui abritait en 1911 trois salles de classe. Le curé Vagner craignait que la vente de Lagrange n'entraînât la fin des subsides pour l'école. Dans la même lettre, il s'inquiétait des progrès de l'immigration allemande à Manom, favorisée par l'industrialisation, et amenant une population protestante dans la commune. Pierre Brasme indique qu'à l'échelle de la Lorraine annexée, la population protestante passa en effet de 5 000 personnes seulement en 1866 (1 % de la population) à 85 000 en 1910 (13 %)[253].

---

249 ALG, Lettre de Jean de Bertier à son épouse, 26 septembre 1910 et SELANCY (comte de), Courriel à l'auteur, 28 mai 2018.

250 ALG, Note dactylographiée justifiant la vente de Lagrange, sans date.

251 ALG, Lettre de Jean de Bertier à son épouse, 27 octobre [1910].

252 ALG, Lettres à Jean de Bertier de Kempff Grosse, 27 décembre 1911, et du curé Vagner, 6 décembre 1911.

253 BRASME, p. 134.

Les protestants étaient dans leur très grande majorité des Allemands immigrés, si bien que Vagner assimilait les deux en une « cause allemande et protestante ». En 1911, l'Église catholique n'était pas (ou plus) une opposante au régime allemand. Mais, en son sein, « les tenants de la culture religieuse d'orientation française se défendirent avec opiniâtreté contre les tentatives d'assimilation », comme le rappelle François Roth[254]. Le curé de Manom en était un exemple. Pour défendre le catholicisme qu'il associait au sentiment français, Vagner essayait de faire culpabiliser Bertier sur deux points sensibles : la fidélité aux ancêtres et le service de la patrie. En vendant Lagrange à la Gutehoffnungshütte, Jean de Bertier ne contribuait-il pas à la germanisation ? Un propriétaire allemand y succédait à un français.

En quittant la Lorraine, Jean de Bertier renonçait au retour. Cette sorte d'émigration vers la France s'était d'ailleurs poursuivie après 1872 et la fin de l'option. Il n'était pas le seul à la pratiquer[255]. L'abandon ne fut cependant pas total. Des biens symboliques, à savoir le caveau de famille et les fameux bâtiments de l'école, à Manom, ne furent pas vendus. Quelques biens fonciers furent également conservés : une vingtaine d'hectares de prés à Illange, Haute-Yutz et Thionville. Ils étaient situés à proximité de la Moselle. Jean de Bertier espérait la canalisation de la rivière pour, à son habitude, vendre au meilleur prix[256]. Par ailleurs, il veilla à limiter le nombre des mécontents. Mathias Liber, sans doute employé sur le domaine de Lagrange, nous l'apprend dans sa lettre adressée à Jean de Bertier : « quand vous avez cédé le château vous avez bien voulu accorder des gratifications à vos serviteurs et [aux] serviteurs de M. votre Père. […] Peut-être voudrez-vous bien ne pas m'oublier »[257]. En agissant de la sorte, Jean de Bertier ménageait son réseau local de relations. Il ne pouvait savoir qu'il le réactiverait à partir de 1919.

3.3. *Un désengagement partiel du Luxembourg*

En 1882, Anatole de Bertier avait fondé, avec Norbert Metz et Victor Tesch, la Société anonyme des hauts-fourneaux et forges de Dudelange. Les statuts de l'entreprise, retrouvés dans les archives, précisent quels furent ses apports. D'une part, il donna 92 hectares boisés et non boisés, destinés à l'extraction du minerai. Il obtint en compensation 594 actions de 500 francs chacune et une rente de 48 750 francs sur 50 ans. D'autre part, il livrait son moulin avec 20,5 hectares de terres et de prés sur la commune de Dudelange, ce qui lui donna droit à 456 actions supplémentaires[258]. Au total, Anatole détenait donc 1 050 actions (sur un total de

---

254 ROTH, *La Lorraine annexée*, p. 461 et tout un chapitre « églises et écoles » p. 461-497.

255 BRASME, p. 111. Officier, Jean de Bertier résidait essentiellement où il était stationné, donc toujours en France, ou au Maroc. Son « départ » de Lorraine annexée n'était pas une émigration. Il y aurait eu 10 000 départs entre 1872 et 1914, principalement jusqu'à la fin des années 1880, la moyenne tombant sous les 100 départs par an après 1899.

256 ALG, Lettre de Richshoffer à Müller, 15 novembre 1909 et ROTH, [*in*] GRANDHOMME et VONAU, p. 52. La canalisation de la Moselle, imaginée dès les années 1890, ne fut réalisée que dans les années 1960.

257 ALG, Lettre de Mathias Liber à Jean de Bertier, 18 juin 1912.

258 ALG, Statuts de la Société anonyme des hauts-fourneaux et forges de Dudelange. 1887.

18 000) et jouissait d'une rente très confortable. De plus, il était l'un des cinq administrateurs de la société. Les autres étaient Norbert Metz et Victor Tesch bien sûr, plus Charles Simons (président de la direction de la Banque internationale au Luxembourg, BIL) et Léon Orban (directeur de la Société générale pour favoriser l'industrie nationale, de Bruxelles). Parmi les administrateurs, Anatole était donc le seul « particulier » qui ne fut ni capitaine d'industrie, ni banquier. Les terrains qu'il possédait à Dudelange ainsi que son intérêt pour l'investissement industriel l'avaient placé dans une situation exceptionnelle.

Son fils Jean hérita de cette position en 1903. Le contexte était favorable au développement de la sidérurgie. La croissance économique était de retour depuis la fin des années 1890. Les industries métallurgiques étaient en pointe, avec un taux de croissance de 6 à 8 % par an. Leur expansion était portée par le développement de nouvelles industries fabriquant vélos, automobiles, avions, etc.[259]. La production explosa. Au Luxembourg, de 1868 à 1913, l'extraction de minerai passa de 700 000 tonnes à 7 millions de tonnes, et la production de fonte de 100 000 tonnes à 2,5 millions de tonnes[260]. Les bénéfices croissaient parallèlement à l'activité.

Tableau 11: Bénéfices de la Société anonyme des hauts-fourneaux et forges de Dudelange et leur réemploi (1908-1910)[261].

Exercice	1908	1909	1910
Bénéfice net (francs)	768 561	1 148 993	2 100 000
Dividende par action (francs)	20	30	55
Total des dividendes (francs)	640 000	960 000	1 760 000
Part du bénéfice versée en dividendes	83 %	84 %	84 %

Un rapide calcul permet de remarquer qu'en ces années 1908-1910, le nombre d'actions était passé à 32 000. Une ou plusieurs augmentations de capital étai(en)t donc intervenue(s) entre 1887 et 1908. Ceci était d'autant plus nécessaire au financement de l'entreprise que la très grande majorité des bénéfices était versée aux actionnaires, sous forme de dividendes. On constate d'ailleurs le maintien de la part des dividendes à un niveau très élevé, malgré la très forte augmentation des bénéfices. Ces derniers étaient peu réinvestis dans l'appareil productif. C'était une faiblesse car, malgré le contexte porteur, la concurrence faisait rage. Elle provoqua une vague de concentration des entreprises en des conglomérats toujours plus grands[262]. La Société anonyme des hauts-fourneaux et forges de Dudelange n'y échappa pas. En 1911-1912, elle fusionna avec deux autres sociétés : la Société anonyme des mines du Luxembourg et des forges de Sarrebruck (souvent appelée la société de Burbach) et la société en commandite des forges d'Eich « Le Gallais

---

259 ASSELAIN, Tome 1, p. 178 et 187.
260 LEBOUTTE, PUISSANT, SCUTO, p. 116.
261 ALG, Bilans annuels de la Société anonyme des hauts-fourneaux et forges de Dudelange.
262 PRÊCHEUR, Claude, *La Lorraine sidérurgique*, Paris, SABRI, 1959, p. 60-61.

Metz et compagnie » (souvent appelée la société d'Eich)[263]. La nouvelle entité prit donc pour nom Aciéries réunies de Burbach, Eich et Dudelange, créant ainsi un acronyme appelé à devenir célèbre : l'ARBED.

La nouvelle société regroupait trois entreprises, de droit allemand (Burbach), belge (Eich) et luxembourgeois (Dudelange). On retrouve ici un exemple de l'internationalisation des capitaux et la mise en place, au-delà des frontières étatiques, d'un vaste bassin industriel regroupant Sarre, Lorraine et Luxembourg[264]. Après avoir envisagé toutes les hypothèses, les administrateurs décidèrent de faire de l'ARBED une société de droit luxembourgeois, déjà considéré comme plus propice aux affaires[265]. La concentration n'était pas seulement financière, elle était aussi technique. La fusion devait permettre la spécialisation de chaque usine, afin d'accroître la compétitivité globale du groupe. Les calculs prévoyaient une baisse du prix de revient de 2,50 francs par tonne de fonte produite. La concentration se poursuivit, avec l'acquisition par l'ARBED de l'usine de Hostenbach (une aciérie Martin et un laminoir), pour 2 700 000 marks. Le développement du groupe s'accéléra, 39 millions de francs d'investissement furent envisagés, dont 22 millions à Esch pour bâtir deux hauts-fourneaux, une aciérie Thomas et des laminoirs. La dette du groupe étant de 16 millions de francs, il fallait trouver 55 millions de francs : « en admettant qu'on gagne 14 millions par an et qu'on en redistribue 6, il resterait 8 millions de disponibles soit 24 millions en 3 ans. Il resterait donc à se procurer une trentaine de millions »[266]. La gestion du nouveau groupe se voulait industriellement plus efficace : les dividendes furent réduits, pour ne plus représenter désormais que moins de la moitié des bénéfices.

Quel positionnement Jean de Bertier adopta-t-il face à cette montée en puissance ? Son père Anatole avait été administrateur. Ceci expliqua sans doute sa démission de l'armée, dès 1883. Jean ne souhaitait pas abandonner sa carrière militaire, qui plus est à un âge précoce : il n'avait que 26 ans en 1903, alors que son père était âgé de 44 ans au moment de sa démission de 1883. De plus, il résidait en France, au régiment, et décida rapidement de vendre les propriétés de Lagrange et de Dudelange. Éloigné du Luxembourg et ne disposant que de peu de temps, c'est sans surprise qu'on remarque son absentéisme aux réunions. De 1903 à 1911, il n'assista qu'à 15 des 30 réunions du conseil général de la Société anonyme des hauts-fourneaux et forges de Dudelange[267]. Il n'assista ainsi pas à la réunion plénière des membres des conseils généraux des trois entreprises de Burbach, Eich et

---

263   Chacune des trois sociétés réunit au cours de l'année 1911 une assemblée générale extraordinaire de ses actionnaires, afin d'approuver le projet de fusion. Cette dernière devint effective le 12 février 1912 (voir BEMTGEN, Georges, « Une erreur récurrente », *Luxemburger Wort*, cahier *die Warte – Perspectives*, 8 juin 2023, p. 4-5).

264   ROTH, « Espaces sarrois et Lorraine, relations et convergences 1815-1925 », p. 72-73 et 76-79.

265   ALG, Note sur un projet de fusion des sociétés de Burbach, Eich et Dudelange et Procès-verbal de la réunion plénière des conseils généraux des trois sociétés du 8 juillet 1911.

266   ALG, Rapport du président du conseil d'administration au conseil général de l'ARBED, 26 février 1912.

267   ANLux, ADU-U1-105 [cote provisoire], Registre aux délibérations du Conseil général de la Société anonyme des hauts-fourneaux et forges de Dudelange, 1882-1911.

Dudelange, le 8 juillet 1911. Il n'y avait que trois absents, dont Jean de Bertier[268].
Il conserva une position dans l'organigramme de l'ARBED, en tant que commissaire. On lui offrit une place d'administrateur, plus rémunératrice : « chaque
administrateur recevrait 2 % du bénéfice au-delà du premier dividende de 5 %
et chaque commissaire 0,5 % ce qui représenterait pour chaque administrateur
48 700 francs et pour chaque commissaire 12 175 francs environ »[269]. Il refusa ce
poste qui lui eût imposé de renoncer à sa carrière militaire[270]. Les statuts de 1911
de l'ARBED semblent même indiquer un désengagement. Il semblerait que seuls
30 titres lui appartenaient encore[271]. On est loin des 1 050 actions détenues par
Anatole en 1882, devenues 1 300 en 1886. Jean avait-il vendu ces actions, quand
et pourquoi[272] ?

Ses préférences personnelles ne furent pas la seule raison de ce retrait. Il l'affirma à son épouse dans la lettre qui vient d'être évoquée : « de grosses difficultés
auraient pu être causées par les autorités allemandes à cause des usines que la
société a en Allemagne ». Il faut dire que la société de Burbach était la composante
la plus importante et la plus dynamique du nouveau groupe. L'ARBED était certes
de droit luxembourgeois mais l'essentiel de ses sites, de ses fournisseurs, de ses
clients était allemand. Elle était implantée au Luxembourg, en Sarre, en Lorraine
annexée à l'Allemagne et, à moindre échelle, en Lorraine française. Si l'on se sou-
vient que le Luxembourg était dans une situation de dépendance économique
à peu près totale envers l'Allemagne au début du XXe siècle, on comprend que
l'ARBED évoluait dans un paysage économique essentiellement allemand[273]. De
plus, comme le note Boris Barth, les prémices de la nationalisation des relations
économiques, opérée pendant la Grande Guerre, se firent sentir dès 1911-1912.
Il devenait plus difficile pour un Français de développer ses participations dans
des industries étrangères[274]. Jean de Bertier préféra donc se désengager, sans que
ce retrait fût total. Il restait commissaire et la rente due à son père devait encore
lui être versée pendant 22 ans[275]. Ainsi, les placements industriels luxembourgeois

---

268   ALG, Procès-verbal de la réunion plénière des conseils généraux des trois sociétés, 8 juillet 1911.
269   ALG, Note sur un projet de fusion des sociétés de Burbach, Eich et Dudelange.
270   SERMAN, p. 200. L'exercice de la fonction d'administrateur de société n'était pas autorisé aux
      militaires.
271   ALG, Statuts de l'ARBED. 1911.
272   BARTHEL, « L'émergence de l'ARBED », p. 165-168 : une piste explicative serait que ces
      30 actions fussent encore des actions de capital, non amorties à cette date. L'amortissement
      avait débuté dès 1890 et devait, à terme, supprimer toutes les actions de capital, transformées
      en actions de jouissance, équivalentes aux actions de fondateur (voir note 83). L'amortissement
      n'était toujours pas achevé en 1908 (p. 165-167). Dans ce cas, Jean de Bertier possédait davan-
      tage que 30 actions, même beaucoup plus sans doute.
273   PRÊCHEUR, p. 60-61 et LEBOUTTE, PUISSANT, SCUTO, p. 114-115. Par exemple, en
      1913, 90 % du charbon et du coke consommés par les usines luxembourgeoises provenaient de
      la Ruhr.
274   BARTH, p. 15 et 37.
275   ALG, Statuts de l'ARBED. 1911.

eurent une place déclinante dans la fortune de Jean de Bertier au cours de la Belle Époque. Plus militaire que son père, il privilégia la carrière des armes, ce qui le força à restreindre ses participations et son investissement dans la nouvelle ARBED.

3.4. À la recherche des meilleurs placements mobiliers

Les sous-parties précédentes ont montré que Jean de Bertier tenta autant que possible de se défaire des grandes propriétés foncières héritées de ses parents. Cela ne signifie pas qu'il ne fit aucun achat immobilier, mais les archives ne mentionnent aucune acquisition importante au cours de la période 1903-1914. Certains terrains furent sans doute acquis par opportunité (prix faible et/ou contiguïté avec des superficies déjà possédées) mais cela représenta une dépense assez limitée[276].

En revanche, la vente effective de fermes en Bretagne et la cession de Lagrange mirent à sa disposition des fonds importants[277]. Par souci de précision, il faut concéder que l'acte de vente de Lagrange prévoyait un paiement échelonné : 400 000 marks en juin 1912, 300 000 en juin 1913, 400 000 à nouveau en juin 1914 et finalement 500 000 en juin 1915. À ces 1 600 000 marks s'ajoutaient 400 000 marks payés dès juin 1912 pour des bois possédés par Jean de Bertier, soit un total de 2 000 000 marks pour l'ensemble[278]. L'échéance de juin 1914 fut réglée de manière anticipée en janvier 1914, si bien que seule une dernière échéance d'environ 500 000 marks restait à régler au moment de la déclaration de guerre. Ainsi, au cours des années 1912 à 1914, Jean de Bertier perçut 1,5 millions de marks, soit presque 2 millions de francs.

Auparavant déjà, en 1907, il avait touché 1 275 000 francs grâce à la vente de quatre panneaux et douze fauteuils en tapisserie de Beauvais. Ils étaient un héritage de ses parents, qui les avait grevés de substitution par testament. Une fois encore, un jugement favorable du tribunal civil de la Seine fut nécessaire pour que Jean pût s'en défaire[279]. Le caractère précieux et unique de ces meubles en tapisserie de Beauvais peut être mis en évidence en les comparant avec d'autres meubles vendus aux enchères en 1914. Le prix le plus élevé fut atteint par un bureau (550 francs), devant un service en porcelaine (430 francs)[280]. On est très loin des 80 000 francs de valeur moyenne pour chacun des meubles en tapisserie de Beauvais. Au-delà de cette différence, on comprend que Jean de Bertier n'investissait pas dans les « meubles meublants », c'est-à-dire le mobilier, au premier sens du terme.

---

276 N'oublions pas que, pour chaque propriété, Jean de Bertier disposait de relais locaux mandatés pour gérer au mieux ses intérêts (exemple des notaires Duval en Bretagne et Brasseur à Dudelange – voir note suivante).

277 Par exemple, ALG, Lettre de Duval à Jean de Bertier, 28 janvier 1904. Il est question de vendre la ferme dite Gouergan à Lanvellec pour un prix maximum de 4 800 francs.

278 ALG, Note concernant le château de Lagrange, sans date ni auteur et Lettre de la *Gutehoffnunghütte* à Richshoffer, 24 octobre 1911. Le taux de change habituel était de 0,8 mark pour 1 franc.

279 ALG, Constatation d'emploi de fonds soumis à restitution dépendant de la succession de monsieur le comte [Anatole] de Bertier de Sauvigny. 16 août 1910, par maître Legay. Les acquéreurs furent les époux Doucet, antiquaires à Paris.

280 ALG, Procès-verbal de maître René Lyon, commissaire priseur, 28 février 1914.

Les ventes de biens fonciers et de meubles fournirent à Jean de Bertier un capital disponible considérable : plus de 3 millions de francs. Pensa-t-il acheter une nouvelle demeure devant se substituer à Lagrange et endosser le statut de nouvelle résidence familiale ? Une lettre de son architecte Marteroy mentionne son « désir de trouver soit un hôtel soit un emplacement pour en construire un »[281]. Plusieurs biens furent successivement envisagés, mais aucune transaction ne fut conclue.

Tableau 12: Hôtels particuliers parisiens envisagés par Jean de Bertier en 1912-1913[282].

Date	Nom et/ou adresse	Pourquoi était-ce une bonne affaire et/ou pourquoi Jean de Bertier renonça
23/12/1912	Hôtel Lévis	Jean de Bertier utilisa Richshoffer pour connaître le prix de vente « sans [se] démasquer »
?	?	Le prix était de 650 000 francs mais il ne voulait pas débourser plus de 500 000 francs.
31/1/1913	14, rue Octave Feuillet	L'hôtel, dont la construction avait coûté 1 500 000 francs, était vendu 950 000 : bonne affaire, mais hors budget.
31/1/1913	11, rue Nitot [auj. rue de l'Amiral d'Estaing]	L'agent immobilier suggéra une offre à 600 000 francs.

En réalité, au vu de l'argent disponible suite aux ventes précédemment analysées, Jean de Bertier disposait largement de quoi acheter n'importe lequel de ces hôtels. Il ne le fit pas car il y voyait une immobilisation improductive de son capital. La phrase suivante, relative au deuxième bien du tableau précédent, le laisse bien comprendre : « l'achat de cet hôtel représenterait pour nous un loyer de quarante-cinq mille francs »[283]. Jean de Bertier souligna trois fois ce chiffre de quarante-cinq mille francs. C'était pour lui une somme exagérée par rapport à leur budget annuel de dépenses (environ 100 000 francs) ainsi que par rapport à leurs besoins. N'oublions pas que Jean de Bertier, était soumis aux contraintes de la vie militaire. En tant qu'officier breveté, il pouvait être amené à déménager chaque année[284]. Les Bertier restèrent donc locataires et s'installèrent à partir du printemps 1913 au 37, avenue de l'Alma (aujourd'hui avenue George V) pour un loyer annuel de 18 000 francs[285].

Le capital dégagé par les ventes ne devait pas rester inerte, mais travailler à son propre accroissement. Les placements les plus rentables étaient les valeurs

281 ALG, Lettre de Marteroy à Jean de Bertier, 20 novembre 1912.
282 ALG, Lettres de Jean de Bertier à son épouse datées du lundi 23 décembre [1912] et de « ce samedi soir », et Lettre de l'agence immobilière Sée et Gentil à Jean de Bertier, 31 janvier 1913.
283 ALG, Lettre de Jean de Bertier à son épouse, sans date retrouvable : « ce samedi soir ».
284 SERMAN, p. 203.
285 ALG, Contrat de bail d'une maison sise à Paris, Avenue de l'Alma n° 37, 10 avril 1913.

mobilières, vers lesquelles la noblesse réorientait son patrimoine[286]. C'était d'autant plus vrai que le patrimoine possédé était élevé. Ainsi, en 1911, à Paris, les fortunes dépassant le million de francs se composaient majoritairement de titres mobiliers[287]. On retrouve ici l'occasion de classifier les Bertier dans la hiérarchie des fortunes nobles et bourgeoises. Quelle part les placements mobiliers représentaient-ils dans leur patrimoine ? Dudelange avait été évalué à presque 800 000 francs. On pourrait *grosso modo* estimer que l'ensemble des propriétés foncières (Dudelange, Sainte-Geneviève et la Bretagne) ne dépassait pas les 3 millions de francs. Or, Jean de Bertier, en vendant Lagrange et les meubles en tapisserie de Beauvais dégageait plus de 3,5 millions de francs, non réinvestis dans l'immobilier. On retrouve donc, chez les Bertier aussi, une part majoritaire de titres mobiliers. Pour nuancer cette impression d'un « relatif abandon » (Alice Bravard) du foncier, surtout en milieu rural, rappelons que la baisse de la part de l'immobilier dans les patrimoines se fit automatiquement par le gonflement de l'épargne, tout au long du XIX\ :sup:`e` siècle. Cette dernière se portait plus facilement et principalement vers les valeurs mobilières. Ainsi, la part de l'immobilier dans les patrimoines des Français passa-t-elle de 66 % au milieu du XIX\ :sup:`e` siècle à 44 % avant 1914[288].

Il existait une multiplicité de placements mobiliers. Les plus anciens étaient les titres émis par l'État (souvent appelés « la rente »). À partir des années 1830-1840 apparurent dans les portefeuilles les titres des compagnies ferroviaires. Selon François Caron, ce ne fut qu'à la fin du XIX\ :sup:`e` siècle que les obligations et actions des entreprises industrielles furent de plus en plus prisées[289]. Les archives relatives à Jean de Bertier révèlent quatre types de biens mobiliers différents, et donc une diversité des placements qu'il faudra interpréter. Examinons-les successivement, du plus traditionnel au plus novateur. En premier lieu, Jean de Bertier poursuivit la pratique des prêts déjà effectuée par son père Anatole.

Tableau 13: Prêts consentis par Jean de Bertier. 1907-1914.[290]

Montant (francs)	Début	Fin	Taux (%)	Bénéficiaire(s) et qualité(s)
265 000	8/11/07	8/11/10	4,10	D. Dargent et M.-L. Baudor, entrepreneurs en peinture – Paris
280 000	25/1/08	24/1/18	4,35	Société civile Duray Blazeux et Lefebvre – Paris
103 000	25/5/09	25/5/19	4,30	H. Cadillac, architecte – Paris

(Suite)

286 FIETTE, p. 180-183 et BRAVARD, p. 130-132.

287 DAUMARD, p. 114.

288 CARON, François, *Histoire économique de la France XIX\ :sup:`e`-XX\ :sup:`e` siècles*, Paris, Armand Colin, 1995 [1981], p 57.

289 *Ibidem*, p. 58.

290 ALG, Constatation d'emploi de fonds soumis à restitution dépendant de la succession de monsieur le comte [Anatole] de Bertier de Sauvigny. 16 août 1910, par maître Legay et multiples autre documents relatifs aux prêts indiqués. Une partie des capitaux prêtés provenait des biens grevés par Anatole puis vendus. Il fallait en garder la traçabilité et les séparer des capitaux dits « libres ». Nous ne l'avons pas fait ici, par souci de simplification.

Tableau 13: (Suite)

Montant (francs)	Début	Fin	Taux (%)	Bénéficiaire(s) et qualité(s)
50 000	4/11/09	31/10/19	4,30	R. H. Coquelin, dessinateur d'histologie – Neuilly
145 000	28/2/10	28/2/15	4,30	L. Maurel, propriétaire – Paris
75 000	19/5/11	19/5/20	4,18	J. Plantade, employé de la compagnie du gaz – Paris
400 000	18/12/11	18/10/21	4,50	V. Raoult, entrepreneur en déménagements et E. Grospiron – Paris
325 000	22/4/13	22/4/28	4,40	Monsieur et Madame Riou
70 000	22/9/13	22/9/21	4,50	J. Barezzi
220 000	20/3/14	20/3/29	4,40	E.J.J. [Tattch ?] veuve de Vismes – Paris
24 000	31/12/14	*	5	Madame veuve Cahen d'Anvers – Paris

* « remboursement dans les deux mois qui suivront la fin de la guerre »

Tous ces prêts représentaient des sommes considérables et donc l'essentiel des placements mobiliers de Jean de Bertier. Ils étaient accordés pour une longue durée (souvent 10 ans, voire 15 ans). Leur rendement, toujours supérieur à 4 %, garantissait une bonne affaire pour le créancier[291]. Dans la perspective de la vente de Lagrange pour 2 500 000 francs, ce taux de 4 % était pris comme référence et permettait d'espérer 100 000 francs de revenus annuels[292]. On voit bien ici l'intérêt des placements mobiliers et leur meilleur rendement que les biens fonciers : le domaine de Lagrange ne pouvait dégager de tels profits. Cependant, les emprunteurs pouvaient être défaillants et ne pas rembourser leurs échéances. Des garanties étaient prises par le système de l'hypothèque. De plus, la plupart des emprunteurs étaient des rentiers et/ou des professionnels liés à un immobilier en plein essor dans la capitale. Jean de Bertier prenait ainsi peu de risques, tout en s'assurant des revenus confortables. Le dernier exemple du tableau montre toutefois que le déclenchement de la guerre désorganisa le système. À côté de ces prêts recherchant la plus grande performance, d'autres furent accordés à des proches. Ils étaient plus risqués. Jean de Bertier parla ainsi de « tous ces prêts hasardeux que nous avons consentis ». Une amie du couple, prénommée Sybille, obtint ainsi 35 000 francs et les mots de Jean de Bertier laissent à penser qu'il n'avait, dans ces cas-là, aucune certitude de retrouver son argent[293].

Un deuxième type de placement était la possession d'obligations ou d'actions émises par les établissements bancaires et industriels. À la Belle Époque, les compagnies de chemin de fer n'étaient plus les entreprises les plus rentables pour les investisseurs. François Caron souligne que l'indice de leur capitalisation boursière

291 CARON, p. 63, en généralisant l'exemple donné par François Caron.
292 ALG, Note dactylographiée justifiant la vente de Lagrange, sans auteur ni date indiqués.
293 ALG, Lettres de Jean de Bertier à son épouse, 20 et 21 octobre 1910.

à Paris passa de 103 en 1900 à 96 en 1913. Dans le même laps de temps, l'indice des autres valeurs cotées grimpait de 94 à 141[294]. Puisque Jean de Bertier recherchait le meilleur rendement, on ne retrouve, sans surprise, pas de titres de compagnies ferroviaires dans son portefeuille. En revanche, il détenait des actions de la Banque internationale au Luxembourg (BIL), des actions et obligations dans la sidérurgie et des obligations de la Société suisse pour l'industrie électrique[295]. On peut ajouter à ces titres mobiliers le capital disponible sur des comptes de dépôt, à la Société française des reports et dépôts ainsi qu'à la BIL.

Tableau 14: Intérêts produits en 1913 par les 100 000 marks placés à la Banque internationale au Luxembourg[296].

Mois	J	F	M	A	M	J	J	A	S	O	N	D	Total
Marks	624	363	398	586	364	420	508	365	365	490	362	328	5 173
Francs	780	454	498	732	455	525	635	457	457	613	453	411	6 470

Nous ne ferons pas d'étude des fluctuations des intérêts versés d'un mois au suivant. L'essentiel est de constater que les intérêts obtenus étaient très avantageux : plus de 5 % par an. Au total, les deux comptes de dépôt retrouvés dans les archives rapportaient environ 10 000 francs par an à Jean de Bertier. Quels étaient les revenus de ses dividendes d'actions et de ses coupons d'obligation ? Il est difficile d'être précis. Les achats et ventes de titres mobiliers étant des transactions assez faciles, la composition du portefeuille variait régulièrement. Avançons donc prudemment le chiffre de plusieurs dizaines de milliers de francs de revenus annuels. Au total, les actions, obligations et comptes de dépôts généraient des revenus très importants, mais moindres que ceux produits par les prêts aux particuliers. Tout comme c'était le cas de l'architecte Marteroy pour les biens immobiliers, la BIL jouait le rôle de partenaire et de conseil de Jean de Bertier. Elle lui proposa par exemple d'investir dans des obligations à 6 % de la Compagnie anglo-argentine d'électricité[297]. Jean de Bertier ne s'intéressait pas spécialement à l'électricité ni n'avait d'attaches en Angleterre ou en Argentine. Seul le profit escompté comptait. Cet exemple montre bien l'internationalisation de l'économie, en cours dès cette époque. Boris Barth parle même d'une sorte de première vague de mondialisation[298].

294 CARON, p. 72. La base 100 correspond à la moyenne de toutes les valeurs sur les années 1900-1910.
295 ALG, multiples courriers adressés à Jean de Bertier ou Richshoffer et relatifs aux dividendes et coupons perçus.
296 ALG, Lettres de la Banque internationale à Luxembourg à Richshoffer (périodicité mensuelle). On retrouve le taux de change de 0,8 mark pour 1 franc.
297 ALG, Lettre de la BIL à Jean de Bertier, 3 avril 1913.
298 BARTH, Boris, « Les ententes financières franco-allemandes et l'expansion économique avant 1914 », [*in*] ECK, Jean-François, MARTENS, Stefan et SCHIRMANN, Sylvain (dir.), *L'économie, l'argent et les hommes. Les relations franco-allemandes de 1871 à nos jours*, Colloque des 10-11 mai 2007, Comité pour l'histoire économique et financière de la France, 2009, p. 15-16.

Dans cette recherche du profit, un troisième investissement, certes plus original, n'était pas illogique. Il concerna le Maroc. Il faut dire qu'à la Belle Époque, les capitaux français s'exportaient volontiers. La France d'avant 1914 restait un pays rural : plus de la moitié de ses habitants vivaient à la campagne. C'était une économie encore agricole : 40 % des actifs travaillaient dans ce secteur. Le développement trop lent de l'industrie française ne permettait pas d'absorber les capitaux disponibles. Ces derniers se tournèrent donc vers les investissements extérieurs : la France devint ainsi le premier investisseur mondial[299]. La destination première était la Russie et l'est de l'Europe (35 à 40 % des capitaux, placés notamment dans les célèbres emprunts russes) puis le continent américain (20 % environ). L'empire colonial français et le Maroc ne captèrent que 10 % de ces investissements extérieurs[300]. Le Maroc, l'un des derniers territoires intégrés à l'empire, représentait un cas particulier. Il s'agirait du seul exemple de « colonisation impérialiste ». En effet, la perspective de profits, liée à des facteurs favorables (grande superficie, ouverture sur l'Atlantique, espoir d'exploitation de ressources minérales), poussa des groupes industriels et financiers européens à s'y implanter. Citons les banques françaises Paribas et Rouvier, l'industriel Schneider, et, du côté allemand, Mannesmann[301].

Jean de Bertier eut l'occasion de se familiariser avec le Maroc au cours de son stage d'officier breveté, de la fin 1909 au début de l'année 1911. Il put ainsi percevoir directement l'opportunité de certains investissements. Une première tentative fut l'achat de forêts, dans le but d'utiliser le bois comme matériau de construction. Une forêt est certes un bien foncier mais il s'agissait là d'un projet à finalité industrielle. De plus, Jean de Bertier intervenait comme simple bailleur de fonds, espérant un fructueux retour sur investissement. On peut donc placer cet investissement dans la catégorie des biens mobiliers. Plusieurs pièces retrouvées dans les archives concernent la forêt de la Mamora appartenant apparemment à la tribu des Zemmours. Il ne s'agit cependant que de projets, couvrant les années 1911 et 1912. Il n'a pas été possible de confirmer si Jean de Bertier acheta des parties de cette forêt[302].

Un document plus officiel fut la convention du 19 novembre 1912 conclue entre Denis Guibert, Paul Bénazet et Jean de Bertier. Ce dernier s'engageait à fournir jusqu'à 700 000 francs pour « l'achat de forêts de chênes et de cèdres d'une grande étendue, situées aux environs d'Azrou (pays berbère) ainsi que des mines et propriétés qui pourraient se trouver libres et négociables dans cette région aussi

---

299 ASSELAIN, Tome 1, p. 190-192 et BARTH, p. 16.
300 ASSELAIN, Tome 1, p. 217 et CAMERON, Rondo, *La France et le développement économique de l'Europe 1800-1914*, Paris, Seuil, 1971 [1961], p. 380-381.
301 FERRO, Marc, *Histoire des colonisations. Des conquêtes aux indépendances*, Paris, Seuil, 1994, p. 104 et MEYER, Jean, TARRADE, Jean, REY-GOLDZEIGUER, Anne et THOBIE, Jacques, *Histoire de la France coloniale des origines à 1914*, Paris, Armand Colin, 2016 [1991], p. 735, 741-742 et 746.
302 ALG, Projet de convention du [4 octobre 1912 ?] entre Louis Barthes et Jean de Bertier, Desfossés, Frézard, Lallemand, Signorino et Georges Lenseigne. Jean de Bertier aurait investi 200 000 francs dans le projet (?).

bien que dans tout le Maroc »[303]. La somme investie par Jean de Bertier était considérable. C'était le prix, à Paris, d'un hôtel particulier dans les beaux quartiers. Une telle prise de risque s'expliquait aussi par le contexte de 1912 : la vente de Lagrange, conclue, lui garantissait à terme 2 500 000 francs. Les 700 000 francs investis montrent encore une fois l'opportunisme de Jean de Bertier, toujours prêt à miser sur les espoirs de profit les plus élevés. La relative méconnaissance du pays permettait d'entretenir les rêves sur le « gâteau marocain »[304]. On le retrouve dans les propos d'un certain capitaine Le Glay, proche de Lyautey (le résident général de France, à la tête du protectorat). Parallèlement à ses obligations militaires, il agit en tant qu'intermédiaire, pour le compte de Jean de Bertier et ses associés. Il se vantait de connaître le pays et la population et garantissait la forte rentabilité de tout investissement au Maroc. Voici un florilège de ses phrases, toutes très rassurantes :

> Il est absolument certain que d'ici un an au plus le pays sera occupé militairement et l'exploitation rationnelle de la forêt pourra commencer.

> C'est une Suisse ravissante d'un climat excellent pour les Européens.

> La population est intelligente et douce.

> Déjà quand j'occupais le pays, j'aurais pu si j'avais été libre m'y faire une fortune[305].

Derrière cette vitrine alléchante, la situation réelle était bien plus trouble. Il était bien difficile de déterminer à qui appartenait tel ou tel terrain, et de garantir la validité juridique d'une éventuelle transaction. Le Maroc était mal contrôlé par le sultan, dont l'autorité sur les quatre à cinq cents tribus du pays restait toute relative, comme le souligne Ernest Weibel :

> Comme sultan son pouvoir est limité à une partie du royaume, le *bled el Makhzen*, alors que le *bled el siba* ou pays du désordre est déchiré par les luttes entre tribus. Le royaume chérifien resta ainsi jusqu'à la veille de la Grande Guerre un pays mal connu, en dehors du littoral, et inaccessible à la civilisation occidentale en raison de la xénophobie d'une grande partie de ses habitants et des rivalités des grandes puissances[306].

Ainsi, acheter une forêt comme celle de la Mamora, et, surtout, faire reconnaître ses droits de propriété étaient une gageure : « nous ne pûmes avoir accès à cette région vraiment dangereuse pour les Européens »[307]. En attendant la sécurisation (souvent appelée pacification), préalable nécessaire au développement des affaires, une course s'était engagée entre les investisseurs européens. Les courriers de Le Glay à Guibert témoignent de cette atmosphère. Le Glay s'inquiétait aussi des progrès des concurrents et demanda à Guibert de garder confidentielles les

---

303 ALG, Convention du 19 novembre 1912 conclue entre Denis Guibert, Paul Bénazet et Jean de Bertier.

304 MEYER, TARRADE, REY-GOLDZEIGUER et THOBIE, p. 742.

305 ALG, Lettre de Le Glay à Jean de Bertier, [1911-1912].

306 WEIBEL, Ernest, *Occident-Maghreb, 13 siècles d'histoire*, Paris, Ellipses, 2010, p. 467.

307 ALG, Rapport de Le Boisbourdin sur la valeur juridique des actes passés par Kerroubi concernant la Mamora.

informations qu'il lui faisait parvenir. Les archives n'indiquent pas quels biens furent finalement acquis. Toujours selon Le Glay, « le rêve serait une emprise de quelques milliers d'hectares avec débouché sur l'Oum er Rbia pour le flottage des produits »[308]. Jean de Bertier préféra certainement changer ses plans, pour investir dans la Société des constructions mixtes du Maroc, créée en 1913.

Tableau 15: Identité et participations des actionnaires de la Société des constructions mixtes du Maroc (juin 1913)[309].

Nom	Domicile	Nombre d'actions	Valeur représentée (francs)
Richshoffer	Paris	120	60 000
Henri Chalmeton	Paris	120	60 000
Jacques Chalmeton	Saumur	100	50 000
Jean Guibert	Paris	100	50 000
René Ribour	Paris	60	30 000
André Desfossés	Paris	40	20 000
Hervé Guibert	Paris	40	20 000
Guillaume de Kergariou	Paris	20	10 000
Total		600	300 000

Jean de Bertier agissait sous le couvert de son secrétaire Richshoffer. Il s'était associé à des parents proches de sa mère (Kergariou) et de son épouse (Chalmeton). L'affaire était cependant dirigée par les frères Guibert. Très vite, l'entreprise abandonna l'usage du bois pour se consacrer uniquement à la construction en matériaux durs. L'achat de forêts n'avait dès lors plus grand sens, et cette piste fut sans doute abandonnée. La nouvelle société connut un afflux de commandes dès l'année de sa fondation. Les projets étaient très ambitieux : un complexe en front de mer à Rabat pour 750 000 francs, et devant rapporter 300 000 francs de revenus locatifs chaque année, des chalets en bord de mer à Mazagran, des tribunaux à Rabat et Casablanca, etc. Une augmentation de capital fut jugée nécessaire, et ce dernier passa à 600 000 francs[310]. Les investisseurs initiaux accrurent-ils leurs souscriptions, ou bien y eut-il de nouveaux partenaires ? Les archives n'en disent rien. La difficulté principale de la société fut la démission des frères Guibert en juillet 1914, à la veille de la guerre. Les raisons invoquées étaient, pour Jean, une santé défaillante et, pour Hervé, des postes d'administrateur dans d'autres sociétés potentiellement concurrentes[311]. Comprenons qu'après un début prometteur, la

---

308 ALG, Lettre de Le Glay à Denis Guibert, 28 novembre [1912], et multiples autres lettres depuis le mois de mars de la même année. Peut-être que Le Glay exagérait, afin de valoriser son propre rôle d'intermédiaire.

309 ALG, Société des constructions mixtes du Maroc. Courrier (?) du 10 juin 1913 présentant les noms des actionnaires et les sommes souscrites.

310 ALG, Procès-verbaux des conseils d'administration des 21 octobre 1913, 10 novembre 1913 et 21 avril 1914.

311 ALG, Procès-verbal de l'assemblée générale du 31 juillet 1914.

société des constructions mixtes du Maroc n'était plus florissante. Privée de sa direction, elle n'allait pas redevenir performante. Ainsi, les investissements de Jean de Bertier au Maroc se révélèrent-ils moins profitables qu'espéré.

Le quatrième et dernier placement retrouvé dans les archives fut la participation de Jean de Bertier à la création de la société en commandite simple « Xavier Rousseau et compagnie ». Il s'agissait d'un établissement purement financier qui servait d'intermédiaire pour l'achat et la vente d'actions de sociétés cotées et non cotées, ainsi que d'autres produits. Le capital social de 1 million de francs fut apporté par 40 parts de 25 000 francs chacune. Jean de Bertier souscrivit une part. Un rendement de 20 % était prévu, soit dans son cas des gains de 5 000 francs. Les performances furent moindres, mais lui assurèrent quand même 3 500 francs de bénéfices. Le plus grand gagnant de ce montage que nous n'exposerons pas en détail était Xavier Rousseau lui-même, qui se réservait 105 000 francs sur les bénéfices globaux[312]. Il se rétribuait ainsi largement pour sa gérance de l'entreprise.

Au total, les archives conservées ne sont pas suffisamment exhaustives pour établir précisément si et de combien le patrimoine des Bertier s'accrut à la Belle Époque. N'oublions pas que Jean et Marie-Louise avaient un train de vie mondain et dispendieux. Toutefois, la réorientation vers des valeurs mobilières, largement rémunératrices, permet sans aucun doute de conclure que la fortune des Bertier augmenta, d'autant plus qu'il privilégia les placements les plus classiques (prêts aux particuliers, obligations industrielles et bancaires, comptes de dépôts). Il tenta aussi des investissements plus risqués (Maroc, Xavier Rousseau) dont il est difficile de chiffrer précisément les bénéfices. Ils ne représentaient cependant qu'une petite part des titres : 25 000 francs immobilisés chez Xavier Rousseau et 60 000 francs dans la société des constructions mixtes du Maroc. C'était moins que les seuls 100 000 marks placés à la BIL.

Cet accroissement de sa fortune personnelle inscrivait bien Jean de Bertier dans le groupe social le plus riche. Il rentrait évidemment dans les 10 % des fortunes parisiennes possédant plus de 2 millions de francs. Faisait-il partie du centile supérieur, ces 1 % les plus riches qui, à Paris, possédant 55 % du patrimoine au début du siècle, réussirent si bien à faire progresser leurs affaires qu'ils en détinrent 70 % en 1914[313] ? Peut-être.

Conclusion sur les réorientations patrimoniales

Les réorientations patrimoniales que nous venons de parcourir marquèrent aussi un recentrement géographique. Si Anatole était centré sur Lagrange, à proximité de Dudelange et de ses participations industrielles, Jean de Bertier était centré sur Paris. Il vendit Lagrange, essaya de se séparer de Dudelange et se désengagea en partie de l'industrie sidérurgique. Ses nouveaux investissements étaient tous très parisiens : les prêts consentis étaient couverts par des hypothèques sur des

---

312 ALG, Contrat de création de la société en commandite simple « Xavier Rousseau et compagnie » de juillet 1908 et Résultats à prévoir (sans indication d'année).

313 DAUMARD, p. 113 et PIKETTY, *Les hauts revenus*, p. 542-543.

immeubles de la capitale, la Société des constructions mixtes du Maroc avait des actionnaires presque exclusivement parisiens. En cela aussi, Jean de Bertier était un homme de la Belle Époque. Dominique Kalifa la résume en effet en ces termes : « Indiscutablement la Belle Époque est urbaine et parisienne. Elle rend même un culte à la capitale »[314].

Pour les Bertier, était-ce un tournant ou bien un retour ? Anne-Pierre, l'arrière-grand-père de Jean, était né à Paris en 1770. Avant d'épouser Reinette en 1803 et de venir s'établir en Lorraine, il avait passé son enfance dans la capitale. La grande figure de la famille Bertier était – et reste – Louis-Bénigne, qui fut intendant de Paris sous Louis XVI. Certes, la vente de Lagrange avait une lourde signification : « le château demeure le point d'ancrage nécessaire à la transmission d'un passé familial et d'une certaine âme nourrie d'un patrimoine d'éducation et de culture »[315]. Toutefois, pour le mondain qu'était Jean de Bertier, la richesse primait, et les nouveaux placements opérés devaient garantir le capital nécessaire à la vie élégante et donc, au maintien d'un mode de vie nobiliaire. Ils ménageaient l'avenir. Ainsi, quand Jean de Bertier eut l'occasion de racheter Lagrange après la Grande Guerre, il disposa des capitaux nécessaires pour le faire. L'argent restait donc un moyen, et non une fin, ce qui cadrait avec le système de valeurs nobiliaires.

Conclusion sur la Belle Époque de Jean de Bertier

Jean de Bertier était un héritier mais il adapta les legs familiaux aux réalités de son temps et à ses goûts personnels. Priorité fut donnée à la carrière militaire. Quant au patrimoine familial, il fut largement réorganisé. Cette période de sa vie fut sans doute, à son échelle individuelle, une « belle époque ». Tout semblait lui réussir. Homme brillant et séducteur, il pouvait jouir des plaisirs de la vie et de l'argent. Avec son épouse Marie-Louise – ou d'autres femmes – il participa à la vie mondaine à Paris, Casablanca, Washington. La Lorraine et le Luxembourg chers à ses parents s'étaient éloignés et son univers s'était recentré sur la France et sa capitale.

Derrière cette vitrine de facilité et de frivolité subsistaient des interrogations et des frustrations. Le renoncement à Lagrange fut sans doute difficile. Il avoua que cette question d'Alsace-Lorraine le passionnait. Une guerre de revanche n'était plus envisagée mais son statut d'officier lui ordonnait de se tenir prêt en cas de conflit. Il était en cela représentatif de nombreux autres officiers français. La description suivante du général Billot pourrait, *mutatis mutandis*, lui convenir : « S'il ne fait rien pour hâter la reprise de l'Alsace-Moselle (sic), il s'efforce d'observer l'ennemi et de préparer l'armée en vue d'un conflit dont il espère une issue plus favorable qu'en 1871 »[316].

---

314 KALIFA, p. 11.
315 MENSION-RIGAU, Éric, « La persistance du modèle du "château" ou les limites de la fusion des élites dans l'univers de la ville », [*in*] BRELOT, p. 225.
316 CONORD, p. 182.

La guerre éclata à l'été 1914. Ce *monde d'avant* 1914 que nous avons décrit et dans lequel évolua Jean de Bertier allait, semble-t-il, disparaître, pour devenir, dans les mémoires, *Le monde d'hier* de Stefan Zweig, ou encore *La Belle Époque*. Pour bien faire comprendre la rupture de 1914, Dominique Kalifa donne l'exemple du Titanic, assimilé à une « Belle Époque flottante et miniature »[317]. On retrouvait à bord une vie mondaine, des inégalités considérables, et une impression de confiance et d'insouciance, sans que la catastrophe fût envisagée. Tout comme l'iceberg avait déchiré la coque du Titanic et provoqué sa perte corps et biens, la guerre allait engloutir la Belle Époque. La différence fut qu'hommes et patrimoines eurent, dans ce cas, davantage de chances de survie.

317 KALIFA, p. 15.

Deuxième partie :

les chemins de la victoire (1914-1919)

« Fin d'un monde, début d'un siècle » : c'est ainsi que François Cochet résume le premier conflit mondial[1]. La Première Guerre mondiale fut une rupture, non seulement pour les États et les sociétés, mais aussi pour les individus. Jean de Bertier, officier de carrière, fut nécessairement impacté. Cette période de seulement 5 années correspond à la partie centrale de notre étude[2]. Il s'agit, relativement, du *centre chronologique* de la vie de Jean de Bertier. Il serait plus juste de parler d'un centre chronologique des archives disponibles. Si l'on estime que ces dernières sont en rapport avec l'activité d'un acteur et son importance, alors la Grande Guerre peut être considérée comme le *centre de gravité* de la vie de Jean de Bertier, d'autant plus que deux changements décisifs intervinrent à la toute fin de la période : son recentrement sur la Lorraine et son passage de la carrière militaire à l'engagement politique.

Jean de Bertier n'a pas laissé de récit de guerre de sa plume, mais de tels documents, rédigés *a posteriori*, sont souvent sujets à caution. En revanche, les archives du château de Lagrange conservent une importante correspondance, de même que des carnets personnels. Ces sources, produites au moment même des combats, présentent davantage de fiabilité. Leur confrontation est utile pour déterminer quel degré de dissimulation renferme éventuellement la correspondance[3]. Quoi qu'il en soit, ces témoignages sur l'expérience de la guerre doivent être questionnés méthodiquement, pour essayer d'approcher au plus près la vérité historique :

> Le témoin, tel Fabrice del Dongo à Waterloo, n'embrasse qu'un champ de vision limité, au niveau qui est le sien et dans un domaine particulier, mais c'est aussi ce qui fait son intérêt. Le témoin peut certes se tromper, manquer de précision ou de références chronologiques, mais ni plus ni moins que les autres sources à disposition de l'historien et c'est à ce dernier d'exploiter scientifiquement le témoignage combattant en fonction de ses travers, comme un officier de renseignement cherche à rédiger une note de synthèse[4].

---

1 COCHET, François, *La Grande Guerre. Fin d'un monde, début d'un siècle. 1914-1918*, Paris, Perrin, collection « Tempus », 2018 [2014], 624 p.

2 Nous ne nous arrêtons pas au moment de *l'armistice* du 11 novembre 1918 mais à l'été 1919, au moment de la démission de Jean de Bertier, quelques semaines après le *traité de paix* signé le 28 juin 1919 à Versailles.

3 COCHET, François, *Survivre au front 1914-1918. Les poilus entre contrainte et consentement*, Saint-Cloud, Soteca 14/18 éditions, 2005, p. 19-20.

4 COCHET, François, Article « Témoignage combattant », [*in*] COCHET, François et PORTE, Rémy (dir.), *Dictionnaire de la Grande Guerre 1914-1918*, Paris, Robert Laffont, collection « Bouquins », 2008, p. 1002-1003.

Cette vigilance s'impose d'autant plus que Jean de Bertier reste un personnage méconnu et peu présent dans la bibliographie. Il n'est directement mentionné que dans les ouvrages de Bertrand Goujon, travaillant sur les noblesses, et, surtout, dans celui d'Elizabeth Greenhalgh, à propos de la coopération franco-britannique[5]. Certains rapports produits par Jean de Bertier sont même la source principale d'un article co-écrit par Elizabeth Greenhalgh et Frédéric Guelton, « Soldats australiens de l'ANZAC vus à travers la correspondance du chef d'escadrons de Bertier, mars-décembre 1915 »[6].

Au cours des cinq années du conflit, Jean de Bertier suivit un parcours atypique, révélateur de deux aspects majeurs du conflit. Ce fut une guerre de coalition. La France devait se coordonner avec ses alliés, principalement le Royaume-Uni, puis, à partir de 1917, également les États-Unis. Ce fut aussi une guerre longue, vite devenue « globale », en mobilisant l'ensemble des ressources des belligérants, et notamment leurs capacités économiques et industrielles[7]. Les combattants sur le front ne représentaient qu'une partie des effectifs mobilisés. De nombreux officiers et soldats occupaient des postes non exposés au feu, mais tout autant nécessaires. Une bonne coopération entre les Alliés et une bonne organisation industrielle et logistique comptaient autant que le succès des armes pour emporter la victoire, dont les chemins furent de ce fait multiples[8].

Suivre Jean de Bertier permet de bien comprendre ces deux réalités. Il passa l'essentiel de son temps de guerre comme officier de liaison auprès des Britanniques puis des Américains, ce que nous étudierons de manière chronologique dans les deux premières sous-parties : « 1914-1917, la liaison avec les Britanniques » puis « 1917-1919, l'instruction auprès des Américains ». La troisième sous-partie, intitulée « réalités et limites d'un engagement », complète les deux précédentes en quittant le fil chronologique. Elle revient dans un premier temps sur le côté atypique de Jean de Bertier au regard de l'image traditionnelle du poilu, porte ensuite la réflexion sur les impacts de la guerre sur le patrimoine familial, et adopte pour finir Marie-Louise comme nouveau personnage central des événements.

Tout au long de cette deuxième partie, nous tenterons aussi de déterminer quelle place Jean de Bertier put occuper dans les différents processus de décision mis en œuvre. Jean de Bertier débuta la guerre comme capitaine, officier encore subalterne. Il fut certes promu au grade de chef d'escadrons en mars 1915, ce qui fit de lui un officier supérieur, mais il occupait toujours ce grade quand la guerre

---

5   GOUJON, Bertrand, *Du sang bleu dans les tranchées. Expériences militaires de nobles français durant la Grande Guerre*, Paris, Vendémiaire, 2015, 672 p. et GREENHALGH, Elizabeth, *Victory through coalition. Britain and France during the First World War*, Cambridge, Cambridge University Press, 2008 [2005], 308 p.

6   GREENHALGH, Elizabeth et GUELTON, Frédéric, « Soldats australiens de l'ANZAC vus à travers la correspondance du chef d'escadrons de Bertier, mars-décembre 1915 », *Revue historique des armées*, 264 | 2011, <http://journals.openedition.org/rha/7274>.

7   WINTER, Jay (dir.), *La Première Guerre mondiale. Tome 1 : Combats*, Paris, Fayard, 2013, p. 21.

8   COCHET, François et PORTE, Rémy, *Histoire de l'armée française 1914-1918*, Paris, Tallandier, 2017, p. 78, et GREENHALGH, p. 1.

s'acheva. Il ne fut pas un chef militaire, encore moins un grand chef. Cependant, le grade à lui seul ne suffit pas à déterminer l'influence réelle d'un acteur, d'autant plus que Jean de Bertier fut affecté à des postes particuliers, spécialisés, nouveaux, lui donnant l'occasion d'approcher et de côtoyer les décideurs. Il faut donc garder à l'esprit ces interrogations : fut-il un simple exécutant ou put-il, d'une façon ou d'une autre, influer sur les décisions prises ? Cette relative proximité avec le processus de décision suscita-t-elle son engagement en politique dès 1919 ? Nous y répondrons en conclusion.

1. Améliorer la liaison avec les Britanniques (1914-1917)

1.1. De l'ambassade de Washington à la boue des Flandres (1914-1915)

1.1.1. Comment Jean de Bertier est entré dans la guerre (août-septembre 1914)

La question de l'entrée en guerre des Français fut étudiée par Jean-Jacques Becker dans sa thèse publiée en 1977 et intitulée *1914 : Comment les Français sont entrés dans la guerre*. Analysons le cas individuel de Jean de Bertier. Il était, depuis décembre 1913, attaché militaire à l'ambassade française de Washington. Le 28 juin 1914, l'assassinat de l'archiduc autrichien François-Ferdinand à Sarajevo provoqua une crise diplomatique en Europe. La majorité de la population française n'y prêta pas attention[9]. Quant à Jean de Bertier, il se tenait au courant des événements et envisageait déjà l'éventualité d'un conflit, comme le prouve une lettre à son épouse, déjà mentionnée et qu'il convient de citer à nouveau :

> Dans ce dernier cas [déclenchement du conflit], naturellement, je plaque mon poste que n'importe quel cul-de-jatte peut occuper, et je m'en vais voir en face les Prussiens, en m'embarquant sur n'importe quel bateau : nous avons eux et moi trop de comptes à régler pour que je reste ici les bras croisés[10].

Jean de Bertier se distinguait donc de la majorité de la population, et même de la majorité des membres de la noblesse, pour lesquels Bertrand Goujon parle d'« indifférence insouciante » face à la crise de juillet 1914[11]. Les événements se précipitèrent suite à la déclaration de guerre de l'Autriche-Hongrie à la Serbie, le 28 juillet 1914. La France décréta la mobilisation générale le 1er août et l'Allemagne lui déclara la guerre le 3 août. Ce dénouement provoqua, selon les mots de Jean-Jacques Becker, une stupeur, une consternation puis une rapide résolution chez les Français[12]. En tant que militaire professionnel, préparé à l'éventualité d'un conflit, Jean de Bertier eut peut-être une attitude différente. Toutefois, stupeur et

9 BECKER, Jean-Jacques, *L'Europe dans la Grande Guerre*, Paris, Belin, 1996, p. 46.
10 ALG, Lettre de Jean de Bertier à son épouse, 26 juillet 1914.
11 GOUJON, *Du sang bleu dans les tranchées*, p. 30-32.
12 BECKER, *L'Europe dans la Grande Guerre*, p. 46.

résolution se retrouvent dans sa lettre du 5 août, confirmant sa détermination déjà annoncée dans son précédent courrier :

Mon cher petit chéri

Inutile de te dire les émotions et les occupations de ces derniers jours… Bref, je devais partir aujourd'hui par le bateau à bord duquel je t'écris, et ce matin, je reçois l'ordre d'attendre le prochain départ parce qu'il y a beaucoup à faire. Je voudrais naturellement, mais ne puis te dire quel bateau je prendrai, ni où ni quand je débarquerai en France[13].

Les archives ne mentionnent pas quel jour Jean de Bertier quitta les États-Unis, ni quand il arriva effectivement en France. Ce fut, au plus tard, le 15 août, date à laquelle il envoya une carte postale à son épouse depuis le Vaucluse. Cet empressement à rejoindre la France pouvait aisément se justifier à ses yeux : les États-Unis étaient neutres, et il serait remplacé, si nécessaire (« mon poste, que n'importe quel cul-de-jatte peut occuper »). Tout à son émotion, Jean de Bertier partit trop vite aux yeux du ministère, qui envisageait plus rationnellement l'intérêt de sa présence à Washington :

En vue de l'utilité actuelle de votre présence aux États-Unis pour divers motifs et notamment pour faciliter les achats de chevaux et de matériel dont nous pouvons avoir besoin, je vous invite à demeurer à votre poste jusqu'à nouvel ordre[14].

Cette lettre, rédigée le 11 août, ne put lui parvenir à temps. Jean de Bertier, rentré trop vite, semble toutefois ne pas avoir été sanctionné pour ce zèle patriotique. Une telle volonté aussi rapide, voire précipitée de rejoindre le front était peu courante dans la population[15]. Elle s'explique par plusieurs caractères distinguant Jean de Bertier de ses compatriotes. Il était officier de carrière, un corps bien plus imprégné par le patriotisme que le reste de la population, y compris les civils appelés sous les drapeaux[16]. En tant qu'officier, il s'était préparé à la guerre. Celle-ci arrivée, il ne lui fallait pas la rater. En outre, Jean de Bertier faisait partie du groupe des fils et des petits-fils des optants de 1872. Plusieurs milliers d'entre eux étaient officiers de carrière dans l'armée française. Jean-Noël Grandhomme écrit que « pour les généraux des départements annexés – Mangin, Hirschauer, Maud'huy, Stirn, Armau de Pouydraguin, et d'autres encore – la Grande Guerre est une "guerre sainte" »[17]. Jean de Bertier lui aussi, nous l'avons vu, veillait à entretenir le thème des « provinces perdues » vivace parmi ses hommes. Il y songea sans doute dans sa lettre du 26 juillet 1914, quand il évoqua ses « comptes à régler » avec les

---

13 ALG, Lettre de Jean de Bertier à son épouse, 5 août 1914.
14 ALG, Lettre du ministre de la Guerre à Jean de Bertier, 11 août 1914.
15 ROUSSEAU, Frédéric, *14-18, Penser le patriotisme*, Paris, Gallimard, 2018, p. 329 et BECKER, *L'Europe dans la Grande Guerre*, p. 46.
16 BECKER, Jean-Jacques, *1914 : Comment les Français sont entrés dans la guerre*, Paris, Presses de la fondation nationale des sciences politiques, 1977, p. 42.
17 GRANDHOMME, Jean-Noël, « Les Alsaciens-Lorrains dans la Première Guerre mondiale », [*in*] GRANDHOMME, Jean-Noël (dir.), *Boches ou tricolores : les Alsaciens-Lorrains dans la Grande Guerre*, Strasbourg, la Nuée bleue, 2008, p. 23.

« Prussiens ». Enfin, son comportement fut influencé par son appartenance à la noblesse. Bertrand Goujon parle d'une « conception aristocratique de l'honneur qui impose à ces hommes de prendre au plus tôt les armes pour la France » et cite plusieurs cas de retour en France de nobles établis à l'étranger en 1914[18].

En revanche, sur deux autres points, Jean de Bertier partagea le point de vue de la majorité des Français. Le premier était la croyance en une guerre courte. Un premier indice est contenu dans une lettre du 17 septembre 1914 : « je suis installé ici avec La Ferronays, qui est affecté à la même formation que moi, ce qui fait que nous resterons ensemble tout le temps de la guerre »[19]. Il ne se doutait pas que la guerre allait s'installer dans la durée, et qu'il changerait de poste à de multiples reprises. Le second indice est décelé dans une lettre du 28 juillet 1915, dans laquelle il est question du paiement du loyer de la maison de Washington[20]. Il n'avait donc pas encore résilié le contrat de location : pensait-il pouvoir retourner à Washington ? Cette idée de guerre courte, largement répandue, ne résultait d'aucune réflexion militaire ou politique : « on dit que la guerre sera courte parce qu'on souhaite qu'elle le soit. Ce n'est pas du domaine du rationnel »[21]. Encore Jean de Bertier n'écrivit-il jamais directement que la guerre serait courte. Il le pensait, ou, du moins, ne s'inscrivit pas contre cette idée dominante. Le second point commun entre Jean de Bertier et la majorité de la population concernait la justification du conflit. L'Allemagne était perçue comme l'agresseur, la guerre était donc défensive. Jean de Bertier y fit indirectement allusion, en écrivant à son épouse, début octobre 1914 : « donne-moi des nouvelles du Loupiot [leur fils Arnaud] pour la tranquillité duquel on reçoit tant de pruneaux »[22]. Ce sentiment de livrer une guerre juste, allié à un patriotisme suffisamment ancré dans une très large partie de la population, fit que la mobilisation se passa sans encombre.

Remarquons toutefois que les archives ne nous livrent qu'un seul indice, très ténu, sur cette question de la justification de la guerre. Aucun pathos, aucun grand discours patriotique ne figure dans les correspondances conservées. De tels propos étaient sans doute superflus entre les époux, partageant les mêmes idées sur ce point (souvenons-nous de la phrase : « inutile de te dire les émotions et les occupations de ces derniers jours »). Entrer en guerre et combattre, c'était l'accomplissement de son devoir d'officier. En outre, la guerre contre l'Allemagne était une éventualité à laquelle l'histoire familiale et sa carrière l'avaient préparé. Il n'était nul besoin de chercher une justification : il avait « des comptes à régler avec les Prussiens ».

Malgré son empressement à rentrer en France, Jean de Bertier ne se retrouva pas immédiatement sur le front. Il fut d'abord mis à disposition du général commandant la 9e région militaire, à Tours, puis envoyé à Marseille, dans l'attente

---

18 GOUJON, *Du sang bleu dans les tranchées*, p. 38.
19 ALG, Lettre de Jean de Bertier à son épouse, 17 septembre 1914, depuis Marseille.
20 ALG, Lettre de Jean de Bertier à son épouse, 28 juillet 1915, depuis les Dardanelles.
21 BECKER, *1914*, p. 496. Les espoirs associent guerre courte et victoire, ce qui favorise la confiance (p. 492-493).
22 ALG, Lettre de Jean de Bertier à son épouse, 1er octobre 1915, depuis le front des Flandres.

de troupes anglo-hindoues censées débarquer dans la cité phocéenne[23]. Dès septembre 1914, Jean de Bertier fut donc employé à la liaison avec l'allié britannique. Il rejoignit finalement le front à la fin du mois de septembre 1914, dans les Flandres. Bien malgré lui, il ne participa pas aux premières semaines de combat, que François Cochet qualifie d'« été le plus meurtrier » tant les pertes furent élevées[24]. L'éloignement de Washington et les complications du retour lui sauvèrent peut-être la vie.

Profitons des correspondances à notre disposition pour dire également un mot sur l'ambiance dans la famille et dans l'entourage de Jean de Bertier, au moment de l'entrée en guerre. On retrouve systématiquement cette fameuse résolution, ainsi que la volonté de participer activement à la défense du pays, en combattant sur le front. Jacques de Guiroye, commandant une compagnie du 143e territorial à Bordeaux, se plaignit d'être éloigné du feu : « je m'ennuie à crever »[25]. Jean de Laborde, dont nous avons déjà parlé dans la partie précédente, pilotait des hydravions à Saint-Raphaël lorsque la guerre éclata. Il se désolait de son inactivité et de son inutilité, en confiant à Marie-Louise :

> Je vous assure, avec la vie que je mène ici où il n'y a même pas encore un blessé, qu'il me faut faire un effort pour m'imaginer que c'est mon pays qui est en guerre et pas la Chine ou le Vénézuela. […] Je m'ennuie comme je ne me suis pas ennuyé depuis l'école navale[26].

Il demanda à Marie-Louise et à Jean d'intervenir en sa faveur, pour lui obtenir un poste plus proche du front. À partir de 1915, la prise de conscience des réalités de la guerre changea la donne. De tels postes, à Bordeaux ou Saint-Raphaël, devinrent beaucoup plus prisés, et très peu de Français se rendirent avec empressement sur le front[27].

1.1.2. Officier de liaison dans les Flandres (octobre 1914-mars 1915)

Jean de Bertier arriva sur le front des Flandres le 28 septembre 1914. La guerre de mouvement, qui avait vu les troupes allemandes envahir la Belgique et une partie de la France, tirait sur sa fin. Après la victoire française sur la Marne (6-11 septembre 1914), les armées ennemies s'étaient engagées dans la « course à la mer », c'est-à-dire qu'elles tentèrent de se déborder par le nord, si bien qu'elles arrivèrent dans les Flandres où les débris de l'armée belge s'agglomérèrent au dispositif allié.

---

23 ALG, Ordres de mobilisation individuels des 2, 13 et 21 septembre 1914.
24 COCHET, *La Grande Guerre*, chapitre 2 : « l'été le plus meurtrier », qui concerne aussi l'automne 1914.
25 ALG, Lettre de Jacques de Guiroye à Marie-Louise, vendredi 14 [août 1914], depuis Bordeaux.
26 ALG, Lettre de Jean de Laborde à Marie-Louise, [sans date, août-septembre 1914], depuis Saint-Raphaël.
27 COCHET, *Survivre au front*, p. 197-199.

L'invasion de la Belgique avait provoqué l'entrée en guerre du Royaume-Uni aux côtés de la France. Un corps expéditionnaire (*British expeditionary force*, BEF) fut envoyé sur le continent. Après de premiers affrontements autour de Mons, en Belgique, il fit retraite. Le BEF ne participa pas à la bataille de la Marne : « *it was a manœuvre, not a battle, so far as the British were concerned* »[28]. Le rôle des Britanniques fut cependant important. En gardant la gauche de son dispositif, ils permirent à Joffre de lancer sa contre-offensive sur la Marne[29].

Une bonne liaison entre Français et Britanniques était donc cruciale. C'était le rôle de la mission militaire française auprès de l'armée britannique. Elle mettait en communication le commandement français, à savoir le général Joffre et le Grand Quartier général (GQG), et le commandement britannique du BEF, à savoir le maréchal French et son état-major. Cette mission militaire française fut constituée le 5 août 1914, le lendemain de l'entrée en guerre du Royaume-Uni. Elle était dirigée par le colonel Huguet, ancien attaché militaire à Londres. Il connaissait Jean de Bertier et suggéra sans doute son nom[30]. Ce dernier disposait en effet des compétences requises. Il maîtrisait l'anglais, chose rare à l'époque, la langue obligatoire à Saint-Cyr étant l'allemand. En tant qu'ancien attaché militaire, il avait déjà une expérience de la liaison. Quant à l'autre qualité indispensable pour éviter les conflits, à savoir le tact, Jean de Bertier la possédait par son éducation nobiliaire[31].

Essayons de préciser le rôle de Jean de Bertier, et l'endroit précis de son affectation. Le colonel Huguet se devait d'être au contact du maréchal French, commandant le BEF. C'est ainsi qu'il fut basé à Saint-Omer (Pas-de-Calais) à partir de la mi-octobre 1914. Les autres membres de la mission française se répartirent entre Saint-Omer et d'autres sous-états-majors, auprès des différents commandants britanniques sur le terrain. Jean de Bertier se retrouva ainsi affecté à Fère, puis à Rousbrugge, ainsi qu'à Saint-Omer. Il n'était donc pas assigné à un lieu précis mais se déplaçait d'un état-major à l'autre[32].

Le nom de Jean de Bertier n'apparaît pas avant le 29 septembre 1914 dans les archives relatives à la mission militaire française près l'armée britannique. À partir de cette date, différents types de documents de sa main apparaissent. Il s'agit de

28 TAYLOR, Alan John Percival, *English history. 1914-1945*, Oxford, Oxford University Press, 2001 [1965], p. 10 : « ce fut, du point de vue des Britanniques, non pas une bataille, mais une simple manoeuvre » (traduction de l'auteur).

29 COCHET, François, Courriel à l'auteur, 27 février 2021.

30 ALG, Carte postale de Jean de Bertier à son épouse du 28 septembre 1914 et PORTE, Rémy, Article « Huguet », [*in*] COCHET et PORTE (dir.), *Dictionnaire de la Grande Guerre*, p. 554.

31 GREENHALGH, p. 39 et 75-77. Le français fut toutefois la langue de travail lors des conférences franco-britanniques.

32 SHD, GR 17N 322, Journée du 12 octobre, Message du colonel Huguet à différents états-majors, 12 octobre, 19:30 et GR 17N 324, Journées du 2 au 6 novembre, Messages téléphonés de Jean de Bertier depuis Rousbrugge. On trouve d'autres éléments en GR 17N 321, 323 et 325-326. Un relevé exhaustif serait ici fastidieux. Rousbrugge se situe en Belgique, à une dizaine de kilomètres de la mer du Nord, et Fère (sans doute Fère-en-Tardenois) dans l'Aisne. Rousbrugge correspondait donc au nord, Fère au sud et Saint-Omer au centre du déploiement de la mission militaire française.

télégrammes, de messages téléphonés, de rapports de situation sur tel ou tel corps combattant, ou de comptes-rendus de reconnaissance aérienne. Sans surprise, les renseignements collectés et archivés concernent le BEF et plus rarement les troupes allemandes. Par exemple, on trouve, pour la journée du 28 novembre, un *Ordre de bataille des forces allemandes opposées aux troupes anglaises le 28 novembre 1914*, et en trois versions : un manuscrit en anglais, un manuscrit de Jean de Bertier et une version dactylographiée en français[33]. Jean de Bertier assurait donc aussi un travail de traduction, pour permettre aux commandements français et britannique d'échanger leurs informations et de mieux coordonner leurs actions. L'impression résultant de la consultation des archives est que Jean de Bertier faisait un travail de rassemblement de documentation. Il rédigeait également le *Journal des marches et opérations* (JMO) de la mission française. Les JMO, conservés à Vincennes, ne sont pas signés, mais j'ai pu reconnaître l'écriture de Jean de Bertier ; les brouillons retrouvés à Lagrange sont d'ailleurs mot pour mot identiques. Ces JMO sont « une ressource de premier ordre pour l'historien militaire » et permettraient d'écrire l'historique de la mission militaire française à ce moment[34]. Cela nous éloignerait de Jean de Bertier L'important est de remarquer son rôle de rouage important de la mission française.

Jean de Bertier procéda aussi, à une reprise au moins, à l'interrogatoire d'un prisonnier allemand[35]. Cette pratique montre qu'il était déjà intimement lié au milieu du renseignement : il avait été attaché militaire, sorte d'« espion légal », et ses rapports transcrits dans le JMO étaient autant d'observations du front, une autre forme du renseignement[36]. La consultation des archives nous montre qu'il savait aussi, à l'occasion, disparaître. On relève un jour sans activité de sa part en novembre, deux en décembre, mais surtout treize en octobre, et notamment du 4 au 6 puis du 9 au 11 octobre. Les déplacements entre les états-majors n'expliquent pas tout.

Nous avons déjà dit qu'un officier de liaison se devait d'user de tact pour ne froisser aucun des deux camps. La réalité correspondit-elle à ces attendus ? À la lecture des pièces conservées au SHD, Jean de Bertier conserva une grande neutralité. À l'occasion, il usa de diplomatie pour rassurer le commandement français, suite à un recul des Britanniques : « il est exact que le petit bois a été abandonné, mais l'état-major du 2ᵉ corps assure que ce mouvement en arrière a été

33 SHD, GR 17N 325, Journée du 28 novembre, Ordre de bataille des forces allemandes opposées aux troupes anglaises le 28 novembre 1914, en trois versions. Ici aussi, les informations sont dans les cartons GR 17N 321 à 326.

34 PORTE, Article « Journal », [*in*] COCHET et PORTE (dir.), *Dictionnaire de la Grande Guerre*, p. 592.

35 SHD, GR 17N 323, Journée du 26 octobre, *Interrogatoire d'un prisonnier allemand, Saint-Omer, le 24 octobre 1914*, signé « l'officier d'état-major. Bertier ».

36 LAHAIE, Olivier, « Pratiques du renseignement humain en France pendant la Grande Guerre : Permanences et évolutions », [*in*] FORCADE, Olivier et VAÏSSE, Maurice (dir.), *Espionnage et renseignement pendant la Première Guerre mondiale*, Actes du colloque international organisé par l'académie du renseignement le 26 novembre 2014, Paris, La Documentation française, 2017, p. 123.

fait volontairement, en raison de l'eau qui gagne les tranchées »[37]. Jean de Bertier ne prenait pas position. Il ne faisait que rapporter aux uns les paroles des autres, sans les faire siennes : « l'état-major du 2ᵉ corps assure que ». Pour tenter de déceler son avis personnel, il faut lire les courriers adressés à son épouse. Dans l'un d'eux, il critiqua sévèrement non pas les Britanniques, mais les Belges[38]. L'armée belge de 1914, « l'une des plus désuètes d'Europe » selon John Keegan, n'avait aucune chance de résister à l'invasion allemande[39]. Toutefois, les quelques retards qu'elle infligea à l'avance allemande furent montés en épingle par la propagande alliée, qui célébra l'héroïque résistance de la Belgique. Jean de Bertier, encore éloigné du front en août-septembre 1914, fut nécessairement abreuvé de cette propagande faisant miroiter une armée belge relativement puissante. La réalité était tout autre. Début octobre, les derniers combattants belges s'étaient repliés sur la rive gauche de l'Escaut et n'étaient plus en état de combattre, comme l'explique Sophie de Schaepdrijver :

> La ligne belge, mal coordonnée, se voyait de plus en plus enfoncée en son milieu. Les troupes étaient à bout, trop fatiguées même pour manger. Les munitions lourdes s'épuisaient à une allure effrayante. Au soir du 25 octobre, l'armée belge était repoussée derrière la ligne de chemin de fer Nieuport-Dixmude. Le lendemain, le moral s'effondra. Les soldats n'en pouvaient plus et abandonnèrent leurs positions. C'est en vain qu'Albert [le roi des Belges et commandant en chef de l'armée] demanda des renforts britanniques[40].

Ce fut précisément cet effondrement du front belge que Jean de Bertier relata dans sa lettre du 27 octobre. Son jugement résultait de sa déception. Par méconnaissance de la situation d'août-septembre 1914, il avait, sans doute, surestimé les capacités de l'armée belge, et sous-estimé ses pertes : des 117 500 hommes mobilisés début août 1914, seuls 52 000 combattaient encore début novembre, dans un grand dénuement. Malgré les difficultés d'équipement, d'encadrement et l'occupation de plus de 90 % du territoire national par les Allemands, l'armée belge allait tenir le secteur de l'Yser, les 30 kilomètres les plus au nord du front de l'ouest, jusqu'en 1918[41].

Malgré la mise en place de la mission militaire franco-britannique auprès du maréchal French, et malgré l'existence d'une mission britannique similaire auprès du général Joffre, les deux alliés coopéraient mal. French défendait son indépendance d'action quand Joffre prétendait le commander, si bien que « *suspicion and distrust ruled* »[42]. Les Français reprochaient aux Britanniques leur manque

---

37 SHD, GR 17N 326, Journée du 17 décembre, *Situation le 17 décembre au soir* (et JMO du 17 décembre).

38 ALG, Lettre de Jean de Bertier à son épouse, 27 octobre 1914.

39 KEEGAN, John, *La Première Guerre mondiale*, Paris, Perrin, 2003 [1998], p. 106.

40 SCHAEPDRIJVER (de), Sophie, *La Belgique et la Première Guerre mondiale*, Bruxelles, Presses interuniversitaires européennes, 2004 [1997], p. 100.

41 *Ibidem*, p. 171-173.

42 GREENHALGH, p. 21-22 et 41 : « la suspicion et le manque de confiance régnaient » (traduction de l'auteur).

d'engagement. De leur côté, ces derniers manquaient de confiance dans le commandement français. La mission militaire française aurait pu contribuer à régler ces différends. Il n'en fut rien. Elle servait avant tout à favoriser le point de vue français, plutôt qu'à relayer des informations sur l'allié britannique[43]. Jean de Bertier, au vu des archives consultées, ne contribua qu'au second objectif, et cela nuance son rôle au sein d'une mission dont il n'était, rappelons-le, pas le chef. Ce fut Foch, alors adjoint de Joffre qui réussit à coordonner efficacement Français, Britanniques et Belges lors des affrontements d'octobre-novembre 1914 : « *the interposing of a 'suitable' French general between the two commanders-in-chief provided the elements of a model of command* »[44]. La mission française n'avait pas été la cheville ouvrière de la coopération. Ses effectifs furent réduits. Son chef Huguet, considéré par Joffre comme trop pro-britannique, fut remplacé par le colonel des Vallières fin 1915. Ce dernier, anglophobe et peu intéressé par la liaison, ne put redorer le lustre d'une mission que Jean de Bertier avait quittée dès mars 1915, pour participer à l'expédition des Dardanelles[45].

1.1.3. Témoin de la violence des combats

Jean de Bertier arriva sur le front fin septembre 1914. Dès les jours suivants se joua la dernière manche de la course à la mer. La bataille connut son maximum d'intensité de la mi-octobre à la mi-novembre. Elle prit le nom de bataille des Flandres, ou encore mêlée des Flandres, elle-même décomposée en deux affrontements voisins : la bataille de l'Yser (secteur le plus au nord, bordant la mer du Nord), et la première bataille d'Ypres (secteur adjacent, immédiatement au sud du précédent)[46]. Sur une cinquantaine de kilomètres (soit un vingtième de la longueur totale du front depuis la Suisse) se trouvaient concentrées un tiers des troupes alliées, dont l'ensemble des forces belges et britanniques[47].

Leur faisaient face des effectifs tout aussi considérables, dont 8 des 11 divisions de cavalerie allemandes. La bataille des Flandres fut la dernière occasion d'un emploi massif de cette arme. John Keegan parle, pour la première semaine d'octobre, du « plus grand corps de cavaliers jamais rassemblés sur le front ouest pendant toute la durée de la guerre »[48]. Cela se retrouve dans les écrits de Jean de Bertier. Toutefois, s'il évoque un possible affrontement des cavaleries, jamais il ne

43 *Ibidem*, p. 82 : « *the task of inculcating an acceptance of French high command came before the task of keeping the French informed* ».

44 GREENHALGH, p. 24-25, et MARTEL, André, Article « Foch », [*in*] COCHET et PORTE (dir.), *Dictionnaire de la Grande Guerre*, p. 432. « Placer entre les deux commandants en chef un général français adapté, en tant qu'intermédiaire, donnait des clés pour un futur modèle de commandement » (traduction de l'auteur).

45 GREENHALGH, p. 21-22 et 41. Rémy PORTE présente un avis différent sur le colonel des Vallières.

46 PORTE, Articles « Flandres », « Ypres » et « Yser », [*in*] COCHET et PORTE (dir.), *Dictionnaire de la Grande Guerre*, p. 428-429 et 1081-1083.

47 COCHET, *La Grande Guerre*, p. 84.

48 KEEGAN, p. 161-162.

fait état de combats massifs. Face au feu de l'infanterie, la cavalerie fut très vite empêchée d'agir, et son emploi se restreignit de plus en plus[49]. Un indice nous en est donné dans les archives. Un message téléphoné de Jean de Bertier, en date du 3 novembre, indique des mouvements de cavalerie en cours d'exécution ; puis les rapports des jours suivants indiquent que l'attaque, qui avait été planifiée, ne fut finalement pas exécutée[50]. Déborder l'ennemi n'était plus possible, et les rapports quotidiens de Jean de Bertier le révèlent. Les attaquants progressaient certes, mais les défenseurs finissaient toujours par reprendre le terrain perdu :

> Cap. de Bertier de Sauvigny (téleph. de Rousbrugge)
>
> À colonel Huguet
>
> Le 1er Corps a été violemment attaqué dans les bois au sud de VELDHOEK. La droite de ce Corps et la gauche du détachement MOUSSY ont perdu un peu de terrain ; mais à 19 heures, le détachement en question faisait connaître qu'il avait repris presque toutes ses positions antérieures.
>
> Vers WYTSCHAETE, alternative d'avance et de recul ; situation la même dans son ensemble.
>
> À l'ouest de l'ENFER et de MESSINES, le Corps de Cavalerie Conneau a repris presque tous les emplacements qu'il avait perdus ce matin à la suite d'une attaque de nuit[51].

Il ne s'agit pas ici de faire un historique des régiments, ni un récit des combats. Ce message téléphoné permet de bien saisir l'ambiance d'un front en train de se figer, et de remarquer que, par ses fonctions, Jean de Bertier en fut sinon un témoin direct, du moins un narrateur. La lecture de ses rapports révèle la dimension industrielle prise par le conflit. Deux armes sont fréquemment mentionnées : l'aviation et l'artillerie. Elles étaient d'ailleurs étroitement liées, la première assurant les reconnaissances servant à la seconde. Jean de Bertier, comme beaucoup, fut surpris par la puissance de feu de l'artillerie : « ce qu'on a pu remuer de terre est formidable !! »[52]. Pour se protéger, les combattants devaient s'enterrer, et creuser des trous rapidement organisés en tranchées[53]. Cette nouvelle réalité du conflit fut décrite de manière très parlante par Jean de Bertier :

> C'est affreux cette guerre où l'on ne peut ni manœuvrer, ni avancer ! Tout le front est creusé de tranchées profondes, souvent recouvertes de plafonds en rondins, branchages et terre. On circule dans ces boyaux tortueux comme dans des terriers, et personne ne peut se montrer au-dessus sans déchaîner des coups de fusil ou de mitrailleuse tirés par

---

49 ALG, Lettre de Jean de Bertier à son épouse, 7 octobre 1914 et PORTE, Article « Cavalerie », [*in*] COCHET et PORTE (dir.), *Dictionnaire de la Grande Guerre*, p. 214.

50 SHD, GR 17N 324, Journée du 3 novembre, Message téléphoné de Rousbrugge à 17:20, et Journées suivantes, JMO.

51 SHD, GR 17N 324, Journée du 6 novembre, Message téléphoné de Rousbrugge à 19:45.

52 ALG, Lettre de Jean de Bertier à son épouse, 7 octobre 1914.

53 KEEGAN, p. 167 et COCHET, Article « Tranchée », [*in*] COCHET et PORTE (dir.), *Dictionnaire de la Grande Guerre*, p. 1018.

des gens invisibles. La seule distraction est de montrer de temps à autre un mannequin appelé Kaiser Wilhelm, lequel est immédiatement criblé de balles. De temps en temps, les Allemands envoient de leurs gros projectiles explosibles bien au-delà de nos lignes sur les villages qu'ils croient occupés. Ceux-ci sont entièrement détruits, mais les troupes souffrent peu de ces projectiles qui ont un effet plutôt terrifiant que mortel[54].

Les ravages de la guerre sur les populations n'étaient, quant à eux, pas une nouveauté de 1914. Sur cette question, le courrier privé est une source précieuse, car les rapports et messages militaires produits par Jean de Bertier n'en font pas état. Comme indiqué dans la lettre précédente, les bombardements ne se limitaient pas aux seules tranchées. La portée des canons entraînait la destruction de villages et de villes, ce dont Jean de Bertier fut directement témoin : « dans la ville, au moins une maison sur trois est démolie. Je n'ai pas pu pousser jusqu'à la cathédrale, mais je crois qu'elle a beaucoup souffert »[55]. Dans le même courrier, il effectua une sorte d'inventaire des dégâts occasionnés aux biens de certaines de leurs connaissances, à charge pour Marie-Louise de communiquer ces informations aux familles concernées.

Au-delà des destructions matérielles se posait la question des crimes dont les civils pouvaient être victimes. L'été 1914 avait été marqué par l'affaire des atrocités allemandes à l'encontre de la population belge. Des exactions eurent lieu. Sophie de Schaepdrijver expose les faits et montre aussi comment les massacres furent amplifiés et utilisés par la propagande alliée[56]. François Cochet s'interroge : « les Allemands ont-ils le monopole des exactions sur le front de l'ouest ? Certains auteurs en doutent »[57]. Une réponse nous est fournie par Jean de Bertier :

> Hier encore ces sales Boches ont obligé des prisonniers belges et français à marcher devant une de leurs colonnes, et les ont massacrés à coups de baïonnettes lorsque cette colonne a vu son essai avorté. Aussi a-t-on fusillé 60 Boches sur les 400 de cette colonne qui ont été pris. C'est horrible comme tu vois et c'est une guerre au couteau : les contingents mal instruits qui sont ici devant nous sont composés en grande partie de volontaires tout particulièrement braves qui se font tuer par milliers. [...] Il y a des pertes énormes[58].

Cet extrait montre que des soldats aussi pouvaient être victimes de crimes de guerre. Ces derniers, relativement courants, concernaient les deux camps[59]. Par ailleurs, Jean de Bertier mentionne des « pertes énormes » alors qu'il se voulait

---

54 ALG, Lettre de Jean de Bertier à son épouse, 10 octobre 1914.

55 ALG, Lettre de Jean de Bertier à son épouse, 5 octobre 1914. La ville en question n'a pas pu être identifiée, même si l'on pense immédiatement à Reims.

56 SCHAEPDRIJVER, p. 80-91. Environ 5 500 civils belges furent tués par les Allemands en août-septembre 1914.

57 COCHET, *La Grande Guerre*, p. 114.

58 ALG, Lettre de Jean de Bertier à son épouse, 28 octobre 1914.

59 COCHET, Article « Crimes de guerre », [*in*] COCHET et PORTE (dir.), *Dictionnaire de la Grande Guerre*, p. 289. « Les crimes de guerre sont nombreux [...], sur tous les fronts, et la plupart d'entre eux n'ont pas laissé d'archives ».

rassurant lors de son arrivée sur le front, à la fin septembre[60]. La violence des combats, et, dans une moindre mesure, l'ampleur des pertes, se retrouvent à plusieurs reprises dans ses rapports et les JMO[61]. Les premiers mois du conflit furent en effet les plus sanglants de toute la guerre. En 1914, le nombre de soldats tués par mois fut en moyenne trois à quatre fois supérieur aux chiffres des années suivantes[62]. Nous avons déjà parlé des pertes de l'armée belge. Le BEF, pourtant composé de soldats de métier entraînés (et pour cette raison appelé *old army*) ne fut pas non plus épargné. Ses pertes (c'est-à-dire les morts, les blessés et les disparus) s'élevèrent à plus de 50 000 hommes, sur un effectif initial de 100 à 120 000 hommes[63]. La campagne de 1914 et la première bataille d'Ypres furent son tombeau :

> *The first battle of Ypres marked the end of the old British army [...]. More than half of those who crossed to France in August were now casualties; one in ten had been killed (three quarters of them at Ypres). The high command and the staff officers survived. The old army was gone past recall.*[64]

Ainsi faut-il distinguer les soldats des tranchées d'une part, du haut commandement et des états-majors de l'autre. Jean de Bertier comptait parmi la seconde catégorie, et cela contribua à lui sauver la vie. Certains états-majors se trouvaient en effet en arrière du front. Rappelons que le maréchal French s'était établi à Saint-Omer, soit à environ 50 kilomètres des premières tranchées allemandes. Jean de Bertier put ainsi rassurer son épouse à de multiples reprises, écrivant même à une occasion : « nous sommes très loin de la ligne de feu »[65].

À la mi-novembre 1914, la bataille des Flandres s'acheva, sur une coûteuse victoire défensive des Alliés. L'hiver et les inondations volontairement provoquées empêchèrent de nouveaux assauts et l'intensité des tirs diminua. Le front, moins dangereux, n'en était pas pour autant agréable. Les tranchées couraient dans un paysage aquatique, très vite envahi par la boue (*mud*). Jean de Bertier put, grâce aux habits chauds envoyés par son épouse, affronter l'hiver sans dommage[66].

---

60 ALG, Lettre de Jean de Bertier à son épouse, 28 septembre 1914 : « tu peux te tranquilliser complètement ».

61 SHD, GR 17N 322 à 326.

62 COCHET, *La Grande Guerre*, p. 104.

63 CLARKE, Peter, *Hope and Glory. Britain 1900-1990*, Londres, Allen Lane, 1996, p. 73, CHASSAIGNE, Philippe, *La Grande-Bretagne et le monde de 1815 à nos jours*, Paris, Armand Colin, 2009 [2003], p. 131 et PORTE, Article « Ypres », [*in*] COCHET et PORTE (dir.), *Dictionnaire de la Grande Guerre*, p. 1083.

64 TAYLOR, p. 12 : « la première bataille d'Ypres marqua la fin de la vieille armée britannique. Plus de la moitié de ceux qui avaient traversé la Manche en août comptaient parmi les pertes : un sur dix avait été tué (dont les trois quarts à Ypres). Seuls le haut commandement et les officiers d'état-major survécurent. L'ancienne armée avait irrémédiablement disparu » (traduction de l'auteur).

65 ALG, Lettre de Jean de Bertier à son épouse, 10 octobre 1914. Il disait déjà la même chose le 29 septembre.

66 ALG, Lettre de Jean de Bertier à son épouse, 12 octobre 1914 : « je suis parfaitement paré maintenant pour une campagne d'hiver ».

1.2. L'expédition des Dardanelles (1915)

Pour remporter la victoire, Britanniques et Français lancèrent en 1915 une opération conjointe ambitieuse : l'expédition des Dardanelles. Jean de Bertier participa à cette deuxième expérience grandeur nature de la coordination militaire de la coalition franco-britannique.

1.2.1. Chef de la liaison française...

Début novembre 1914, l'Empire ottoman entra dans la guerre, aux côtés de l'Allemagne et de l'Autriche-Hongrie. Le front ouest était alors en cours de stabilisation. La guerre de mouvement s'était muée en une guerre de position ne permettant plus d'espérer une issue rapide. De plus, la nouvelle armée de volontaires levée par les Britanniques (*new army*, par distinction avec la *old army* précédemment évoquée) n'était pas suffisamment formée pour pouvoir lancer une offensive en France avant 1916 ou 1917. Ce fut ainsi que germa l'idée d'une action contre l'Empire ottoman. Il s'agissait de faire coup double : éliminer facilement un adversaire jugé faible et, par la prise de contrôle des détroits, établir une ligne de communication solide avec l'allié russe. Les partisans de cette stratégie, dite « périphérique », furent désignés sous le nom d'*easterners*, tandis que leurs adversaires, qui préféraient concentrer l'ensemble des moyens disponibles en France, devinrent les *westerners*[67]. Le débat divisait les chefs politiques et militaires britanniques. En janvier 1915, les *easterners*, menés par le premier Lord de l'amirauté Winston Churchill, s'imposèrent. En mars, une première attaque, uniquement navale, échoua. Un second assaut plus puissant fut planifié pour la fin avril. En plus de la marine, des forces terrestres devaient débarquer sur la péninsule de Gallipoli et marcher sur Constantinople. Un corps expéditionnaire fut donc rassemblé. Il comptait 100 000 hommes, dont 18 000 Français[68]. Britanniques et Français combattraient côte à côte. Une fois encore, une liaison serait nécessaire entre les deux commandements. Pour ce faire, Jean de Bertier fut « détaché auprès du général commandant les troupes anglaises aux Dardanelles, pour assurer la liaison entre cet officier général et le général commandant les troupes françaises opérant sur le même théâtre »[69].

Les raisons pour lesquelles Jean de Bertier fut nommé à ce poste n'ont pas pu être identifiées. Le seul indice décelé se trouve dans une lettre à son épouse : « le poste que je dois avoir est incomparablement plus important et plus intéressant que celui que je fais ici, moins dangereux aussi – ceci pour toi »[70]. Jean de Bertier prenait en effet la tête de la liaison. Il pouvait y voir une reconnaissance de son

---

67 BECKER, *L'Europe dans la Grande Guerre*, p. 77 et BOURNE, J. M., *Britain and the Great War 1914-1918*, London, Edward Arnold, 1991 [1989], p. 141-144.

68 BÉDARIDA, François, *Churchill*, Paris, Fayard, 1999, p. 137-143 et SCHIAVON, Max, *Le front d'Orient. Du désastre des Dardanelles à la victoire finale 1915-1918*, Paris, Tallandier, collection « Texto », 2016 [2014], p. 51.

69 ALG, Ordre de service du 24 mars 1915.

70 ALG, Lettre de Jean de Bertier à son épouse, sans date [mars 1915].

efficacité dans les Flandres… ou de son entregent. Il y avait fait la connaissance de Sir Ian Hamilton, nommé au commandement des troupes terrestres de l'expédition[71]. Ce dernier proposa-t-il le nom de Bertier pour prendre la tête de la liaison ? Il est impossible de trancher. Cette nouvelle affectation correspondit par ailleurs à sa promotion au grade de chef d'escadrons (commandant), en ce même mois de mars 1915. Y avait-il un lien entre les deux ? En nommant un commandant à la tête de la liaison, on pouvait ménager les susceptibilités britanniques. Par la même occasion, un grade plus élevé donnerait à Jean de Bertier une meilleure position dans les conversations avec des gradés britanniques toujours très attachés aux hiérarchies. Une autre hypothèse, plus simple et sans doute plus vraisemblable, est qu'il s'agissait d'un avancement normal par rapport à son ancienneté. À Jean de Bertier furent adjoints un sous-lieutenant (Pelliot), un interprète stagiaire (Laborde) ainsi que 6 hommes de troupe (4 ordonnances, 1 secrétaire, 1 cuisinier). Il réussit à s'adjoindre des connaissances comme ordonnances : Denys Chalmeton, le frère de Marie-Louise, puis Jean Mikcha, très apprécié par Jean de Bertier qui le fit arriver en juin 1915. La liaison comptait donc 9 membres, puis 10 après cette date[72].

Le transport des troupes françaises s'effectua au mois d'avril, vers Alexandrie. Un incident se produisit dans le port tunisien de Bizerte. Jean de Bertier le minimisa vis-à-vis de son épouse, parlant de « mésaventure militaire » sans conséquence. Il écopa en réalité de 15 jours d'arrêt. Il lui fut reproché d'avoir quitté le bord sans autorisation pour se rendre à Tunis, et, surtout, d'avoir retardé le départ du navire par son retour tardif[73]. Dans un autre document, Jean de Bertier se défendit, en dépeignant son accusateur sous de vilains traits :

> Si nous n'avons pas rencontré Calypso, nous avons eu le discutable avantage de tomber sous les coups de Polyphème, représenté par le préfet maritime de Bizerte, qui sait joindre à une parfaite indifférence pour son service l'abord le plus désagréable et menace constamment de punir le timide voyageur pour des fautes dont il est le seul responsable[74].

Jean de Bertier ne poussa pas la comparaison avec Ulysse jusqu'à son terme (ce qui lui eût fait tuer le préfet maritime !). Dans un passage suivant et moins anecdotique de la même lettre, Jean de Bertier confia ses interrogations quant aux buts et aux modalités de sa mission, et reprocha déjà aux Britanniques de

---

71 ALG, Lettre de Jean de Bertier à son épouse, 3 février 1915.

72 ALG, Ordre de service du 24 mars 1915 et Lettres de Jean de Bertier à son épouse, 6 mai et 23 juin 1915 et SHD, GR 16N 2901, Situation d'effectifs du corps expéditionnaire des Dardanelles au 16 novembre 1915. Le Laborde ici mentionné n'était pas Jean de Laborde, l'amant platonique de Marie-Louise.

73 ALG, Note de service du contre-amiral Nicol, 9 avril 1915, depuis Bizerte, et Lettre de Jean de Bertier à son épouse, 14 avril 1915, depuis Alexandrie.

74 SHD, GR 7N 2170, Lettre n° 1 de Jean de Bertier au colonel Hamelin, 15 avril 1915. La première partie de cet ouvrage (et notamment 1.2. L'argent et les passions : les chevaux et les femmes) suggère que Jean de Bertier ne fut pas ce « timide voyageur » et chercha peut-être à Tunis quelque rencontre galante…

le tenir insuffisamment informé : « que va-t-on faire ? C'est là ma préoccupation constante ». Les archives permettent justement de préciser les tâches quotidiennes de Jean de Bertier. Le premier défi fut de conserver les effectifs attribués à la liaison. Il fallait négocier avec le commandement français sur place, et renouveler ces pourparlers à chaque changement de chef : « le départ de ce pauvre d'Amade, remplacé par Gouraud que je ne connais pas, va me rendre bien plus difficiles toutes les négociations de ce genre »[75]. Tout cela révèle combien la liaison occupait une position fragile dans le dispositif franco-britannique. Plus généralement, la coopération franco-britannique n'était pas encore institutionnalisée en ce début d'année 1915[76]. Il fallait improviser sur le terrain, et Jean de Bertier en prit la responsabilité.

La deuxième activité de Jean de Bertier consista à se déplacer entre les différents états-majors et le front. Ce dernier barrait la péninsule de Gallipoli, mais l'état-major britannique s'était établi à Moudros, sur l'île de Lemnos, à environ 3 heures de mer[77]. Quant à Jean de Bertier et aux autres membres de la liaison, ils étaient au camp d'Imbros, une autre île grecque : « chaque jour, l'un de nous trois, ou deux, ou tous, nous allons en dragueur de mines à la péninsule passer la journée et voir comment cela marche »[78]. Tous ces déplacements furent notés par Jean de Bertier dans de petits carnets personnels couvrant la période juillet-décembre 1915. Il y indiquait qui l'accompagnait, qui il rencontrait. Son poste de chef de la liaison lui imposait de connaître le maximum d'officiers, de transmettre et traduire les messages des uns aux autres, sans que cela fût toujours archivé. Tous ces déplacements étaient donc une nécessité de service. Enfin, une troisième activité renseignée dans les archives correspond à la participation à des conférences. Il s'agissait de moments plus solennels, à l'occasion d'un changement de chef ou de la venue d'une personnalité extérieure sur le théâtre des opérations[79].

À travers ses déplacements, quasi quotidiens, et sa participation aux conférences, plus rares, Jean de Bertier put acquérir une vue d'ensemble de la situation militaire qui s'avéra vite préoccupante. Il avait émis des doutes avant même les premiers débarquements opérés le 25 avril :

> Tout cela me semble comporter une grande part d'aléa, et une plus grande part de chance, car ici comme en Flandre, le commandement anglais n'apprécie à leur juste valeur les défenses adverses qu'après s'être irrémédiablement heurté contre elles[80].

75 ALG, Lettre de Jean de Bertier à son épouse, 6 mai 1915. Gouraud ne prit son commandement que début juillet.
76 GREENHALGH, p. 36 : « *complete lack of political contact between London and Paris* ».
77 SCHIAVON, p. 58.
78 ALG, Lettre à son épouse, 3 juin 1915. Jean de Bertier mentionne ici les 3 officiers : Pelliot, Laborde et lui-même. Aux débuts de l'expédition, Jean de Bertier avait ses quartiers sur un navire britannique en rade de Moudros (Lettre à son épouse, 3 mai). Après le 17 octobre, il fut transféré d'Imbros à un nouveau camp, non identifié (Agendas).
79 ALG, Agendas de Jean de Bertier des 3e et 4e trimestres 1915 et, par exemple, Résumé de la conférence du 26 novembre 1915 (manuscrit de Jean de Bertier).
80 SHD, GR 7N 2170, Lettre n° 2 de Jean de Bertier au colonel Hamelin, 20 avril 1915.

Il voyait juste. Les Britanniques et les Français se heurtèrent à 80 000 défenseurs turcs efficacement commandés par un Allemand, Liman von Sanders. Il n'y eut ni surprise, ni succès. Il faut ajouter que la défense des côtes ottomanes avait été renforcée depuis la guerre italo-turque de 1912. Les forces turques avaient profité du retour d'expérience de ce précédent conflit pour mieux fortifier le détroit des Dardanelles[81]. Ainsi, les Alliés se retrouvèrent très vite bloqués sur une étroite bande de terre, au sud de la péninsule de Gallipoli[82]. Présentons quelques citations faisant ressortir les sentiments de Jean de Bertier au cours des mois suivants.

Tableau 16: Évolution des sentiments de Jean de Bertier quant à la situation militaire aux Dardanelles (mai-septembre 1915)[83].

Date	Extraits de ses lettres	Sentiments et contexte
13/5	« On a consacré 100 000 hommes à ce théâtre d'opérations pour occuper Constantinople et non pas pour tenir 2 400 m avec les Français, 3 200 m avec les Anglais. »	Déception : échec des premiers débarquements
25/6	« Une fois encore, les gouvernements se sont laissés entraîner à la politique des petits paquets, onéreuse, longue, et dont le résultat final est de prolonger la guerre. »	Désillusion : moyens insuffisants
19/7	« Après cela, c'est nous qui reprendrons l'offensive, en route pour Constantinople !!! »	Reprise d'espoir : nouveaux débarquements prévus
18/9	« En résumé, rien ne fait prévoir une solution, même éloignée, car le temps travaille plus pour nos ennemis que pour nous. »	Lucidité : échec du second débarquement, victoire improbable…
23/9	« Les Anglais et nous, nous avons de telles réserves, une telle volonté de vaincre que nous ne pouvons être battus. »	…mais défaite impossible.

Le débarquement opéré dans la baie de Suvla le 6 août ne permit pas de briser la ligne de défense turque. Aucune autre tentative n'étant possible, l'expédition se solda par un échec. Elle s'était transformée en guerre de tranchées. Les Alliés retrouvaient la situation bloquée du front occidental, dans de pires conditions, ainsi résumées par Max Schiavon : « les bombardements incessants, l'éloignement, l'absence de permissions, les courriers irrégulier, l'isolement, les maladies »[84]. Il fallut se résoudre à évacuer Gallipoli, avec de sombres pronostics. Jean de Bertier indique que les prévisions de pertes concernant les secteurs de Suvla et Anzac

---

81 ANDURAIN (d'), Julie, « Le désastre franco-britannique des Dardanelles », <orientxxi.info/l-orient-dans-la-guerre-1914-1918/le-desastre-franco-britannique-des-dardanelles,1272>.

82 SCHIAVON, p. 55 et 67.

83 ALG, Lettres de Jean de Bertier à son épouse, 19 juillet et 23 septembre 1915, SHD, GR 7N 2170, Lettres au colonel Hamelin n° 5 du 13 mai, n° 10 du 25 juin et n° 18 du 18 septembre 1915.

84 SCHIAVON, p. 81-82 et 89. Jean de Bertier n'évoque pas cette question des maladies, mais nous avons vu qu'il ne logeait pas sur la péninsule de Gallipoli, mais à Imbros.

(partie ouest de la péninsule) étaient de 50 % pour l'artillerie et de 33 % pour les troupes. Son statut de chef de la liaison fut très utile pour négocier les relèves entre Français et Britanniques, et il s'y consacra en parcourant le front[85]. L'évacuation s'acheva le 20 décembre sur Suvla et Anzac. Quant au secteur sud de la péninsule, autour du cap Hellès, il fut abandonné dans la nuit du 8 au 9 janvier 1916. Les pertes furent très limitées, ce qui fit que, paradoxalement, le rembarquement fut la seule réussite de l'expédition des Dardanelles[86]. Jean de Bertier annonça dès le 9 janvier son retour en France. Il monta deux jours plus tard à bord du cuirassé Suffren[87]. Son expérience de chef de liaison était terminée.

L'expédition fut sans conteste un échec. Reste à déterminer si Jean de Bertier, lui aussi, échoua dans sa mission. Il avait acquis une relative lucidité, grâce à sa position d'observateur et d'intermédiaire, au contact des uns et des autres. Réussit-il à l'employer et à influer sur les décisions prises dans un sens plus favorable aux armes alliées ? Jean de Bertier sut se faire apprécier des Britanniques :

> *The relations between the French and the British staffs, have, I feel* [?], *been of the happiest description ever since the campaign began, this, too, has been principally due to all your great tact, to the clever manner in which you have always understood both points of view and have made any misunderstandings or misconceptions between us impossible*[88].

« *Great tact* », « *clever manner* » : Jean de Bertier était fait pour la liaison, à ceci près que l'équilibre entre les deux camps était difficile à atteindre. Il nota le 26 juillet 1915 dans son carnet : « dissension avec Bailloud sur extension front français et projets ultérieurs. Il me reproche d'être devenu tout à fait anglais ! Ô Huguet ! »[89]. Nous avons déjà présenté ce dernier, auquel le même reproche avait été adressé. Pourtant, à la lecture des archives, Jean de Bertier ne défendit que peu souvent le point de vue britannique. Au contraire, ses jugements à son encontre étaient sévères, voire très sévères. Il reprenait d'ailleurs une antienne traditionnelle, reprochant aux commandants britanniques d'être trop éloignés de leurs hommes au combat, et d'être beaucoup trop lents, dans la décision comme dans l'exécution[90]. De plus, Jean de Bertier s'attela à diffuser et faire adopter le point de vue tricolore.

85 SHD, GR 7N 2170, Lettres n° 25 et 26 de Jean de Bertier au colonel Hamelin, 11 et 21 décembre 1915.

86 SHD, GR 16N 2901, Télégramme chiffré de Brulard [commandant français] du 9 janvier 1916 à 5:10, depuis Moudros et SCHIAVON, p. 109-110 et 112-113.

87 SHD, GR 7N 331, Télégrammes chiffrés reçus le 10 janvier 1916 à 23:00 et le 12 janvier 191[6] à 19:00 (respectivement envoyés de Moudros le 9 janvier à 10:30 et le 11 janvier à 22:35).

88 ALG, Lettre de Cecil F. Aspinall, capitaine anglais de l'état-major aux Dardanelles à Jean de Bertier, 10 janvier 1916 : « depuis les débuts de l'expédition, les relations entre les commandements britannique et français ont été des plus heureuses, et ceci principalement grâce à votre tact et à votre perception très fine des deux points de vue, qui ont rendu tout quiproquo entre nous impossible » (traduction de l'auteur). Deux lettres de Birdwood (commandant les Australiens et Néo-Zélandais – Anzacs) vont dans le même sens.

89 ALG, Agenda de Jean de Bertier du 3ᵉ trimestre 1915, Journée du 26 juillet.

90 SHD, GR 7N 2170, Lettre n° 20 de Jean de Bertier au colonel Hamelin, 20 octobre 1915, et MOUGEL, François-Charles, *Une histoire du Royaume-Uni de 1900 à nos jours*, Paris, Perrin, 2014, p. 114-115.

À plusieurs reprises, il se fit le porte-parole des commandants français successifs (Amade, puis Gouraud en juin, puis Bailloud, et enfin Brulard)[91]. Il appuya notamment la contre-proposition française au projet de débarquement à Suvla. Gouraud plaidait en faveur d'une action sur la côte asiatique du détroit des Dardanelles, « cette thèse que j'étais chargé de faire prévaloir »[92]. Si le projet ne fut pas retenu par Hamilton, ce ne fut sans doute pas la faute de Jean de Bertier. Un débarquement sur la rive asiatique présentait de gros risques et, de toute façon, ne reçut aucun soutien de Paris. Joffre, à l'instar des *westerners* britanniques, ne souhaitait pas disperser ses forces en allouant des moyens supplémentaires à Gouraud puis à Bailloud[93]. Français et Britanniques n'étaient pas toujours d'accord sur les opérations à mener. Les Britanniques avaient cependant le dernier mot, car les troupes françaises leur étaient subordonnées[94]. L'échec de l'expédition favorisa les rancœurs. Gouraud avoua son incompréhension, Jean de Bertier lui-même se plaignit d'une « doctrine de méfiance » qui faisait que les commandants britanniques communiquaient peu et mal avec leurs homologues français[95]. Citons pour terminer deux jugements négatifs sur les Britanniques, à 6 mois d'intervalle.

Date	Auteur	Citation[96]
4 juillet 1915	Nieger	« Les Anglais nous ont bien entendu donné la part la plus difficile, la plus exposée. À l'aile gauche, ils ont un beau terrain, ils ont des facilités de débarquement et ils ne marchent pas. Ce n'est pas que la progression soit très facile mais elle est possible. Ces messieurs jouent au football. De notre côté, ravins, crevasses, ouvrages très forts du fait du terrain, organisés à l'allemande et nous nous usons ».
11 décembre 1915	Bertier	« L'ordre de rembarquer [...] a enfin été donné hier soir, après 6 semaines d'hésitations et de stériles discussions, dont l'écho se retrouve dans les journaux du monde entier. La décision [...] nous amène à exécuter le plus difficile mouvement en face d'un ennemi averti, puis à laisser une fraction de troupes à Hellès, dans une situation réellement intenable. »

91 Par exemple, pour Brulard : SHD, GR 7N 2170, Lettres n° 24 et 25 de Jean de Bertier au colonel Hamelin, 1er et 11 décembre 1915 : « je défends ici à chaque heure [les avis de Brulard] contre les objections plus ou moins solides qu'ils soulèvent ».

92 SHD, GR 7N 2170, Lettre n° 11 de Jean de Bertier au colonel Hamelin, 1er juillet 1915. Le général Gouraud fut grièvement blessé la veille et évacué vers la France. Le général Bailloud lui succéda.

93 SHD, GR 7N 2170, Lettre n° 17 de Jean de Bertier au colonel Hamelin, 10 août 1915 et SCHIAVON, p. 78-79.

94 GREENHALGH, p. 26-27.

95 SHD, GR 7N 2170, Lettre de Gouraud, 29 juillet 1915 et Lettre n° 15 de Jean de Bertier au colonel Hamelin, 29 juillet 1915. Hamelin avait fourni les lettres de Jean de Bertier à Gouraud, ainsi tenu au courant des évolutions.

96 SHD, GR 7N 2169, Lettre de Nieger, 4 juillet 1915 et GR 7N 2170, Lettre n° 25 de Jean de Bertier au colonel Hamelin, 11 décembre 1915. Selon Gouraud, l'un des seuls régiments en lesquels il avait confiance était celui commandé par Nieger.

Bien que qualifié d'« anglais » par Bailloud, Jean de Bertier critiquait lui aussi les décisions du commandement britannique. Une fois encore, la coopération franco-britannique fonctionnait mal, ou ne fonctionnait pas. Max Schiavon y voit d'ailleurs l'une des raisons du relatif oubli dans lequel sont tombées les opérations en Orient[97]. Le manque de confiance persistant entre les deux alliés explique aussi pourquoi Jean de Bertier, en plus de son rôle d'officiel de liaison, effectua un travail officieux de renseignement.

1.2.2. ... Et officier de renseignement

Dès mars 1913, Jean de Bertier fut détaché au 2e bureau de l'état-major, c'est-à-dire au service central du renseignement français (voir tableau 7). Quelques mois plus tard, son affectation comme attaché militaire à Washington confirma cette orientation vers le milieu du renseignement. Les ambassadeurs et leurs adjoints collectaient en effet toutes sortes d'informations sur le pays qui les accueillait. Ces informations, d'abord brutes, étaient ensuite analysées puis structurées en des rapports envoyés à Paris, constituant un renseignement utilisable par les chefs politiques et militaires[98]. Jean de Bertier disposait d'ailleurs des qualités recherchées pour ces missions, à savoir la discrétion, la culture et la maîtrise des langues étrangères[99].

On distingue traditionnellement le renseignement humain, réalisé sur le terrain (observations en tous genres, interrogatoires de prisonniers) du renseignement technique, davantage effectué dans les bureaux (décryptage des messages échangés par l'ennemi)[100]. Les activités de Jean de Bertier relevaient de la première catégorie. Souvenons-nous qu'il procéda à l'interrogatoire d'un prisonnier allemand dans les Flandres. Son rôle d'officier de renseignement s'accrut considérablement à l'occasion de l'expédition des Dardanelles. Jean de Bertier devint les yeux et les oreilles du GQG sur place. La preuve en sont les 29 longues lettres qu'il adressa au 2e bureau, et plus précisément au colonel Hamelin. Ces pièces, très riches en informations, constituent la source principale d'Elizabeth Greenhalgh et de Frédéric Guelton dans leur étude des soldats australiens aux Dardanelles. Elles sont ici mobilisées dans une autre perspective, celle de déterminer comment Jean de Bertier fit du renseignement, et sur quoi.

Remarquons d'emblée que plusieurs moyens traditionnels de communication étaient inopérants depuis les Dardanelles : la télégraphie, le téléphone, l'estafette à vélo et le pigeon voyageur ne pouvaient être d'aucune utilité à Jean de Bertier[101]. Il devait communiquer avec Hamelin par courrier, en contournant la voie

---

97 SCHIAVON, p. 14 : « ce front d'Orient révèle les tares de la guerre de coalition ».

98 FORCADE, Olivier et LAURENT, Sébastien, *Secrets d'État. Pouvoirs et renseignement dans le monde contemporain*, Paris, Armand Colin, 2005, p. 21-23 et 60-65.

99 BOURLET, Michaël, « Les officiers du 5e bureau en 1916 : Recrutements et profils », [*in*] FORCADE et VAÏSSE, p. 41.

100 LAHAIE, [*in*] FORCADE et VAÏSSE, p. 123-124.

101 COUDERC, Agathe, « Transmettre, chiffrer, écouter et intercepter sur le front français 1914-1918 », [*in*] FORCADE et VAÏSSE, p. 108.

hiérarchique. Il est très difficile de savoir précisément comment il y parvint, mais il n'hésita pas à solliciter son épouse : « je t'envoie un petit paquet destiné au colonel Hamelin, auquel il faudra le faire porter tel quel et de suite »[102].

Cette ligne de communication directe permit à Jean de Bertier une grande liberté d'expression, également vis-à-vis du commandement français : « l'état-major français montre, vis-à-vis du général Hamilton, une subordination complète peut-être trop absolue »[103]. Il veilla toutefois à toujours rester prudent, grâce à des formulations pleines de déférence, révélatrices de son tact :

> Bien qu'il soit délicat pour moi de peser les décisions des grands chefs, je vais tâcher de les étudier comme un thème tactique, me souvenant qu'à l'école de guerre, nous avons tous jugé Moltke et Napoléon [10 août 1915].

> Je note ceci seulement à titre de réflexion, puisqu'on n'a pas voulu jusqu'ici attaquer Smyrne et s'y installer [18 septembre 1915][104].

En plus des lettres adressées à Hamelin, Jean de Bertier communiqua par télégrammes avec le ministère de la Guerre et le GQG. Il reçut des instructions afin de chiffrer ses messages[105]. La Première Guerre mondiale fut le moment de la généralisation de la cryptographie. Les chiffres mis en place, souvent cassés par l'ennemi, suscitèrent le développement du renseignement technique[106].

Les lettres adressées par Jean de Bertier à Hamelin contiennent des informations multiples : récit des opérations, avis sur le commandement, traduction de renseignements obtenus par les Britanniques, renseignements provenant d'autres sources. Les informations collectées portaient principalement sur les forces turques et la situation interne de l'Empire ottoman. Se posait bien entendu la question de leur fiabilité. Les rapports de Jean de Bertier révèlent toutes ces incertitudes, en accord avec l'ambiance générale de l'expédition.

Date	Extraits des lettres de Jean de Bertier	Contexte
8/7/1915	« L'on signale des assassinats d'officiers allemands »	Encore un espoir de victoire
6/11/1915	« Les gaz asphyxiants que préparent, dit-on, à Constantinople, 50 chimistes allemands »	Front figé. Perspective d'une évacuation dangereuse

102 ALG, Lettre de Jean de Bertier à son épouse, 20 avril 1915 et GREENHALGH, Elizabeth, and colonel GUELTON, Frédéric, « The French on Gallipoli and observations on Australian and British forces during the August offensive », [*in*] EKINS, Ashley (dir.), *Gallipoli. A ridge too far*, 2013, p. 223.

103 SHD, GR 7N 2170, Lettre n° 3 de Jean de Bertier au colonel Hamelin, 29 avril 1915.

104 SHD, GR 7N 2170, Lettres n° 17 et 18 de Jean de Bertier au colonel Hamelin, 10 août et 18 septembre 1915.

105 ALG, Télégrammes chiffrés n° 529/G, 9 décembre 1915 et n° 632/G, 2 janvier 1916 : « tous vos télégrammes destinés au ministre et au commandant en chef seront adressés à "Jogal Paris" ».

106 FORCADE, Olivier, « Le renseignement français pendant la Première Guerre mondiale », [*in*] FORCADE et VAÏSSE, p. 32-34.

Jean de Bertier justifia à plusieurs reprises la transmission de certaines informations, ne sachant ni ce que le GQG savait déjà, ni quelle utilité un élément donné pouvait avoir pour Paris[107]. Il resta également très attentif aux questions diplomatiques. Il écrivit ainsi, contre l'avis de l'attaché militaire français à Athènes, qui pensait que la Grèce resterait neutre : « je ne partage pas entièrement sa façon de voir, grâce à mes renseignements personnels »[108]. Quelles étaient donc ces réseaux utilisés par Jean de Bertier ? Le monde du renseignement, par définition, se laisse difficilement dévoiler. Officiellement, le 2e bureau ne comptait que 67 membres en janvier 1916. En réalité, l'exemple de Jean de Bertier prouve que bien davantage de gens travaillaient pour lui[109]. La méfiance entre Alliés fit que l'on demanda à Jean de Bertier d'effectuer un travail de renseignement vis-à-vis des Britanniques eux-mêmes.

Tableau 17 : Types de renseignements collectés par Jean de Bertier sur l'allié britannique.

Domaine	Extraits des lettres de Jean de Bertier
Matériel	Informations sur des chalands de débarquement employés le 6 août à Suvla, avec croquis joints : « Bien que n'ayant aucune connaissance technique et dessinant mal, [...] j'espère que ces croquis vous donneront une idée, même vague, de ces engins ; ils répondent assez bien à vos *desiderata* exprimés au mois de mars, alors que vous cherchiez des moyens de débarquement » (Lettre n° 17, 18 août 1915)[110]. 2,5 pages d'informations sur un nouveau dirigeable, *submarinespotter*, pour la lutte anti sous-marine (Lettre n° 18, 18 septembre 1915).
Commandement	« Je réunis pour le moment les ordres donnés pour établir une série complète depuis ceux de l'armée jusqu'à ceux d'un bataillon ; dès que la collection sera achevée, sans négliger les instructions à la flotte, j'aurai l'honneur de vous adresser l'ensemble de ces documents, qui constituent d'intéressantes archives sur les méthodes et les procédés de nos alliés » (Lettre n° 26, 21 décembre 1915).
Autres	Informations plus épisodiques sur les options stratégiques du commandement britannique, et sur la personnalité des chefs.

Jean de Bertier collectait donc des informations tous azimuts. Cette activité ne risquait-elle pas de le mettre en porte-à-faux par rapport au commandement britannique, qui pouvait se sentir trahi d'être ainsi espionné ? Les renseignements transmis n'étaient pas réellement *secrets*. Ils pouvaient être assimilés à des

107 SHD, GR 7N 2170, Lettre n° 22 de Jean de Bertier au colonel Hamelin, 6 novembre 1915.
108 SHD, GR 7N 2170, Lettre n° 9 de Jean de Bertier au colonel Hamelin, 12 juin 1915.
109 BOURLET, [*in*] FORCADE et VAÏSSE, p. 37-38.
110 Ces embarcations nouvellement développées furent dénommées *beetles*, « scarabées » (PORTE, Rémy, « La guerre contre l'empire ottoman », [*in*] WINTER, *Combats*, p. 335).

renseignements dits *ouverts*[111]. On ne pouvait guère empêcher l'officier de liaison français d'observer le matériel employé, dans le cadre d'une opération conjointe. Venons-en maintenant à la réception et à la portée des rapports transmis à Hamelin. Il semble qu'on en fut pleinement satisfait à Paris :

> Les [lettres] n° 2 et 3 notamment constituent de véritables rapports d'opérations, nets et précis, les seuls que nous ayons reçu jusqu'ici d'Orient au ministère. Ils sont marqués d'un cachet de franchise et de sincérité qui augmente encore leur valeur. J'ai pris la liberté de les faire lire au général Graziani qui joint ses remerciements aux miens et se félicite ainsi d'avoir des yeux aux Dardanelles par votre intermédiaire[112].

Les compliments furent réitérés dans les lettres suivantes, et Gouraud y joignit les siens[113]. Un siècle plus tard, les observations de Jean de Bertier peuvent tout autant être appréciées de l'historien. Elizabeth Greenhalgh et le colonel Guelton louent sa puissance d'écriture et sa franchise[114]. Les renseignements transmis par Jean de Bertier contribuèrent à réorienter – ou justifier – les options stratégiques du GQG. Furent préconisés le passage à la défensive et le retrait des troupes[115]. Hamelin alla encore plus loin, en écrivant dès le début de juillet au ministre de la Guerre :

> Le gouvernement français peut-il laisser plus longtemps au gouvernement britannique et au commandement anglais le soin exclusif de la conduite des opérations ? [...] Cette collaboration, qui a été l'une des causes de notre insuccès, est à éviter à tout prix[116].

Ainsi, et de manière paradoxale, les renseignements collectés par Jean de Bertier furent utilisés pour mettre un terme à une coopération franco-britannique dont il devait lui-même favoriser le développement. Une fois encore, et après l'expérience de la mission dirigée par le colonel Huguet en 1914, la coalition franco-britannique fonctionnait mal.

1.2.3. Les multiples versions de la vie quotidienne

La vie quotidienne constitue un prisme permettant d'affiner les observations déjà faites. Jean de Bertier était officier de liaison et de renseignement. Ces deux activités lui imposaient de multiplier les contacts et les échanges, à toute heure, sans qu'on pût séparer *vie quotidienne* et *vie professionnelle*. Cette distinction et l'emploi même de ces deux termes peuvent paraître saugrenus. Dans le cadre des opérations, il n'existe plus qu'une *vie militaire*. C'est ici qu'apparaît une première

111 FORCADE et LAURENT, p. 60-61 et 64-65.
112 ALG, Lettre du colonel Hamelin à Jean de Bertier, 13 mai 1915. Graziani était chef d'état-major général.
113 ALG, Lettre du colonel Hamelin, 21 juillet 1915 et Lettre du général Gouraud, 8 septembre 1915.
114 GREENHALGH et GUELTON, p. 222.
115 SHD, GR 16N 2940, Note au sujet des Dardanelles par la section d'études de la Défense nationale, 31 août 1915.
116 SHD, GR 7N 2169, Note du colonel Hamelin pour Monsieur le Ministre au sujet de la situation aux Dardanelles, 8 juillet 1915.

spécificité de l'expédition des Dardanelles. Le front se situait sur la péninsule de Gallipoli. Bombardements permanents, pénuries d'eau potable, manque de bois pour se chauffer, absence de permissions, courrier irrégulier, sans parler des poux, cafards, mouches et moustiques constituaient le lot quotidien des combattants[117]. Bloqués sur la péninsule, dans les minuscules têtes de pont conquises par les Alliés, ils ne pouvaient pas récupérer. Jean de Bertier, au plus près de l'état-major britannique, fut logé dans de meilleures conditions, d'abord sur un navire britannique, en rade de Moudros, sur l'île grecque de Lemnos :

> [Le bâtiment du général anglais est un] magnifique paquebot destiné aux croisières de vacances […] J'ai une grande cabine avec un vrai lit dans le genre de la tienne sur le *Lusitania*.

> L'état-major français, à bord de *La Provence*, était moins bien loti : Ce pauvre bateau fait pitié avec son encombrement : il y a des chevaux partout, et on les accuse même d'avoir mangé les moulures du salon[118] !

Par la suite, Jean de Bertier accompagna l'état-major britannique à Ténédos, puis s'installa au camp d'Imbros, avant d'être transféré en octobre sur un nouvel emplacement que nous n'avons pu localiser[119]. Ainsi, pour lui, ainsi que les autres membres de la liaison française, il existait deux mondes : celui du camp, de la base arrière, et celui du front, où ils ne se rendaient qu'en journée, et pas toujours quotidiennement. Si les heures passées sur la péninsule étaient forcément militaires, les moments sur ces îles grecques servant de base arrière mêlaient obligations du métier et occupations toutes personnelles : écriture du courrier, promenades à cheval, lectures ainsi qu'un certain *farniente*[120]. Par exemple, deux des ordonnances de Jean de Bertier, dont Denys, le frère de Marie-Louise, « mènent une vraie vie de pacha, appellent Lafond ou Bécu même pour mettre de l'eau à chauffer et sont incapables de surveiller la cuisson de leur soupe »[121]. Ce fut seulement dans ce monde-là, celui des bases arrières, que l'image initiale d'une expédition sans danger put se confirmer. Jean de Bertier fut d'ailleurs sollicité pour appuyer certaines candidatures de ceux qui, pris de la « fièvre de Gallipoli » crurent « que les batailles à venir seront de faible ampleur, menées au soleil, dans des contrées méditerranéennes agréables, face à un adversaire de peu de valeur »[122].

---

117 ALG, Lettre du Prince de Galles à Jean de Bertier transmettant deux candidatures pour les Dardanelles, 1er mars 1915, Lettre de Jean [?], sous-lieutenant interprète à la 27e division anglaise, sans date et SCHIAVON, p. 81-82 et 89.

118 ALG, Lettre de Jean de Bertier à son épouse, 20 avril 1915.

119 ALG, Lettre de Jean de Bertier à son épouse, 14 mai 1915 et Agendas de Jean de Bertier, 3e et 4e trimestre 1915. Le gouvernement grec avait autorisé les Alliés à utiliser les îles de Lemnos, Ténédos et Mytilène (SCHIAVON, p. 48).

120 ALG, Lettres à son épouse et Agendas. On remarque ici l'utilité des sources privées, car les lettres envoyées à Hamelin ne contiennent que du contenu militaire voire politique et ne disent rien de la vie quotidienne.

121 ALG, Lettre de Jean de Bertier à son épouse, 28 juillet 1915.

122 ALG, Lettre du Prince de Galles à Jean de Bertier, transmettant deux candidatures pour les Dardanelles, 1er mars 1915, Lettre de Jean [?], sous-lieutenant à la 27e division anglaise, sans date, et SCHIAVON, p. 54.

Une difficulté des Dardanelles à laquelle Jean de Bertier ne put échapper fut le climat. John Keegan résume sa dureté pour les membres de l'expédition : « ils y demeurèrent le temps d'un été caniculaire, d'un automne clément et d'un hiver glacial précoce »[123]. Ces conditions étaient aggravées par le manque d'eau potable, les difficultés du ravitaillement et le caractère insalubre de ces contrées. Cela favorisa les épidémies et beaucoup de combattants furent fauchés par les maladies[124]. Jean de Bertier bénéficia du zèle de son épouse pour améliorer son quotidien et celui des membres de la mission. Leur correspondance régulière fut l'occasion de passer commande de nourriture et de boissons. Marie-Louise devait s'adresser au capitaine Brunet, à Marseille, pour que ce dernier envoie « chaque semaine 12 conserves de petits pois, pris chez Cassoutte, et 6 bouteilles de champagne ordinaire bon marché »[125]. Elle s'acquitta si bien de sa mission que la nourriture s'accumula et que Jean de Bertier s'écria : « fais donc cesser les Cassoutte !!!! »[126]. Précisons ici que le champagne continuait d'être produit, malgré la proximité entre le vignoble et le front, et que, si la consommation d'alcool était très courante à l'époque, « le vin n'est pas considéré comme un alcool, mais comme une "boisson hygiénique" et alimentaire »[127]. Jean de Bertier l'indiquait d'ailleurs parmi les remèdes utilisés pour soigner les membres de la mission : champagne, sels de Vichy, calomel, et huile de ricin[128].

Pour rassurer son épouse, Jean de Bertier ne lui avoua qu'une « légère colique », et seulement *a posteriori*. La lecture de ses carnets personnels révèle cependant qu'il ne fut pas épargné, et qu'il se trouva parfois pendant plusieurs jours d'affilée[129]. Jean de Bertier minimisait donc les difficultés, et Denys fut son complice dans cette dissimulation des réalités. Le tableau pittoresque qu'il dépeignit à sa sœur ne représentait qu'une seule face de la vie quotidienne, bien insouciante :

> Tout le monde se porte très bien. Jean surtout a une mine resplendissante (je ne te raconte pas de blagues) malgré ses explications difficultueuses avec sa tente. Lafond n'arrive pas à fixer cette dernière et environ trois fois par nuit Jean la reçoit sur la tête et tous les papiers précieux de la mission se baladent à travers le camp[130].

---

123 KEEGAN, p. 307.

124 ALG, Lettre à son épouse, 25 juillet 1915 et SHD, GR 7N 2170, Lettre n° 22, 6 novembre 1915 : du 27 octobre au 3 novembre : 470 blessés et 3 497 malades évacués dans les rangs britanniques (Anzacs compris).

125 ALG, Lettre de Jean de Bertier à son épouse, 19 juillet 1915.

126 ALG, Lettre de Jean de Bertier à son épouse, 26 octobre 1915. Jean de Bertier demanda de réduire les envois dès le 15 septembre : « il y a des monceaux de colis de chez Cassoutte, ce qui représente à manger pour 3 mois ».

127 LE BRAS, Stéphane, « Et le vin faillit devenir un alcool. Perceptions, représentations et pratiques autour du vin pendant la Première Guerre mondiale », [*in*] BONIN, Hubert (dir.), *Vins et alcools pendant la Première Guerre mondiale*, Féret, 2018, p. 41-44, et DESBOIS-THIBAULT, Claire, « Le champagne et la Grande Guerre. Des hommes et des femmes dans la tourmente », [*in*] *ibidem*, p. 102 et 116-117.

128 ALG, Lettres de Jean de Bertier à son épouse, 15 juillet, 25 septembre, 2 août et veillée de Noël 1915.

129 ALG, Lettres de Jean de Bertier à son épouse, 2 août, 15 juillet et 15 septembre 1915, et Agendas, Journées des 16 au 20 juillet et des 7, 10 et 11 octobre 1915.

130 ALG, Lettre de Denys Chalmeton à sa sœur Marie-Louise, sans date. Ce fut Denys qui souligna.

Une autre occasion de dissimulations plus complexes fut le voyage à Alexandrie de Jean de Bertier, accompagné par Denys, son beau-frère, et Jean Mikcha. Ils y séjournèrent du 16 août au 8 septembre. En prenant en compte les temps de transport, tous trois furent absents des Dardanelles du 12 août au 14 septembre, soit plus d'un mois[131]. Jean de Bertier indiqua succinctement la raison de ce déplacement au colonel Hamelin : « un commencement de dysenterie m'a obligé à entrer dans un hôpital anglais dont les bons soins m'ont entièrement remis »[132]. Il livra une autre version à son épouse, dans laquelle toute référence à une quelconque maladie avait été expurgée. L'arrivée à Alexandrie était présentée comme impromptue : « nous avons dû faire du charbon, ce qui nous a amenés ici [à Alexandrie] ». Surtout, il demandait à Marie-Louise de ne pas le rejoindre, en présentant son retour aux Dardanelles comme imminent[133]. Ce courrier fut daté du 23 août, or il ne rembarqua que le 8 septembre, soit deux semaines plus tard. Bref, les raisons de ce séjour égyptien paraissent obscures. Certes, Denys et lui consultèrent des médecins, mais uniquement les 18, 19 et 31 août :

> Le commandant de Bertier de Sauvigny évacué du GHQ du quartier britannique le 12 août 1915 pour entérocolite avec congestion du foie et rentré à l'hôpital auxiliaire n° 6 le 17 août 1915 à Alexandrie a été visité par moi le 31 août 1915 et a été reconnu guéri et apte à reprendre son service.[134]

Les hôpitaux installés à Moudros ne suffisaient pas à accueillir les blessés et les malades des Dardanelles. Plus de 100 000 transitèrent par Alexandrie et la moitié d'entre eux restèrent dans le grand port égyptien, qui compta jusqu'à 30 hôpitaux, comme l'explique Cécile Shaalan[135]. La lecture des carnets personnels de Jean de Bertier ne laisse toutefois pas l'impression de suivre un malade, mais plutôt un touriste. Il ne séjourna pas à l'hôpital auxiliaire n° 6. Au contraire, souvent accompagné de Denys, il mena une vie des plus mondaines, en fréquentant le *Sporting* et les palaces de la ville. Il s'adonna même au tourisme en compagnie de la princesse de Poix, l'une des figures de la haute société :

> Lueur magnifique. Une demi-heure de silence en face du sphinx. Calme, oubli du temps, fondu dans la lumière bleue, et les pyramides roses, le temple enseveli de Khéphren avec ses blocs énormes de granit rose. L'incident du porte-cigarettes de la princesse. Retrouvé[136].

Pourquoi donc avoir dissuadé Marie-Louise de le rejoindre ? Ici encore, l'agenda de Jean de Bertier lève le voile. Il profita de son séjour égyptien pour s'adonner

---

131 ALG, Agenda de Jean de Bertier du 3ᵉ trimestre 1915, Journées des 12 et 16 août, et des 8 et 14 septembre.

132 SHD, GR 7N 2170, Lettre n° 18 de Jean de Bertier au colonel Hamelin, 18 septembre 1915.

133 ALG, Lettre de Jean de Bertier à son épouse, depuis Alexandrie, 23 août 1915.

134 ALG, Lettre de Sabatier, médecin à l'hôpital Mansour Pacha, depuis Alexandrie, 31 août 1915.

135 SHAALAN, Cécile, « Alexandrie ville-hôpital », [*in*] EMPEREUR, Jean-Yves (dir.), *Alexandrie dans la Première Guerre mondiale*, Alexandrie, Centre d'études alexandrines, 2018, p. 288-289 et 301.

136 ALG, Agenda de Jean de Bertier du 3ᵉ trimestre 1915, Journée du 21 août. Jean de Bertier visita Le Caire et ses environs du 21 au 23 août, puis, du 2 au 6 septembre, Assouan et Louxor.

à son goût des plaisirs. La ville égyptienne, suffisamment grande, disposait d'une élite sociale dans laquelle Jean de Bertier aima se fondre[137]. En lisant ses carnets, on devine ses émotions, ses doutes, ses succès et ses déceptions. Donnons un seul exemple : « au Majestic, chambre 99. Compté les photos. Bonne soirée. Projets et promesses... Rentré minuit. Reproches de Denys »[138]. Encore une fois, le frère de Marie-Louise était le complice forcé des aventures de son beau-frère, qu'il ne put (ou ne voulut) pas relater à sa sœur.

L'escapade à Alexandrie fut l'occasion d'échapper au front, une nécessité pour tenir[139]. Il est intéressant de noter qu'elle lui fut proposée par le commandement britannique, et plus précisément par Breathwaite, l'adjoint de Hamilton. Le commandement français aux Dardanelles n'en fut pas informé :

Je reçois du général commandant en chef du Corps expéditionnaire d'Orient la dépêche suivante :

« Commandant de Bertier est parti d'Imbros il y a une quinzaine pour aller se reposer Moudros ou peut-être Algérie. Depuis lors aucune nouvelle. Faites connaître s'il est Alexandrie et dans l'affirmative, son état de santé. Signé : Bailloud »[140].

Quant au colonel Hamelin, nous avons vu que lui non plus n'avait pas été informé des réelles motivations de Jean de Bertier. Ce dernier ne s'était-il pas « arrangé » avec les Britanniques ? Ceux-ci ne pensèrent-ils pas ainsi « tenir » Jean de Bertier, et obtenir de lui des informations confidentielles ? Peut-être y avait-il eu d'autres accommodements par le passé, ce qui pourrait expliquer pourquoi Bailloud trouvait, dès la fin juillet, que Jean de Bertier était « devenu tout à fait anglais » ? En tout cas, Jean de Bertier jouait sur tous les tableaux, en se faisant apprécier des Britanniques, des Français ainsi que de l'état-major à Paris. Il remarqua d'ailleurs avec plaisir que Bailloud ne lui tint pas rigueur de son absence : « Girodon et Bailloud pas un reproche : décidément il faut abuser »[141].

En prenant la tête de la mission française auprès du commandement britannique, Jean de Bertier avait obtenu, comme il l'avait lui-même apprécié, un poste « incomparablement plus important et plus intéressant », d'autant plus que les troupes françaises étaient subordonnées aux décisions de Hamilton. Jean de Bertier occupa donc un rôle-clé, renforcé par la mission de renseignement qui lui avait été confiée. L'expédition des Dardanelles se révéla vite un fiasco militaire, mais Jean de

---

137 Alexandrie, « mégapole méditerranéenne » de plus de 300 000 habitants, était équipée d'un réseau de tramway, de gaz, d'électricité, et accueillait le siège du gouvernement en été (EMPEREUR, p. 12-13).

138 ALG, Agenda de Jean de Bertier du 3ᵉ trimestre 1915, Journée du 8 septembre 1915. Nous reviendrons plus en détail sur les maîtresses de Jean de Bertier à la fin de cette partie.

139 COCHET, *Survivre au front 1914-1918*, p. 197.

140 ALG, Lettre du colonel Descoins, commandant d'armes des troupes françaises d'Alexandrie, 31 août 1915 et Agenda de Jean de Bertier du 3ᵉ trimestre 1915, Journées des 26 et 27 juillet 1915.

141 ALG, Agenda de Jean de Bertier du 3ᵉ trimestre 1915, Journée du 15 septembre 1915 (lendemain de son retour). Girodon était l'adjoint de Bailloud, puis de Brulard.

Bertier n'en fut pour rien responsable. Lui-même avait donné entière satisfaction au GQG, qui lui confia une mission plus importante.

1.3. *Au* War Office, *à Londres (1916-avril 1917)*

1.3.1. *Au plus près des décideurs militaires*

Peu après son retour des Dardanelles, Jean de Bertier fut chargé d'« assurer la liaison entre le commandant en chef des armées françaises et l'état-major impérial britannique, à Londres ». Il était précisé que « cet officier relèvera de l'attaché militaire qu'il devra tenir *régulièrement* au courant »[142]. L'adverbe « régulièrement » fut ajouté à la main au texte initial. Cela révèle les incertitudes liées à cette nouvelle fonction. Théoriquement, Jean de Bertier était donc subordonné au colonel de La Panouse, attaché militaire. En réalité, il rendrait compte directement à Joffre, en court-circuitant son supérieur. Rappelons que la liaison entre Français et Britanniques se faisait traditionnellement soit par l'ambassade et l'attaché militaire, soit par les missions envoyées auprès des commandants en chef sur le terrain. Le poste créé pour Jean de Bertier instaurait un troisième canal de liaison, dans le but d'améliorer la coopération franco-britannique. Cette dernière avait jusqu'alors surtout révélé ses dysfonctionnements, dans les Flandres, ainsi qu'aux Dardanelles. Le deuxième semestre de l'année 1915 vit une multiplication des conférences entre les Alliés. La plus importante se déroula à Chantilly en décembre 1915. Français, Britanniques, Russes, Belges et Italiens insistèrent sur la nécessaire coordination de leurs efforts militaires. En particulier, Français et Britanniques projetèrent une offensive conjointe et décisive sur la Somme, pour l'été 1916[143].

Dans cette perspective, Jean de Bertier devait garantir une communication rapide et efficace entre les principaux décideurs militaires. Du côté français, son ordre de mission mentionnait le « commandant en chef des armées françaises », c'est-à-dire Joffre, et par extension le GQG, installé à Chantilly. À Paris, il subsistait, parallèlement, un état-major général, dirigé par le général Graziani, sous contrôle de Joffre. Ce dernier imposa également ses vues aux ministres successifs. Il concentra les pouvoirs militaires sur sa seule personne, en cumulant direction des opérations et direction de l'état-major. En revanche, du côté britannique, le pouvoir militaire restait éclaté entre trois instances. La conduite des opérations relevait des différents commandants sur le terrain (pour le BEF, French, puis Haig à partir de décembre 1915 ; pour l'expédition des Dardanelles, Hamilton). Chacun était accompagné d'une mission française assurant la liaison avec Joffre. À Londres, la direction générale de la guerre était assurée par un état-major et une administration militaire, regroupés dans le *War Office*. Ce dernier dépendait à la fois du ministre de la Guerre (*war secretary*) et du chef d'état-major imperial (*chief of the imperial general staff*, CIGS). Ce fut d'abord le ministre qui s'imposa. Il faut dire que Lord Kitchener disposait d'un prestige militaire incontesté. À partir de décembre 1915 cependant, le nouveau CIGS, Sir William Robertson, prit un rôle

---

142 ALG, Décision de Joffre du 28 janvier 1916.
143 GREENHALGH, p. 39 et BOURNE, p. 49.

croissant, encore accru par le décès de Kitchener en juin 1916[144]. Son successeur, lord Derby, ne faisait en effet pas le poids : « *a figurehead* [...] *who would do whatever the CIGS told him to* »[145]. Il était donc intéressant pour Joffre de disposer d'une liaison directe avec Robertson. Les deux commandants avaient des points communs. Ils étaient des *westerners*, prétendaient tout diriger, en veillant notamment à exclure les décideurs politiques des affaires militaires[146]. Pouvaient-ils accorder leurs vues, par l'entremise de Jean de Bertier ?

Le travail quotidien de Jean de Bertier à Londres peut être reconstitué grâce à l'analyse des archives du SHD et du château de Lagrange. On y trouve trois types de documents : la correspondance entre Joffre et Robertson, les télégrammes envoyés par Jean de Bertier au GQG, ainsi que d'autres informations et rapports transmis à Jean de Bertier, depuis la France. On retrouve les deux activités déjà exercées aux Dardanelles, la liaison (pour la correspondance) et le renseignement (essentiellement dans les télégrammes). Pour mener sa mission à bien, Jean de Bertier disposa d'un officier d'ordonnance (le lieutenant de Noailles) et d'un secrétaire (Sartiges) qui n'apparaissent qu'épisodiquement, et dont nous ne reparlerons plus[147]. En cas de besoin, il lui était possible de revenir à Paris, pour rendre compte directement au GQG[148].

Commençons par le rôle de liaison qui était la raison d'être de la nomination de Jean de Bertier au *War Office*. Par exemple, le 5 août 1916, le GQG adressa un télégramme que Jean de Bertier traduisit et transmit à Robertson, sans rien ajouter : Joffre y demandait 500 mitrailleuses Lewis pour les avions français. Des explications supplémentaires étaient parfois nécessaires. Dans de tels cas, Jean de Bertier allait au-delà de la simple traduction. Il veillait d'ailleurs à rapporter précisément ses conversations avec Robertson :

Je viens de rappeler au général Robertson que [...]

Je lui ai demandé s'il [...]

J'ai cru pouvoir alors lui dire qu'il ne me paraissait pas entrer dans vos intentions de retirer entièrement les troupes françaises du secteur d'attaque de la Somme ; cette assertion, que je lui ai dit n'être que l'effet d'une opinion personnelle m'a semblé le rassurer pleinement et faciliter ainsi les négociations qui pourront être conduites lors de la prochaine conférence[149].

144 MOUGEL, p. 114-116.
145 TAYLOR, p. 58 : « un simple exécutant, qui ferait tout ce que le CIGS lui demanderait » (traduction de l'auteur). Kitchener périt dans un naufrage, le navire devant le transporter en Russie ayant heurté une mine. Derby lui succéda en décembre 1916. Entre temps, Lloyd George tint les rênes du ministère.
146 TAYLOR, p. 48.
147 ALG, Lettres de Jean de Bertier à son épouse, 8 février et 27 mai 1916 et Brouillon d'une lettre de Jean de Bertier à Robertson(?), avril 1917.
148 ALG, Télégramme de Jean de Bertier n° 217 à 220, 8 septembre 1916 : « je me rends le plus tôt possible au GQG avec la note analysée ci-dessus ».
149 ALG, Télégrammes n° 407 à 410, 30 octobre 1916 – à mettre en relation avec les télégrammes n° 42M à 44M dans lesquels Joffre envisage « le moment où il sera nécessaire de réduire le front tenu par les troupes françaises et de demander en conséquence l'extension du front britannique ».

On retrouve ici l'importance du tact, indispensable au succès de toute mission de liaison. Jean de Bertier devait ainsi faciliter les échanges et éclairer le point de vue du partenaire... dans une certaine limite. L'exemple cité montre d'ailleurs tout l'intérêt de sa présence à Londres : il était toujours possible de masquer les intentions de Joffre derrière une prétendue « opinion personnelle ». Bref, la méfiance persistait, encore et toujours. Le GQG voulait en savoir plus sur les Britanniques, leurs capacités comme leurs intentions. Il avait donc besoin de renseignement. Jean de Bertier avait démontré son savoir-faire en la matière, et son affectation à Londres visait à en tirer profit. Il transmit ainsi des informations à Chantilly à propos des effectifs, des munitions et de la situation politique.

Au moment de l'entrée en guerre, le Royaume-Uni ne disposait que d'une armée de métier réduite (*old army*). Sous l'impulsion de Kitchener, nommé ministre de la Guerre, un appel à l'engagement volontaire fut lancé. Des centaines de milliers d'hommes y répondirent. La *new army* ou *Kitchener's army* ainsi constituée fut d'abord formée puis, peu à peu, transférée en France, grossie par des contingents en provenance de l'empire britannique[150]. Jean de Bertier tint le GQG régulièrement informé du rythme des transferts. Il n'hésita pas à donner des conseils aux Britanniques, de manière à ce que les troupes les plus performantes fussent présentes au front, et non à l'arrière :

> J'ai attiré à plusieurs reprises l'attention du général Maurrice [adjoint de Robertson] sur les avantages considérables qu'il y aurait à remplacer sur les lignes d'étape, dans les ports de débarquement, etc... etc. des bataillons ayant une certaine valeur militaire par des unités plus médiocre[151].

Jean de Bertier produisit plusieurs rapports sur la question des effectifs. Il rédigea même des sortes de rapports d'inspection, suite à des visites d'unités en cours d'instruction. Il estima ainsi que la 62e division était apte au combat et pouvait être transférée dès le 1er avril 1916 en France. Jean de Bertier affirma que le chef et les officiers supérieurs de cette unité partageaient son point de vue. Toutefois, le maréchal French, à la tête de la *Home Defense* depuis décembre 1915, n'était pas de cet avis :

> Malheureusement, d'autres considérations, totalement étrangères à l'état de préparation de la 7e armée, semblent peser d'un grand poids dans l'esprit de Lord French, car, pour toute réponse, il s'est contenté de dire que la 62e division ne pouvait, au plus tôt, être envoyée en France avant la fin d'avril ; il a même fixé un délai beaucoup plus long dans une conversation avec notre attaché militaire [La Panouse][152].

Dans d'autres rapports, Jean de Bertier pointa le déficit en hommes, notamment le trop faible remplacement des pertes enregistrées au combat. Le GQG était très demandeur de chiffres, pour savoir quel était le niveau réel des effectifs

150 CHASSAIGNE, p. 131 et CLARKE, p. 73.
151 SHD, GR 16N 1906, Rapport de Jean de Bertier du 13 avril 1916 sur l'envoi en France de troupes britanniques.
152 *Ibidem*, Rapport de Jean de Bertier du 10 mars 1916 sur sa visite à la 62e division.

britanniques. On le remarque très bien à travers deux pièces tirées des archives de Lagrange. En réponse à un mémorandum de Joffre tablant sur 14 divisions supplémentaires britanniques et australiennes en France, Robertson fit transmettre le message suivant, par l'intermédiaire de Jean de Bertier :

> Il ne peut être question d'envoyer actuellement en France de nouvelles divisions [...].

> Vous pouvez compter que je continuerai comme par le passé à faire tous mes efforts pour accroître les forces britanniques sur le front occidental ; mais le mémorandum donnant une idée inexacte des ressources militaires de l'empire britannique, il m'a paru nécessaire d'attirer sur ce point votre attention[153].

Joffre, sceptique, demanda à Jean de Bertier de nouveaux renseignements sur l'état des forces britanniques[154]. Depuis le déclenchement de la bataille de Verdun, en février 1916, la partie française pressait l'allié britannique d'envoyer des renforts, mais Robertson tergiversait, afin de réduire les pertes de l'armée britannique[155]. Les Alliés se comprenaient toujours aussi mal. Le GQG demanda aussi des renseignements sur le matériel britannique. La plupart des rapports envoyés par Jean de Bertier y sont relatifs.

Tableau 18: Rapports de Jean de Bertier relatifs aux munitions et à l'artillerie des troupes britanniques (juin-décembre 1916)[156].

Numéro	Date	Sujet du rapport
88	2/6	Situation de l'artillerie lourde anglaise en France *entre 708 et 744 pièces lourdes prévues pour le 25/6*
89	2/6	Envoi de munitions aux armées anglaises de la Méditerranée
90	2/6	Envoi de munitions aux troupes anglaises en France
92	2/6	Dépenses de munitions du 21 mai midi au 28 mai midi
99	22/6	Situation de l'artillerie lourde anglaise en France
101	10/7	État des munitions de l'armée anglaise en France
108	8/8	Consommation de munitions par l'artillerie anglaise en France du 24 juin au 6 août
109	8/8	Disponibilités en munitions de l'artillerie anglaise en France
115	10/8	Munitions d'artillerie en France
117	13/8	Artillerie anglaise en France
119	14/8	Envoi de munitions en France du 31 juillet au 5 août
125	31/8	Envoi de munitions pour l'armée anglaise en France

(Suite)

---

153 ALG, Lettre de Robertson à Joffre, sans date, en réponse au mémorandum n° 16844 de Joffre du 20 août 1916. Il s'agit d'un brouillon écrit par Noailles ou Sartiges (?), avec des corrections de Jean de Bertier.

154 ALG, Télégramme de Joffre à Jean de Bertier, 4 octobre 1916.

155 GREENHALGH, p. 97.

156 SHD, GR 16N 1906.

Tableau 18: (Suite)

Numéro	Date	Sujet du rapport
129	?	Artillerie lourde anglaise en France *958 pièces lourdes au 8/9 et 1054 avant le 15/10*
130	19/9	Organisation de l'artillerie lourde anglaise en France
137	23/10	Envoi d'artillerie lourde aux armées anglaises en France
138	25/10	Envoi de munitions aux armées anglaises en France
150	23/11	Artillerie anglaise
156	19/12	Artillerie lourde en France *1 226 pièces lourdes au 20 décembre*

La lecture du tableau montre que le GQG se préoccupait surtout de l'artillerie. Malgré la politique volontariste de Lloyd George, nommé ministre des Munitions en avril 1915, l'approvisionnement en obus se révéla toujours insuffisant[157]. Jean de Bertier fournit l'exemple des obus de 9,2 pouces[158]. L'état-major avait prévu une consommation de 11 000 unités par semaine. Lloyd George et son ministère en firent produire 12 à 14 000, mais la consommation atteignit 45 000 coups par semaine pendant la bataille de la Somme, à partir de juillet 1916[159]. Ces problèmes de production concernaient tous les belligérants. La place primordiale prise par l'artillerie dans le système-tranchée avait été totalement imprévue. Remarquons toutefois que, malgré les critiques, insuffisances et méfiances, le nombre de canons lourds britanniques ne cessa d'augmenter. Il fut presque doublé entre juin et décembre 1916, prouvat un réel effort de guerre britannique[160].

Le renseignement fourni par Jean de Bertier concernait aussi la politique britannique. Il relata régulièrement le fond et la forme des débats :

> Dans un discours hier à la Chambre de communes, Winston Churchill a déclaré que la moitié seulement des forces armées anglaises est hors d'Angleterre ; de cette moitié, les troupes combattantes atteignent seulement 50 % et 37 % supportent réellement les pertes, de sorte que sur six rationnaires, un seul combat sur la ligne de feu. [...]

> Le gouvernement n'a pas opposé d'autres chiffres à ceux ci-dessus et a déclaré impossible de réduire les forces maintenues en Angleterre dans la crainte d'un débarquement[161].

Ces renseignements sur la situation politique sont intéressants à deux titres. D'une part, ils révèlent que les Britanniques, dans une ambiance d'incertitude,

---

157 TAYLOR, p. 34-35.

158 Cela correspond à un calibre de 234 mm. Il s'agit donc d'artillerie lourde.

159 SHD, GR 16N 1906, Rapport de Jean de Bertier n° 101, 10 juillet 1916. Il y fait état de sa conversation avec l'un des collaborateurs de Lloyd George, Sir Arthur Lee, ancien sous-secrétaire d'État aux munitions.

160 Seules les pièces lourdes étaient capables de détruire les tranchées adverses (PRIOR, Robin, « Le front de l'ouest », [*in*] WINTER, *Combats*, p. 235).

161 SHD, GR 16N 1906, Télégramme chiffré de Jean de Bertier n° 48, 1er juin 1916, 20:10.

débattaient de la réalité de leur effort de guerre. Pour le GQG, il était utile de savoir quels acteurs de la scène politique étaient partisans d'un accroissement de l'effort, tel Churchill. D'autre part, cela amena Jean de Bertier à suivre de près l'actualité politique. Ce qui n'était peut-être pour lui pas une nouveauté apparaît ainsi pour la première fois dans les archives. Il rendit compte par de multiples télégrammes du renversement du gouvernement Asquith, au profit d'un nouveau ministère dirigé par Lloyd George en décembre 1916[162].

Un excellent résumé du travail fourni par Jean de Bertier à Londres nous est fourni par un document intitulé « Note sur la crise ministérielle » et daté du 20 avril 1916. Il est conservé au SHD sous forme dactylographiée, avec comme signature « le commandant de Bertier ». Le brouillon de cette pièce a pu être retrouvé dans les archives de Lagrange. C'est un manuscrit de Jean de Bertier, correspondant mot pour mot à la note envoyée au GQG. Il y explique la première tentative de Lloyd George pour faire tomber le gouvernement Asquith ; comment Lloyd George élabora une « combinaison ministérielle » et un programme centré sur l'accentuation de l'effort de guerre, avec la mise en place du service militaire obligatoire. Asquith réussit à déjouer la manœuvre en acceptant le principe du service obligatoire si les engagements volontaires ne suffisaient pas. Jean de Bertier commenta :

> Il [Asquith] s'engage à étendre le principe de l'obligation si ces mesures ne donnent pas un rendement minimum, qu'il ne détermine pas. Ainsi aucune mesure d'obligation n'est prise. [...]

> Les adversaires d'Asquith proclament leur peu de confiance dans ses promesses, en lui prêtant l'arrière-pensée de ne pas engager toutes ses forces dans la guerre actuelle, mais d'en réserver une partie pour peser d'un poids plus lourd au moment des négociations de paix. Il aurait, en effet, toujours considéré l'Allemagne comme l'alliée éventuelle de l'Angleterre, dont la Russie serait l'ennemie naturelle.[163]

L'exemplaire conservé à Vincennes porte la mention « vu par le général commandant en chef », et Joffre souligna une seule phrase du rapport « Ainsi aucune mesure d'obligation n'est prise ». Pour lui, l'information principale de ce rapport centré sur l'atmosphère politique était celle ayant trait aux deux grandes préoccupations militaires du commandement français : combien d'hommes ? Combien de munitions ? Le travail de Jean de Bertier lui permettait d'obtenir des réponses.

Un dernier type de document apparaît dans les papiers de Jean de Bertier. Il s'agit de rapports envoyés par Frédéric François-Marsal. À la demande de Joffre, François-Marsal avait rejoint le GQG et rédigeait des notes sur les questions économiques. Le but était d'empêcher les neutres de commercer avec l'Allemagne et ses alliés, pour renforcer les effets du blocus allié. Jean de Bertier fut tenu au courant de ces initiatives. Nous n'en dirons pas plus, car aucune de ses propres actions ne semble avoir concerné le domaine de la guerre économique, qu'Ali

---

162 ALG, Télégrammes de Jean de Bertier n° 512 à 515, n° 528 à 533 et n° 545-546, 4, 6 et 7 décembre 1916.

163 SHD, GR 16N 1906, Note sur la crise ministérielle, signé de Jean de Bertier, 20 avril 1916.

Laïdi juge alors encore balbutiant, du moins au niveau du personnel qui lui fut consacré[164].

Tout comme aux Dardanelles, la vie privée à Londres doit être étudiée, tant le monde du renseignement mêle mission officielle et domaine privé. Dès son arrivée, Jean de Bertier renoua avec une vie mondaine : « nous sommes déjà criblés d'invitations, car la mode est aux Français »[165]. Il fréquenta l'élite du pouvoir (*power elite*), ou, pour utiliser d'autres termes, la *upper class*, qui devint après la guerre l'*establishment*[166]. Il déjeuna chez lord Beresford, 1er Lord de l'Amirauté. Il dîna également chez le général Hamilton, qui avait commandé aux Dardanelles, à l'invitation de lady Cunard. Il fréquenta *lords* et *ladies*, fréquenta les théâtres, le *turf club*, etc.[167]. Le poids de l'aristocratie restait très fort au Royaume-Uni. Jean de Bertier, pourtant habitué aux usages du monde, en fut même surpris : « tu peux citer tout cela à Alice et à la famille qui m'ont toujours pris pour un sans-culottes !!! »[168]. Ce fut aussi l'occasion de nouvelles rencontres et d'amours devant rester dissimulées pour ne pas heurter les convenances. Une de ses maîtresses lui confia : « Quelle joie si je pouvais vous revoir. *I feel however there would be a terrible scandal! And the 4 English misses would be horrified! Especially as they are ugly!* »[169]. Jean de Bertier, suffisamment expérimenté, sut prendre ses précautions. En tout cas, sa mission et la vie à Londres lui plaisaient. Il pensa peut-être y rester pour le restant du conflit, puisqu'il chercha et trouva une maison où s'installer confortablement avec Marie-Louise. Il lui présenta les avantages de ce nouveau logement, « à 500 mètres de la gare d'Ascot et à une distance moindre d'une église catholique »[170]. La parfaite insertion de Jean de Bertier dans le monde londonien lui donna sans doute une grande sérénité, mais peut-être aussi un excès de confiance en lui, qui l'amena à prendre des positions risquées.

1.3.2. Les limites à ne pas dépasser

Son statut d'officier de liaison entre Joffre et Robertson plaçait Jean de Bertier au contact des plus importantes décisions militaires. Lui-même ne devait être qu'un agent de transmission. Tout au plus pouvait-il s'efforcer d'expliquer le point de vue du partenaire, également de manière dissimulée : nous avons vu comment,

164 LAÏDI, Ali, *Histoire mondiale de la guerre économique*, Paris, Perrin, 2016, p. 351 et 354-356.
165 ALG, Lettre de Jean de Bertier à son épouse, 8 février 1916.
166 BÉDARIDA, François, *La société anglaise du milieu du 19e siècle à nos jours*, Paris, Seuil, collection « Points histoire », 1990 [1976], p. 281.
167 ALG, Lettres de Jean de Bertier à son épouse, 17 et 18 février, ainsi que du 20 avril 1916.
168 ALG, Lettre de Jean de Bertier à son épouse, 18 février 1916 et GOUJON, *Du sang bleu dans les tranchées*, p. 249 et 334. Il s'agit sans doute d'Alice de Castéja, née Lannes de Montebello (1880-1971).
169 ALG, Lettre du 2 juillet 1917, adressée à Jean de Bertier, depuis Londres. Plusieurs lettres de la même correspondante datent du mois de juillet 1917, suite à la blessure de Jean de Bertier.
170 ALG, Lettre de Jean de Bertier à son épouse, 31 mai 1916. Cette maison était sise au 21, *Montpelier Square*. Le loyer était de 2 100 francs pour 12 semaines, et l'entretien était assuré par deux bonnes à 15 francs par semaine.

derrière de prétendues « opinions personnelles », il put soumettre certaines options de Joffre à l'avis de Robertson. Dans tous les cas, Jean de Bertier relayait des décisions auxquelles il ne devait pas prendre part. Cette position requérait une neutralité et un équilibre de tous les instants. Jean de Bertier s'en écarta à deux reprises.

La première alerte intervint début juillet 1916. Il fut rappelé à l'ordre par le GQG au moment de la bataille de la Somme. Cette opération avait été initialement pensée comme la grande attaque franco-britannique de l'année. Cependant, à partir de février 1916, l'offensive allemande sur Verdun contraignit les Français à réduire leur participation, si bien que les forces britanniques, positionnées au nord de la Somme, représentèrent les deux tiers des troupes engagées. Malgré une gigantesque préparation d'artillerie d'une semaine, l'attaque, commencée le 1er juillet 1916, fut un échec. En revanche, l'assaut mené par les Français au sud de la Somme avait, lui, mieux réussi[171]. Jean de Bertier s'entretint avec Robertson et transmit à Paris la proposition de ce dernier. Il s'agissait de modifier le plan initial de l'offensive et de transférer l'effort principal au sud de la Somme, où les forces françaises de Foch avaient gagné du terrain. La réponse du GQG fut cinglante, tant sur le fond que sur la forme :

Primo. [...] Le commandant de Bertier aurait dû ne pas se prêter à une conversation sur les opérations pour lesquelles il n'est ni qualifié ni compétent, n'ayant jamais de contact avec le 3e bureau nord-est. Si le commandant de Bertier n'avait pas de mission spéciale à ce sujet, je demande qu'il lui soit fait des observations sévères.

Secundo. Quant au fond même de la question, si nous nous laissons aller aux suggestions du général Robertson, nous allons transformer immédiatement une bataille commencée sur 40 kilomètres de front, par 2 Anglais pour 1 Français, en un combat sur 10 kilomètres, mené uniquement par l'armée française [...]. Ce serait, pour l'instant, un marché de dupes.[172]

Jean de Bertier, sèchement recadré, se soumit : « j'observerai la réserve absolue prescrite »[173]. Il n'avait pas le droit de s'immiscer dans le processus de décision. Surtout, il ne devait pas relayer, ni sembler appuyer, des propositions qui n'avaient pas l'aval du haut commandement. Sa capacité d'influence restait donc extrêmement restreinte. Ce fut le seul moment où Jean de Bertier se trouva en porte-à-faux avec le GQG. Il poursuivit son activité les mois suivants, sans doute avec une prudence accrue. Il n'avait pas été rappelé à l'ordre par Joffre lui-même, mais par le colonel Renouard. Il prit dès lors soin de rappeler, dès que nécessaire, qu'il respectait les consignes de ce dernier[174].

171 TAYLOR, p. 59-60 et LE NAOUR, Jean-Yves (dir.), article « Bataille de la Somme », [*in*] *Dictionnaire de la Grande Guerre*, Paris, Larousse, 2008, p. 116-119.
172 SHD, GR 16N 1906, Note signée Renouard, datée du 7 juillet 1916, à usage interne au GQG, en réponse au télégramme n° 4246/M de Jean de Bertier du même jour.
173 SHD, GR 16N 1906, Télégramme de Jean de Bertier n° 93, 8 juillet 1916.
174 ALG, Télégrammes de Jean de Bertier n° 574 à 579, 17 décembre 1916 : « [je] leur ai objecté les considérations que le colonel Renouard m'a exposées ». Jean de Bertier redevenait la voix du GQG.

Le problème, en réalité, était le même qu'aux Dardanelles. Jean de Bertier accomplissait efficacement sa mission, mais la coopération franco-britannique restait inefficace. L'échec de l'offensive sur la Somme le prouvait. Elizabeth Greenhalgh la qualifie ainsi : « *the Somme was not truly a joint battle. It would be more accurate to call it a 'joined' battle* »[175]. Français et Britanniques combattaient parallèlement, sans arriver à vaincre. Méfiance et incompréhension non seulement subsistaient, mais s'accroissaient, ainsi que le révèlent la proposition de Robertson et la réponse du GQG. La coalition franco-britannique affronta ainsi sa première crise[176]. Elle fut résolue par la décision de poursuivre l'attaque, qui avait aussi ses partisans côté britannique :

> Il eût été plus logique de suspendre l'opération et de procéder à une réévaluation de la situation. Il n'en fut rien. Les Français demandèrent aux Britanniques de continuer, afin de soulager la pression sur Verdun. Haig n'avait pas besoin d'incitation. La bataille devait continuer. Elle dura 5 mois[177].

Venons-en maintenant au deuxième épisode au cours duquel Jean de Bertier sembla outrepasser ses fonctions. Pour bien l'expliquer, présentons plus en détail la situation politique interne du Royaume-Uni. Lloyd George, ministre des Munitions depuis mai 1915, devint ministre de la Guerre début juillet 1916, en pleine offensive de la Somme. Il apporta son soutien à Haig jusqu'à la fin des opérations, en novembre. Le bilan était pourtant désastreux. Après le BEF, décimé dans les Flandres en 1914, « *Kitchener's army found its graveyard in the Somme* »[178]. Les Britanniques perdirent plus de 400 000 hommes, sans réussir à rompre le front. Le débat sur les responsabilités de l'échec allait durer des décennies, et nous n'y rentrerons pas[179]. Remarquons simplement que Lloyd George, devenu premier ministre en décembre 1916, résolut immédiatement de se défaire de Haig et Robertson. Contrairement à Asquith, le nouveau Premier ministre voulait imposer sa tutelle aux chefs militaires, qui, eux, s'estimaient les seuls compétents pour décider :

> *The chief of the imperial general staff, Sir William Robertson, was a man of few words. He would not or could not argue out the available options with Lloyd George, who reciprocated with instinctive distrust of him and Haig. Lloyd George plotted against Robertson and Haig.*[180]

Elizabeth Greenhalgh utilise les mêmes mots, conspiration (*conspiracy*) et complot (*plot*) pour rendre compte des manœuvres de Lloyd George[181]. L'affaire

---

175 GREENHALGH, p. 71 : « la Somme ne fut pas réellement une bataille conjointe. Il serait plus juste de parler de bataille "rejointe" » (traduction de l'auteur).

176 COCHET, *La Grande Guerre*, p. 279.

177 PRIOR, [*in*] WINTER, *Combats*, p. 236.

178 TAYLOR, p. 58 et 61-62.

179 Par exemple, Robin PRIOR insiste sur les multiples erreurs de Haig (p. 235-236 et 240-241), tandis que J. M. BOURNE prend davantage la défense de Haig, et surtout de Robertson, face à Lloyd George dont il pointe la partialité (p. 147-151 et 173-174).

180 CLARKE, p. 87 : « William Robertson, le chef d'état-major impérial, n'était pas volubile. Il ne voulait ou ne pouvait débattre de toutes les options disponibles avec Lloyd George, lequel, en retour, se méfiait instinctivement de lui, ainsi que de Haig. Lloyd George conspira contre Robertson et Haig » (traduction de l'auteur).

181 GREENHALGH, p. 140 : « *conspiracy or plot are the only words possible to describe the way* ».

commença par une conversation que ce dernier eut avec Jean de Bertier, pendant 2 heures, en présence de Maurice Hankey, secrétaire général du comité de guerre (*war committee*) britannique. Lloyd George affirma sa volonté d'amélioration réelle de la coopération franco-britannique. Jean de Bertier reproduisit ses propos, adressés au gouvernement et au haut commandement français :

> Je serai heureux de les voir exprimer très librement leur façon de penser, sur tous les sujets, car nous avons trop longtemps masqué nos opinions sous des formules courtoises qui ne devraient plus être de mise entre Alliés aussi intimement liés que nous le sommes[182].

Plus concrètement, Lloyd George proposa de placer les troupes britanniques en France sous la direction du nouveau commandant en chef français depuis décembre 1916, le général Nivelle. Haig, s'il s'y opposait, serait remplacé. On peut se demander quelles étaient les motivations profondes d'un homme politique aussi rusé que Lloyd George. Les plus sceptiques y voient sa volonté de limiter les pertes britanniques. Puisque l'offensive annoncée par Nivelle reposait essentiellement sur les forces françaises, Lloyd George l'appuyait[183]. D'autres auteurs expliquent bien plus prosaïquement son soutien au plan de Nivelle : « à ses yeux, sa principale qualité était qu'il n'était pas dirigé par Haig »[184]. Jean de Bertier ne put sans doute pas discerner toutes les pensées et arrière-pensées de Lloyd George. Pour lui, tout comme pour le gouvernement français et Nivelle, il fallait saisir l'occasion d'obtenir la subordination des forces britanniques, en vain réclamée depuis 1914. Les modalités pratiques du complot furent définies par Lloyd George et Jean de Bertier tint la partie française informée. Alan John Percival Taylor résume ainsi les événements :

> *On 19 February Lloyd George asked Nivelle, through a French military attaché in London* [Jean de Bertier], *to devise a directive, subordonating Haig to himself. On 24 February the war cabinet approved this directive, Robertson having been told that he need not attend as nothing important was to be discussed. On 26 February an Anglo-French conference was held at Calais, ostensibly to discuss railway transport in north France. Nivelle produced the directive, Lloyd George pretended to be surprised, and accepted it. Robertson threatened to resign. Haig appealed to the king. The directive was limited to the coming offensive […].*[185]

---

182 ALG, Note manuscrite de Jean de Bertier relatant son entrevue avec Lloyd George et Hankey, 16 février 1917.

183 COCHET, François, *Les Français en guerre de 1870 à nos jours*, Paris, Perrin, 2017, p. 310 et GREENHALGH, p. 133.

184 PRIOR, [*in*] WINTER, *Combats*, p. 240. TAYLOR écrit : « *he* [Lloyd George] *always had a curious faith in French generals, though none in British* » (p. 80).

185 TAYLOR, p. 80, note 1 : « Le 19 février, Lloyd George demanda à Nivelle, par l'intermédiaire d'un attaché militaire français à Londres [Jean de Bertier], de rédiger une directive faisant de Haig son subordonné. Cette dernière fut approuvée par le cabinet de guerre du 24 février, Robertson étant absent. Il lui avait été dit qu'aucun sujet important ne serait débattu. Le 26 février, une conférence franco-anglaise se tint à Calais, officiellement pour discuter des transports ferroviaires dans le nord de la France. Nivelle présenta la fameuse directive, Lloyd George fit semblant de la découvrir et donna son accord. Robertson menaça de démissionner. Haig fit appel au roi. La directive fut limitée à l'offensive à venir » (traduction de l'auteur). « *A French military attaché* » rappelle l'ambiguïté de la position de Jean de Bertier, officiellement subordonné à l'attaché militaire à Londres, La Panouse, mais en réalité sous les ordres directs du GQG.

La consultation des archives de Lagrange permet d'apporter quelques précisions. Le rôle de Jean de Bertier ne se limita pas aux premiers jours. Il continua à échanger régulièrement avec le GQG jusqu'au 7 mars. Calais fut un semi-échec pour Lloyd George. Haig et Robertson restèrent en place. Lloyd George n'insista plus lui-même, mais tenta peut-être de pousser les pions désormais trop engagés qu'étaient devenus Jean de Bertier, et même Nivelle. Ce dernier demanda à Jean de Bertier de continuer à soutenir l'idée de subordination de l'armée britannique en France au commandement français[186]. Nivelle espérait soit le remplacement de Haig par Gough, soit l'éclatement de l'armée britannique en deux groupes d'armées. Dans ce cas, le groupe d'armées des Flandres resterait en position défensive et celui sur l'Artois et la Somme tomberait sous son commandement :

> Toutefois, en raison des difficultés d'ordre moral qu'elle peut présenter pour le gouvernement anglais, je vous laisse le soin d'apprécier dans quelle mesure il conviendra, suivant les circonstances, de la soutenir.

> [...] Sans que vous soyez chargé d'aucune mission officielle pour appuyer la note du gouvernement français, je vous prie de soutenir le cas échéant les points de vue énoncés ci-dessus et de me tenir au courant des tendances et des impressions qui se manifesteront chez Monsieur Lloyd George, les autres membres du *War Committee* et l'état-major impérial[187].

Jean de Bertier apporta de mauvaises nouvelles à Nivelle. Lloyd George lui affirma que ni la solution à deux groupes d'armées, ni le remplacement de Haig n'étaient possibles[188]. Le complot avait échoué. Les raisons étaient multiples. Trop de personnes en avaient eu vent, et, surtout, Robertson et Haig bénéficiaient de nombreux soutiens : le roi, une partie des ministres, les titres influents de la presse et même Hankey[189]. C'était fâcheux pour Jean de Bertier. Depuis un an, il avait été un interlocuteur régulier de Robertson et, pourtant, il avait agi contre lui. Robertson découvrit la manœuvre dont il était la cible au cours de la conférence de Calais, à laquelle Jean de Bertier assista aussi[190]. Il put se sentir trahi, et ceci explique peut-être, malgré le silence des archives, pourquoi Jean de Bertier dut quitter le *War Office*. Il semblait difficile de maintenir à son poste un officier impliqué dans cette nouvelle et sérieuse crise franco-britannique. Elizabeth Greenhalgh suppose que l'expérimenté ambassadeur de France à Londres, Pierre Paul Cambon, demanda le rappel de Jean de Bertier à la fin mars[191].

Jean de Bertier avait-il outrepassé son rôle ? Après tout, il n'avait fait que transmettre les vues de Lloyd George puis suivre les instructions de Nivelle. Le ministre

---

186 GREENHALGH, p. 142-144 et 146.
187 ALG, Télégrammes n° 3 à 6 du GQG, 4 mars 1917.
188 ALG, Télégrammes de Jean de Bertier n° 151 à 155, 7 mars 1917 : « Réponse à télégrammes 3 à 6 du GQG ».
189 GREENHALGH, p. 136, 143-144 et 148 et CLARKE, p. 87.
190 SHD, GR 7N 1261, Note sur une conférence anglo-française tenue à l'hôtel Terminus à Calais les 26 et 27 février 1917. 15 personnes étaient présentes, dont Jean de Bertier.
191 GREENHALGH, p. 148 et161.

de la Guerre, Paul Painlevé, le remercia pour l'ensemble de son travail londonien : « je tiens à reconnaître le zèle, le dévouement et l'intelligence avec lesquels vous avez rempli la mission qui vous était confiée et à vous exprimer mes remerciements pour les services que vous avez rendus »[192]. Le problème était que, par son intermédiaire, le complot de Lloyd George ait été rendu possible. Indirectement, et presque malgré lui, Jean de Bertier avait donc pris position et abandonné la neutralité qui lui eût assuré plus de longévité à son poste. Il avait pris des risques, pensant servir son pays mais aussi la cause de la victoire. L'unité de commandement sur le front ouest fut finalement réalisée en 1918, au profit de Foch. Lloyd George réussit à remplacer Robertson par Wilson, mais Haig conserva le sien jusqu'à la fin des hostilités[193].

Le 7 avril 1917, Jean de Bertier remit tous ses documents au colonel de La Panouse, son supérieur hiérarchique à Londres, dont nous reparlerons[194]. Après avoir sans doute écrit une dernière lettre à Robertson, il partit pour la France le 9 avril. Ses deux collaborateurs, Noailles et Sartiges, devinrent membres de l'ambassade et tombèrent sous les ordres directs de La Panouse[195]. Le départ de Jean de Bertier marqua le terme de son engagement dans la liaison avec les Britanniques. Revenons sur ces trois années, pour une mise en perspective.

Conclusion : Jean de Bertier et la liaison franco-britannique

Il faut nuancer l'impression qui ressort des pages précédentes, à savoir la difficulté des Français et des Britanniques à coopérer efficacement, et la méfiance permanente des uns vis-à-vis des autres. L'essentiel était que la coalition perdurât, et ce fut le cas. Elizabeth Greenhalgh insiste sur le poids décisif de l'alliance franco-britannique à travers le titre de son ouvrage consacré à la question, *Victory through coalition*. Méfions-nous également d'un possible effet de source. Les dysfonctionnements font plus de bruit que les réussites. En conséquence, les archives offrent plus d'exemples de problèmes que de solutions, sans que ce soit forcément significatif. Essayons donc de faire le bilan des avancées et des échecs de la liaison franco-britannique, à travers l'exemple de Jean de Bertier.

Les services de liaison et les officiers qui y travaillaient n'avaient pas la tâche facile. À part aux Dardanelles, les armées britannique et française combattirent toujours de manière parallèle, et les commandants britanniques successifs en France gardèrent jalousement leur indépendance. Aucun organisme interallié de coordination n'existait et « *the lack of a formal inter-allied command structure was potentially a recipe for disaster* »[196]. Ceci était aggravé par d'autres complications, allant des désaccords stratégiques, jusqu'à des problèmes très concrets issus de l'utilisation d'unités de mesure différentes, ou concernant les heures auxquelles

---

192 ALG, Lettre du ministre de la Guerre, Paul Painlevé, à Jean de Bertier, 3 avril 1917.

193 TAYLOR, p. 99-100 et 102 et BOURNE, p. 150-151.

194 ALG, Procès-verbal de remise de service, 7 avril 1917.

195 ALG, Brouillon d'une lettre de Jean de Bertier à Robertson (?). Il remercia les membres de « *the imperial general staff, among which I count only friends* ».

196 GREENHALGH, p. 17.

attaquer etc.[197]. Les officiers de liaison se devaient de passer outre ces difficultés pour remplir leur mission. Trois handicaps leur compliquaient les choses. Tout d'abord, les effectifs attribués restèrent faibles. En 1914, la mission militaire française du colonel Huguet comptait moins de 100 membres pour assurer la liaison entre le GQG et le BEF. De même, aux Dardanelles, Jean de Bertier ne disposait que de deux officiers adjoints et il dut même batailler pour conserver cette équipe déjà réduite :

> Comme il n'y a que deux officiers anglais auprès du général français, Sir Ian Hamilton m'a dit le premier jour qu'il ne s'expliquait pas que nous soyons trois ; j'ai vu le moment où j'allais être obligé de me séparer de Laborde[198].

5 officiers de liaison étaient pourtant peu de choses face à l'ampleur des effectifs engagés (80 000 hommes débarquèrent en avril 1915) et devant l'importance d'une bonne coordination entre Français et Anglais pour le succès des opérations. Les faibles effectifs de la liaison n'empêchèrent pas les luttes d'influence, qui constituaient le deuxième obstacle à la bonne réalisation des missions. Jean de Bertier y fut confronté à Londres. Qui était cet « adversaire » dont il taisait le nom dans ses lettres à Marie-Louise ?

> 8 février 1916 : S.E. [Son Excellence, l'ambassadeur de France Pierre Paul Cambon ?] assez cassant, mais s'inclinant devant l'ukase ; mon adversaire plus affolé encore que d'habitude, se raccrochant à une prérogative que je n'ai pas voulu lui disputer : me présenter à lord Kitchener que j'ai promené encore il y a trois mois sur la péninsule [de Gallipoli] et Robertson auprès duquel je travaille. Tous deux lui ont ri au nez, en sorte que j'ai marqué un point.

> 17 février 1916 : Puisque c'est une guerre au couteau, je l'accepte et suis décidé à avoir la peau de celui qui se montre mon adversaire.

Il s'agissait de La Panouse, l'attaché militaire français à Londres. Il voyait sans doute la mission de Jean de Bertier comme un empiétement sur ses prérogatives. Il semble que les rapports entre les deux hommes s'améliorèrent, mais, force est de constater qu'après le départ de Jean de Bertier en avril 1917, son successeur, le colonel Falgade, fut placé sous le contrôle plus strict de La Panouse, qui imposa donc finalement sa prééminence[199]. Les officiers de liaison perdaient du temps dans ces luttes d'influence, mais aussi dans la vérification du travail de leurs collègues. Jean de Bertier fut sollicité à plusieurs reprises à propos de renseignements fournis par La Panouse et par Vallières[200]. Un dernier problème était le manque

197 BOURNE, p. 144 et GREENHALGH, p. 163-164 : « l'absence de structure officielle de commandement interallié pouvait, potentiellement, conduire droit à la catastrophe » (traduction de l'auteur).

198 ALG, Lettre de Jean de Bertier à son épouse, 28 mai 1915.

199 *Ibidem*, 8 mai 1916 et GREENHALGH, p. 161.

200 ALG, Lettre de Jean de Bertier à son épouse, 18 février 1916 et Télégrammes de Jean de Bertier n° 191, 28 août 1916 et n° 94 à 96, 14 février 1917. Vallières était le chef de la mission militaire française près l'armée britannique en France.

de transparence entre les deux Alliés, malgré les politesses et les déclarations de bonnes intentions. Les officiers de liaison haut placés comme Bertier se doublaient donc d'agents de renseignement qui devaient consacrer une partie de leur temps à vérifier des informations ouvertement transmises par le partenaire, mais peut-être non fiables. Ainsi le lieutenant-colonel Billotte demanda-t-il à Jean de Bertier de faire des vérifier les difficultés de transport mises en avant par les Britanniques pour l'acheminement de troupes vers Salonique :

> Je suis méfiant comme un vieux fantassin et je voudrais examiner sérieusement ces fameuses difficultés [...].Comme je vous le disais, je me méfie des chiffres tendancieux qui me seront fournis globalement ; je veux tout vérifier, posséder par conséquent tous les éléments du calcul [...]. Il faut que vous m'aidiez à réfuter les arguments anglais – s'il y a lieu – avec toutes pièces en main[201].

Les modalités de la coopération franco-britannique évoluèrent au cours de la guerre. Les débuts difficiles de 1914 entraînèrent une prise de conscience. Les conférences de la fin de 1915 planifièrent l'idée d'une offensive conjointe sur la Somme, mais sans succès. Quant au plan de Lloyd George de subordonner les forces britanniques au commandant en chef français, nous avons vu qu'il s'agissait d'une intrigue assez obscure et qui ne trouva pas de réalisation concrète. Seules les offensives allemandes du printemps 1918 obligèrent les chefs militaires britanniques à accepter la création du poste de commandant en chef des forces alliés[202]. Remarquons qu'il fut attribué à Foch, celui-là même qui avait réussi à coordonner les forces françaises, britanniques et belges lors de la première bataille d'Ypres en octobre-novembre 1914.

Dans ces conditions, et pour toute la période allant de l'été 1914 au printemps 1918, une bonne liaison était cruciale. Son développement fut d'abord favorisé du côté français, par Joffre. Ce fut ainsi que Jean de Bertier fut mandaté au *War Office*, Joffre voulant pouvoir communiquer directement avec Robertson, tout comme il le faisait déjà grâce à Huguet vis-à-vis de French puis Haig. Cependant, ces efforts français n'aboutirent pas, car Joffre utilisait la liaison comme relais pour imposer ses vues et son commandement[203]. Il remplaça donc Huguet, le trouvant trop pro-britannique, un reproche qui fut également adressé à Jean de Bertier par Bailloud aux Dardanelles. Avec les départs de Huguet fin 1915 et de Jean de Bertier en 1917, la liaison française perdit des hommes expérimentés. Leurs remplaçants respectifs, Vallières et Falgade, ne pouvaient rivaliser avec leurs prédécesseurs. Au final, le commandement français réclamait davantage de coopération sans s'en donner les moyens[204]. En revanche, les Britanniques réussirent à mettre

---

201 ALG, Lettre du lieutenant-colonel Billotte à Jean de Bertier, [sans date, fin mai 1916]. Ce fut Billotte qui souligna.
202 GREENHALGH, p. 42.
203 *Ibidem*, p. 40, 82 et 88.
204 GREENHALGH, p. 90-91, 99-100 et 161. Vallières était anglophobe et n'avait que peu d'intérêt pour sa mission. Quant à Falgade, son travail fut entravé par les ingérences de La Panouse.

en place un fonctionnement plus durable et efficace de leurs services. Ils créèrent une mission de liaison, dirigée par Spears, avec totale indépendance par rapport à l'attaché militaire. C'était, avec des pouvoirs renforcés, l'équivalent du poste de Jean de Bertier au *War Office*. Alors que Spears prit ses fonctions, Jean de Bertier perdit les siennes. Bref, la liaison britannique se développait, alors que la liaison française s'effritait.

Ces efforts des Britanniques pour développer leur service de liaison nous amènent naturellement à la question du poids de leur engagement dans le conflit : assurèrent-ils leur part du fardeau, ou bien cherchèrent-ils à économiser leurs forces, pour laisser les Français supporter l'essentiel du combat et des pertes ? Beaucoup de témoignages français déjà cités reprennent les préjugés classiques : les Britanniques se ménageaient, et, à l'offensive, montraient peu d'efficacité[205]. Ce sentiment de supériorité se retrouve jusque dans les écrits de Jean de Bertier :

> Rappelé brusquement, Sir Ian Hamilton est parti le 17 octobre, entraînant dans sa disgrâce le général Breathwaite ; habitués à n'envisager que de très faibles effectifs et des incidents insignifiants, ils n'étaient assurément pas préparés, ni l'un ni l'autre, à manier des masses considérables. [...] Tous deux, ainsi que leurs subordonnés, manquent d'acquit, de réflexion, de méthode et de puissance de travail. [...] Quand ils voient juste, ces chefs ne réussissent pas à monter une opération ou à donner un ordre clair et précis ; leurs intentions, obscurément conçues, péniblement élaborées, exprimées de façon confuse, se manifestent dans une instruction où les plus graves lacunes coudoient des prescriptions qui sont du rôle d'officiers subalternes.[206]

Jean de Bertier pointait surtout les lacunes du commandement, et que ses critiques étaient étayées[207]. Sans entrer longuement dans ce débat, précisons que la stratégie traditionnelle du Royaume-Uni était maritime ; envoyer un corps expédi-tionnaire sur le continent n'allait pas de soi[208]. La création par Kitchener de la *new army* dès août 1914 marqua un tournant. Elle permit le recrutement de masses de volontaires, ensuite formés. Début juillet 1916, les Britanniques alignaient ainsi 57 divisions, contre 95 pour les Français. Peu à peu, le poids relatif des forces britanniques augmenta[209]. Au total, le Royaume-Uni à lui seul fournit 22 % des combattants, et assura 40 % des dépenses de l'ensemble des Alliés :

> Ces chiffres montrent que les Britanniques jouèrent pleinement leur rôle, notamment sur le front de l'ouest. Cependant, l'absence de communications entre unités françaises et britanniques, conséquence à la fois de l'absence de commandement unique et de

---

205 Nous avons aussi vu que ces reproches étaient également formulés par des Britanniques eux-mêmes.

206 SHD, GR 7N 2170, Lettre n° 20 de Jean de Bertier au colonel Hamelin, 20 octobre 1915.

207 Au-delà des critiques contre French et Haig : CHASSAIGNE, p. 137, MOUGEL, p. 114-116 et TAYLOR, p. 62 : « *the colonels and ajutants, though incompetent for modern war* ».

208 BOURNE, p. 138 : « *resist French and Russian demands for increased military support, maintain the blockade*, [...], *conserve manpower, and wait* ».

209 TAYLOR, p. 58, GREENHALGH, p. 42.

l'étirement du front, explique que les Français aient eu par la suite le sentiment d'avoir supporté seuls le poids de la guerre. Il n'en était rien, mais la légende s'élabora, puis persista[210].

L'alliance franco-britannique ne trouva un fonctionnement efficace qu'à partir de l'unité de commandement réalisée au printemps 1918[211]. À ce moment, Jean de Bertier n'y était plus impliqué. Pendant presque 3 années, il avait cependant contribué à la faire exister, perdurer, et il avait tenté autant que possible de faciliter son fonctionnement. Tous ces accomplissements n'allaient pas de soi, tant mener une guerre de coalition fut de tous temps difficile[212].

2. Instruire les Américains, puis les suivre (1917-1919)

Jean de Bertier se préparait à quitter Londres lorsque le Congrès des États-Unis d'Amérique déclara la guerre à l'Allemagne (6 avril 1917). Jean de Bertier, ancien attaché militaire à Washington, connaissait bien les Américains. Il pourrait servir à la liaison avec ce nouvel allié. Cependant, les États-Unis étaient dans l'incapacité de fournir immédiatement des troupes. S'ouvrit d'abord un intermède de quelques mois, pendant lesquels Jean de Bertier rejoignit les troupes françaises combattant sur le front.

2.1. En attendant les Américains (avril-octobre 1917)

2.1.1. Un commandement sur le front

À la fin du mois d'avril 1917, Jean de Bertier fut affecté au 8e régiment de hussards, appartenant au 1er corps de cavalerie[213]. Il retrouvait le front, qu'il n'avait plus vu depuis son départ des Dardanelles, début janvier 1916. À première vue, son rappel de Londres et sa mutation sur le front pouvaient apparaître comme une sanction. Il semble en tout cas avoir bien accepté, sinon recherché, cette affectation sur le front. Le général Birdwood, qui avait commandé les Anzacs aux Dardanelles et connaissait Jean de Bertier lui écrivit : « *this is a line to tell you how sorry I am that you are leaving the War Office, though you yourself will I know be really pleased to be on active service again* »[214]. Deux autres indices nous sont donnés rétrospectivement. Suite à sa blessure de juin 1917, Jean de Bertier reçut une lettre d'une de

---

210 CHASSAIGNE, p. 136.
211 Vallières fut remplacé par le général Pierre de Laguiche, « *a suitable head* », la mission Spears était en place et les canaux de communication étaient désormais bien établis (GREENHALGH, p. 160-161).
212 GREENHALGH, p. 1-6.
213 ALG, Note de service du ministère de la Guerre, 27 avril 1917. Il n'obtint pas de commandement de régiment puisqu'il n'était que chef d'escadrons.
214 ALG, Lettre du général Birdwood à Jean de Bertier, 11 avril 1917 : « ces quelques mots pour vous dire combien je suis désolé que vous quittiez le *War Office*, même si, je le sais, vous serez heureux de retrouver le service actif » (traduction de l'auteur). Il espérait, lui et ses hommes, avoir l'occasion de le revoir : « *I know many of my Anzacs will look forward with pleasure to seeing you again* ».

ses maîtresses, et l'on comprend que son passage sur le front était aussi le moyen d'obtenir un avancement plus rapide :

> J'ai tout de suite pensé, tout aussi vite que vous j'en suis sûre, au 5ᵉ galon *and I was afraid you would be very disappointed and as I am very ambitious I am also disappointed for you*[215].

Le second indice nous est fourni par Jean de Bertier lui-même. À la fin de l'année 1917, il accepta de devenir instructeur « bien que regrettant un peu la troupe qui m'était confiée et les chefs bienveillants qui m'avaient promis de s'intéresser prochainement à ma carrière »[216]. Ces deux éléments nous prouvent que Jean de Bertier espérait une promotion. En avril 1917, il était encore chef d'escadrons, n'ayant gagné qu'un seul galon en 3 ans de conflit. La guerre et les pertes qu'elle infligeait permettaient des avancements rapides, mais uniquement pour les postes exposés au feu. Il ne faut donc pas interpréter le passage de Jean de Bertier du *War Office* au 8ᵉ régiment de hussards comme un « limogeage ». N'oublions pas non plus qu'il était de ces petits-fils d'optants pour lesquels le conflit avait pris la dimension d'une « guerre sainte ». Le front devait lui apparaître comme le lieu de l'engagement et de l'honneur, dans la plus pure lignée des valeurs familiales, nobiliaires et militaires[217].

Le 8ᵉ régiment de hussards était en position dans le secteur du Chemin des Dames. C'était là que Nivelle avait projeté l'offensive décisive dont il avait convaincu Lloyd George. Cependant, Jean de Bertier ne rejoignit le front que début mai[218]. À ce moment, l'offensive Nivelle avait déjà largement échoué à rompre le front[219]. Les combats avaient perdu de leur intensité mais le secteur restait actif et donc dangereux[220]. Lui qui était cavalier de formation fut chargé du « commandement [des] D.D. des cuirassiers à pied »[221]. Il se retrouvait donc à la tête d'escadrons « démontés ». Les premiers engagements de 1914 avaient révélé la vulnérabilité de la cavalerie, d'abord face à la puissance du feu ennemi, puis face aux solides défenses du système-tranchée. Les officiers et soldats des régiments de cavalerie furent donc progressivement versés dans l'infanterie mais aussi dans

---

215 ALG, Lettre d'une maîtresse à Jean de Bertier, 26 juillet 1917 : « … et je craignais que vous soyiez très déçu, et comme je suis très ambitieuse, je suis aussi déçue pour vous » (traduction de l'auteur). Sa blessure l'empêchant de retrouver le front, l'espoir de promotion fut compromis et il finit la guerre au grade de commandant.

216 SHD, GR 17N 82, Lettre de Jean de Bertier au colonel Koechlin-Schwartz, 15 octobre 1917, depuis Biarritz.

217 GOUJON, *Du sang bleu dans les tranchées*, p. 95-96, 115, 118, 382.

218 ALG, Note de service du ministère de la Guerre du 27 avril 1917. Complément manuscrit de Jean de Bertier, 30 avril 1917 sans doute le recopiage d'une décision officielle sur cet exemplaire destiné à lui-même. Jean Mikcha, un de ses anciens soldats des Dardanelles, lui fut adjoint comme ordonnance.

219 L'échec de Nivelle conforta Haig et Robertson dans leur opposition au commandement unifié (TAYLOR, p. 81).

220 COCHET, François, Courriel à l'auteur, 27 février 2021.

221 SHD, GR 17N 218, Fiche de renseignement sur Jean de Bertier. Il compléta lui-même ses états de service.

d'autres armes plus techniques, comme l'aviation et les chars[222]. Ce ne fut pas le cas de Jean de Bertier. Le 8ᵉ régiment de hussards demeurait un régiment de cavalerie, mais qui combattait à pied.

L'offensive Nivelle avait suscité les plus grands espoirs. Son échec fut l'une des causes des « mutineries » qui secouèrent l'armée française, essentiellement de mai à juillet 1917. Le terme de mutinerie, souvent associé à l'idée d'une révolte violente, caractérise mal ce qui fut davantage une « grève des tranchées » (Denis Rolland) ou des « refus d'obéissance » (Rémy Porte)[223]. Jean de Bertier y fut confronté, au moins à une reprise. Il géra un cas d'« insubordination », terme caractérisant un refus d'obéissance, sans pour autant impliquer une remise en cause de la hiérarchie ni une action violente. Une pièce nous apprend que Jean de Bertier demanda le transfert du fautif, le cavalier Poidevin, de la prison de Bléraucourt à celle du régiment, sans plus de détails[224]. La hiérarchie militaire réagit avec sévérité et multiplia les arrestations, mais les décideurs politiques incitèrent à la clémence. Sur les 60 à 90 000 soldats liés de près ou de loin à ces manifestations de désobéissance, seuls une vingtaine d'entre eux furent fusillés[225].

2.1.2. Blessure et convalescence

Bien que l'attaque française au Chemin des Dames eût été interrompue courant mai 1917, les combats se poursuivirent sporadiquement, et les échanges de tirs d'artillerie restèrent monnaie courante. Le 29 juin, « les contre-attaques allemandes se multiplient dans l'Aisne, au Chemin des Dames et dans la région de Verdun »[226]. Ce fut le jour où Jean de Bertier fut blessé. Un éclat de grenade lui causa une blessure pénétrante au thorax[227]. En tout, 3 millions de soldats français furent blessés au cours du conflit, et davantage par éclats d'obus (60 %) que par balles (34 %)[228]. Une grenade n'est ni un obus, ni une balle, mais ses effets, les fameux « éclats » la font sans doute rattacher à la première catégorie.

Il est difficile de savoir précisément comment Jean de Bertier fut secouru et soigné. Son agenda pour le troisième trimestre 1917 est vierge jusqu'à la date du 21 juillet, où il écrivit : « Noyon ambulance 1/86 ». Il y prit le train pour rejoindre Paris et l'hôtel Astoria, alors transformé en hôpital. Grâce à ces quelques indications, il est possible de reconstituer les étapes de sa prise en charge. Jean de Bertier fut, d'abord, nécessairement évacué vers un poste de secours puis,

222 COCHET et PORTE, *Histoire de l'armée française*, p. 71-72 et PORTE, Rémy, article « Cavalerie », [*in*] COCHET et PORTE, *Dictionnaire de la Grande Guerre*, p. 214.

223 COCHET, article « Mutineries », p. 741-742, et PORTE, article « Nivelle », p. 760, [*in*] COCHET et PORTE (dir.), *Dictionnaire de la Grande Guerre*.

224 ALG, Lettre de Jean de Bertier au colonel commandant son régiment, 27 juin 1917.

225 COCHET, article « Mutineries », [*in*] COCHET et PORTE (dir.), *Dictionnaire de la Grande Guerre*, p. 742-743.

226 PORTE, Rémy, *Chronologie commentée de la Première Guerre mondiale*, Paris, Perrin, 2011.

227 SHD, GR 17N 214, Dossier rempli par Jean de Bertier le 25 janvier 1918, à Langres.

228 CAZALS, Rémy, article « Blessure » [*in*] *Les mots de 14-18*, Toulouse, Presses universitaires du Mirail, 2003, p. 18.

de là, transféré dans un hôpital proche du front. Il y resta trois semaines. Ceci correspondait à la nouvelle organisation du service de santé français. En effet, au début de la guerre, les rapides évacuations vers l'arrière, dans des conditions très difficiles, avaient provoqué une hécatombe[229]. Jean de Bertier ne fut donc transporté vers l'arrière qu'une fois son état stabilisé. Quant à l'« ambulance », elle désignait une « unité dont la double mission est d'apporter les premiers soins aux blessés et de les évacuer vers les formations de l'arrière-front »[230]. Ce fut donc une de ces ambulances qui se chargea du transfert de Jean de Bertier à l'hôtel-hôpital Astoria. Il y séjourna du 22 juillet au 9 octobre. D'après son agenda, il fut opéré à 4 reprises, à la fin du mois de juillet et au début du mois d'août. Il avait déjà subi d'autres interventions chirurgicales auparavant puisqu'il nota, le jour de sa *première* opération à l'Astoria : « à 17 heures *nouvelle* opération [résection ?] grattage côtes, refendu incision »[231]. La blessure de Jean de Bertier était sévère et il échappa sans doute de près à la mort : « d'après ce que vous me dites vous avez vraiment eu de la chance »[232].

Après une dernière intervention le 11 août, Jean de Bertier commença une lente convalescence. Il fallait régulièrement changer son pansement. Ses premières sorties de l'hôtel-hôpital eurent lieu début septembre. Marie-Louise l'emmenait, avec leur fils Arnaud, faire une promenade en fiacre au bois de Boulogne. Le 1er octobre, il nota « guéri ?!! » et il quitta l'Astoria la semaine suivante. Deux mois de repos lui étaient prescrits, sans qu'un encadrement médical ne fût plus nécessaire. Après quelques jours passés dans son appartement parisien de l'avenue de l'Alma, Jean de Bertier ainsi que son épouse et leur fils Arnaud séjournèrent à Biarritz, au Carlton puis au Golf hôtel, jusqu'à la fin du mois de novembre[233].

Jean de Bertier était certes sauvé mais il ne pourrait plus retrouver sa forme antérieure. Dès lors, il avoua sa fatigue physique dans ses carnets personnels, comme lors de son premier déplacement à Langres en novembre : « À Langres. Funiculaire parti. Monté à pied. Long et dur »[234]. La blessure importante qu'il avait subie l'avait rendu plus fragile et plus dépendant de son entourage. Ici encore, la lecture de son agenda nous révèle qu'il reçut de très nombreuses visites, de la famille et des amis. Son épouse Marie-Louise ne fut-elle pas trop présente aux yeux de Jean de Bertier ? Au moment même où il subissait une nouvelle opération, elle fit d'amères découvertes :

229 COCHET, article « Blessés », [*in*] COCHET et PORTE, *Dictionnaire de la Grande Guerre*, p. 139.

230 PORTE, article « Ambulance », [*in*] COCHET et PORTE, *Dictionnaire de la Grande Guerre*, p. 41.

231 ALG, Agenda de Jean de Bertier pour le 2e semestre 1917, et notamment journées des 27, 29 juillet, 6 et 11 août. C'est nous qui soulignons.

232 ALG, Lettre d'une maîtresse à Jean de Bertier, 26 juillet 1917, depuis Londres.

233 ALG, Agenda de Jean de Bertier du 2e semestre 1917.

234 ALG, Agenda de Jean de Bertier du 2e semestre 1917. La gare est au pied de la ville de Langres, sise en hauteur.

27 FRIDAY
Astoria.
À 17 h nouvelle opération. [Résection ?], grattage côtes, refendu incision.
M. L. ouvre mon portefeuille ! [2 mots non déchiffrés] besoin expliquer
Alerte Zepp[elins]
28 SATURDAY
Astoria.
Nuit médiocre.
M. L. explique à nouveau retirer son alliance et sa photo de mon médaillon.
Encore alerte Zepp[elins]
29 SUNDAY
Astoria.
10 h salle opération. Je m'aperçois de la fente !!! Visite Guiroye[235].

Marie-Louise trouva certainement dans le portefeuille de son mari les lettres d'une (ou de plusieurs) maîtresses. Elles aussi s'inquiétaient pour la santé de leur amant. L'immobilisation de Jean de Bertier à l'hôpital, et la présence de Marie-Louise à ses côtés compliquaient les rendez-vous amoureux. Mone évoqua ce problème : « je n'ai pu aller te voir ces jours-ci à mon grand regret mais certainement dans le courant de la semaine prochaine, je pourrai le faire sans attirer l'attention de personne »[236].

Les journées de juillet et d'août furent donc doublement éprouvantes pour Jean de Bertier. En plus de ses problèmes de santé, il vécut une crise conjugale. À qui pouvait-il dire la vérité ? À son épouse, il ne pouvait assurément pas avouer tous ses écarts. À ses maîtresses, il ne pouvait pas dévoiler toute l'étendue de sa blessure. Une maîtresse londonienne lui écrivit le 26 juillet « demain on vous scie une côte », mais, rassurée par Jean ou par elle-même, elle ajouta : « pas une opération dangereuse »[237]. Pourtant, l'extrait préalablement cité (« je m'aperçois de la fente !!! ») révèle que la blessure restait préoccupante. Bien que très entouré, Jean de Bertier n'en éprouvait donc pas moins une certaine solitude, la blessure étant elle-même une expérience très intime, difficile à partager.

Comment dès lors s'évader ? Il nota de petites citations, maximes et réflexions dans son agenda. De plus, il décida d'écourter sa convalescence avant même de l'avoir entamée. Approché pour devenir instructeur des officiers d'état-major américains, il accepta d'emblée : « Accepte proposition. Pars ce soir pour Biarritz hôtel Carlton en convalescence 2 mois mais pourrais abréger et rejoindre dans 1 mois pour service moins fatigant que troupe. Lettre suit »[238]. Les raisons de ce choix sont sans doute multiples. Bien sûr, il y avait l'envie de servir et de concourir à la victoire. Peut-être aussi souhaitait-il échapper à un entourage devenu soudainement

235 ALG, Agenda de Jean de Bertier du 2ᵉ semestre 1917. Journées des 27 au 29 juillet (texte intégral).
236 ALG, Lettre de Mone à Jean de Bertier, 3 juillet 1917.
237 ALG, Lettre d'une maîtresse à Jean de Bertier, 26 juillet 1917, depuis Londres.
238 ALG, Réponse manuscrite préparée par Jean de Bertier au dos du télégramme officiel n° 8.057 du 14 octobre 1917 du chef de la mission française près l'armée américaine.

plus présent et trop pesant ? Installé à Langres, il confia à son agenda, début janvier 1918 : « lettres de M. L. nouveaux pétards !!!!! »[239]. Quoi qu'il en fût, Jean de Bertier retrouvai dès l'automne 1917 toute sa volonté d'action.

2.2. Instructeur à l'école d'état-major de Langres (octobre 1917-juin 1918)

2.2.1. Nécessité et modalités de l'instruction des troupes américaines

Au moment de leur entrée en guerre, les États-Unis ne disposaient que d'une armée professionnelle très restreinte. Hélène Harter donne les chiffres de 6 000 officiers et de 120 000 soldats[240]. Le potentiel du pays était cependant énorme. 25 millions d'Américains furent recensés et 2,8 millions d'entre eux finirent par intégrer l'armée d'active[241]. Les nouvelles unités formées furent progressivement acheminées vers la France et le corps expéditionnaire américain vit ses effectifs augmenter. On passa de 40 000 Américains présents en France en août 1917 à 90 000 en novembre, puis presque 300 000 en mars 1918, 400 000 en avril, etc.[242]. Ce ne fut donc qu'au printemps 1918, un an après leur entrée en guerre, que les États-Unis furent en mesure d'aligner des troupes en masse sur le front occidental. Il ne suffisait d'ailleurs pas de mobiliser des soldats, il fallait aussi les entraîner pour en faire une troupe efficace. Le général Pershing, commandant le corps expéditionnaire américain, aurait souhaité une formation longue, assurée par des officiers américains, dans la perspective d'une montée des troupes en ligne en 1919, voire 1920 seulement[243]. Pour accélérer les choses, les États-Unis acceptèrent le concours d'instructeurs proposés par la France et le Royaume-Uni. Du côté français, le recrutement s'avéra difficile. Un trop grand nombre des 330 instructeurs envoyés aux États-Unis ne savaient pas l'anglais et cela compromettait l'efficacité de l'instruction :

> Dans ces conditions, que vaudront les unités qui vont traverser l'océan ? Si le haut-commandement américain ne prend pas les mesures indispensables, ce sera moins une troupe qu'un troupeau. L'instruction réelle ne commencera vraiment qu'en France[244].

L'instruction, commencée sur le sol américain, se poursuivit en effet en France. Elle devait être assurée par les Américains eux-mêmes, avec le concours des Français et des Britanniques. Tout cela demanda du temps, des moyens et une organisation efficace. Il fallait fournir aux troupes américaines des camps d'instruction et des casernements pour abriter les différentes écoles créées. Il y avait une école pour

239 ALG, Agenda de Jean de Bertier du 1er semestre 1918. Journée du 15 janvier.
240 HARTER, Hélène, *Les États-Unis dans la Grande Guerre*, Paris, Tallandier, 2017, p. 143.
241 CABANES, Bruno, *Les Américains dans la Grande Guerre*, Paris, Gallimard/Ministère de la Défense, 2017, p. 8.
242 HARTER, p. 242 et 310.
243 CABANES, *Les Américains dans la Grande Guerre*, p. 12.
244 KASPI, André, *Le temps des Américains. Le concours américain à la France en 1917-1918*, Paris, Publications de la Sorbonne, 1976, p. 173.

chaque corps d'armée. Des écoles d'armée furent aussi mises en place, pour la formation d'officiers plus spécialisés (état-major, artillerie, génie). Où les installer ? Toul, Épinal, Vittel, Bourbonne, furent proposées, mais refusées par Pershing. Langres fut finalement choisie[245]. Raphëlle Autric y voit la volonté américaine de limiter au maximum l'influence française. La ville était proche du QG de Pershing, établi à Chaumont, et il n'y eut jamais plus de quarante instructeurs français dans les différentes écoles de Langres[246]. Il faut dire aussi que le recrutement des personnels adéquats fut compliqué. Des enquêtes furent lancées dans l'armée française pour dénicher tous ceux qui maîtrisaient l'anglais, des hommes de troupe aux officiers[247]. Le colonel Koechlin-Schwartz, directeur adjoint de l'école d'état-major, recherchait « des officiers parlant anglais et capables de faire des conférences et de diriger des travaux [...] des spécialistes des divers bureaux de l'état-major »[248]. Il cita 4 noms, mais pas celui de Jean de Bertier.

Jean de Bertier avait pourtant le profil idéal. Ancien attaché militaire à Washington, il connaissait les Américains et leur armée, qu'il ne s'était d'ailleurs pas gêné de critiquer dans ses rapports[249]. Son expérience de 3 ans dans la liaison auprès des Britanniques lui avait fait connaître aussi bien le front que les quartiers généraux, et il avait montré son savoir-faire dans cette tâche délicate. Enfin, inutile de préciser qu'il maîtrisait la langue anglaise, ce qui était une qualité fondamentale pour tout bon instructeur : « la valeur personnelle de l'officier, quelle qu'elle soit, est réduite à néant faute d'une connaissance très sérieuse de la langue de nos alliés »[250]. Courant octobre, Jean de Bertier fut approché par le général Ragueneau, le chef de la mission militaire française près l'armée américaine. Il semble que Ragueneau obtint le contact de Jean de Bertier par la recommandation de tierces personnes : « je ferai tous mes efforts pour mériter votre choix et justifier la trop bienveillante opinion de ceux qui ont bien voulu vous parler de moi »[251]. En tout cas, le fait qu'un officier aussi prédisposé que Jean de Bertier au poste d'instructeur ne fût pas d'emblée assigné à cette mission montre les difficultés pour l'armée française de connaître et d'utiliser au mieux les capacités de ses personnels, ou, du

---

245 SHD, GR 17N 78, Projet d'organisation des écoles du corps expéditionnaire américain et Lettre du général commandant en chef les armées du nord et du nord-est [Pétain], 2 janvier 1918.

246 AUTRIC, Raphaëlle, « La rivalité franco-américaine : l'instruction des soldats américains en France (1917-1918) », *Revue historique des armées*, vol. 246, 2007, p. 22-32, <http://journals. openedition.org.bases-doc.univ-lorraine.fr/rha/2363>.

247 SHD, GR 16N 206 (soldats et sous-officiers) et GR 17N 218 (officiers). Les fiches de renseignement demandaient notamment la durée d'éventuels séjours aux États-Unis ou au Royaume-Uni, le détail des études en langue anglaise, les spécialités que les officiers étaient susceptibles d'enseigner, etc.

248 SHD, GR 17N 87, Propositions concernant l'école d'état-major américaine, par le colonel Koechlin-Schwartz, 10 octobre 1917.

249 SHD, GR 7N 1716, Lettre de Jean de Bertier du 30 juin 1914 : « un pays qui n'a pas l'armée de sa politique ».

250 SHD, GR 17N 78, Document dactylographié du 10 février 1919, intitulé « Instructions ».

251 SHD, GR 17N 82, Lettre de Jean de Bertier à Koechlin-Schwartz, 15 octobre 1917.

moins, combien le fait de devoir se battre en coalition et de former des troupes alliées n'avait pas été pensé *a priori*.

Jean de Bertier fut donc muté à la mission américaine le 31 octobre 1917[252]. De nouveau, il travaillait avec des troupes alliées à la France. La différence était qu'il ne s'agissait plus de liaison, mais d'instruction. Jean de Bertier fut affecté à l'école d'état-major de Langres. Les besoins étaient énormes : l'armée américaine ne comptait que 19 officiers d'état-major lors de la déclaration de guerre[253]. La création d'une école pour former des officiers d'état-major fut envisagée dès la fin août 1917. Il était précisé que :

> Le commandement de l'école sera confié à un officier d'état-major français parlant l'anglais et ayant des aptitudes pédagogiques de façon à pouvoir former des professeurs américains [...]. Si les Américains désirent placer un officier américain à la tête de l'école, l'officier français en question deviendra l'adjoint du commandant de l'école[254].

À la lecture de ces lignes, on pourrait penser que Jean de Bertier correspondait au profil recherché. Ce fut cependant le colonel Koechlin-Schwartz qui fut choisi, pour servir d'adjoint au colonel américain Bjornstad[255]. L'école d'état-major fut la première des écoles de Langres à fonctionner, à partir du 28 novembre, avec plus d'un mois de retard sur le calendrier initial[256]. Le premier cours de Jean de Bertier était prévu pour le lundi 3 décembre 1917. Après plusieurs mois de préparatifs, Koechlin-Schwartz n'était plus à quelques heures près :

> Si vous pouvez arriver dimanche ce sera parfait. Si vous préférez n'arriver que lundi, nous n'en mourrons pas. Prévenez-moi, que je vous envoie la voiture à la gare. Votre ordonnance et vos chevaux sont bien arrivés[257].

La mise en place des écoles d'instruction demanda donc pratiquement 6 mois. La plupart d'entre elles ne commencèrent à fonctionner qu'au début de 1918. Les formations dispensées durant au minimum 3 mois, les premières troupes américaines véritablement opérationnelles ne purent monter en ligne qu'au printemps 1918[258]. L'école d'état-major de Langres devait accueillir 200 élèves,

---

252 SHD, GR 17N 214, État d'affectation. Dossier rempli par Jean de Bertier à Langres, 25 janvier 1918.

253 HARTER, p. 144.

254 SHD, GR 17N 78, Note pour l'instruction de l'armée américaine, 26 août 1917.

255 SHD, GR 17N 87, Programme de la séance d'ouverture de l'école d'état-major, 28 novembre 1917, et Organigramme des écoles d'armée de Langres, janvier 1918.

256 *Ibidem*, Camps et écoles de la zone des armées, 7 octobre 1917 et Écoles d'armée au 10 décembre 1917.

257 ALG, Lettre de Koechlin-Schwartz à Jean de Bertier, 22 novembre 1917.

258 SHD, GR 17N 78, Note pour l'instruction de l'armée américaine, 26 août 1917 et Proposition concernant le fonctionnement de l'école américaine, par Koechlin-Schwartz, 10 octobre 1917. La 1re division d'infanterie américaine, arrivée en France en juin 1917, fut déclarée apte au combat à la fin décembre, mais il s'agissait d'une troupe professionnelle déjà existante en avril 1917 (HARTER, p. 237 et 256).

15 instructeurs et un personnel auxiliaire de 75 personnes[259]. Face au manque d'instructeurs, Koechlin-Schwartz souhaita limiter le nombre d'élèves à 100. Il considérait qu'au-delà de 15 à 20 élèves par instructeur, l'enseignement perdait toute efficacité[260]. Le tableau suivant récapitule le nombre d'élèves et d'instructeurs au cours des différentes sessions de formation.

Tableau 19: Effectifs de l'école d'état-major américaine de Langres[261].

Les chiffres suivis de * sont incertains ou sujets à explication

Cours	Dates	Élèves		Instructeurs	Nom des instructeurs français	Ratio moyen élèves / instructeur
		Début	Fin			
1er	Du 28/11/17 à fin février 1918	95*	71*	3 F	Koechlin-Schwartz **Bertier** Ruinat	30 (40)*
2e	Du 4/3/1918 au 29/5/1918	167*	125	4 F 4 GB*	Koechlin-Schwartz **Bertier** Ruinat Le Blanc	20 (40)*
3e	Du 17/6/1918 au 17/9/1918	174*	169	4 F 4 GB	Koechlin-Schwartz Ruinat Le Blanc Nadaillac	25
4e	Du 8/10/1918 à fin décembre	270	?	12 US 2 F 1 GB	Koechlin-Schwartz Nadaillac	20

La lecture du tableau révèle une nette augmentation du nombre des élèves (triplement des effectifs) ainsi qu'un meilleur encadrement. Le dernier cours atteignit l'objectif de Koechlin-Schwartz de ne pas dépasser le seuil de 20 élèves par instructeur. Il faut toutefois nuancer ces conditions *a priori* favorables. D'une part, il est difficile de déterminer le nombre exact d'élèves. Certains repartaient très vite, d'autres arrivaient après le début des cours, si bien que les effectifs fluctuaient,

259 SHD, GR 17N 78, Traduction de la lettre du commandant en chef américain [Pershing] au chef de la mission française [Ragueneau] sur le projet des écoles pour le corps expéditionnaire américain, 8 septembre 1917.

260 ALG, Proposition concernant le fonctionnement de l'école américaine, par Koechlin-Schwartz, 10 octobre 1917.

261 SHD, GR 17N 78, Écoles d'armée au 10 décembre 1917, GR 17N 79, Rapports mensuels sur l'*Army general staff college*, 2 mai 1918, 31 août 1918, 30 septembre 1918, GR 17N 87, Rapports mensuels sur l'école d'état-major, 2 mai 1918, 31 août 1918, Rapport sur le fonctionnement des écoles d'armée, 1er juin 1918 et Lettres de Koechlin-Schwartz à Ragueneau des 12 mars et 21 août 1918.

et qu'il fallait parfois reprendre certains cours depuis le début[262]. D'autre part, le tableau donne en réalité le nombre maximal d'instructeurs présents. Prenons l'exemple de Jean de Bertier. Il contracta la rubéole à la mi-janvier. Après deux semaines d'hospitalisation à Langres, il obtint deux semaines de convalescence qu'il passa à San Salvadour, dans le Var. La lecture de son agenda révèle combien il apprécia cette occasion de séjourner dans le sud lui permettant d'échapper un temps aux rigueurs de l'hiver sur le plateau de Langres : « dans train P.L.M. Marseille de 9 h 40 à 10 h 55. Toulon 13 h. San Salvadour 15 h. Soleil, soleil !!! La mer »[263]. Ainsi, du 17 janvier au 18 février, Jean de Bertier fut absent de l'école et Koechlin-Schwartz et Ruinat terminèrent seuls le premier cours. Quant au deuxième cours, il fut marqué par le départ des instructeurs britanniques en mars-avril 1918. Ils furent rappelés sur le front pour faire face aux offensives allemandes. Était ainsi privilégiée la défense immédiate, au détriment de la formation des troupes américaines devant assurer la victoire ultérieure. Ce fut d'ailleurs l'occasion pour les Français de critiquer une nouvelle fois les Britanniques. Koechlin-Schwartz jugea en effet très positivement le 2ᵉ cours, auquel lui-même et Jean de Bertier contribuèrent beaucoup, en l'absence des instructeurs britanniques :

> Il en est résulté dans l'enseignement une parfaite homogénéité et une progression aussi rationnelle qu'inusitée. Toutefois, de nouveaux instructeurs anglais viennent d'être désignés pour l'école d'état-major, mais n'ont pas encore rejoint[264].

On en venait donc à ne pas souhaiter un encadrement renforcé, ou, plus exactement, un encadrement britannique (« toutefois »). Il semble qu'encore une fois, la coopération entre les deux pays était malaisée. Koechlin-Schwartz s'était dès le début montré défavorable au partage de l'instruction avec les Britanniques[265]. Chacun des deux alliés français et britannique souhaitait former les troupes américaines selon les usages de sa propre armée, et espérait réaliser à son profit l'amalgame, c'est-à-dire l'intégration des nouvelles unités américaines à ses propres troupes. Les Américains auraient ainsi fourni les hommes manquant à la coalition, sans que cette dernière ne dût partager le commandement des opérations. Les Américains souhaitaient cependant garder leur indépendance d'action[266]. Au fil des mois, l'arrivée de troupes toujours plus nombreuses en France et les progrès de l'instruction renforcèrent cette prétention. À l'été 1918, la première armée américaine fut créée et prit en charge un secteur du front. Pershing devenait l'égal de Pétain et de Haig. Il décida de se passer des instructeurs étrangers[267]. Le tableau précédent révèle les conséquences de cette décision, avec la substitution à partir de l'automne 1918 des instructeurs américains à leurs collègues français et britanniques. Cette dernière

---

262 SHD, GR 17N 87, Lettre de Koechlin-Schwartz au chef de la mission militaire française près l'armée américaine [Ragueneau], 12 mars 1918.

263 ALG, Agenda de Jean de Bertier, Journée du 4 février 1918.

264 SHD, GR 17N 87, École d'état-major. Rapport mensuel du 2 mai 1918.

265 ALG, Proposition concernant le fonctionnement de l'école américaine, par Koechlin-Schwartz, 10 octobre 1917.

266 HARTER, p. 147-148, KASPI, *Le temps des Américains*, p. 115 et 175 et COCHET, *La Grande Guerre*, p. 442.

267 HARTER, p. 323 et KASPI, *Le temps des Américains*, p. 279-281.

évolution montre d'ailleurs le succès de l'école d'état-major, qui remplit ainsi sa mission, telle que définie un an auparavant : « le but étant de substituer peu à peu les cadres américains aux cadres français de l'école »[268]. Jean de Bertier ne fut pas concerné par ce renvoi des instructeurs. Il avait quitté Langres dès juin 1918 pour redevenir officier de liaison. Intéressons-nous maintenant plus précisément au contenu de son enseignement, afin d'en déterminer le sens et la portée.

2.2.2. Un enseignant apprécié

Avant de devenir instructeur, jamais Jean de Bertier n'avait eu l'occasion d'enseigner. Il s'agissait pour lui d'une nouvelle expérience. Les deux attentes de base envers tout instructeur étaient la maîtrise de l'anglais et une expérience du front. Certains révélèrent vite leurs lacunes et leur renvoi fut demandé[269]. Jean de Bertier, quant à lui, s'appliqua à définir sa méthode d'enseignement dès octobre 1917, alors qu'il se trouvait en convalescence à Biarritz :

> Je construirai avec les matériaux fournis par les cours de l'école de guerre, révisés suivant les enseignements de la guerre actuelle et modifiés d'après les réflexions que m'ont inspirées les événements auxquels j'ai assisté. Ayant constaté que, sur de tels sujets, le brillant agencement des mots cache trop souvent le vide de la pensée, je compte m'attacher à dégager quelques notions claires, car celles-ci sont plus nécessaires aux Américains qu'à tous autres, en raison de leur peu de culture générale et de la nouveauté des sujets qu'ils devront s'assimiler ; ennemi du verbiage, je chercherai à concrétiser l'enseignement au lieu de les laisser eux-mêmes les dégager d'idées générales qui leur seraient incompréhensibles[270].

Ce passage, presque assimilable à un manifeste, révèle les qualités intrinsèques de Jean de Bertier pour l'instruction. Il réfléchissait à son nouveau métier. Il prit conscience de la double nécessité de mettre à jour les connaissances à transmettre et de s'adapter à son auditoire. *A priori*, Jean de Bertier présentait toutes les garanties pour être bon instructeur. *A posteriori*, il le fut, au vu des remarques élogieuses à son sujet :

> *The services of commandant de Bertier have been most satisfactory* [...]. *This officer appears to have made a very favorable impression upon the authorities of the school.*

> [...] Dans une série de conférences sur le service en campagne, s'est montré conférencier brillant autant qu'érudit.

> [1918] A continué à enseigner brillamment la tactique à l'école d'état-major américaine. Emporte en partant les plus vifs regrets de ses élèves qui l'aimaient énormément[271].

---

268 SHD, GR 17N 78, Note pour l'instruction de l'armée américaine, 26 août 1917.

269 SHD, GR 17N 78, Lettre du général commandant en chef les armées du nord et du nord-est [Pétain], 2 janvier 1918.

270 SHD, GR 17N 82, Lettre de Jean de Bertier à Koechlin-Schwartz, 15 octobre 1917.

271 SHD, GR 17N 87, Lettre de Harbord à Ragueneau, 19 janvier 1918 et, GR 6YE 1413, Dossier de M. de Bertier de Sauvigny. Bordereau de la 2ᵉ partie. Relevé de notes et feuillets techniques : « les services du commandant de Bertier ont été très appréciés. Cet officier semble avoir fait très bonne impression aux dirigeants de l'école » (traduction de l'auteur).

Tentons d'expliquer successivement les atouts puis les enjeux de son enseignement. Jean de Bertier devait préparer des conférences et les soumettre préalablement au colonel Koechlin-Schwartz pour validation. Ce dernier pouvait y
apporter d'éventuelles corrections : « pour qu'il n'y ait pas de contradiction, je serai
peut-être obligé de vous mettre quelques annotations. Je m'en excuse d'avance »[272].
Le principal danger était en effet que les différents instructeurs se contredissent.
Pour limiter ce risque, des instructions officielles très claires furent données : ne
pas critiquer les documents officiels et restreindre au maximum les avis personnels
devant les élèves[273]. Les conférences des différents instructeurs devaient se compléter pour donner une formation d'ensemble aux futurs officiers d'état-major
américains. Prenons un exemple.

**Tableau 20: Répartition des conférences de 3ᵉ bureau entre les
instructeurs français. 1ᵉʳ cours de l'école d'état-major américaine
(décembre 1917-février 1918)[274].**

Numéro	Titre	Instructeur en charge de la conférence
1+2	Marches et stationnement	Ruinat
3	Le combat	Koechlin-Schwartz
		« pour ne pas vous surcharger »
4+5	La division dans l'offensive	Bertier
6	La division dans la défensive	Bertier
7	La relève d'une division	Bertier

Jean de Bertier se devait de connaître les grandes lignes des enseignements de
Ruinat et de Koechlin-Schwartz. Dès octobre 1917, il avait rassuré ce dernier,
en lui garantissant de suivre scrupuleusement ses instructions. De plus, il lui
fut possible d'assister aux conférences des autres instructeurs, et de travailler de
concert avec eux[275]. Face aux élèves et aux yeux de ses supérieurs, les conférences
de Jean de Bertier présentaient trois atouts majeurs. Tout d'abord, elles se déroulaient intégralement en anglais. Le tableau suivant, non exhaustif, en donne un
aperçu.

---

272   ALG, Lettre de Koechlin-Schwartz à Jean de Bertier, 31 octobre 1917.
273   SHD, GR 17N 80, Note pour les instructeurs, 20 février 1918.
274   ALG, Lettre de Koechlin-Schwartz à Jean de Bertier, 31 octobre 1917. Koechlin-Schwartz
      soumit au moins une conférence de Jean de Bertier à l'avis de Ragueneau (SHD, GR 17N 82,
      Lettre de Koechlin-Schwartz à Ragueneau, 1ᵉʳ décembre 1917).
275   ALG, Agenda de Jean de Bertier. 1ᵉʳ semestre 1918. Par exemple, « travaillé avec colo[nel] et
      Ruinat » les 11 et 14 janvier et Jean de Bertier assista à des conférences les 16 janvier (plusieurs
      instructeurs) et 16 avril (Le Blanc).

Tableau 21: Exemples de conférences assurées par Jean de Bertier (mars-mai 1918)[276].

Numéro	Date	Titre
9	*March 11, 8:30*	*Estimate of terrain and enemy*
19 + 20 + 21	*March 15, 9:45*	*The division on the offensive*
74	*April 11, 9:45*	*Reorganisation for defense after an advance*
99	*April 25, 8:30*	*Counter attack. Issued as addendum to conference 99: German attack near Givenchy, April 9, 1918*
120	*May 3*	?
121	*May 6, 8:30*	*Halt on battlefield*
124	*May 6*	*The battle of la Malmaison* [a lieu fin octobre 1917]
130	*May 9*	*The battle of la Malmaison (continued)*

Tout se faisait donc en anglais, et les manuscrits retrouvés à Lagrange sont également en anglais. Cela permettait de gagner du temps, en évitant de devoir recourir à un interprète[277]. Cela facilitait aussi le contact entre l'instructeur et ses élèves, et contribua sans doute à la popularité de Jean de Bertier. À ce premier atout s'en ajoutait un deuxième. C'était la mise à jour très régulière des cours, suivant les dernières évolutions tactiques. Ainsi, Jean de Bertier compléta sa conférence du 25 avril par des réflexions tirées de combats ayant eu lieu deux semaines auparavant. Quant à la bataille de la Malmaison d'octobre 1917, elle donna lieu à deux conférences. Un troisième et dernier atout était la diversité des sources utilisées par Jean de Bertier. Il ne se limita pas aux fameux « matériaux fournis par les cours de l'école de guerre ». Il se servit aussi du manuel des élèves, le *Field service regulation*. Il demandait à ses élèves de lire certaines pages, en amont des cours. Il eut également recours à des documents britanniques, français, et même allemands :

> *It may be interesting to note here the following German opinion on the matter. I have extracted it from a note issued by our general headquarters, containing the translation of a document taken from a prisoner[278].*

Les conférences de Jean de Bertier étaient donc en anglais, très actualisées et confrontaient des points de vue différents. Une telle qualité impliquait aussi un important travail de préparation. Nul doute que les élèves se rendirent compte de l'investissement de Jean de Bertier, et lui en surent gré. Remarquons qu'il

276 ALG, Plan des conférences référencées. Pour la conférence n° 120, il ne subsiste que le brouillon d'un manuscrit.

277 La difficulté de trouver des instructeurs anglophones avait imposé cette solution (COCHET, *La Grande Guerre*, p. 451).

278 ALG, Conférence n° 74 du 11 avril 1918 : « il peut être ici intéressant de connaître le point de vue allemand sur la question. Je l'ai extrait d'une note émise par nos quartiers généraux, qui contenait la traduction d'un document trouvé sur un prisonnier » (traduction de l'auteur).

pouvait en profiter pour décrire implicitement son ancienne activité d'agent de renseignement :

> *Popular mind relies mainly on the skillful proceedings of mysterious agents who, after been sucessfully through many thrilling ups and downs, finally succeed in their attempt: the patriotic man, occasionally adorned with an unmistakably camouflaged beard or the good looking but flimsy young girl break burglariously open the very poor safe of the infamous old Hun, get hold of the document whose possession will unquestionably produce victory and safely bring it over amongst thundering applause. Well, you may read that in low class novels or see it represented at the moving picture theater, but in real life, you will surely find very hard working officers working in a team called the 2nd bureau*[279].

Cet extrait illustre bien la méthode de Jean de Bertier : partir des connaissances ou des *a priori* des élèves pour les mener à un enseignement clair et simple. Les conférences recelaient un double enjeu. Le premier était évident. Il fallait avant tout réussir à former suffisamment d'officiers d'état-major, afin de pouvoir faire fonctionner la nouvelle armée américaine, clef de la victoire future. Le second enjeu, moins directement perceptible, était lié à la doctrine militaire transmise par le biais de l'instruction. Pershing et le haut commandement américain se faisaient les promoteurs de l'*open warfare* (une forme de guerre de mouvement), par opposition au *trench warfare* (les tactiques de la guerre des tranchées)[280]. Pershing ne consacra qu'une demi-page à l'instruction dans ses mémoires, et égratigna les Français à ce sujet : « l'inconvénient était que les Français avaient une tendance à se montrer trop paternels, et qu'en général leur enseignement se bornait à peu près au combat des tranchées »[281]. En réalité, cette différence était mise en avant à des fins politiques. Elle contribuait à éviter l'amalgame, en mettant en avant une doctrine spécifique qui existait plus sur le papier qu'en réalité[282].

Dans ces conditions, Jean de Bertier borna-t-il son enseignement à la guerre des tranchées, ou bien élargit-il la perspective à une reprise de la guerre de mouvement ? Il adopta le point de vue français. De toute façon, ses instructions ne lui permettaient pas de faire autrement. Il veilla à le justifier à ses élèves : « *the expe-rience of nearly 4 years of war has brought us to the conclusion that an attack, [even] if well planned and prepared, is bound to break into the hostile position, however*

---

279 ALG, Notes manuscrites de Jean de Bertier, sans doute en lien avec la conférence n° 9 du 11 mars 1918 : « L'opinion publique s'imagine de mystérieux agents, pleins de ressources, qui, après de multiples péripéties, atteignent leur but : le patriote, occasionnellement affublé de sa fausse barbe caractéristique, ou de la jolie jeune femme écervelée, force comme un malfrat le piètre coffre-fort du vieil Hun ignoble et récupère un document décisif pour la victoire finale, qu'il ramène, sain et sauf, sous un tonnerre d'applaudissements. Une telle histoire, vous l'avez peut-être lue dans les romans de gare, ou vue au cinéma, mais, dans la vraie vie, vous rencontrerez plutôt des officiers durs à la tâche, dans une équipe appelée 2ᵉ bureau » (traduction de l'auteur).

280 KASPI, *Le temps des Américains*, p. 178-179.

281 PERSHING, Général John J., *Mes souvenirs de la Guerre*, Paris, Plon, 1931, tome 1, p. 279.

282 COCHET, *La Grande Guerre*, p. 444 : « alors que Pershing clame sa préférence pour l'*open warfare*, il prépare ses troupes à une guerre statique ».

strong it may be by nature or by art »[283]. Son enseignement se focalisa ainsi sur les deux armes reines des tranchées, l'infanterie et l'artillerie. Il parla également un peu de l'aviation. En revanche, la cavalerie ne fut mentionnée que dans une seule conférence. Cette arme de la guerre de mouvement s'était révélée très vulnérable dès 1914, et ne fut plus utilisée dans un but offensif après 1915[284]. Jean de Bertier, lui-même cavalier de formation, avait fini par en faire son deuil :

> Imbros, 12 juin 1915 : J'espère toujours en la cavalerie au point que j'ai refusé à Gouraud de passer dans l'infanterie et de prendre ici un bataillon.

> Langres, 12 décembre 1917 : La cavalerie est morte, mais elle a voulu mourir en beauté. C'est dans les boues de Belgique qu'elle a trouvé son apothéose et écrit ses plus belles pages de gloire[285].

Encore une fois, Jean de Bertier, par souci d'efficacité, adaptait son enseignement aux réalités. Il passa donc la cavalerie sous silence, et insista sur le *trench warfare*. Cela correspondait à la situation qui prévalut jusqu'au printemps 1918. Le système-tranchées ne pouvait être rompu, et l'*open warfare* restait un vœu pieux. Les offensives allemandes du printemps 1918 furent les premières occasions de retour partiel à la guerre de mouvement, grâce à des innovations tactiques[286]. Jean de Bertier en fit-il part à ses élèves ? C'est possible car sa conférence n° 99 du 25 avril analysa l'attaque allemande du 9 avril précédent. Jean de Bertier n'était donc pas un instructeur borné. Au contraire, il s'adaptait en permanence.

L'engagement de Jean de Bertier et les qualités de son enseignement facilitèrent la création de liens avec les élèves mais aussi avec les autres instructeurs et le personnel d'encadrement américain. C'était d'autant plus nécessaire que la vie quotidienne était forcément monotone. Malgré l'installation des écoles, Langres restait une petite ville ne disposant pas de la société dans laquelle Jean de Bertier avait aimé évoluer, à Paris comme à Londres. La sociabilité se limitait aux cadres militaires et au sous-préfet, et les dîners étaient rares[287]. Jean de Bertier passa beaucoup de temps chez lui, et, à la lecture de ses papiers personnels, aucune maîtresse ne vint lui rendre visite. Il put rentrer quelques week-ends à Paris et Marie-Louise vint à deux reprises. Que pouvait-on faire à Langres ? Hier, comme aujourd'hui, on se promenait, le long des remparts[288]. Au moment de son départ,

---

283 ALG, Conférence n° 99 du 25 avril 1918 : « l'expérience de presque quatre années de guerre nous a enseigné qu'une attaque, même bien planifiée et préparée, est condamnée à se briser sur les lignes adverses, quelle que soit sa puissance » (traduction de l'auteur).

284 PRIOR, [*in*] WINTER, *Combats*, p. 229-230.

285 ALG, Lettre de Jean de Bertier à son épouse, 12 juin 1915 et Agenda de Jean de Bertier, 2ᵉ semestre 1917. Journée du 12 décembre 1917.

286 COCHET, *Les Français en guerre de 1870 à nos jours*, p. 316-318. Ces deux innovations étaient d'une part les *Stosstruppen* ou *Sturmtruppen*, et d'autre part un meilleur emploi de l'artillerie (méthode Bruchmüller).

287 ALG, Agenda de Jean de Bertier. 1ᵉʳ semestre 1918 : deux dîners à la sous-préfecture (21 mars et 25 avril).

288 ALG, Agenda de Jean de Bertier. 1ᵉʳ semestre 1918. Journée du 6 avril 1918. Le lendemain, ils participèrent à un goûter chez Madame Koechlin puis rendirent visite à la sous-préfète.

début juin 1918, Jean de Bertier fut sans doute regretté, mais lui-même ne regretta pas Langres :

> *June 4. Tuesday.* Langres. [...] Visite au sous-préfet, puis chez moi. Dîner avec Koechlin, silencieux.

> *June 5. Wednesday.* Langres. Levé 5 h 30. Emballé, agitation. Sur le mur 8 h 30 [puis ?] adieux remparts 9 h 50. Content. Départ 10 h.[289]

2.3. Retour à la liaison (juin 1918-août 1919)

2.3.1. Officier de liaison au 3e C.A.U.S.

De Langres, Jean de Bertier gagna Mirecourt, puis Remiremont, pour rejoindre sa nouvelle affectation. Il devenait officier de liaison à l'état-major du 3e corps d'armée américain (3e C.A.U.S.)[290]. Pourquoi ne pas l'avoir maintenu dans son poste d'instructeur, où il donnait pleine satisfaction ? La décision américaine de se passer des instructeurs étrangers n'intervint que plus tard, au courant de l'été 1918. Cette mutation de Jean de Bertier avait donc d'autres raisons. Il s'agissait d'une décision d'origine française dont un document nous laisse entrevoir les motivations :

> Il paraîtrait des plus utiles de désigner dès à présent comme officiers de liaison près les D.I.U.S. et les C.A.U.S. à la disposition de l'armée britannique des officiers brevetés d'état-major expérimentés et non des officiers adjoints. [...]

> Il faut préparer l'avenir et prévoir le moment (pas très éloigné d'ailleurs) où les grandes unités en question se détacheront de l'armée britannique pour entrer dans la constitution d'une armée américaine autonome. À ce moment, il sera important que nous ayons auprès des états-majors américains des officiers capables et écoutés.[291]

Certes, Jean de Bertier ne fut pas affecté à un C.A.U.S. à disposition de l'armée britannique. Ce document nous est tout de même utile. Il permet de saisir d'abord le contexte, pour comprendre ensuite la décision prise. Nous avons déjà vu que l'armée américaine avait eu besoin de temps pour mobiliser ses soldats, les transférer en Europe et les former au combat. Les premières troupes américaines opérationnelles furent placées sous tutelle. Une partie dépendait des Britanniques, et l'autre partie de la 6e armée française. Pershing cependant voulait se détacher de toute subordination, et ce document montre que le commandement français en avait conscience. La 1re armée américaine pleinement indépendante et ne répondant qu'aux ordres de Pershing fut formée le 22 juillet 1918[292]. Les Américains encadraient alors 1 200 000 hommes. Grâce à eux, la balance des forces penchait

---

289 ALG, Agenda de Jean de Bertier. 1er semestre 1918. Journées des 4 et 5 juin 1918.
290 SHD, GR 17N83, Lettre de Koechlin-Schwartz à Ragueneau du 17 mai 1918.
291 SHD, GR 17N 80, Officiers de liaison pour les D.I.U.S. et les C.A.U.S. avec les armées britanniques, 24 mai 1918.
292 HARTER, p. 323.

désormais du côté des Alliés. Le poids des Américains ne cessa de se renforcer au fil des mois, si bien qu'André Kaspi parle d'« américanisation de la guerre »[293].

Dans ces conditions, il fallait désigner les meilleurs officiers pour les missions de liaison : « des officiers brevetés d'état-major expérimentés », « des officiers capables et écoutés ». Jean de Bertier remplissait ces conditions et fut, cette fois-ci, immédiatement désigné. Ce choix des meilleurs répondait à deux préoccupations du commandement français. Puisque l'amalgame n'avait pu se faire, la liaison devait devenir le canal par lequel conserver une influence sur la direction des opérations par les Américains. N'oublions pas qu'un officier de liaison restait en contact direct avec ses supérieurs[294]. Surtout, il subsistait des doutes sur l'efficacité réelle des troupes américaines. Elles se montraient certes combatives, mais elles présentaient, selon Bruno Cabanes, des lacunes dans les domaines du commandement, de la logistique et de l'entraînement[295]. Les Français, au contraire, avaient mis à profit quatre années d'expérience des combats pour faire de l'armée française « la première armée du monde »[296]. Ils éprouvaient nécessairement un sentiment de supériorité face à des Américains encore novices. Ces derniers pouvaient s'en montrer agacés. Le tact et les compétences de Jean de Bertier lui permirent encore une fois de donner satisfaction, comme en témoigne cette citation à l'ordre de la mission : « a su par ses qualités militaires conquérir la confiance de tous, et a collaboré efficacement aux succès de nos alliés »[297]. Son nom fut proposé pour diriger la liaison près la 3ᵉ armée américaine (3ᵉ A.U.S.) mais cela n'aboutit pas[298].

Jean de Bertier était donc encore en poste auprès du 3ᵉ C.A.U.S. au moment de l'armistice du 11 novembre 1918. Nous ne disposons, malheureusement, d'aucune archive permettant d'éclairer les réactions de Jean de Bertier à cet événement. Son agenda du 2ᵉ semestre 1918 n'a pas pu être retrouvé. Alors que nous avons pu expliquer, parfois en détail, comment il contribua au succès des Alliés, nous ne sommes pas en mesure de décrire comment lui-même vécut la victoire, une fois celle-ci obtenue. On peut d'autant plus le regretter que l'armistice imposa la restitution immédiate de l'Alsace-Lorraine, que les troupes allemandes évacuèrent en

293 KASPI, *Le temps des Américains*, p. 279.
294 SHD, GR 17N 83, Note pour les officiers de liaison, 15 juillet 1918 [soit quelques jours avant la création de la 1ʳᵉ armée américaine indépendante]. Ils doivent fournir des rapports hebdomadaires en trois exemplaires, deux pour la mission et un troisième pour le commandement français dont dépend l'unité américaine.
295 CABANES, *Les Américains dans la Grande Guerre*, p. 12. Il en résultait de fortes pertes, par exemple 45 000 hommes lors des 4 premiers jours de l'offensive en Meuse-Argonne à la fin septembre 1918.
296 Titre additionnel de l'ouvrage de François COCHET et Rémy PORTE, *Histoire de l'armée française 1914-1918*.
297 ALG, Ordre général n°[?] de Linard, chef de la mission [militaire française près l'armée américaine], 17 novembre 1918. Cette citation date d'après l'armistice et correspond sans doute à l'ensemble des activités de Jean de Bertier au sein de la mission, donc aussi à son rôle d'instructeur.
298 ALG, Lettre de Linard au général commandant en chef les forces expéditionnaires américaines [Pershing], le 30 décembre 1918. Il s'agissait de trouver un remplaçant au commandant Kann.

quinze jours. Le but de guerre principal de la France était atteint, et le vœu de ces fils et petit-fils d'optants comme Jean de Bertier comblé. Pourtant, dans aucune des lettres déjà citées, dans aucune page de ses agendas, il ne fit référence à l'Alsace-Lorraine. Cette tendance semble avoir caractérisé l'ensemble de l'armée française :

> Il est extrêmement difficile de saisir ce que l'Alsace et la Lorraine représentent aux yeux des soldats français durant la Grande Guerre : les citations du contrôle postal à ce sujet sont peu nombreuses, les références dans les carnets de combattants assez rares. Les journaux des tranchées n'y font presque aucune allusion[299].

En vérité, Jean de Bertier y fit allusion à une seule reprise, et de façon suffisamment forte pour qu'on ne puisse pas douter de son attachement à la Lorraine, sa « Terre promise » :

> Hier, j'ai eu un très fort coup au cœur, en apercevant du haut d'une colline la cathédrale de Metz, que je n'avais pas vue depuis dix ans, et en donnant l'ordre de faire un tir sur un village lorrain occupé par les Boches. Je me faisais tout à fait l'effet du vieux Moïse, auquel le bon Jéhovah a permis de voir de loin la Terre Promise. Bien que celle-là me plaise assez peu pour mon goût personnel, elle m'est, par raisonnement, la plus chère, quand je l'aperçois[300]…

Dans cet extrait, l'émotion s'alliait à la raison pour faire de cette terre lorraine à reconquérir « la plus chère », mais, était-il précisé, « quand je l'aperçois ». Loin des yeux, loin du cœur, pourrait-on conclure de manière critique. Cela expliquerait le long silence de Jean de Bertier sur l'Alsace-Lorraine. De 1914 à 1918, il servit successivement dans les Flandres, aux Dardanelles, à Londres, au Chemin des Dames, puis à Langres. Jamais il ne se trouva à proximité de la Lorraine. Cela changea à l'été 1918 avec son affectation auprès du 3e C.A.U.S., positionné sur le front lorrain. L'extrait précédent date sans doute de cette époque. Dans ce cas, il montrerait aussi l'influence que pouvait avoir un officier de liaison comme Jean de Bertier : « en donnant l'ordre de faire un tir sur un village lorrain occupé par les Boches ». Il est très difficile d'imaginer que Jean de Bertier ne se rendît pas en Alsace-Lorraine dès novembre 1918. Aucun document ne peut cependant le prouver. La seule lettre à ce sujet provient de son notaire breton, sans qu'on puisse déterminer à travers les lignes si Jean de Bertier s'était déjà effectivement rendu sur place :

> Enfin voilà l'horrible Boche chassé de la Lorraine et même du Luxembourg. Je joins à la joie immense de la défaite de nos ennemis barbares la satisfaction de penser que Monsieur le Comte de Bertier va rentrer en possession de ses biens volés[301].

Le retour à la France fut fêté dans toute l'Alsace-Lorraine en novembre et en décembre 1918. Dans pratiquement toutes les communes, des défilés de libération très formels furent organisés, au cours desquels les troupes françaises étaient

---

299 CABANES, Bruno, *La victoire endeuillée. La sortie de guerre des soldats français (1918-1920)*, Paris, Seuil, collection « L'Univers historique », 2004, p. 99.

300 ALG, Lettre de Jean de Bertier à son épouse, [sans date].

301 ALG, Lettre de Duval à Jean de Bertier, 25 novembre 1918. Nous identifierons plus tard ces « biens volés ».

accueillies par le maire et les notables[302]. Thionville représentait un cas particulier. La germanisation y avait été très forte, comme le rappelle François Roth : « en 1918 les notables de la ville sont soit des Allemands, soit des Lorrains de culture allemande. La germanisation est presque menée à son terme. Elle a été poussée plus loin qu'à Metz »[303]. Il restait quelques notables de sentiment français, dont l'archiprêtre Vagner. Ils prirent le contrôle de l'administration municipale avant même l'entrée des troupes françaises dans la ville le 23 novembre 1918[304]. Il n'a pas été possible de savoir si, où, quand et comment Jean de Bertier prit part aux festivités.

L'armistice n'était pas la paix. Les Alliés devaient se tenir prêts à reprendre le combat en cas d'échec des négociations. Seule une partie des troupes fut donc démobilisée en novembre 1918[305]. Jean de Bertier, en tant que militaire de carrière, n'était de toute façon pas concerné. Une des clauses de l'armistice prévoyait l'occupation de la Rhénanie et Jean de Bertier suivit les troupes américaines qui y prirent part.

2.3.2. *Avec les troupes d'occupation américaines à Coblence*

De manière à dissuader l'Allemagne de reprendre le combat, les Alliés lui imposèrent des clauses d'armistice sévères, dont l'occupation immédiate d'une partie de son territoire. Précisons ici que le Luxembourg, envahi par les Allemands dès août 1914, fut libéré par les Américains, rapidement remplacés par les Français[306]. La partie de l'Allemagne à occuper correspondait à la rive gauche du Rhin. La 3e armée américaine du général Dickman atteignit Coblence le 13 décembre 1918[307]. Jean de Bertier les accompagna. Son agenda confirme sa présence à Coblence pendant le premier semestre de l'année 1919. Il y mena une vie militaire mondaine : visites de gradés, déjeuners, dîners, revues, concours hippiques, soirées au casino ou au théâtre. Les opérations militaires étant terminées, à quoi correspondit alors son travail de liaison ? Il n'en fait pas mention dans son agenda. Jamais non plus il n'évoque la population allemande, avec laquelle les contacts furent sans doute limités. Profitons de l'évocation de ce sujet pour dire que Jean de Bertier ne montra jamais de marques d'hostilité dégradantes envers les Allemands, au-delà de l'utilisation, courante à l'époque, du terme de « Boches ». Dans aucun de ses écrits nous ne trouvons l'équivalence des mots employés par Duval, son notaire breton, qui, lui, dénigra « l'horrible Boche » et « nos ennemis barbares ».

---

302 CABANES, *La victoire endeuillée*, p. 110, 112, 126 et 147.

303 ROTH (dir.), *Histoire de Thionville*, p. 220.

304 *Ibidem*, p. 219-220. Il y a très fort à parier que l'archiprêtre Vagner était la même personne que le curé Vagner, qui avait, avant la Grande Guerre, fait pression sur Jean de Bertier, pour que ce dernier conservât la propriété de l'école de Manom, ce qu'il fit.

305 CABANES, *La victoire endeuillée*, p. 11.

306 BROUSSE, Hendry, *Le Luxembourg de la guerre à la paix (1918-1923) : la France, actrice majeure de cette transition*, [thèse, sous la direction de Jean-Noël GRANDHOMMME], 2019, p. 52-59, <theses.fr/2019LORR0320>.

307 HARTER, p. 342.

La consultation de son agenda révèle que Jean de Bertier s'absentait régulièrement de Coblence. La plupart du temps, il se rendait au Luxembourg et en Lorraine.

Tableau 22: Visites de Jean de Bertier en Lorraine et au Luxembourg (janvier-juin 1919)[308].

Ville	Dates des visites	Durée cumulée
Thionville	13/1, 27/2-2/3, 3-4/3, 9/3, 13-14/3, 23-25/3, 4/4, 9/4, 29/4, 6/5, 11/5, 5-6/6, 14-15/6, 30/6	23 jours
Luxembourg	1/2, 28/2, 4/3, 13/3, 24/3, 3/4, 9/4, 28/4, 5/6, 1/7	10 jours
Dudelange	13/1, 2/2, 1/3, 4/3, 24/3, 6/5, 5/6	7 jours

La colonne intitulée « durée cumulée » peut être trompeuse, car les dates se recoupent : Jean de Bertier profitait de la proximité des trois villes, pour passer de l'une à l'autre dans la même journée. Les frontières n'étaient pas un obstacle et les bonnes liaisons ferroviaires facilitaient ces déplacements[309]. Si l'on ajoute à ces durées cumulées plusieurs séjours à Paris et des vacances en famille à Monte-Carlo du 8 au 25 février, on comptabilise au minimum un mois et demi d'absence de Coblence. Cette observation confirme l'hypothèse qu'il n'y avait plus grand travail à y accomplir. Son intérêt s'était reporté sur la Lorraine et le Luxembourg. Ses séjours répétés, dès janvier 1919, laissent d'ailleurs supposer que Jean de Bertier se rendît sur place dès décembre voire novembre 1918, sans que nous puissions le confirmer.

Le Luxembourg et l'Alsace-Lorraine connaissaient des bouleversements rapides. Or, Jean de Bertier y possédait – ou y avait possédé – un patrimoine et des intérêts. Trois grandes questions intéressaient Jean de Bertier. La première était celle de la monnaie. Le taux de change traditionnel de 1 mark pour 1,25 francs fut remis en question. En ce qui concerne l'Alsace-Lorraine, les autorités françaises proposèrent de changer 1 mark contre 1 franc, puis contre 0,70 franc, pour finalement annuler cette dernière mesure et rétablir le change initial, au bénéfice des seuls Alsaciens-Lorrains de souche[310]. Au Luxembourg aussi, le taux de change traditionnel fut accordé. La Banque internationale au Luxembourg (BIL) s'inquiéta que les épargnants ayant placé leur argent en Allemagne ne pussent en bénéficier : « il est inadmissible que ceux qui ont gardé leurs marks chez eux soient traités plus favorablement que ceux qui, en bons pères de famille, les ont fait fructifier dans des conditions qui excluaient toute intention de spéculation »[311]. Bref, la question

308 ALG, Agenda de Jean de Bertier. 1er semestre 1919.

309 ALG, Agenda de Jean de Bertier. 1er semestre 1919. Pour effectuer le trajet Thionville-Coblence, il fallait compter entre 3 h 30 (par exemple le 3 mars) et 4 h (par exemple le 23 mars). Son statut d'officier français affecté à la 3e A.U.S. en charge de l'occupation facilitait évidemment les déplacements. Actuellement, le temps de parcours entre les deux villes séparées d'un peu plus de 200 kilomètres est toujours de l'ordre de 3 h 30.

310 ROTH, *La Lorraine annexée*, p. 652.

311 ALG, Rapport de la direction de la Banque internationale au Luxembourg, 24 octobre 1919. On reprochait à ces épargnants d'avoir contribué à l'effort de guerre allemand. La BIL les défendait : il s'agissait pour elle de clients lui ayant fait gagner de l'argent grâce aux placements contractés.

du change fut d'autant plus sensible que les incertitudes étaient grandes quant aux taux pratiqués. Jean de Bertier possédait des sommes d'argent importantes à la BIL et se devait donc d'être attentif à ces questions monétaires. Il s'en entretint avec Richshoffer et suivit le dossier de près : « le transfert de fonds de Luxembourg à Paris me ferait perdre actuellement 10 % ce qui serait absurde puisqu'on arrivera à la parité des systèmes monétaires »[312].

La deuxième question était la situation spécifique du Luxembourg. Le gouvernement du pays dénonça en décembre 1918 son adhésion au *Zollverein*, l'union douanière avec l'Allemagne. Une réorientation économique s'opéra en direction de la France et de la Belgique[313]. Cette réorientation imposait même une restructuration à l'industrie sidérurgique luxembourgeoise qui, jusqu'alors, dépendait totalement des matières premières importées d'Allemagne[314]. Jean de Bertier possédait des actions à la BIL ainsi qu'à l'ARBED et se trouvait concerné par ce double défi. Il ne se contenta pas d'être spectateur des évolutions. Il contribua, à son niveau, à les favoriser. Il se rendit donc à Luxembourg le 24 avril pour participer à l'assemblée générale extraordinaire des actionnaires de la BIL. Avec la très grande majorité des autres actionnaires présents – sans doute essentiellement luxembourgeois, belges et français –, il vota le renvoi des huit administrateurs de nationalité allemande de la banque. La justification donnée fut la nécessité de se conformer à la nouvelle orientation économique du pays : « la BIL se voit obligée de diriger ses affaires principalement du côté de l'Entente »[315]. Les réorganisations auxquelles l'ARBED devait faire face étaient plus compliquées :

> Qu'adviendra-t-il de nos usines de Burbach et d'Hostenbach, qui sont toutes deux situées dans l'étroite région comprise entre la frontière de 1814 et celle de 1870 ? […]

> Sera-ce vers la France ou vers la Belgique que le Grand-Duché de Luxembourg, berceau de notre société, s'orientera économiquement ? […]

> Quoi qu'il en soit, un point reste acquis, et nous serons unanimes, Messieurs, à nous en féliciter : alors qu'avant la guerre nous dépendions presqu'uniquement de l'Allemagne au point de vue de notre orientation économique, il est certain que dorénavant nous échapperons à cette influence dans une très large mesure. Une grande partie de nos propriétés, à tout le moins, sera sous le contrôle des autorités françaises[316].

L'implication de Jean de Bertier se remarque de deux façons dans les archives. D'une part, dans ce cas également, il se déplaça à Luxembourg pour assister à

---

312 ALG, Lettre de Jean de Bertier à Richshoffer, 2 mars 1919.

313 TRAUSCH (dir.), *Histoire du Luxembourg*, p. 116.

314 LEBOUTTE, PUISSANT, SCUTO, p. 164-166.

315 ALG, Procès-verbal de l'Assemblée générale extraordinaire de la BIL, 28 avril 1919. Il y eut 18181 voix pour, 95 contre et 30 votes blancs. 325 actionnaires, représentant environ 25 % du capital seulement, prirent la décision. On peut en déduire que la majorité des actionnaires allemands étaient absents lors du vote.

316 ALG, Rapport du Conseil d'administration à l'Assemblée générale extraordinaire de l'ARBED, 24 mars 1919. Trois mois plus tard, le traité de Versailles trancha la question de la frontière. Ce fut le tracé de 1870 qui fut rétabli. Burbach et Hostenbach restèrent en Allemagne, mais sous statut spécial (territoire de la Sarre).

l'assemblée générale extraordinaire du 25 mars. Son agenda le mentionne : « assemblée générale de l'ARBED jusqu'à 18 h »[317]. D'autre part, et surtout, il rencontra, à de multiples reprises, le patron de l'ARBED, Émile Mayrisch. Ils se virent à Luxembourg, les 1er février, 13 mars et 28 avril, et à Dudelange, les 13 janvier, 2 février, 1er mars, 4 mars et 5 juin. Ils se rencontrèrent donc, en moyenne, au moins une fois par mois. Cela prouve que Jean de Bertier était au courant des changements en cours, s'y intéressait et, à son niveau, les encourageait. De la réussite de Mayrisch dépendait la valeur des placements de Jean de Bertier.

La troisième question qui se posait à Jean de Bertier concernait son patrimoine immobilier en Lorraine. *A priori*, il n'y possédait plus rien sauf le caveau familial et les bâtiments de l'école de Manom. Le domaine de Lagrange avait été vendu à la Gutehoffnungshütte en 1911. Quant aux prés en bord de Moselle que Jean de Bertier avait conservés, ils avaient été placés sous séquestre puis vendus aux enchères en 1917. La principale entreprise sidérurgique de Thionville, la *Röchling'schen Eisen und Stahlwerke GmbH* en fit l'acquisition contre la somme de 123 228 marks[318]. Les anciens biens de Jean de Bertier étaient donc passés aux mains d'entreprises sidérurgiques allemandes. L'administration française, dans une volonté de « débochiser » l'Alsace-Lorraine, ordonna plus de 100 000 expulsions et prononça la mise sous séquestre de toutes les propriétés industrielles, bancaires, commerciales et immobilières détenues par des Allemands non originaires d'Alsace-Lorraine[319]. Certains en profitèrent :

> Comme à Metz, s'opère à Thionville un prodigieux transfert de propriété dont l'étude reste à entreprendre et dont beaucoup de Lorrains ont été bénéficiaires. Agents d'affaires, administrateurs de séquestre, liquidateurs ont vécu quelques années fructueuses[320].

Encore fallait-il agir rapidement. Jean de Bertier tenta de rétablir son patrimoine au plus vite, avant que les séquestres ne devinssent effectifs. En février 1919 au plus tard, il revendiqua la propriété des prés achetés par Röchling. La principale affaire concernait, bien sûr, le domaine de Lagrange. La Gutehoffnungshütte n'avait pas réglé la dernière tranche du prix d'achat : 500 000 marks ou 625 000 francs. La guerre avait empêché cette dernière transaction financière prévue pour juin 1915[321]. Le gestionnaire allemand de Lagrange fut donc contacté. Il proposa de se rendre au siège de la société, à Oberhausen, dans la Ruhr, pour connaître les intentions de l'entreprise : « Monsieur le comte et madame la comtesse de Bertier ajoutent beaucoup d'importance à ce que l'affaire soit réglée aussi vite que possible ». Jean de Bertier proposa sans doute un rachat à bas prix, mais la Gutehoffnungshütte

---

317 ALG, Agenda de Jean de Bertier. 1er semestre 1919. Journée du 24 mars 1919. Le procès-verbal conservé mentionne quant à lui la date du 25 mars 1919. Nous avons fait confiance à Jean de Bertier.

318 ALG, Acte de vente du 2 mars 1918, enregistré chez maître Sibille, à Thionville (en allemand).

319 ROTH, [*in*] AUDOUIN-ROUZEAU, Stéphane et BECKER, Jean-Jacques (dir.), *Encyclopédie de la Grande Guerre, 1914-1918 : histoire et culture*, Montrouge, Bayard, 2013, p. 1066.

320 ROTH (dir.), *Histoire de Thionville*, p. 225.

321 ALG, Lettre du notaire Carlenbach, 5 février 1919 et Note concernant Lagrange, sans date ni auteur.

tergiversa. Elle préférait, semble-t-il, payer la dernière traite, et rester propriétaire – ou bien voulait-elle simplement inciter Jean de Bertier à revoir son offre à la hausse ? Les quelques archives retrouvées ne permettent pas de trancher[322]. Le rachat rapide et direct échoua[323]. Le domaine de Lagrange, comme les autres biens fonciers allemands en Alsace-Lorraine, fut placé sous séquestre par l'administration française. Jean de Bertier devrait donc patienter pour en redevenir propriétaire.

Au-delà de ces trois questions à fort enjeu de la monnaie, de la réorientation économique du Luxembourg et du patrimoine séquestré en Lorraine, Jean de Bertier fut aussi confronté à d'autres sollicitations. On lui réclama de l'argent, de façon légitime ou non. L'atmosphère de confusion et de désorganisation du début d'année 1919 fut propice à ces agissements. À Lagrange, Plumeré réclama 7 000 francs, correspondant, d'après lui, à des rentes non versées entre 1914 et 1919[324]. Un autre exemple fut la demande de la famille Bolzinger. Le père avait été intendant du domaine de Dudelange jusqu'à son décès en 1916. Ses héritiers demandèrent plus de 3 000 francs[325]. Neuman, le notaire luxembourgeois de Jean de Bertier, le dissuada de régler cette créance :

Affaires louches et tordues. Je ne connais pas trop les héritiers Bolzinger ; mais d'après mon expérience ils sont de mauvaise foi. [...]

[Il s'agit de] deux affaires qui ne regardent Monsieur de Bertier en aucune façon, et qui n'ont que le seul but de lui [faire] endosser le résultat défavorable de quelques opérations que feu Monsieur Bolzinger a faites pour son compte personnel[326].

Bref, Jean de Bertier fut sollicité de multiples façons, si bien que, depuis plusieurs pages, il n'est plus question ni de Coblence, ni des Américains, ni même de l'armée. Les questions à régler au Luxembourg et en Lorraine exigeaient de la part de Jean de Bertier une présence et une réactivité qui devenaient de plus en plus incompatibles avec ses obligations militaires. On comprend donc pourquoi il décida de démissionner de l'armée à l'été 1919.

2.3.3. Démission et sortie de guerre

Le 28 juin 1919, à Versailles, la signature du traité de paix avec l'Allemagne mit un terme définitif au conflit. La démobilisation des soldats alliés entra dans sa dernière phase. Rapidement, les Américains rapatrièrent leurs troupes encore stationnées en France, pour ne conserver qu'un contingent réduit en Allemagne[327].

---

322 ALG, Demande d'autorisation d'Édouard Friedrich de se rendre en Allemagne occupée, 2 février 1919, et Réponse de la Gutehoffnungshütte au notaire Carlenbach du 8 février 1919.

323 ALG, Agenda de Jean de Bertier. 1er semestre 1919. Journée du 4 mars 1919 : « rien à faire pour achat immédiat ».

324 Nous retrouverons Plumeré au moment des obsèques de Jean de Bertier. Il s'agissait d'un vieux serviteur ayant passé sa vie au service des Bertier. La famille lui avait, sans doute, accordé une pension.

325 ALG, Relevé de compte de Ch. Plumeré à Lagrange de 1914 à 1919, sans date et Lettre de la famille Bolzinger à Jean de Bertier, depuis Hayange, 26 janvier 1919.

326 ALG, Lettre du notaire Neuman à « Madame » [?], 30 janvier 1919.

327 HARTER, p. 394 et CABANES, *La victoire endeuillée*, p. 11 et 186.

Jean de Bertier n'avait que peu d'intérêt à poursuivre sa carrière militaire en temps de paix. Il avait débuté la guerre au grade de capitaine et il la terminait à celui de chef d'escadrons, c'est-à-dire commandant. En quatre années de guerre, il n'avait gagné qu'un seul galon. Cet avancement pourrait paraître très lent. Toutefois, François Cochet rappelle que les rapides promotions ne se faisaient que sur le front, par suite des pertes au combat[328]. Or, la plupart du temps, Jean de Bertier fut employé dans des services éloignés des premières lignes, que cet éloignement fût relatif (liaison dans les Flandres et aux Dardanelles), ou absolu (à Londres et à Langres). Une autre grille de lecture consiste à comparer Jean de Bertier avec certains de ses camarades de Saint-Cyr. Le plus célèbre d'entre eux, le futur général Catroux, fut promu commandant en octobre 1914, mais n'avait pas non plus accédé au grade de lieutenant-colonel à la fin des hostilités[329]. La lenteur de l'avancement de Jean de Bertier est donc à relativiser. Cependant, la paix revenue, il ne pouvait plus espérer de promotion rapide. N'oublions pas non plus l'affaiblissement de son état de santé depuis sa blessure de 1917. Elle apparaît d'ailleurs au moment de son départ définitif de Coblence, début juillet 1919 : « 11 juillet. Fatigué pour aller bureau et voir général Craig que je ne trouve pas. Mes adieux à Montgomery, Reynolds. Train 13.30 [...] Thionville 18.45 »[330]. Le 14 juillet 1919, Jean de Bertier assista (mais ne participa pas) au défilé de la victoire sur les Champs-Élysées. Il le décrivit ainsi dans son agenda : « défilé de 8 h 30 à 10 h 30. Joffre et Foch, les Alliés, Pétain, les CA dans l'ordre, l'Armée d'occupation, d'Orient, d'Afrique, les automitrailleuses, les tanks »[331]. Cette description très neutre ne laisse transparaître aucun sentiment. Sa décision de démissionner était déjà prise. Elle allait chambouler sa vie.

Jean de Bertier se rendit au ministère de la Guerre les 15 et 17 juillet. Sa démission, jugée non conforme, ne fut pas acceptée et il retourna au ministère le 1er août. Son agenda laisse percevoir son agacement : « ma démission était mal rédigée ! ». Il écrivit donc une seconde lettre de démission. Comparons les raisons données dans les deux écrits successifs :

> 18 juillet 1919 : Je suis, en effet, obligé de m'occuper d'intérêts que je possède en Lorraine, intérêts qui ont grandement souffert par l'occupation allemande et qui réclament ma présence, le plus tôt possible.

> 1er août 1919 : Je me suis vu contraint de donner ma démission pour m'occuper de mes intérêts en Lorraine reconquise, dont je n'ai pu m'occuper depuis l'armistice plus que je ne l'avais fait durant la guerre ; ces intérêts me réclament au plus tôt.[332]

328 COCHET, François, Courriel à l'auteur, 27 février 2021.
329 *Ibidem.*
330 ALG, Agenda de Jean de Bertier. 2e semestre 1919. Journée du 11 juillet 1919. S'agissait-il du célèbre futur général puis maréchal britannique Montgomery, ou d'un homonyme américain ?
331 ALG, Agenda de Jean de Bertier. 2e semestre 1919. Journée du 14 juillet 1919.
332 SHD, GR 6YE 1413, Lettre de démission de Jean de Bertier, 18 juillet 1919 et ALG, Lettre de Jean de Bertier au maréchal Foch, 1er août 1919.

Jean de Bertier passait sous silence son patrimoine luxembourgeois pour ne mettre en avant que des raisons « patriotiques ». Il exagérait aussi les difficultés. Il avait pu s'occuper de ses intérêts, mais ni suffisamment longtemps, ni assez rapidement. Le point commun entre les deux lettres est double. Dans les deux cas, Jean de Bertier affirme ne pas avoir *le* choix (« obligé », « contraint »). En réalité, il avait fait *son* choix. Ses intérêts lorrains et luxembourgeois primaient sur la poursuite de sa carrière militaire, et nous avons déjà expliqué pourquoi. Le plus frappant est de voir l'empressement de Jean de Bertier à commencer cette nouvelle vie (« au plus tôt », « le plus tôt possible »). Il demanda une permission de trente jours, de manière à ne pas reprendre le service, dans l'attente de l'acceptation de sa démission. Cette dernière fut validée le 21 août 1919[333]. Elle mettait un terme à près de vingt-cinq années de carrière militaire. Dans sa précipitation, Jean de Bertier oublia certains détails, au vu de courriers reçus de Coblence en septembre 1919 : que faire de son cheval ? Où envoyer ses bagages[334] ? Il rata également sa promotion au grade de lieutenant-colonel, prévue pour le 3ᵉ trimestre 1919. Son dossier était « t[rès] appuyé. Pour le cas où la demande de démission présentée par cet officier ne serait pas acceptée »[335].

Bertrand Goujon indique que les nobles mobilisés en 1914 poursuivirent en grand nombre une carrière militaire à partir de 1919[336]. Autrement dit, des civils, devenus militaires le temps du conflit, restèrent par la suite engagés dans le métier des armes. Jean de Bertier, lui, accomplit le parcours en sens inverse. Militaire de carrière en 1914, il démissionna en 1919 pour commencer une vie civile. De multiples officiers de carrière firent de même, souvent pour embrasser une autre carrière[337]. Jean de Bertier se lança dans l'aventure de la politique. Dans son agenda, la première mention d'un engagement apparaît à la date du 14 mars 1919 :

> Thionville. Levé 6 h. Vu curé Thionville. 8 h. Parti avec curé Manom pour Metz : abbé Yung, rédacteur *Volkszeitung*, 42, rue Mazel ; M. Houpert, *Lorrain*, 14, rue des Clercs, abbé Hackespiel [?] Saint-Georges. Retour pour midi. Le programme de l'Union démocratique lorraine (sic)[338].

Dans ces quelques lignes, des cinq personnes citées, quatre sont des ecclésiastiques. Il faut dire que le poids de l'Église catholique était très fort en Lorraine annexée. Cela s'expliquait par le maintien du concordat et le caractère confessionnel de l'école primaire. L'influence du catholicisme s'était traduite dès l'époque allemande dans le domaine politique, avec deux courants. L'un, démocrate-chrétien, équivalait au *Zentrum* allemand. L'autre, conservateur et francophile, s'incarnait

---

333 ALG, Lettre de Jean de Bertier au maréchal Foch, 1ᵉʳ août 1919 et Note du 10 septembre 1919.
334 ALG, Lettre de Hendricks, depuis Coblence, 18 septembre 1919.
335 SHD, GR 6YE 1413, Mémoire de proposition pour le grade de lieutenant-colonel.
336 GOUJON, *Du sang bleu dans les tranchées*, p. 549.
337 *Ibidem*, p. 552-553 et 564.
338 ALG, Agenda de Jean de Bertier. 1ᵉʳ semestre 1919. Journée du 14 mars 1919. Jean de Bertier se trompe dans l'orthographe des noms Jung, Mazelle, Hackspill : il était un « revenant » en Alsace-Lorraine (nous en reparlerons).

dans le parti lorrain, animé par le chanoine Collin. Le retour à la France en 1918 consacra la prééminence de ce dernier, qui se refonda en une Union républicaine lorraine de centre-droit, catholique et nationaliste. François Roth décrit le nouveau parti comme un « syndicat d'élus et d'éligibles aux contours flous » dont « l'équipe anti-allemande du *Lorrain*, la famille de Wendel et ses clients [etc.] »[339]. C'est à ce mouvement que Jean de Bertier s'agrégea. L'extrait précédemment cité montrait qu'il était lié au journal *Le Lorrain*. Une autre référence révèle sa proximité avec les Wendel : « par Rombas et Fameck à Hayange. Manqué Guy, vu François et Humbert [de Wendel]. Causé de la liste »[340]. En ce premier semestre 1919, Jean de Bertier débutait en politique. Il fit suffisamment carrière pour être cité par Bertrand Goujon comme l'un des exemples de ces officiers nobles ayant quitté la carrière militaire pour embrasser la politique[341].

Conclusion : les années décisives

Pour Jean de Bertier, le temps des Américains fut plus court que celui de la coalition avec les Britanniques. Il ne devint instructeur qu'en octobre 1917, lorsque, encore convalescent, il prépara ses premières conférences à Biarritz. Il démissionna une année et demie plus tard, à l'été 1919, mais nous avons vu que son séjour à Coblence se caractérisa sinon par une inactivité militaire, du moins par une absence d'intérêt pour cette dernière mission. La fin de l'engagement actif et déterminé de Jean de Bertier pourrait être datée de l'armistice de novembre 1918. Le temps des Américains se réduirait ainsi à une seule année, face aux 3 ans passés aux côtés des Britanniques.

Cette année ou, si l'on conserve une vision large, ces deux années furent cependant décisives. D'abord, l'apport par les Américains de centaines de milliers d'hommes soulagea les Français et les Britanniques et leur redonna confiance[342]. Cependant, les États-Unis n'étaient pas encore la grande puissance qu'ils deviendraient par la suite. Leur manque d'armement, d'organisation dans le commandement, d'expérience des combats nécessitait un soutien de leurs alliés européens. Il se traduisit notamment à travers cet effort d'instruction, souvent passé sous silence. Sans doute par fierté, Pershing n'y consacra qu'une demi-page sur les huit cent quarante de ses mémoires. Suivre Jean de Bertier aura permis de redonner une place plus équitable à cette condition fondamentale de la réussite de l'intervention américaine. Rappelons aussi que cette dernière dépendit aussi des fournitures d'armements et des efforts de logistique consentis par les alliés européens. La guerre de coalition, que Français et Britanniques avaient eu tant de difficultés à mettre en place, se révéla enfin concrète et efficace. Ainsi, le cours de la guerre fut renversé, dès 1917 sur le papier, et à partir de l'été 1918 sur le front.

339 ROTH, *La Lorraine annexée*, p. 671-672.
340 ALG, Agenda de Jean de Bertier. 2ᵉ semestre 1919. Journée du 17 août 1919.
341 GOUJON, *Du sang bleu dans les tranchées*, p. 568.
342 Dans le même temps, cela démoralisait les Allemands, qui se retrouvaient confrontés à un adversaire supplémentaire (KEEGAN, p. 500-501).

Ces deux années furent également décisives pour Jean de Bertier. Tout débuta pourtant par une affectation sur le front dans la perspective d'un avancement, et donc, sans doute, d'une poursuite de la carrière militaire. Sa blessure brisa cette perspective. Elle compromit toute promotion importante, car elle réorienta de nouveau Jean de Bertier vers la liaison et l'instruction, autant de postes-clefs pour la victoire, mais non pour la carrière. De plus, le déblocage de la situation militaire à partir de l'été 1918, puis la victoire en novembre, ouvrirent à Jean de Bertier tout un champ des possibles au Luxembourg et en Lorraine. L'armée n'était plus sa priorité. Par ailleurs, il avait, au cours du conflit, et surtout aux côtés des Britanniques, approché le processus de décision. Cela put contribuer à lui donner le goût de la politique, d'autant qu'il y avait tout à faire, ou à refaire, dans cette ancienne Lorraine annexée en passe de devenir le nouveau département de la Moselle. À Thionville, l'expulsion des Allemands de souche signifiait une perte considérable, tant démographique que sociale, économique, et culturelle : des 6 800 Allemands de souche présents dans la ville en 1914, il n'en restait plus que 500 à la fin de 1920[343]. Une élite disparaissait, ce qui laissait à Jean de Bertier bien des opportunités. Il pouvait espérer rétablir son patrimoine au meilleur prix, profiter des reconfigurations économiques pour faire fructifier ses intérêts, et exploiter son statut de notable et son réseau déjà existant pour créer puis élargir son assise politique. Son empressement à quitter l'armée montrait son impatience et sa détermination.

3. Réalités et limites d'un engagement

Pour compléter les analyses précédentes, quittons le fil chronologique au profit d'une vision plus globale. Cela permet de revenir sur les questions militaires avec une autre approche, recherchant des tendances plus profondes, au-delà des faits désormais établis. C'est aussi un bon moyen d'analyse de certaines ambiguïtés, notamment à propos du patrimoine des Bertier. Enfin, il est utile d'opérer un décentrement, en prenant Marie-Louise, personnage jusqu'ici secondaire, comme nouveau référentiel.

3.1. *Jean de Bertier, un combattant comme les autres ?*

Une réponse immédiate à cette question serait : non. Jean de Bertier ne représentant pas le fameux « Français moyen », nous pouvons reprendre la présentation suivante de Frédéric Rousseau :

> La guerre des uns n'est pas exactement celle de tous les autres. Les stratifications sociales qui constituaient la société française ne se sont pas effacées comme par enchantement, mais ont au contraire tamisé la participation de chacun à la guerre selon sa position sociale[344].

---

343 ROTH (dir.), *Histoire de Thionville*, p. 224. La perte était d'autant plus considérable que Thionville restait une ville encore relativement modeste ne dépassant pas les 15 000 habitants dans les années 1910.

344 ROUSSEAU, p. 13-14.

Pourtant, la guerre bouleversa les sociétés et les individus. Elle créa de nouveaux lieux dans lesquels les cadres sociaux et géographiques traditionnels purent être remis en cause. Alice Bravard note ainsi qu'« au front, l'aristocratie se dissout dans la masse des mobilisés »[345]. La question posée a donc sa légitimité. Nous y répondrons en trois temps, à la manière d'une controverse. Un premier argumentaire s'attachera à montrer que Jean de Bertier partagea les risques et les souffrances de la très grande majorité des combattants. Ensuite, une démonstration en contrepied insistera sur les éléments de différenciation entre Jean de Bertier et la masse des soldats et des officiers. Enfin, une synthèse tentera de concilier et de dépasser les deux points de vue initiaux.

3.1.1. La réalité des risques encourus

Jean de Bertier mérite le titre de combattant. Nous n'avons pas de récit détaillé d'un affrontement auquel il prit part, mais nous disposons d'un témoignage de son volontarisme. Il raconte lui-même le premier rembarquement des Dardanelles, dans la baie de Suvla, fin décembre 1915 :

> Installé à la mitrailleuse d'un canot à vapeur chargé de protéger le départ des derniers éléments, j'espérais en descendre moi-même [des ennemis Turcs]. Mais non seulement il ne s'en est montré aucun, mais ils n'ont pas tiré un coup de fusil. Je n'ai donc eu aucun mérite à être le dernier officier d'état-major à quitter la terre dans cette zone exclusivement anglaise, de même que j'avais été le premier à y débarquer le 8 août, également sans un coup de fusil[346].

À travers ces lignes transparaît l'excitation de la bataille, et même le plaisir de tuer, tous deux bien présents parmi les combattants[347]. On remarque que Jean de Bertier n'hésita pas à dépasser le cadre de sa mission, en portant lui-même les armes. Rappelons qu'il était alors chef de la liaison française auprès du commandement britannique. Ce n'était sans doute pas à lui d'actionner cette mitrailleuse, ni d'être « le dernier officier d'état-major à quitter la terre » comme il avait été « le premier à y débarquer », d'autant plus qu'il s'agissait d'une « zone exclusivement anglaise ». Où se trouvaient les officiers britanniques ? La critique de leur manque d'engagement réapparaît ici en filigrane.

Jean de Bertier vécut aussi l'expérience des tranchées, à plusieurs reprises. Il connut celles des Flandres en 1914-1915, celles des Dardanelles en 1915, puis celles du Chemin des Dames au printemps 1917. En 1918, lorsqu'il travailla à la liaison avec les Américains, la guerre de mouvement reprit. Il suivit à nouveau les combats. En plus de l'ennemi, d'autres adversaires assaillaient les combattants : le froid, les maladies etc. Jean de Bertier y fut lui aussi confronté : « ici nous avons une horrible neige fondue qui rend les tranchées épouvantables »[348]. Il connut

---

345 BRAVARD, p. 192-193.
346 ALG, Lettre de Jean de Bertier à son épouse, 20 décembre 1915.
347 COCHET, *Survivre au front*, p. 178.
348 ALG, Lettre de Jean de Bertier à son épouse, 31 janvier 1915.

d'ailleurs les deux fronts sur lesquels les conditions du terrain et de la météo furent les plus éprouvantes. Les Flandres, c'était la boue et l'humidité permanentes[349]. Quant aux Dardanelles, elles cumulaient tous les extrêmes : chaud, froid, absence d'eau potable et de bois pour se chauffer, insalubrité par la présence de moustiques, etc.[350]. Beaucoup de membres de la liaison tombèrent malades. Lafond, évacué à Malte, y mourut en décembre 1915 et Laborde fut hospitalisé début janvier 1916 pour paludisme[351]. Tout cela apparaît explicitement dans la correspondance de Jean de Bertier.

La réalité des dangers auxquels il dut faire face fut, peut-être, plus grande encore. N'oublions pas que les lettres envoyées avaient tendance à minimiser ou à dissimuler les risques encourus, afin de rassurer la famille et les proches[352]. Il y avait donc tout un non-dit, que nous pouvons parfois mettre au jour. Par exemple, Marie-Louise trouva une lettre adressée à son mari par une certaine Henriette. Interrogée, cette dernière se défendit d'être sa maîtresse. Elle justifia les mots tendres employés en indiquant qu'elle n'avait fait que répondre « à une lettre triste, découragée écrite aux Dardanelles presque sous le feu. [...] J'étais persuadée qu'il n'en reviendrait pas »[353]. Jean de Bertier n'adressa aucune lettre aussi inquiète à son épouse. Il ne lui avouait le danger qu'après-coup. Bref, la mort menaça Jean de Bertier beaucoup plus fréquemment qu'il ne l'admit. Fut-ce pour cette raison qu'il donna à Marie-Louise toute une série de conseils quant à la gestion de leur patrimoine et à l'éducation de leur fils Arnaud ?

> 15 juillet 1915 : Après la guerre, les chevaux et le bétail seront la fortune de la Bretagne, c'est donc de ce côté-là qu'il faut pousser, ainsi que vers l'élevage des poules.

> 21 juillet 1915 : Je t'en supplie : habitue-le [Arnaud] au travail, à l'effort, et même à la douleur. Quoi qu'il fasse dans la vie, il sera ainsi mieux armé et plus fort, par conséquent plus heureux[354].

Il y a une tonalité de testament dans ces lettres. Au mois de septembre suivant, Jean de Bertier proposa à Marie-Louise tout un programme d'éducation pour Arnaud, incluant le séjour dans une école anglaise à l'âge de 13 ou 14 ans. Arnaud étant né en 1910, cela concernait les années 1923-1924. Pourquoi se projeter si loin dans l'avenir ? Jean de Bertier, lucide face aux dangers, envisageait-il sa disparition ? Il ne l'écrivit jamais explicitement. Cette distorsion entre risques réels et avoués pouvait être accentuée chez les aristocrates comme Jean de Bertier. Les valeurs nobiliaires de courage, de dévouement, d'esprit de sacrifice poussaient les

---

349 SCHAEPDRIJVER, p. 172-173.
350 KEEGAN, p. 307 et SCHIAVON, p. 81-82 et 89.
351 ALG, Lettre de Jean de Bertier à son épouse, veillée de Noël 1915 et Télégramme de Jean de Bertier à Jogal, Paris, 9 janvier 1916, 19:20.
352 COCHET, *Survivre au front*, p. 19.
353 ALG, Lettre d'Henriette à Marie-Louise, 19 juin 1916.
354 ALG, Lettres de Jean de Bertier à son épouse, 15 et 21 juillet 1915.

membres du groupe à s'exposer au danger, à rechercher l'exploit individuel et à s'imposer le « refus de toute récrimination contre les conditions de vie »[355].

On pourrait penser que l'appartenance de Jean de Bertier à la noblesse ainsi que son affectation dans la liaison, donc auprès des états-majors, agissaient comme une double protection face à la mort. En réalité, il y eut une surmortalité nobiliaire au cours du conflit. Les pertes furent en moyenne deux fois plus élevées chez les nobles que dans le reste de la population française[356]. Quant aux états-majors, certes éloignés des premières lignes, ils subissaient rapidement, une fois localisés, les tirs de l'artillerie ennemie[357]. Cette protection toute relative apparaît dans les archives. Ce fut le cas dans les Flandres : « le feu a été ouvert à plusieurs reprises sur les emplacements occupés par les états-majors, mais nous ne craignons rien ici, rassure-toi, car nous sommes très loin de la ligne de feu »[358]. Ce fut aussi le cas aux Dardanelles. Le commandant en chef français, Gouraud, fut grièvement blessé le 30 juin 1915 par un obus tombé sur son poste de commandement. En septembre, Jean de Bertier écrivit à son épouse : « depuis que je t'écris, plusieurs obus sont tombés à moins de 20 mètres, mais je suis derrière un bon mur, à une table confortable ». En décembre, il nota dans ses carnets personnels : « L[ieutenan]t Kauffmann a été tué aujourd'hui dans cour E[tat] M[ajor] »[359]. On retrouve ici la volonté de minimiser le danger dans les lettres à son épouse. Le « bon mur » devait prémunir contre une mort bien présente.

Jean de Bertier partagea donc l'expérience combattante de la majorité des soldats. Il fut, avec eux, exposé à tous les risques du conflit. Ce fut sans doute la raison pour laquelle il fut un officier apprécié. Un exemple nous en est donné par la lettre de Birdwood, commandant les troupes australiennes et néo-zélandaises que Jean de Bertier avait notamment soutenues lors du rembarquement de Suvla : « *I know many of my Anzacs will look forward with pleasure to seeing you again* »[360]. Une dernière preuve de la réalité des risques encourus n'est-elle pas la blessure de Jean de Bertier le 29 juin 1917 ? Rappelons qu'il fut blessé par un éclat de grenade. Ill était donc en première ligne, présent au feu. Son grade de commandant le classait parmi ces officiers en charge d'encadrer les troupes et de montrer l'exemple lors des assauts[361]. Il occupait ainsi un poste aussi exposé que celui des soldats, sinon plus exposé. Malgré tous ces éléments tendant à montrer que Jean de Bertier

---

355 GOUJON, « Insertion et distinction nobiliaires parmi les combattants français de la Grande Guerre », [*in*] BOULOC, François, CAZALS, Rémy et LOEZ, André (dir.), *Identités troublées, 1914-1918. Les appartenances nationales et sociales à l'épreuve de la guerre*, Toulouse, Privat, 2011, p. 52 et GOUJON, *Du sang bleu dans les tranchées*, p. 118 et 211-212.

356 BRAVARD, p. 184-188.

357 GOUJON, *Du sang bleu dans les tranchées*, p. 339 et 348.

358 ALG, Lettre de Jean de Bertier à son épouse, 10 octobre 1914.

359 ALG, Lettre à son épouse, 26 septembre 1915 et Agenda de Jean de Bertier. 4ᵉ trimestre 1915. Journée du 10 décembre 1915.

360 ALG, Lettre du général Birdwood à Jean de Bertier, 11 avril 1917 : « je sais que beaucoup de mes Anzacs [soldats australiens et néo-zélandais] piaffent d'impatience de vous revoir » (traduction de l'auteur).

361 BRAVARD, p. 195.

fut bel et bien un combattant comme les autres, il est possible d'adopter un autre regard, menant à la conclusion opposée.

3.1.2. Les privilèges liés au grade et au statut social

En tant qu'officier et membre de la noblesse, Jean de Bertier ne pouvait être représentatif de la majorité des combattants. Quatre réflexions permettent d'étayer cette idée d'une position privilégiée. On peut, tout d'abord, remettre en question son identité de combattant. L'affectation à des missions de liaison et d'instruction l'éloignait des premières lignes. Il passa plus d'une année à Londres, au *War Office*, ainsi que six mois à Langres. Ces deux périodes cumulées représentent presque deux années, pendant lesquelles Jean de Bertier ni ne porta les armes, ni n'entendit le son du canon. Au total, il ne passa que la moitié de la durée du conflit à proximité du front.

On peut accentuer cette première réflexion en s'intéressant aux permissions. Ne faudrait-il pas retrancher de son temps de combat toutes celles dont il put bénéficier, ainsi que les libertés qu'il s'accorda, de manière plus ou moins dissimulée ? Alors qu'il était dans les Flandres, il s'arrangea à plusieurs reprises pour retourner à Paris et retrouver son épouse : « il est possible que j'aille au GQG dimanche, mais je ne veux pas que Ballero le sache, car je n'ai pas le droit d'aller à Paris et je crains une histoire »[362]. L'exemple le plus impressionnant de ces permissions à la limite du réglementaire fut son séjour à Alexandrie en août-septembre 1915. Derrière la mise en avant de raisons médicales, cette escapade en Égypte ressembla davantage à des vacances, combinant tourisme, fréquentation de la bonne société et de certaine(s) maîtresse(s) opportunément venue(s) le rejoindre. Jean de Bertier avait tout à fait conscience qu'il bénéficiait de privilèges quelque peu exagérés, et s'étonna de ne subir aucune réprimande de ses supérieurs : « Girodon et Bailloud pas un reproche : décidément il faut abuser »[363]. Au total, Jean de Bertier dépassa largement le maximum de permissions autorisées pour un soldat français, évalué par Emmanuelle Cronier à 60 jours pour toute la durée du conflit[364]. Il put ainsi régulièrement échapper à la guerre. On pourrait y adjoindre les transferts maritimes, pourtant assimilés à des périodes de service. Il écrivit ainsi, à propos du transport entre Alexandrie et les sites de débarquement prévus aux Dardanelles : « croisière charmante bien éloignée de la guerre »[365]. La plupart des combattants ne disposaient pas de tous ces avantages. Le tour de permission ne fut établi qu'en juillet 1915, et ce ne fut qu'en 1917 qu'il prit un caractère véritablement régulier[366]. L'écart entre Jean de Bertier et la masse des soldats fut encore plus criant

---

362 ALG, Lettre de Jean de Bertier à son épouse, 11 février 1915. Ballero est un personnage non identifié. Jean de Bertier put aussi régulièrement se rendre à Paris lorsqu'il fut en poste à Londres (par exemple, ALG, Lettre de Jean de Bertier à son épouse, 5 mars 1916).

363 ALG, Agenda de Jean de Bertier. 3ᵉ trimestre 1915. Journée du 15 septembre 1915.

364 CRONIER, Emmanuelle, « Permissions et permissionnaires », [*in*] AUDOUIN-ROUZEAU et BECKER, p. 596.

365 ALG, Lettre de Jean de Bertier à son épouse, 20 avril 1915.

366 CAZALS, article « Permissions » [*in*] *Les mots de 14-18*, p. 86-87.

dans le cas des Dardanelles. En raison de l'éloignement du théâtre d'opérations, les soldats furent privés de permissions[367]. Au même moment, Jean de Bertier passa un mois à Alexandrie… Un tel privilège s'expliquait par sa situation particulière. Chef de la liaison française, et donc en position d'intermédiaire entre Britanniques et Français, il sut se concilier les bonnes grâces des uns sans s'attirer les foudres des autres. Nous avons ainsi vu que le repos égyptien lui fut proposé par le commandement britannique, sans que les chefs français en fussent tenus au courant.

Cela nous amène à notre deuxième réflexion, centrée sur ses privilèges d'officier. Il y avait d'abord les avantages traditionnels, liés au grade et aux compétences. À Langres, il bénéficia d'un logement à part. En outre, en tant qu'officier breveté, il eut droit à un cheval, alors que ses collègues non diplômés de l'école de guerre durent se contenter d'un vélo[368]. De même, il profitait de conditions de logement et d'alimentation bien supérieures à celles de la plupart des soldats. Prenons l'exemple des Dardanelles. Il ne dormait pas sur la péninsule de Gallipoli, mais au camp d'Imbros, hors de portée des bombardements turcs. Quant aux repas, certains furent raffinés : les popotes des officiers n'avaient rien à voir avec les cantines des tranchées[369]. Jean de Bertier conserva dans son agenda le souvenir d'un repas en particulier :

> Camp Imbros. Allé péninsule. Excellent déjeuner chez Mayerhoffer : départ de Cunningham et d'Aymery. Escalope de foie gras. Omelette au lard. Faux-filet grillé. Pommes frites. Haricots verts. Choux à la crème. Desserts.
>
> Parti avec Sarrou que j'installe au camp d'Imbros, le soir après avoir entamé chez Alain le fameux jambon cuit au four.[370]

À cela s'ajoutaient des avantages plus spécifiques. Aux Dardanelles et à Londres, Jean de Bertier dirigea une mission, et donc une équipe. Il disposait ainsi d'adjoints (2 aux Dardanelles), d'ordonnances (4 aux Dardanelles, 1 à Londres), toujours d'un secrétaire (dans les deux cas) et même, aux Dardanelles, d'un domestique[371]. Il choisissait éventuellement lui-même ses collaborateurs. À sa demande, Jean Mikcha lui fut adjoint comme ordonnance aux Dardanelles puis sur le front de France au printemps 1917[372]. De plus, son rôle d'agent de renseignement permit à Jean de Bertier d'utiliser des canaux de communication plus diversifiés et plus rapides. Il en remercia le colonel Hamelin : « c'est là un avantage précieux

367 CRONIER, p. 593 et SCHIAVON, p. 89.

368 SHD, GR 17N 82, Lettre de Koechlin-Schwartz à Ragueneau, 8 décembre 1917, et Lettre du lieutenant-colonel Cottin de Melville à Koechlin-Schwartz, 13 décembre 1917.

369 GOUJON, *Du sang bleu dans les tranchées*, p. 177-178.

370 ALG, Agenda de Jean de Bertier. 3ᵉ trimestre 1915. Journée du 3 juillet 1915.

371 ALG, Ordre de service du 24 mars 1915 et Brouillon d'une lettre de Jean de Bertier à Robertson, mentionnant son ordonnance (lieutenant de Noailles) et son secrétaire (M. de Sartiges), sans date [avril 1917].

372 SHD, GR 7N 2170, Lettre n° 8 de Jean de Bertier au colonel Hamelin, 3 juin 1915, et ALG, Note de service du ministère de la Guerre n° 1912, 27 avril 1917, avec complément manuscrit de Jean de Bertier, 30 avril 1917.

pour moi et mes compagnons qui recevons parfois par la voie ordinaire des lettres vieilles de plus d'un mois »[373]. Marie-Louise sut les utiliser et ses envois réguliers de colis améliorèrent grandement le quotidien de la mission.

Un troisième point est relatif à l'influence et à la protection que Jean de Bertier exerçait, ou dont il bénéficiait. Il fut l'objet de multiples sollicitations provenant de ses amis et connaissances. Un de ses fermiers bretons, Isidore Lotoux, le pria d'agir en faveur de son fils aîné, qui combattait dans les tranchées en Champagne : « il n'est pas très solide. Et je crains bien pour sa santé. S'il vous était possible d'améliorer sa position je vous serais bien reconnaissant »[374]. Jean de Bertier n'était cependant que capitaine, puis chef d'escadrons, et, malgré son réseau, ne pouvait intervenir directement. Il connaissait cependant suffisamment les arcanes du commandement pour, à l'occasion, transmettre des conseils utiles :

> Pour Henri de Kergariou, le général ne peut rien, car le ministre ne lui envoie pas les interprètes qu'il demande et ne tient aucun compte de ses listes de préférence. L'oncle Paul connaît, je crois, M. Delbrück, du 2e Bureau et le lieutenant-colonel [Debains ?], également du 2e Bureau : c'est auprès d'eux qu'il faudrait agir, pour Henri comme pour Pierre, si on veut les faire nommer à la mission[375].

Ces démarches avaient généralement pour but d'obtenir un poste moins exposé. Par ses relations, Jean de Bertier ne permit-il pas ainsi l'« embuscage » de ses clients et de ses proches ? Deux pièces retrouvées dans les archives lui reprochent même son propre embuscage. La première est une lettre anonyme s'en prenant principalement à Marie-Louise : « elle tient avec beaucoup d'élégance l'agence d'embusquade (sic). [...] Tout comme son mari, ils se gorgeront d'honneurs, loin des balles ». La seconde émane d'une des maîtresses de Jean de Bertier, lui confiant : « vous êtes d'après les Galliénistes e - - - - - - é ! »[376]. Il s'agissait d'une insulte courante : « des embusqués, les contemporains du conflit croient en voir en effet partout »[377]. Tout dépendait du point de vue, car l'embuscage était une notion très relative :

> [...] On peut toujours être l'embusqué de quelqu'un. Une véritable cascade d'embuscages existe entre embuscages relatifs et embuscages absolus. L'embusqué, c'est toujours l'autre. L'artilleur de la « lourde » est embusqué par rapport à son camarade de la batterie de 75. Ce dernier est embusqué par rapport au personnel d'un régiment d'infanterie[378].

Si, pour des hommes de 1re ligne, ceux qui servaient à l'arrière du front étaient déjà des embusqués, alors Jean de Bertier l'était également, d'autant plus que la

---

373 SHD, GR 7N 2170, Lettre n° 8 de Jean de Bertier au colonel Hamelin, 3 juin 1915.

374 ALG, Lettre d'Isidore Lotoux [fermier du Grand Guilleron] à Jean de Bertier, 6 mars 1916.

375 ALG, Lettre de Jean de Bertier à son épouse, [sans date, entre octobre 1914 et mars 1915].

376 ALG, Lettre anonyme, 18 [septembre ?] 1916 et Lettre d'une maîtresse à Jean de Bertier, depuis Alexandrie, 29 novembre 1915. Le mot dissimulé ne peut être qu'« embusqué ».

377 LE NAOUR, article « Embusqué », p. 198-200.

378 COCHET, article « Embusqués », [*in*] COCHET et PORTE, *Dictionnaire de la Grande Guerre*, p. 389.

lettre anonyme date de sa période au *War Office* à Londres, un moment où il fut effectivement « loin des balles ». Cependant, pour mesurer de manière plus rigoureuse l'embuscage, il faut considérer deux critères : son degré et sa durée[379]. À ce titre, Jean de Bertier n'était pas un embusqué. L'argumentation précédente a montré sa volonté de combattre et la réalité des risques encourus. Il est plus pertinent de partir de la seconde citation, datant de novembre 1915 : « d'après les Galliénistes ». Le général Gallieni était devenu, un mois auparavant, ministre de la Guerre du nouveau gouvernement formé par Aristide Briand. Il tenta de remettre en cause la mainmise établie par Joffre et le GQG sur les questions militaires, et par extension, sur les domaines politiques et diplomatiques[380]. Ne reprochait-on pas surtout à Jean de Bertier d'être un protégé de Joffre ? S'il fut nommé à Londres en janvier 1916, ce fut bien par la volonté du commandant en chef. La disgrâce de Jean de Bertier en avril 1917 n'intervint également qu'après le départ de Joffre en décembre 1916. Enfin, un autre élément dont nous parlerons tout à la fin de cette partie plaiderait également en faveur d'une proximité entre les deux hommes. Ainsi, Jean de Bertier ne fut pas réellement un embusqué, mais il ne fut pas un officier comme les autres.

Un dernier point vient encore renforcer cette différence entre Jean de Bertier et le gros des effectifs mobilisés. Prenons comme point de départ le jugement qu'il exposa sur la guerre, au moment de l'expédition des Dardanelles :

> La guerre est décidément une grande pitié et une horrible saleté, mais malgré la puanteur de tous ces débris, elle a une puissance captivante et un attrait d'un jeu dont on serait soi-même l'enjeu, ce qui est, je crois, la plus puissante sensation qui soit[381].

On pourrait voir dans ces mots une conception aristocratique de la guerre, reprenant certains caractères mis en avant par Bertrand Goujon : détachement et détermination face au danger, obligation de tenir son rang, nécessité d'avoir du cran[382]. En tout cas, la lecture des archives révèle que la sociabilité nobiliaire se maintint pendant la durée du conflit. Dès les premières semaines de combat, Jean de Bertier tint son épouse au courant des éventuels dommages subis par les propriétés d'autres nobles de leur connaissance[383]. De plus, plusieurs adjoints de Jean de Bertier appartenaient à la noblesse, Laborde aux Dardanelles, puis, à Londres, Noailles et Sartiges, soit la totalité du groupe. Les nobles étaient particulièrement présents dans ces missions politico-diplomatiques, pour lesquelles connaissance des langues étrangères et habitude des usages mondains constituaient des atouts[384].

---

379 COCHET, *La Grande Guerre*, p. 351.

380 BECKER, « Chefs d'État et de gouvernement », [*in*] WINTER, *La Première Guerre mondiale, Tome 2 : États*, Paris, Fayard, 2014, p. 44.

381 ALG, Lettre de Jean de Bertier à son épouse, 18 juin 1915.

382 GOUJON, *Du sang bleu dans les tranchées*, p. 158, 380, 382.

383 ALG, Lettre de Jean de Bertier à son épouse, 5 octobre 1914. Par exemple : « si tu vois [Louvancourt ?], dis-lui qu'il n'y a rien de touché à Hartennes, pas plus qu'au château de Muret, appartenant à son oncle ».

384 GOUJON, *Du sang bleu dans les tranchées*, p. 249. Le fait de pouvoir choisir ses collaborateurs accentuait encore le phénomène, les nobles choisissant d'autres nobles comme adjoints (p. 334).

Nous avons également déjà vu combien, à Londres, et en dehors du *War Office*, Jean de Bertier évolua dans un milieu très aristocratique, fréquentant *lords* et *ladies*. Lors de ses permissions, il put aussi retrouver un cadre de vie opulent : grands hôtels d'Alexandrie et de Biarritz, séjour à Monte-Carlo, etc.[385]. La guerre devint ainsi l'occasion d'élargir ses réseaux. À l'automne de 1914 ou au début de 1915 au plus tard, Jean de Bertier rencontra le prince de Galles. Ce dernier faisait alors partie de l'état-major du BEF[386]. La position d'officier de liaison de Jean de Bertier lui facilita l'approche du prince. Les archives révèlent qu'il cultiva par la suite cette nouvelle relation prestigieuse[387].

> J'ai eu le prince de Galles à dîner avec Hamilton [...]. Il m'a dit qu'il viendrait souvent dîner ainsi avec moi, ce qui me fait espérer qu'il m'accompagnera un jour rue de l'Alma, soit pendant, soit après la guerre, quand il sera tout à fait en confiance[388].

Il faut relativiser ces espérances. John Grigg nous informe que le prince de Galles établissait facilement le contact avec tous types de personnes, de sorte que cette intimité dont pensait peut-être bénéficier Jean de Bertier était en réalité diluée dans la multiplicité des relations du futur monarque[389]. Toujours est-il que tous ces éléments montrent que « la dilution nobiliaire dans la nation en armes reste partielle »[390]. Jean de Bertier ne fut absolument pas un combattant comme les autres, mais un officier atypique, un cas particulier, non représentatif. Tentons maintenant de concilier cette dernière conclusion avec la précédente, qui allait en sens opposé.

3.1.3. *La guerre moderne, ou les multiples visages du combattant*

Les deux argumentaires précédents ont été volontairement séparés. Leur comparaison permet de comprendre que, si Jean de Bertier ne combattit pas souvent en première ligne, il ne fut pas non plus un embusqué. Entre ces deux extrêmes (eux-mêmes sujets à de multiples nuances), il existait tout un gradient des positionnements. Il serait facile de choisir tel instant, ou telle archive, pour en tirer une conclusion réductrice, dans l'un ou l'autre sens. Ce serait mal rendre compte de la complexité des choses. Tentons donc une synthèse de tous les arguments déjà énoncés.

De manière préliminaire, ajoutons deux éléments de réflexion assez neutres, ne pouvant faire pencher la balance ni d'un côté ni de l'autre. En premier lieu, le lecteur a pu remarquer que l'argumentation relative aux privilèges est plus longue,

---

385 Bertrand GOUJON indique que les périodes de repos peuvent être « l'occasion de jouir de résidences plus exceptionnelles encore » [que leur logement du temps de paix] (*Du sang bleu dans les tranchées*, p. 173).

386 GRIGG, John, « Edward VIII (1894-1972 », [*in*] YOUNG, Hugo (dir.), *Political lives. Intimate biographies of the famous by the famous*, Oxford, Oxford University Press, 2001, p. 336.

387 ALG, Lettres d'Edward [le prince de Galles], 1er mars 1915, 5 novembre 1915 : « mes plus vifs remerciements de votre si gentille lettre et des photographies » et 26 novembre 1915.

388 ALG, Lettre de Jean de Bertier à son épouse, 3 février [1915]. Les Bertier résidaient au 37, rue de l'Alma.

389 GRIGG, p. 336.

390 GOUJON, « Insertion et distinction nobiliaires », p. 53.

et s'appuie sur davantage de sources. Ce simple constat quantitatif est cependant annulé par des remarques déjà formulées et qu'il convient de répéter ici. Jean de Bertier, suivant un certain modèle nobiliaire, se plaignit peu de sa condition de combattant et afficha volontiers son cran face au danger[391]. Il pouvait, en outre, dans sa correspondance, minimiser voire nier les risques, pour ne pas inquiéter ses proches. Ainsi, la plus grande abondance, dans les archives, de références aux privilèges n'est pas forcément représentative d'une réalité peut-être inverse.

Le second élément concerne l'avancement et les décorations. L'absence de promotion de Jean de Bertier entre 1915 et 1919 contraste avec la multiplicité des distinctions reçues : croix de guerre (une palme), chevalier de la Légion d'honneur, médaille interalliée, médaille de la victoire, médaille nationale commémorative de la Grande Guerre, ordre de Saint-Michel et Saint-Georges (Royaume-Uni) et *distinguished service medal* (États-Unis)[392]. Cette liste impressionnante doit être relativisée. Énormément de décorations et de médailles furent décernées au cours du conflit[393]. Toutefois, la croix de guerre n'était censée récompenser que les meilleurs combattants, et Jean de Bertier l'obtint rapidement[394]. Xavier Boniface note aussi que les décorations représentaient un moyen d'affirmation, une sorte de preuve de non-embuscage[395]. Jean de Bertier fut également honoré par deux citations, dont l'une très élogieuse :

> Officier supérieur doué des plus belles qualités militaires qui a rendu des services hors pair au cours de la mission dont il était chargé auprès du général commandant en chef l'armée des Dardanelles. Est signalé par cet officier général comme ayant, et tout particulièrement les 7 juillet et 13 décembre 1915, dans des circonstances difficiles et sous un violent bombardement, une superbe attitude et un sang-froid remarquable qui ont été pour tous un exemple[396].

Encore une fois, on pourrait répliquer qu'il ne s'agit que d'un seul épisode de la guerre, ne pouvant à lui seul trancher la question de l'intensité de l'engagement de Jean de Bertier sur les quatre années du conflit. Nous ne détaillerons pas davantage ce sujet des décorations, plus présent dans les archives que dans la bibliographie récente. François Cochet l'explique aisément : « les sociétés de 1914-1918 sont plus sensibles que la nôtre à des systèmes de reconnaissance publique que sont, par exemple, les médailles et les distinctions »[397]. En résumé, l'absence de

---

391 GOUJON, « Insertion et distinction nobiliaires », p. 52 et *Du sang bleu dans les tranchées*, p. 382.

392 SHD, GR 6YE 1413, Dossier militaire de Jean de Bertier.

393 GOUJON, *Du sang bleu dans les tranchées*, p. 397.

394 COCHET, *Survivre au front*, p. 195 et ALG, Lettres de Jean de Bertier à son épouse, 15 et 31 juillet 1915. La croix de guerre lui fut remise par Bailloud le 29 juillet, soit 3 mois seulement après sa création (avril 1915).

395 BONIFACE, Xavier, « Décorer les militaires (XIXᵉ-XXᵉ siècles) » [*in*] DUMONS, Bruno et POLLET, Gilles (dir.), *La fabrique de l'honneur. Les médailles et les décorations en France (XIXᵉ-XXᵉ siècles)*, Rennes, Presses universitaires de Rennes, 2009, p. 112.

396 SHD, GR 6YE 1413, Dossier militaire de Jean de Bertier.

397 COCHET, *Survivre au front*, p. 195. Xavier BONIFACE rappelle aussi que les décorations, servant à glorifier, distinguer et honorer, correspondaient fondamentalement à des valeurs aristocratiques (p. 103).

promotion après 1915 ne plaide pas pour un engagement fort, alors que le nombre de marques de reconnaissance après cette même date donne l'impression inverse.

Remarquons ici qu'en partant de la question de la représentativité de Jean de Bertier, nous glissons vite sur le terrain de l'intensité de son engagement. Une première synthèse pourrait-elle être tentée sous l'angle de la question de l'adhésion au conflit ? Frédéric Rousseau définit quatre attitudes principales parmi les combattants : le consentement, l'a-sentement, le dissentiment et enfin l'opposition ouverte (les dissidents). À première vue, Jean de Bertier correspond totalement à la première catégorie, « une fraction étroite essentiellement constituée de dominants »[398]. Frédéric Rousseau y place d'ailleurs les officiers, et insiste sur leurs privilèges. Cette grille de lecture d'origine sociologique dissocie Jean de Bertier de la masse des combattants, plutôt marqués par l'a-sentement, c'est-à-dire une passivité, un suivisme face à des ordres venus des officiers, cette « fraction étroite » à laquelle Jean de Bertier appartenait. Le second argumentaire est ici confirmé. Toutefois, on ne peut enfermer Jean de Bertier dans cette case du consentement. Ne fut-il pas aussi, à certains moments, un dissenteur ?

> [Dissenteur :] Comportement de ceux qui désapprouvent les choix des dominants sans le proclamer publiquement, qui pensent et qui agissent double [...]. Les dissenteurs désobéissent (en fait et dans l'esprit) mais sans aller trop loin, c'est-à-dire sans aller jusqu'à la rupture ouverte du pacte hiérarchique, en obéissant (formellement)[399].

Fondamentalement, Jean de Bertier n'était pas un dissenteur : il consentait au conflit. La lecture de ces lignes nous rappelle cependant certains épisodes déjà relatés dans lesquels il prit des libertés avec les ordres et les nécessités du service. Citons ses visites non autorisées à son épouse à Paris en 1914-1915, son retard à Bizerte, son escapade à Alexandrie, etc. Pensons également à son rôle d'agent de renseignement, qui le conduisit à « agir double », notamment vis-à-vis de Robertson. L'application de la typologie de Frédéric Rousseau à notre question nous ferait donc conclure que Jean de Bertier se distinguait *naturellement* de la masse des combattants par son grade, mais que lui-même n'était pas *effectivement* un officier comme les autres. Finalement, cela ne fait que confirmer la complexité des choses.

Un autre point à considérer est la longue durée du conflit, engendrant une évolution des comportements : « le consentement fait long feu à partir de l'installation de la guerre industrielle. Le patriotisme est plus subi que spontanément vécu »[400]. Cette analyse est confirmée par l'exemple de Denys Chalmeton, le beau-frère de Jean de Bertier.

> 21 puis 24 octobre 1914, Grisolles (Tarn-et-Garonne) : On devient fou ici à ne rien faire à garder des prisonniers et à ne recevoir presqu'aucune instruction militaire [...]. Oh si tu savais ce que je voudrais aller au [mot illisible, logiquement : front, combat ?]. On devient enragé.

---

398 ROUSSEAU, p. 354, et, plus généralement, p. 353-372.
399 *Ibidem*, p. 367.
400 COCHET, *Survivre au front*, p. 199.

8 septembre 1917 : Je suis décidé à ne plus rien faire mais à doucement rester neutre et à préserver ma petite personne de tout contact fâcheux avec les Boches. Traité en embusqué, j'agirai en embusqué[401].

Le changement d'attitude de Denys est très clair et assumé. Il est impossible de trouver une évolution équivalente chez Jean de Bertier. Ce dernier se caractérise plutôt par la constance de son engagement. N'oublions pas que, contrairement à son beau-frère, il était militaire de carrière et d'origine lorraine : il avait été préparé, sinon à ce conflit, du moins à la guerre. Nous avons déjà vu aussi qu'il usa, voire abusa, des permissions. Combat, risques et privilèges allaient de pair : « les combattants développent des stratégies de contournement pour décrocher le "bon filon" qui peut les mettre à l'abri »[402]. « Les combattants » avaient besoin de privilèges, de béquilles, de moyens d'échapper temporairement au front ou à la lutte. Ainsi, il n'y a plus de contradiction entre les deux argumentaires exposés. Au contraire, tous ces moments éloignés du front étaient autant de respirations permettant à Jean de Bertier comme aux autres combattants de « tenir » et de combattre sur une longue durée.

Enfin, et nous l'avons déjà évoqué de manière dispersée au cours de ce travail, la Grande Guerre représenta une nouvelle forme de conflit, pas seulement par sa durée. Son caractère mondial et total nécessita de disposer d'un nombre toujours plus élevé de soldats et d'officiers non assignés à des missions de combat sur le front. On comptait ainsi 500 000 « affectés spéciaux » pour la seule armée française en 1918[403]. Il s'agissait notamment d'ouvriers qualifiés nécessaires aux productions de guerre. Au sein de l'armée, Jean de Bertier fit lui aussi partie de ces « spécialistes », oubliés par la mémoire du conflit : les personnels de la liaison, du renseignement, de l'instruction. La méconnaissance de l'existence, de la réalité et de la difficulté de ces tâches facilita l'accusation d'embuscage, à l'instar de la lettre anonyme déjà citée. Ceux qui travaillèrent aux côtés de Jean de Bertier surent davantage estimer son travail, et rendirent à de multiples reprises hommage à son engagement.

Bref, la question initiale, « Jean de Bertier, un combattant comme les autres ? » est à reformuler. Non, Jean de Bertier ne fut pas un combattant comme *les autres*, c'est-à-dire comme *la majorité des soldats*. L'erreur serait d'en déduire qu'il ne fût pas combattant du tout. Combattant, il l'était, assurément, mais selon des formes nouvelles. Les chemins de la victoire étaient multiples et il contribua à faire progresser son camp en empruntant les moins fréquentés et les plus détournés d'entre eux.

3.2. *Ambiguïtés patrimoniales*

Afin de rester dans le débat, et toujours dans la perspective de préciser les réalités et les limites de l'engagement de Jean de Bertier, intéressons-nous à son patrimoine. Ce dernier fut-il impacté par cette guerre dite totale ? Ici encore, aucune logique binaire ne peut être appliquée, et l'analyse des archives met au jour

---

401 ALG, Lettres de Denys Chalmeton à sa sœur Marie-Louise, 21-24 octobre 1914 et 8 septembre 1917.
402 COCHET, *Survivre au front*, p. 197.
403 COCHET et PORTE, *Histoire de l'armée française*, p. 78.

certaines ambiguïtés. L'occupation du Luxembourg par l'Allemagne dès août 1914 interrompit les échanges entre la France et le Grand-Duché. Nous étudierons donc les biens détenus en France et au Luxembourg séparément et successivement, ce qui n'avait pas été le cas pour la période de la Belle Époque.

3.2.1. Difficultés et enjeux de la gestion du patrimoine en France

Par rapport au volume total des archives, la question du patrimoine est moins documentée pour la Grande Guerre que pour les périodes précédentes. Cette constatation est significative de l'importance du conflit, qui s'imposa vite comme la préoccupation majeure des contemporains. Ainsi, les questions militaires occupent une place prépondérante dans les sources. Elles ont, par conséquent, dominé les développements précédents. Guerre et patrimoine n'étaient cependant pas deux domaines séparés. Envisageons d'abord les conséquences de la guerre sur le patrimoine de Jean de Bertier, puis essayons de déterminer si, et dans quelle mesure, ce patrimoine contribua à l'effort de guerre de la France.

Le conflit entraîna une désorganisation et une fragilisation du patrimoine de Jean de Bertier, mais les revenus qu'il en tirait restèrent importants. En France, la moitié de la population agricole masculine participa à la Grande Guerre, ce qui représentait plus de 3 500 000 hommes. Le recours à des travailleurs immigrés (environ 150 000) et à certains prisonniers (environ 50 000) ne put compenser le manque de bras[404]. À Sainte-Geneviève-des-Bois, l'intendant Davaut, mobilisé, se fit remplacer par son beau-père (gestion du gibier) et le bûcheron Kirch (garde de la propriété)[405]. Jean de Bertier lui-même délégua ses tâches de propriétaire à son épouse : « épluche, je te prie, les comptes d'Asselineau, car il y a probablement des tas de choses qu'on peut supprimer aux Rosaires, mais il faudrait voir si ces dépenses ne sont pas causées par des plantations, par exemple, qu'il a raison de faire »[406]. La diminution du nombre des actifs agricoles provoqua une baisse de la production. En poussant à la limitation des dépenses, Jean de Bertier chercha à maintenir les revenus qu'il dégageait de ses propriétés foncières. La conjoncture fragilisa cependant les patrimoines, quelle que fussent leurs formes. Considérons d'abord les terres agricoles que Jean de Bertier possédait en Bretagne. Les effets de la guerre rendirent les fermages difficiles à collecter et à renouveler. Leur prix d'avant-guerre fut difficile à maintenir :

> Cette ferme était louée à deux frères. L'un d'eux a été tué et le second a eu un pied en partie broyé et amputé. Je crois que le fermage sera payé néanmoins, mais qu'il va falloir chercher un nouveau fermier et renouveler un bail dans de mauvaises conditions et avec réduction[407].

---

404 SCHOR, Ralph, *Histoire de la société française au XXᵉ siècle*, Paris, Belin, 2004, 480 p.

405 ALG, Lettre de Davaut à Richshoffer, 2 août 1914. Davaut avait été intendant des Rosaires avant-guerre ; il n'a pas été possible de déterminer à quel moment il passa d'un domaine à l'autre.

406 ALG, Lettre de Jean de Bertier à son épouse, 31 janvier 1915.

407 ALG, Lettre du notaire Duval à Richshoffer, 26 janvier 1916. Il indiqua : « beaucoup de fermiers sont au front ».

La baisse du prix des fermages entraîna une dépréciation des terres agricoles, au profit des acheteurs. Prenons l'exemple des 7 fermes de Lanvellec que Jean de Bertier vendit à l'automne 1917. Il en espérait 150 000 francs. Le seul acheteur intéressé, le marquis de Rosambo, ne proposa initialement que 100 000 francs. Il remporta la transaction : « la vente de l'ensemble des biens de Lanvellec est conclue au prix de 115 000 francs qui seront payés comptant. Je regrette que vous ayez cédé »[408]. Jean de Bertier ne fut toutefois pas systématiquement perdant. D'autres terres agricoles, de superficies plus modestes, trouvèrent preneur au-dessus du prix escompté[409]. Il y avait en effet de nouveaux acquéreurs potentiels. La hausse des prix – y compris agricoles – provoquée par la guerre bénéficia à certains agriculteurs. Ils purent dès lors acheter des terres[410].

Un autre secteur non épargné par les difficultés était l'immobilier, dans lequel Jean de Bertier se trouvait indirectement impliqué. Il avait en effet placé l'argent produit par la vente de Lagrange dans des prêts à des particuliers ayant eux-mêmes investi dans l'immobilier parisien. Il serait fastidieux de rentrer dans tous les détails des prêts consentis. Prenons l'exemple des 220 000 francs prêtés en mars 1914 à Emma Jenny Julie [Tattch ?], veuve de Vismes, pour une durée de 15 ans, au taux de 4,40 %[411]. Le moratoire sur les loyers institué par le gouvernement compromit le montage financier de départ. Emma de Vismes ne percevait plus assez de revenus locatifs pour rembourser Jean de Bertier, et la situation perdura bien après l'armistice. La débitrice demanda le délai maximum pour honorer ses dettes, faisant passer l'échéance du prêt de 1929 à 1937[412]. Remarquons pour l'anecdote que l'on s'habitua vite à la situation nouvelle créée par le conflit. Le prêt accordé en décembre 1914 à Madame veuve Cahen d'Anvers ne mentionna plus de terme précis : « remboursement dans les deux mois qui suivront la fin de la guerre »[413]. Bref, aussi bien du côté des fermages que des prêts reposant sur l'immobilier, Jean de Bertier percevait les revenus prévus avec difficulté, à l'image de la plupart des nobles, qui voyaient pour les mêmes raisons leur patrimoine fragilisé[414]. Alice Bravard considère toutefois la Grande Guerre non comme une rupture mais plutôt comme une simple parenthèse dans l'évolution des patrimoines et du mode de vie du grand monde. Le lent déclin du groupe se poursuivit, mais sans accélération. Très peu de gêne financière se remarque dans les archives[415].

408 ALG, Lettre de Duval à Jean de Bertier, 19 novembre 1917, ainsi que ses lettres des 5 octobre et 15 novembre.

409 ALG, Lettres de Duval à Jean de Bertier, 25 novembre 1918 (ferme de Lezorannais à Plemeur-Bodou) et 21 juin 1918 (ferme de Lanneau en Bringolo) : « votre propriété a été vendue au prix inespéré de 20 700 francs au lieu des 14 000 francs prévus ».

410 BECKER, Jean-Jacques et KRUMEICH, Gerd, *La Grande Guerre. Une histoire franco-allemande*, Paris, Tallandier, 2008, p. 115.

411 ALG, Dossier « Maître Legay », Prêts consentis concernant la période de la Grande Guerre.

412 ALG, Lettre de Brun et Leroy, architectes – gérants d'immeubles, à Legay, 11 juin 1917 et Lettre de Bachelez, notaire à Paris, à son confrère Legay, 25 novembre 1919.

413 ALG, Dossier « Maître Legay », Prêts consentis concernant la période de la Grande Guerre.

414 GOUJON, *Du sang bleu dans les tranchées*, p. 557.

415 BERNARD [aujourd'hui BRAVARD], Alice, « Le grand monde parisien à l'épreuve de la guerre », *Vingtième siècle*, 2008, n° 99, p. 13-32, <www.jstor.org/stable/20475388>.

Il faut dire qu'il existait des solutions, comme la réorientation du patrimoine vers les actifs mobiliers et les titres industriels. Jean de Bertier avait déjà amorcé ce mouvement avant 1914. Sa vente à bas prix des fermes de Lanvellec, déjà évoquée, pourrait être un signe de cette stratégie. Jean de Bertier possédait des actions et des obligations dans des sociétés minières, métallurgiques et chimiques. Elles représentaient début 1919 une valeur de 60 000 francs au minimum[416]. Même s'il est impossible de savoir avec certitude l'étendue des biens mobiliers de Jean de Bertier, ce dernier chiffre laisse à penser qu'il ne s'agissait que d'une part minoritaire de sa fortune. D'ailleurs, l'investissement dans l'industrie n'était pas une garantie de revenus élevés. François Caron insiste sur les difficultés du secteur : une partie des usines du nord et de l'est du pays furent endommagées au cours des combats, les profits s'évanouirent avec l'inflation, et l'après-guerre nécessita une reconversion compliquée. L'indice de la production industrielle de la France, pour une base 100 en 1913, tomba ainsi à 57 seulement en 1919[417]. Malgré toutes ces difficultés, Jean de Bertier continua à percevoir régulièrement des revenus relativement élevés. Le tableau suivant en donne une idée.

Tableau 23: Évolution des revenus patrimoniaux de Jean de Bertier de 1914 à 1919 (en francs)[418].

Année	Sainte-Geneviève-des-Bois	Bretagne	Paris
	Solde annuel	Fermages et rentes attendus	Remboursements d'emprunts
1914	-300	26 416	23 812
1915	0	24 951	38 890
1916	500	24 230	28 658
1917	2 000	?	24 434
1918	3 700	20 930	29 749
1919	350	?	35 593
Total	6 250	96 527	181 136

En résumé, Sainte-Geneviève-des-Bois rapportait peu, les fermages représentaient un revenu régulier, et les remboursements d'emprunts étaient plus fluctuants. Les chiffres relatifs à Sainte-Geneviève sont les plus intéressants à commenter. Les recettes provenaient de la vente de bois et étaient donc moins sujettes aux effets du conflit (absence des fermiers, moratoire sur les loyers). On observe bien la désorganisation initiale (-300 francs en 1914). Ensuite, le domaine retrouva sa rentabilité,

---

416 ALG, Lettres de Duval à Richshoffer, 8, 13 et 24 janvier 1919. L'estimation s'obtient en additionnant le nombre d'actions et d'obligations mentionnées, et en appliquant la valeur nominale de 500 francs, la seule citée (dans 3 cas sur 7, les autres valeurs nominales sont inconnues).

417 CARON, p. 186.

418 ALG, Comptabilité de Sainte-Geneviève-des-Bois, par trimestre, 1914-1919, Compte de Monsieur le comte de Bertier en l'étude de maître Duval, notaire à Lanvollon, années 1914, 1915, 1916, 1918 et Relevé de compte à l'étude de maître Legay pour 1918, 1919, 1920.

signe d'une adaptation réussie aux contraintes du conflit[419]. Le tableau permet aussi de relativiser le ton assez catastrophiste du notaire Duval, à propos des fermages. Sauf en 1918 – et encore –, les revenus se maintinrent à un niveau élevé. En réalité, la fragilisation du patrimoine ne provenait pas tant d'une baisse des revenus, assez limitée dans le cas de Jean de Bertier, que d'un autre phénomène : la « vie chère », apparaissant à partir de 1919 dans les dépenses à Sainte-Geneviève. 225 francs par trimestre y furent consacrés[420]. Cette « vie chère » désignait bien sûr l'inflation. Les contemporains n'y étaient pas habitués. La hausse des prix avait en effet été limitée à 0,2-0,3 % par an jusqu'en 1914 ; elle explosa pour dépasser les 20 % par an pendant le conflit[421]. Les prix en France furent multipliés par 2,1 selon Thomas Piketty et par 3,4 selon François Caron et Alain Plessis[422]. Ainsi, le patrimoine de Jean de Bertier se déprécia de manière relative, non par la baisse de ses revenus, mais par l'augmentation des prix. Les époux durent-ils réduire leur train de vie ? Il est impossible de le prouver, mais deux pièces dans les archives le laissent supposer. Il s'agit de courriers adressés à Marie-Louise par des maisons de couture, réclamant le paiement d'anciennes factures. Pourquoi le faire, si ce n'est parce que ces « bonnes anciennes clientes » achetaient désormais moins ? L'absence de nouveaux achats rendait urgent le paiement des anciennes créances[423].

Le patrimoine de Jean de Bertier fut-il mis à contribution de l'effort de guerre national ? Le développement précédent permettrait déjà de répondre par l'affirmative. *Indirectement*, son patrimoine avait été fragilisé par les effets de la mobilisation. Voyons maintenant quelles contributions plus *directes* apparaissent dans les archives. Un premier élément concerne la chasse, d'abord interdite suite à l'entrée en guerre. Elle fut à nouveau autorisée à partir de septembre 1916, afin de réguler le gibier et de protéger les récoltes[424]. Jean de Bertier fut cependant autorisé à « détruire les faisans » dans sa propriété dès 1915, au bénéfice des hôpitaux et des établissements de bienfaisance[425]. Il semble donc ne pas avoir pu en tirer de revenus. Cet exemple de faisans chassés puis servis dans les hôpitaux révèle les pénuries de l'époque, même si, comme le rappelle Éric Alary, il n'y eut pas de situation de disette en France[426].

---

419 Sainte-Geneviève requérait moins de personnel qu'une exploitation agricole. Davaut avait trouvé des suppléants et utilisa ses permissions pour travailler sur le domaine. Richshoffer se rendit sur place chaque trimestre.

420 ALG, Comptabilité de Sainte-Geneviève-des-Bois pour 1919.

421 PIKETTY, *Le capital au XXIe siècle*, p. 171 et *Les hauts revenus en France au XXe siècle. Inégalités et redistribution*, Paris, Grasset, 2001, p. 39.

422 PIKETTY, *Les hauts revenus*, p. 39, CARON, p. 187 et PLESSIS, Alain, « Financer la guerre », [*in*] AUDOUIN-ROUZEAU et BECKER, *L'Europe dans la Grande Guerre*, p. 480.

423 ALG, Lettre de la maison Esther Meyer à Marie-Louise, 24 novembre 1915 et plusieurs courriers de [Tavereau ?], bottier rue de la Boétie, à Richshoffer, 8 novembre 1916 et à Marie-Louise, 28 décembre 1916.

424 SCHOR, Ralph, *Histoire de la société française au XXe siècle*, p. 114.

425 ALG, Arrêt du sous-préfet de Corbeil (copie du 27 novembre 1915).

426 ALARY, Éric, *La Grande Guerre des civils, 1914-1919*, Paris, Perrin, collection « Tempus », 2018 [2013], p. 210. Les importations palliaient aux déficits de la production agricole.

Le deuxième élément est relatif aux impôts. Participer à l'effort de guerre, c'était déjà garantir à l'État ses recettes, en s'acquittant des différentes taxes auxquelles l'on était assujetti. Un imprimé de l'époque retrouvé dans les archives de Lagrange l'affirme clairement : « dans les circonstances actuelles tout cœur de Français ne manquera pas de venir en aide à la Patrie par le versement à bref délai de ses contributions »[427]. Dans un cas au moins, Jean de Bertier ne fut pas le plus zélé des contribuables. Lui-même et Richshoffer reçurent plusieurs relances pour le paiement de taxes concernant Sainte-Geneviève-des-Bois au tournant des années 1914 et 1915. Le percepteur de Savigny-sur-Orge utilisa également le registre du patriotisme : « le Trésor de la France aura aussi sa victoire à remporter et celle-ci contribuera aussi, dans une large part, à nous attribuer le succès inévitable »[428]. Pourquoi ne pas avoir payé plus rapidement les 844,16 francs réclamés ? Sainte-Geneviève-des-Bois avait été déficitaire en 1914. Le souci traditionnel d'optimisation de chaque poste du patrimoine pourrait expliquer cette volonté de retarder le paiement. Il ne s'agit en tout cas pas d'un oubli, car Richshoffer demanda le report du règlement à la fin des hostilités. L'argumentaire patriotique semble avoir été de peu de poids face aux intérêts privés. Toujours est-il qu'il ne s'agit là que d'un seul exemple. Nous ne pouvons le généraliser à toute la durée de la guerre, ni à tous les impôts réclamés à Jean de Bertier. D'ailleurs, l'impôt ne permit de couvrir que 15 % des dépenses de guerre de la France[429]. Voyons pour terminer d'où provenait l'essentiel du financement, et si Jean de Bertier y participa.

La guerre engloutit des sommes considérables, sans qu'on puisse en fixer un montant précis. Des chiffres très différents figurent dans les ouvrages, jusqu'à 223 milliards de francs pour la période 1914-1919[430]. Citons plutôt les ordres de grandeur donnés par Alain Plessis : le conflit coûta au pays vingt fois plus cher que la guerre de 1870, et cinquante fois plus cher que les prévisions initiales. Le chiffre total des dépenses s'établirait à 25 milliards de dollars. Les impôts directs ne couvrirent que 15 % de cette somme. La guerre fut donc financée à crédit, soit par l'émission de billets à cours forcé (la fameuse « planche à billets »), soit par des bons à court terme, soit par des emprunts à long terme[431]. Jean de Bertier avait acheté des bons et Duval, son notaire breton, lui conseilla de réorienter son placement vers l'emprunt :

> 21 octobre 1918 : « Vous avez à la Banque de France à Saint-Brieuc, 70 000 francs de bons qui viennent d'arriver à échéance. Faut-il les renouveler ? Voudriez-vous que je les emploie, au moins en partie, à l'emprunt ? »

427　ALG, Appel joint à la lettre de Rémy, percepteur à Savigny-sur-Orge, à Jean de Bertier, 16 janvier 1915.

428　ALG, Lettre de Rémy, percepteur à Savigny-sur-Orge, à Richshoffer, 25 janvier 1915.

429　PLESSIS, p. 486. Au Royaume-Uni, au contraire, l'impôt finança deux tiers des dépenses (p. 483).

430　BECKER et KRUMEICH, p. 147. Dans *L'Europe dans la Grande Guerre* [1996], Jean-Jacques Becker avançait le chiffre de 140 milliards de francs pour 4 années de conflit.

431　PLESSIS, p. 481-482 et 487. Le dollar est un meilleur instrument d'évaluation, car peu sujet à l'inflation à cette époque.

14 novembre 1918. Duval suggère à Jean de Bertier de « souscrire pour au moins 40 000 francs d'emprunt avant la clôture assez prochaine de cet emprunt si avantageux et qui, rapportant 5,85 %, sera pendant 25 ans net d'impôts. Où trouver ensuite placement semblable ? »[432].

Les bons connurent un grand succès et permirent de collecter plus de 50 milliards de francs. Leur inconvénient était leur courte durée. Il fallait que les souscripteurs les renouvelassent, comme le montre l'extrait cité[433]. Jean de Bertier contracta sans doute pour plus de 100 000 francs de bons simultanément, en tout cas davantage que les seuls 70 000 francs évoqués[434]. Il consentit donc largement à l'effort de guerre, même si l'on peut s'interroger sur sa motivation profonde. Le calcul avisé de l'investisseur (« où trouver ensuite placement semblable ? ») primait sans doute sur la flamme patriotique, ou, dit autrement, la souscription des bons puis des emprunts de défense nationale était plus attractive que le paiement des contributions au percepteur de Savigny-sur-Orge. Duval ne raisonnait pas autrement, et avait déjà calculé que bons et emprunts étaient plus rentables que les fermages[435]. Finalement, contribuer à l'effort de guerre se révélait un placement intéressant qui put, au moins en partie, contrebalancer la dépréciation du patrimoine due à l'inflation. Considérons maintenant l'autre patrimoine de Jean de Bertier, celui situé au Luxembourg.

3.2.2. *Patrimoine luxembourgeois et effort de guerre allemand*

Le patrimoine détenu par Jean de Bertier au Luxembourg se composait de terres à Dudelange, d'argent placé à la Banque internationale au Luxembourg (BIL) ainsi que de participations dans des établissements bancaires et industriels. Le Luxembourg, déjà intégré économiquement au marché allemand dans le cadre du *Zollverein*, fut occupé par les troupes du *Kaiser* dès le 2 août 1914. Le gouvernement du pays, maintenu en place, mena une « politique d'accommodement avec l'Allemagne » pendant toute la durée du conflit[436]. Toute une partie du patrimoine de Jean de Bertier se trouvait donc dans un territoire désormais contrôlé par l'ennemi. Déterminons les conséquences de cette situation en trois mouvements successifs.

Concentrons-nous d'abord sur les biens fonciers possédés à Dudelange. Comme en France, Jean de Bertier sut se faire remplacer dans son métier de propriétaire. Puisque ni Marie-Louise ni Richshoffer ne pouvaient se rendre sur place, son notaire de Dudelange, Joseph Neuman, endossa ce rôle : « j'ai l'honneur de vous mettre un peu au courant de ma quasi-gestion »[437]. On remarque d'ailleurs,

---

432 ALG, Lettres de Duval à Jean de Bertier, 21 octobre et 14 novembre 1918.
433 PLESSIS, p. 487 et 489.
434 ALG, Lettre de Duval à Richshoffer, 8 janvier 1919. 4 bons de défense à 10 000 francs pièce sont échus.
435 ALG, Lettre de Duval à Jean de Bertier, 19 novembre 1917. Il proposait de vendre les fermes de Lanvellec à 141 100 francs. La somme, placée, rapporterait 7 000 francs, soit plus que les 5 280 francs de fermage.
436 TRAUSCH (dir.), *Histoire du Luxembourg*, p. 112-113.
437 ALG, Lettre du notaire Neuman à Richshoffer, 16 mars 1916.

que, via Neuman et le Luxembourg, Jean de Bertier conserva des liens avec la Lorraine annexée : 520 marks étaient versés chaque trimestre à la sœur supérieure de l'école de « Monhofen », c'est-à-dire Manom[438]. En revanche, contrairement à la situation en France, et en particulier en Bretagne, les revenus tirés des terres luxembourgeoises augmentèrent nettement au cours du conflit : « la location des propriétés va à merveille ; le triple des exercices antérieurs, les bois près du double »[439]. Bien conscient de ce renchérissement, Jean de Bertier refusa une nouvelle offre globale de rachat du domaine par la commune et l'usine de Dudelange. Les 360 000 francs proposés étaient très en-deçà de l'offre de 480 000 francs déjà refusée en 1909 : « nous sommes loin du compte, tellement loin même, qu'il me semble préférable de renoncer, pour le moment tout au moins, à l'idée d'une vente »[440]. Ainsi, la vente de Dudelange, non concrétisée avant 1914, restait quand même à l'ordre du jour. La commune et l'usine le savaient. Elles tentèrent sans doute de mettre à profit le contexte de la guerre pour obtenir le prix le plus avantageux : il eût été envisageable que Jean de Bertier préférât se défaire d'un patrimoine en terre étrangère et sous occupation allemande, même à bas prix, avant une éventuelle destruction ou confiscation. Jean de Bertier attendit la fin des hostilités. Sitôt la victoire remportée, il fit procéder à une vente partielle de ses terres sous la direction de Neuman. Le tableau suivant en donne un récapitulatif.

**Tableau 24: Bilan de la vente par adjudication de terrains
à Dudelange, 18 décembre 1918[441].**

Nature du terrain	Labours	Prés	Jardins	Total
Superficie (hectares)	12,3	12,8	[2,90 ares]	25,1
Prix obtenu (francs luxembourgeois)	60 110	107 930	1 200	169 240

Précisons que les biens vendus avaient été estimés à 113 950 francs. Jean de Bertier réalisa une très bonne affaire. En ne cédant que 10 % de la superficie de Dudelange, il encaissa presque la moitié de l'offre qui lui avait été faite en 1916 pour l'ensemble du domaine. Cette vente réussie de novembre 1918 nous rappelle celle de 1909, concernant des terrains à bâtir (voir tableau 10). En conclusion, les biens fonciers possédés au Luxembourg permirent un double enrichissement de Jean de Bertier : les loyers perçus furent nettement augmentés et la valeur des terres s'accrut tout aussi fortement.

Venons-en maintenant à l'argent déposé sur des comptes à la BIL. Rappelons que Jean de Bertier y avait placé, avant la guerre, la somme de 100 000 marks,

438 ALG, Lettre de Richshoffer à Neuman, sans date. Dans une lettre du 28 février 1918, Neuman indiqua avoir réalisé « les petits paiements pour les rentes de Monhofen et Scheuern [Lagrange] pour éviter toutes difficultés ». S'agissait-il aussi de la rente versée à Ch. Plumeré ?
439 ALG, Lettre de Neuman à Richshoffer, 28 février 1918. Autre exemple parallèle dans la Lettre du 16 mai 1916.
440 ALG, Lettre de Richshoffer à Neuman, sans date [après octobre 1916, vu que l'offre est transmise par Neuman par une Lettre du 11 octobre 1916].
441 ALG, Tableau récapitulatif des biens [appartenant à Jean de Bertier] vendus par adjudication le 18 décembre 1918.

à des taux d'intérêt très avantageux dépassant les 5 % par an (voir tableau 14). La BIL investissait cet argent auprès des bourses allemandes, et Jean de Bertier le savait, tout comme Richshoffer. Ce placement fut maintenu après l'entrée en guerre, puis dénoncé par la partie allemande en janvier 1915. Les archives sont peu claires quant au terme de cet investissement. Une pièce prévoit un remboursement des 100 000 marks au 27 janvier 1915, quand une autre datant du 30 avril indique une reconduction pour le mois de mai 1915. On perd ensuite toute trace de ces 100 000 marks, sans doute remboursés plus tard qu'initialement prévu[442]. Jean de Bertier semble avoir mené entre temps un jeu trouble, afin de continuer à bénéficier du rendement élevé de ce placement. Il écrivit en effet en mars 1915 à son épouse :

> Dis-lui [à Richshoffer] de faire venir tout, et de suite [car] tarder nous expose à deux risques : le premier, que l'autorité allemande s'aperçoive du jeu d'écritures et mette la main sur le tout, le deuxième, qu'elle épuise la banque au point que celle-ci ait des difficultés pour payer[443].

Avant de passer à l'interprétation, ajoutons que Jean de Bertier détenait également des actions de la BIL et les relevés de portefeuille régulièrement envoyés par la banque permettent de se faire une idée de l'évolution de leur valeur.

Tableau 25: Évolution de la valeur du portefeuille luxembourgeois de valeurs mobilières de Jean de Bertier de 1914 à 1919[444] (en francs luxembourgeois).

Date	BIL 320 actions	« Dudelange » [ARBED] 360 obligations	Société suisse d'industrie électrique 10 obligations	Total
[valeur d'achat]	80 000	180 000	10 000	270 000
2/1/1915	118 240	171 000	10 090	299 330
3/1/1916	118 240	171 000	10 090	299 330
2/1/1917	108 000	162 000	10 000	280 000
2/1/1918	132 200	175 050	8 000	315 250
2/1/1919	156 400	180 900	8 500	345 800

Au vu de ce tableau, les actions de la BIL constituaient de loin le meilleur placement, avec une augmentation de leur valeur de moitié de 1915 à 1919. Dans

442 ALG, Lettres de la BIL à Richshoffer, 31 août et 5 octobre 1914, ainsi que 5 janvier et 30 avril 1915.
443 ALG, Lettre de Jean de Bertier à son épouse, 4 mars 1915. Ce fut lui qui souligna.
444 ALG, Relevés annuels envoyés par la BIL à Jean de Bertier, 2 janvier 1915, 1917, 1918, 1919 et 3 janvier 1916. Le franc luxembourgeois est alors une monnaie de compte, sans existence physique. Sa valeur diffère de celle du franc français depuis 1842, mais de façon négligeable. Les deux monnaies peuvent donc (jusqu'à la sortie de la guerre) être confondues en une seule valeur commune. Ainsi, le taux de change de 1 Reichsmark pour 1,25 francs s'applique aussi bien au franc français qu'au franc luxembourgeois (LINK, René, *Histoire juridique du franc et du franc luxembourgeois*, Luxembourg, Institut monétaire luxembourgeois, collection « Études », n°4, juillet 1995, p. 31, 34-35 et 40).

le cadre du *Zollverein*, la BIL travaillait essentiellement avec le marché allemand[445]. Dans le contexte de l'occupation du Luxembourg, cette orientation fut nécessairement renforcée et l'argent investi par la BIL alimenta l'économie allemande, réorganisée vers l'effort de guerre. Apparaît donc ici une première ambiguïté. Jean de Bertier, officier français en guerre contre l'Allemagne, possédait des actions et un compte auprès de la BIL et cet argent fut investi pour, d'une manière ou d'une autre, soutenir l'effort de guerre allemand. Jean de Bertier était-il donc un profiteur de guerre ? Il faut d'abord rétorquer que les placements en cause existaient avant le déclenchement du conflit, et que Jean de Bertier ne fit que les *conserver*, sans les *renforcer*. De plus, à travers les bénéfices de la BIL et la hausse de la valeur de ses propres actions, Jean de Bertier n'opérait-il pas finalement un transfert vers des mains françaises de l'effort consenti par la population allemande dans son ensemble ? N'oublions pas que le placement de 100 000 marks fut ainsi interrompu à la demande des autorités allemandes, et que Jean de Bertier tenta de passer outre par un « jeu d'écritures » dont nous ne connaissons pas les détails. On peut conclure en qualifiant Jean de Bertier de « profitant de guerre », pour reprendre ce concept défini par François Bouloc[446]. Le profitant bénéficie des mutations économiques et financières du conflit, mais, contrairement au profiteur, sans les susciter ni les entretenir. Dans ce sens, engagement patriotique et bénéfices luxembourgeois tirés d'Allemagne n'apparaissent plus contradictoires.

Il nous reste à évoquer les participations de Jean de Bertier dans l'industrie luxembourgeoise. Ici aussi une ambiguïté se fait jour. L'ARBED était un groupe sidérurgique et ce type d'activité était essentiel à la poursuite d'une guerre devenue industrielle. Pour s'en rendre compte, donnons un seul exemple. En 1914, l'armée française comptait 170 véhicules et 154 avions. En 1918, elle disposait de 170 000 véhicules, et 52 000 avions furent construits au cours des 4 années du conflit[447]. L'occupation du Luxembourg entraîna un arrêt momentané de la production des usines luxembourgeoises du groupe ARBED. Le travail reprit à la fin 1914 « sous le contrôle de l'occupant ». On comprend que, *de facto*, les productions de l'ARBED servirent l'effort de guerre allemand. Jean de Bertier ne se retrouvait-il pas encore une fois en porte-à-faux par rapport à son statut d'officier français ? Le groupe sidérurgique se justifia à la fin du conflit :

> À la suite de divers pourparlers, le Conseil d'administration se décida, en fin de compte, à remettre en marche, à allure réduite, les usines luxembourgeoises de la société, en maintenant strictement le programme de fabrication antérieur et en refusant systématiquement d'entreprendre toute fabrication de matériel de guerre[448].

---

445 Cette orientation prise pendant le conflit allait à rebours des décennies précédentes. À l'origine fondée par des capitaux allemands, la BIL s'était ensuite efforcée de se tourner vers la Belgique et la France. Vers 1900, la banque était détenue aux 2/3 par des capitaux belgo-luxembourgeois et à 1/3 seulement par des capitaux allemands (BARTHEL, Charles, Courriel à l'auteur, 15 avril 2022).

446 BOULOC, François, *Les profiteurs de guerre 1914-1918*, Paris, Éditions Complexe, 2009, p. 363.

447 BECKER et KRUMEICH, p. 141 et 143.

448 ALG, Rapport du Conseil d'administration de l'ARBED à l'Assemblée générale extraordinaire, 25 mars 1919.

Le même document affirme même que la remise en marche des usines contraria la production de matériel de guerre allemand, en empêchant les ouvriers de partir travailler outre-Moselle, autrement dit en Allemagne. Tout cela reste très ambigu et très discutable. Les productions non militaires assurées par l'ARBED libéraient des usines allemandes de cette tâche. Ces dernières pouvaient ainsi se concentrer sur les productions militaires. En revanche, l'« allure réduite » de fonctionnement des usines semble pouvoir être confirmée, et marque une différence par rapport à l'Allemagne, où la production militaire croissait régulièrement[449]. Le Conseil d'administration insistait régulièrement sur les difficultés des temps :

> Malgré l'augmentation incessante de tous les facteurs du prix de revient tels que les matières premières et les salaires, les frais généraux et les charges sociales, les prix de vente, à l'exception toutefois de ceux de quelques spécialités, n'ont pu être augmentés que d'une manière très insuffisante[450].

Il convient de nuancer ces plaintes au vu du bilan financier présenté par le tableau suivant.

**Tableau 26: Résultats financiers du groupe ARBED 1913-1918
(en francs luxembourgeois)[451].**

Exercice	1913-1914	1914-1915	1915-1916	1916-1917	1917-1918
Chiffre d'affaires	122 656 864	66 634 537	118 799 265	168 420 204	193 602 910
Bénéfices	10 788 746	7 074 294	18 527 766	25 538 393	26 324 577
Dividende par part sociale	?	0	60	80	90
Part du bénéfice dans le chiffre d'affaires	8,8 %	10,6 %	15,6 %	15,2 %	13,6 %

Même si la production ne retrouva pas son niveau de 1913-1914, le chiffre d'affaires, lui, dépassa dès 1916 le chiffre du temps de paix. Il progressa au même rythme que la valeur des actions de la BIL : +50 % pendant la durée du conflit. Quant aux bénéfices, ils furent multipliés par 2,5. De plus, leur part dans le chiffre d'affaires s'établit au double du temps de paix, autour de 15 %. De tels résultats étaient remarquables. Ils s'expliquaient évidemment par les commandes liées à l'effort de guerre. La guerre moderne ne demandait pas seulement des obus, mais aussi une multiplicité de produits industriels dont l'ARBED assura sa part.

449 BECKER, *L'Europe dans la Grande Guerre*, p. 109 et ALG, S. A. des ARBED, Rapports et bilans annuels, de 1913-1914 à 1917-1918. La production du groupe en 1914-1915 fut réduite de moitié et jamais le niveau de 1913-1914 ne fut retrouvé. Il y eut même baisse de la production entre 1916-1917 et 1917-1918.
450 ALG, Rapport du Conseil d'administration de l'ARBED à l'Assemblée générale ordinaire, 26 octobre 1918.
451 ALG, S. A. des ARBED, Rapports et bilans annuels, de 1913-1914 à 1917-1918.

Remarquons que le niveau de ses bénéfices (25 millions de francs, ou 20 millions de marks en 1917) la classent dans le même groupe que des entreprises industrielles très orientées vers l'armement comme Krupp en Allemagne (80 millions de marks de bénéfices en 1917) ou Hotchkiss en France (13 millions de francs de bénéfices en 1917)[452]. Le fait que les profits de l'ARBED augmentèrent plus vite que le chiffre d'affaires incite d'ailleurs à assimiler le groupe à une société d'armement, les entreprises des autres secteurs connaissant une augmentation des bénéfices plus lente que celle du volume de leurs affaires[453].

Jean de Bertier gardait des participations dans l'ARBED : ses 360 obligations représentaient une valeur de 180 000 francs environ. Dans la première partie de cette étude, nous avions établi qu'il détenait un siège de commissaire, qu'il percevait la rente due à son père et qu'il possédait, au minimum 30 actions du groupe en 1911[454]. Il est très difficile de retracer les fines évolutions de la composition de ce patrimoine d'une année sur l'autre. Toujours est-il que ses parts dans l'ARBED fructifièrent de 1914 à 1918. Encore une fois, plutôt qu'un *profiteur*, il était un *profitant* de la guerre. Ses engagements industriels précédaient le conflit. Rappelons aussi que l'ARBED était, avant 1914, le seul groupe sidérurgique luxembourgeois échappant au contrôle des capitaux allemands. La société s'accommoda très bien de l'occupation allemande, avec des résultats financiers en nette hausse ; elle s'accommoda très bien aussi de la victoire des Alliés, en continuant sa croissance par l'acquisition d'usines allemandes. Les effets économiques et politiques du conflit aidèrent le groupe à devenir un acteur majeur de la sidérurgie en Europe[455].

En Lorraine annexée, Jean de Bertier fut confronté au problème des séquestres, exposé par Jean-Noël Jeanneney dans sa biographie de François de Wendel. L'historien rappelle que, dès les débuts du conflit, les biens appartenant aux ressortissants du pays ennemi furent *mis sous séquestre*, sans être pour autant *liquidés*, c'est-à-dire vendus aux enchères[456]. Pour Jean de Bertier, la liquidation eut lieu en 1917-1918, mais ne concerna que les terrains en bord de Moselle qu'il avait conservés. Plus gênant, la Gutehoffnungshütte ne put lui verser la dernière échéance du règlement de la vente de Lagrange. En Alsace-Lorraine allemande, Jean de Bertier fut donc lésé de son patrimoine pendant les années de guerre. Il s'attacha dès novembre 1918 à obtenir réparation des torts subis.

En résumé, la Grande Guerre initia une inflation très dangereuse pour les rentiers, très nombreux dans l'aristocratie et la bourgeoisie françaises. Puisque les prix furent multipliés par deux de 1914 à 1918, il fallait, pour maintenir sa fortune, l'accroître dans la même proportion. Le défi fut relevé par certains, mais pas par

452 BECKER et KRUMEICH, p. 154 et LE NAOUR, article « Profiteur », p. 366-367.
453 CARON, p. 186. Les résultats remarquables de l'ARBED s'expliquent aussi, et parallèlement, par les synergies engendrées par la fusion de 1911-1912 (BARTHEL, Charles, Courriel à l'auteur, 15 avril 2022 et « L'émergence de l'ARBED », p. 393).
454 Voir note 272 de la première partie.
455 LEBOUTTE, PUISSANT, SCUTO, p. 164.
456 JEANNENEY, Jean-Noël, *François de Wendel en République. L'argent et le pouvoir 1914-1940*, Paris, Seuil, 1976, p. 50-51.

tous. Cette différenciation parmi les possédants se fit, selon Christophe Charle, à l'aune de trois critères : la capacité à défendre ses intérêts, la proximité de l'économie de guerre et des profits, et enfin les effets positifs ou négatifs de l'inflation sur la fortune possédée[457]. Jean de Bertier cochait les deux premières cases. Quant au dernier point, nous avons vu que la réponse est plus mitigée. Au final, Jean de Bertier réussit à contenir efficacement la perte de fortune. Il le fit aussi bien de façon passive que de façon active. De façon passive, car il fut doublement chanceux. D'une part, aucun de ses biens ne fut détruit par les combats. Ce n'était pas là une chose évidente. Les combats livrés pendant quatre années sur le sol de la France, dans les départements du nord et de l'est, endommagèrent une part importante de l'équipement industriel du pays[458]. D'autre part, il bénéficia des positions déjà détenues au Luxembourg avant le conflit. Jean de Bertier se montra également un défenseur actif de son patrimoine, en mobilisant son épouse, Richshoffer, Neuman, Duval, etc. et en cherchant toujours les placements les plus avantageux, pour lesquels les « jeux d'écriture » ne furent pas un obstacle. Il contribua *volontairement* à l'effort de guerre français par la souscription de bons puis d'emprunts émis par le gouvernement. Plus profitant que profiteur, il soutint aussi, *involontairement*, l'effort de guerre allemand. La motivation première resta la recherche des meilleurs rendements. L'engagement patriotique, pour réel qu'il fût, avait, dans ce domaine également, ses limites. Gageons qu'en cela, Jean de Bertier ne différa pas beaucoup de ses contemporains, et qu'il ne diffère pas non plus de beaucoup de contribuables d'aujourd'hui.

Toutes ces évolutions engendrées par la guerre redonnèrent au Luxembourg une place de première importance dans le patrimoine de Jean de Bertier. Les biens autant fonciers que mobiliers qu'il y possédait virent leur valeur nominale s'accroître, ou, si l'on prend en compte l'inflation, se conserver. On peut en déduire que ce fut au Luxembourg que sa fortune se maintint le mieux, et en Bretagne qu'elle fut, relativement, la plus dépréciée. Cette constatation pesa sans doute aussi dans sa décision, prise dès la fin de l'année 1918, de se recentrer sur la Lorraine et le Luxembourg. Les intérêts allemands furent vite éliminés des deux territoires. Dès lors, l'intérêt économique et financier se concilia avec le patriotisme. Toute ambiguïté disparaissait.

3.3. Le rôle croissant de Marie-Louise

Marie-Louise n'a jusqu'à présent pas occupé la place qu'elle mérite dans cette étude. Elle rédigea pourtant quantité de lettres. Nombre d'entre elles étaient destinées à son mari, dont beaucoup se retrouvent dans les archives de Lagrange. Ces écrits présentent malheureusement deux grands inconvénients pour l'historien. Marie-Louise datait très imprécisément ses lettres et écrivait d'une manière impossible à déchiffrer, déjà pour ses contemporains :

---

457 CHARLE, Christophe, *La crise des sociétés impériales. Allemagne, France, Grande-Bretagne 1900-1940. Essai d'histoire sociale comparée*, Paris, Seuil, collection « L'Univers historique », 2001, p. 291.

458 CARON, p. 186.

Je joins ma modeste obole pour l'œuvre dont vous me parlez dans votre élégant griffonnage illisible que je reçois à l'instant : je ne lis que Saint-Cyr et je devine un but patriotique auquel je vous prie de bien vouloir m'associer[459].

Nous étudierons donc Marie-Louise avec le regard extérieur des autres sources. S'intéresser à elle, c'est bien sûr poser la question des femmes face à la Grande Guerre. Des points de vue contradictoires furent développés. Une première lecture insista sur l'émancipation des femmes, grâce à l'absence du mari et à l'accès à de nouveaux emplois. Cette thèse trouva sa vérification dans l'augmentation du nombre des divorces à la fin du conflit. Une autre analyse mit en avant le caractère de parenthèse de la Grande Guerre et le peu de changements réels de la condition féminine après 1918, à commencer par le maintien en France de leur exclusion du suffrage. Le conflit lui-même aurait été le « triomphe de la division sexuelle entre des hommes destinés à combattre l'ennemi et des femmes cantonnées à l'arrière »[460]. La réalité oscillait entre ces deux positions et différait beaucoup d'une femme à l'autre[461]. Cette diversité des attitudes et des situations, valable à l'échelle de la société tout entière, se retrouvait au sein du groupe nobiliaire, récemment étudié par Bertrand Goujon[462]. Analysons donc le cas particulier de Marie-Louise, en quatre temps.

3.3.1. La défense active de son couple

Pour les années de guerre, nous disposons des agendas de Jean de Bertier (années 1917 à 1919) ainsi que de la correspondance entre les époux, d'autant plus abondante que le conflit leur imposa de longues périodes de séparation[463]. L'absence du conjoint mit les couples à l'épreuve. Le courrier devenait le seul lien. On y pouvait, ou devait, réaffirmer ses sentiments et rassurer sur son état de santé. Clémentine Vidal-Naquet parle même d'un « pacte épistolaire, accord tacite qui exige réciprocité, ininterruption, et, le souhaite-t-on, sincérité »[464]. Un tel pacte se mit en place entre Jean et Marie-Louise. Nous avons déjà, et à de multiples reprises, utilisé et cité les lettres écrites par Jean de Bertier. Celles envoyées depuis le front (les Flandres en 1914, les Dardanelles en 1915) se composaient le plus souvent de trois parties : un récit de la vie sur place, des commandes pour les colis et, toujours, une partie sur les délais des lettres, les moyens de hâter le courrier et la joie d'en recevoir : « le retard du courrier et le temps d'acheminement

459 ALG, Lettre de Ballero à Marie-Louise, [sans date, 1914-1915 ?].
460 LE NAOUR, article « Femmes – les prémices d'une émancipation ? », p. 216-222.
461 THÉBAUD, Françoise, *Les femmes au temps de la guerre de 14*, Paris, Payot, 2013 [1986], p. 426-428.
462 GOUJON, Bertrand, *Je maintiendrai. Femmes, nobles et françaises 1914-1919*, Paris, Vendémiaire, 2022, p. 696.
463 La masse des lettres, et donc des sources disponibles pour l'historien, fait de la Grande Guerre une période importante pour les études sur le couple et l'amour (VIDAL-NAQUET, Clémentine, *Couples dans la Grande Guerre. Le tragique et l'ordinaire du lien conjugal*, Paris, Les Belles Lettres, 2014, p. 28).
464 VIDAL-NAQUET, p. 255.

des correspondances demeurent l'une des préoccupations principales des épisto-
liers »[465]. Il était primordial pour les époux de s'annoncer la bonne réception de
telle ou telle lettre, et ainsi de garantir le maintien du lien conjugal.

La lecture des lettres de Jean de Bertier à son épouse laisse une impression
doublement ambivalente. En premier lieu, on retrouve la question déjà entrevue
de la sincérité. Dans la plupart des couples, on demandait à l'autre une sincérité
dont on ne faisait pas preuve soi-même : on taisait ou minimisait les dangers et
les mauvaises nouvelles[466]. Ce dernier pouvait percevoir cette éventuelle dissimulation, et s'en inquiéter. Les Bertier n'échappèrent pas à cette règle. Jean de Bertier
insista pour que Marie-Louise ne lui cachât rien de son état de santé : « c'est une
question d'honnêteté ! De ta part de me renseigner exactement »[467]. Quant à lui, il
mentit à de nombreuses reprises, et pour d'autres raisons. En second lieu se pose la
question du désir de se revoir. Marie-Louise était toujours disposée à rejoindre son
époux, malgré les difficultés. La réciproque n'était pas toujours vraie. Certes, Jean
de Bertier affirma apprécier retrouver son épouse assez souvent, grâce à ses permissions obtenues de façon plus ou moins réglementaire : « j'avais pris la très douce
habitude de te voir de temps en temps »[468]. À un moment, alors qu'il combattait
dans les Flandres en 1914-1915, Jean de Bertier indiqua même à son épouse quel
subterfuge utiliser pour le rejoindre :

> Si tu venais à Calais, où est l'hôpital de la duchesse de Sutherland, tu pourrais
> profiter d'une voiture de la Red Cross Society et, munie d'un laissez-passer délivré
> par les autorités anglaises, venir jusqu'ici en infirmière, mais c'est la seule solution qui
> m'apparaisse[469].

En revanche, lors de l'expédition des Dardanelles, il préféra l'éloigner. Pourtant,
au moment de quitter les Flandres, Jean de Bertier avait suggéré une solution pour
que Marie-Louise pût le suivre : le service en tant qu'infirmière sur un navire-
hôpital. S'agissait-il de paroles en l'air ? Marie-Louise, déterminée, envisagea le
projet très sérieusement, et la possibilité de sa venue inquiéta Jean de Bertier, qui
lui écrivit des lettres dissuasives : « tu n'as pas le droit de faire cela, ni pour moi, ni
pour Bébé. Réfléchis à cela »[470]. L'expédition s'était entre-temps révélée beaucoup
plus compliquée et dangereuse qu'initialement prévu. Il expliqua à Marie-Louise
qu'elle ne pourrait pas le rejoindre au camp d'Imbros, et qu'il craindrait pour sa vie
à cause de tous les dangers auxquels elle se trouverait confrontée[471]. À côté de ces
bonnes raisons, il en existait d'autres, inavouables. Jean de Bertier ne souhaitait pas

---

465 *Ibidem*, p. 238.

466 COCHET, *Survivre au front*, p. 19 et VIDAL-NAQUET, p. 258-260.

467 ALG, Lettre de Jean de Bertier à son épouse, depuis Londres, 8 février 1916. Ce fut lui qui
     souligna.

468 ALG, Lettre de Jean de Bertier à son épouse, [sans date, février-mars 1915]

469 ALG, Lettre de Jean de Bertier à son épouse, sans date [entre octobre 1914 et mars 1915].

470 ALG, Lettres de Jean de Bertier à son épouse, sans date [1915], et 3 juin 1915 : « [je] suis, ainsi
     que Laborde, un peu affolé à l'idée que le bateau-hôpital prend tournure ».

471 Les dangers n'étaient pas tant les mines et les sous-marins allemands (un navire-hôpital n'était
     pas une cible militaire) que la contagion des maladies, et Marie-Louise était de santé fragile
     (rappelons sa maladie au Maroc).

la venue de son épouse car il prévoyait de retrouver certaines maîtresses. Il lui mentit donc sur la durée et les motifs de son séjour à Alexandrie. Il lui écrivit n'avoir passé que deux fois 4 jours dans le port égyptien, alors qu'il y séjourna près d'un mois[472]. Quand Marie-Louise proposa de faire la traversée pour l'y retrouver, il l'en dissuada : « nous allons nous rembarquer sur la mer salée. [...] Il nous est absolument impossible de retarder le service des destroyers »[473]. Il écrivit cette lettre le 23 août, mais ne quitta Alexandrie que le 8 septembre. Le « pacte épistolaire » ne fut donc que partiellement respecté par Jean de Bertier. Trop souvent, son manque de sincérité cacha des infidélités, et la régularité des échanges entre les époux fut aussi à certains moments compromise. Ne pouvant continuer à envoyer des lettres depuis Alexandrie, où il n'était plus censé se trouver, il laissa Marie-Louise dans l'expectative. Il nota simplement, à son retour aux Dardanelles : « les lettres M. L. (il y en a 27) »[474].

Il faut donc, de nouveau, parler des maîtresses de Jean de Bertier. Il en eut plusieurs, parfois en même temps. Les lettres retrouvées ne permettent pas toujours d'identifier leur nom, mais les écritures et les styles révèlent des femmes très différentes, dont le tableau suivant donne un aperçu.

Tableau 27: Informations sur les maîtresses de Jean de Bertier pendant la Grande Guerre[475].

Nom et période	Citation	Commentaires
? avant 1914	Je vous ai aimé si fort dans le temps.	Une maîtresse d'avant la guerre que Jean de Bertier recontacta fin 1914/début 1915. Elle l'appelait « doudou ».
Esther avant 1914	Le « vous » de Washington, ce « vous » chercheur de sensations.	Une Américaine, établie à Philadelphie et rencontrée à Washington en 1913-1914. Plutôt une amie intime qu'une ancienne maîtresse (?) Contact épistolaire.
Mone 1911-1917 et après ?	Quand tu reviendras dans notre petit appartement, tu retrouveras ta Mone, bien telle que tu désires, et dont toutes les pensées n'auront été que pour toi	Relation la plus régulière, depuis 1911. Mone rejoignit Jean de Bertier à Alexandrie, ils s'y brouillèrent puis reprirent contact en décembre 1915. Elle avait un enfant, « Bébé » dans les lettres. Elle recevait de l'argent de Jean de Bertier pour payer son loyer. Elle aussi lui envoya des colis.

(Suite)

472 ALG, Lettre de Jean de Bertier à son épouse, 8 septembre 1915.
473 ALG, Lettre de Jean de Bertier à son épouse, depuis Alexandrie, 23 août 1915. Si l'on se rappelle l'incident de Bizerte, on remarque que le jugement de Jean de Bertier est à géométrie variable.
474 ALG, Agenda de Jean de Bertier. 3ᵉ trimestre 1915. Journée du 15 septembre 1915.
475 ALG, Lettres adressées à Jean de Bertier, 12 janvier 1915, 4 avril 1915 (Esther), 18 novembre, 16 décembre 1915 et 6 et 7 janvier 1916 (Mone), 2 et 22 décembre 1915 (Liudith), 18 août [1915] (Henriette), 2 et 27 juillet 1917 (la maîtresse anglaise) et Lettre de Jean de Bertier à son « amie précieuse », 7 décembre 1915.

Tableau 27: (Suite)

Nom et période	Citation	Commentaires
Liudith 1913-1915	Celle qui voudrait pour un instant être un « chocolat » pour être dégustée, retournée, fondue dans vos lèvres.	Relation d'avant la guerre avec laquelle le contact fut rétabli en décembre 1915. Elle lui envoya des « chatteries de Marquis », des « sweets », c'est-à-dire, sans doute, des chocolats et des confiseries d'une pâtisserie parisienne de luxe. Les deux seules lettres retrouvées ne permettent pas de savoir si Jean et Liudith se revirent effectivement.
Henriette 1915-1916	[Elle lui envoya une photo :] Vous la déchirerez si vous ne voulez ou ne pouvez pas la garder. Qu'elle vous apporte mille choses tendres de votre amie H.	Une maîtresse ou simplement une amie intime ? Le ton reste prudent, pas explicitement passionné (voir ci-contre). Henriette se défendit auprès de Marie-Louise d'être une maîtresse de Jean.
? 1915	[Jean de Bertier lui écrivit :] Il y a ce soir trois mois, après une dernière trempette au Sporting, nous faisions une promenade le long de la mer à la nuit tombante avant de regagner Cléopatra.	Qui était cette « amie précieuse » à laquelle Jean écrivait des lettres très ampoulées ? Il la rencontra sans doute lors de son séjour alexandrin, à moins qu'il ne l'eût connue auparavant ? Il ne peut s'agit ni d'Esther, ni de Mone, très probablement pas d'Henriette.
? 1917	Je sens bien maintenant que vous m'aimez comme je vous aime. Je vous aime plus que tout au monde.	Une Anglaise, rencontrée à Londres. Mélange de français et d'anglais et discussions intellectuelles : par exemple, sur la femme, victime ou non de l'homme.

Jean de Bertier avait donc une maîtresse principale et régulière, Mone. Elle dénotait par rapport aux autres relations qui appartenaient certainement toutes au grand monde ou au demi-monde. Mone était une femme entretenue par Jean de Bertier. Suite à leur brouille, qui dura d'août à novembre 1915, Mone se justifia (elle n'était pas une prostituée) et critiqua Jean de Bertier (il manquait de sincérité) :

> Après l'aventure d'Alexandrie où ta cruauté a failli me coûter la vie, j'ai eu un instant la pensée de prendre un de ces métèques qui rôdent autour de moi, mais j'ai compris que cette vengeance ne punirait trop que moi-même car je suis incapable d'aimer un rasta. Je préfère devoir la dignité de ma vie à mon travail. […]

> Pourquoi as-tu voulu en faire une poupée [de ta Mone] ? Comme tu aurais pu la rendre heureuse Jean. Elle désirait si peu ce luxe que tu envies pour elle. À tout elle eût préféré être aimée sincèrement[476].

---

476 ALG, Lettre de Mone à Jean de Bertier, 18 novembre 1915. Ce fut Mone qui souligna.

Afin de tenter de déterminer ce que Jean de Bertier recherchait dans ces multiples relations, ou, du moins, l'importance qu'elles pouvaient avoir à ses yeux, utilisons ses agendas. Dans ces documents intimes, il s'adressait à lui-même, avec sincérité. On peut y remarquer deux choses. D'une part, il notait très régulièrement des citations, des maximes, des pensées, essentiellement sur les femmes et sur l'amour. Certaines correspondaient tout à fait à son comportement de séducteur : « *in my heart there's always room for one girl more* »[477]. D'autres, peut-être plus profondes, pourraient expliquer que, malgré ses infidélités, il conservait des sentiments pour Marie-Louise : « pour avoir pu mentir à une femme autant que ça, il fallait bigrement l'aimer »[478]. Toutes ces citations étaient aussi des moyens simples d'évasion par rapport à la guerre. Il s'agissait pour Jean de Bertier d'une de ces « béquilles » qui permettaient aux combattants de tenir. D'autre part, Jean de Bertier consignait dans ses agendas ses impressions journalières. Voici un extrait concernant son séjour à Alexandrie :

24 août. [...] Gare Sidi Gaber attendu une heure. La grande femme blonde en robe à raies blanches et mauve.[...]

25 août. [...] Un tricot de soie jaune et blanc sur robe ? L'occasion... L'irréparable ?... Je m'en f. La chambre 76 est fermée.

26 août. Savoy Alexandrie. Un verrou tiré sur une tranche de vie. [...] Désarroi mental. [...] Un verre au bar. Et voilà.

27 août. [...] Pris Denys et allé bain Sporting. Personne. Zut. [...]

28 août. [...] (malgré moi je cherche dans loge derrière. Serait-elle semblable cette gosse blonde [?]) [...]

31 août. [...] Je vais au Majestic pour arranger voyage et revoir robe verte. [...]

7 septembre. [...] Le flirt s'accentuant la confiance règne. [...] Et maintenant à Alexandrie au galop. Kodak. Rien. Gare Ramleh ! Enfin. Retour en tramway très gai. [...]

8 septembre. [...] Au Majestic, chambre 99. Compté les photos. Projets et promesses... Rentré minuit. Reproches de Denys. [...]

9 septembre. [...] Examen de conscience comparée, le jour de l'arrivée et ce soir. Plus simple ? plus folle ? meilleure ? ... ou pire ??...[479]

Ces lignes rendent compte de la rupture avec Mone puis des moments passés avec cette « amie précieuse » renseignée dans le tableau précédent. Puisqu'il ne s'agit que d'extraits, il serait peut-être exagéré d'en déduire un comportement

---

477 ALG, Agenda de Jean de Bertier. 4ᵉ trimestre 1915. Journée du 30 novembre 1915 : « il y a toujours de la place dans mon cœur pour une fille de plus » (traduction de l'auteur).

478 ALG, Agenda de Jean de Bertier. 3ᵉ trimestre 1915. Journée du 24 août 1915.

479 ALG, Agenda de Jean de Bertier. 3ᵉ trimestre 1915. Journées des 24 au 28 août, 31 août et 8 et 9 septembre 1915.

obsessionnel. En tout cas, Jean de Bertier était tourmenté par ses passions, et recherchait assez égoïstement leur satisfaction dans de multiples flirts[480]. Agnès Walch identifie d'ailleurs, comme motivation de l'adultère, la recherche d'une sexualité et d'un plaisir plus développés qu'avec le conjoint légitime[481]. En outre, la séparation des couples par la guerre favorisa les infidélités. Les autorités militaires tolérèrent puis organisèrent lupanars et bistrots à filles devant permettre aux soldats d'assouvir leurs besoins sexuels et donc aussi de « tenir »[482]. Si Marie-Louise fut trompée à de multiples reprises par son mari, le pire, toutefois, lui fut semble-t-il épargné : « l'offense la plus grave réside, cependant, dans la double trahison qui joint adultère et contamination vénérienne »[483]. Françoise Thébaud estime que deux tiers des femmes atteintes furent contaminées par leur mari lors d'une permission[484].

Marie-Louise découvrit les turpitudes de son mari grâce à de multiples sources d'information, et malgré les tentatives de dissimulation de ce dernier. Elle n'hésita pas à écrire à certaines des supposées maîtresses[485]. Elle fit enquêter sur Mone, sans doute par un détective. Mone s'appelait en réalité Anne-Marguerite Perrin. Le rapport du détective la présentait comme une prostituée : « Madame P… ne tire ses moyens d'existence, ressources que du produit de sa galanterie »[486]. Enfin, Marie-Louise reçut, à une occasion, des « informations » sous forme d'un sonnet assez grivois, composé par « A. de M. », sûrement une personne de son entourage mais que nous ne pouvons plus identifier aujourd'hui :

À Madame de Bertier qui me demande des nouvelles de son mari !!

L'infidèle est parti sur quatre caravelles
emmenant ses cousins (honteux d'être germains)
pour exercer en chœur sur des harems lointains
sévices inédits et violences nouvelles.

On verra se pâmer les molles Dardanelles
quand ce nouveau croisé les forcera demain,
quand sur leur embouchure il portera la main
et qu'il se dévouera pour nous venger sur elles.

Et pendant ce temps-là solitaire et chagrine
du haut de son donjon décoré par [Martinne ?]
l'épouse se consume en appels restés vains.

---

480 « Projets et promesses… » : ces points de suspension signifient-ils que Jean de Bertier n'était pas sincère ?
481 WALCH, Agnès, *Histoire de l'adultère (XVIᵉ-XIXᵉ siècles)*, Paris, Perrin, 2009, p. 306.
482 THÉBAUD, p. 190-191.
483 SOHN, Anne-Marie, *Chrysalides. Femmes dans la vie privée (XIXᵉ-XXᵉ siècles)*, Paris, Publications de la Sorbonne, 1996, p. 798.
484 THÉBAUD, p. 193.
485 ALG, Lettres à Marie-Louise de Gabrielle Dorziat, 7 avril 1916, et d'Henriette, 19 juin 1916.
486 ALG, Enquête relative à Madame Perrin, sans signature, sans date [avril 1916] et Note manuscrite de Marie-Louise, sans date.

Parmi cent châtiments elle hésite incertaine
pour ce Jason distrait qui sur la mer lointaine
cherche la toison d'or qu'il avait sous la main[487].

Ce poème résume bien ce que nous avons déjà vu : le goût des plaisirs de Jean de Bertier contrastait avec la constance des sentiments de son épouse. Quels « châtiments » allait-elle lui appliquer ? Anne-Marie Sohn indique que, face à l'adultère (et aux adultères répétés), une grande majorité de femmes exprimèrent leur mécontentement, et que, dans la moitié des cas, elles décidèrent de se séparer de leur mari[488]. Marie-Louise adopta une solution intermédiaire. Début 1916, elle retira symboliquement sa « bague », donc son alliance et imposa à son mari d'écrire une lettre de rupture à sa maîtresse du moment. Jean de Bertier s'exécuta et, tout en contrition, promit dans plusieurs lettres de ne plus recommencer : « il faut que tu me croies uniquement occupé de vous [Marie-Louise et leur fils Arnaud] maintenant, et décidé à chercher du bonheur au lieu de la joie »[489]. La chair de Jean de Bertier était trop faible pour qu'il tînt ses engagements. Fin juillet 1917, Marie-Louise découvrit des lettres d'une ou de plusieurs maîtresses. Nous avons déjà relaté cet épisode. Jean de Bertier était alors hospitalisé à l'hôtel-hôpital Astoria. Marie-Louise retira sa bague une seconde fois. Elle afficha ainsi publiquement son mécontentement. Le lien qui les unissait, à défaut d'être définitivement rompu, était brisé. Les archives ne permettent pas de déterminer quand Marie-Louise remit sa bague, autrement dit quand les époux se réconcilièrent, sans doute lors de la convalescence de Jean, qu'ils passèrent avec leur fils Arnaud à Biarritz, en octobre 1917.

Terminons avec une observation chronologique. Les relations extra-conjugales de Jean de Bertier caractérisèrent plutôt les premières années du conflit, jusqu'à l'été 1917. Or Marie-Louise retira sa bague une première fois en février 1916, une seconde fois en juillet 1917[490]. Réussit-elle finalement à imposer sa vision du couple à son mari ? Jean de Bertier cessa-t-il de voir Mone après l'été 1917 ? Il faudra revenir sur ce point dans la dernière partie de notre étude, les années 1919 à 1926. En tout cas, cette réflexion prouve l'influence exercée par Marie-Louise, qui se déploya dans d'autres domaines également.

3.3.1. La protection des proches

Marie-Louise avait les occupations spécifiques de toute femme du monde. Elle se devait de tenir son rôle de maîtresse de maison et de participer aux activités

---

487 ALG, Poème adressé à Marie-Louise et signé « A. de M. », [sans date, 1915].

488 SOHN, *Chrysalides*, p. 801.

489 ALG, Lettre de Jean de Bertier à son épouse, depuis Londres, 17 février 1916, ainsi que Lettres des 18 et 26 février 1916.

490 Ces informations, appuyées sur les archives, sont *a minima*. Peut-être que Marie-Louise retira sa bague à d'autres reprises, peut-être aussi que Jean de Bertier eut toujours des maîtresses, sans que des lettres ne fussent conservées.

mondaines et charitables[491]. La Grande Guerre bouleversa ce quotidien et lui imposa de nouvelles activités. Une partie d'entre elles, limitées à la sphère privée, peuvent être regroupées derrière l'objectif de la protection des proches.

Disons préalablement un mot sur le remplacement des maris par leurs épouses, et son éventuel effet émancipatoire. Comme beaucoup d'autres, Marie-Louise remplaça autant que possible son époux absent. Elle s'investit donc dans la gestion de ses domaines et de ses affaires financières. Elle devint également *de facto* seule responsable de l'éducation d'Arnaud, mais Jean veilla à plusieurs reprises à lui transmettre des conseils, voire des consignes[492]. Cela montre que la suppléance du mari ne correspondit pas à une véritable libération des femmes : « le poids décisionnel des mobilisés ne s'efface pas avec leur absence. À distance, les hommes recommandent, ordonnent, donnent des instructions »[493].

Venons-en maintenant au rôle de protection, qui s'exerça aussi bien à l'arrière que sur le front. À l'arrière, Marie-Louise fit jouer les réseaux du couple pour obtenir de meilleures affectations pour ses proches. Son mari la renseignait sur ce qu'il était possible de faire, ou non. Il lui donnait les noms des personnes à approcher et nul doute que Marie-Louise accomplit de multiples démarches[494]. Son frère Denys la sollicita en 1914 comme en 1917[495]. Son autre frère, Henri, fut blessé et fait prisonnier en novembre 1914. Depuis sa captivité en Allemagne, il chargea sa sœur d'obtenir des « papiers de sanitaire en règle » pour pouvoir être échangé contre des prisonniers allemands[496]. Les interventions demandées pouvaient donc être complexes et nécessiter certains arrangements, sans pour autant rechercher systématiquement l'embuscage. Toutes ces démarches donnèrent à Marie-Louise une place centrale. Vers elle convergeaient les courriers ; de par sa présence à Paris, à proximité des instances de décision, elle pouvait agir pour ses proches. Précisons que les correspondances n'étaient pas toujours de simples échanges standardisés de banalités. Un exemple nous en est donné par une lettre d'Henri, donnant les codes à employer pour franchir la censure allemande :

> Quand la France sera libérée des Allemands, mets-moi « ma maison est vide ». Quand la paix sera proche, mets « ta chambre est prête » et si nous leur avons flanqué une bonne pile mets « ton oncle va très bien »[497].

491 THÉBAUD, p. 44.
492 ALG, Lettres de Jean de Bertier à son épouse, 28 mai, 21 juillet et 19 septembre 1915.
493 VIDAL-NAQUET, p. 317-318.
494 ALG, Lettres de Jean de Bertier à son épouse, sans date [1915]. Il fallait dans certains cas s'adresser au ministre, dans d'autres cas Jean de Bertier donna le nom de Delbrück, [Debains ?] et Auselin.
495 ALG, Lettres de Denys Chalmeton à sa sœur Marie-Louise, 4, 16, 21 et 24 octobre 1914 et 8 septembre 1917.
496 ALG, Lettre de Richard René à Marie-Louise, depuis Leysin (Suisse), 19 décembre 1914. Cet aspirant, interné en Suisse, communiqua dans ce courrier les consignes que Henri lui avait transmises.
497 ALG, Lettre de Henri Chalmeton à sa sœur Marie-Louise, 10 novembre 1914.

Nous verrons plus loin que Marie-Louise écrivit des lettres aux intentions peut-être plus masquées encore. Enfin, si, contrairement à son mari, elle n'était pas agent de renseignement, elle se renseigna sur lui. Par son rôle d'épistolière et d'intermédiaire, elle acquit donc un pouvoir sur les gens et les événements. Sur le front aussi, l'importance de Marie-Louise se fit ressentir, de deux façons. La première correspondait à l'envoi de lettres qui, demandant réponse (le fameux pacte épistolaire), étaient autant d'éléments de contrôle. Les quelques mots inscrits par Jean de Bertier le 15 janvier 1918 à Langres en rendent bien compte : « lettres de M. L. nouveaux pétards !!!!! »[498]. Elle prenait très fréquemment la plume, quasiment chaque jour : Jean récupéra en effet 27 lettres au retour de son séjour d'un mois à Alexandrie. Marie-Louise se rendait ainsi présente de façon systématique, dans une protection qui parut peut-être étouffante à Jean de Bertier. L'envoi de colis était la seconde façon de se manifester à ses proches sur le front. Tout comme les lettres, les colis circulèrent en grand nombre : pour la seule poste française, 80 000 par jour en moyenne. La franchise de port pour les colis inférieurs à 10 kilos facilita les envois[499]. À l'image de beaucoup de femmes de la noblesse, Marie-Louise approvisionna généreusement, et même trop, son mari[500]. Dès octobre 1914, depuis les Flandres, il lui écrivit : « j'ai ce qu'il me faut », « je t'en conjure, fais-cesser cette avalanche »[501]. L'année suivante, aux Dardanelles, Jean de Bertier estima que les colis de chez « Cassoutte » représentèrent jusqu'à trois mois de stock[502]. Au-delà de ce pur aspect quantitatif, une anecdote révèle la grande réactivité de Marie-Louise, et le réconfort que ses envois apportaient à son entourage. Le 3 février 1915, Jean lui écrivit s'être fait « barbotté le cache-nez que tu avais tricoté de tes blanches mains ». Le 11 février suivant, il lui confirmait réception d'un nouveau cache-nez bleu clair que son épouse lui avait immédiatement fait et envoyé[503].

Ce rôle de protection fut le plus décisif dans le cas de son frère Henri, détenu au *Mannschaftsgefangenenlager* d'Altengrabow, près de Magdebourg. Comme les autres prisonniers en Allemagne, il ne recevait que des rations très chiches. Dans le contexte du blocus naval établi par les Alliés, l'Allemagne peinait à nourrir sa population, et les prisonniers connurent la faim. Les colis étaient donc essentiels, non seulement pour le moral, mais aussi comme apport de nourriture. Plus de 60 millions de colis furent expédiés depuis la France, avec transit par la Suisse[504]. Tout comme Jean, Henri passa commande, en modifiant ses demandes suivant l'attitude des autorités allemandes du camp. Lorsque l'alcool fut confisqué, il écrivit :

498　ALG, Agenda de Jean de Bertier. 1er semestre 1918. Journée du 15 janvier 1918.

499　LE NAOUR, article « Colis », p. 169.

500　GOUJON, *Je maintiendrai*, p. 207.

501　ALG, Lettres de Jean de Bertier à son épouse, 7 et 16 octobre 1914. Ce fut Jean de Bertier qui souligna.

502　*Ibidem*, 15 septembre 1915.

503　*Ibidem*, 3 et 11 février 1915.

504　FARRÉ, Sébastien, *Colis de guerre. Secours alimentaire et organisations humanitaires (1914-1947)*, Rennes, Presses universitaires de Rennes, 2014, p. 28 et 35.

« ne m'en mets plus dans les prochains paquets. N'oublie pas les biscuits salés et de préférence de la viande plutôt que du poulet »[505]. Marie-Louise prit donc nécessairement beaucoup de temps pour personnaliser tous ses envois, alors que la tendance était d'acheter les colis standardisés des organismes caritatifs[506]. Elle assura ainsi présence, réconfort et protection, en assurant un apport alimentaire de qualité et… en quantité. Elle contribua de ce fait à la bonne santé d'Henri en Allemagne, et de son époux aux Dardanelles.

On pourrait voir, dans ce thème de la protection des proches, un rôle féminin très traditionnel, associé à l'antique fonction nourricière de la mère. Pourtant, ce n'était pas tant son enfant qui en bénéficia que son mari et ses frères. Si l'on poussait la symbolique, on y verrait une infantilisation des hommes de la famille, devenus dépendants de Marie-Louise et de ses approvisionnements. L'important est de comprendre que ces nouvelles activités, certes traditionnelles, placèrent Marie-Louise dans une position-clé par rapport à son entourage. Telle une tour de contrôle, elle concentra et multiplia contacts et échanges. Voyons maintenant qu'elle ne se limita pas à la seule sphère familiale.

3.3.2. Les engagements caritatifs

Mettons en évidence les différentes formes d'engagement de Marie-Louise avant d'en tirer une interprétation. Les archives attestent la mobilisation tant de ses finances que de sa propre personne. Au niveau financier, elle mit en place une « œuvre » : elle collecta des fonds. Nous disposons de peu de détails sur l'importance de l'argent rassemblé et sa destination. Le seul courrier y faisant allusion et déjà cité donnait comme seuls indices « Saint-Cyr » et « un but patriotique ». Il est intéressant de remarquer qu'elle sollicita ses connaissances jusqu'au Japon. Un certain Henry, que les Bertier avaient sans doute connu à Washington, travaillait à l'ambassade américaine à Tokyo. Sa réponse ne fut guère encourageante :

> Il y a eu tous ces temps-ci tellement de demandes d'argent pour les Belges, la Croix-Rouge, le *Prince of Wales fund* et Dieu sait quoi encore, on a tellement donné que vraiment la plupart des gens ont commencé à trouver que cela dépassait un peu les limites[507].

Déjà avant la guerre, les œuvres faisaient partie de l'action traditionnelle des femmes du monde. Leur multiplication suite au déclenchement des hostilités créa une concurrence qui ne facilita pas les collectes. Les mois passant, la générosité s'émoussa. Ajoutons enfin que certains escrocs tentèrent d'en capter une partie. Il fallut légiférer pour assainir l'activité et redonner confiance aux donateurs[508].

---

505 ALG, Lettre de Henri Chalmeton à sa sœur Marie-Louise, 12 mars 1915. Quelques mois plus tôt, ou plus tard [4 janvier, 1914 ou 1915] il avait complété, ou compléta : « quelques paquets de tabac c'est permis ».

506 FARRÉ, p. 31-32.

507 ALG, Lettre de Henry à Marie-Louise, depuis Tokyo, 24 mai 1915.

508 DARMON, Pierre, *Vivre à Paris pendant la Grande Guerre*, Paris, Fayard, 2002, p. 71.

L'œuvre de Marie-Louise ne brassa sans doute pas de fonds considérables. En plus de (ou grâce à ?) cette activité, Marie-Louise finança directement le secours aux soldats et aux prisonniers. L'un ou l'une de ses domestiques en rendit même compte à Richshoffer, pour, à mots couverts, en critiquer l'ampleur. Selon lui, ou selon elle, Marie-Louise effectuait chaque mois des envois « ce qui fait un total approximatif de 5 à 600 francs ! Sans compter les envois réguliers de Monsieur Henri »[509]. Ces « envois réguliers de Monsieur Henri » (sic) étaient bien sûr les colis que Marie-Louise destinait à son frère. La somme avancée était considérable. On s'en rend compte au vu d'un autre document : Jean de Bertier proposa en effet à son épouse de contacter le Comité central de secours aux prisonniers de guerre, à Berne, qui « pour 2,50 francs par mois fait un envoi suffisant pour un homme : nous pourrions, je pense, en nourrir neuf de plus qu'Henri »[510]. Ainsi, 500 francs auraient permis d'aider jusqu'à 200 prisonniers par mois, mais nous ne pouvons établir si de telles dépenses furent régulières, ni à qui elles furent effectivement destinées. Les propos de Jean (« nous pourrions en nourrir neuf de plus ») laissent difficilement penser que Marie-Louise en secourût déjà vingt fois plus. L'essentiel est de remarquer qu'elle élargit les aides apportées à son entourage à d'autres combattants, sous la forme de colis standards.

Marie-Louise s'impliqua aussi personnellement dans l'action caritative de 1914 à 1917, même si nous ne pouvons en retracer les détails : « [Mrs French m'a dit avec quel zèle vous aviez travaillé depuis le début de la guerre et je suis sûre que votre concours me sera d'un grand appui »[511]. Elle devint rapidement ambulancière et nous avons déjà dit qu'elle envisagea de servir comme infirmière sur un navire-hôpital[512]. À partir de mai 1917, elle participa à la « Goutte de café », une œuvre lancée par une Anglaise, Alice Townsend. La Goutte de café était affiliée à la Croix-Rouge britannique, dont les différentes sociétés nationales assuraient *de facto* le travail d'un service sanitaire auxiliaire. Au Royaume-Uni, la Croix-Rouge et l'ordre de Saint-Jean-de-Jérusalem fusionnèrent dans un organisme unique, le *Joint War Committee*. Il encadrait un peu moins de 10 000 salariés et près de 130 000 volontaires, dont Marie-Louise fit donc partie[513]. Marie-Louise travailla à la cantine de Mesnil-sur-Oger (Marne), où se trouvait un dépôt d'éclopés. Les poilus blessés étaient censés y retrouver un mieux-être, par les distractions proposées, et par l'attention que leur accorderaient Marie-Louise et ses amies[514]. Pierre Darmon note cependant que les éventuels fantasmes des combattants se réservaient

509 ALG, Lettre de [Durand, un(e) domestique du domicile des Bertier, rue de l'Alma ?] à Richshoffer, 7 août 1916.

510 ALG, Lettre de Jean de Bertier à son épouse, 2 août 1915.

511 ALG, Lettre d'Alice Townsend à Marie-Louise, depuis Londres, 5 juin 1917. Nous ne savons pas si Marie-Louise obtint un diplôme d'infirmière ou d'auxiliaire (deux mois de stage *au minimum*, THÉBAUD, p. 122).

512 ALG, Carte de titulaire de l'école française d'ambulancières, 3 décembre 1914 et Lettres de Jean de Bertier à son épouse, 3 et 12 juin 1915.

513 FARRÉ, p. 24 et 27.

514 ALG, Lettres d'Alice Townsend à Marie-Louise, 25 mai, 5 et 14 juin 1917 et Ordre de service, 10 juin 1917.

aux marraines de guerre : « les œuvres et leurs égéries [laissent] les poilus indifférents. Les marraines, au contraire, réchauffaient leur cœur en exaltant leur imagination »[515].

Quelle analyse porter sur cet engagement caritatif de Marie-Louise ? On pourrait le relativiser, comme un simple prolongement de la charité du temps de paix. Il existait de plus une pression sociale, comme le remarque Frédéric Rousseau : « les dames de la bourgeoisie "s'enrôlent" effectivement les unes les autres au sein de leurs réseaux respectifs. Et il paraît parfois bien difficile de résister à ce type de mobilisation mondaine qui exige temps et argent »[516]. On ne s'engageait pas seul, mais *avec* les autres, ou *comme* les autres. Esther, que les Bertier avaient connue à Washington, fonda elle aussi son œuvre[517]. Ainsi, l'engagement caritatif pourrait être minimisé. Il serait la conséquence d'une imitation du groupe, et un de ses buts serait de légitimer son appartenance à cette même élite sociale qui l'avait suscité. Le caractère bénévole de l'engagement limitait les recrutements aux catégories aisées[518]. En cela, il permettait de conserver ou d'élargir son capital social, et représentait un investissement non désintéressé. Quant à Marie-Louise, n'avait-elle pas pour but premier de rejoindre son mari ? L'idée du service sur un navire-hôpital ne dura que le temps de l'expédition des Dardanelles. La cantine de Ménil-sur-Oger ne fut-elle pas aussi un moyen de se rapprocher de Jean, qui combattait de nouveau dans les tranchées françaises depuis avril 1917 ? D'ailleurs, la blessure de Jean interrompit sans doute dès juillet son engagement, après un mois de service seulement. Marie-Louise quitta la cantine de Ménil-sur-Oger pour veiller sur son mari, à l'hôpital d'abord puis à Biarritz ensuite. L'engagement de Marie-Louise semble être donc toujours resté *subordonné* à la situation de son mari. Cela n'enlevait rien au courage qu'il demandait : « dangereux mais de grand prestige aussi est le service des navires-hôpitaux pour le transport des blessés d'Orient »[519].

Nuançons maintenant cette première lecture. Marie-Louise s'enrôla malgré les avis négatifs de ses proches, tel celui de son frère Henri : « combien je serai heureux si tu voulais être prudente et ne pas t'exposer à la contagion dans un hôpital ! Pense à ton fils et à ton mari, ils ont encore plus besoin de toi que les pauvres blessés »[520]. De plus, l'engagement caritatif représentait un véritable travail. Esther en témoigna et affirma dès janvier 1915, soit six mois seulement après le début des combats, avoir écrit plus de 1 000 lettres et avoir envoyé « tant de provisions et de vêtements en France »[521]. Enfin, les dépenses consenties étaient réelles :

---

515 DARMON, p. 75. Marie-Louise fut-elle marraine de guerre ? Nous n'avons pas trouvé de pièce pour l'attester. Son écriture catastrophique ne la prédisposait pas à cette tâche.
516 ROUSSEAU, p. 215.
517 ALG, Lettre d'Esther à Jean de Bertier, 29 janvier 1915.
518 ROUSSEAU, p. 201 et 231-233 et THÉBAUD, p. 137.
519 THÉBAUD, p. 124.
520 ALG, Lettre de Henri Chalmeton à sa sœur Marie-Louise, 27 novembre [1914].
521 ALG, Lettre d'Esther à Jean de Bertier, 29 janvier 1915 : « pour tous ces maux il n'y a qu'un remède le travail ».

Même si les directrices d'établissements savaient user de leurs talents mondains pour récolter les dons nécessaires à leurs entreprises, la majorité des frais des hôpitaux militaires revenaient aux gens du monde[522].

Il ne fallait donc pas compter sur les apports extérieurs, mais commencer par employer ses propres deniers. Ce financement par les élites, et parmi elles, Marie-Louise, fut indispensable. Les sommes allouées aux hôpitaux par le ministère de la Guerre ne couvraient, au mieux, qu'un tiers des frais réels. 4 500 hôpitaux et ambulances bénéficièrent de dons, sans lesquels ils n'eussent pas pu fonctionner[523]. Les documents relatifs à la Goutte de café permettent en outre de montrer que Marie-Louise fut, parmi les participantes, la plus grande contributrice. Les quatre femmes mobilisées, Alice Townsend, Mrs French, Mrs Scott et Marie-Louise devaient régler conjointement 3 000 francs, soit 120 livres pour les trois premiers mois d'engagement. Madame Scott déclara ne pouvoir payer que 20 livres, et Alice Townsend demanda 50 livres à Marie-Louise, soit 40 % du financement global. Elle la pria également de lui envoyer de l'argent pour pouvoir acheter jeux, papier à lettres, crayons, pipes, brosses à dents, peignes, etc., pour le confort des poilus[524].

Bien qu'insuffisamment documenté et dépendant de la situation de son mari, l'engagement de Marie-Louise fut sincère et réel, tant au niveau de l'argent que du temps consacrés. Marie-Louise compta sans doute parmi ces « femme[s] sur le pied de guerre »[525]. Françoise Thébaud insiste sur les effets émancipateurs de ces expériences caritatives, grâce à la multiplication des contacts qu'elles engendrèrent, et au décloisonnement qui en résultait[526].

Souvenons-nous des deux fois où elle retira son alliance et, à son initiative, rompit temporairement et symboliquement ce que son mari appelait « la chaîne conjugale ». D'autres éléments, à l'interprétation plus délicate, renforcent cette impression d'une plus grande influence de Marie-Louise.

3.3.3. *Jusqu'où ne montera-t-elle pas ?*

Pour ouvrir ce dernier point, nous reprenons volontairement, en l'adaptant, la devise des Fouquet[527]. Plusieurs épisodes renseignés dans les archives donnent l'impression que l'influence de Marie-Louise ne se limita pas au champ traditionnel

---

522 BRAVARD, p. 221.

523 THÉBAUD, p. 118 et BRAVARD, p. 220.

524 ALG, Lettres d'Alice Townsend à Marie-Louise, 25 mai et 14 juin 1917. Elle justifia de tout acheter à Londres : « ici malgré tout, les marchandises sont bien meilleures et sans comparaison meilleur marché qu'à Paris ».

525 En référence à RESAL, Jacques et ALLORANT, Pierre, *Femmes sur le pied de guerre. Chronique d'une famille bourgeoise 1914-1918*, Villeneuve d'Ascq, Presses universitaires du Septentrion, 2014, 470 p.

526 THÉBAUD, p. 137-138.

527 « Jusqu'où ne montera-t-il pas ? », à propos de l'écureuil ornant les armes familiales, très visible à Lagrange.

de l'action caritative. Dans une lettre anonyme, déjà mentionnée, on dénigra son action : « elle tient avec beaucoup d'élégance l'agence d'embusquade (sic) ». On s'en prit aussi à sa personne : « la petite Chalmeton ; son vilain museau ; sa hanche baladeuse ; son snobisme de roturière [...] vilaine petite crue »[528]. Nous ne reviendrons pas sur l'accusation d'embuscage, déjà analysée. Quant aux attaques personnelles, il est nécessaire de les replacer dans leur contexte. L'installation de la guerre dans la durée entraîna un épuisement des sociétés et des individus. L'élan d'« union sacrée » de l'été 1914 disparut. L'atmosphère devint plus lourde. Les lignes suivantes décrivent Paris et en rendent bien compte :

> 1er août 1914. [...] Des autos d'officiers sillonnent la ville sous les acclamations des passants.

> [Période de l'hiver 1917 à l'été 1918]. Les officiers qui paradent dans leurs autos exacerbent les haines. Ce sont des embusqués, des gaspilleurs d'essence et des débauchés car on les voit toujours flanqués de « cocottes ». Le passage d'une voiture militaire soulève une foule de commentaires indignés[529].

Pour notre réflexion, le contenu de la lettre importe moins que son existence. Si Marie-Louise était attaquée, c'est donc qu'elle avait acquis une nouvelle importance. Son accusateur (ou son accusatrice) lui donnait d'ailleurs le rôle principal : « *elle tient* [...] l'agence d'embusquade ». Une deuxième pièce retrouvée dans les archives corrobore cette impression. Un certain Boris [Yonine ?] lui écrivit depuis Londres. Il ne connaissait pas bien les activités de Marie-Louise mais ne doutait pas qu'elle eût des responsabilités importantes :

> Je suis sûr que vous êtes une dirigeante de la France. Si vous ne l'êtes pas, ce n'est pas de votre faute ou manque d'énergie. Je suis très désireux d'entrer dans l'armée française, mais est-ce que cela m'est possible ? Et comment[530] ?

Bien sûr, nous savons que Marie-Louise n'était pas « une dirigeante de la France ». Cet extrait est cependant intéressant il montre le rayonnement qu'elle exerça sur ses interlocuteurs. Au-delà de cette accusation et de cette louange, recherchons des traces d'interventions plus effectives hors du domaine caritatif.

Il existait, avant le déclenchement des hostilités, un cosmopolitisme mondain qui dépassait les frontières. Les réseaux des élites françaises s'étendaient notamment vers l'Allemagne et l'Autriche-Hongrie. Il est difficile de déterminer précisément dans quelle mesure ces liens furent rompus après 1914, mais Alice Bravard estime que le réflexe patriotique condamna la plupart des amitiés[531]. Une lettre d'Esther confirme cette analyse. Elle décrivit ainsi la nouvelle ambiance de Washington :

> La ville est coupée en deux partis, la « double [entendre ?] » et la « triple enceinte » : moi je vais de l'un à l'autre. [...] Les Anglais les Français et les Russes ne vont pas dans

---

528 ALG, Lettre anonyme, 18 [septembre ?] 1916.
529 DARMON, p. 7 et 220.
530 ALG, Lettre de Boris [Yonine ?] à Marie-Louise, depuis Londres, 1er octobre 1915.
531 BRAVARD, p. 222-223.

le monde : c'est-à-dire ils dînent en petit comité mais ils ne dansent pas. Les autres dansent tous les soirs presque. On trouve ça de fort mauvais goût[532].

Au cours de leur séjour outre-Atlantique, les Bertier avaient fait la connaissance d'une Américaine, Cécilia, et de celui qui devint par la suite son époux, un Allemand nommé Wilhelm Katz. Ils avaient été amis : « nous pensons souvent à vous [?] les heures délicieuses que nous avons passées ensemble à Washington l'hiver dernier »[533]. Marie-Louise poursuivit la correspondance avec Cécilia après l'été 1914. Cette dernière demanda des renseignements sur deux officiers et un soldat allemand prisonniers en France. En retour, Marie-Louise la sollicita pour en savoir plus sur les conditions de détention d'Henri, afin de lui faire parvenir des livres et de tenter d'obtenir sa libération. Cécilia fit intervenir le vice-consul américain, en vain. La dernière lettre des époux Katz retrouvée dans les archives date de juillet 1916. Aussi bien Cécilia que Wilhelm prièrent Marie-Louise de leur répondre[534]. Il semble que la correspondance et l'amitié prirent fin après 2 ans de guerre, à moins qu'on ne considère que, dès 1914, elles n'étaient plus qu'une façade, entretenues dans l'intérêt d'Henri. En tout cas, Marie-Louise mobilisa, par l'intermédiaire de Cécilia, des responsables diplomatiques américains. Elle s'adressa aussi à l'ambassade d'Espagne à Paris, au bénéfice de l'abbé Autzenberger, détenu avec Henri. Dans ce cas également, les autorités allemandes refusèrent toute libération malgré, selon la réponse envoyée à Marie-Louise, de « pressantes démarches » de l'ambassadeur espagnol à Berlin[535]. Les interventions diplomatiques suscitées par Marie-Louise démontrent le large champ de ses initiatives, même si elles se limitèrent à des buts humanitaires et des individus isolés.

Un dernier exemple, énigmatique et amusant, nous est rapporté par Sylvie de Selancy, la fille de Marie-Louise, qui naquit après la guerre et ne put en être directement témoin. Reproduisons en grande longueur son récit. La scène décrite fut censée se dérouler au tout début du mois de septembre 1914, juste avant la bataille de la Marne qui stoppa l'invasion allemande :

> Un soir, mon père, fatigué, inquiet, revint à Paris trouver ma mère [...]. Il lui expliqua que Joffre [...] avait des problèmes de santé, se traduisant par d'atroces maux de tête qui l'empêchaient de travailler sans relâche et de veiller. Pour tout dire, ces maux de tête étaient provoqués par un arrêt, depuis quelques jours, du transit intestinal !!! [...]

> Ma mère commanda à mon père de l'attendre le lendemain matin. Dès les premières heures, elle se précipita chez Fauchon, le célèbre épicier de produits fins et luxueux. [...] Ma mère, femme pleine de charme, de drôlerie et à l'esprit décidé, revint rapidement portant deux bocaux de confiture d'oranges et de pruneaux, et pesant chacun 1 kg. « Pars vite, dit-elle à mon père. Tu donneras ces confitures au général. Tu l'obligeras, de ma part, à en avaler le contenu, devant toi, vaille que vaille, avec tout le respect que tu lui dois ».

532 ALG, Lettre d'Esther à Jean de Bertier, 29 janvier 1915.
533 ALG, Lettre de Cécilia von Katz à Marie-Louise, depuis Francfort, 4 décembre 1914.
534 *Ibidem*, 4 décembre 1914, 15 mars, 4 et 23 avril 1915 et 10 juillet 1916.
535 ALG, Lettre de Molina à Marie-Louise, avec en-tête de l'ambassade d'Espagne à Paris.

Mon père, discipliné et un peu inquiet, s'acquitta de la commission. Le plus étonnant est que son supérieur hiérarchique n'opposa aucune résistance aux injonctions d'une jeune femme transmises par un subordonné. Il est probable qu'en son état il était prêt à tout tenter. Bravement il ingurgita deux kilogrammes de fruits laxatifs qui firent leur office dans les meilleurs délais.

Joffre gagna la première bataille de la Marne, mais ma mère a toujours raconté, en riant, il est vrai, qu'après tout, c'était elle qui l'avait gagnée. [...]

Le général, puis maréchal de France Joffre, devait sûrement garder un souvenir ému des confitures laxatives. Toujours est-il qu'il prit mon père à ses côtés lors de l'élaboration du Traité de Versailles. Mais ceci est une autre histoire[536].

Les souvenirs de Sylvie de Selancy sont sujet à caution[537]. Un élément de son récit peut d'ores et déjà être remis en cause. Nous avons vu que, pendant les six premiers mois de 1919, Jean de Bertier se partagea entre son affectation à Coblence et ses déplacements à Thionville, à Luxembourg et à Dudelange pour défendre ses intérêts. Il ne put donc pas participer à « l'élaboration du traité de Versailles » qui fut signé le 28 juin 1919. Le cœur du témoignage, relatif aux « confitures laxatives » ne peut pas en revanche être infirmé. Sans succès, nous avons cherché des informations sur l'état de santé de Joffre, à ce moment précis précédant la bataille de la Marne. Lui-même n'en dit pas un mot dans ses mémoires, et Rémy Porte n'aborde pas non plus le sujet dans sa biographie[538]. Seuls deux indices ont pu être trouvés. Le premier est donné par John Keegan : « doté d'un sérieux embonpoint, il [Joffre] aime les plaisirs de la table et, même au plus fort de la crise de 1914, ne laisse rien interrompre son repas »[539]. On comprend comment un problème de transit eût pu être désagréable et frustrant pour le commandant en chef. Le second indice, plus indirect, apparaît peut-être en filigrane dans une lettre de Joffre lui-même, au moment de la conclusion victorieuse de la bataille :

Il peut arriver qu'au cours d'une lutte acharnée et ininterrompue, comme celle que nous menons depuis plus d'un mois, des symptômes de fatigue ou d'indisposition se manifestent chez certains chefs et les empêchent <u>temporairement</u> d'exercer leurs fonctions, sans diminuer en quoi que ce soit leur valeur personnelle et les services qu'ils peuvent rendre à l'avenir[540].

A priori, les chefs dont parlait Joffre étaient les généraux qu'il avait fait « limoger » après les premiers engagements décevants d'août 1914. Suite à la lecture du récit de

536 SELANCY (de), Sylvie, « Drôles de guerres, drôles d'histoires », [*in*] *Mémoires de l'Académie nationale de Metz*, <http://hdl.handle.net/2042/34521>.

537 À propos de la fuite à Dudelange en 1870, Sylvie affirma qu'elle concerna Anatole, mais il a été possible de prouver que c'était impossible. Si fuite il y eut, ce fut celle de Louis, son père.

538 Seule référence, correspondant au 4 septembre : « j'avais retenu à dîner ce soir-là le major Clive et deux officiers japonais » (JOFFRE, Joseph, *Mémoires du maréchal Joffre (1910-1917)*, Paris, Plon, 1932, tome 1, p. 386-387). Sidney Clive dirigeait la mission militaire britannique.

539 KEEGAN, p. 117.

540 SHD, GR 16N 12, Lettre de Joffre à « Monsieur le général commandant l'armée [?] », 11 septembre 1914. Ce fut Joffre qui souligna.

Sylvie, on peut se demander si Joffre ne pensait pas aussi à lui-même. Marie-Louise ne remporta pas la bataille de la Marne, mais ce récit confirme son volontarisme et son assurance. Peu importe, finalement, qu'il fût avéré ou non : l'essentiel était que Marie-Louise, ou son entourage, communiquait cette image d'elle-même. Le fait qu'elle aimât rappeler « sa » victoire de la Marne montre son équivalence à son combattant de mari : elle aussi avait sa médaille, sa fierté, son titre de gloire. Dans le récit de Sylvie, Marie-Louise, « femme pleine de charme, de drôlerie, et à l'esprit décidé », prend même l'ascendant sur son époux, décrit par des adjectifs antithétiques : fatigué, inquiet, discipliné.

Conclusion : Complexité des individus et nécessaires limites de l'engagement

La mise à l'écart de la progression chronologique au profit d'une réflexion plus thématique et décentrée a permis de mettre en évidence la grande complexité des individus. Ni Jean ni Marie-Louise ne peuvent être enfermés dans tel ou tel modèle de comportement. Nous l'avons vu à propos des quatre attitudes identifiées par Frédéric Rousseau sur la question du consentement à la guerre. Les catégories bien définies sont utiles pour raisonner sur les groupes, mais souvent inopérantes pour cerner un individu. Nous avons ainsi montré comment Jean de Bertier fut un profitant de guerre, sans être un profiteur, comment parfois il apparut très embusqué, quand à d'autres moments il fut en première ligne. De même, Marie-Louise s'émancipa, sans complètement s'émanciper. La complexité peut être plus grande à l'échelle d'une seule personne qu'à celle d'une société tout entière.

Il a également été possible de démontrer le caractère total de la guerre, et, par ses répercussions sur les patrimoines et sur la place des femmes, ses effets sur l'économie et les sociétés. Les individus ne firent pas que subir ces évolutions, ils réagirent et s'adaptèrent. L'ensemble contribua à créer de multiples ambiguïtés que nous avons détaillées. Pouvait-on concilier effort de guerre national et intérêt personnel ? Marie-Louise et Jean s'engagèrent sincèrement, sans pour autant oublier leurs intérêts privés. Ils n'y voyaient d'ailleurs peut-être aucune contradiction. Il n'était pas possible de se sacrifier sur une longue durée : les réalités de l'engagement ne pouvaient exister sans limites. Jean de Bertier profita ainsi de privilèges, de respirations dans la guerre. Ce fut aussi grâce à elles qu'il put tenir et atteindre le terme des multiples chemins de la victoire qu'il avait empruntés.

Conclusion sur les chemins de la victoire

Le parcours de Jean de Bertier montre qu'au-delà de l'image d'Épinal des tranchées, la Première Guerre mondiale embrassa bien d'autres domaines que celui des seules questions militaires. Elle ne se limita pas non plus au seul front occidental, sur lequel Jean de Bertier ne passa qu'une petite partie de son temps de guerre. Visualisons sur une carte les différents endroits où Jean de Bertier fut affecté, de par ses fonctions militaires, entre 1914 et 1919.

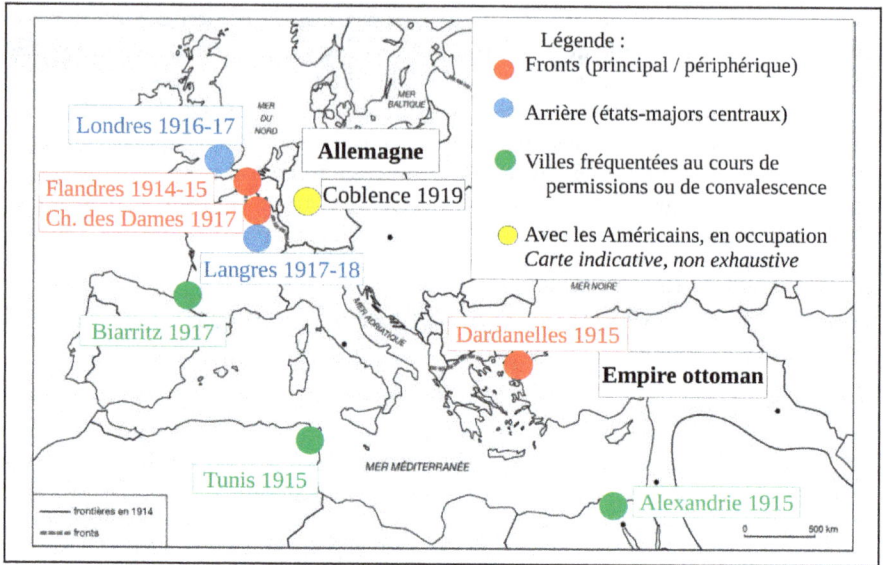

Carte 2 : *Lieux d'affectation de Jean de Bertier pendant la Grande Guerre.*

Nous nous limitons ici à ses affectations militaires, et à quelques villes où il profita de permissions. Il manque évidemment beaucoup de lieux, et en premier lieu les domiciles des Bertier, à Paris et en Bretagne. Néanmoins, cette carte met en évidence à la fois la réalité des fronts dits périphériques et le primat du front occidental, dans un cadre général internationalisé. Le parcours individuel de Jean de Bertier constitue ainsi un résumé, certes spécifique et incomplet, mais toute de même à valeur représentative de la multiplicité des espaces concernés par le conflit, et de leur fonctions (du front jusqu'aux villes de convalescence très éloignées).

Suivre Jean de Bertier permet de montrer que la victoire ne fut possible que grâce au soutien décisif apporté par les Britanniques puis, surtout, par les Américains. Cette coopération, jamais sans arrière-pensées, fut longue à mettre en œuvre et à rendre efficace. Jean de Bertier s'y employa avec abnégation aussi bien en tant qu'instructeur qu'en tant qu'officier de liaison. Parallèlement, sa position sociale lui permit de maintenir au maximum son mode de vie d'avant-guerre, comme si le conflit n'existait pas. Suffisait-il alors de gagner la guerre pour revenir à cette Belle Époque que nous avions décrite dans la partie précédente ?

La Grande Guerre marqua la fin d'un monde. Le retour vers le passé immédiat n'était plus possible : l'effondrement numérique de la noblesse, déjà amorcé tout au long du XIXe siècle, fut amplifié par les pertes très élevées du groupe[541]. Jean de Bertier survécut, mais, blessé, fut désormais physiquement diminué. Il ne pouvait

---

541 BRAVARD, p. 204-206. Les familles nobles n'auraient plus compté que 25 000 membres vers 1925.

plus être cet aventurier frivole courant les plaisirs. Les sacrifices consentis imposaient un nouveau sérieux pour contribuer à « la réhabilitation sociale d'un groupe
jugé avec peu d'indulgence à la veille de la guerre »[542].

La Grande Guerre fut le début d'un siècle. Jean de Bertier avait pu, par ses
fonctions, approcher les processus décisionnaires et y prendre goût. Or, les changements politiques de 1918 créèrent tout un champ des possibles dans cette
ancienne Lorraine annexée désormais redevenue française. Les nouvelles réalités
économiques le poussèrent à se recentrer vers le Luxembourg voisin, en abandonnant la centralité parisienne de la Belle Époque. Une nouvelle vie s'offrait donc à
Jean de Bertier : une carrière politique, en Lorraine, appuyée sur son patrimoine
luxembourgeois. Il démissionna de l'armée pour s'y lancer. Il renoua ainsi avec un
passé lointain : son père Anatole n'avait-il pas démissionné en 1883 pour se lancer
dans les investissements industriels au Luxembourg ? Les chemins de la victoire
étaient multiples. Jean de Bertier parcourut plusieurs d'entre eux. Tous le condui-
sirent en Lorraine.

---

542 *Ibidem*, p. 215.

Troisième partie :

la politique comme accomplissement (1919-1926)

Rappelons que deux changements cruciaux avaient été opérés alors que Jean de Bertier portait encore l'uniforme : le recentrement sur la Lorraine, redevenue française, et le passage de la carrière militaire à l'engagement politique[1]. Son après-guerre fut totalement conditionné par cette double décision de 1918-1919. Cette troisième partie est l'occasion d'en explorer toutes les conséquences.

Cette dépendance par rapport à la période précédente dépasse la seule personne de Jean de Bertier. Les expressions d'« après-guerre » tout comme, par la suite et rétrospectivement, d'« entre-deux-guerres » le révèlent bien. Les contemporains en avaient d'ailleurs conscience. Ils vivaient « à l'ombre d'un conflit dont la présence obsédante envahit, 20 ans durant, tous les secteurs de la vie nationale »[2]. Un siècle plus tard, notre perception reste la même. Les deux conflits mondiaux concentrent études historiques et intérêt du grand public, régulièrement renouvelés à l'occasion de diverses commémorations[3]. Les années d'après-guerre restent dans l'ombre. D'ailleurs, la plupart des manuels et ouvrages de référence ne leur donnent pas d'autonomie. Ils préfèrent soit les annexer à la Grande Guerre, soit les lier aux années 1930, dans un « entre-deux-guerres », soit encore les englober plus largement dans un premier XXe siècle conflictuel, s'étalant de 1914 à 1945. Il existe quelques exceptions, comme les travaux déjà mentionnés de Bruno Cabanes, le livre de Fabrice Abbad, *la France des années 1920*, et, plus récemment, l'ouvrage

1 L'ancien *Bezirk Lothringen* (« district de Lorraine », identifié comme « Lorraine annexée » à l'empire allemand dans la bibliographie) devint en 1919 l'actuel département de la Moselle. Dès lors, on pourrait, presque systématiquement, remplacer le terme de Lorraine par celui de Moselle, et le concept d'Alsace-Lorraine par celui d'Alsace-Moselle (puisque Jean de Bertier n'avait pas d'intérêts dans les autres départements lorrains toujours restés français, à savoir la Meurthe-et-Moselle, la Meuse et les Vosges). Néanmoins, les sources montrent que les contemporains continuaient de se référer à la « Lorraine » (dans le sens de Moselle actuelle) et à l'« Alsace-Lorraine ». Nous les suivrons donc la plupart du temps, à l'exemple de François Roth, qui dans son ouvrage *Alsace-Lorraine*, explore les prolongements de cette expression jusqu'à nos jours.

2 BECKER, Jean-Jacques et BERSTEIN, Serge, *Victoire et frustrations 1914-1929*, Paris, Seuil, collection « Points histoire », Paris, 1990, p. 155.

3 Les commémorations du centenaire de la Première Guerre mondiale étant désormais achevées, et tous les témoins ayant disparu, on peut se demander si cet intérêt perdurera à l'avenir, ou si la Grande Guerre se retrouvera reléguée dans un passé lointain, perdant du même coup son éclat. Ce serait peut-être l'occasion pour les années 1920 de sortir de l'ombre où elles restent encore plongées.

dirigé par François Cochet, *Les guerres des années folles 1919-1925*[4]. Ajoutons que le décès prématuré de Jean de Bertier en septembre 1926 réduit la période à envisager – et donc la bibliographie disponible – aux seules années 1919-1926. Ces dernières ne correspondent à aucun découpage historique traditionnel. Une unité pourrait leur être trouvée dans le contexte local de l'Alsace-Lorraine dont « la réintégration se réalisa dans un temps court, un peu plus de six ans »[5].

Cette troisième partie est donc l'occasion d'enrichir la bibliographie existante. Ceci est d'autant plus vrai que la richesse des archives disponibles nous permet de consacrer davantage de pages à l'après-guerre qu'à la guerre elle-même, à rebours de la plupart des productions[6]. Ces archives relatives aux années 1919-1926 ne ressemblent pas à celles utilisées auparavant. Le passage du statut d'officier à celui d'homme politique fait que de nouveaux fonds d'archives publics furent sollicités : les Archives départementales de la Moselle et celles du Sénat remplacent ainsi les fonds du Service historique de la Défense. Quant aux archives familiales de Lagrange, elles changent de nature. Pour la période 1919-1926, seules quelques lettres intimes sont conservées, mais plus aucun journal ni carnet personnels. Nous perdons de ce fait ces écrits du for privé qui constituent souvent la source la plus riche et la plus dense pour tenter de comprendre les sentiments et les choix d'un individu. Ils sont remplacés par quantité de documents liés à l'activité politique, à travers lesquels il n'est pas forcément possible de distinguer ce que Jean de Bertier pensait réellement. Bref, la quantité remplace la qualité. Précisons d'ores et déjà qu'il n'a pas été possible d'étudier chaque pièce exhaustivement, ni de remonter toutes les pistes suggérées par tel ou tel document. Une semblable démarche aurait nécessité énormément de temps, et aurait conduit à restreindre notre biographie au seul engagement politique des années d'après-guerre.

Un coup d'œil global sur les archives de Lagrange relatives à la période 1919-1926 permet de comprendre deux éléments majeurs. Le premier est que Jean de Bertier fut fauché en pleine activité. Le classement régulier qu'il opérait dans ses papiers s'interrompt brutalement dans les derniers mois de sa vie. Jean de Bertier manqua donc de temps. Cela le distingue de ceux qui, une fois leur vie active achevée, peuvent à loisir classer, sélectionner voire éliminer tout ou partie de leurs archives personnelles[7]. Le second élément est lié au premier. Malgré les classifications et donc le tri observable pour les années 1919-1925, les archives restent présentes en grande quantité. Une première hypothèse serait de dire que Jean de Bertier aurait ultérieurement opéré un tri plus sélectif, pour ne conserver que les

---

4   ABBAD, Fabrice, *La France des années 1920*, Paris, Armand Colin, collection « Cursus », 1993, 192 p. et COCHET, François (dir.), *Les guerres des années folles 1919-1925*, Paris, Passés composés/Hunensis, 2021, 350 p.

5   ROTH, *Alsace-Lorraine*, p. 154. Nous verrons que Jean de Bertier s'intéressa beaucoup à cette question.

6   Il s'agit là bien sûr d'une conséquence du genre biographique, plaçant le sujet étudié au centre et laissant le contexte au second plan.

7   Personne n'ayant exploité ces archives de façon systématique ni scientifique depuis un siècle, il est fort à parier que le fonds n'a pas été modifié depuis (sauf « tri » familial ultérieur dont nous n'avons pas connaissance).

papiers essentiels : nous retrouvons le manque de temps. Une seconde hypothèse, plus vraisemblable, est que Jean de Bertier garda tous ces documents à dessein, par souci de précision ou de maîtrise. Il choisit de se lancer en politique par son seul choix, sans aucune prédestination familiale. Il y prit goût et s'y montra déterminé, actif, ambitieux.

On pourrait penser que l'accession de Jean de Bertier à un statut public, celui d'homme politique, le rend davantage visible dans la bibliographie limitée dont nous disposons. Ce n'est pas le cas, pour au moins trois raisons. La première est qu'il appartient à la famille politique de la droite modérée, qui, malgré des travaux assez récents, reste moins étudiée que d'autres forces politiques de l'époque. Ensuite, Jean de Bertier s'inscrit dans un contexte local mosellan, très différent de celui du reste de la France. Ainsi, la bibliographie à cadre national n'est que de faible recours. En Moselle même, la personnalité de Robert Schuman domina la vie politique, éclipsant Jean de Bertier dans les travaux d'histoire locale[8]. Enfin, la troisième raison n'est qu'un rappel : les sources majeures restent les archives de Lagrange, jamais exploitées jusqu'à présent.

Une dernière remarque reste à faire. Certes, les archives de la période 1919-1926 sont très nombreuses et nous permettent d'étudier en détail le parcours politique de Jean de Bertier. Toutefois, s'il est nécessaire de traiter cette masse d'archives, il ne faut pas pour autant oublier les interstices, c'est-à-dire à tout ce qui n'apparaît pas, ou très peu. Marie-Louise, par exemple, disparaît des pièces relatives aux années 1920. Pourtant, nous avons vu qu'elle joua un rôle important et croissant au cours de la Première Guerre mondiale. Rien ne peut laisser croire qu'elle l'abandonna par la suite[9]. N'oublions jamais que les archives, aussi impressionnantes soient-elles, ne sont qu'une bribe d'un passé dont la connaissance ne peut que rester floue, et méfions-nous donc d'un effet de source trompeur, qui nous ferait négliger d'utiles questionnements. Il nous faut, toujours, avancer prudemment.

À cette fin, nous n'aborderons pas la politique immédiatement. Commençons par nous interroger sur le patrimoine. Cette question nous a déjà intéressés au cours des précédentes parties et s'inscrit dans un temps plus long que l'engagement politique de Jean de Bertier. Grâce aux éléments déjà établis, et aux sources très précises et factuelles relatives à la question, il est possible d'avoir une vue d'ensemble de l'évolution du patrimoine familial de 1919 à 1926. Il importe de savoir si et comment Jean de Bertier réussit à surmonter les défis du temps. Cette question intéresse l'individu, sa famille mais aussi l'évolution économique et sociale de l'époque. Elle constitue un bon préalable à l'étude de sa carrière politique. Cette dernière peut être scindée en deux périodes de durées équivalentes. De 1919 à 1922, Jean de Bertier fit ses débuts et peina à s'imposer. À partir de son élection au Sénat en 1922, il devint une figure établie de la vie politique mosellane,

---

8　Nous verrons que, lorsque c'est le cas, ce n'est pas toujours en sa faveur.

9　Ceci confirme l'intérêt d'une biographie complète avant tout approfondissement particulier. Celui qui ne se serait intéressé qu'aux années 1919-1926 aurait couru le risque de passer Marie-Louise sous silence.

jusqu'à son décès en 1926. Nous commencerons par une approche chronologique. L'importance des archives disponibles permet en effet de détailler les différentes étapes de sa carrière et de réfléchir précisément aux mécanismes expliquant ses succès comme ses échecs. Nous n'oublierons pas pour autant de prendre du recul par rapport au fil chronologique, afin d'aborder des questionnements plus larges, relatifs notamment aux idées politiques. Passer du patrimoine, d'abord, à la politique, ensuite, permettra aussi de s'interroger sur les différents choix de Jean de Bertier, privés comme publics. Furent-ils en résonance, ou distincts, et pourquoi ?

1. Le Luxembourg : *safe-haven* pour le patrimoine

Le contexte financier de l'après-guerre fut marqué par le double développement de l'inflation et de l'imposition. Ces deux éléments menaçaient les patrimoines de dépréciation, voire de destruction. Il faut donc déterminer comment Jean de Bertier réagit, et dans quelle mesure il réussit à maintenir la fortune familiale. Un troisième élément le poussa à réorganiser son patrimoine : ce fut bien sûr la nouvelle donne géopolitique. Le retour de l'Alsace-Lorraine à la France et le rapprochement économique avec le Luxembourg lui donnaient des opportunités de (ré)investissement dans ces territoires dont il s'était largement désengagé avant la Première Guerre mondiale.

1.1. Faire face à l'inflation

L'inflation ou hausse généralisée des prix débuta pendant la Grande Guerre et ne s'interrompit pas avec la fin du conflit[10]. Les prix qui avaient été multipliés par 2,1 de 1914 à 1918 le furent par 2,7 entre 1918 et 1927. Cela correspondait à un taux d'inflation annuel largement supérieur à 20 %[11]. La cause principale en furent les déficits accumulés à partir de 1914, pour financer la guerre. La gigantesque dette ainsi créée, impossible à rembourser, entraînait une dépréciation du franc sur les marchés financiers, sapait toute confiance dans la monnaie nationale, et provoquait en réaction une hausse des prix. Tous ces éléments interagissaient pour créer une spirale de l'inflation qui paraissait sans issue[12].

Les contemporains, habitués à un monde sans inflation, se trouvaient déstabilisés par cette situation inédite. Les plus menacés étaient les rentiers, plus précisément les détenteurs de capitaux basés sur des revenus fixes, à savoir fermages, loyers, revenus d'obligations, c'est-à-dire l'ensemble des revenus fonciers et une partie des revenus mobiliers. Face à des prix fortement orientés à la hausse, de tels

---

10 Nous avons déjà évoqué l'apparition de l'inflation dans la partie précédente. Rappelons le nom que lui avaient donné les contemporains : la « vie chère ».

11 PIKETTY, *Les hauts revenus*, p. 39-40. Il s'agit d'un *minimum*, d'autres auteurs donnent des chiffres supérieurs.

12 ASSELAIN, Jean-Charles, *Histoire économique de la France du XVIIIᵉ siècle à nos jours, 2. Depuis 1918*, Paris, Seuil, collection « Points histoire », 2011 [1984], p. 20-21. L'inflation fut finalement jugulée par les réformes de Poincaré (1926-1928). Le franc fut stabilisé au prix de la perte de 80 % de sa valeur de 1914 (p. 22-23).

revenus fixes ne garantissaient plus la fortune. La dévalorisation des patrimoines n'était cependant pas inéluctable. Leur sauvegarde dépendait de deux conditions. La première était la faculté de réaction et d'adaptation de leurs détenteurs. La seconde était la possibilité pour ces derniers d'investir dans des actifs mobiliers à revenu non fixe, comme les actions, qui bénéficièrent de la forte croissance économique des années 1920[13]. Jean de Bertier suivit ce chemin : il se sépara de multiples biens fonciers pour investir dans des entreprises industrielles.

1.1.1. Se séparer du foncier en France

Il est impossible de dresser un inventaire exhaustif de toutes les opérations immobilières réalisées par Jean de Bertier au cours de la période[14]. Dégageons-en les grandes tendances avant d'y apporter explications et interprétations.

1.1.1.1. Vendre au meilleur prix

Les 94 hectares du domaine de Sainte-Geneviève-des-Bois furent vendus par la société de marchands de biens Bernheim frères et fils au cours de l'année 1922, pour 1 080 000 francs[15]. En Bretagne, le patrimoine foncier se réduisit aussi. Une recherche hypothécaire menée aux archives départementales des Côtes d'Armor, complétée par des documents provenant des archives de Lagrange, permet de retrouver les différentes transactions réalisées.

Tableau 28: Biens fonciers vendus en Bretagne de 1919 à 1926[16].

Date	Commune	Prix (F)	Remarques
5/5/1919	Pommerit-le-Vicomte	2 840	
29/5/1920	Plérin	13 950	Terrain situé sur la plage des Rosaires, appartenant à la ferme des Rosaires Vendu à Lucien Rosengart, industriel possédant déjà une villa attenante

(Suite)

13 BRAVARD, p. 263-265 et 268-269.

14 Certains actes notariés (attestés ou possibles) n'ont pu être retrouvés dans les services publics d'archives : ils sont détruits/perdus, ou en trop mauvais état pour être communiqués.

15 ALG, Relevé de compte à l'étude de maître Legay pour 1922 et 1923. Plusieurs acheteurs potentiels se succédèrent (Lettre de Bernheim à Jean de Bertier, 17 février 1922). Il semble que Bernheim se porta finalement lui-même acquéreur, dans le but de lotir le domaine (Lettre de Bernheim à Jean de Bertier, 22 septembre 1922).

16 Archives départementales des Côtes d'Armor (ADCA), 4 Q 14 789, 4 Q 14 868, 4 Q 15 532 et ALG, Lettres de Duval à Jean de Bertier, 21 juin 1920, 26 juillet 1920, 4 octobre 1920, 26 janvier 1921 et 20 novembre 1922. Nous n'avons pas passé suffisamment de temps à Saint-Brieuc pour consulter chaque acte renseigné dans le tableau. Il s'agit là d'un exemple de ces pistes non suivies jusqu'à leur terme dont nous avons parlé en introduction de cette partie, et dont nous reparlerons en conclusion.

Tableau 28: (Suite)

Date	Commune	Prix (F)	Remarques
Été 1920	?	25 000	Convenant Lotz et Sérandour
			7,66 hectares – Vendu au fermier
	Pluzunet	12 000	Au lieu-dit Kerbihan
10/1920	?	36 000	Ferme de [Kerméec] ?
			Vendue « à Madame la comtesse de Kergariou et
			à votre cousin »
8/2/1921	Lantic	2 720	« Un petit immeuble »
			Au lieu-dit en Trévenais
13/7/1921	Lantic	18 300	En fait, 6 biens différents dont le plus cher vendu
			6 000 francs
26/10/1921	Plérin	1 200	
4/4/1922	Trégomeur	1 000	
11/1922	Ploëzal	85 000	Les 2 fermes de Lisquilly
2/6/1923	Lantic	7 800	2 biens vendus 6 500 et 1 300 francs
28/12/1923	Trégomeur	120 000	2 fermes
28/12/1923	Trégomeur	115 000	
15/6/1925	?	100 000	3 biens vendus 40 000, 30 000 et 30 000 francs
17/8/1925	?	40 000	2 biens vendus 20 000 francs chacun
15/10/1925	?	10 000	
15/10/1926	Plérin	2 775	
Total indicatif*		593 585*	*L'inflation compromet la pertinence de cette
			addition de transactions de 1919 à 1926

Contrairement à la période d'avant-guerre, Jean de Bertier ne fit aucune acquisition en Bretagne après 1919. Des 35 immeubles encore possédés cette année-là, il n'en restait, d'après Duval, plus que 8 en 1924, et le tableau précédent nous laisse penser que ces derniers furent quasiment tous liquidés en 1925-1926. Jean de Bertier ne gardait que la propriété des Rosaires. Encore envisageait-il d'en céder 13 hectares, dans le cadre d'une opération de lotissement initiée par l'architecte Marteroy : c'était l'occasion de vendre des terrains à bâtir, bien plus rémunérateurs que les terres agricoles. Jean de Bertier, conseillé par son notaire, fit augmenter le prix de vente de 600 000 à 750 000 francs. Le montage financier complexe finalement agréé lui garantissait plus de 1 000 000 francs, mais la transaction ne put être finalisée avant son décès[17].

À Dudelange (Luxembourg), le désengagement foncier fut plus limité. L'augmentation des prix liée au développement industriel et urbain permettait à Jean de Bertier de temporiser avant de consentir à une transaction. Prenons

---

17 ALG, Lettres à Jean de Bertier de Marteroy, 7 janvier 1920 et 24 août 1926, du notaire Seïté [successeur de Duval], 23 et 30 août 1926, Projet financier de la Société immobilière des Rosaires et Promesse de vente du 9 septembre 1926 entre Jean de Bertier et MM. Noël et Belfond. Jean de Bertier décéda deux semaines plus tard.

l'exemple des frères Wagener qui possédaient une quincaillerie rue Brouch et désiraient acheter le terrain attenant. Ils proposèrent d'abord 2 500 francs puis 6 000 francs l'are. Cela n'était pas assez pour Jean de Bertier qui écrivit : « terrain en face remise rue du Bourg [...] acheté au prix de 14 000 pour moins d'un are »[18]. Il était donc nécessaire d'être bien informé de la situation locale. Jean de Bertier pouvait compter sur son notaire Neuman, ainsi que sur d'autres personnes, comme Reine Klepper, la fille de son ancien intendant :

> Je peux vous renseigner qu'on veut offrir pour votre parcelle « in Gaffelt » la somme de 1 000 francs par are. J'ai entendu dire qu'on a payé à d'autres propriétaires 1 500 francs pour les ares qui poussent sur la rue, et pour les ares de derrière 800 francs. Pour ma part, je demanderais 1 200 francs pour les ares qui poussent sur la rue et 1 000 francs pour les ares de derrière. Voilà les meilleurs renseignements que je peux adresser à Monsieur le Comte[19].

À l'occasion, Jean de Bertier pouvait mandater un agent au service de ses intérêts. Ce fut le cas pour la plus importante transaction déjà envisagée avant la guerre, à savoir la cession de l'ensemble du domaine foncier possédé à Dudelange. Au lendemain du conflit, la municipalité réitéra ses avances, en les limitant toutefois au « bloc central », c'est-à-dire au « château » et à ses dépendances, soit 1,39 hectare situé au cœur de la ville. Face au prix proposé, trop bas à ses yeux, Jean de Bertier fit croire qu'il envisageait lui-même de procéder au lotissement de ces terrains. Son agent lui avoua que « le lotissement, en ce moment, ne me paraît pas favorable » mais poursuivit néanmoins la manœuvre, en rencontrant les propriétaires voisins pour leur faire miroiter un achat. Il rendit compte à Jean de Bertier : « ensuite je suis allé chez un agent d'affaires qui tient un petit café en face auquel j'ai demandé quelques renseignements – par ce moyen ma démarche parviendra aux autorités compétentes et nous verrons l'effet que cela produira (le reste verbalement) »[20]. Jean de Bertier proposa à la ville de lui céder le bloc central pour 1 390 000 francs. Le bourgmestre répondit par d'autres arguments, en faisant appel aux sentiments de Jean de Bertier :

> La différence entre votre offre et l'estimation des experts est tellement grande qu'un accord sur cette base paraît irréalisable. Je regrette infiniment que nous ne puissions pas trouver un accord, et ce surtout, parce qu'une concordance serait dans l'intérêt de nous tous, vu les liens nombreux qui rattachent votre illustre lignée à notre petite ville et l'inoubliable souvenir que vous garderait la postérité par un beau geste de votre part à ce sujet. J'ose donc espérer que vous n'avez pas encore dit votre dernier mot dans cette affaire[21].

18 ALG, Lettre de Wagener frères, quincaillerie générale à Dudelange, à Jean de Bertier, 3 avril 1923. « Nous remarquons ici le flou des archives. S'agit-il de francs français, de francs luxembourgeois, ou bien encore de francs belges ? Cette dernière monnaie a remplacé le mark comme monnaie de paiement dès 1919 au Luxembourg, avec une tarification de 1 franc belge pour 1 franc luxembourgeois (LINK, p. 41 et 44). » L'inflation créa rapidement des écarts de change, toutefois limités. Nos interprétations restent ainsi valides, en dépit du doute relatif à la devise mentionnée.

19 ALG, Lettre de Reine Klepper à Jean de Bertier, 6 avril 1921.

20 ALG, Lettre d'Alphonse [Lei... ?] domicilié 28, avenue Pétain [celle de Thionville ? Aujourd'hui, avenue de Gaulle], sans date [automne 1920].

21 ALG, Lettre du bourgmestre de Dudelange à Jean de Bertier, 9 avril 1925.

Jean de Bertier revit ses ambitions à la baisse. Après avoir fixé un prix minimal de 1 200 000 francs, il accepta finalement une offre à 1 000 000 francs et le bloc central fut vendu au plus tôt à la fin de l'année 1925[22]. Les différents pourparlers avaient duré plus de 5 années. Jean de Bertier savait donc patienter quand le contexte s'y prêtait, pour essayer de vendre au meilleur prix. Il savait aussi *in fine* consentir à une offre moins intéressante. Le but restait le même qu'en Bretagne : il fallait se défaire de ces biens fonciers produisant des revenus fixes compromis par l'inflation. Cette dernière empêche de mettre sur un même plan les ventes réalisées en 1922 et en 1925. Toutefois, pour fixer nos idées, retenons simplement ces ordres de grandeur : Jean de Bertier retira 1 000 000 francs de Sainte-Geneviève, au moins 1 000 000 francs du bloc central de Dudelange et au moins 500 000 francs des ventes en Bretagne. Bien sûr, il serait intéressant d'établir des comparaisons avec d'autres grands propriétaires, pour déterminer, de façon fine, dans quelle mesure le désengagement foncier fut une stratégie globale et non individuelle.

1.1.1.2. Une exception : le rachat de Lagrange

Dans l'ancienne Lorraine annexée à l'Allemagne, devenue en 1919 l'actuel département de la Moselle, Jean de Bertier ne possédait, initialement, plus rien[23]. Les circonstances jouèrent en sa faveur. Les nouvelles autorités françaises décidèrent l'expulsion des Allemands et la confiscation de leurs biens, dont la vente par adjudication suscita un « prodigieux transfert de propriété »[24]. C'était l'opportunité d'acheter des immeubles et logements au meilleur prix. Thionville perdit la moitié de sa population si bien que l'offre dépassa largement la demande. Jean de Bertier en profita pour acquérir au moins deux immeubles dans la ville[25].

Jean de Bertier projetait surtout de racheter Lagrange, qu'il avait cédée en 1911-1912 à la Gutehoffnungshütte, une société sidérurgique allemande basée dans la

---

22 ALG, Lettres de Bernheim frères et fils à Jean de Bertier, 7 octobre et 2 novembre 1925. Jean de Bertier eut donc recours à la même société à laquelle il avait confié la vente de Sainte-Geneviève. Ici, nous ne savons pas s'il s'agit de francs français ou luxembourgeois, ce qui ne change pas grand chose, le taux de change entre franc français et franc belge/luxembourgeois étant proche en 1925. L'acquéreur du bloc central de Dudelange était « Monsieur Alexandre, de Bruxelles ». La vente put-elle aller à son terme ? Il semble que la ville de Dudelange consentit finalement à dépenser davantage pour obtenir ce bloc central si convoité : « en 1928, le conseil communal [de Dudelange] a pris la décision de construire un nouvel Hôtel de Ville […] [sur] le terrain […] cédé par le comte de Bertier au prix de 1,5 mio de LUF [francs luxembourgeois] » (<dudelange.lu/index.php/hotel-de-ville>).

23 Jean de Bertier récupéra sans doute les prés en bord de Moselle qui avaient été mis sous séquestre puis vendus par les Allemands en 1917-1918. « J'ai fait connaître aux administrateurs des usines de Gassion que vous revendiquiez la propriété des immeubles vendus contre tout droit par le liquidateur allemand à la maison Röchling » (ALG, Lettre de Carlenbach à Jean de Bertier, 5 mai 1919).

24 ROTH (dir.), *Histoire de Thionville*, p. 225. Les « Allemands » étaient les Allemands dits de souche, ou *Altdeutsche*, c'est-à-dire non Alsaciens-Lorrains.

25 *Ibidem*, p. 224 : il ne restait fin 1920 que 500 Allemands de souche, contre 6 800 en 1914, ALG, Lettre de Fleischel, notaire liquidateur général, à Jean de Bertier, 22 juillet 1922 et Lettre de la fédération générale des locataires à Jean de Bertier, 23 octobre 1923.

Ruhr. Dans la partie précédente, nous avons déjà vu comment il tenta un rachat direct début 1919, avant la mise sous séquestre. Cette opération ne put aboutir. Lagrange fut donc vendue aux enchères. Pour remporter l'adjudication, Jean de Bertier affûta ses arguments, en n'hésitant pas à tordre la réalité[26]. Pour obtenir le meilleur prix, il fallait d'abord peindre un sombre tableau du domaine et du château :

> Les terres, les bois, le château et les dépendances sont dans un état complet de délabrement. Les arbres furent coupés en grande partie, des tranchées bétonnées sillonnent le parc et les bois du château, les terres n'ont reçu aucun amendement depuis plusieurs années. Le château demande, pour redevenir habitable, une réfection totale à l'intérieur ; depuis les caves jusqu'aux combles tout fut saccagé, portes enlevées, cheminées démolies, parquets arrachés ou brûlés, carrelages brisés. [...] La remise en état atteint le chiffre de 1 070 000 francs suivant un devis dressé par Monsieur Marteroy, Architecte de la Ville de Paris[27].

Nous avons déjà rencontré Marteroy. Il était depuis de nombreuses années en affaires avec Jean de Bertier. Il n'était en aucun cas un expert impartial, quoique l'opportune appellation d'« architecte de la ville de Paris » pût le laisser croire. La somme de 1 070 000 francs était manifestement très exagérée, dans le but de faire baisser le prix d'adjudication[28]. Une deuxième série d'arguments était d'ordre patriotique :

> Monsieur de Bertier a, on le reconnaît, intérêt à retrouver sa propriété de famille. Il est maire de Manom (commune du château) et conseiller général du canton de Thionville ; de plus, il a de grandes attaches dans la contrée et sa réintégration dans ses biens ne peut que consolider l'influence française[29].

Ici aussi, la formule « on le reconnaît » venait habilement renforcer l'argumentation. Il est toujours utile de bien choisir ses mots. Pour nier la tentative de rachat du début 1919, les tournures de phrase furent modifiées d'une note à la suivante :

> Première note :
> Au lendemain de l'armistice la société allemande offrait à Monsieur de Bertier de lui céder la pleine autorité pour les 500 000 marks et les intérêts restants à payer. Monsieur de Bertier fut obligé de décliner cette offre, le sous-préfet ayant fait mettre la propriété sous séquestre, la nouvelle loi interdisant à des Français d'entrer en rapport d'achat avec l'Allemagne.

---

26 D'autres conditions que la meilleure enchère étaient nécessaires et généraient des argumentations permettant de départager deux candidats proposant le même prix (par exemple, « patriotisme », « bonnes mœurs » etc.). Les Allemands étaient bien évidemment exclus, puisque ces adjudications visaient à « débochiser l'Alsace-Lorraine » selon une expression du temps (ROTH, *Alsace-Lorraine*, p. 152).

27 ALG, Première Note dactylographiée, [1 page, 1919-1920].

28 ALG, Lettre de Marteroy à Jean de Bertier, 28 décembre 1922 : 74 500 francs de dépenses pour rénovation de Lagrange, dont 55 000 francs pour couverture, charpente, plomberie intérieure et tout-à-l'égout (les plus gros postes). Peut-être que d'autres factures manquent, mais, dans tous les cas, on est *très loin* des 1 070 000 francs.

29 ALG, Seconde « Note concernant le château de Lagrange » dactylographiée, [3 pages, 1919-1920].

Seconde note :
Monsieur de Bertier déclina cette offre pour des motifs patriotiques d'abord et ne voulant pas ensuite entrer en rapport avec des Allemands ; la propriété fut donc placée sous séquestre[30].

À en croire cette deuxième rédaction, Jean de Bertier avait donc précédé les interdictions du sous-préfet pour se les appliquer à lui-même. Dans un dernier argument – en fallait-il encore ? – il se montrait magnanime : « Monsieur de Bertier est consentant d'accepter une augmentation sur le chiffre estimatif de 1 051 000 francs et de porter son prix à 1 180 000 francs ». Malgré cette présentation minutieuse en sa faveur, les adjudicateurs fixèrent un prix de départ bien supérieur : 2 000 000 francs. Jean de Bertier proposa 1 205 000 francs. Un seul autre acheteur se manifesta, Bloch, marchand de bois à Ingwiller (Bas-Rhin). Ce dernier surenchérit jusqu'à 1 700 000 francs mais Jean de Bertier s'aligna systématiquement et redevint ainsi propriétaire de Lagrange à la fin du mois de décembre 1920[31]. Précisons qu'il réussit à faire diminuer son prix de rachat, au titre de sa créance de 500 000 marks ou 625 000 francs non recouvrée auprès de la Gutehoffnungshütte. Ainsi, il ne versa pas 1 700 000 francs mais seulement 1 118 208 francs, sous la forme de deux annuités, en février 1922 et en février 1923[32].

Le rachat de Lagrange illustre bien les opportunités qu'offrirent les ventes de biens séquestrés. Les plus emblématiques étaient les entreprises minières et sidérurgiques. Claude Prêcheur estime que leur valeur réelle s'élevait à 8 milliards de francs, bien au-delà du prix de vente global d'environ 500 millions de francs[33]. Les différents sites industriels, certes non endommagés par les combats, présentaient cependant de multiples inconvénients liés à des contentieux juridiques et à des problèmes de fonctionnement[34]. Peut-être faudrait-il appliquer les mêmes réserves concernant Lagrange. Il est possible que la Gutehoffnungshütte n'assurât aucun entretien et que le château fût fortement dégradé, sans pour autant atteindre l'évaluation de Marteroy d'un million de francs des réparations. Comme les mines et les usines, Lagrange restait une très bonne affaire. Les surenchères de Bloch en sont la preuve. Sans elles, Jean de Bertier eût pu acquérir Lagrange très en-dessous du prix fixé au départ. Les 1 700 000 francs représentent certes une somme impressionnante au regard des transactions précédemment évoquées, mais Lagrange était la plus grande de toutes les propriétés : elle comprenait plus de 500 hectares de

---

30 ALG, Première et seconde notes dactylographiées [1919-1920]

31 ALG, Jugement d'adjudication du 24 décembre 1920. Bloch, présenté comme marchand *de bois*, fut certainement davantage intéressé par les centaines d'hectares boisés du domaine de Lagrange que par le château lui-même. Le fait qu'il enchérit prouve que le tout était une bonne affaire.

32 ALG, Décompte du prix d'acquisition de Monsieur le comte de Bertier. Affaire Gutehoffnungshütte.

33 PRÊCHEUR, p. 207.

34 RAGGI, Pascal, « Le retour à la France des mines de fer et des usines sidérurgiques mosellanes. Aspects économiques, financiers et techniques », [*in*] GRANDHOMME, Jean-Noël, JALABERT, Laurent et KLEINHENTZ, Laurent, *Le retour à la France de la Lorraine annexée 1918-1925*, Actes du colloque organisé au musée de Gravelotte et à Metz les 31 mai et 1er juin 2018, Metz, Éditions des Paraiges, 2021, p. 195-198.

bois et de terres, alors que Sainte-Geneviève en comptait moins de 100 au moment de sa cession[35]. Rappelons qu'en 1911-1912, Lagrange avait été vendue pour 2 500 000 francs et que l'inflation avait multiplié les prix par deux au cours du conflit. Ceci nous conduirait à une valeur possible de 5 000 000 francs, ramenée à 4 000 000 francs si l'on prend en compte le devis de Marteroy. Le prix de rachat effectif, d'un peu plus de 1 118 208 francs, fut considérablement inférieur. Jean de Bertier, encore une fois profitant, et cette fois-ci « d'après-guerre », fit même coup double : à la bonne affaire financière s'adjoignait le respect de l'identité nobiliaire, par la reprise de possession du château familial.

La mémoire familiale retient d'ailleurs que le rachat de Lagrange nécessita la vente de Sainte-Geneviève-des-Bois. Qu'en fut-il vraiment ? Certes, la vente de Sainte-Geneviève-des-Bois intervint en 1922. Cependant, n'oublions pas qu'une partie de l'argent de la vente de Lagrange en 1911-1912 avait été placée en prêts hypothécaires. Il est difficile de retracer toutes les opérations qui permirent à Jean de Bertier de récupérer ces créances. Présentons simplement l'exemple de ses deux plus grands débiteurs, les époux Raoult Grospiron et Riou : en 1922, ils remboursèrent 705 000 francs, dont 640 000 furent affectés au rachat de Lagrange[36]. Vendre Sainte-Geneviève n'était sans doute pas indispensable. Il s'agissait cependant d'un bel argument. Expliquer que le rachat de Lagrange, terre d'adoption des Bertier depuis le XIXe siècle, imposait le sacrifice de leur terre ancestrale de Sainte-Geneviève ne pouvait que flatter la population locale, renforcer la popularité de Jean de Bertier et servir ses desseins politiques[37]. Au total, Jean de Bertier vendit beaucoup plus de biens fonciers qu'il n'en acheta, toujours au meilleur prix. Il tira bénéfice de toutes ces transactions, en dégageant un capital à investir ailleurs.

1.1.1.3. Au-delà du redéploiement géographique, une reconversion

Envisageons en premier lieu les biens fonciers liés à l'agriculture, à savoir les fermes bretonnes et le domaine de Sainte-Geneviève-des-Bois. Ils ne faisaient pas partie des 3 millions d'hectares (10 % des surfaces cultivées) rendus incultivables par les combats[38]. Cependant, ils souffraient de multiples désorganisations déjà apparues pendant la guerre. Plus généralement, de multiples problèmes structurels (petite taille des exploitations, poids des habitudes, relative abondance de la main-d'œuvre) ne favorisaient ni les investissements, ni la modernisation et faisaient de l'agriculture un secteur peu dynamique. La croissance agricole ne dépassa jamais

---

35 ALG, Lettre de H. Prévost, Location et vente de propriétés, à Jean de Bertier, 2 mai 1921 et Domaine de Lagrange. Estimation des lots 1 et 2. En réalité, Jean de Bertier acquit les lots 1, 2, 4 et 8 du patrimoine de la Gutehoffnungshütte. Le domaine de Lagrange correspondait avant tout au lot 1 : 368 hectares, dont 259 en bois.

36 ALG, Lettre de Legay, 30 janvier 1922 et Copie d'une lettre de Biéville [avocat] à Legay, 13 mai 1922.

37 Sur Sainte-Geneviève et l'arrivée des Bertier à Lagrange, on se référera à EINRICK, *Le général de Bertier.*

38 BILLARD, Yves, *Le monde de 1914 à 1945*, Paris, Ellipses, 2006, p. 48.

1 % par an, bien loin des 4 à 5 % obtenus dans l'industrie[39]. Dans ces conditions, les revenus fonciers liés à l'agriculture ne pouvaient que stagner. Si l'on y ajoutait l'inflation, dépassant les 20 % par an, ces mêmes revenus, relativement, s'effondraient. À ces problèmes structurels s'ajoutaient des problèmes conjoncturels ou plus spécifiques. En Bretagne, Duval encouragea Jean de Bertier à vendre :

> Je crois qu'il serait bon de réaliser la plupart des petits immeubles épars ne formant aucun groupement et que vous possédez sur la commune de Tréguidel. Ces petites locations sont d'une perception forte difficile. Constamment ils ne trouvent pas preneurs et il serait plus facile de s'en défaire[40].

On pourrait penser que l'augmentation générale des prix rendait plus intéressante l'exploitation en faire-valoir direct, comme à la ferme des Rosaires. Toutefois, l'inflation provoqua l'augmentation des salaires agricoles, et donc des charges d'exploitation, si bien que le faire-valoir-direct n'était pas une solution. Asselineau, l'intendant des Rosaires, écrivit à Marie-Louise une lettre en ce sens :

> La vie est tellement chère que nous-même nous demandons à Monsieur le Comte qu'il est la bonté de nous augmenter, à partir de demain le prix du pain va doubler, eh comment allons-nous faire que déjà maintenant il nous est impossible d'acheter aucun vêtement […]. Nous avons fait de grand sacrifice pendant la guerre mais maintenant c'est pire que jamais impossible d'y arriver avec notre gage de 170 francs qui suffirait que pour le pain et le beurre (sic)[41].

On perçoit dans ces lignes la misère des campagnes, confirmée par Ralph Schor : « beaucoup de paysans menaient une vie médiocre, dans des fermes vétustes »[42]. Ainsi, qu'elles fussent en faire-valoir direct (ferme des Rosaires) ou indirect (fermages), les terres agricoles ne rapportaient plus grand-chose aux grands propriétaires. Les 8 immeubles encore conservés en Bretagne en 1924 ne produisaient plus que 12 000 francs de revenus annuels[43]. On comprend pourquoi Jean de Bertier finit par les vendre.

Venons-en maintenant à ces fameux prêts hypothécaires. Il ne s'agissait pas de biens fonciers, mais de biens mobiliers. Ces prêts avaient été accordés à des personnes privées ayant investi dans l'immobilier parisien. Le paiement des loyers par les occupants des logements devait fournir à ces investisseurs l'argent nécessaire pour rembourser Jean de Bertier. Ce dernier y gagnait les intérêts du capital prêté, sous forme de versements fixes. Ce montage financier s'effondra dès les débuts de la

---

39 CARON, p. 156 et ABBAD, p. 113-115 : « l'appropriation d'un lopin, ou de quelques hectares supplémentaires, bien plus que la modernisation, demeure l'ambition première du paysan ».
40 ALG, Lettre de Duval à Jean de Bertier, 26 janvier 1921.
41 ALG, Lettre d'Asselineau à Marie-Louise, 29 février 1920. Nous avons ici un indice de l'influence de Marie-Louise. Ce fut à elle qu'Asselineau s'adressa pour mieux convaincre Jean de Bertier. Stratégie payante : Jean de Bertier accepta de relever les gages de son intendant de 170 à 220 francs par mois.
42 SCHOR, *Histoire de la société française au XXᵉ siècle*, p. 145 : un employé des chemins de fer gagnait en moyenne 2,5 fois plus qu'un paysan.
43 ALG, Compte de Monsieur le comte de Bertier en l'étude de maître Duval, année 1924.

Grande Guerre. D'abord, le moratoire sur les loyers établi le 14 août 1914 permit aux locataires de suspendre leurs paiements. Par ricochet, les débiteurs de Jean de Bertier, à court de revenus locatifs, ne purent plus honorer leurs dettes. Par la suite, l'inflation apparue avec le conflit dévalua le montant des remboursements opérés. Il fallait donc se défaire de ces placements, devenus inintéressants. Des négociations s'ouvrirent. Jean de Bertier consentit à renoncer à une part des intérêts contre un remboursement plus rapide. Certains débiteurs recoururent à une commission arbitrale, ce qui prolongea les délais. Ainsi, la créance Raoult Grospiron suscita des courriers de 1918 à 1922, la créance Plantade de 1922 à 1927[44]. Remarquons que certains débiteurs proposèrent à Jean de Bertier une autre solution : lui céder l'immeuble dans lequel ils avaient investi. Des courriers conservés dans les archives montrent que Jean de Bertier étudia ces offres, pour y renoncer *in fine*[45]. L'immobilier parisien n'était plus le placement avantageux du moment. La loi du 9 mars 1918 avait en effet permis aux locataires de prolonger leur bail aux conditions d'avant-guerre, or les loyers de 1914 se retrouvaient complètement dépréciés par l'inflation. En 1939, l'indice de la valeur réelle des loyers (base 100 en 1913) s'élevait ainsi à 637 pour les loyers libres, mais à 42 seulement pour les loyers prorogés[46]. La présence, dans un immeuble donné, d'un ou plusieurs locataires sous prorogation compromettait sa rentabilité pour un investisseur.

Enfin, il existait dans le patrimoine des Bertier d'autres biens fonciers concernés par la promotion voire la spéculation immobilière : il s'agissait du bloc central de Dudelange, et de la propriété des Rosaires. Leur appréciation rendait les effets de l'inflation moins dévastateurs que dans le cas des terres à usage agricole et des prêts hypothécaires. Jean de Bertier eût pu les conserver. S'il les vendit, c'est qu'il avait intérêt à libérer cet argent. Au total, le désengagement foncier fut total à Sainte-Geneviève, quasi-total en Bretagne, partiel au Luxembourg et les prêts hypothécaires furent liquidés. Leur cession rendit beaucoup d'argent disponible, de l'ordre de plus de 3 000 000 francs.

Il y a trois façons d'analyser ces désengagements. La première serait de les relativiser. Il ne s'agirait que de rendre possible le rachat de Lagrange. Il n'y aurait qu'un simple redéploiement géographique, sans changement dans la composition de la fortune. Cette première interprétation est infirmée par le trop grand écart entre le prix d'achat de Lagrange et les sommes d'argent bien supérieures libérées par les ventes. Une deuxième interprétation supposerait que ces mêmes ventes étaient la condition du maintien train de vie dispendieux et/ou l'entretien d'une ou de plusieurs maîtresses. Dans ce cas, l'argent des ventes aurait été consommé et non réinvesti. Or, les biens fonciers ne représentaient plus que 30 % de la fortune de Jean de Bertier à son décès en 1926. Il faut donc en conclure que la majeure

44   ALG, Multiples courriers entre Jean de Bertier, Legay, Richshoffer et l'avocat Biéville (1917-1923).

45   ALG, Lettre du fils de Vismes à Jean de Bertier, 15 mars 1924, et de Marteroy à Jean de Bertier, 17 janvier 1924. Jean de Bertier chargea Marteroy d'expertiser l'immeuble en question, situé 19, boulevard Saint-Marcel.

46   ABBAD, p. 12 et CARON, p. 177.

partie de l'argent libéré fut réorientée vers des placements plus rémunérateurs, seuls capables de relever le défi de l'inflation. Au-delà du réel redéploiement géographique, il y avait bel et bien une reconversion du patrimoine. C'était là la principale des « stratégies de survie » qu'Alice Bravard identifie face à l'inflation : réduire les valeurs à revenus fixes aux profits d'investissements certes plus risqués mais à rendement plus élevé : les actions[47]. Remarquons que ces restructurations du patrimoine n'étaient pas inédites pour Jean de Bertier. La vente de Lagrange en 1911-1912 avait été l'occasion d'un recentrement vers Paris et la Bretagne. Quant à l'orientation vers l'industrie, elle avait déjà été amorcée avant la Grande Guerre. Jean de Bertier disposait ainsi d'une expérience qui faisait défaut à d'autres détenteurs de grandes fortunes. Cela lui donnait une capacité de réaction plus rapide. Il était mieux armé face à l'inflation.

1.1.2. Investissements mobiliers au Luxembourg

Dès la fin du XIXe siècle, les valeurs mobilières étaient devenues plus rémunératrices que les biens fonciers[48]. Le contexte inflationniste d'après-guerre poussa Jean de Bertier à chercher parmi elles les placements au meilleur rendement. Il choisit la sidérurgie luxembourgeoise, en plein essor grâce à un contexte particulièrement favorable. Nous verrons comment Jean de Bertier fit évoluer la composition de son portefeuille, en privilégiant toujours plus les actions. Enfin, il faudra s'interroger sur les dernières évolutions des années 1925-1926, très révélatrices de l'impact de l'inflation sur les détenteurs de grands patrimoines.

1.1.2.1. Concentration sur la sidérurgie luxembourgeoise

Il existait une multitude d'investissements mobiliers possibles. Jean de Bertier en avait déjà exploré quelques-uns. Souvenons-nous de la Société des constructions mixtes du Maroc. Elle subsistait après la guerre. Son propre conseil d'administration la présentait toutefois comme une « petite société » et l'assemblée générale extraordinaire du 10 mai 1920 devait même entériner sa liquidation. Cette décision fut finalement rapportée et l'entreprise continua de vivoter, en produisant des revenus annuels très faibles[49]. Nous n'avons pas pu retrouver de pièces indiquant si Jean de Bertier en resta encore actionnaire, ni à quelle hauteur. Si elle existait, cette participation peut de toute façon être négligée. D'autres titres étaient déposés au Comptoir national d'escompte.

---

47 BRAVARD, p. 285. Les deux autres stratégies identifiées sont la transmission (donation ou legs) et l'entraide (à travers des associations) (p. 289-293). Nous n'en avons pas trouvé trace dans les archives.

48 PIKETTY, *Les hauts revenus*, p. 101 : « c'est au cours du XIXe siècle que la richesse mobilière a pris toute son importance et a dépassé en volume la richesse foncière ».

49 ALG, Société des constructions mixtes du Maroc. Rapport du Conseil d'administration à l'Assemblée générale du 15 juin 1921, Compte de profits et pertes au 31 décembre 1920 et Situation générale de la société au 11 juin 1924.

Tableau 29: Titres mobiliers de Jean de Bertier déposés au Comptoir national d'escompte en 1921[50].

Société	Nature des titres possédés
[SA métallurgique d'] Aubrives [et Villerupt]	60 actions
Gafsa	65 cinquièmes de part de bénéfice au porteur
[mines de phosphates, Tunisie]	10 obligations à 500 F 4,5 %
Mines de Bor	10 actions de 100 F au porteur
[mines de cuivre, Serbie]	10 actions de jouissance au porteur
	10 obligations à 500 F 4,5 %
Manganèse de [Darkvété ?]	4 parts de fondateur
	6 actions à 250 F
Rio [Tinto ? Alors cuivre, Espagne]	10 actions ordinaires
Produits chimiques Alais et la Camargue	3 obligations à 500 F 4 %
Compagnie des salins du midi	2 actions de jouissance au porteur
Produits physiologiques	[actions ?] 1 à 48 et 81 à 112
[Ardoisières d'] Asselborn	[actions ?] 587 à 656 et 818 à 809 (sic)
France-vie	Certificat nominatif n° 4107 (comtesse de Bertier)
Rente française	6 titres à 100 F emprunt 4 % du 2/1/1920

L'observation du tableau révèle que Jean de Bertier n'investit ni dans les assurances-vie ni dans les emprunts d'État[51]. Il participa pourtant à la campagne de promotion destinée à convaincre les Français de souscrire à l'emprunt émis par l'État en 1920. Il affirma qu'il s'agissait du placement le plus sûr, le plus rémunérateur et n'hésita pas à faire appel au patriotisme de l'auditoire. Faire appel aux sentiments est souvent plus efficace que de mettre en avant des arguments rationnels, et Jean de Bertier ne s'en priva pas :

> L'appel de la France à ses enfants, c'est l'ordre de mobilisation des capitaux. Celui qui ne répond pas à cet appel est un déserteur. Celui qui n'y répond pas dans la limite de ses moyens est un embusqué. [...] La Lorraine ne connaît ni les déserteurs, ni les embusqués[52].

Au vu du tableau précédent, il semble cependant qu'il était lui-même un « embusqué ». Les 6 titres souscrits représentaient le strict minimum. Jean de Bertier n'appliqua donc pas à lui-même les conseils qu'il prodigua à d'autres. Le second enseignement du tableau est la grande diversité des titres *et* la faiblesse

---

50 ALG, Comptoir national d'escompte : manuscrit de Jean de Bertier daté du 1ᵉʳ mai 1921.

51 On retrouve ici un des problèmes liés à l'inflation : la perte de confiance dans la capacité de l'État à rétablir la situation financière. Souscrire à l'emprunt, c'était, si l'inflation perdurait, courir le risque d'être remboursé en « monnaie de singe » des années plus tard, donc un très mauvais placement (PIKETTY, *Les hauts revenus*, p. 41).

52 ALG, Brouillon de l'allocution prononcée par Jean de Bertier le 8 mars 1920, salle du Colisée, rue Joffre à Thionville. Il faut croire qu'il fut efficace, puisqu'il reçut une lettre de remerciements du ministre, louant son « activité si dévouée » (ALG, Lettre du ministre des Finances à Jean de Bertier, 16 septembre 1920).

globale du portefeuille. Il ne s'agissait que de placements résiduels au vu de l'ensemble du patrimoine familial. Par exemple, les actions Aubrives et Villerupt ne généraient pas plus de 1 500 francs de dividende annuel, pour une valeur de l'ordre de 50 000 francs[53]. Nous perdons d'ailleurs trace de la plupart de ces titres après 1921. Jean de Bertier concentra ses investissements ailleurs, dans le secteur qu'il jugeait le plus porteur : la sidérurgie luxembourgeoise.

1.1.2.2. Des contextes général et local favorables

Globalement, dans les pays occidentaux, les années 20 furent des années de prospérité, dont témoignent les expressions *roaring twenties* pour les États-Unis, *golden twenties* pour le Royaume-Uni ou années folles pour la France[54]. Vincent Adoumié les qualifie même de « dix glorieuses »[55]. L'industrie était en plein essor et la sidérurgie comptait parmi ses branches les plus actives[56]. Elle devait toutefois relever le défi de sa reconversion, d'une production de guerre vers une production de paix, et faire face à des crises industrielles et/ou sociales (ce fut le cas en 1920-1921)[57]. Ces aléas firent temporairement chuter la production et/ou les prix ce qui, par répercussion, réduisait le chiffre d'affaires et les bénéfices des sociétaires. Acheter des actions comportait donc des risques : la prospérité des années 20 ne fut reconnue qu'*après-coup*, au regard de la crise des années 30[58]. Jean de Bertier accepta ces risques, en investissant dans l'ARBED.

Il faut donc présenter le contexte particulier du Luxembourg. L'ARBED était née dans le cadre protectionniste du *Zollverein*, l'union douanière avec l'Allemagne. L'entreprise y trouvait un approvisionnement facile en matières premières (minerai de fer de Lorraine annexée et coke sarrois) et de larges débouchés. En 1919, tout était à repenser. Le Luxembourg allait-il entrer en union économique avec la France ou avec la Belgique ? Dans le nouvel ensemble économique à créer, l'ARBED réussirait-elle facilement à se fournir en matières premières et à trouver de nouveaux débouchés ? Les années 1919-1922 furent difficiles. Face à une nécessaire reconversion, les industries du pays n'étaient pas forcément bien armées[59]. L'ARBED, quant à elle, disposait de deux atouts. D'une part ses usines n'avaient

53 ALG, Banque internationale au Luxembourg, Coupons d'actions Aubrives et Villerupt, 1922-1926, et Relevés du dépôt de titres de Monsieur le comte de Bertier aux 31 décembre 1921, 1923, 1924, et 1925.

54 BILLARD, *Le monde de 1914 à 1945*, p. 76. L'auteur fait remarquer que cette prospérité ne concernait qu'une *minorité* des régions et des populations du monde (p. 77).

55 ADOUMIÉ, Vincent, *De la République à l'État français 1918-1944*, Paris, Hachette, collection « Carré histoire », 2005, p. 137.

56 BONIN, Hubert, *Histoire économique de la France depuis 1880*, Paris, Masson, collection « Un siècle d'histoire », 1988, p. 79 et WORONOFF, Denis, *Histoire de l'industrie en France. Du XVIᵉ siècle à nos jours*, Paris, Seuil, collection « Points histoire », 1998 [1994], p. 454-459.

57 BILLARD, *Le monde de 1914 à 1945*, p. 49 et ABBAD, p. 68.

58 ASSELAIN, Tome 2, p. 29.

59 TRAUSCH, *Le Luxembourg à l'époque contemporaine (du partage de 1839 à nos jours)*, Luxembourg, Bourg-Bourger, 1975, p. 142. L'auteur donne l'exemple des ardoisières, dont Jean de Bertier possédait des parts, mais dans lesquelles il ne réinvestit pas, à bon escient.

pas été détruites par les combats. D'autre part, elle comptait deux dirigeants de premier plan : le Belge Gaston Barbanson (président du conseil d'administration) et le luxembourgeois Émile Mayrisch (directeur général). Évoquons trois exemples de réorientations pilotées par les deux hommes et qui seront utiles pour la suite de nos explications.

Dans un premier temps, l'ARBED, associée à d'autres partenaires, racheta l'une des deux grandes sociétés sidérurgiques allemandes présentes au Luxembourg jusqu'en 1918 : la Gelsenkirchener Bergwerks AG. Deux nouvelles entreprises furent créées pour l'occasion : la Société métallurgique des Terres rouges reprit les usines luxembourgeoises et allemandes de la Gelsenkirchener et la Société minière des Terres rouges reprit les biens situés en Lorraine, dont des mines de fer[60]. Tout comme Jean de Bertier le fit à Lagrange, l'ARBED profita du contexte pour réaliser ces acquisitions au plus faible prix. Prenons l'exemple des biens lorrains de la Gelsenkirchener, cédés pour 38,5 millions de francs à la Société minière des Terres rouges. Prétextant la crise sidérurgique de 1921, cette dernière demanda une diminution du prix et réussit à obtenir un étalement des paiements sur 10 ans avec un taux d'intérêt faible[61]. Dans le contexte inflationniste de l'époque, cela équivalait à une nette diminution du prix d'achat. Il semble que Jean de Bertier usa de son influence pour favoriser ce dénouement propice à ses intérêts d'actionnaire. Le directeur général de la Société minière des Terres rouges le remercia en évoquant « [sa] bienveillante intervention » mais remarqua aussi « maintenant que Monsieur le préfet est au courant de l'intérêt que présente pour vous la Société minière des Terres rouges, il vaut mieux, à mon avis, que vous ne soyez pas présent à la conversation de demain »[62]. D'autres sociétés ou participations furent acquises par l'ARBED au début des années 1920, en Allemagne, en Belgique, aux Pays-Bas et en France. L'entreprise luxembourgeoise réussit ainsi à devenir un acteur majeur de la concentration industrielle en cours dans le secteur sidérurgique[63].

La faiblesse du marché intérieur luxembourgeois puis du marché belgo-luxembourgeois (l'union économique avec la Belgique entra en vigueur en mars 1922) imposait à l'ARBED d'exporter au maximum. Pour cela fut créée dès 1920 une entreprise destinée spécifiquement à la vente des produits du groupe : la Columeta

---

60 BARTHEL, Charles, « Les marchés de l'acier et le "projet sidérurgique" : l'expansionnisme des maîtres de forge français au Grand-Duché de Luxembourg », [*in*] MIOCHE, Philippe et WORONOFF, Denis (dir.), *L'acier en France : produits et marchés de la fin du XVIIIe à nos jours*, Dijon, Études universitaires de Dijon, 2006, p. 94. La seconde société allemande, la deutsch-luxemburgische Bergwerks- und Hütten AG, devint la Hadir après son rachat.

61 ALG, Société minière des Terres rouges, Rapports et bilans pour les exercices 1920, 1922, 1924. Charles Barthel évalue le coût total du rachat de la Gelsenkirchener à 255 millions de francs : les biens lorrains regroupés en Société minière des Terres rouges ne représentaient donc qu'une petite partie de l'ensemble initial (BARTHEL, *Bras de fer. Les maîtres de forge luxembourgeois entre les débuts difficiles de l'UEBL et le Locarno sidérurgique des cartels internationaux. 1918-1929*, Luxembourg, Saint-Paul, 2006, p. 73).

62 ALG, Lettre du directeur général de la Société métallurgique des Terres rouges à Jean de Bertier, 2 novembre 1923.

63 LEBOUTTE, PUISSANT, SCUTO, p. 164-165.

(comptoir luxembourgeois métallurgique). Il s'agissait de stimuler la compétitivité de l'ARBED face à des concurrents allemands et français abrités derrière leurs barrières douanières. La Columeta fut une réussite et permit d'atténuer les effets de la crise de 1921 sur les résultats du groupe[64]. L'actionnaire qu'était Jean de Bertier ne pouvait que s'en réjouir.

Enfin, le troisième et dernier élément concerne la fin de notre période. Le traité de Versailles avait prévu, pour les produits originaires d'Alsace-Lorraine et du Luxembourg, le maintien du libre accès au marché allemand jusqu'au 10 janvier 1925. Au-delà de cette date, les risques de nouvelle crise et de guerre de l'acier entre grands pays européens étaient grands. L'ARBED en eût fait les frais. Mayrisch réussit à conjurer ce péril en initiant la création en 1926 de l'Entente internationale de l'acier, cartel répartissant la production entre les différents pays et qui garantissait ainsi la nouvelle position acquise par l'ARBED dans la sidérurgie européenne[65].

Ainsi, malgré des crises temporaires, les années 1920 furent des années fastes pour la sidérurgie. Au Luxembourg, L'ARBED réussit à surmonter les défis de l'après-guerre : elle augmenta sa production, optimisa ses ventes, et fit reconnaître les positions ainsi acquises par les autres sidérurgistes, dans une perspective de régulation d'un marché dont elle était devenue un des principaux acteurs. Jean de Bertier, tout à la fois contemporain des événements et voisin du Luxembourg, put vite comprendre qu'investir dans l'ARBED était l'opération la plus rationnelle possible. Remarquons que trois éléments supplémentaires ne pouvaient que renforcer son choix. Le premier était, bien sûr, l'héritage de son père Anatole : Jean de Bertier disposait déjà de participations dans l'ARBED. Nous avons vu qu'il aurait pu, dès la création de l'ARBED en 1911-1912, devenir administrateur, mais qu'il y renonça pour poursuivre sa carrière d'officier, se contentant d'un poste de commissaire. Un deuxième élément nous est révélé par l'étude des archives de Lagrange. De multiples notes montrent qu'il veillait à se tenir le mieux informé possible. Il releva les chiffres de la production de minerai de fer en Lorraine, ainsi que ceux des réserves estimées. Bien qu'il n'indiquât lui-même aucune conclusion à en tirer, un rapide calcul basé sur la production de 1913 permet d'en déduire que les réserves garantissaient 100 ans d'exploitation. Jean de Bertier pouvait donc estimer que la sidérurgie disposait de gisements suffisants pour un développement sur le long terme et qu'y investir était d'autant plus intéressant[66]. Enfin, nous avons déjà évoqué ses multiples rencontres avec Mayrisch au premier semestre 1919.

---

64 *Ibidem*, p. 166. De 1923 à 1925, le groupe ARBED-Terres rouges vendit davantage en Amérique et en Asie qu'en Allemagne, cette dernière ne représentant plus que 11 % des ventes (p. 177).

65 PAILLAT, Claude, « "Papa Mayrisch", aciériste et visionnaire européen », [in] *Dossiers secrets de la France contemporaine, tome II : la victoire perdue 1920-1929*, Robert Laffont, 1980, p. 180-182. L'auteur indique que les bases de l'entente inspirèrent la future CECA. Déjà, le siège était à Luxembourg, et les Britanniques absents.

66 ALG, Notes manuscrites de Jean de Bertier. La Lorraine représentait alors un des principaux gisements de minerai de fer et faisait de la France le premier producteur mondial à la fin des années 1920 (BONIN, *Histoire économique de la France depuis 1880*, p. 79).

L'absence d'agenda postérieur à cette date ne permet pas de savoir si ces rencontres se poursuivirent, ni avec quelle fréquence, ni ce dont ils parlèrent. Nul doute que cette proximité avec le décideur principal des questions industrielles ne pouvait que rassurer Jean de Bertier sur la pertinence de ses investissements. Voyons maintenant comment il plaça ses capitaux dans l'entreprise.

1.1.2.3. Des obligations aux actions

Jean de Bertier avait hérité de son père des créances envers l'ARBED. Les statuts de la société pour l'année 1920 mentionnent « l'apport fait par Monsieur le comte [Anatole] de Bertier et en rémunération duquel il est encore dû à son fils Monsieur le comte Jean de Bertier 22 ½ annuités de 48 750 francs chacune »[67]. Cette rente fut remboursée par anticipation. Entre 1920 et 1926, l'ARBED versa 10,5 annuités au lieu de 6, puis, en 1926, 280 892,27 francs comme solde de sa dette[68]. Ainsi, de 1919 à 1926, Jean de Bertier perçut plus de 800 000 francs cumulés. On peut assimiler cette créance aux biens fonciers déjà étudiés. Produisant des revenus fixes, elle perdait sa raison d'être dans le contexte de forte inflation : il fallait donc s'en défaire. Il en était de même pour les obligations. Dès 1919, Jean de Bertier ne donna pas suite à la proposition de Gaston Barbanson d'en acquérir auprès de la toute nouvelle Société métallurgique des Terres rouges[69]. En 1922, Jean de Bertier vendit ses obligations AEG, pour plus de 300 000 marks et, l'année suivante, ses obligations ARBED, pour plus de 230 000 francs[70]. Remarquons que les titres AEG furent liquidés à temps, c'est-à-dire avant l'effondrement de la monnaie allemande en 1923. L'inflation atteignit alors des niveaux inédits. Le prix du pain s'envola pour atteindre des millions et même des milliards de marks. Qu'auraient alors représenté les 6 000 marks de revenus annuels tirés des obligations AEG ? Yves Billard parle d'une « catastrophe monétaire sans équivalent dans l'Histoire [qui ruina] tous ceux qui vivaient de rentes, d'obligations, de retraites, de fermages ou de loyers »[71].

L'inflation poussa donc Jean de Bertier à se défaire des titres hérités du passé, essentiellement obligataires, pour investir dans des actions. En tant que commissaire puis administrateur de l'ARBED, il connaissait les performances de l'entreprise. Il nota ainsi en 1921 : « total des bénéfices depuis 10 ans que la société existe 378 millions dont 218 millions capitalisés dans l'affaire [et] 50 millions distribués

---

67 ALG, Statuts de la S. A. des ARBED, 1920, Titre II. Apports, Article 5.

68 *Ibidem* et Lettre de l'ARBED à Jean de Bertier, 30 juillet 1926, avec note manuscrite de ce dernier : « opération faite le 30 juillet [1926] ».

69 ALG, Lettre de Barbanson à Jean de Bertier, 13 décembre 1919.

70 ALG, Banque régionale de la Sarre (*Landesbank des Saargebiets*) à Jean de Bertier, 30 janvier, 14 et 19 octobre 1922 et ARBED, Section de comptabilité, Notes de crédit pour Monsieur le comte de Bertier, 16, 21, 23 juillet et 29 septembre 1923.

71 BILLARD, *Le monde de 1914 à 1945*, p. 52. Le redressement passa par la création d'une nouvelle monnaie, le *Rentenmark* (octobre 1923) devenu le *Reichsmark* (août 1924).

[aux actionnaires] »[72]. Présentons de façon plus détaillée les bilans financiers des années suivantes.

**Tableau 30: Bénéfice de l'ARBED de 1920 à 1925 et son affectation
(en millions de francs belges)[73].**

Exercice		1920-1921	1922-1923	1923-1924	1924-1925
Résultat		30,183	34,485	56,588	57,813
Bénéfice = résultat – (amortissement + œuvres) ainsi réparti par ordre prioritaire :		15,446	19,493	29,536	35,149
1. Fonds de réserve 5 %		0,772	0,975	1,477	1,757
2. Premier dividende aux actionnaires	Parts n° 1 à 106000	2,503	2,651	2,650	3,912
	Parts n° 106001 à 156000	-	0,469	1,094	
	Les 44 000 parts suivantes	-	-	-	0,544
3. Rémunérations : 16 % aux administrateurs, 4 % aux commissaires, 3 % à disposition du CA		2,642	3,543	5,594	6,656
4. Second dividende aux actionnaires	Parts n° 1 à 106000	9,529	10,073	13,251	19,557
	Parts n° 106001 à 156000	-	1,782	5,470	
	Les 44 000 parts suivantes	-	-	-	2,723

Les chiffres ci-dessus prouvent que l'ARBED réussit brillamment à surmonter les difficultés des années 1920 : le bénéfice distribué fut multiplié par deux de 1921 à 1925. Cependant, la rémunération par action augmenta moins rapidement, surtout pour les parts n° 1 à 106000. Le dividende global attaché à ces dernières passa de 12 à 12,6 puis à 15,9 millions de francs belges (FB) au cours des trois premiers exercices renseignés dans le tableau. Cela signifie que l'ARBED ne distribua pas *deux fois plus aux mêmes* actionnaires, mais *un peu plus, à un plus grand nombre* d'entre eux. En effet, l'entreprise avait besoin de capitaux pour financer ses prises de participations dans d'autres sociétés et la modernisation de son appareil productif. Auparavant, l'autofinancement suffisait : une partie importante du *résultat* était affectée à l'investissement[74]. Nous le voyons

---

72 ALG, ARBED, Bilan au 31 juillet 1921, Note manuscrite de Jean de Bertier.

73 ALG, ARBED, Rapports et bilans, Exercices 1920-1921, 1922-1923, 1923-1924 et 1924-1925. Les chiffres ont été très légèrement modifiés pour que la somme des différentes affectations corresponde au total des bénéfices. Nous reviendrons plus loin sur la fiabilité des bilans fournis par les entreprises.

74 LEMÉNOREL, Alain, *Nouvelle histoire économique de la France contemporaine, 3. L'économie libérale à l'épreuve 1914-1948*, Paris, La Découverte, collection « Repères », 1998, p. 64.

bien dans la note manuscrite déjà citée récapitulant les dix premières années de l'ARBED : « 218 millions capitalisés dans l'affaire [et] 50 millions distribués [aux actionnaires] ». Le nouveau contexte des années 1920, précédemment expliqué, nécessita encore plus de moyens. L'ARBED procéda donc à deux augmentations de capital, qui sont visibles dans le tableau. 50 000 actions supplémentaires furent émises en 1922, puis 44 000 autres en 1924, aux prix respectifs de 1 000 et 3 000 FB le titre. La société leva ainsi 50 millions puis 130 millions de francs belges pour financer son essor[75].

Jean de Bertier se devait donc de souscrire à ces deux augmentations de capital, afin d'augmenter le nombre de ses actions et, par là-même, ses dividendes. Aux 1 300 actions qu'il possédait déjà en 1920-1921, il en ajouta 650 nouvelles en 1922, soit un investissement de 650 000 FB. En 1924, il en acheta 530 supplémentaires, mais au prix plus élevé de 3 000 FB le titre, ce qui représentait une dépense totale de près de 1 600 000 FB[76]. En réorientant ainsi 2,2 millions de francs belges des biens fonciers et des titres obligataires vers les actions ARBED, Jean de Bertier s'assura des dividendes confortables et croissants : environ 150 000 FB grâce à ses 1 300 titres d'origine, auxquels s'ajoutèrent 150 000 FB supplémentaires pour les 650 parts souscrites en 1922, soit un total de 300 000 FB de revenus annuels[77].

En plus d'être actionnaire, Jean de Bertier était devenu administrateur de l'ARBED dès le 25 octobre 1919, c'est-à-dire quelques semaines après sa démission de l'armée[78]. Le tableau précédent montre l'intérêt d'occuper une telle fonction : les rémunérations des administrateurs augmentèrent plus vite que les dividendes et que l'inflation. Jean de Bertier perçut à ce titre environ 125 000 FB, puis 250 000 FB à partir de 1924[79]. Au total, ses revenus d'actionnaire et d'administrateur additionnés lui garantissaient plus de 500 000 FB annuels à la fin de la période considérée. À ces revenus, il faut en ajouter d'autres, provenant d'entreprises toutes très liées à l'ARBED, tant du point de vue du capital que des dirigeants.

---

75 BARTHEL, Charles, *Bras de fer*, p. 566-567 et 573. L'auteur précise que les 50 millions de francs levés en 1922 furent utilisés en 2 années, bien plus rapidement que prévu initialement, ce qui précipita la seconde augmentation de capital, plus importante, de 1924.

76 ALG, Lettres de la Banque de Bruxelles à Jean de Bertier, 19 juin et 6 juillet 1922 et des 3 et 23 juillet 1924 et Note manuscrite de Jean de Bertier « Calcul des intérêts » récapitulant l'achat des actions de 1924.

77 ALG, ARBED, Notes de crédit pour Monsieur le comte de Bertier, 31 octobre 1921, 30 novembre 1922, 30 novembre 1923, 1er décembre 1924 et 1er décembre 1925. Nous verrons plus loin pourquoi les actions souscrites en 1924 ne produisirent apparemment pas de revenu.

78 ALG, Lettre de l'administration centrale de l'ARBED à Jean de Bertier, 25 octobre 1919. Rappelons qu'il était interdit à un officier d'active d'être administrateur de sociétés. Nous reviendrons plus tard sur l'intérêt pour l'ARBED de voir Jean de Bertier intégrer son CA.

79 ALG, Lettres de Barbanson à Jean de Bertier, 31 octobre 1921 et 26 novembre 1922, 1924 et 1925.

Tableau 31: Intérêts de Jean de Bertier dans des sociétés autres que l'ARBED de 1919 à 1926[80].

Entreprise	Année	Fonction de Jean de Bertier	Actions possédées *de par sa fonction*	Valeur indicative*
Société métallurgique des Terres rouges	1919 ?-1926	Non	200 puis 224**	± FL 150 000
Société minière des Terres rouges	1919 ?-1926	Administrateur	*25*	FL 20 000
SAMOD = SA pour la construction de maisons ouvrières à Dudelange	?-1926	Administrateur	*5*	[très faible]
SA des mines de Bellevue (Valleroy, Hatrize, Genaville)	1921-?	Président du C.A.	*20*	FF 10 000
CSBM = Companhia siderurgica belgo-mineira (Brésil)	1921 ?-1926	Commissaire	628 puis 885	FL 400 000
Eschweiler Bergwerksverein (Sarre)	1922-1925	Non	?	FB 170 000 = RM 30 000
BIL = Banque internationale au Luxembourg	1919-1926	Non	320	FL 80 000
Nationale luxembourgeoise (compagnie d'assurances)	1920-1926	Administrateur	*50*	FL 25 000
Autres entreprises	?	?	?	?

* FF : francs français ; FB : francs belges ; FL : francs luxembourgeois ; RM : Reichsmark
** échangées contre 56 actions ARBED en 1926

Avant d'interpréter ces données, il convient de préciser toutes les limites liées à leur collecte et à leur présentation. Nous avons rassemblé en un seul tableau une multitude d'informations, provenant de documents très différents, sans parvenir à l'exhaustivité. C'est pourquoi nous avons à dessein ajouté une ligne supplémentaire, « autres entreprises ». Jean de Bertier pouvait posséder d'autres titres, dont nous n'avons pas retrouvé trace. De plus, il est difficile de comparer les titres possédés : leurs valeurs sont exprimées dans des monnaies différentes, qui fluctuaient, et les titres référencés n'étaient pas tous possédés à la même période. Sans entrer dans les détails, donnons simplement quelques informations fondamentales sur les monnaies. Franc belge et franc luxembourgeois eurent un cours très proche de 1919 à 1922, et l'entrée en vigueur de l'union économique belgo-luxembourgeoise en juin 1922 établit la parité entre les deux monnaies : « par suite de l'accord économique, le franc luxembourgeois étant équivalent au franc belge, nous vous prions de noter qu'à partir du 1er juin nous ne ferons plus de distinction entre ces deux

---

80 ALG, Multiples documents qu'il serait fastidieux de citer en détail, provenant des entreprises listées ainsi que d'autres établissements bancaires.

monnaies »[81]. Les fluctuations monétaires concernent donc surtout le franc belge face au franc français. La Belgique accomplit plus rapidement que la France les réformes monétaires nécessaires pour juguler l'inflation[82]. Cependant, les effets n'en furent pas visibles avant 1926, si bien que les fluctuations restèrent fréquentes et imprévisibles entre 1919 et 1926. Nous nous efforcerons donc toujours de préciser de quelle monnaie nous parlons. Pour en revenir à la construction du tableau, nous avons toujours, en cas de doute, opté pour les valeurs minimales. Enfin, nous n'avons pas retrouvé suffisamment d'informations pour faire figurer le revenu annuel généré par les titres possédés. Puisqu'il s'agit essentiellement de sociétés sidérurgiques, en outre pilotées par le duo Mayrisch-Barbanson, on peut penser que la politique de rémunération des actionnaires était la même qu'à l'ARBED et assurait des dividendes confortables[83]. Remarquons pour finir que Jean de Bertier collectionna les fonctions, et les jetons de présence associés. Il percevait ainsi au moins 2 500 FF de la Société minière des Terres rouges, et environ 5 000 FB de la CSBM[84].

Le bilan montre donc la prédominance de l'ARBED, sans qu'il faille pour autant négliger les sommes placées dans les autres entreprises mentionnées. Risquons-nous maintenant à établir un tableau récapitulant l'ensemble des ventes et des achats, de 1919 à 1926.

Tableau 32: Achats et ventes *(y compris projets)* de Jean de Bertier de 1919 à 1926[85].

Ventes (FF)		Achats (FB, sauf*)	
Nature du bien et date	Montant	Nature du bien et date	Montant
Biens fonciers 1919-1926	2 500 000	*Lagrange 1921-1922 (FF)	1 200 000
Prêts hypothécaires 1920-?	700 000	Actions ARBED 1922	650 000
Obligations AEG + ARBED 1922-1923	500 000	Actions ARBED 1924	1 600 000

(Suite)

81 ALG, Lettre de l'ARBED à Jean de Bertier, 9 juin 1922. Gilbert TRAUSCH précise que cette parité restait conventionnelle et que le statut du franc luxembourgeois resta imprécis (*Histoire du Luxembourg*, p. 123 ; voir aussi MARGUE, Paul et JUNGBLUT, Marie-Paule, *Le Luxembourg et sa monnaie*, Luxembourg, Guy Binsfeld, 1990, 192 p.). Rappelons qu'à cette époque, le franc luxembourgeois restait une monnaie de compte. La seule monnaie réellement en circulation, dite « de paiement », était le franc belge (LINK, p. 41 et 44).
82 BILLARD, *Le monde de 1914 à 1945*, p. 51.
83 Combien valait une action de la Société métallurgique des Terres rouges ? D'après Charles BARTHEL, 500 FL [à la souscription, en 1919-1920] (*Bras de fer*, p. 75). En 1926, elles furent échangées avec des actions ARBED [prix du titre à la souscription 3 000 FL ?] selon un ratio 4 pour 1 (p. 587), ce qui les valoriserait à 750 FL au minimum [d'où le chiffre indiqué dans le tableau n° 31].
84 ALG, Lettres à Jean de Bertier de la Société minière des Terres rouges, 2 juillet 1921 et 1er mai 1926 et de la CSBM, 7 avril 1925 et 13 mars 1926. Ces sommes restent très en retrait de ses rémunérations d'administrateur de l'ARBED, et pour cause : il ne s'agissait que de sociétés satellites, sans indépendance. Nous n'avons pas trouvé d'informations sur les rémunérations accordées par les autres sociétés.
85 Nous reprenons ici des chiffres déjà précédemment mentionnés, toujours simplifiés et minimisés en cas de doute. Nous n'avons pas pris en compte les actions d'Eschweiler car elles furent vendues avant 1926.

Tableau 32: (Suite)

Ventes (FF)		Achats (FB, sauf*)	
Nature du bien et date	**Montant**	**Nature du bien et date**	**Montant**
Créances d'Anatole à l'ARBED 1919-1926 et 1926	800 000	Actions non ARBED 1920-1926	700 000
Total	4 500 000	Total	4 150 000
Vente aux Rosaires 1926	*1 000 000*		

Ce tableau, bien sûr, ne peut être que purement indicatif. Les transactions référencées se déroulèrent à des années différentes et furent conclues dans des monnaies différentes. L'inflation et les fluctuations du change empêchent toute comparaison trop précise. Il faudrait pour cela procéder à des calculs très fins. Le tableau, dans sa simplicité, suffit toutefois à mettre en évidence les deux évolutions principales concernant le patrimoine de Jean de Bertier. La première, qui apparaît très clairement, est la reconversion des biens fonciers et des obligations vers les actions. La seconde est la réussite de cette reconversion, puisqu'il semble que la perte de fortune occasionnée par ces transferts fut très faible. Certes, les ventes totalisent 350 000 francs français de plus que les achats, mais, d'un autre côté, nous n'avons pas fait figurer dans le tableau les 1 300 premières actions ARBED possédées par Jean de Bertier. Quand furent-elles acquises, et pour quelle somme globale ? On pourrait donc considérer le bilan comme équilibré[86]. Ceci révélerait une véritable performance de Jean de Bertier. En vendant au meilleur prix et en investissant dans les entreprises les plus dynamiques, il aurait réussi avec brio à déjouer l'inflation. Nuançons cette impression en plongeant plus en détail dans les transactions des années 1924-1926.

1.1.2.4. Investissements, opportunités et fluctuations monétaires

Nous n'avons pas trouvé trace de revenus générés par les 530 actions ARBED acquises en 1924, et pour cause : elles furent achetées grâce à un emprunt contracté auprès de la Banque de Bruxelles. Ne pouvant faire face aux échéances de remboursement, Jean de Bertier se vit contraint de céder 445 d'entre elles à la banque dès mai 1926. Il en conservait certes 85 mais devait vendre les autres à perte, au prix de 2 900 FB par titre[87]. Quelques jours plus tard, il céda 100 actions ARBED supplémentaires à un particulier et réinvestit 75 % de l'argent obtenu dans l'achat de livres sterling[88]. Comment interpréter ces deux épisodes ?

---

86   Nous verrons plus tard que, malgré ses efforts, Jean de Bertier ne put annuler les effets de l'inflation, et que le patrimoine global diminua.

87   ALG, Note manuscrite de Jean de Bertier « Calcul des intérêts » et Lettres de la Banque de Bruxelles à Jean de Bertier, 19 décembre 1925 et 31 mai 1926. Les actions avaient été achetées 3 100 FB le titre.

88   ALG, Copie d'une lettre de Jean de Bertier à José Luis Granier, Attaché à la Légation de Bolivie en France, 2 juin 1926. Il vendit ces 100 parts au prix de 3 150 FB chacune, soit à un meilleur prix qu'un mois plus tôt à la Banque de Bruxelles (2 900 FB le titre).

Revenons d'abord sur le tableau précédent. En enlevant 1 600 000 FB aux achats, le déséquilibre avec les ventes atteint 2 millions. Nos conclusions en sont-elles infirmées ? Si l'on considère les différences de change et si l'on ajoute l'achat des 1 300 actions ARBED, cet écart apparent peut être réduit voire même effacé[89]. Nos interprétations conserveraient leur validité. En tout cas, en 1924, il n'y avait plus d'argent disponible : le recours à l'emprunt se faisait indispensable pour continuer d'acheter des actions. L'étude de cette transaction révèle que Jean de Bertier s'adonna à une opération spéculative. Il espérait que les gains fournis par les titres ARBED seraient supérieurs aux charges de son emprunt : « la différence [entre intérêts et dividendes] soit 75 FB doit, pour que l'opération soit fructueuse, résulter de la hausse du titre, de sorte qu'au 1/12/1925, le titre ARBED devrait être à 3 215 FB »[90]. Rétrospectivement, nous savons qu'acheter des actions industrielles était la bonne stratégie. Pour les contemporains, les choses étaient plus floues : les fluctuations permanentes de la valeur des entreprises pouvaient, à court terme, invalider un tel calcul. Ce fut ce qui arriva dans le cas de cet emprunt de 1924 : la baisse temporaire de la valeur des titres ARBED obligea Jean de Bertier à vendre à perte. Deux analyses très différentes de cet épisode peuvent être proposées. La première dessinerait un Jean de Bertier limité dans ses capacités d'action, car *dépendant* de l'emprunt. La seconde le verrait comme un investisseur très moderne, *utilisant* l'emprunt comme investissement, afin d'augmenter le volume de sa fortune ou plutôt, dans le contexte inflationniste de l'époque, de la maintenir.

Charles Barthel classe Jean de Bertier parmi les actionnaires dits permanents ou sédentaires de l'ARBED, ce qui se comprend aisément de par l'héritage d'Anatole et de par ses souscriptions aux augmentations de capital des années 1920[91]. Cependant, son côté spéculateur pourrait remettre en cause sa fidélité d'actionnaire envers l'ARBED. Un document le révèle. Avant de souscrire en 1924 à 530 actions nouvelles, il envisagea de se défaire des 1950 titres qu'il possédait déjà, et donc de se désengager complètement de la société… La transaction n'eut pas lieu car, comme à son accoutumée, Jean de Bertier se montra trop gourmand : « il est difficile de trouver ici preneur de 2 000 droits dans les conditions auxquelles vous désireriez traiter »[92]. De tels sondages révèlent qu'au-delà des transactions réellement effectuées, Jean de Bertier était sans cesse à la recherche de toute opportunité. Il était guidé par son seul intérêt. Seules les régulières très bonnes performances de l'ARBED et de ses entreprises satellites garantissaient sa fidélité[93]. Ceci nous ramène au climat d'incertitude de l'époque. Les détenteurs de grands patrimoines, en désarroi face à l'inflation, se demandaient que faire. Jean de Bertier

---

89 Tout dépend aussi du prix unitaire de ces 1 300 premières actions : au minimum 500 FL (soit 650 000 FL d'investissement) et sans doute au maximum 1 000 FL (soit 1 300 000 FL), mais, ce placement intervenant en 1919 ou 1920 au plus tard, il serait dans le 2ᵉ cas largement équivalent aux 1 600 000 FB de 1924.

90 ALG, Note manuscrite de Jean de Bertier « Calcul des intérêts ».

91 BARTHEL, *Bras de fer*, p. 549 et 570.

92 ALG, Lettre de Rondeau frères, agents de change à Bruxelles, à Jean de Bertier, 8 juillet 1924.

93 Il vendit à l'ARBED, avec une confortable plus-value, une villa située à Thionville.

bénéficia de conseils d'un spécialiste, du nom de Raindre, dont nous n'avons pu identifier le nom :

Paris, le 27 juillet 1926

Mon cher Jean,

Tu t'aperçois évidemment un peu tard qu'il est dangereux de garder en compte-courant une grosse somme en devise papier. Je te félicite cependant de réaliser ce fait quand il est encore temps et d'avoir réussi les négociations que tu as entamées avec l'ARBED, ce qui te laissera les coudées plus franches.

Mon opinion est très nette : ce misérable Herriot a déclenché la machine ; les prix intérieurs ont considérablement monté depuis 10 jours mais sans rejoindre encore le niveau auquel ils devraient être en raison de la dépréciation des monnaies. [...]

En ce qui me concerne, je trouve qu'il est trop tôt pour acheter des valeurs belges industrielles ; la stabilisation de la devise de nos voisins n'est pas encore un fait accompli et je pense qu'il serait plus prudent de se couvrir en valeurs étrangères : livres ou dollars en attendant le moment propice pour acheter des valeurs industrielles, soit françaises soit belges. Ce moment viendra, il est encore assez éloigné et les convulsions de nos monnaies ne sont pas encore terminées [...][94].

En vendant des actions ARBED contre des livres sterling, Jean de Bertier suivait donc les conseils d'un expert financier mieux renseigné que lui. Cette lettre fut écrite au moment du pic de la crise inflationniste en France. Plus que jamais, il fallait trouver des placements de plus en plus rémunérateurs, non adossés sur le franc français, comme « les valeurs industrielles belges ». L'autre option, privilégiée par l'expert, était l'achat de devises fortes, dont la valeur s'enchérit au fur et à mesure de la dépréciation du franc français. Ainsi, la livre sterling, qui valait 145 FF en mars 1926, atteignit 173 FF en juin puis grimpa jusqu'à 235 FF le 21 juillet 1926, soit quelques jours avant l'écriture de cette lettre[95]. Acheter des devises britanniques était le moyen de « sauver » son patrimoine d'une ruine à laquelle la chute du franc le condamnait. C'était aussi une opération spéculative : on misait sur la poursuite de la chute du franc, si bien qu'acheter des livres sterling au cours de 235 FF paraissait, aux dires de cet expert, encore une bonne opération. Encore une fois, Jean de Bertier, par ses placements, se trouvait en porte-à-faux avec le patriotisme qu'il professait. Une telle attitude n'était pas propre aux détenteurs de grands patrimoines. Alain Leménorel affirme en effet que « chacun à sa manière, de la ménagère à l'homme d'affaires, a spéculé »[96].

94 ALG, Lettre d'un certain [Raindre] (au vu de la signature) à Jean de Bertier, 27 juillet 1926. La signature de l'auteur du document est illisible, mais il écrivit sur un papier avec l'en-tête « 17, rue du cirque » [à Paris].
95 ABBAD, p. 76.
96 LEMÉNOREL, p. 25. Hubert BONIN est du même avis, en remplaçant toutefois « chacun » par « les détenteurs d'argent (petits et gros) » (*Histoire économique de la France depuis 1880*, p. 61). Il parle d'une spéculation de précaution, visant davantage à sauver son patrimoine qu'à l'accroître (*L'argent en France depuis 1880*, p. 153).

Ainsi, la reconversion des patrimoines dans les années 1920 ne fut ni une chose aisée ni un processus linéaire. Face au phénomène nouveau de l'inflation, dont il ne comprenait pas les origines, Jean de Bertier, à l'instar de ses contemporains, connut sinon la panique, du moins la fébrilité, notamment lors des crises inflationnistes[97]. Des documents retrouvés dans les archives de Lagrange révèlent qu'il se renseigna pour tenter de saisir au mieux les mécanismes de l'inflation, et ainsi pouvoir les contrer. Lui-même et la plupart de ses contemporains y voyaient une conséquence du déficit budgétaire[98]. Ils en attribuaient donc la responsabilité directe à l'action des gouvernements successifs, notamment ceux dits de Cartel des gauches (1924-1926)[99]. Le problème de l'inflation prenait une dimension politique : « ce misérable Herriot a déclenché la machine ». Le chef des radicaux était redevenu président du Conseil le 20 juillet 1926. Pour Jean de Bertier, il était commode d'accuser la gauche au pouvoir. Il y avait là convergence entre ses idées politiques et ses intérêts patrimoniaux. En réalité, l'inflation résultait de l'accumulation de plusieurs déséquilibres, eux-mêmes accentués par des facteurs psychologiques faisant perdre aux investisseurs leur confiance dans la capacité de gestion du gouvernement[100]. En achetant des livres sterling, Jean de Bertier contribua lui-même à spéculer contre le franc français, et donc à alimenter le processus inflationniste…. Encore une fois, il ne fut pas le seul à agir ainsi. On imagine l'atmosphère de sauve-qui-peut qui put régner à ces moments. Cette dimension psychologique étant fondamentale, on comprend mieux comment Poincaré, porté à la tête du gouvernement fin juillet 1926, put, en inspirant confiance, rétablir la situation, avant d'initier les réformes qui aboutirent à la stabilisation du franc français en 1927-1928[101].

Les années 1919-1926 furent donc des années marquées par l'inflation. Jean de Bertier réussit globalement à y faire face, mais non sans difficultés. La reconversion du patrimoine familial ne fut pas une révolution. Elle avait déjà démarré avant 1919, et, surtout, elle conduisit à rétablir la position centrale de Lagrange et du Luxembourg, telle qu'elle existait déjà du temps d'Anatole. Ce résultat n'avait cependant rien d'évident, tant nous avons vu que Jean de Bertier se montra toujours opportuniste. S'il privilégia le Luxembourg, ce fut au nom d'intérêts bien calculés, et non pas par imitation filiale. Le Grand-Duché offrait, en outre, des possibilités pour échapper à la seconde menace planant sur les patrimoines : la montée de l'imposition.

---

97   Fabrice ABBAD identifie trois « chutes » du franc : en 1920, à l'automne 1923 et au printemps-été 1926 (p. 68, 70, 76).

98   ASSELAIN, Tome 2, p. 21. Il s'agissait plus d'une crise de *trésorerie* que de *budget* (CARON, p. 189).

99   Les historiens eux-mêmes sont divisés sur la question, entre ceux qui pointent les erreurs du Cartel (BONIN, BILLARD) et ceux qui restent neutres ou relativisent l'impact de ses décisions (CARON, ASSELAIN, ABBAD).

100 ASSELAIN, Tome 2, p. 21. L'auteur insiste sur le poids des dettes héritées de la guerre, et de la perte de valeur du franc sur le marché des changes, elle-même liée à la perte de confiance des investisseurs.

101 CARON, p. 189. Poincaré rassurait, depuis le rétablissement monétaire qu'il avait opéré début 1924… alors qu'il avait lui-même en partie responsable de la chute du franc à l'automne précédent (ABBAD, p. 71-72).

1.2. Déjouer la fiscalité

1.2.1. Nette augmentation de la pression fiscale

Au lendemain de la Grande Guerre, la France avait accumulé une dette considérable et l'État devait en plus faire face à de nouvelles dépenses. Pensons notamment aux coûts de la reconstruction des départements dévastés, ainsi qu'aux pensions des anciens combattants. Tout ceci nécessita de trouver de nouvelles recettes. Le ministre des Finances, Louis Klotz, prononça une formule devenue célèbre, mais qui ne fit pas longtemps illusion : « l'Allemagne paiera »[102]. Les gouvernements successifs augmentèrent les impôts. L'exemple le plus emblématique est celui de l'impôt sur le revenu. Créé en 1914, il fut appliqué pour la première fois en 1916. Le taux appliqué aux plus hauts revenus passa de 2 % cette année-là à 10 % en 1917, 20 % en 1918, 50 % en 1920, 60 % en 1924 et 72 % en 1926[103]. Il s'agissait de prélèvements d'une ampleur inédite.

Quant au Luxembourg, où Jean de Bertier disposait dès 1919 d'un patrimoine important, il connut lui aussi une augmentation de la pression fiscale. Le gouvernement établit une taxe sur le chiffre d'affaires des entreprises[104]. Une telle mesure diminuait automatiquement le bénéfice distribuable aux actionnaires. En outre, l'impôt sur le revenu existait aussi au Grand-Duché. Il fut augmenté d'une surtaxe, établie au plus tard en 1923[105]. Ajoutons que certains revenus luxembourgeois de Jean de Bertier donnaient lieu à taxation en France également. C'était le cas de sa rémunération d'administrateur de l'ARBED.

Tableau 33: Prélèvements fiscaux sur les rémunérations de Jean de Bertier comme administrateur de l'ARBED (1923-1924)[106].

Exercice	Rémunération (FB)	Impôts payés au Luxembourg (FB)	Reste (FB)	Soit en (FF)	Impôt à payer en France (FF)	Prélèvement global
1922-1923	121 610	21 003	100 607	95 070	9 507	26 %
1923-1924	154 000	34 602	119 398	97 308	9 731	30 %

Impôts déduits, Jean de Bertier ne gagna donc pas 150 000, mais un peu plus de 100 000 FB comme administrateur de l'ARBED en 1923-1924. Ce poids de

102 ASSELAIN, Tome 2, p. 13-18. La confiance dans le paiement des réparations par l'Allemagne poussa les dépenses, et donc déficits et dette, favorisant *in fine* l'inflation. L'Allemagne versa toutefois 9 milliards de marks-or à la France, ce qui représentait 20 à 40 % du coût de la reconstruction (BONIN, *Histoire économique de la France depuis 1880*, p. 52).

103 PIKETTY, *Les hauts revenus*, p. 255 et 259-265. À propos du passage du taux maximum de 20 à 50 %, l'auteur constate : « on peut imaginer le choc produit sur les contribuables aisés par l'instauration de ce taux de 50 % ».

104 PAILLAT, p. 176.

105 ALG, Surtaxe sur le revenu pour 1923.

106 ALG, Lettres de l'ARBED à Jean de Bertier, 17 mars et 17 décembre 1924. Les « impôts payés au Luxembourg » concernaient *tous* les revenus liés à l'ARBED.

l'imposition nous conduit à nous interroger sur nos conclusions précédentes : la reconversion réussie du patrimoine ne fut-elle pas amoindrie voire annulée par les différents prélèvements fiscaux ? Tout comme l'inflation, l'imposition était bel et bien un « agent de destruction à terme des fortunes anciennes »[107]. Comment Jean de Bertier réagit-il ?

1.2.2. Les contre-mesures

1.2.2.1. Tarder à régler ses impôts

Un premier moyen très simple d'éviter l'imposition consistait à ne pas payer à temps, en espérant ne pas payer du tout. Jean de Bertier usa et abusa de cette stratégie. Les archives de Lagrange contiennent en effet moult relances du fisc, depuis le « dernier avis avant sommation avec frais » au « dernier avis avant commandement » et jusqu'à l'ultime étape, l'« avertissement »[108]. Une telle passivité du contribuable imposait à l'administration persévérance et ténacité pour recouvrer ses créances. Jean de Bertier parvint-il certaines années à échapper à l'impôt ? Il est impossible de le dire. De toute façon, tarder à payer ne présentait pour lui que des avantages. Prenons l'exemple de l'impôt réclamé en 1922 sur les revenus de 1921. Jean de Bertier ne s'en étant pas acquitté dans les délais impartis, le montant initial de 5 191 francs fut augmenté de... 6 francs, soit un millième du montant total[109]. Il s'agissait d'une pénalité d'autant plus ridicule que l'inflation dépassait alors les 20 % par an. Payer en retard permettait donc de laisser l'inflation faire son œuvre et de diminuer la charge réelle de l'impôt. Il n'y avait dans tous ces retards de paiement aucune phobie administrative, mais un choix réfléchi.

Remarquons que Jean de Bertier recourut à la même technique face à des créanciers privés. Il oublia opportunément de régler à Manuel et Compagnie (Toulouse) une note de 2 938,35 francs, en date du 17 novembre 1913. L'entreprise mandata un huissier, plusieurs courriers furent adressés à Jean de Bertier. Celui du 28 avril 1920 détaillait les pénalités : « intérêts depuis la guerre 4 [FF] sommation du 27 mars 1920 10,80 [FF] citation en conciliation du 9 avril 1920 11 [FF] », soit un total de 25,80 francs[110]. Ici aussi, le jeu de l'inflation divisait par deux le montant réel de cette facture. Bref, tarder à régler ses impôts tout comme ses autres dettes représentait un moyen très efficace de minimiser ses charges, dans un contexte d'inflation et de très faibles pénalités. Ce qui était vrai pour Jean de Bertier était valide pour d'autres débiteurs, y compris les États, qui utilisèrent l'inflation pour rembourser finalement en « monnaie de singe » leurs dettes de guerre[111].

---

107 BRAVARD, p. 268.
108 ALG, Multiples documents de ce type. Par exemple, il reçut un « avertissement » pour non-paiement des contributions directes et taxes assimilées en 1923, en 1924 et en 1925... ce qui nous a aidé à construire le tableau 34.
109 ALG, Sommation avec frais du 12 novembre 1923.
110 ALG, Lettres de Henri Perrin, huissier, à Jean de Bertier, 22 juillet, 6 octobre 1919 puis 30 janvier et 28 avril 1920.
111 PIKETTY, *Les hauts revenus*, p. 41.

1.2.2.2. Oublier de déclarer une partie de ses revenus

Une autre possibilité consistait à oublier de déclarer certains revenus ou certaines transactions. Prenons deux exemples. À l'été 1921, Jean de Bertier envisagea un recours auprès de l'administration fiscale luxembourgeoise, afin de réduire le montant de son imposition. Il en fut dissuadé : « je déconseille le recours. Un examen attentif révélerait au fisc le revenu de Monsieur de Bertier du chef de ses actions ARBED et du fait de son dépôt à l'ARBED »[112]. Le fisc luxembourgeois n'avait donc pas été informé de la totalité des revenus de Jean de Bertier, dont une partie fut opportunément passée sous silence. La même année, Jean de Bertier vendit à l'ARBED l'immeuble Stauff, cette villa située au 18, rue du général Castelnau à Thionville. Il l'avait acquise par adjudication en novembre 1919, et donc, dans le contexte de l'époque, à très bas prix. La revente moins de 2 ans plus tard lui assurait une confortable plus-value. L'administration avait cependant interdit de telles reventes précoces, pour empêcher la spéculation. Les deux parties trouvèrent une solution. L'ARBED versa les 130 000 francs de la vente, mais cette dernière ne fut officialisée que passé le délai requis des cinq années, soit après le 13 novembre 1924 : « il est entendu que vis-à-vis des tiers et des autorités vous figurerez comme propriétaire de l'immeuble jusqu'à la passation active du contrat »[113]. De telles dissimulations relevaient de la fraude fiscale. Elles étaient facilitées par les faibles effectifs du contrôle fiscal et son inexpérience en la matière[114]. Passons maintenant à un troisième moyen, encore plus efficace, de contrer les hausses d'impôts.

1.2.2.3. Placer son argent à l'étranger

Commençons par présenter les impôts réclamés à Jean de Bertier par l'administration française, tels que nous avons pu en retrouver trace dans les archives de Lagrange.

Tableau 34: Impôts dus au fisc français par Jean de Bertier de 1920 à 1925 (en FF)[115].

Année	1920	1921	1922	1923	1924	1925
Impôt général et impôts cédulaires sur le revenu	4 410	3 978	5 191	9 191	21 550	21 276
Contributions directes et taxes assimilées	?	?	?	5 727	6 404	6 389
Total	-	-	-	14 918	27 954	27 665

112 ALG, Note de Léon Metzler du 28 juillet 1921, en réponse à une lettre de Jean de Bertier du 10 juillet 1921.
113 ALG, Lettre de l'ARBED à Jean de Bertier, 18 novembre 1921.
114 PIKETTY, *Les hauts revenus*, p. 443-444.
115 ALG, Impôt général et impôts cédulaires sur le revenu, 1920-1925 et Avertissements délivrés pour l'acquit des contributions directes et taxes assimilées, 1923-1925.

Les contributions directes et taxes assimilées augmentèrent très faiblement, à un rythme moindre que l'inflation : elles étaient indolores. En revanche, l'impôt sur le revenu vit son montant multiplié par cinq entre 1920 et 1925. Nous retrouvons la nette augmentation de la pression fiscale dont nous avons précédemment parlé. Ce qui importe ici est le montant de l'impôt total réclamé : 30 000 francs environ en 1924 comme en 1925. Nous savons pourtant que, par ses seules actions ARBED et sa fonction d'administrateur, les revenus de Jean de Bertier dépassaient les 500 000 francs. Si l'on y ajoutait ses autres ressources (autres titres mobiliers et biens fonciers), on atteindrait facilement les 700 000 francs annuels. Les impôts dûs en France représentaient donc moins de 5 % de ses revenus[116]. On est très loin des taux appliqués dès 1920 aux plus hauts revenus, à savoir 50 % et davantage. On peut en conclure que Jean de Bertier échappa largement au fisc français. Il avait en effet placé l'essentiel de ses biens à l'étranger, essentiellement au Luxembourg. Combien d'impôts le fisc grand-ducal lui réclama-t-il ?

Tableau 35: Revenus déclarés et impôts dus au fisc luxembourgeois par Jean de Bertier de 1919 à 1925 (en FL)[117].

Année	1919	1922	1923	1924	1925
Revenus de capitaux	24 450	23 100	21 740	20 290	?
Revenus fonciers	39 320	13 450	36 820	23 730	?
Bénéfices professionnels, commerciaux, industriels	24 000	119 730	119 610	150 000	?
Total des revenus imposables	87 770	156 280	178 170	194 020	?
Montant global de l'impôt	12 153	29 387	30 096	34 667	56 697
Taux d'imposition par rapport aux revenus déclarés	14 %	19 %	17 %	18 %	?

Tout comme en France, le montant global de l'impôt augmenta, mais un rapide calcul montre qu'il resta inférieur à 20 %. Si l'on ajoute la fameuse surtaxe instituée au plus tard en 1923, le taux global est de 25 % environ : la pression fiscale était bien moins forte au Luxembourg qu'en France[118]. Ceci était renforcé par le fait que ce taux s'appliquait à des revenus déclarés nettement en-dessous de la réalité que nous avons dépeinte. Il ne s'agissait pas forcément d'un oubli ou d'une fraude de la part de Jean de Bertier. Un courrier de la Société métallurgique des

116 Même en ajoutant les presque 10 000 francs d'impôt prélevés sur sa rémunération d'administrateur (voir tableau 35), on conserve un taux global d'imposition très faible, les 700 000 francs de revenus annuels étant un *minimum*.
117 ALG, Impôt général sur le revenu et le capital, années 1919 et 1922 à 1925 et Lettre de l'ARBED à Jean de Bertier, 23 août 1926.
118 ALG, Surtaxe sur le revenu pour 1923 : elle s'éleva à 12 438 FL, soit 6,9 % d'un revenu imposé de 180 260 FL. Ce dernier chiffre est très proche mais pas identique au chiffre du tableau : il est très difficile de reconstituer la réalité des chiffres de l'époque à partir de données fragmentaires et soumises à dissimulation, correction, etc.

Terres rouges nous révèle en effet le grand avantage que le Luxembourg présentait, pour tous ceux désirant minimiser leurs impôts : « nos actions ne sont pas timbrées en France. Dans ces conditions le paiement des coupons par les banques françaises présente de sérieuses difficultés ; d'autre part il n'existe pas au Luxembourg d'impôts sur les coupons »[119]. Les coupons ici mentionnés correspondent nécessairement aux dividendes perçus par les actionnaires. En investissant dans des actions ARBED et en se faisant verser les dividendes au Luxembourg, Jean de Bertier choisissait donc un placement à l'abri de l'imposition. Remarquons ici que la détention d'actions permettait aussi d'échapper relativement facilement aux investigations du fisc : le versement des dividendes pouvait rapidement être transféré d'un établissement bancaire à l'autre.

Mentionnons un dernier avantage du Luxembourg pour les détenteurs de grandes fortunes. Prenons l'exemple des impôts réclamés en 1919. Ils se composaient de trois ensembles : l'impôt sur le revenu imposable (4 975 francs, soit un taux de 5,8 %), l'impôt complémentaire sur le capital imposable (604 francs soit 0,05 %) et les additionnels communaux. Le taux de l'impôt sur le capital était absolument négligeable. Jean de Bertier avait donc tout intérêt à placer ses biens hors de France. Au Luxembourg, l'impôt sur le revenu épargnait ses actions, et l'impôt sur le capital représentait un montant ridicule. Restaient véritablement soumis à l'impôt uniquement ses revenus fonciers et ses revenus d'administrateur. À ce propos, il est intéressant de remarquer que la société considérait sa collaboration avec le fisc non comme une obligation, mais comme une magnanimité de sa part : « notre société si bonne à donner connaissance au fisc des tantièmes touchés en 1925 par chacun de ses administrateurs, soit 243 156,82 francs »[120]. La taille de l'ARBED en faisait un véritable État dans l'État. Ceci décourageait sans doute toute investigation trop poussée et mettait Jean de Bertier à l'abri d'un éventuel redressement.

1.2.2.4. Garder de l'opacité

Où se trouvait la partie dynamique de la fortune de Jean de Bertier ? Où étaient déposés ses titres mobiliers, et où percevait-il leurs revenus ? Ceci nous amène à l'étude de ses comptes bancaires. Il en détenait dans au moins cinq établissements : le Comptoir national d'escompte, la Banque de France, la Banque Leclaire, la Société nancéienne de crédit industriel et de dépôts, la Banque régionale de la Sarre, la Banque de Bruxelles et la Banque internationale au Luxembourg (BIL). La multiplicité des comptes et des mouvements ainsi que le caractère fragmentaire des archives compliquent l'étude et font que toute interprétation reste fragile.

Commençons par les établissements français. Au Comptoir national d'escompte n'étaient déposés que des titres non liés à l'ARBED, dont le nombre et la

---

119 ALG, Lettre de la Société métallurgique des Terres rouges à Jean de Bertier, 18 avril 1921.
120 ALG, Note manuscrite de Léon Metzler, juin 1925. Ce chiffre confirme les conclusions du tableau 37 : l'augmentation de l'impôt correspondit à une augmentation des revenus, et non de la pression fiscale.

valeur restaient très limités (voir tableau 29). Le compte à la Banque de France ne servait qu'à transférer l'argent des ventes réalisées en Bretagne. Les seuls véritables comptes courants se trouvaient donc à la Banque Leclaire et à la Société nancéienne. Ils étaient le plus souvent à découvert, ce qui suscita des courriers demandant leur régularisation[121]. La Société nancéienne resta cependant très arrangeante, en proposant à Jean de Bertier une « facilité de 10 à 15 000 francs chez notre bureau de Thionville [...] en attendant vos rentrées normales »[122]. Ces comptes servant aux dépenses quotidiennes étaient approvisionnés depuis d'autres comptes à l'étranger, sur lesquels étaient versés les dividendes. Ainsi, les banques françaises n'avaient pas connaissance du patrimoine réel de Jean de Bertier, qui se protégeait par la même occasion des regards du fisc français.

À la Banque régionale de la Sarre, Jean de Bertier avait placé ses obligations AEG, ensuite cédées au profit d'actions de l'Eschweiler Bergwerksverein. Ces dernières furent cependant transférées dès 1923 à la BIL et le compte à la Banque régionale de la Sarre fut clôturé[123]. Quant à la Banque de Bruxelles, le compte de Jean de Bertier y était largement débiteur, du fait de l'emprunt contracté en 1924 dont nous avons déjà parlé. Le solde en sa défaveur atteignit 1 288 037 FB au printemps 1926. Il dut se résoudre à vendre 445 actions ARBED pour retrouver un solde positif de 1 172 FB[124]. Ainsi, les comptes sarrois et belge de Jean de Bertier ne concentraient aucune fortune.

Il faut donc encore une fois se tourner vers le Luxembourg. Jean de Bertier conservait l'essentiel de ses titres à l'ARBED et le reste à la BIL. Il percevait dans chaque établissement les dividendes associés. De plus, il disposait, dans chacune des deux entreprises, de plusieurs comptes courants, libellés en des monnaies différentes. Donnons un aperçu de l'évolution du solde de ses comptes à la BIL.

Tableau 36: Évolution du solde des comptes courants détenus par Jean de Bertier à la BIL de 1920 à 1924[125].

Date	31/12/1920	30/6/1921	31/12/1921	31/12/1922	30/6/1923	31/12/1924
FL	-71 908	-68 206	+98 590	+58 147	+98 773	-1 127
FB	+139 758	+144 822				
FF	-78 423	-81 193	?	-88 982	-91 425	?
marks	+11 109	+11 216	+11 318	+11 389	-73 773	?

121 ALG, Extraits de comptes auprès de la Banque Leclaire (1920-1922) et de la Société nancéienne (1920-1925).
122 ALG, Lettre de la Société nancéienne (succursale de Metz) à Jean de Bertier, 12 mai 1925.
123 ALG, Lettres de la Banque régionale de la Sarre à Jean de Bertier, 1922-1923 (dernier courrier reçu le 4 août).
124 ALG, Lettre de la Banque de Bruxelles à Jean de Bertier, 31 mai 1926. Ici aussi, Jean de Bertier avait obtenu une faveur, puisque la banque avait consenti à prolonger les délais de remboursement (Lettre du 19 décembre 1925).
125 ALG, Extraits des comptes détenus par Jean de Bertier à la BIL, 1920-1924.

Cette fois-ci, des soldes positifs importants apparaissent, ce qui n'était pas le cas sur les autres comptes. Cependant, la somme des différents soldes donne le plus souvent un résultat déficitaire. Deux interprétations, complémentaires l'une de l'autre, sont possibles. La première est tirée du contexte d'inflation : mieux valait ne pas laisser dormir de l'argent sur un compte courant. La position de débiteur était plus intéressante, car l'inflation diminuait *de facto* les sommes à rembourser. La seconde explication est que l'essentiel des revenus provenait des actions ARBED. Ils étaient directement versés sur les comptes que Jean de Bertier détenait dans la société. L'essentiel des revenus restait ainsi en interne. Pour financer ses dépenses quotidiennes ou approvisionner ses autres comptes courants, il suffisait à Jean de Bertier d'externaliser les montants nécessaires. Ce système permettait de limiter la visibilité des revenus réels, ainsi en partie cachés au fisc luxembourgeois, et, *a fortiori*, au fisc français)[126]. Il autorisait en outre de rapides mouvements d'un compte à l'autre, pour profiter des fluctuations monétaires, et/ou d'un pays à l'autre, en fonction des besoins. Reproduisons une note manuscrite de Jean de Bertier afin de bien visualiser les choses :

30/7/1926 ARBED avoir 268 700 FF à 95,25 FB ; 302 000 FB
    1. Versé 75 000 FB à Banque de Bruxelles
    2. Chèque de 9 525 FB soit 10 000 FF au porteur Metz
    3. Acheté 16 000 florins à [16,675] FF total 266 800 FF
    4. Acheté 5 000 [?] à 39,50 FB total 197 500 FB
24/8/1926 Vendu 5 000 florins pour 72 800 FB
    dont : payé contributions Bettembourg 56 696,65 FB
    reste :16 103,35 FB
    échangés au cours de 95,80 pour 15 427 FF chèque Pelt touché à Metz le 25
10/9/1926 Vendu 1 000 florins pour 14 000 FF chèque porteur sur Metz[127].

Ces notes résument bien ce que nous avons expliqué. Au 30 juillet 1926, Jean de Bertier disposait de 500 000 FF environ sur deux comptes hébergés à l'ARBED. Là se trouvait la source de ses revenus. Ils étaient rapidement réinvestis, selon les opportunités du moment[128]. La multiplicité des mouvements, de l'ARBED vers les banques, d'un type de placement à l'autre, d'une monnaie à l'autre, créait opportunément une opacité : il était, hier comme aujourd'hui, bien difficile de suivre l'argent de Jean de Bertier. Une chose semble cependant assurée : les multiples contre-mesures mises en place face à la montée de l'imposition furent très efficaces. Ainsi, Jean de Bertier réussit non seulement à reconvertir son patrimoine menacé par l'inflation, mais aussi à le protéger des prélèvements

---

126 Rappelons cette citation déjà utilisée : « un examen attentif révélerait au fisc le revenu de Monsieur de Bertier du chef de ses actions ARBED – et du fait de son dépôt à l'ARBED » (ALG, Note de Léon Metzler, 28 juillet 1921). Il faudrait aussi penser aux possibilités de secret bancaire à l'époque.

127 ALG, Manuscrit de Jean de Bertier, août-septembre 1926.

128 En ce mois de juillet 1926, il suivit les conseils de cet expert dont nous avons déjà parlé, tout en s'en écartant, puisqu'il acheta des florins. Tout comme avec les actions ARBED souscrites par emprunt en 1924, il perdit de l'argent : Jean de Bertier était un médiocre spéculateur.

fiscaux. Sans doute n'était-il pas seul pour assurer cette gestion, mais les archives ne permettent pas d'identifier ses potentiels interlocuteurs, ni de déterminer le degré de leur influence sur ses décisions.

1.3. Bilan : maintien du patrimoine et du mode de vie ?

Nous nous sommes efforcés de présenter en détail les moyens utilisés par Jean de Bertier face à l'inflation et à l'imposition. Cela nous a paru nécessaire pour limiter les erreurs d'interprétation, toujours possibles, d'autant plus que nous travaillons sur des données fragmentaires, lacunaires, potentiellement falsifiées et dont la comparaison est rendue difficile par les fluctuations monétaires permanentes[129]. Nous pouvons considérer que Jean de Bertier contra au mieux l'inflation et l'imposition. Cependant, aussi efficaces qu'elles aient été, ses actions furent-elles suffisantes pour maintenir son patrimoine ? Fallut-il consentir à des sacrifices dans le mode de vie ? Commençons par mieux définir ces notions avant de réfléchir à une réponse, en nous appuyant autant sur les indices retrouvés dans les archives que sur les grilles statistiques établies par les économistes.

1.3.1. Patrimoine et mode de vie : une définition

Jusqu'à présent, nous nous sommes concentrés sur le patrimoine de Jean de Bertier, autrement dit sur sa fortune, c'est-à-dire aussi bien les capitaux qu'il possédait que les revenus qui en étaient tirés. Le mode de vie, quant à lui, correspond davantage aux dépenses de consommation en général, qu'elles soient liées au logement, à l'habillement, aux loisirs etc. Il s'agit donc de deux réalités distinctes. Une fortune importante n'implique pas forcément un mode de vie luxueux, et inversement. Dans le contexte d'inflation et d'imposition, les détenteurs de grands patrimoines pouvaient être tentés de réduire leurs dépenses, et donc leur train de vie[130]. Essayons de déterminer si Jean de Bertier parvint à conserver le même niveau de dépenses qu'avant les bouleversements produits par la Première Guerre mondiale.

1.3.2. Ce que les archives laissent entrevoir

Quatre éléments caractéristiques d'un maintien du mode de vie apparaissent dans les archives. Le premier est la poursuite de la double résidence, qui devint même multi-résidence. Jean de Bertier conserva en effet les Rosaires et son domicile parisien du 37, avenue de l'Alma (rebaptisée avenue George-V en 1918)[131]. Il y ajouta un domicile thionvillois dès 1919 puis se réinstalla à Lagrange au début

---

129 MOINE, Jean-Marie, *Les barons du fer. Les maîtres de forge en Lorraine du milieu du XIXᵉ siècle aux années 1930. Histoire sociale d'un patronat sidérurgique*, Metz, Éditions Serpenoise, 2003, p. 354-356.

130 BRAVARD, p. 274.

131 Il continua aussi de louer le 47, rue de Prony, dans lequel son secrétaire Richshoffer vivait et travaillait, pour un loyer annuel de 4 400 francs (ALG, Quittance de loyer du 1ᵉʳ juillet 1920).

de l'année 1921[132]. Le très faible nombre de documents relatifs à la vie familiale des Bertier pour les années 1919-1926 empêche de connaître la fréquence des séjours dans les différentes résidences. En raison des fonctions politiques de Jean de Bertier en Lorraine, et des sociabilités du couple, il semble qu'il se partagea essentiellement entre Lagrange et Paris. Les séjours en Bretagne devinrent sans doute plus épisodiques. Les enfants du couple, Arnaud ainsi que Sylvie, née en 1920, y furent parfois envoyés.

Le deuxième élément concerne la domesticité. Suite à la guerre, le recours à un personnel de maison déclina, sauf dans les catégories les plus riches[133]. Or nous pouvons établir que les Bertier continuèrent d'employer au moins cinq domestiques, ainsi qu'un précepteur[134]. Faut-il compter parmi eux Eugène Pelt, le chauffeur de Jean de Bertier, ainsi que *Missy* et *Nursy*, qui s'occupaient d'Arnaud et de Sylvie[135] ? La naissance d'un enfant supplémentaire en 1920 et la possession de plusieurs automobiles favorisaient l'emploi de davantage de domestiques, qui furent certainement plus nombreux après 1919. Les dépenses supplémentaires générées ne furent pas un problème pour les Bertier. Elles restaient d'ailleurs tout à fait limitées. Eugène Pelt gagnait par exemple 3 600 francs par an. Nous n'avons pas pu retrouver le montant des gages du reste du personnel.

Le troisième élément est révélé par la consultation des factures conservées dans les archives de Lagrange. Prenons l'exemple des années 1919 et 1920, pour lesquelles les dépenses de Marie-Louise sont bien documentées.

Tableau 37: Dépenses de luxe de Marie-Louise en 1919 et 1920 (en francs)[136].

Boutique	Adresse (à Paris)	Période d'achat	Montant
Rosa Pichon – lingerie de luxe	189, rue Saint-Honoré	1919-1920	7 743
Gabrielle Chanel	21, rue Cambon	1919-1920	7 370
Chéruit, Wormser et Boulanger [maison de couture]	21, place Vendôme	1919	1 663
Simon Wallez – modes	15, rue Vignon	1919	185

132 Ce domicile thionvillois était situé « place de la République » suivant l'adresse figurant sur de multiples documents. S'agissait-il de l'immeuble Stauff, cette villa sise 18, rue du général Castelnau, qu'il acheta par adjudication le 13 novembre 1919 et vendit à l'ARBED en 1921 ? La réinstallation à Lagrange début 1921 expliquerait la vente… sauf que le 18, rue de Castelnau est un peu loin de la place de la République.

133 CHARLE, *La crise des sociétés impériales*, p. 380-381.

134 ALG, Avertissement délivré pour l'acquit des contributions directes et taxes assimilées, année 1925 : 1 140 francs devaient être réglés au titre de la taxe sur les précepteurs et domestiques.

135 ALG, Lettre de Jean et Marie-Louise à Sylvie, alors aux Rosaires avec son frère Arnaud, 4 septembre 1923 et Multiples documents échangés entre Jean de Bertier, l'avocat Georges Simon et la Lloyd de France (assurances) suite à un accident d'automobile au printemps 1921. La Mercedes fut endommagée et Eugène Pelt blessé.

136 ALG, Factures, 1er et 2e trimestres 1920, Compléments pour 1920 et Lettre de Laffitte à Richshoffer, 22 avril 1920.

Boutique	Adresse (à Paris)	Période d'achat	Montant
Gustave Beer – robes, fourrures, lingerie	7, place Vendôme	1919	726
Hellstern & sons [chausseur]	23, place Vendôme	1919	736
Paquin – robes, manteaux et fourrures	3, rue de la Paix	1/12/1919	5 115
J. Simonet – orfèvrerie maroquinerie	55, avenue George-V	1919	642
Lenoir [activité ?]	14, rue Royale	1920	958
C. Maillard – grande teinturerie	?	1919	1 201
G. Médoc – fourrures	9, rue de l'Arcade	30/4/1920	10 000
Laffitte [activité ?]	3, boulevard Suchet	1919-1920	6 000
Mercadé [activité ?]	12, avenue Victor-Emmanuel-III [auj. avenue F. D. Roosevelt]	23/2/1920	693
Paul Poiret	26, avenue d'Antin	19/5/1920	2 000
Kendall et Cie – maroquinerie	?	30/6/1920	863
André Groult – antiquaire	29-31, rue d'Angot [?]	22/12/1920	500
TOTAL		1919-1920	46 395

Comme d'habitude, ne nous précipitons pas vers une interprétation, et gardons à l'esprit des questions non résolues : quelle part de l'ensemble des dépenses ces factures représentaient-elles ? S'agissait-il d'achats destinés à Marie-Louise uniquement, ou à Jean, Arnaud et Sylvie également ? En tout cas, ces factures correspondaient à des achats de luxe, auprès des ambassadeurs du chic parisien, et les dépenses restaient très élevées. Elles étaient nettement supérieures aux impôts payés au cours des mêmes années, en France et au Luxembourg (voir tableaux 34 et 35), tout comme au loyer du 37, avenue George-V[137]. Les dépenses de luxe de Marie-Louise représentaient donc un poste très important dans le budget du couple. Leur poursuite (voire leur augmentation) après la guerre est un signe supplémentaire du maintien du niveau de vie. Pour l'anecdote, donnons le descriptif de l'achat le plus important, celui du 30 avril 1920, pour une somme de 10 000 francs : « un manteau vison du Canada, peaux choisies naturelles, doublure charmeuse zibeline »[138].

Ces 3 premiers éléments (multi-résidence, domesticité nombreuse, achats de luxe maintenus) attestent d'un maintien du mode de vie. Cela ne fut pas financé

---

137 ALG, Quittance de loyer du 2ᵉ trimestre 1920. Le loyer annuel s'élevait à près de 20 000 francs.
138 ALG, Facture établie par G. Médoc – fourrures pour Madame la comtesse de Bertier, 30 avril 1920.

à crédit mais par les revenus propres du couple, grâce à la reconversion du patri-moine et aux contre-mesures prises contre l'imposition. En conservant leur richesse économique, Jean et Marie-Louise purent maintenir un mode de vie opulent. Ajoutons-y le quatrième élément retrouvé dans les archives. Les liens de sociabi-lité propres aux élites anciennes et à la noblesse en particulier subsistèrent ou se renforcèrent[139]. Jean de Bertier resta en effet membre des clubs suivants : le Jockey Club, l'Association littéraire du Jockey Club, le Polo de Paris, le Nouveau Cercle, le Saint-Cloud country club « pour l'encouragement du golf et autres sports », la Société des steeple-chases de France, etc. Précisons qu'il régla à cette dernière asso-ciation une cotisation supplémentaire « pour son droit d'entrée à la tribune réser-vée sur le champ de courses d'Auteuil »[140]. L'exemple des Bertier confirme donc la thèse affirmée par Alice Bravard dans le titre même de son ouvrage, *Le grand monde parisien, 1919-1939. La persistance du modèle aristocratique*. Jean et Marie-Louise faisaient partie de ce grand monde parisien. Comme la grande majorité de leurs semblables, ils réussirent à conserver richesse économique et prestige social. Les difficultés sérieuses n'apparurent qu'avec la crise économique des années 1930[141]. Cependant, dès les années 1920, certains réussirent mieux que d'autres. Il faut donc retourner vers les chiffres, pour essayer de déterminer, le plus précisément possible, la position des Bertier parmi les grandes fortunes.

1.3.3. Ce que les études historiques permettent de déduire

L'étude de Thomas Piketty sur les hauts revenus fournit une grille de lecture permettant de classer Jean de Bertier dans la hiérarchie des détenteurs de patri-moine. L'auteur découpe la population en différents *fractiles* représentant des pour-centages de l'ensemble. Par exemple, le fractile P 99-100 correspond au 1 % des Français les plus riches. Mettons en regard les analyses de Thomas Piketty avec les données tirées des archives pour déterminer le plus précisément possible la position de Jean de Bertier. Ce dernier n'appartenait évidemment pas aux groupes désignés sous les vocables de « classe moyenne » (fractile P 90-95) ni de « classe moyenne supérieure » (fractile P 95-99)[142]. On peut d'emblée le ranger dans le fractile P 99-100.

À l'intérieur de ce groupe, la part des revenus du capital dans le revenu total était en moyenne de 40 %, mais elle dépassait largement ce chiffre pour le fractile P 99,9-99,99, et ces mêmes revenus du capital étaient en très grande majorité tirés de placements mobiliers pour le fractile supérieur P 99,99-100. La composition des revenus de Jean de Bertier nous pousse donc à le classer dans l'un de ces deux groupes. Il n'atteignit cependant pas les 2 à 3 millions de francs de revenus annuels

---

139 BRAVARD, p. 345. L'autrice parle d'un « rythme accéléré » de la vie sociale du grand monde parisien.

140 ALG, Reçus des cotisations perçues par les différentes associations citées, années 1920-1921. Jean de Bertier prorogea sans doute ses adhésions au cours des années suivantes. La moyenne était de 200 F par an et par club.

141 BRAVARD, p. 345-347.

142 PIKETTY, *Les hauts revenus*, p. 112.

pour appartenir au fractile P 99,99-100[143]. Nous pouvons donc placer Jean de Bertier dans le fractile P 99,9-99,99. Il était *très riche* mais pas parmi *les plus riches*, ces membres du fractile P 99,99-100 associés à l'expression des « 200 familles » contrôlant la vie économique du pays[144].

Cette position de Jean de Bertier est confirmée par une autre grille de lecture. Alice Bravard utilise en effet le montant des successions pour distinguer trois niveaux de fortune parmi le grand monde parisien : moins de 1 million de francs-or (soit 18 à 25 000 francs-or de revenus par an), entre 1 et 2 millions (soit 70-80 000 francs par an) et plus de 2 millions (400 à 500 000 francs par an)[145]. Le franc-or désignant le franc germinal de 1914, il faut multiplier ces derniers chiffres par cinq pour avoir leur équivalent en francs de 1928, dits francs Poincaré. Ce fut dans cette dernière monnaie que la succession de Jean de Bertier fut exprimée : plus de 4 800 000 francs, soit environ 1 000 000 francs-or[146]. Jean de Bertier se retrouve encore une fois dans le second groupe, les très riches, mais pas les plus riches. Remarquons que ses revenus annuels le plaçaient toutefois au sommet de sa catégorie.

En plus du niveau de fortune et de revenus, il est important de réfléchir à l'évolution des patrimoines au cours du temps, et dans notre cas, au cours de la vie de Jean de Bertier. Comparons donc l'héritage qu'il perçut en 1903 et la fortune qu'il laissa en 1926. Les déclarations de succession d'Anatole et d'Henriette sont perdues mais d'autres documents permettent de retrouver les chiffres recherchés. Rappelons que Jean, seul fils survivant de ses parents, hérita de l'ensemble de leurs biens, à un moment où la pression fiscale restait faible : les 1 782 671 et 534 689 marks qu'il acquit respectivement de son père et de sa mère représentaient donc l'essentiel de la fortune familiale[147]. Convertissons cette somme globale de 2 317 360 marks en francs Poincaré. Mark et franc français étant stables jusqu'en 1914, appliquons le change utilisé pour la vente de Lagrange en 1911-1912 (1,25 francs pour 1 mark), puis multiplions le résultat par cinq, pour prendre en compte la dévaluation du franc opérée entre 1914 et 1928 : nous arrivons à une somme de 14,5 millions de francs environ. Or seuls 5 millions environ apparaissent dans la déclaration de succession faite en 1929, c'est-à-dire une perte des deux tiers du patrimoine à valeur de monnaie équivalente. Cette déduction est très surprenante au vu de tous les mécanismes déployés par Jean de Bertier face à l'inflation et à l'imposition et que nous avons longuement expliqués. Comment concilier ces éléments apparemment antinomiques ?

---

143 *Ibidem*, p. 98-99 et 129. Nous avons estimé ses revenus à au moins 700 000 francs par an, soit un niveau bien inférieur à celui requis pour appartenir au fractile le plus élevé.

144 Cette expression fut un slogan des partis de gauche, critiquant la mainmise d'une petite minorité sur l'économie, et par extension, sur tous les leviers de commande, ce qui aurait empêché la réalisation de leur programme politique.

145 BRAVARD, p. 269.

146 Archives départementales de la Moselle (ADM), 3Q 29/884, n° 157 : Succession de Monsieur le comte de Bertier déclarée au bureau des successions de Paris le 9 juin 1929.

147 ADM, 3Q 29/276, Répertoire général ou immobilier des propriétaires, 2e série.

Une première solution serait bien sûr de justifier cet écart par une fraude fiscale : seule une petite partie de la succession aurait été déclarée. Cette dissimulation serait facilitée par la localisation de la majorité des biens mobiliers au Luxembourg. Il était cependant plus compliqué de falsifier une déclaration de succession qu'une déclaration de revenus[148]. De plus, l'administration fiscale restait vigilante devant toute succession importante. Ce fut le cas pour Jean de Bertier. Un redressement fiscal fut opéré. Les 4 779 823,14 francs initialement déclarés par la famille furent portés à 4 829 823,14 francs. Cette réévaluation de 50 000 francs généra presque 10 000 francs de droits de succession supplémentaires[149]. On peine donc à croire que la fraude suffise à expliquer l'écart entre la fortune familiale en 1903 et en 1926. Le recul du patrimoine resterait de l'ordre de 50 % même en maximisant la fraude.

La seconde solution, non exclusive de la précédente, nous est fournie par les résultats de Thomas Piketty. L'évolution du montant des patrimoines familiaux fut très différente au cours du siècle dernier : la succession moyenne des classes moyennes fut multipliée par 3, celle des classes moyennes supérieures par 2 mais celle des classes les plus aisées, le fameux fractile P 99-100, recula. De la Belle Époque aux années 1920, la valeur moyenne des successions du fractile P 99,99-100 fut même divisée par 4[150]. Or, en comparant les années 1903 et 1926, nous considérons le même intervalle de temps. La division par 2 voire par 3 du patrimoine familial des Bertier ne fait que confirmer leur appartenance au groupe immédiatement inférieur, le fractile P 99,9-99,99.

Pourrait-on ainsi dire que les Bertier n'échappèrent pas à une sorte de *déterminisme de leur fractile* ? Ce serait exagéré, car un individu ou une famille n'appartient pas à un fractile pour toujours. Les fortunes se font et se défont. La fameuse appellation des « 200 familles » est en cela trompeuse, puisqu'elle laisse croire que les membres du fractile P 99,99-100 restaient toujours les mêmes[151]. Chacun suivit sa propre stratégie face à l'inflation et l'imposition, avec plus ou moins de succès. Néanmoins, inflation et imposition prirent une ampleur considérable et, même freinées, firent inexorablement leurs effets, proportionnellement à la taille des patrimoines. En ce sens, on pourrait parler de *déterminisme du fractile*. Évoquons à ce propos l'ampleur des droits de succession. Sur les 4 800 000 francs d'actifs attribués à Jean de Bertier, plus de 700 000 furent prélevés à titre d'impôt. Plus de 15 % du patrimoine se trouva ainsi amputé. Si on y ajoute les divisions successorales, on comprend qu'un vaste patrimoine pouvait ainsi rapidement se voir nettement réduit[152]. En résumé, Jean de Bertier ne réussit pas à conserver le volume de la fortune parentale (c'était impossible) mais il parvint à maintenir le

---

148 PIKETTY, *Les hauts revenus*, p. 462.
149 ADM, 3Q 29/884, n° 157 : Succession de Monsieur le comte de Bertier.
150 PIKETTY, *Les hauts revenus*, p. 458 et 466.
151 *Ibidem*, p. 109.
152 ADM, 3Q 29/884, n° 157 : Succession de Monsieur le comte de Bertier. Une fois les taxes et droits payés (737 808,48 francs), il resta à Marie-Louise 492 369 francs (soit 10 % des actifs de départ) et à chacun des deux enfants 1 779 299 francs. Si ces derniers souhaitaient retrouver la richesse paternelle, il leur faudrait nécessairement réaliser un très beau mariage et/ou réduire le train de vie et/ou encore mieux reconvertir les actifs.

rang des Bertier dans la hiérarchie des grandes fortunes. On eût pu espérer de meilleurs résultats, au vu de toutes les actions de reconversion et de redéploiement du patrimoine familial effectuées par Jean de Bertier. Ceci nous ramène au mode de vie. Les analyses précédentes nous ont montré que Jean et Marie-Louise ne renoncèrent pas à la vie opulente. Se peut-il qu'ils accrurent fortement leurs dépenses, plus que nous l'avons estimé ?

1.3.4. *Les incertitudes quant à la vie quotidienne*

Nous sommes ici à la recherche de dépenses cachées qui seraient totalement absentes des archives et qui, en augmentant encore le train de vie, auraient contribué à la baisse de la fortune. Trois pistes peuvent être envisagées. La première naît de transactions au cours desquelles Jean de Bertier récupéra d'importantes sommes d'argent en liquide, dont nous perdons en partie la trace. En juin 1926, il vendit 100 actions ARBED à José Luis Granier, contre des livres sterling. Ce dernier régla la différence sous forme de deux versements en espèces de 40 000 francs chacun[153]. Ces 80 000 francs firent-ils partie de l'argent réinvesti un mois plus tard, suite au paiement par l'ARBED du solde de la créance d'Anatole ? En tout cas, entre la vente de 100 titres ARBED, le solde de la créance et le projet de cession d'une partie des Rosaires, plus de 1 500 000 francs devaient être libérés en cet été 1926. Le décès de Jean de Bertier à la fin septembre empêche de savoir s'il envisageait un nouvel investissement, ou s'il avait besoin de davantage de liquidités. Remarquons à ce propos qu'en 1925, il contracta un emprunt auprès de la BIL, pour un montant de 100 000 francs belges[154]. Il est toutefois délicat d'en tirer des conclusions. Dans le contexte d'inflation de l'époque, mieux valait avoir des emprunts... Cette première piste s'arrête ici.

Empruntons maintenant la deuxième piste. Dans la partie précédente relative à la Grande Guerre, nous avions parlé des différentes maîtresses de Jean de Bertier dont l'une, Mone, était entretenue à ses frais. Nous avions aussi vu comment Marie-Louise découvrit certaines des multiples infidélités de son mari, et que les époux se brouillèrent à ce sujet en 1916 et en 1917 également. Après l'été 1917, nous perdons trace de ces relations extraconjugales. Les agendas de Jean de Bertier, limités à l'été 1919, n'en disent plus rien. De plus, les archives ne contiennent plus ces correspondances que l'éloignement causé par la guerre avait suscitées. Deux hypothèses sont ici possibles, avec leurs combinaisons intermédiaires. Soit les époux se réconcilièrent, et Jean de Bertier cessa de voir d'autres femmes. La naissance en 1920 du second enfant du couple, Sylvie, pourrait témoigner en ce sens. Soit Jean de Bertier continua comme avant de fréquenter des maîtresses, avec peut-être davantage de précautions. Un seul et unique document relatif aux infidélités

---

153 ALG, Lettres de José Luis Granier à Jean de Bertier, 3, 7 et 10 juin 1926. Dans sa réponse du 11 juin (dont une copie se trouve dans les archives de Lagrange), Jean de Bertier réclama 1 465 FF de plus, pour des raisons de change entre francs belges et français et, « en y ajoutant les intérêts à 6 % pour 12 jours », 157 francs supplémentaires. La transaction globale portait sur 315 000 FB : Jean de Bertier savait être tatillon !

154 ALG, Lettre de la BIL à Jean de Bertier, 1ᵉʳ mai 1925. Le prêt fut garanti par le nantissement de 628 actions CSBM.

a pu être retrouvé pour la période 1919-1926. Il s'agit d'une lettre adressée à « Madame la comtesse de Bertier, place de la République, en ville [à Thionville] » :

> Comme il a eu une liaison depuis deux ans avec moi et que maintenant, qu'il sait qu'elle est connue de presque tout le monde, il veut tout faire, pour m'empêcher de vous parler. Mais comme il est un habile comédien il a dû prendre ses précautions pour vous prévenir adroitement d'avance. […] Croyez-moi que je suis bien malheureuse et ne voyez pas en moi une ennemie mais une amie c'est pour votre honneur de mère et de femme catholique que je veux vous épargner la honte. J'ai du reste toutes les preuves voulues pour que vous me croyiez. Je sais que vous avez beaucoup souffert pour lui, car il n'y a pas un seul détail de sa vie qu'il n'ait omis de me confier. Pouvez-vous me recevoir maintenant[155] ?

Faut-il accorder foi à ce seul et unique document ? La démarche de la maîtresse en question peut paraître surprenante. Que voulait-elle dire à Marie-Louise ? Pourrait-il s'agir de fausses accusations, dans une perspective de déstabilisation du couple et/ou de la carrière politique du mari ? Sans exclure totalement cette possibilité, il faut reconnaître que le passé de Jean de Bertier ne plaidait pas en sa faveur. La description faite de lui correspond au portrait que nous avions pu dresser, à savoir ses dissimulations (« habile comédien ») et sa recherche infructueuse de satisfactions (« pas un seul détail de sa vie qu'il n'ait omis de me confier »). Considérons donc cette lettre comme sincère. L'adresse « place de la République, en ville » nous laisse penser que la maîtresse en question habitait plutôt Thionville que Paris. Elle indique avoir une relation « depuis deux ans ». Or, Jean de Bertier ne revint à Thionville qu'à la fin de l'année 1918, et il se réinstalla à Lagrange très certainement courant 1921. Cette lettre daterait donc de fin 1920, ou, plus probablement, de 1921[156]. Elle montrerait en tout cas que Jean de Bertier ne changea pas. La carrière politique qu'il débuta lui fournissait d'ailleurs moult opportunités de déplacements, de rencontres ainsi que le statut d'homme de pouvoir, renforçant son pouvoir de séduction. Faute de documents, nous ne pouvons pas nous aventurer plus loin. Jean de Bertier entretenait, *peut-être*, une ou plusieurs maîtresses, et, dans ce cas, s'efforça sans doute de briller devant elles, de leur faire des cadeaux. N'y eut-il pas aussi un *modus vivendi* entre Jean et Marie-Louise, suivant lequel cette dernière, pour prix des infidélités de son mari, pouvait acheter à sa guise les derniers articles à la mode ? Quoi qu'il en fût, tout cela ne pouvait que susciter davantage de dépenses.

Venons-en à la troisième et dernière piste. En plus des femmes, une autre passion saisit Jean de Bertier, celle de la politique. À cette époque, le « métier de la politique », comme le définit Yves Billard, générait plus de dépenses que de revenus. Jean de Bertier ne commença à toucher des indemnités qu'à partir de son élection au Sénat en 1922[157]. Le financement public n'existait pas et les partis, encore bal-

---

155 ALG, Lettre d'une maîtresse de Jean de Bertier à Marie-Louise, [sans date, 1920-1921].

156 ALG, Jugement d'adjudication du 24 décembre 1920 et Lettre de Marteroy à Jean de Bertier, 28 décembre 1922, dans laquelle sont détaillées les dépenses à régler pour la rénovation de Lagrange. L'emménagement eut sans doute lieu dès 1921.

157 BILLARD, Yves, *Le métier de la politique sous la IIIe République*, Perpignan, Presses universitaires de Perpignan, collection « Études », 2003, p. 193-194. L'indemnité de maire « le plus souvent dérisoire et toujours très insuffisante » (p. 194) peut être négligée dans le cas de Jean de Bertier, Manom étant une petite commune.

butiants dans leur organisation, pouvaient difficilement aider leurs champions[158]. La carrière politique de Jean de Bertier entraîna donc, dès 1919, des dépenses nouvelles. Ajoutons enfin que l'absence d'archives empêche également de connaître beaucoup d'autres pans de la vie familiale, qui eussent également pu créer des dépenses importantes : loisirs de luxe, voyages, sans oublier les jeux d'argent, etc. Nous n'avons retrouvé que certaines factures relatives à des soins médicaux pour les années 1919 à 1921. Les montants restaient limités au vu des revenus du couple[159].

Ainsi, patrimoine et mode de vie ne furent pas tous deux maintenus. Le premier fut, en francs constants, divisé par deux, voire trois, par rapport à l'avant-guerre. Les optimisations opérées par Jean de Bertier permirent toutefois de maintenir le rang des Bertier dans la hiérarchie des fortunes et de financer un mode de vie opulent qui, lui, se poursuivit. Les dépenses de Jean et de Marie-Louise semblent même avoir augmenté au cours de la période. Elles expliquent une partie de la perte de fortune. Jean de Bertier et Marie-Louise, dans toute leur complexité d'individus, se trouvaient pris entre raison et passions. La raison, c'était la reconversion du patrimoine vers les actions, l'industrie, le Luxembourg, et les contre-mesures contre l'imposition. Les passions, moins rentables financièrement, c'était Lagrange, la mode, les femmes, la politique. Ils obéirent à la première, tout en cédant souvent aux secondes. Reste à se demander si Jean de Bertier ne se passionna-t-il pas aussi pour l'industrie, dont son patrimoine et ses revenus dépendaient ?

1.4. Jean de Bertier devint-il un décideur économique ?

En posant cette question, nous pensons évidemment à l'industrie sidérurgique. Toutefois, n'oublions pas que Jean de Bertier conservait des domaines agricoles, dont il faut aussi étudier la gestion. Nous présenterons ensuite les responsabilités qu'il occupa au sein de différentes entreprises industrielles, avant de nous focaliser sur ses rapports avec les principaux dirigeants. Cela permettra de déterminer si Jean de Bertier se contenta d'être un investisseur, détaché du fonctionnement quotidien des entreprises, ou s'il fut un véritable décideur économique, participant réellement à la gestion et aux stratégies de développement de ces établissements.

1.4.1. Un rôle très limité en dehors du champ industriel

En dépit de la vente de Sainte-Geneviève-des-Bois, de la plupart des fermes de Bretagne et d'une partie des terres de Dudelange, Jean de Bertier demeurait un grand propriétaire foncier. Intéressons-nous ici uniquement aux domaines agricoles exploités en faire-valoir direct, dans lequel il était donneur d'ordres : la ferme des Rosaires et le domaine de Lagrange. Jean de Bertier semble s'être désintéressé de la première. La tendance, en Bretagne, était à la vente, si bien que les Rosaires souffrirent d'un manque d'investissement et peinèrent à trouver des ouvriers. En 1920, Asselineau, l'intendant dont nous avons déjà parlé, quitta certainement la

---

158 HUARD, Raymond, *Le suffrage universel en France 1848-1946*, Paris, Aubier, 1991, p. 294-296.

159 ALG : Les factures les plus importantes sont celles établies par G. Pochon, 43, rue de Courcelles (1 190 FF pour ses prestations de 1919) et par la Maison de santé de saint-Ferdinand, 19, rue d'Armaillé (1 034,05 FF pour une semaine de soins en juin 1920). Jean de Bertier subit-il alors une opération ? Nous y reviendrons.

direction de la ferme, qu'un couple refusa par la suite de prendre en métayage[160].
Ceux qui y travaillaient, comme Julien Broudic, le faisaient faute de mieux :

> Vous me demandez si je compte rester aux Rosaires, je veux bien rester aux Rosaires
> pour travailler, parce que ma place à Lannion est prise par un autre, et comme j'ai ma
> famille à nourrir qui me coûte cher, je ne peux rester à rien faire. D'autant plus il faut
> que je travaille, ici aux Rosaires ou ailleurs[161].

Au-delà des inconvénients propres aux Rosaires, on retrouve dans cette lettre
les difficultés du monde paysan et la perte d'attractivité du métier. L'agriculture
fut, avec l'armée et les services domestiques, le seul secteur qui perdit des actifs
dans les années 1920[162]. L'exode rural se poursuivait, et la ville concentrait les espérances (« ma place à Lannion »). Remarquons enfin que Julien Broudic adressa sa
lettre à Marie-Louise et non à Jean, ce qui confirmerait le désintérêt de ce dernier.
Bref, aux Rosaires, Jean de Bertier, bien que décideur, ne décidait pas, ou peu. La
même impression se dégage de la consultation des documents relatifs à Lagrange.
Il s'agissait pourtant d'un domaine bien plus vaste, dépassant les 500 hectares et
produisant environ 100 000 francs de revenus annuels[163]. Le régisseur se plaignit
de ne disposer d'aucun fonds de roulement ou de réserve, qui lui eût permis de
faire face aux imprévus et de réaliser certains aménagements utiles :

> Le meilleur du bénéfice de l'exploitation, je le perds chaque année pour ces hésitations
> et ces longueurs pécuniaires. L'an dernier j'ai perdu pour plus de 10 000 francs de
> fourrage, faute d'abri convenable […]. La propriété ne peut que végéter et ne réalisera
> rien de sérieux si elle ne peut pas se développer. […] Sans argent je ne pourrai jamais
> faire rien de bien, rien de sérieux, à part végéter médiocrement. S'il y a certaines
> périodes de l'année où je ne dois rien attendre de vous comme aide, il est nécessaire que
> je le connaisse bien d'avance, afin que l'équilibre ne soit jamais rompu.[164]

Ce réquisitoire du régisseur laisse transparaître son amertume devant les revenus perdus par manque d'investissement. Jean de Bertier semblait décidément
délaisser l'agriculture. C'est d'autant plus surprenant qu'il occupait des responsabilités au sein du monde agricole. Il était en effet président du comice agricole

---

160 ALG, Lettre d'A. de Beauregard, 29 octobre 1920. Le couple en question visita les lieux
     puis déclina, ce qui tend à confirmer le manque de potentiel et/ou d'équipement, et donc
     d'investissement.
161 ALG, Lettre de Julien Broudic à Marie-Louise, 26 novembre 1920. Il était toujours employé aux
     Rosaires en 1924 (Lettre à Marie-Louise, 5 février 1924).
162 ABBAD, p. 14. On passa de 9 millions d'actifs agricoles en 1921 à 8,2 en 1926, soit 800 000
     de moins en 5 ans.
163 ALG, Résultats annuels de l'exploitation [du domaine de Lagrange], 1921 à 1929. Les bénéfices
     augmentèrent, de 7 000 FF en 1921 à 150 000 FF en 1927, mais les premières années ne
     sont pas significatives (rachat et remise en état)… et n'oublions pas l'inflation. Le chiffre de
     100 000 FF de bénéfices moyens reste indicatif.
164 ALG, Rapport à Monsieur le comte de Bertier sur la gestion du domaine de Lagrange au
     point de vue financier, 26 juin 1924. Le régisseur n'avait plus d'argent en caisse en cette fin
     juin 1924… et précisait que l'été était plutôt une saison de dépenses, alors que les recettes se
     faisaient davantage en hiver. Ce rapport était un appel à l'aide.

de Thionville-est, à partir de 1920, et de l'office agricole de la Moselle, à partir de 1923, et régulièrement on le remercia (ou on le flatta ?) pour « l'intérêt [qu'il portait] à tout ce qui est du domaine des choses agricoles »[165]. Il s'attela à faire augmenter la production, le grand défi de l'époque, et poussa donc les agriculteurs, par ces structures d'aide et d'entraide, à réaliser ces investissements que lui-même tardait à faire à Lagrange[166]. Nous retrouvons ici la même attitude que devant l'emprunt de 1920 : Jean de Bertier prodiguait des conseils qu'il ne suivait pas lui-même. Lui-même préféra investir dans les actions industrielles. Rappelons qu'il contracta en cet été 1924 un très important prêt pour souscrire de nouveaux titres ARBED : pas étonnant que, dans ces conditions, le régisseur de Lagrange ne reçut que des sommes minimales pour faire fonctionner le domaine. Ainsi, Jean de Bertier ne devint pas un décideur économique en tant qu'exploitant agricole. Ses décisions en tant que président de comice ou d'office agricole furent davantage liées à sa carrière politique.

1.4.2. Un administrateur de multiples sociétés sidérurgiques

Rappelons la nature des fonctions occupées par Jean de Bertier dans différentes sociétés et précisons leurs rapports avec l'ARBED et son président, le belge Gaston Barbanson.

Tableau 38: Fonctions occupées par Jean de Bertier dans des entreprises sidérurgiques[167].

Entreprise	Fonction de Jean de Bertier	Part de l'entreprise détenue par l'ARBED	Fonction occupée par G. Barbanson
ARBED	administrateur	-	Président du CA
Société des mines de Bellevue	président du conseil d'administration	100 %	-
SAMOD	administrateur	100 %	-
Société minière des Terres rouges	administrateur	au moins 25,75 %*	Vice-président du CA
CSBM	commissaire	consortium avec Schneider et la Banque de Bruxelles	Président du CA

*quasiment 100 % à partir de janvier 1926 (opération de rachat des titres Terres rouges)[168]

---

165 Par exemple, ALG, Lettre de Butin, secrétaire de l'association des syndicats d'élevage du cheval ardennais-lorrain à Jean de Bertier, 4 février 1924.

166 ABBAD, p. 112. (La France ne produisit que 50 millions de quintaux de blé en 1919, contre 87 en 1913) et ALG, Discours de Jean de Bertier pour l'inauguration d'une exposition d'aviculture, 1er décembre 1923 et Brouillon de discours faisant le bilan des actions de l'office agricole [1925 ou 1926].

167 TRAUSCH, Gilbert, *L'ARBED dans la société luxembourgeoise*, Luxembourg, ARBED, 2000, p. 36, BARTHEL, *Bras de fer*, p. 74, et ALG, Extrait de la *Journée industrielle* du 9 décembre 1919 et Lettres de Jean de Bertier de l'ARBED, 10 décembre 1921, de la CSBM, 27 mars 1924 et de la SAMOD, 4 janvier 1926.

168 BARTHEL, Charles, Courriel à l'auteur, 20 juin 2022.

Toutes les sociétés en question étaient sous contrôle de l'ARBED, soit directement, par la possession de l'intégralité du capital, soit indirectement, par la détention de postes-clés dans le conseil d'administration. Ces entreprises subissaient en fait la volonté de l'ARBED. Les fonctions que Jean de Bertier y occupait ne correspondaient à aucun pouvoir économique effectif. Un exemple concret peut être donné à propos de la Société des mines de Bellevue, une très petite entreprise regroupant des mines de fer situées à Valleroy-Moineville, Hatrize et Génaville (Meurthe-et-Moselle). Paul Morard, administrateur délégué de ladite société, écrivit à Jean de Bertier, président du CA : « monsieur Mayerich (sic) à qui j'avais demandé de bien vouloir fixer la date de notre assemblée générale, m'écrit de me mettre d'accord avec vous sur la date et le lieu de cette assemblée »[169]. On comprend à travers cette phrase la hiérarchie réelle du pouvoir. Les décisions importantes relevaient de Mayrisch, lequel laissait au duo Morard-Bertier le soin de régler les choses secondaires. D'ailleurs, les archives de Lagrange ne conservent aucun document relatif aux fonctions occupées par Jean de Bertier dans ces quatre petites sociétés.

Il faut donc se concentrer sur la fonction la plus importante de Jean de Bertier : celle d'administrateur de l'ARBED. Le conseil d'administration (CA) restait d'une taille restreinte : 15 membres en 1920 et 19 en 1926[170]. Jean de Bertier se montra assidu et appliqué. Assidu d'abord, car la consultation des procès-verbaux des CA, conservés aux archives nationales du Luxembourg, établit qu'il ne fut absent qu'à 8 reprises sur un total de 64 réunions[171]. Appliqué ensuite, puisque les archives de Lagrange montrent qu'il prenait des notes pour se tenir informé des évolutions rapportées en CA, tant au niveau technique que financier[172].

Ces conditions étaient potentiellement propices pour exercer une influence sur les décisions, mais ces dernières étaient bien souvent prises auparavant. Les CA, réduits à un rôle formel, ne servaient qu'à les entériner[173]. Une lettre envoyée par Gaston Barbanson aux membres du CA et relative à la nomination d'un directeur d'usine le confirme bien : « sauf avis contraire de votre part dans la huitaine, nous considérerons, M. Mayrisch et moi, que vous êtes d'accord sur les propositions contenues dans la présente lettre »[174]. Non seulement Barbanson et Mayrisch

---

169   ALG, Lettre de Paul Morard à Jean de Bertier, 20 octobre 1921. « Mayerich » ne peut être que la mauvaise retranscription de « Mayrisch » par un francophone, et ne désigne sans doute pas une tierce personne.

170   ALG, Statuts de la S.A. des ARBED, 1920 et 1926.

171   ANLux, ARBED-PR-XXXVI [cote provisoire], Procès-verbaux des conseils d'administration de l'ARBED, 1919-1923 et 1924-1929. Nous considérons bien sûr les années 1919 [nomination au CA] à 1926 [décès].

172   ALG, Notes manuscrites de Jean de Bertier sur les ordres du jour de très nombreux CA. On remarque toutefois que son assiduité déclina avec les années, de 8 participations en 1921 à 1 seulement en 1925 et en 1926 : ses responsabilités politiques grandissantes ne lui laissaient sans doute plus guère de temps disponible.

173   MOINE, p. 359-360 et BONIN, Hubert, *L'argent en France depuis 1880. Banquiers, financiers, épargnants dans la vie économique et politique*, Paris, Masson, collection « Un siècle d'histoire », 1989, p. 209-212.

174   ALG, Lettre de Gaston Barbanson à Jean de Bertier [et aux autres membres du C.A.], 14 août 1922.

prenaient seuls les décisions, mais les administrateurs, consultés séparément, n'avaient qu'un délai assez court pour exprimer leur éventuelle désapprobation. La lecture des procès-verbaux des réunions du CA confirme cette impression. La formule consacrée est la suivante : « après échange de vues sur la question, le conseil se rallie à la proposition de M. Mayrisch »[175]. Le CA de l'ARBED n'était donc pas le lieu réel de la prise de décision. Ici aussi, sa fonction d'administrateur ne donnait à Jean de Bertier aucun pouvoir économique.

Si l'atmosphère des CA était le plus souvent feutrée, il y eut des occasions de friction et de tension. Charles Barthel mentionne les inquiétudes suscitées par les augmentations successives de capital chez ces actionnaires qu'il qualifie de permanents ou sédentaires et qu'il divise en trois groupes : le « clan des Ziane » (auquel Jean de Bertier serait d'après lui associé), la famille des Schneider et la « coterie des héritiers Barbanson-Tesch »[176]. Tous étaient représentés par un ou plusieurs administrateurs. Nous n'avons toutefois pu retrouver aucun document liant Jean de Bertier aux Ziane et nous savons qu'il ne fut pas hostile aux augmentations de capital, puisqu'il y participa. Ajoutons-y un élément qui, bien qu'anecdotique, révèle la hiérarchie au sein du CA. Sur une photographie de 1922, prise à l'occasion de l'inauguration du bâtiment de l'administration centrale de l'ARBED, on reconnaît aisément au premier rang, au centre et côte à côte, Mayrisch et Barbanson. Jean de Bertier, lui, ne figure qu'au troisième rang, tout à gauche[177]. On retrouve encore cette impression d'un administrateur sans pouvoir.

Le procès-verbal du CA du 12 octobre 1923 est, par son atypisme, très révélateur du système de fonctionnement que nous venons d'expliquer. Un des administrateurs, Paul Labbé, fut poussé à la démission par Gaston Barbanson. Il se défendit par un mémoire placé en annexe du CA :

> J'aurais pris une part plus active aux discussions et [...] j'aurais émis des avis et rendu des services, si les discussions ne s'étaient pas très souvent bornées aux exposés que vous-même, monsieur le Président, faisiez, ou vos collaborateurs immédiats : votre réponse était très nette lorsqu'une remarque était présentée ou une objection ne cadrant pas avec votre point de vue ou avec celui de vos collaborateurs, « vous ne présentiez que des questions minutieusement étudiées », ce dont je ne disconviens pas, mais ceci était appuyé de telle façon que j'avoue avoir perdu, autour de cette table, et le goût de questionner et le goût de dire ce que je pensais[178].

175 ANLux, ARBED-PR-XXXVI [cote provisoire], Procès-verbaux des conseils d'administration de l'ARBED, 1919-1923 et 1924-1929.

176 BARTHEL, *Bras de fer*, p. 549 et 570. Ces actionnaires se devaient de souscrire de nouvelles actions s'ils voulaient garder la même part du capital de l'entreprise et ainsi conserver leur pouvoir financier.

177 FELTES, Paul, « La stratégie de l'ARBED dans l'entre-deux-guerres », [*in*] *Du Luxembourg à l'Europe. Hommages à Gilbert Trausch à l'occasion de son 80ᵉ anniversaire*, Luxembourg, Saint-Paul, 2011, p. 221. Ce bâtiment, connu sous le nom de château ou palais ARBED est aujourd'hui un des sites de la Banque et Caisse d'épargne de l'État (BCEE).

178 ANLux, ARBED-PR-XXXVI [cote provisoire], Mémoire de Paul Labbé, annexé au CA du 12 octobre 1923. Paul Labbé dirigeait les aciéries de Gorcy (bassin de Longwy).

Cette source confirme l'empire pris sur le CA par le duo Mayrisch-Barbanson, mais révèle aussi que des discussions pouvaient y prendre place. Ce fut d'ailleurs l'un des reproches adressés à Paul Labbé : sa passivité lors des débats, de même que sa participation financière trop faible dans la société : « le nombre de parts sociales dont vous êtes propriétaire étant de beaucoup inférieur à celui de nombre d'actionnaires qui postulent depuis longtemps une place d'administrateur ou de commissaire »[179]. L'éviction d'un administrateur était donc possible. Ce risque ne pouvait qu'encourager Jean de Bertier à rester assidu et appliqué, et à conserver beaucoup de titres ARBED, afin de garantir sa place et ses revenus d'administrateur.

Au sein des entreprises, il existait parfois un comité de direction, réunissant une à deux fois par semaine quelques acteurs-clés, et qui portait bien son nom puisqu'il pilotait davantage l'entreprise que le CA[180]. Une telle instance fut mise en place en 1926 dans le cadre de la création de la communauté d'intérêts ARBED – Terres rouges. Il s'agissait en réalité d'une absorption de la Société métallurgique des Terres rouges par l'ARBED. Le comité de direction mis en place comprenait douze *cadres* et non des *administrateurs*[181]. Cette évolution était révélatrice de la professionnalisation de la direction des entreprises. Les ingénieurs voyaient leur pouvoir croître[182]. Quant aux administrateurs historiques comme Jean de Bertier, sans compétences techniques ni financières spécifiques, ils ne jouaient plus qu'un rôle symbolique.

Les fonctions d'administrateur de Jean de Bertier furent davantage une source de rémunération que de pouvoir économique. À la différence d'un Wendel, il n'avait pas les compétences requises pour devenir un « métallurgiste »[183]. Il faut néanmoins se demander s'il ne put pas exercer une influence plus directe sur Mayrisch et Barbanson, au-delà du cadre formel des réunions du CA.

1.4.3. Quelle proximité avec les dirigeants ?

Étudions successivement les rapports entretenus par Jean de Bertier avec les deux dirigeants de l'ARBED, c'est-à-dire Émile Mayrisch et Gaston Barbanson. Nous savons, grâce à ses agendas, que Jean de Bertier rencontra le premier à plusieurs reprises au cours du premier semestre de l'année 1919. Nous perdons ensuite toute trace de contact direct entre les deux hommes. Au début de 1919, le contexte

---

179 *Ibidem*, Lettre de Gaston Barbanson à Paul Labbé, 4 septembre 1923, en annexe du CA du 12 octobre. Un 3ᵉ grief fut adressé à Paul Labbé, celui de communiquer des informations confidentielles à une société concurrente. Nul doute que, dans la décision de l'exclure, cette accusation d'espionnage pesa plus lourd que les deux autres.

180 BONIN, *L'argent en France depuis 1880*, p. 211.

181 BARTHEL, *Bras de fer*, p. 580-587. La Société minières des Terres rouges fut également absorbée (p. 589-590).

182 LEMÉNOREL, p. 86. La carrière de Mayrisch en est un bon exemple. Il débuta en 1893 comme responsable de l'usine de Dudelange et devint en 1912 directeur général *technique* de l'ARBED (PAILLAT, p. 174).

183 Cette appellation abusive lui fut toutefois donnée par Laubespin, ambassadeur de Belgique au Luxembourg (12 avril 1923, citée dans BARTHEL, *Bras de fer*, p. 265).

était rempli d'incertitudes, tant à propos de l'avenir du Luxembourg que du cadre économique et juridique dans lequel l'ARBED évoluerait plus tard. Mayrisch hésita, semble-t-il, sur l'attitude à adopter[184]. Fallait-il plaider pour une union économique avec la France, ou avec la Belgique ? Quelles mines et usines détenues jusque-là par des intérêts allemands était-il possible d'acquérir, et sous quelles conditions ? Au milieu de ces interrogations, de quel secours pouvait être Jean de Bertier ? Ce dernier était alors encore officier de liaison auprès du 3ᵉ C.A.U.S., stationné à Coblence. Il entretenait les meilleurs rapports avec la société militaire américaine et avait, de par son passé d'attaché militaire à Washington, des relations privilégiées avec ce pays. Mayrisch tenta-t-il, via Jean de Bertier, de sonder les éventuelles intentions américaines ? L'hypothèse d'un rachat massif de la sidérurgie allemande du Luxembourg et d'Alsace-Lorraine par les capitaux américains existait[185]. Une autre motivation de ces rencontres était peut-être, et plus simplement, la nécessité pour Mayrisch de multiplier les contacts côté français, pour éviter toute séquestre des biens de l'ARBED, ce qui eût compromis son avenir. Charles Barthel précise :

> Même si je n'ai jamais réussi à trouver des preuves matérielles, il y a eu pendant l'immédiat-après guerre une foule de personnes qui, en coulisse, agissent au nom de l'ARBED en France, soit disant pour redorer le blason de l'entreprise luxembourgeoise et pour baliser le terrain à la reprise des avoirs de la Gelsenkirchener. En outre, […] la question des mines ARBED en Lorraine est carrément cruciale. Certains fonctionnaires du séquestre en Alsace-Lorraine, qui identifiaient l'ARBED à une usine allemande, auraient bien voulu traiter l'ARBED comme toutes les autres firmes allemandes du *Reichsland* ; ç'aurait été une catastrophe pour l'ARBED[186] !

On comprend donc qu'Émile Mayrisch et Jean de Bertier avaient tous deux intérêts à rester en contact étroit. Le premier y gagnait une caution morale (le statut d'officier français de Jean de Bertier) et un contact utile (les réseaux de Jean de Bertier à Paris, mais aussi en Lorraine, en voie de reconstitution rapide). Le second obtenait une place d'administrateur très rémunératrice ainsi que des informations de première main sur les possibilités d'investissement les plus rentables. Cependant, les rapports entre les deux hommes restèrent nécessairement asymétriques, puisque Jean de Bertier ne pouvait fournir aucune expertise technique à Émile Mayrisch.

Venons-en maintenant aux relations avec Gaston Barbanson. Une certaine proximité existait, mais il ne s'agissait pas d'amitié. Prenons deux exemples. Dans les courriers, on peut lire « mon cher Jean » ou « mon cher Gaston », mais les

---

184 BARTHEL, *Bras de fer*, p. 42-43 et 191-195. L'auteur parle d'un « temps des flottements » (p. 43).

185 BARTHEL, « Les marchés de l'acier », p. 88. Pour éviter ce risque, la France imposa que les repreneurs des sociétés allemandes d'Alsace-Lorraine fussent de nationalité française, ce qui empêchait tout investissement américain : il n'y avait aucun intérêt à acheter des usines au Luxembourg si l'on ne disposait pas de mines en Lorraine garantissant leur approvisionnement (dans une intégration verticale de la production) (p. 90).

186 BARTHEL, Charles, Courriel à l'auteur, 20 juin 2022.

deux hommes se vouvoyaient et Jean de Bertier, dans ses annotations, mentionnait « Barbanson » et non « Gaston ». Ce côté très formel des relations entre les deux hommes se retrouve dans la lettre suivante :

Mon cher Jean

[...] J'avais cherché à vous téléphoner ce matin à Lagrange. [...] J'espère que nous pourrons compter sur vous pour notre soirée de samedi prochain.

[...] Je me permets d'attirer votre attention sur l'effet déplorable que pourrait avoir le fait pour un administrateur ARBED de s'abstenir d'échanger ses titres Terres rouges[187].

On comprend que la raison du coup de fil puis du courrier était l'échange d'actions, et non la soirée du samedi. Nous avons déjà parlé de cette transaction dans le cadre de la création de la communauté d'intérêts ARBED-Terres rouges. Charles Barthel explique qu'il y eut débat quant à la valeur financière des deux entreprises. Alors que Schneider considérait que 3 actions Terres rouges valaient 1 action ARBED, Barbanson établit le ratio à 5 pour 1. Finalement, l'échange se fit à 4 actions Terres rouges contre 1 action ARBED. Jean de Bertier, malgré ses tergiversations, effectua lui aussi l'échange de ses titres[188]. Encore une fois, il ne semblait pas en mesure d'influencer quelque décision que ce fût.

1.4.4. Des pouvoirs finalement restreints

Jean de Bertier n'était pas un décideur économique, mais ses pouvoirs n'étaient pas nuls. On pourrait les classer en trois catégories. Comme administrateur, voire président de conseil d'administration de sociétés satellites de l'ARBED, il agissait en tant qu'*homme de paille* d'Émile Mayrisch et de Gaston Barbanson. Le deuxième rôle de Jean de Bertier était lié au premier : celui d'*homme de confiance* pour les dirigeants de l'ARBED. Ses avis ou conseils pouvaient être pris en compte. Citons l'exemple d'un projet de rapport à l'assemblée générale de l'ARBED et datant de 1921 :

[Rédaction initiale :] Nous n'entendons pas user de représailles, mais vous serez sans doute d'accord avec nous pour faire supporter au compte œuvres sociales une part des pertes que l'attitude inconsidérée de nos ouvriers nous a fait subir.

[Formulation corrigée proposée par Jean de Bertier :] Nous avons prouvé à nos ouvriers que nous entendons reprendre avec eux nos bonnes relations antérieures mais vous estimerez sans doute avec nous [qu'il faut] faire supporter au compte œuvres sociales une part des pertes que leur attitude inconsidérée a fait subir à la Société[189].

187 ALG, Lettre de Gaston Barbanson à Jean de Bertier, 26 janvier 1926.
188 BARTHEL, *Bras de fer*, p. 587-589 et ALG, Lettre de l'ARBED à Jean de Bertier, 5 février 1926.
189 ALG, Lettre de Gaston Barbanson à Jean de Bertier, 24 septembre 1921, avec projet de rapport et corrections.

Ce rapport faisait état des conséquences de la grande grève de mars 1921[190].
On découvre ici le côté politique de Jean de Bertier, à moins que l'on ne redé-
couvre le côté diplomate de l'ancien officier de liaison. Sa nouvelle formulation ne
changeait rien sur le fond : l'« attitude inconsidérée » des ouvriers justifiait toujours
l'amputation des dépenses sociales. En revanche, elle ménageait les formes : le mot
« représailles » disparaissait, au profit des « bonnes relations » entre l'entreprise et
ses ouvriers[191]. Dans le même ordre d'idées, nous avons précédemment vu que Jean
de Bertier intervint, sans doute grâce à ses fonctions politiques, pour favoriser une
renégociation à la baisse du prix d'achat des biens lorrains de la Gelsenkirchener
AG, qui avaient été érigés en Société minière des Terres rouges et dont il était administrateur. Il s'agit du seul conflit d'intérêts que nous avons pu mettre en évidence
entre ses mandats politiques français et ses biens industriels luxembourgeois.

Le troisième et sans doute principal rôle de Jean de Bertier au sein de la galaxie
ARBED était d'être un *homme de réseaux*. Il servit par exemple d'intermédiaire dans
les contacts noués avec la propriétaire d'une mine de manganèse à Cuba. Dans un
autre cas, la participation de Marie-Louise est mentionnée, laissant encore une fois
apparaître par bribes son implication dans la gestion du patrimoine :

> Madame de Bertier m'a également entretenu d'affaires industrielles à la tête desquelles
> vous vous trouveriez et qui pourraient présenter un certain intérêt actuellement en
> Turquie. [...] [Nous pourrions] envisager ensemble des projets qui pourraient intéresser
> nos deux pays[192].

Il y a du conditionnel dans ces phrases. Le décès de Jean de Bertier un mois
plus tard interrompit de toute façon ces éventuels projets dont nous n'avons pas
retrouvé trace. Cette activité d'homme de réseaux restait liée aux sociabilités parisiennes de Jean de Bertier. Elle ne donna pas forcément lieu à des documents écrits
et apparaît peu dans les archives. Il subsiste donc des zones d'ombre. Détaillons-en
une. Le nom de Jean de Bertier fut cité dans une lettre que Laubespin, ambassadeur de Belgique au Luxembourg, adressa à son ministre : « les Wendel et M. de
Berthier (sic), métallurgiste également et sénateur de Thionville, ont à plusieurs
reprises essayé de faire sauter M. Mollard qu'ils détestent »[193]. Armand Mollard
faisait office d'ambassadeur de France au Luxembourg. Déjà en poste en 1913,

---

190 LEBOUTTE, PUISSANT, SCUTO, p. 171. Cette grève, la plus importante de l'histoire de la
     sidérurgie luxembourgeoise, fut un échec pour les ouvriers. Les syndicats privilégièrent dès lors
     les négociations.
191 TRAUSCH, *Le Luxembourg à l'époque contemporaine*, p. 142. : malgré le contexte industriel
     parfois difficile des années 1919 à 1922, l'ARBED ne procéda à aucune vague de licenciements.
192 ALG, Lettre de [Ismet] à Jean de Bertier, 25 août 1926. Le comte de Selancy précise : « Tu parles
     d'un "Ismet". J'ai retrouvé, dans des documents de la Roche aux Mouettes une relation (lettre ?)
     entre un "Ismet" et la Tante Renée de Kergariou. J'imagine que c'est le même personnage car, ce
     n'est, évidemment pas un prénom très courant, surtout en Bretagne. C'est donc probablement
     par ce biais que J. de B. était en lien avec cet Ismet. Mais je suis incapable de retrouver ce
     document. » (Courriel à l'auteur, 29 mai 2022).
193 BARTHEL, *Bras de fer*, p. 265. La lettre date du 14 avril 1923. L'auteur indique sa source :
     ministère des Affaires étrangères de Belgique, B1.

il revint au Grand-Duché début 1920 et y resta en fonction jusqu'à son départ à la retraite, en novembre 1924. Mollard était favorable à l'union économique du Luxembourg avec la France. Charles Barthel le qualifie de « Talleyrand barbu », car il était bien difficile de savoir s'il agissait en son nom propre ou au nom du gouvernement français[194]. Les Wendel, célèbres sidérurgistes lorrains, évoluaient depuis 1919 dans un cadre totalement français et craignaient la concurrence des produits luxembourgeois : on comprend qu'ils fussent hostiles à Mollard. Mais quel pouvait être l'intérêt de Jean de Bertier dans cette affaire ? Au-delà d'éventuelles inimitiés personnelles, la réponse la plus logique serait que l'ARBED considérait l'union économique avec la Belgique comme plus avantageuse[195]. Mollard contrariait donc les plans de Mayrisch et de Barbanson. Ces derniers auraient pu faire agir Jean de Bertier à leur place, d'autant que son mandat de « sénateur de Thionville » pouvait laisser espérer quelque influence sur la nomination du représentant français à Luxembourg. Il ne s'agit là que d'hypothèses, qui ne font que souligner le flou subsistant. Homme de paille, homme de confiance, homme de réseaux, Jean de Bertier joua donc de multiples rôles, mais toujours en position de subordonné. L'engagement dans l'industrie ne fut jamais une passion pour lui ; ce ne fut qu'un impératif, conditionné par la nécessaire reconversion de son patrimoine.

Conclusion sur les optimisations patrimoniales

Les archives écrites conservées font la part belle aux multiples documents émis par les banques, les entreprises, l'administration. Les questions patrimoniales se trouvent ainsi surreprésentées par rapport à d'autres sujets qui nous échappent en grande partie pour la période 1919-1926, comme l'éducation des enfants ou la vie familiale. Cette densité de sources relatives au patrimoine était l'occasion d'en faire l'étude la plus fine possible. Malgré tout, il reste beaucoup de questions et d'inconnues. Thomas Piketty se demande si les patrimoines souffrirent davantage de la guerre que des années 1920[196]. Les pertes de patrimoine de Jean de Bertier intervinrent peut-être dès les années 1914-1918, sans que nous puissions les documenter. En outre, nous n'avons pu déterminer précisément qui participait au processus de prise de décision. Jean de Bertier ne pouvait agir seul. Quelle fut l'influence de Marie-Louise, de Richshoffer, des notaires et des autres conseillers, mentionnés ou non dans les archives ? Nul ne doute que leur voix compta.

À travers l'exemple de Jean de Bertier, nous voyons comment les années d'après-guerre représentèrent un véritable défi pour les détenteurs de grands patrimoines. Par une reconversion des biens à revenus fixes vers les actions et un redéploiement de la France vers le Luxembourg, Jean de Bertier créa les meilleures conditions pour protéger son patrimoine des effets de l'inflation et de l'imposition. Ceci se fit aussi de manière empirique, dans les doutes, la fébrilité, et certaines erreurs de placement. Les efforts consentis ne purent que limiter et non annuler les effets de la vague inflationniste. Inévitablement, le patrimoine familial diminua nettement. En cela, l'impact (de la Grande Guerre et) des années 1920 fut réel sur les grandes fortunes, bien qu'il

---

194 *Ibidem*, p. 214 et 311. Ce fut Laubespin qui qualifia ainsi Mollard.
195 *Ibidem*, p. 265 et 351.
196 PIKETTY, *Les hauts revenus*, p. 466.

soit souvent présenté comme limité, comparé aux années 1930 et à la Seconde Guerre mondiale[197]. La gestion efficace des Bertier permit donc, non de maintenir la fortune, mais d'atténuer fortement les pertes, et donc, par-là même, de sauvegarder leur riche mode de vie. Ceci vérifie la thèse d'Alice Bravard d'une persistance du mode de vie aristocratique, jusqu'à la Seconde Guerre mondiale au moins[198].

La reconversion du patrimoine opérée par Jean de Bertier fut aussi une réorientation géographique. D'une part, l'effacement de l'ancienne frontière franco-allemande de 1871, combiné à l'expulsion des Allemands et à la saisie de leurs biens, lui permit le rachat à bon prix du vaste domaine de Lagrange. D'autre part, la non-intégration du Luxembourg au marché français et la mise en place de l'union économique avec la Belgique favorisèrent le succès de l'ARBED, et donc, via l'enchérissement des actions et la distribution de bénéfices croissants, le maintien relatif de sa fortune et de ses revenus. Le patrimoine, ainsi redéployé, se concentrait dans un espace restreint transnational, entre le nord de la Moselle et le sud du Luxembourg. Cette concentration spatiale était utile : Jean de Bertier bénéficiait d'une proximité avec les dirigeants de l'ARBED et pouvait rapidement se déplacer dans les deux pays, pour répondre à ses obligations. La frontière aussi était utile : elle séparait activités politiques et économiques, évitant tout conflit d'intérêts majeur, et mettait les revenus principaux, tirés de l'ARBED, à l'abri du fisc français.

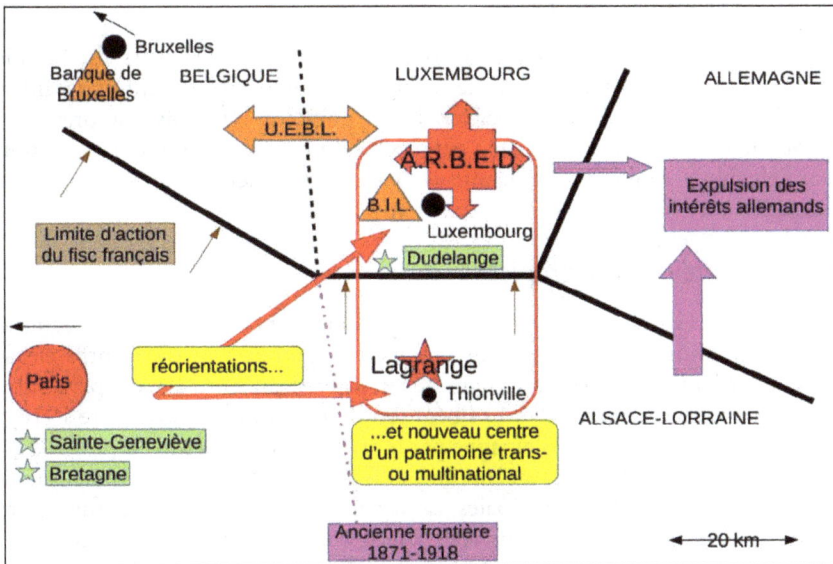

Schéma 2 : *Réorientations patrimoniales opérées par Jean de Bertier à partir de 1919.*

197 PIKETTY, *Les hauts revenus*. L'auteur parle de « reconstitution des inégalités » [de revenus] jusqu'en 1926 (p. 155) alors que les années 1930 puis la guerre marquent l'effondrement des hauts revenus (p. 134).

198 Le pouvoir de l'aristocratie aurait donc disparu à la fin du XIXᵉ siècle dans le champ politique, dans la crise des années 1930 au niveau économique et seulement avec la Seconde Guerre mondiale sur le plan social (BRAVARD, p. 347).

Après 1918, Jean de Bertier redonna une grande place aux investissements industriels au Luxembourg et se réinstalla dans la demeure familiale de Lagrange. On pourrait penser qu'il rétablit ainsi la situation ayant existé sous son père Anatole. Le recentrement opéré à la Belle Époque sur la France et notamment sur Paris, n'aurait été qu'une parenthèse. Le fil du temps long familial, brisé entre 1903 et 1911, était renoué. Tout comme l'Alsace-Lorraine faisait son retour à le France, les Bertier effectuèrent le leur à Lagrange. Toutefois, l'idée de « retour » tend à effacer la période intermédiaire, or pouvait-on effacer 48 années d'appartenance de l'Alsace-Lorraine à l'empire allemand, et leurs conséquences ? Que fallait-il conserver en héritage et comment réintégrer le territoire dans l'ensemble français ? Il y avait là une question très politique, à laquelle Jean de Bertier consacra en partie sa carrière.

2. En Moselle : une carrière politique réussie

Comme indiqué dans l'introduction de cette troisième partie, commençons par une étude chronologique de la carrière de Jean de Bertier. La densité des archives disponibles et la durée restreinte de cette carrière (7 années seulement) permettent d'en analyser finement les évolutions.

2.1. 1919 : l'engagement

La décision d'entrer dans l'arène politique fut prise au cours du premier semestre 1919 au plus tard. Nous ne disposons d'aucun document exposant les motivations réelles de Jean de Bertier. Nous pouvons toutefois comprendre le *pourquoi* de son engagement par le contexte local propice, ainsi que par ses atouts personnels. Nous expliquerons ensuite *comment* se déroulèrent ses premiers pas en politique.

2.1.1. Un contexte local propice

La Première Guerre mondiale avait rendu impossible l'organisation d'élections : des millions d'hommes adultes, représentant une grande partie du corps électoral, étaient mobilisés et de nombreux départements du nord-est du pays subissaient l'occupation allemande[199]. La libération du territoire dès novembre 1918, la conclusion de la paix avec l'Allemagne par le traité de Versailles le 28 juin 1919 et la démobilisation des combattants permirent le retour à une vie politique normale. Des élections législatives, municipales, cantonales et enfin sénatoriales furent programmées de novembre 1919 à janvier 1920. C'était l'occasion, pour les nouveaux venus en politique, de briguer un premier siège.

---

199 N'oublions pas que les femmes n'obtinrent le droit de vote qu'en 1944. Pendant toute la IIIe République, il n'y eut jamais plus de 10 à 12 millions d'électeurs, soit moins d'un Français sur quatre (RÉMOND, René, *La vie politique en France 1879-1939. La République souveraine*, Paris, Fayard, collection « Agora », 2002, p. 51).

Les opportunités les plus grandes se situaient en Alsace-Lorraine, réorganisée en 3 départements : la Moselle, le Bas-Rhin et le Haut-Rhin. Deux raisons spécifiques y maximisaient les chances des prétendants. D'abord, tous les habitants considérés comme Allemands furent expulsés, ce qui représentait 25 % de la population et une part encore plus importante du personnel politique, si bien qu'il se fit un « vide béant à tous les niveaux de la vie publique »[200]. Pour les remplacer, il fallait des personnes compétentes et capables de maîtriser le français. Les progrès de la germanisation au cours des décennies précédentes firent que très peu de personnalités locales correspondaient au profil recherché :

> Il faut trouver des hommes ayant une connaissance suffisante de la langue française. Dans la génération arrivée à l'âge adulte vers 1910, bien peu ont été capables de s'adapter immédiatement au cadre français. [...] C'est pourquoi, en raison de cette carence, la Moselle a été représentée dans les assemblées parlementaires par les descendants d'anciennes familles ayant émigré après 1870 et revenus en 1918-1919. Citons parmi d'autres Robert Sérot, Maurice Bompard, Jean Stuhl, Édouard Hirschauer, Jean de Bertier... Il faut attendre les années 1945-1950 pour que le personnel politique mosellan soit vraiment renouvelé[201].

Un second élément jouait en faveur de Jean de Bertier. Contrairement au reste de la France, la thématique de l'« union sacrée » restait active dans les trois départements recouvrés. L'Allemagne restait perçue comme menaçante. En conséquence, « la priorité absolue est à l'armée et aux valeurs nationales ; ceux qui les incarnent disposent d'une audience considérable »[202]. En résumé, de nombreuses élections devaient se dérouler en cette fin d'année 1919. En Moselle, les Allemands ne pouvaient plus concourir, très peu de candidats potentiels existaient et ceux liés à l'armée bénéficiaient d'un prestige particulier : les conditions étaient idéales pour Jean de Bertier. Il était donc tout à fait logique qu'il s'engageât dès ce moment. On comprend d'autant mieux sa précipitation à démissionner de l'armée : il lui fallait du temps pour préparer les campagnes électorales à venir.

2.1.2. Des atouts personnels

Yves Billard distingue différents profils parmi les hommes politiques de la IIIᵉ République. Les plus favorisés étaient les notables, disposant de deux éléments essentiels à la réussite : le temps et l'argent[203]. Jean de Bertier se rangeait évidemment dans cette catégorie. Démissionnaire de l'armée sans être décideur économique, il pouvait consacrer tout son temps à la politique. Quant à l'argent, nous avons vu comment la reconversion de son patrimoine lui permit de conserver de très importants revenus, et de continuer à mener grand train. De multiples

200 PENNERA, Christian, *Robert Schuman. La jeunesse et les débuts politiques d'un grand européen, de 1886 à 1924*, Sarreguemines, Pierron, 1985, p. 63.

201 ROTH, François, *La vie politique en Lorraine au XXᵉ siècle*, Presses universitaires de Nancy et Éditions Serpenoise, collection « Regards », 1985, p. 44.

202 ROTH, *La vie politique en Lorraine au XXᵉ siècle*, p. 38.

203 BILLARD, *Le métier de la politique*, p. 47.

exemples de générosité nous montrent qu'il savait utiliser sa fortune pour augmenter sa notoriété. La différence de richesse avec ses interlocuteurs faisait que ces dons, insignifiants pour lui, revêtaient une importance énorme à leurs yeux. Mentionnons le don de « quelques sapins », d'« un magnifique sanglier » ainsi que les cadeaux distribués aux enfants de Manom à l'occasion d'un arbre de Noël : « il y en a eu pour tout le monde et même davantage, de sorte que la joie fut universelle et le merci dit à Monsieur le Comte, avant la clôture, on ne peut plus sincère, vif et respectueux »[204].

Le temps et l'argent étaient deux conditions nécessaires à la réussite en politique, sans être cependant suffisantes. Il fallait y ajouter des qualités propres, à savoir un niveau de formation et/ou d'intelligence suffisant, une capacité de travail importante et, dans une certaine mesure, sinon du charme, au moins du charisme[205]. Jean de Bertier remplissait toutes ces conditions. Précisons que son appartenance à la noblesse ne constituait pas en elle-même un atout. Dès les années 1870-1880, l'enracinement du régime républicain, les progrès de la démocratisation et la formation de « nouvelles couches » de responsables (avocats, médecins, professeurs, ingénieurs, journalistes) avaient fait régresser et même disparaître le pouvoir politique de la noblesse[206]. La Moselle présentait cependant un contexte particulier, puisque de nombreux candidats potentiels en 1919 étaient justement issus de ces « anciennes familles » dont parle François Roth, parmi lesquelles les nobles étaient surreprésentés.

Jean de Bertier bénéficiait d'un autre atout lié à l'ancienneté et à la noblesse de sa famille : des réseaux constitués depuis plusieurs générations. Cela faisait de lui un héritier, à côté des quatre autres types d'hommes politiques identifiés par Mattei Dogan : l'amateur, le velléitaire, l'expert politisé et l'homme politique professionnel. L'héritier « reçoit un réseau de relations plus qu'un mandat »[207]. Nous avions d'ailleurs vu comme il s'attacha à ménager ces réseaux au moment de la vente de Lagrange en 1911-1912. Il put donc les réactiver dès son retour en Lorraine au début de 1919. Avant même de commencer à faire campagne, il disposait donc d'une notoriété et d'amitiés multiples en sa faveur[208].

À ce réseau familial initial, il ajouta vite un deuxième réseau organisé autour d'un titre de presse, *le Thionvillois*, créé en mars 1919. Une nouvelle équipe rédactionnelle prit la tête du journal en septembre 1919. François Roth s'interroge sur

204 ALG, Lettre de E. Walter, curé d'Hettange-Grande, 11 mai 1922, Lettre du maire de Thionville, 17 janvier 1924 et Extrait du *Journal de Thionville* du 27 décembre 1919.
205 BILLARD, *Le métier de la politique*, p. 13-14.
206 BRAVARD, p. 230-231. Nous avons vu que la noblesse conserva son pouvoir économique et son prestige social.
207 DOGAN, Mattei, « Les professions propices à la carrière politique. Osmoses, filières et viviers », [*in*] OFFERLÉ, Michel (dir.), *La profession politique XIXe-XXe siècles*, Paris, Belin, 2017 [1999], p. 201.
208 AUDIGIER, François, « Les réseaux des parlementaires lorrains de la IIIe République », [*in*] EL GAMMAL, Jean (dir.), *Dictionnaire des parlementaires lorrains de la IIIe République*, Metz, Éditions Serpenoise, 2006, p. 41.

son chef, René Gourdiat : « Je ne suis pas parvenu à savoir qui a fait venir Gourdiat à Thionville, ni dans quel but […]. Gourdiat, qui est d'origine bretonne, est un publiciste besogneux »[209]. Nous pouvons tenter une réponse : Jean de Bertier fit venir Gourdiat, pour s'en servir comme relais auprès de la population locale. Le fait que René Gourdiat se fit le porte-parole infatigable des candidatures de Jean de Bertier ne laisse guère de place au doute.

Toutes ces explications de l'engagement politique de Jean de Bertier sont rationnelles, logiques. Elles rappellent son opportunisme. Il ne faut cependant pas écarter d'autres raisons, plus émotionnelles, à savoir le patriotisme et la volonté de servir ses concitoyens. Dans plusieurs professions de foi à destination des électeurs, Jean de Bertier mit en avant son « dévouement »[210]. Dans quelle mesure ce dernier était-il sincère et désintéressé ? Yves Billard pointe, derrière ces raisons émotionnelles, la fausse modestie des hommes politiques : « c'est presque par abnégation qu'ils remplissent leur mandat. S'ils aiment la France, leur village ou leur département selon les cas, ils s'aiment au moins autant eux-mêmes »[211]. Voyons maintenant comment Jean de Bertier fit face à la première échéance électorale, à savoir les élections législatives.

2.1.3. Premier échec : les législatives de novembre

La loi électorale du 12 juillet 1919 modifia l'organisation des élections législatives prévues pour l'automne et pour lesquels huit sièges de députés étaient à pourvoir dans le département de la Moselle. Au scrutin uninominal à deux tours fut substitué un scrutin de liste départemental. Ce système favorisait les partis, au détriment des personnalités[212]. Un notable comme Jean de Bertier, quoique bien implanté dans la région de Thionville, se devait donc d'obtenir l'investiture du parti dominant la nouvelle vie politique mosellane, l'Union républicaine lorraine (URL). Dès le mois d'août 1919, Jean de Bertier espéra devenir l'un des huit candidats retenus : « par Rombas et Fameck à Hayange. Manqué Guy, vu François et Humbert [de Wendel]. Causé de la liste »[213].

Les élections devaient avoir lieu le 16 novembre mais les candidats de l'URL ne furent pas choisis avant la fin octobre. Jean de Bertier, impatient et déterminé à jouer de son enracinement, se fit acclamer dans une assemblée de l'URL à Thionville, sous les yeux de l'influent chanoine Collin. Ce dernier ne se laissa cependant pas forcer la main : « M. le chanoine Collin remarque ensuite que le choix provisoire du candidat est l'affaire de l'assemblée, mais que l'établissement

209 ROTH, François, *Le temps des journaux. Presse et culture nationales en Lorraine mosellane 1860-1940*, Éditions Serpenoise/Presses universitaires de Nancy, 1983, p. 226.
210 Par exemple ALG, Profession de foi pour les élections cantonales du 19 juillet 1925 : « cette mission, je m'y suis consacré avec tout le zèle et le dévouement dont je suis capable ».
211 BILLARD, *Le métier de la politique*, p. 15.
212 *Ibidem*, p. 122.
213 ALG, Agenda de Jean de Bertier. 2ᵉ semestre 1919. Journée du 17 août 1919.

définitif de la liste est de la compétence du comité central qui statuera en dernier lieu et sans recours »[214]. Tout se joua en trois étapes. Le 29 octobre, les délégués URL de l'ensemble du département se réunirent à Metz pour désigner les candidats du parti. François, Guy de Wendel, Meyer, Schuman, l'abbé Hackspill et le chanoine Collin furent investis dès le premier tour, en dépassant la majorité absolue, fixée à 59 voix. Suivaient Hoehn, 54 voix, le général de Maud'huy, 54 voix également et enfin Jean de Bertier, avec 49 voix. Hoehn l'emporta au second tour[215]. Pourtant, dans son édition du même jour, le journal *le Messin* publia en gras ces phrases surprenantes : « plusieurs des candidats désignés refusent de figurer sur cette liste. Il n'y a donc rien de fait »[216]. Le lendemain, 30 octobre, le *Messin* indiqua que le chanoine Collin se désistait en faveur du général de Maud'huy et que Hoehn était remplacé par Robert Sérot. Le journal concluait en demandant, de concert avec les autres principaux titres de presse, un vote massif en faveur de l'URL, au nom du maintien de l'union sacrée[217]. Le 31 octobre, Jean de Bertier demanda une nouvelle modification de la liste, à l'occasion d'une réunion du comité départemental de l'URL. Puisque deux candidats s'étaient désistés, il fallait que les deux suivants fussent investis ; autrement dit, il voulait imposer son nom, en écartant Sérot. Sur 7 votants, tous s'exprimèrent contre, sauf 1 (sans doute Jean de Bertier lui-même)[218]. Non seulement il ne figurait pas sur la liste et perdait toute chance d'être élu député, mais il était également désavoué par les cadres du parti. Ces derniers lui avaient préféré Robert Sérot, issu d'une vieille famille messine et disposant d'importants réseaux politiques. Il était, par exemple, un ami personnel de Louis Marin, un des hommes politiques de droite les plus en vue, futur président de la Fédération républicaine[219].

Jean de Bertier mobilisa immédiatement ses réseaux, et avant tout *le Thionvillois*. Dès le 31 octobre, René Gourdiat fustigea une « fourberie », une « cuisine électorale » : « "on" ne veut pas M. de Bertier le candidat de Thionville et à sa place "on" nomme comme candidat M. Sérot ». Sur la même page, le journal donnait les noms des « Candidats de la Ligue républicaine [lorraine] française » (LRLF), sauf celui de la tête de liste, simplement désignée ainsi : « 1. Un candidat

214 ADM, 6T 181, *Le Thionvillois*, 20 octobre 1919. Les comités des différents partis jouaient en effet le rôle-clef dans le choix des candidats (BILLARD, *Le métier de la politique*, p. 88-90).

215 ALG, Manuscrit de Jean de Bertier relatif au vote du 29 octobre 1919. Le 8ᵉ place disponible ne fut pas attribuée ce jour-là. Elle était réservée à un « candidat ouvrier » qui fut finalement Jean-Pierre Jean.

216 ADM, 4MI 106/40, *Le Messin*, 29 octobre 1919. Hoehn, jugé pro-allemand, fut refusé par ses colistiers.

217 ADM, 4MI 106/40, *Le Messin*, 30 octobre 1919. Il était question des « quatre anciens journaux de Metz », à savoir *le Lorrain*, *le Messin*, *le Courrier de Metz* et la *Lothringer Volkszeitung*.

218 ALG, Manuscrit de Jean de Bertier relatif à la réunion du comité départemental de l'URL du 31 octobre 1919. Remarquons que le général de Maud'huy et Guy de Wendel ne prirent pas part au vote : une façon de ménager Jean de Bertier sans s'opposer pour autant à la décision collective ?

219 DURAND, Jean-Daniel, Article « Sérot (Robert) 1885-1954 », [*in*] EL GAMMAL, p. 313.

de Thionville »[220]. *Le Thionvillois* leva le voile les jours suivants. Ce mystérieux inconnu était, évidemment, Jean de Bertier. D'après le journal, « une députation partit même le chercher à son domicile ». Jean de Bertier tergiversa, pour finalement refuser de s'engager et René Gourdiat prit lui-même la tête de liste[221]. Le renoncement de Jean de Bertier s'explique autant par réalisme (les candidats LRLF n'avaient aucune chance d'être élus) que par suite des réactions négatives qui lui parvinrent. Le curé d'Illange lui avoua son angoisse : une liste dissidente de l'URL ne conduirait qu'à « favoriser le parti de la Révolution »[222]. Les élections se déroulèrent le 16 novembre. La liste URL obtint la majorité absolue des voix dans le département et tous ses membres devinrent donc députés. La liste LRLF réalisa ses meilleurs scores dans le canton de Thionville, faisant même jeu égal avec l'URL à Manom et dans la ville de Thionville[223]. Ces chiffres confirmaient l'enracinement local de Jean de Bertier, auquel un scrutin d'arrondissement uninominal à deux tours eût été beaucoup plus favorable.

Une des rares lettres de Jean de Bertier à son fils Arnaud, encore enfant, nous permet de mieux comprendre ses sentiments du moment. Il s'y présenta comme victime d'une injustice et dénonça « une combinaison », « les aspirations de certains ambitieux » (n'en était-il pas un lui-même ?) et « des gens que je méprise »[224]. Par cette formule, il englobait nécessairement Sérot, mais aussi d'autres responsables de l'URL, y compris peut-être Robert Schuman. Ces derniers en voulaient tout autant à Jean de Bertier : il avait brisé l'union sacrée, en suscitant la dissidence que représentait la LRLF[225]. Il sut toutefois ne pas franchir le Rubicon, en refusant de figurer sur la liste de la LRLF et en se retirant officiellement de la course. Il s'en expliqua à son fils : « cette conduite me réserve l'avenir en me conservant l'estime de tout le monde et en me donnant l'auréole de celui qui a subi une injustice »[226]. Jean de Bertier faisait donc partie de ces hommes politiques qu'Yves Billard qualifie de « souples », pragmatiques, par rapport aux « durs » plus doctrinaires et moins enclins aux concessions[227]. Il savait que d'autres élections étaient à venir. Il n'avait aucun intérêt à s'aliéner l'URL.

220 ADM, 6T 181, *Le Thionvillois*, 31 octobre 1919. Dans son édition du 6 novembre, *le Thionvillois* accusa nommément *le Messin* et son principal actionnaire Tillement d'avoir imposé le nom de Sérot.
221 ADM, 6T 181, *Le Thionvillois*, 1er et 4 novembre 1919.
222 ALG, Lettre de [Boyer ?], curé d'Illange, à Jean de Bertier, 4 novembre 1919. Le « parti de la Révolution » correspondait au 3e parti en lice, le parti socialiste unifié.
223 PENNERA, p. 82 et ADM, 303 M 53, Procès-verbal du recensement général des votes émis dans les collèges électoraux du département de la Moselle.
224 ALG, Lettre de Jean de Bertier à son fils Arnaud, 9 novembre 1919.
225 BARRAL, Pierre, « Les luttes politiques », [*in*] BONNEFONT, Jean-Claude (dir.), *Histoire de la Lorraine de 1900 à nos jours*, Toulouse, Privat, collection « Le passé présent », 1979, p. 125.
226 ALG, Lettre de Jean de Bertier à son fils Arnaud, 9 novembre 1919.
227 BILLARD, *Le métier de la politique*, p. 74. L'auteur remarque que la souplesse est une condition nécessaire à la carrière politique : seuls les souples peuvent *durer*, et donc *faire carrière* (p. 77).

2.1.4. Premières victoires : les municipales et cantonales de décembre

Aux législatives (16 et 23 novembre) succédèrent les municipales (30 novembre et 7 décembre) puis les cantonales (14 et 21 décembre). Les municipales furent une simple formalité pour Jean de Bertier : « M. le Comte de Bertier a été élu maire de Manom à l'unanimité des voix, y compris celle de M. Frantz Michel, ancien maire, lequel, par égard pour M. le Comte, refusa d'être candidat »[228]. Remarquons qu'en novembre 1919, Jean de Bertier n'avait pas encore pu racheter Lagrange. Il ne possédait aucun bien foncier à Manom et habitait un logement place de la République à Thionville. Pour pouvoir être éligible à Manom, il avait pris ses précautions dès la fin septembre : « ma radiation des cadres de l'armée m'autorise [...] à choisir comme domicile légal la maison de M. Plumeré, route de Manom, à Lagrange, commune de Manom, où je déclare, par la présente, avoir ma résidence »[229]. Cependant, les archives révèlent qu'il envisagea de se faire inscrire comme électeur à Thionville au début du mois de novembre. Une première lettre de la mairie, datée du 5 novembre, l'informa que sa demande avait été prise en compte, puis un second courrier, daté du 11 novembre, indiqua qu'il était « à [sa] demande » rayé des listes électorales de la ville[230]. Jean de Bertier venait d'être écarté de la liste URL pour les législatives et chercha sans doute une compensation, pensant pendant quelques jours la trouver dans le mandat de maire de Thionville. Toutefois, il renonça aussi à ce projet et se contenta de la mairie de Manom.

Les élections cantonales prévues les 14 et 21 décembre constituaient un test plus important. Jean de Bertier tira les bénéfices de sa retenue et de sa souplesse du mois de novembre. Candidat dans le canton de Thionville, il obtint l'investiture de l'URL et le soutien du maire de Thionville, Zimmer[231]. Jean de Bertier affronta donc sa première campagne électorale sous les meilleurs auspices. Il sacrifia à tous les impératifs : tracts, déplacements dans les différentes communes du canton, réunions avec présence éventuelle de contradicteurs[232]. Les électeurs furent sans doute autant convaincus par les libéralités de Jean de Bertier que par ses idées politiques. Nous en voulons pour preuve la facture établie par le café Grosse à Manom, suite à la réunion du 10 décembre : 270 bouteilles de vin

---

228 ALG, Coupure de presse, origine et date inconnues [début décembre 1919]. Il s'agissait là de l'élection du maire par le conseil municipal.

229 ALG, Lettre de Jean de Bertier au maire de Manom, 25 septembre 1919.

230 ALG, Lettres de la mairie de Thionville à Jean de Bertier, 5 et 11 novembre 1919.

231 ALG, Coupures de presse du *Thionvillois* et du *Journal de Thionville*, 4 décembre 1919. Dans un tract distribué lors de la campagne, on peut lire « le programme de notre parti vous le connaissez » : Jean de Bertier ralliait l'URL.

232 Nous ne disposons pas, dans les archives de Lagrange, de détails sur le déroulé des réunions politiques auxquelles Jean de Bertier prit part. Les évolutions de cette pratique pendant la IIIe République sont étudiées dans l'ouvrage suivant : COSSART, Paula, *Le meeting politique. De la délibération à la manifestation (1868-1939)*, Rennes, Presses universitaires de Rennes, collection « Histoire », 2010, 328 p.

à 3,50 F, 193 bocks de bière à 0,40 F et 68 petits verres à 1 F, soit un total de 904,70 F, à régler par le candidat[233]. Il y a là une pratique et des quantités d'alcool surprenantes pour le lecteur d'aujourd'hui, mais habituelles à l'époque : « que le candidat payât "sa tournée" dans le café où il venait de parler aux électeurs, cela fait partie des bons usages »[234]. Nous retrouvons ici tous les avantages du statut de notable, disposant de temps et d'argent pour mener campagne. Jean de Bertier l'emporta facilement dès le premier tour de scrutin par 1 398 voix contre 571 à son adversaire socialiste Offerlé, soit environ 70 % des suffrages exprimés. Le *Lorrain* commenta : « la participation au scrutin a été faible. L'absence de lutte, d'une part, la fréquence des élections, d'autre part »[235]. Il s'agissait en effet de la troisième élection d'affilée. Tous les mandats électifs soumis au suffrage direct ayant été pourvus à la fin décembre 1919, il était désormais possible d'organiser les élections sénatoriales.

2.1.5. Second échec : les sénatoriales de janvier

François Zimmer, le maire de Thionville, avait soutenu Jean de Bertier lors de la désignation par l'URL de ses candidats au conseil général. Sans doute existait-il un accord tacite entre les deux hommes, réservant au premier la candidature au Sénat. La bonne entente se brisa quand Jean de Bertier entreprit de concourir lui aussi : « M. de Bertier a simplement déclaré qu'il ne voulait pas poser lui-même sa candidature au Sénat, mais qu'il restait à disposition de ses amis »[236]. Cette formulation convenue, courante à l'époque, feignait la modestie et le désintéressement[237]. En réalité, Jean de Bertier, décidé à obtenir un mandat parlementaire, dissimula mal son ambition. La presse relata « le différend Zimmer – Comte de Bertier ». Sans surprise, le *Thionvillois*, piloté par René Gourdiat, prit fait et cause pour Jean de Bertier, alors que le *Journal de Thionville* resta neutre[238].

Les élections sénatoriales étaient prévues pour le 11 janvier 1920. Elles se déroulaient dans le cadre départemental. En Moselle, cinq sièges étaient à pourvoir et, tout comme pour les législatives, obtenir l'investiture de l'URL était crucial. Les délégués du parti se réunirent le 30 décembre à Metz et désignèrent dès le premier tour Couturier et le chanoine Collin. Au second tour, les trois autres places furent attribuées à Stuhl (69 voix), Barthélémy (48) et Pierson (47). Jean de Bertier n'avait obtenu que 36 voix. Il occupait la plus mauvaise place, celle du premier recalé. Le *Lorrain*, grand défenseur de l'URL, se félicita : « la réunion s'est terminée et laisse à tous une impression de bonne entente et d'union qui est de

---

233 ALG, Énumération et prix des boissons servies par M. Grosse, réunion du 10 décembre [1919].
234 HUARD, p. 290.
235 ALG, Coupure de presse du *Lorrain*, 15 décembre 1919.
236 ADM, 4 MI 106/41, *Le Messin*, 27 décembre 1919.
237 BILLARD, *Le métier de la politique*, p. 15.
238 ALG, Coupures de presse du *Journal de Thionville*, 27 décembre, et du *Thionvillois*, 28 et 29 décembre 1919.

bon augure pour l'accord prochain sur les cinq noms proclamés aujourd'hui »[239]. Il fut vite contredit. Son rival, le *Messin*, accusa Couturier, Barthélémy et Pierson d'avoir soutenu le pouvoir allemand. Refusant d'appeler la liste retenue « liste URL », il la désigna sous le nom de « liste Couturier » et mit en avant neuf noms « retentissants » parmi lesquels les électeurs étaient priés de choisir « quatre bons lorrains » : « général Hirschauer – de Bertier – Bompard – Bourgoin – Henriet – de Marguerie – Prével – Rollin – Winsback »[240]. L'union sacrée tant célébrée était donc de nouveau brisée, par une nouvelle dissidence dans laquelle figurait de nouveau Jean de Bertier :

> Les élections sénatoriales de janvier 1920 marquèrent la fin de cette belle cohésion [de l'URL]. Les délégués du parti, au nombre d'une centaine, avaient établi une liste sur la base des critères retenus initialement pour les élections à la Chambre, à savoir notamment la confiance aux seuls enfants du pays et la représentation des principaux secteurs du département, ou plutôt de l'est du département, mal servi par le résultat des législatives. Les prétendants écartés ne s'avouèrent pas vaincus et maintinrent leurs candidatures, à juste titre du reste puisque trois d'entre eux furent élus.[241]

Le 11 janvier 1920, les 1 410 électeurs inscrits durent donc choisir 5 noms parmi 15 candidats en lice : les 5 candidats officiels de l'URL, 9 dissidents et 1 socialiste, Charles Becker. Le chanoine Collin et le général Hirschauer, élus dès le premier tour, se réunirent aussitôt après pour proposer d'un commun accord les noms de Stuhl, Marguerie et Bompard. La dissidence n'avait donc duré que quelques jours. Les consignes de vote du duo Collin-Hirschauer furent respectées. Stuhl l'emporta au deuxième tour, et Marguerie et Bompard furent élus au troisième tour[242]. Une fois encore, Jean de Bertier se retrouva sur la touche. Non seulement il n'avait pas été choisi par les chefs de l'URL, mais il avait maintenu en pure perte sa candidature, jusqu'au troisième tour de scrutin. Ainsi s'acheva la première phase de la carrière politique de Jean de Bertier. Son enracinement local dans la région de Thionville lui offrit de faciles élections à la mairie de Manom et au conseil général. Il échoua cependant par deux fois dans la conquête d'un mandat national.

2.1.6. Raisons de l'insuccès

Pour comprendre ce qui manqua à Jean de Bertier, présentons de manière succincte les profils des députés et des sénateurs qui furent élus en novembre 1919 et en janvier 1920.

---

239 ADM, 4 MI 126/34, *Le Lorrain*, 30 décembre 1919.
240 ADM, 4 MI 106/41, *Le Messin*, 5, 6, 8 et 9 janvier 1920. « Quatre » et non pas cinq, car le chanoine Collin était inattaquable.
241 PENNERA, p. 219.
242 ADM, 4 MI 106/41, *Le Messin*, 12 janvier 1920 et PENNERA, p. 142.

Tableau 39: Profils des parlementaires élus en Moselle en 1919-1920[243].

Nom	Expérience politique et/ou réseaux locaux	Expérience combattante, grade et/ou éléments patriotiques
Députés		
Charles François (médecin)	Maire de Delme à partir de 1907. Conseiller général.	Incarcéré par les Allemands entre 1914 et 1918 à la forteresse d'Ehrenbreitstein
Robert Schuman (avocat)	Militant catholique. Protégé du chanoine Collin. Fondateur de l'URL. « Ses qualités de bilinguiste et de juriste pouvaient être utiles pour défendre le particularisme mosellan ».	
Louis Meyer (négociant)	Maire de Walscheid en 1893. Conseiller général en 1909. Élu au *Landtag* d'Alsace-Lorraine en 1911.	Menacé d'emprisonnement sous l'annexion, membre de l'opposition au *Landtag*.
Ernest de Maud'huy	« Issu d'une vieille famille, messine depuis cinq siècles, anoblie [en] 1837 »	Général d'armée. Premier gouverneur militaire français de Metz en 1918-1919.
Jean-Pierre Jean	Animateur local du Souvenir français, très en vue dès 1908-1914. Engagé dans l'armée française, lieutenant en 1918. Redevenu président du Souvenir français dans le nouveau département de la Moselle en 1919.	
Louis Hackspill (abbé)	Élu au *Landtag* en 1911. Directeur politique du journal *Lothringer Volkszeitung*. Fondateur de l'URL.	« Arrêté au début de la guerre [...] condamné à un mois de prison » « Patriote avéré »
Guy de Wendel	Maître de forges, à la tête du groupe sidérurgique du même nom avec ses cousins François et Maurice.	« Il fit toute la Première Guerre mondiale en première ligne ». Capitaine en 1918.
Robert Sérot	« Membre d'une vieille famille messine ». Candidat imposé par *le Messin* selon René Gourdiat.	Sur le front français en 1914 puis en mission auprès du corps expéditionnaire français en Orient.
Sénateurs		
Henri Collin (« le » chanoine)	Directeur politique du journal *le Lorrain* jusqu'en 1914 et après 1918. Fondateur du parti lorrain indépendant en 1907. Fondateur de l'URL.	« En maintenant la langue française et la culture catholique française, il s'opposait à la germanisation ». Réfugié à Paris pendant la guerre. Déchu de la nationalité allemande.

(Suite)

243 EL GAMMAL (dir.), Notices des parlementaires mentionnés, p. 269-319 et E. L. BAUDON, *Les élections en Moselle 1919-1956*, 1956, p. 10 et 55. Les parlementaires sont classés dans le tableau dans l'ordre décroissant des voix obtenues et, pour les sénateurs, dans l'ordre des différents tours de l'élection.

Tableau 39: (Suite)

Nom	Expérience politique et/ou réseaux locaux	Expérience combattante, grade et/ou éléments patriotiques
Édouard Hirschauer	« Fidèle à ses origines lorraines, il épouse […] une jeune messine »	Général d'armée. Gouverneur de Strasbourg en 1918.
Jean Stuhl	« Rien ne prédisposait ce fils de cultivateur de l'est mosellan à devenir officier puis sénateur ».	Engagé dans la Légion étrangère en 1880. Colonel en 1918.
Henry de Marguerie (marquis)	Propriétaire du château de Saint-Epvre, près de Delme. Carrière diplomatique d'attaché d'ambassade. Ancien combattant de 1914-1918.	
Maurice Bompard	« Issu d'une famille de notables [messins] », négociants et banquiers.	Ambassadeur de France et lobbyiste des intérêts lorrains.
Par comparaison		
Jean de Bertier (comte)	Issu d'une vieille famille… mais biens lorrains pas encore rachetés en 1919 : « Il avait été obligé de vendre à une entreprise allemande ».	Chef d'escadrons (commandant) en 1918.

Sans surprise, nous remarquons que la grande majorité des élus étaient des notables, de deux groupes distincts. Il y avait, d'une part, les « enfants du pays », restés en Alsace-Lorraine après 1871, et qui ne firent pas carrière dans l'armée française : François, Schuman, Meyer, Jean, Hackspill, Collin. Ils ne représentaient que 6 des 13 élus, ce qui confirme le manque de personnel politique local capable de maîtriser le français et de s'engager en politique. D'autre part, on trouvait les « revenants », souvent des officiers français descendant d'anciennes familles ayant émigré en France après 1871. Jean de Bertier relevait de cette catégorie qui remporta 8 des 13 sièges à pourvoir[244]. Cette distinction des élus en deux groupes peut aussi, avec certaines différences, être mise en évidence pour les députés alsaciens élus en 1919. François Audigier remarque que la moitié d'entre eux avaient effectué tout ou partie de leurs études en France[245].

La comparaison des profils des élus et de celui de Jean de Bertier permet de comprendre pourquoi il fut battu. Les députés élus disposaient de davantage d'expérience des luttes politiques (François, Meyer), de réseaux mieux développés tant au niveau de la presse (Hackspill, Sérot) que du parti (Schuman), d'une plus grande notoriété (Jean, Wendel) ou d'un plus grand prestige militaire (Maud'huy).

---

244   Bien sûr, il existe des entre-deux, comme Stuhl (pas une ancienne famille, pas un « revenant ») et Jean (puisqu'il combattit dans l'armée française pendant la Grande Guerre et devint officier).

245   AUDIGIER, François, « Le retour des députés alsaciens au palais Bourbon », [*in*] *Revue d'Alsace*, 144/2018, Actes du colloque « De l'éblouissement tricolore au malaise alsacien. Le retour de l'Alsace à la France 1918-1924 », p. 191-209, <https://doi.org/10.4000/alsace.3479>.

Malgré tous ses atouts personnels, Jean de Bertier faisait face à plus fort que lui. Le candidat le moins légitime fut sans doute Robert Sérot, que Jean de Bertier d'ailleurs contesta, mais sans succès. Du côté des sénateurs, Jean de Bertier ne pouvait rivaliser en prestige ni avec le chanoine Collin, ni avec le général Hirschauer. À tous ces manques, de notoriété, de réseaux et d'expérience s'ajoutaient aussi son empressement et ses maladresses. Ses initiatives contre Sérot d'abord, puis contre Zimmer ensuite, ne pouvaient que l'isoler et le faire apparaître comme celui qui divisait ou qui ne respectait pas sa parole. L'influent *Lorrain* publia d'ailleurs dans ses colonnes une lettre de Zimmer se plaignant de l'attitude de Jean de Bertier :

> Quant au Sénat, M. de Bertier n'en avait jamais parlé et jamais n'avait manifesté la moindre velléité d'y entrer, quand un beau jour sa candidature vint à surgir. Mes amis et moi en fûmes très surpris. À nos yeux, ce ne pouvait être qu'une manœuvre qu'il importait de déjouer au plus vite.

> [Suit la reproduction d'un échange de télégrammes entre Zimmer et Bertier].

> Je n'en dis pas plus long, tous les hommes de bonne foi auront jugé[246].

Cette lettre, publiée quelques jours seulement avant l'élection sénatoriale, compromettait les chances de Jean de Bertier. Ses tentatives de s'imposer coûte que coûte lui seraient longtemps reprochées. Terminons par une anecdote fournissant une bonne illustration de la prétention et de l'ambition déçues de Jean de Bertier. Il laissa le *Thionvillois* suggérer qu'il était un ami du secrétaire général de la présidence de la République et que cette amitié avait pu accélérer l'obtention de la croix de la légion d'honneur à la ville de Thionville[247]. La réalité le rattrapa et il ne fut pas à la fête lors de la visite de Raymond Poincaré, le 15 janvier 1920. Le président de la République parada dans une voiture ouverte, aux côtés de la grande-duchesse Charlotte, du général Fénelon et de… François Zimmer. Jean de Bertier, quant à lui, se retrouva relégué dans une voiture fermée, la neuvième du cortège. Il y était installé en compagnie de Lebert, directeur des chemins de fer d'Alsace-Lorraine ainsi que de… Robert Schuman et Robert Sérot[248]. Il se retrouvait donc en tête-à-tête avec deux adversaires, tandis qu'un autre de ses adversaires recevait les honneurs du président. Gageons qu'il sut se montrer suffisamment *souple* pour ménager l'avenir, même face aux deux très jeunes députés : Robert Schuman n'avait que 34 ans et Robert Sérot 35 alors que le conseiller général Jean de Bertier en avait déjà 42.

2.2. 1920-1921 : les années d'apprentissage

L'inévitable Marteroy avait sagement conseillé à Jean de Bertier de ne pas brûler les étapes : « c'est un gros point de faire partie du conseil général, et

---

246 ADM, 4 MI 126/34, *Le Lorrain*, 5 janvier 1920.

247 ALG, Coupure de presse du *Thionvillois*, 28-29 décembre 1919.

248 ADM, 27 Z 2, Ordre des voitures automobiles faisant partie du cortège officiel [Visite du président de la République du 15 janvier 1920]. Raymond Poincaré s'était déjà rendu à Thionville le 23 août 1919.

l'acheminement direct vers le Palais-Bourbon ; mais il faut de la patience et de la persévérance »[249]. Jean de Bertier devait effectuer son *cursus honorum*, en commençant par l'exercice de mandats locaux. Les prochaines échéances électorales nationales étant prévues pour 1924, Jean de Bertier disposait de suffisamment de temps pour faire son apprentissage d'homme politique[250]. Il veilla à élargir et à fortifier ses réseaux, à se faire pleinement accepter par ses collègues de l'URL et à gagner en expérience dans des assemblées locales (conseil général et conseil consultatif). Malgré ses efforts, Jean de Bertier ne se départit pas de certains points faibles et conserva des adversaires.

2.2.1. Construire et élargir ses réseaux associatifs

Contrairement aux partis de gauche (SFIO, PCF), les forces politiques de droite restaient, au début des années 1920, faiblement structurées. Les réseaux primaient. Un homme politique d'envergure se devait d'en posséder un maximum. François Audigier en identifie huit types : les réseaux familiaux, de formation, professionnels, confessionnels, francs-maçons, politiques, associatifs et enfin les réseaux de presse[251]. Nous avons déjà fait mention du réseau familial de Jean de Bertier ainsi que de son réseau de presse, centré sur le *Thionvillois*. Il possédait un réseau de formation lié à son métier initial d'officier (Saint-Cyr, Saumur, École de guerre), un réseau professionnel lié à ses fonctions d'administrateur de l'ARBED, et un réseau politique par son appartenance à l'URL. Jean de Bertier cumulait donc tous les réseaux, à l'exclusion des réseaux francs-maçons. Concentrons-nous maintenant sur ses réseaux confessionnels et associatifs.

Dans les années 1920, la Moselle comptait plus de 92 % de catholiques et la pratique religieuse restait forte[252]. Un réseau confessionnel développé garantissait un soutien de poids. Au niveau très local, Jean de Bertier s'inscrivit dans la tradition familiale du financement de la paroisse de Manom : chaque année, plus de 1 000 francs furent versés pour des célébrations en l'honneur des membres défunts de la famille[253]. À une échelle plus élargie et de manière plus significative, Jean de Bertier appartenait à l'Action populaire catholique de Lorraine, créée en mars 1919. Plus concrètement encore, les archives révèlent qu'il était en contact

249 ALG, Lettre de Marteroy à Jean de Bertier, 11 janvier 1920 [le jour même des sénatoriales].

250 Le mandat des députés durait 5 ans, celui des sénateurs 9 ans. Cependant, de manière à remettre en place un renouvellement triennal du Sénat, il fut décidé que la durée du mandat des sénateurs élus en janvier 1920 serait de 1 an pour les départements de la série A (Ain à Gard), de 4 ans dans la série B (Haute-Garonne à Oise) et de 7 ans pour la série C (Orne à Yonne). Les sénateurs mosellans devaient donc se présenter de nouveau aux électeurs en 1924 (BERSTEIN, Gisèle, *Le Sénat sous la IIIᵉ République, 1920-1940*, Paris, CNRS Éditions, 2014, p. 20).

251 AUDIGIER, « Les réseaux des parlementaires lorrains de la IIIᵉ République », p. 41-66.

252 DELBREIL, Jean-Claude, « Les parlementaires et les forces politiques en Moselle dans l'entre-deux-guerres », [in] EL GAMMAL, p. 90.

253 ALG, Compte de Bertier – an 1923 [frais de messe], par exemple « fondation Louise de Bertier : 1 service religieux et 8 messes hautes » pour 136,50 francs. Total des dépenses : 1 337 francs en 1921, 1 089,50 francs en 1923.

étroit avec de nombreux curés. Prenons l'exemple de Koch, curé de Sierck, qui le sollicita pour participer au congrès catholique cantonal de 1922 :

> Il y aura 3 réunions dans 3 locaux différents : une réunion pour les hommes et les jeunes gens français – une 2ᵉ pour les hommes allemands – une 3ᵉ pour les jeunes gens allemands. [...] Je vous serais bien reconnaissant si vous vouliez parler, dans la réunion des hommes allemands, de la nécessité de la religion[254].

Cet exemple montre bien comment les réseaux fonctionnaient dans les deux sens. En agréant à la sollicitation, Jean de Bertier gagnait une tribune et espérait le soutien ultérieur du curé. Il est intéressant de remarquer que parmi les autres orateurs se trouvaient Jean Stuhl, Louis Meyer, Guy de Wendel et Robert Schuman, tous parlementaires URL : le parti était intimement lié à la défense du catholicisme. Jean de Bertier occupait sans doute une position privilégiée puisqu'il fut en contact direct avec monseigneur Pelt, l'évêque de Metz, qui lui communiqua en 1921 ses *desiderata* quant au programme de l'URL[255]. On retrouve le même échange de bons procédés que dans le cas du congrès cantonal : soutien de la hiérarchie ecclésiastique en échange de la défense des intérêts catholiques. Même s'« il n'est pas toujours aisé de savoir si tel candidat bénéficiait de l'appui de l'Église », il semble que tout doute puisse être levé dans le cas de Jean de Bertier[256].

Venons-en maintenant au monde associatif. Il serait fastidieux de dresser l'inventaire de l'ensemble des associations dont Jean de Bertier fut membre et/ou auxquelles il accorda des dons. Son mandat de conseiller général lui donnait en tout cas un motif légitime pour subventionner ces associations, qui, en retour, pouvaient augmenter sa popularité et donc faciliter sa réélection. Ce soutien politique en retour n'avait rien d'automatique, d'autant que les associations sollicitaient tous les donateurs potentiels, en distribuant allègrement les titres honorifiques en fonction du montant des dons : membre d'honneur, membre d'honneur perpétuel, président d'honneur, etc.[257]. Il est donc impossible de savoir si les dons aux associations pouvaient efficacement se transformer en voix lors des scrutins. Or, « toute organisation ne constitue pas *a priori* un réseau, elle le devient seulement lorsque la participation à cette organisation est capitalisée politiquement »[258]. Ainsi, le *réseau associatif* de Jean de Bertier était nécessairement plus restreint que le *monde associatif* auquel il participa. Puisqu'il est impossible de délimiter précisément le premier,

254 ALG, Lettre de Koch, curé de Sierck, à Jean de Bertier, 8 mai 1922. Jean de Bertier figurait bien dans le programme publié le 20 mai, mais l'extrait du *Lorrain* du 29 mai rendant compte de la manifestation ne dit rien de son éventuel discours. Remarquons qu'il faut comprendre « hommes [de langue] français[e]/allemand[e] ».

255 ALG, Lettres de monseigneur Pelt, évêque de Metz, à Jean de Bertier, 26 novembre et 7 décembre 1921.

256 AUDIGIER, « Les réseaux des parlementaires lorrains de la IIIᵉ République », p. 53.

257 ALG, Multiples exemples dont le plus abouti est celui de Club lorrain du chien de défense (Lettre à Jean de Bertier, 12 avril 1922) : Jean de Bertier était président d'honneur et un prix à son nom devait être attribué.

258 AUDIGIER, « Les réseaux des parlementaires lorrains de la IIIᵉ République », p. 39.

présentons le second en cherchant les indices des éventuels intérêts politiques de Jean de Bertier.

Il faut ici rappeler l'avantage pour lui de son statut de notable et de ses confortables revenus. Il pouvait soutenir un nombre maximal d'associations, soit en cotisant comme membre, soit sous forme de dons pour l'organisation de tombolas et de loteries. Le plus souvent, la somme dépensée par association s'élevait entre 50 et 100 francs, ce qui représentait une dépense totale de plusieurs milliers de francs par an[259]. Remarquons aussi que Jean de Bertier s'impliqua de manière active dans au moins deux associations : la Sportive thionvilloise et le Syndicat d'initiative de Thionville, dont il devint président effectif[260]. Il existait donc plusieurs degrés d'implication possible, tout comme il existait une hiérarchie des associations. Les multiples combinaisons de ces deux données faisaient que deux hommes politiques disposant chacun d'un réseau associatif pouvaient en réalité détenir des capacités d'influence très différentes. Sans qu'il soit ici possible de comparer le réseau associatif de Jean de Bertier à celui de ses collègues politiques, nous pouvons être certains que l'argent, le temps et l'ambition dont il disposait le poussaient naturellement à maximiser son influence associative. Penchons-nous plus en détail sur deux domaines très investis par le monde associatif et de grande importance politique à l'époque.

Il s'agissait, d'abord, des sociétés patriotiques, parmi lesquelles les associations d'anciens combattants. Ces derniers représentaient dans les années 1920 plus de la moitié du corps électoral[261]. Aucun homme politique ne pouvait se permettre de se les aliéner. Jean de Bertier fut membre d'au moins une dizaine d'associations d'anciens combattants et/ou leur accorda des financements. Certaines agissaient à l'échelle nationale, comme l'Union nationale des combattants, « Au drapeau », les Médaillés militaires, l'Association des anciens combattants des Dardanelles. D'autres étaient plus spécifiquement régionales, comme l'Association des engagés volontaires et anciens combattants de Lorraine, ou l'Amicale des volontaires luxembourgeois de la Grande Guerre[262]. Enfin, certaines opé-

---

259 ALG, Cotisations. Subventions. Remerciements. 1923. Nous ne disposons pas de chiffres aussi précis pour les années antérieures mais rien ne permet de penser qu'il ne contribua pas de la même manière, malgré son élection au Sénat en 1922. Pour l'anecdote, précisons que sa contribution la plus faible fut sa cotisation de membre de la Société d'histoire et d'archéologie de la Lorraine (SHAL – 10 francs seulement) : historiens et archéologues n'ont jamais constitué de gros bataillons électoraux !

260 ALG, Jean de Bertier fut impliqué dès 1920 dans la Sportive (Lettre de C. Schweitzer, secrétaire général, à Jean de Bertier, 23 février 1920). Il devint président du syndicat d'initiative début 1922 (Lettre de P. Lévy, secrétaire, à Jean de Bertier, 26 avril 1922).

261 60 % pour BECKER et BERSTEIN et jusqu'aux deux tiers selon RICHARD, Gilles, *Histoire des droites en France. De 1815 à nos jours*, Paris, Perrin, 2017, p. 181. Rappelons que les femmes restaient exclues du droit de vote.

262 Il ne faut pas oublier la spécificité de la très grande majorité soldats alsaciens-lorrains de la Grande Guerre, qui combattirent dans l'armée allemande et devinrent Français en 1918-1919. On peut de référer à GEORGES, Raphaël, *Les soldats alsaciens-lorrains de la Grande Guerre dans la société française (1918-1939)*, [thèse d'histoire, sous la direction de Jean-Noël GRANDHOMME], 2018, <www.theses.fr/2018STRAG015>.

raient à l'échelle très locale, soit de façon indépendante, soit au titre de sections d'associations plus grandes : les Anciens combattants français de Thionville ou l'Association amicale des officiers de complément de la région de Thionville[263]. Cette énumération montre l'importance de ces associations qui regroupaient en tout 3 millions de Français soit « plus que n'importe quel parti politique, plus que n'importe quel syndicat »[264]. Elles furent le cadre de luttes de pouvoir. Donnons un exemple pour l'année 1924. Le vice-président des Anciens combattants français de Thionville se plaignit des agissements de l'abbé Heckmann, président des Engagés volontaires. Ce dernier souhaitait cumuler les deux présidences et n'hésita pas à s'en prendre à Jean de Bertier, lequel fut appelé par ses partisans à la rescousse :

> [Heckmann affirme que] de nombreux engagés volontaires alsaciens-lorrains (presque tous employés des chemins de fer) avaient quitté notre association, parce que nous avions appelé à la présidence d'honneur notre sénateur monsieur le comte de Bertier, faisant ainsi de la politique, ce que nous défendent nos statuts.[…]

> Tous sont résolus à barrer la route à notre ancien et si peu digne président [Heckmann] et je suis sûr qu'en cela vous nous aiderez[265].

L'enjeu était bel et bien le contrôle d'une ou plusieurs associations. Les implications politiques locales semblaient claires : le soutien ou non à Jean de Bertier. Aussi importantes fussent-elles, les associations d'anciens combattants se concentrèrent cependant essentiellement sur la défense des pensions et les demandes de revalorisation. Antoine Prost parle même de « marginalité du mouvement combattant dans le système politique »[266]. C'est ce qui ressort également des archives de Lagrange : devenu parlementaire, Jean de Bertier reçut de la part des différentes associations de multiples sollicitations, toujours centrées sur la question des pensions[267].

Le second domaine à forte potentialité électorale était représenté par les associations agricoles. Jean de Bertier présida dès septembre 1920 le comice agricole de Thionville-est, une association déjà importante et qui continua son essor les années suivantes.

---

263 ALG, Multiples courriers adressés par ces associations à Jean de Bertier.
264 ABBAD, p. 30.
265 ALG, Lettre du vice-président de l'Association des anciens combattants français de Thionville à Jean de Bertier, 1er août 1924. Nous retrouverons Heckmann plus loin dans notre étude.
266 PROST, Antoine, *Les anciens combattants 1914-1940*, Gallimard/Julliard, 2014 [1977], p. 264. L'auteur va jusqu'à écrire que « les combattants parlent dans le désert » (p. 265) s'ils abordent un autre sujet que les pensions. Rappelons que la revalorisation de ces dernières était rendue nécessaire par l'inflation, mais que, vu le nombre d'anciens combattants, les dépenses ainsi générées grevaient le budget…
267 ALG, Multiples sollicitations en ce sens.

Tableau 40: Effectifs et moyens (en francs) du comice agricole de Thionville-est (1920-1925)[268].

Année	Adhérents	Cotisation par membre	Recettes	Dépenses
1920	1 333	5	11 019	10 277
1921	1 565	8	31 854	31 711
1922	1 504	10	22 716	21 753
1923	1 505	10	27 954	26 011
1924	1 575	10	32 524	30 855
1925	1 617	?	-	-

Cette influence ainsi acquise sur les agriculteurs était un investissement électoral pertinent car ces derniers représentaient au niveau national 43 % des électeurs inscrits en 1921... et encore en 1926[269]. Plus localement, Thionville et le bassin ferrifère continuaient certes leur industrialisation, mais une grande partie des ouvriers des mines et des usines étaient des étrangers et ne votaient donc pas. Quant aux ouvriers français, la plupart gardaient une mentalité paysanne[270]. En s'investissant particulièrement dans les associations patriotiques et agricoles, Jean de Bertier ciblait opportunément les deux plus gros bataillons électoraux. Il faut encore adjoindre les activités de Marie-Louise. Elle créa le comité local de la Croix-Rouge de Thionville, présida le groupement thionvillois de la Ligue patriotique des Françaises et la section départementale de l'Union nationale pour le vote des femmes[271]. Nul doute que son activisme contribua à élargir encore les réseaux de son mari. Pendant les années 1920-1921, les époux développèrent leur investissement associatif et Jean de Bertier disposa ainsi d'un réseau puissant pour servir ses desseins électoraux. Suite à son succès aux sénatoriales de 1922, ce réseau s'étoffa encore tant il est vrai que « l'étendue des réseaux pourrait apparaître autant comme la manifestation de réussite politique de l'élu que comme la condition de possibilité de ce même succès »[272].

2.2.2. Faire sa place au sein de l'URL

Intéressons-nous à la façon dont Jean de Bertier réussit à s'intégrer à l'URL et à faire de ce parti un réseau politique à son profit. L'Union républicaine lorraine fut

268 ADM, 307 M 69, Lettre du président du comice agricole de Thionville-est au préfet de la Moselle, 20 avril 1925.
269 ADOUMIÉ, p. 141. Les effets de la baisse du nombre d'actifs agricoles ne se firent sentir qu'à la fin des années 1920. De nos jours, les agriculteurs représentent moins de 1 % des électeurs inscrits.
270 BONNEFONT, Jean-Claude, « L'essor industriel et la crise », [in] BONNEFONT, p. 182-183 et ROTH (dir.), *Histoire de Thionville*, p. 226.
271 ALG, Coupure de presse sur la grande fête de charité de la Croix-Rouge, 28 novembre [1926], Lettre de Madame [Brin ?] à Marie-Louise, 9 février [1921 ?] et Lettre de mademoiselle Bazy à Marie-Louise, 19 août [1921 ?].
272 AUDIGIER, « Les réseaux des parlementaires lorrains de la IIIᵉ République », p. 70.

fondée en mars 1919 sous l'impulsion du chanoine Collin, de l'abbé Hackspill et de Robert Schuman. Cette nouvelle formation politique résultait de la fusion de deux anciens partis dominants à l'époque allemande : d'une part, le Parti lorrain indépendant, associé au chanoine Collin et au *Lorrain*, et, d'autre part, le *Zentrum* ou centre catholique, associé à l'abbé Hackspill et à la *Volksstimme*, refondée en *Lothringer Volkszeitung* en 1919. La situation particulière de la Moselle empêchait tout parti français d'envergure nationale de s'y implanter efficacement, si bien que l'URL se retrouva en position très dominante. Les deux autres partis présents, la section départementale de la SFIO et la LRLF ne pouvaient rivaliser. L'URL appela à l'unité et même à l'union sacrée derrière trois piliers de son programme : la défense des intérêts religieux (maintien du concordat et de l'école confessionnelle), l'opposition à la gauche et la fermeté face à l'Allemagne[273].

Cette unité apparente cachait en réalité de forts clivages, hérités de la double origine du parti. On distinguait les départementalistes (en faveur d'une réintégration rapide dans le cadre juridique français) des particularistes (souhaitant le maintien ses spécificités ou « particularismes » locaux), les francophones des germanophones et les conservateurs des « sociaux », plus enclins aux réformes sociales[274]. Globalement, le chanoine Collin incarnait plutôt les départementalistes, francophones et conservateurs alors que l'abbé Hackspill représentait davantage les particularistes, germanophones et sociaux. Robert Schuman se situait dans un entre-deux dans lequel la majorité de la population se reconnaissait. La situation se retrouvait encore compliquée par l'entrée en politique des « nouveaux venus » ou « revenants » comme Jean de Bertier qui étaient des « personnalités individualistes » sans lien avec les partis antérieurs à l'URL[275].

Nous avons vu que l'unité de l'URL fut mise à rude épreuve dès les premières élections. Jean de Bertier faillit rejoindre la LRLF à l'occasion des législatives de novembre 1919. Il obtint certes l'investiture de l'URL pour les cantonales de décembre mais se présenta – avec d'autres – contre les candidats officiels de l'URL aux sénatoriales de janvier. Trois des cinq élus furent d'ailleurs des candidats dissidents : Hirschauer, Bompard et Marguerie. Cette incapacité à imposer les candidats désignés révélait la faiblesse du parti : « sous cette unité de façade se cachait une organisation qui n'était pas, à proprement parler, un parti politique. C'était bien plus un rassemblement circonstanciel de personnalités et de groupements conservateurs »[276]. L'URL était donc une formation politique très faiblement structurée et parcourue par de forts clivages.

Suite à son échec aux sénatoriales de janvier 1920, Jean de Bertier fit profil bas. *L'Est républicain* se moqua encore des années plus tard de sa souplesse : « M. Guerber, qui, élu contre l'URL, n'éprouve pas le désir d'aller se jeter aux

273 DELBREIL, « Les parlementaires et les forces politiques en Moselle », p. 88-89 et 92-93.
274 *Ibidem*, p. 98-99.
275 *Ibidem*, p. 98-99 et 101.
276 PENNERA, p. 219. François ROTH parle d'« un syndicat d'élus et d'éligibles aux contours flous » (*La Lorraine annexée*, p. 673).

pieds des dirigeants de ce parti pour faire amende honorable, comme le fit un de nos actuels sénateurs au lendemain des élections de 1920 »[277]. Jean de Bertier avait compris qu'il lui fallait obtenir l'investiture du parti pour maximiser ses chances d'élection. Il s'impliqua donc dans la vie du parti et son organisation. Au cours de l'année 1920, il devint membre du comité central puis, en janvier 1921, l'un des vice-présidents de la formation. Il proposa même les grandes lignes du nouveau programme du parti, à adopter en 1921[278]. De son côté, l'URL avait également intérêt à garder Jean de Bertier dans sa mouvance. Les bons résultats de la LRLF à Thionville aux législatives de novembre 1919 avaient prouvé que Jean de Bertier disposait d'un bastion électoral, et l'URL savait rallier les vainqueurs et futurs vainqueurs : n'oublions pas que, le jour des sénatoriales, la dissidence n'avait duré qu'un tour de scrutin.

Cependant, malgré ses efforts, Jean de Bertier peina à faire prévaloir ses vues au cours des années 1920-1921. Il souhaitait sans doute une organisation et une discipline plus fortes, au service, bien sûr, d'une future candidature de sa part. Prenons l'exemple de cette question de Schuman : « comment constater qu'un sénateur ou un député appartient au parti ? ». Jean de Bertier proposa une procédure fixe et formelle, à savoir que chaque parlementaire demandât son admission à l'assemblée générale. Il ne fut pas suivi : « plusieurs membres, en particulier messieurs Jung et Schuman, insistent sur la nécessité de maintenir l'union »[279]. L'URL resta donc un ensemble très lâche, menacé d'éclatement tout au long des années 1920 et 1921[280]. Tout portait à croire que les dissidences se maintiendraient à l'avenir : l'URL ne constituait donc pas un réseau politique fiable pour Jean de Bertier. Ceci était d'autant plus vrai que la consultation des procès-verbaux des réunions révèle la primauté de Robert Schuman, même si François Roth affirme que « [Robert Schuman] ne dirigea ni ne contrôla jamais l'URL »[281]. Force est pourtant de constater que c'était lui qui s'exprimait le plus. Il n'hésitait pas à s'imposer à ses collègues en mettant en avant son statut de parlementaire et sa connaissance des dossiers[282]. Or, n'oublions pas que Jean de Bertier s'était opposé à Schuman à l'automne 1919. Si les deux hommes n'étaient peut-être plus adversaires en 1920-1921, ils conservèrent, semble-t-il, des « relations distantes [...] autant politiquement que personnellement »[283]. Jean de Bertier, ancien officier, élevé dans l'idée de la revanche et volontiers nationaliste ne ressemblait pas au futur père de l'Europe :

277 ALG, Coupure de presse de *l'Est républicain*, septembre 1924.
278 ALG, Lettre de l'URL à Jean de Bertier, 25 janvier 1921 et Procès-verbal de la réunion du comité central du 21 mai 1921. Ce fut dans le cadre de l'élaboration du programme de l'URL que Jean de Bertier communiqua avec monseigneur Pelt, évêque de Metz.
279 ALG, Procès-verbal de la réunion du comité central du 21 mai 1921. Nicolas Jung avait succédé au chanoine Collin comme président de l'URL à la fin de l'année 1920.
280 DELBREIL, « Les parlementaires et les forces politiques en Moselle », p. 100 et 102.
281 ROTH, *Robert Schuman. Du Lorrain des frontières au père de l'Europe*, Paris, Fayard, 2008, p. 124.
282 ALG, Procès-verbaux de la réunion du comité central, 21 mai 1921, du bureau, 2 juillet 1921 et 5 novembre 1921 et de l'assemblée générale départementale, 28 novembre 1921.
283 PENNERA, p. 234.

Schuman n'avait pas le sens de la frontière, car il se sentait chez lui dans tout l'espace lotharingien, en Lorraine, en Alsace, au Luxembourg, en Belgique et dans les pays du Rhin. Le nationalisme, dont il avait mesuré les risques mortels, lui était étranger[284].

Jean de Bertier resta donc une figure secondaire de l'URL au cours des années 1920-1921. À ce réseau lié au parti et à la fiabilité limitée dans la perspective de futures échéances électorales, Jean de Bertier adjoignit un autre type de réseau politique, reposant sur les élus avec lesquels il travaillait en tant que conseiller général.

2.2.3. Gagner de l'expérience par l'exercice de mandats locaux

À la fin de l'année 1919, Jean de Bertier avait été élu maire de Manom et conseiller général du canton de Thionville. Le mandat de maire accordait un « triple statut politique : il [était] tout à la fois exécutif de la commune [...], président du conseil municipal et représentant de l'État à l'échelle de la commune »[285]. Quelle charge de travail cela représentait-il ? Dans une petite commune comme Manom, les tâches administratives pouvaient être accomplies en une demi-journée hebdomadaire. Toutefois, de par leur place très particulière, les maires étaient régulièrement amenés à consacrer bien plus de temps à leurs administrés :

> Dans les communes rurales, il supplée un peu le juge de paix en arbitrant des conflits de voisinage ou en réconciliant des époux. C'est vers lui que l'on converge en cas de catastrophe. Un accident ? La grêle ? Une inondation ? On se réunit autour de « monsieur le maire ». Plus proches des habitants en raison de la petite taille des communes, les maires sont des notables envers qui la population retrouve les réflexes féodaux : en cas de péril, on se tourne vers eux[286].

Les archives recèlent l'exemple d'une telle intervention. L'institutrice de Manom appela Jean de Bertier à l'aide, contre les violences d'un certain Kaiffer :

> Depuis bientôt deux mois Kaiffer ne cesse de me menacer, chaque fois qu'il me voit seule. J'avais tout d'abord pensé en aviser la gendarmerie et mes chefs, mais je crois de mon devoir de vous en instruire le premier et d'attendre le résultat de votre intervention. En tant que chef de la commune, vous me devez votre protection. Vous me l'avez d'ailleurs promise à mon arrivée[287].

On retrouve ici les pouvoirs de police du maire, les plus sollicités, et les plus difficiles à appliquer. Jean de Bertier les exerça efficacement et en fut remercié[288].

---

284 ROTH, *Robert Schuman*, p. 201.

285 BILLARD, *Le métier de la politique*, p. 185. Les tâches administratives de représentant de l'État étaient « les plus nombreuses et les plus ingrates ». Les décisions importantes nécessitaient l'accord du conseil municipal mais ce dernier et ses délibérations étaient, la plupart du temps, sous la coupe du maire (p. 167).

286 *Ibidem*, p. 189.

287 ALG, Lettre de mademoiselle Adam, institutrice à Manom, à Jean de Bertier, 8 août 1923. Nous sortons ici du cadre 1920-1921 mais le fait que Jean de Bertier fût devenu sénateur ne jouait pas : « en tant que chef de la commune ».

288 ALG, Lettre de mademoiselle Adam, institutrice à Manom, à Jean de Bertier, 29 août 1923.

Au conseil général, ses collègues et lui n'avaient qu'un pouvoir consultatif. Le pouvoir exécutif appartenait au préfet, qui assistait d'ailleurs aux débats. Néanmoins, l'assemblée départementale était un lieu d'apprentissage majeur pour tout nouvel homme politique. La presse rendait compte des délibérations[289]. De plus, c'était le cadre idéal pour se faire reconnaître et apprécier par ses pairs. Jean de Bertier ne fut pas dépaysé. Lui, le notable qui avait développé son réseau en direction des associations agricoles, se retrouva dans une assemblée justement dominée par les notables ruraux conservateurs[290].

Jean de Bertier s'impliqua dans les travaux du conseil général de la Moselle comme il s'investit dans l'URL. Il fut un membre assidu de la commission départementale, organe se réunissant en dehors des deux sessions plénières annuelles. Ces dernières ne donnaient lieu qu'à des débats très limités. Le plus souvent, seuls les différents rapporteurs des questions à l'ordre du jour s'exprimaient et l'assemblée suivait leurs avis dans son vote. Qui voulait gagner de l'expérience et de la visibilité se devait donc d'être rapporteur. Jean de Bertier effectua ce travail au titre de la 3e commission (affaires générales), dont il fut vice-président. Ses rapports, longs et précis, montrent, sinon son perfectionnisme, du moins son application[291]. Ses échecs initiaux lui avaient fait prendre conscience de ses faiblesses. Il se devait de gagner en légitimité, en obtenant l'assentiment de ses pairs devant un travail bien fait.

Jean de Bertier soigna également sa notoriété par un habile travail de communication en direction des élus de son canton. Prenons l'exemple de lettres de plusieurs maires le remerciant de l'obtention de subventions départementales supplémentaires en faveur des sapeurs-pompiers : « mes meilleurs remerciements pour vos peines que vous avez eues », « grâce à votre active intervention »[292]. Jean de Bertier n'avait donc pas omis de se mettre en avant. Pourtant, l'examen des délibérations de la commission départementale conduit à fortement nuancer son activisme présumé. Des 9 000 francs supplémentaires à répartir, l'arrondissement de Thionville-est ne toucha que 1 170 francs alors que les arrondissements de Forbach et de Sarrebourg reçurent respectivement 1 535 et 2 150 francs[293]. Jean de Bertier fut donc un conseiller général appliqué et habile. Il se bâtit, à partir des autres conseillers généraux et des maires, un nouveau réseau politique, non directement lié à l'URL. Il gagna par ce biais une expérience des dossiers, une crédibilité politique et une notoriété élargies, toutes choses très utiles à un apprentissage réussi du métier[294].

289 BILLARD, *Le métier de la politique*, p. 166.
290 ROTH, *La Lorraine annexée*, p. 675 : « ce ne fut pas le moindre paradoxe de cette région industrielle que de confier presque jusqu'à nos jours la majorité de ses mandats politiques à des représentants du monde rural ».
291 ADM, 72 N 2, 72 N 3, 72 N 4 : délibération du conseil général pour les années 1920 à 1922.
292 ALG, Lettres des maires de Hettange-Grande et Waldwisse à Jean de Bertier, 18 novembre 1921.
293 ALG, Procès-verbaux des délibérations de la commission départementale, mois de septembre 1921 à mars 1922, séance du 12 novembre 1921.
294 AUDIGIER, « Les réseaux des parlementaires lorrains de la IIIe République », p. 72.

Au cours de ces mêmes années, Jean de Bertier fut membre d'une autre instance : le conseil consultatif. Expliquons-en d'abord les origines. Le retour de l'Alsace-Lorraine à la France ne se fit pas sans difficulté. Les trois nouveaux départements avaient évolué pendant 48 ans dans un cadre politique et administratif distinct, si bien que la législation et la réglementation en vigueur y différaient de celles du reste de la France. Les deux éléments les plus connus de ce « statut local » étaient le régime concordataire et le caractère confessionnel des écoles primaires, dont le maintien avait été promis dès 1914 par les autorités françaises[295]. En 1919, des instances spécifiques furent mises en place à Strasbourg pour mener à bien la réintégration des trois départements dans le cadre juridique français : un commissariat général, « véritable gouvernement », dont dépendaient plusieurs directions, « véritables petits ministères » selon Joseph Schmauch[296]. Le dispositif fut complété en 1920 par la création d'un conseil consultatif composé de 35 membres : 5 conseillers nommés, ainsi que 1 sénateur, 2 députés et 7 conseillers généraux par département. La Moselle fut représentée par le sénateur Collin, les députés Schuman et Wendel. Le conseil général se réunit pour élire parmi ses membres les 7 délégués qui le représenteraient à Strasbourg. 26 candidats se présentèrent dont 6 furent élus à l'issue du 2ᵉ tour de scrutin : Éverlé, Finck, Jung, Mansuy, Paqué et Rollin. Un 3ᵉ tour fut nécessaire pour désigner le 7ᵉ et dernier représentant. Les votes se répartirent ainsi : Bertier 15, Weber 13, Bour 5 et Couturier 1[297]. Jean de Bertier réussit donc à se faire élire, mais d'extrême justesse. Il était le seul des 7 élus à ne pas avoir atteint la majorité absolue, ni au 2ᵉ, ni même au 3ᵉ et dernier tour. Ce succès sur le fil révèle combien la position de Jean de Bertier restait encore précaire en cette fin d'année 1920. Son réseau politique s'était certes développé mais il s'avérait encore insuffisant à garantir un succès électoral.

Bien que purement « consultatif », le conseil prit un caractère politique, de par sa composition et l'ouverture des sessions aux journalistes et au public[298]. Le conseil gagna aussi en influence grâce à certains de ses membres, des personnalités de premier plan que Christian Pennera appelle les « ténors du conseil consultatif »[299]. On y trouve bien sûr Robert Schuman et, naturellement, Jean de Bertier n'y figure pas. Toutefois, le conseil consultatif, provisoire, ne réussit pas à devenir une tribune politique majeure, et certains même lui refusaient toute légitimité, à l'image

---

295 DELBREIL, « Les parlementaires et les forces politiques en Moselle », p. 88-89. Remarquons que régime concordataire et école confessionnelle étaient un héritage français, auquel le régime allemand n'avait pas touché, mais qui, entre temps, avait été défait en France par les lois scolaires de Jules Ferry de 1881-1882 puis par la loi de séparation des Églises et de l'État de 1905.

296 SCHMAUCH, Joseph, *Réintégrer les départements annexés. Le gouvernement et les services d'Alsace-Lorraine (1914-1919)*, Metz, Éditions des Paraiges, 2019, p. 454-455.

297 ALG, Relevé manuscrit par Jean de Bertier des suffrages exprimés lors de l'élection au conseil consultatif, 20 octobre 1920. L'élection au 2ᵉ tour nécessitait la majorité absolue [18/34 votants].

298 ECCARD, Frédéric, « L'Alsace et la Lorraine sous le commissariat général et après sa suppression », *Revue politique et parlementaire*, octobre-novembre 1925, p. 210. L'ouverture des sessions aux journalistes et au public ne se fit que dans un second temps.

299 PENNERA, p. 104-105.

de René Gourdiat : « le conseil consultatif aura coûté aux contribuables beaucoup d'argent, il n'aura en somme rien fait de pratique »[300].

Sans entrer dans le fond des débats, essayons de déterminer en quoi son mandat au conseil consultatif permit à Jean de Bertier d'approfondir son apprentissage de la politique. Commençons par déterminer son assiduité et son activité. Le conseil consultatif se réunissait lors de quatre sessions annuelles, chacune durant plusieurs jours. Entre novembre 1920 (première réunion) et janvier 1922, Jean de Bertier assista à 36 séances sur 39 : son assiduité ne fait pas de doute. Tentons de déterminer son activité en la comparant à celle de ses collègues mosellans.

Tableau 41: Activité des délégués de la Moselle au conseil consultatif (novembre 1920-janvier 1922)[301].

Conseiller	Activité	11/1920	1/1921	4/1921	7/1921	10/1921	1/1922	Total
Collin*	Interventions	1	1				5	7
	Rapports							0
Schuman	Interventions	3	20		9	26	14	72
	Rapports			1			1	2
Wendel	Interventions	3	12	1	5	1	4	26
	Rapports					2		2
Éverlé	Interventions	1		2	1	1		5
	Rapports			1			1	2
Finck	Interventions							0
	Rapports							0
Jung	Interventions		4				1	5
	Rapports		1	1	1			3
Mansuy	Interventions							0
	Rapports							0
Paqué	Interventions	1	7	3	4	1		16
	Rapports		1					1
Rollin	Interventions		1	2				3
	Rapports		1	1	2	1		5
Bertier	Interventions	1	5	4	15	8		33
	Rapports		3	1	4			8

*Le chanoine Collin, décédé à la fin novembre 1921, fut remplacé par le général Hirschauer.

Ce tableau, évidemment, a ses limites. Il faudrait prendre en compte la longueur et la qualité des différents rapports, les sujets traités, et s'interroger sur la part du conseiller en question dans sa rédaction. Il en est de même pour les interventions,

---

300   ALG, Coupure de presse du *Thionvillois*, 9 juillet 1921.
301   ADM, 577 PER 1920 et 577 PER 1921, Procès-verbaux des séances du conseil consultatif d'Alsace-Lorraine.

plus ou moins longues et convaincantes[302]. Pour obtenir une image plus fiable de la réalité, il faudrait donc pondérer tous ces chiffres. Ces résultats bruts permettent toutefois d'établir une hiérarchie quant à l'activité déployée par les différents représentants de la Moselle à Strasbourg. Sans surprise, Robert Schuman dominait de loin ses collègues : il était bel et bien un « ténor ». On pouvait d'ailleurs s'attendre à ce que, de par la nature de leur mandat, leur réseau et leur expérience, les parlementaires fussent plus volubiles que les conseillers généraux. Deux exceptions révélatrices apparaissent : l'inactivité du chanoine Collin, et la suractivité de Jean de Bertier, dépassant Guy de Wendel, pourtant député. On pourrait même, au vu des résultats du tableau, croire que les trois parlementaires mosellans étaient Schuman, Wendel et… Bertier. Déjà le parlementaire perçait sous le conseiller général.

L'assiduité et l'investissement de Jean de Bertier s'expliquent tant par son intérêt pour la chose publique que par son ambition d'acquérir et de maîtriser les ficelles du métier. Son mandat au conseil consultatif lui permit de se perfectionner de trois façons. D'abord, il côtoya des députés et des sénateurs, sur lesquels il put prendre exemple. Ensuite, le conseil consultatif s'intéressait aux trois départements recouvrés : Jean de Bertier élargit son horizon politique au-delà du seul département de la Moselle. Enfin, les questions abordées étaient souvent très techniques et son activité de rapporteur lui permit de se familiariser avec cet aspect fondamental du travail de parlementaire. Il faut y ajouter que le mandat de Jean de Bertier au conseil consultatif était connu de ses administrés et lui valut des demandes d'intervention[303]. En étant membre du conseil consultatif, Jean de Bertier démultiplia les occasions de gagner en expérience et donc en crédibilité. Cet apprentissage accéléré du métier lui permit-il de faire oublier ses débuts difficiles et de faire consensus autour de sa personne ?

2.2.4. Points faibles et adversaires

Afin de traiter ce point, élargissons l'horizon chronologique aux années 1919 à 1926. Points faibles et adversaires sont intimement liés. Les défauts de Jean de Bertier pouvaient être exploités par ses opposants. Ces derniers peuvent être classés en deux catégories : les adversaires externes à l'URL et les adversaires internes à l'URL. Les premiers correspondaient à la gauche en général et, très rapidement et plus précisément, au seul parti communiste. En effet, la très grande majorité des socialistes mosellans rallièrent le parti communiste, né de la scission de la SFIO

---

302 Nous appelons « intervention » toute prise de parole au cours des débats. Elles peuvent être longues ou très courtes, et sont donc difficilement comparables. Néanmoins, relever le nombre d'interventions, ou prises de paroles, permet de montrer de nettes différences entre les membres du conseil consultatif : il s'agit donc d'une méthode efficace, permettant de hiérarchiser l'influence des membres.

303 ALG, Lettre du secrétaire trésorier de la Société des fonctionnaires, instituteurs et employés alsaciens-lorrains exilés pendant la guerre (siège de Metz) à Jean de Bertier, 14 décembre 1921. L'auteur s'adresse à Jean de Bertier sous les vocables de « monsieur le conseiller général » mais aussi « monsieur le député [au conseil consultatif] ».

au congrès de Tours de 1920[304]. Le nouveau parti resta très minoritaire en France, mais obtint quelques bons résultats dans certains départements, dont la Moselle[305]. Le canton de Thionville était même « le plus rouge de tout le département »[306]. Or, c'était justement là que Jean de Bertier obtenait ses mandats locaux de maire et de conseiller général. Le résultat des différentes élections de 1919 à 1926 montre la puissance des socialistes puis des communistes.

Tableau 42: Comparaison des voix obtenues aux élections législatives de 1919 et aux cantonales partielles de 1926 dans le canton de Thionville[307].

Législatives de novembre 1919	URL	LRLF	Socialistes unifiés
Canton de Thionville	7 642	4 240	9 314
…dont Manom	65 à 74	70 à 78	134 à 137
Cantonales de novembre 1926	**Gabriel Mauclaire (URL)**		**Émile Fritsch (parti communiste)**
Canton de Thionville	1 964		1 920
… dont Manom	141		159

Nous avons, à dessein, choisi deux élections auxquelles Jean de Bertier ne participa pas et qui encadrent sa carrière politique. La cantonale partielle organisée en novembre 1926 suite à son décès fut extrêmement serrée, Gabriel Mauclaire ne l'emportant que par 44 voix. À Manom, le candidat communiste rassembla même la majorité des voix. Jean de Bertier ne disposait donc pas d'une circonscription électorale facile. Tous ses atouts, tous ses réseaux n'étaient pas de trop pour se faire élire et réélire. Aucune élection ne fut pour lui gagnée d'avance. Un brouillon de sa main retrouvé dans les archives révèle qu'il envisagea la défaite dans son propre fief de Manom, lors des municipales de 1925[308]. Dans ces batailles électorales locales, ses opposants de gauche reprochaient à Jean de Bertier son statut de notable.

---

304 ROTH, *La vie politique en Lorraine au XXᵉ siècle*, p. 40.

305 SCHOR, *Histoire de la société française au XXᵉ siècle*, p. 185. Les autres « isolats » géographiques dont parle l'auteur étaient le Nord-Pas-de-Calais, le Bas-Rhin et la ceinture rouge de Paris.

306 PENNERA, p. 265.

307 ADM, 303 M 53, Procès-verbal du recensement général des votes émis dans les collèges électoraux du département de la Moselle. 1ᵉʳ tour de scrutin et 303 M 70, Élection du 7 novembre 1926 au Conseil général dans le canton de Thionville en remplacement de Monsieur le comte de Bertier. Les résultats du type « 65 à 74 » peuvent surprendre, ils s'inscrivent dans le cadre d'un scrutin de liste départemental et signifient, dans notre exemple, que les candidats URL obtinrent de 65 à 74 voix individuellement, la ligne « canton de Thionville » les additionnant toutes, pour les 8 candidats à élire. On comprend ainsi l'écart entre les suffrages obtenus en 1919 (pour 8 candidats) et en 1926 (pour un seul candidat), dans un contexte de forte croissance démographique.

308 ALG, Manuscrit de Jean de Bertier, sans date, [1925] : « Dimanche dernier à Manom, de dangereuses utopies [le communisme] l'ont emporté sur les doctrines d'ordre, de travail, de paix religieuse et sociale ». Jean de Bertier ne perdit pas les élections mais redouta peut-être la défaite, et, à travers ce brouillon, s'y prépara sans doute.

Ses libéralités étaient, à leurs yeux, une façon d'acheter les voix de ses administrés, comme le texte de l'affiche bilingue suivante l'atteste :

> Électeurs de Manom. Ne votez pas pour le Capitaliste et le corrupteur de vote. Se ne sont que ses intérêts personels qui sont en jeux et qu'il veut saufgarder (sic).
>
> *Waehler von Manom. Wählet nicht für den kapitalistischen Wahlbestecher. Sein Bier würdet ihr teuer bezahlen denn nur seine eigenen Interessen leiten seine Handlungen*[309].

Le concept de corruption, difficile à définir, désignait, au sens strict, l'achat direct de suffrages par un candidat. Une telle pratique, illicite, était très minoritaire. Nathalie Dompnier considère que la pratique dominante, acceptée et attendue, correspondait à des distributions et libations offertes par les candidats à l'ensemble des électeurs. Les campagnes prenaient ainsi un tour festif. Il n'est donc pas étonnant que l'affiche précédemment mentionnée parle de bière, certainement offerte par Jean de Bertier, mais faussement gratuite : aux yeux des communistes, les électeurs votant pour lui en paieraient par la suite les conséquences politiques[310]. Les bons résultats électoraux du parti communiste et l'activisme de ses candidats poussèrent-ils Jean de Bertier à recourir à des moyens peu glorieux pour les affaiblir ? C'est ce qu'affirma le *Républicain*. Jean de Bertier aurait payé des détectives pour enquêter sur Émile Fritsch : « malheureusement pour lui, il ne trouva à l'actif de son adversaire ni une courbette devant le drapeau rouge ni certaines autres choses sur lesquelles ses électeurs de Thionville sont surabondamment édifiés »[311]. Ainsi, Jean de Bertier aurait aussi eu recours aux polémiques, aux attaques personnelles, à la désinformation.

Venons-en maintenant aux adversaires internes à l'URL. Nous avons déjà montré comment Jean de Bertier peina à se faire investir par le parti, et comment son attitude de 1919-1920 lui valut des inimitiés. Ses relations restèrent toujours très compliquées avec Robert Schuman, précocement reconnu comme la figure majeure de la vie politique mosellane. Jean de Bertier ne pouvait que rester dans son ombre. Fut-il blessé dans son orgueil de se voir dépassé par un homme politique plus jeune et promis à un brillant avenir ? Leurs mauvaises

---

309 ALG, Affiche électorale bilingue hostile à Jean de Bertier, sans date [sans doute à l'occasion des municipales de mai 1925]. Remarquons que Jean de Bertier n'était pas nommément cité quoiqu'aisément reconnaissable et qu'une phrase très parlante en allemand n'était pas traduite : « *sein Bier würdet ihr teuer bezahlen* ». Les rédacteurs étaient manifestement germanophones, ce qui correspond bien au « parti communiste au sein duquel l'héritage culturel allemand reste très vivace » (ROTH, *La vie politique en Lorraine au XXᵉ siècle*, p. 40).

310 DOMPNIER, Nathalie, « Corruption ou système d'échange local ? Des normes en concurrence pour une définition de la légitimité électorale en France sous la IIIᵉ République », *[in]* MONIER Frédéric, DARD, Olivier et ENGELS, Jens Ivo (dir.), *Patronage et corruption politiques dans l'Europe contemporaine. Les coulisses du politique à l'époque contemporaine XIXᵉ-XXᵉ siècles*, Paris, Armand Colin, 2014, p. 127-140. Bien sûr, « *sein Bier würdet ihr teuer bezahlen* », littéralement « vous payeriez cher sa bière » sous-entend une bière offerte par Jean de Bertier, et non bue par lui.

311 ALG, Coupure de presse du *Républicain*, 4 juillet 1925.

relations contrarièrent-elles l'ascension de Jean de Bertier au sein de l'URL ? Il est très difficile d'y répondre. Remarquons toutefois que l'un des ennemis locaux de Jean de Bertier, l'abbé Heckmann, fut par la suite l'un des principaux collaborateurs de Schuman à Thionville... De plus, Christian Pennera, utilisant sans doute des sources favorables à Robert Schuman, dépeignit très négativement Jean de Bertier à propos de sa tentative de candidature aux législatives de 1919 : « il fallut toute la vigueur des dirigeants messins de l'URL pour venir à bout de cette *initiative sauvage*. [...] Bertier soutint *avec acharnement* une liste concurrente de celle de l'URL »[312]. Cependant, ici aussi, la position de force de Schuman au sein de l'URL put être pour Jean de Bertier une source d'émulation. Les deux hommes se côtoyèrent au conseil consultatif et nul doute que Jean de Bertier bénéficia de l'expertise juridique d'un Robert Schuman pour améliorer ses propres compétences politiques.

Jean de Bertier ne manquait donc pas d'adversaires. Ils utilisèrent à son encontre le medium majeur du temps, à savoir la presse écrite. Nous trouvons ici le principal point faible de Jean de Bertier. Seul un journal lui apporta un soutien indéfectible : *le Thionvillois*, devenu *la Moselle républicaine* en mars 1921 et qui « malgré des difficultés de toutes sortes, [...] dure 6 ans jusqu'en 1927, grâce, semble-t-il, à des fonds d'origine patronale »[313]. Nul doute que Jean de Bertier y contribua grandement. D'ailleurs, le journal fit faillite quelques mois après son décès... Toutefois, *la Moselle républicaine* n'était qu'une publication locale, au tirage limité, elle-même concurrencée à Thionville[314]. Christian Pennera ne s'y intéresse même pas dans sa réflexion à propos des rapports entre Robert Schuman et la presse mosellane. De façon intéressante, il distingue une « presse amie » (*le Lorrain, die Lothringer Volkszeitung, le Courrier de Metz, le Courrier de la Sarre*) d'une « presse ennemie » (*le Messin, le Metzer freies Journal* [futur *Républicain lorrain*] et *le Cri de Metz et de la Moselle*). Peut-on établir le même classement dans le cas de Jean de Bertier ? Il faudrait séparer deux périodes. Suite à son élection au Sénat en 1922, il devint, au même titre qu'un Schuman, une figure établie de la vie politique et l'on retrouve les mêmes soutiens et les mêmes adversaires. Il faut d'ailleurs ajouter parmi ces derniers la *Volkstribüne* communiste. Quant au *Messin*, c'était un titre fidèle à l'URL mais « *le Messin* adore la polémique »[315]. Son soutien à Jean de Bertier put sembler fluctuant, comme le révèlent les deux extraits suivants, à l'occasion des cantonales de juillet 1925 :

---

312 PENNERA, p. 70. C'est nous qui soulignons.
313 ROTH, *Le temps des journaux*, p. 226.
314 Il existait par exemple *le Journal de Thionville*, reparu en février 1919 et qui survécut jusqu'en 1929, dont le principal actionnaire était l'archiprêtre de Thionville, Vagner (ROTH, *Le temps des journaux*, p. 136).
315 ROTH, *Le temps des journaux*, p. 123.

Le Messin, 10 juillet 1925 :

> Si Thionville cherchait plus « thionvillois » que Monsieur le comte de Bertier, il ne le trouverait pas. Si on lui cherchait un concurrent plus travailleur, à l'activité plus étendue et plus multiforme, on ne le trouverait pas non plus. […] nous conseillons aux partis adverses de ne pas se donner la peine de lui trouver un adversaire.

Guy de Wendel à Jean de Bertier, 13 juillet 1925 :

> De la conversation avec Gourdiat, j'ai appris différents « bobards » qui circulent à Thionville. […] 3°) Le *Messin* et le *Freies Journal* marcheraient contre toi. […] J'ai immédiatement téléphoné à Tillement [principal actionnaire du *Messin* – qui le rassure sur la fidélité du journal][316].

En revanche, avant 1922 et son élection au Sénat, Jean de Bertier ne pouvait compter sur aucun soutien réel de la part d'aucun des grands journaux mentionnés. La *Volkstribüne* lui était évidemment hostile. Le *Metzer freies Journal* critiquait l'URL, les journaux la soutenant et les notables en général[317]. Jean de Bertier ne pouvait espérer son appui. Restaient donc *le Lorrain*, la *Lothringer Volkszeitung* et *le Messin*, les trois titres favorables à l'URL. Le problème était que Jean de Bertier faisait alors davantage figure de diviseur, de frondeur voire de dissident et nous avons déjà vu que *le Lorrain* n'hésita pas à publier des courriers envoyés par ses adversaires politiques. Au total, et jusqu'en 1922, le réseau de presse de Jean de Bertier resta très limité. Cette faiblesse aussi pouvait se transformer en force, en l'obligeant à ménager les journaux, à les solliciter pour lui servir de tribune, bref à déployer davantage d'activité politique.

Puisque de nombreux titres de presse étaient, sinon hostiles, du moins peu favorables à Jean de Bertier, on peut souvent y retrouver les critiques principales qui lui furent adressées. Un article du *Cri de Metz* du 4 mai 1923 les résume bien : « on se méfie néanmoins de la mollesse de ses convictions, de l'églantine qui était autrefois sa fleur préférée et de ce fait que tout le monde le comprend lorsqu'il s'exprime en allemand, excepté ceux qui savent cette langue »[318]. D'une part, Jean de Bertier était vu comme un opportuniste, chez lequel les idées cédaient toujours le pas à l'ambition. D'autre part, on lui reprochait de ne pas savoir l'allemand, reproche sans doute infondé mais sans cesse réactivé, telle une rumeur finissant par convaincre les électeurs.

En 1921, Jean de Bertier faisait désormais partie de ces 4 000 professionnels de la politique que comptait la France, à savoir environ 3 000 conseillers généraux et

---

316 ALG, Coupure de presse du *Messin*, 10 juillet 1925 et Lettre de Guy de Wendel à Jean de Bertier, 13 juillet 1925.

317 ROTH, *Le temps des journaux*, p. 219-220.

318 ALG, *Le Cri de Metz*, 4 mai 1923, Article « Leurs figures » signé Antoine Nicolaï et présentant les possibles successeurs de Guy de Wendel à la tête de l'URL. *Le Cri de Metz* était un hebdomadaire de type satirique à la vie courte, d'octobre 1921 à novembre 1923 (PENNERA, p. 250-251). Il ne nous a pas été possible de déceler la signification, cachée mais sans doute transparente pour les lecteurs de l'époque, de cette allusion à « l'églantine ».

1 000 parlementaires. La politique était devenue son activité principale, à laquelle il consacrait l'essentiel de son temps, supplantant ainsi ses fonctions d'administrateur de sociétés sidérurgiques. Il correspondait très bien au portrait du professionnel-type de la politique : un homme cultivé, travailleur, avec du charme et... une absence de modestie[319]. Toutefois, cette professionnalisation réussie ne garantissait pas les victoires électorales. De plus, si Jean de Bertier était bel et bien devenu en cette fin d'année 1921 un *homme politique*, il n'était pas encore un *décideur politique*. En tant que maire de Manom et conseiller général du canton de Thionville, son action relevait davantage du domaine administratif que politique. Le conseil général, maintenu sous contrôle étroit du préfet, ne constituait pas un lieu de pouvoir, comme le rappelle René Rémond :

> Celle-ci [l'assemblée départementale] n'est pas autorisée à prendre des positions politiques ; si d'aventure elle passait outre à cette interdiction, le préfet devrait se retirer sur-le-champ et son absence rendrait la délibération nulle et non avenue. C'est le préfet qui est l'exécutif du département[320].

Pour devenir un décideur politique, Jean de Bertier devait obtenir un mandat parlementaire. L'occasion se présenta au tout début de l'année 1922.

2.3. L'élection sénatoriale partielle du 26 février 1922

Suite à la série d'élections de 1919-1920, plus aucune échéance électorale majeure n'était prévue avant 1924. Le décès du chanoine Collin le 30 novembre 1921 provoqua la convocation d'une élection sénatoriale partielle pour le 26 février 1922. Intéressons-nous successivement aux enjeux de cette élection, au déroulement de la campagne puis au résultat lui-même : la victoire de Jean de Bertier.

2.3.1. Les enjeux de l'élection

Les élections législatives et sénatoriales de 1919-1920 avaient fait naître certaines frustrations dont Jean de Bertier allait pouvoir profiter. La première était de nature géographique : « chaque partie du département souhaite avoir son sénateur »[321]. Jean de Bertier pouvait tourner ce critère géographique en sa faveur : « la région de Thionville, qui n'a pas de député, mérite un sénateur, et ce sénateur ne peut être que vous »[322]. Une autre frustration était d'ordre socio-professionnel. Plus de 1 000 des 1 400 électeurs sénatoriaux étaient en effet des agriculteurs ou, selon le mot usité à l'époque, des « cultivateurs »[323]. Ils se reconnaissaient mal dans les parlementaires élus en 1919-1920 (voir tableau 39) et l'agrarisme alors en essor

---

319 BILLARD, *Le métier de la politique*, p. 11-15.

320 RÉMOND, p. 34.

321 CONORD, Fabien, *Les élections sénatoriales en France 1875-2015*, Rennes, Presses universitaires de Rennes, collection « Histoire », 2016, p. 303.

322 ALG, Lettre de Gabriel Lemeunier, directeur de l'usine à gaz et d'électricité, à Jean de Bertier, 30 janvier 1922. Précisons que François Zimmer, maire de Thionville et rival de Bertier aux sénatoriales de 1920, décéda en 1920.

323 ADM, 4MI 106/44, *Le Messin*, 15 février 1922.

les poussait à revendiquer une meilleure représentation[324]. Ainsi, l'idée que le futur élu devait être un sénateur « agricole » s'imposa dès le début de la campagne. À cette époque, la formule désignait non pas un *exploitant* agricole, mais plutôt un *propriétaire* foncier[325]. Les deux premiers à assumer cette étiquette furent Bastien, maire d'Aulnois-sur-Seille, et Jean de Bertier. Le 28 janvier, le premier réunit sur son nom deux tiers des voix d'une assemblée d'agriculteurs réunie à Metz. Le même jour, le second se fit acclamer par 200 agriculteurs à Thionville[326]. À leur suite, les autres candidats se présentèrent aussi comme agriculteurs. Le *Messin*, favorable à Bastien, se moqua de Jean de Bertier, de Rollin et de Cugnac : « le 3ᵉ [Cugnac] a repris : "moi aussi, j'ai de grandes connaissances à Paris, dans le faubourg Saint-Germain et à Strasbourg, dans le Ministère, et je possède les terres que cultivent mes fermiers" »[327]. Derrière Cugnac, le *Messin* visait Bertier, présenté une fois encore comme un notable éloigné du monde rural. Cependant, au-delà du domaine agricole de Lagrange qu'il possédait, il présidait le comice agricole de Thionville et, surtout, il était jugé légitime par les agriculteurs eux-mêmes, y compris par Bastien qui ne lui dénia pas l'étiquette de candidat agricole[328]. Le *Metzer freies Journal* constata le poids décisif des agriculteurs dans l'élection : « *diese [die Landwirte] scheinen dieses Mal die entscheidende Macht zu sein. Ein Parteiprogramm spielt bei ihnen die geringere Rolle* »[329]. C'était souvent la règle lors des élections au Sénat en France. Les modalités du scrutin faisaient que la majorité des électeurs étaient des ruraux, et ce, de façon très exagérée par rapport à la réalité démographique du pays[330]. Les campagnes faisaient donc l'élection et les électeurs ruraux préféraient les agriculteurs. Jean de Bertier cumula donc deux atouts. Il représentait le nord du département de la Moselle jusqu'alors dépourvu de parlementaires et il était reconnu comme agriculteur.

Un troisième atout eût été l'obtention de l'investiture de l'URL, précieux sésame pour décrocher la victoire. Or, la mort du chanoine Collin intervint à un moment où l'URL réfléchissait encore à une refonte de ses programmes et de ses statuts[331]. Le parti n'était pas prêt pour la future échéance électorale mais Guy de

---

324 RICHARD, p. 20-21 et 27. L'auteur identifie l'agrarisme comme l'une des quinze familles politiques ayant marqué la vie politique française au cours des deux derniers siècles.

325 Gilles RICHARD montre que la guerre avait favorisé une prise de conscience paysanne et que des candidats plus modestes pouvaient désormais concurrencer les notables traditionnels (p. 173-174). Ephraïm Grenadou en est un exemple. C'était vrai pour des élections municipales, mais beaucoup moins pour des sénatoriales qui nous intéressent ici.

326 ADM, 4MI 126/37, *Le Lorrain*, « Les agriculteurs et l'élection sénatoriale », 29 janvier 1922.

327 ADM, 4MI 106/44, *Le Messin*, 1ᵉʳ février 1922.

328 ALG, Lettre de Bastien à Jean de Bertier, 25 janvier 1922 : « vous avez donc un candidat agricole comme concurrent [...] si nous voulons réussir, il ne peut y avoir qu'un candidat agricole ».

329 ADM, 6T 238, *Metzer freies Journal*, « *Zur Senatswahl* », 24 février 1922 ; « cette fois-ci, les agriculteurs semblent contrôler l'élection. Les programmes des partis n'ont que peu d'importance à leurs yeux » (traduction de l'auteur).

330 HUARD, p. 260-262.

331 ALG, Multiples documents relatifs au fonctionnement du parti en 1921 (procès-verbaux des réunions du comité central ou du bureau notamment) et que Jean de Bertier possédait en tant que vice-président.

Wendel restait serein : « nous n'avons pas de candidat contre nous »[332]. La bataille se livrerait au sein du parti. Pas moins de 7 candidats adressèrent une lettre de candidature. Personne ne faisant l'unanimité, ce fut Robert Schuman, sans surprise, qui choisit le mode de désignation. Aux 1er et 2e tours, le prétendant devait obtenir la majorité absolue des votes : il serait ainsi le seul et unique champion du parti. Si un 3e tour s'avérait nécessaire, chaque candidat recueillant au moins un tiers des votes décrocherait l'investiture : il pourrait donc y avoir jusqu'à 3 candidats URL à la sénatoriale[333]. Ce processus compliqué révélait le manque d'organisation et d'unité du parti : le flou des statuts faisait que les décisions étaient prises au débotté, suite à une courte discussion, dans laquelle les ténors comme Schuman s'imposaient souvent. Quels furent donc les résultats des votes lors de l'assemblée générale du 13 février ?

Tableau 43: Assemblée générale de l'URL du 13 février 1922. Désignation des candidats du parti pour l'élection sénatoriale partielle du 26 février 1922[334].

Tours de scrutin	Bastien	Bertier	Cugnac	Rollin	Prével	Erman*	Weber	blancs
1er tour : 108 votants Maj. abs. : 55 voix	6	35	16	20	3	25	2	1
2e tour : 110 votants Maj. abs. : 56 voix	2	41	12	25	1	28	-	1
3e tour : 114 votants Minimum pour être investi : 35 voix	-	41	11	54	-	7	-	1

*Le chanoine Erman se désista après le 2e tour de scrutin

Ainsi, l'URL investit deux candidats, Jean de Bertier et Louis Rollin, le maire de Jouy-aux-Arches. Remarquons que Jean de Bertier ne gagna que 6 voix entre le 1er et le 3e tour. Plus préoccupant, il n'obtint aucune voix supplémentaire entre le 2e et le 3e tour, alors même que le chanoine Erman avait retiré sa candidature. Il peinait donc à rassembler sur son nom les délégués du parti. Le désistement du chanoine Erman ne visa-t-il pas, d'ailleurs, à empêcher Jean de Bertier d'être le seul candidat investi ? Au vu du mode de désignation choisi, la reproduction au 3e tour des résultats du 2e aurait en effet disqualifié Rollin, tout comme le chanoine Erman. Il semblait donc bien que Jean de Bertier restât mal-aimé et que ses concurrents se fussent ligués contre lui. Quelques jours avant cette assemblée générale, Louis Hackspill, député URL et directeur politique de la *Lothringer Volkszeitung*, s'était pourtant voulu rassurant face aux préoccupations de Jean de Bertier :

332 ALG, Procès-verbal de la réunion du bureau de l'URL, 12 février 1922.
333 *Ibidem.*
334 ALG, Manuscrit de Jean de Bertier relatif aux votes lors de l'assemblée générale de l'URL du 13 février 1922. Les résultats furent reproduits dans la presse mais avec moins de détails.

Mes amis – je vous parle avec la plus grande franchise – m'ont donné deux réponses différentes. [Certains ne doutent pas de la loyauté de Jean de Bertier envers l'URL, d'autres] « surpris et agréablement » [des déclarations de loyauté de Jean de Bertier]. Ils ajoutaient qu'après tout, devant cette attitude il fallait passer l'éponge sur la candidature d'il y a deux ans[335].

Derrière ces paroles réconfortantes, Hackspill rappelait finalement ses torts à Jean de Bertier. Les rancœurs n'étaient pas évanouies. D'ailleurs, si le *Lorrain* revendiquait une stricte neutralité entre les deux candidats investis, le *Metzer freies Journal* considérait Rollin comme le véritable candidat du parti : « *der eigentliche Vertreter der Union* »[336]. D'autres ne manquaient d'ailleurs pas de réveiller ce passé dont on lui faisait grief, d'autant plus que Jean de Bertier pouvait sembler jouer double jeu. Le 3 février, il s'était engagé à se désister en faveur de Bastien, puis, le 13 février, de Rollin :

Il nous semble bien que […] M. de Bertier se réserve de tenir celui de ces deux engagements qui, après le 1er tour de scrutin, lui paraîtra le plus profitable. Mais M. de B. (sic) devra se persuader que ses électeurs n'ont pas du tout l'intention de jouer un jeu de dupes. La réponse n'est pas celle d'un candidat lorrain, elle est tout au plus digne d'un mauvais Normand, et nous pouvons dire à M. de B. (sic) que dimanche prochain il sera victime une troisième fois, depuis trois ans, de ce qu'il considère comme des « habiletés électorales ».

En novembre 1919, il n'a pas été et n'a pas pu être candidat aux élections législatives à cause de ses « manigances » au congrès de l'URL. En janvier 1920 il ne fut pas élu sénateur parce qu'il voulut jouer cavalier seul, et qu'il crut très habile, alors qu'il s'agissait d'élire cinq candidats, de distribuer des bulletins portant son seul nom : lui seul se considérait comme le seul digne des douze candidats qui se disputaient les cinq sièges. Aujourd'hui M. de B. (sic) persiste dans ses procédés : une fois de plus, il en sera victime.[337]

Du moins, Jean de Bertier avait-il réussi à obtenir l'investiture URL, sans laquelle toute victoire semblait improbable. La campagne allait se jouer entre 3 candidats : Bastien, candidat agricole, Rollin, candidat de l'URL et Bertier qui réunissait les deux étiquettes.

2.3.2. *Le déroulement de la campagne*

La campagne électorale se déroula sur un temps très court : les journaux ne commencèrent à couvrir le sujet qu'à la fin du mois de janvier et l'URL ne désigna ses candidats que le 13 février, c'est-à-dire moins de deux semaines avant l'élection. Ce resserrement de la campagne sur deux à trois semaines était habituel

335 ALG, Lettre de Louis Hackspill à Jean de Bertier, 9 février 1922.

336 ADM, 4MI 126/37, *Le Lorrain*, 24 février 1922 et 6T 238, *Metzer freies Journal*, « *die Senatswahl und ihre Bedeutung* », 28 février 1922.

337 ADM, 4MI 106/44, *Le Messin*, « Les élections sénatoriales. La situation électorale », 24 février 1922.

à l'époque. Il était même possible de présenter sa candidature quelques jours avant le vote[338]. Les élections sénatoriales se déroulant au suffrage indirect, le corps électoral se limitait à 500 élus en moyenne. Les dépenses de campagne étaient elles aussi restreintes, ce qui plaidait pour des élections peu animées :

> On assiste à une véritable campagne électorale, mais elle est souvent discrète. Les candidats ont envoyé des brochures, des circulaires ou des lettres manuscrites aux électeurs ; quelques-uns rendent visite aux maires des petites communes les moins connus. On reste loin, toutefois, des campagnes électorales coûteuses et tapageuses du suffrage universel. Aux sénatoriales, on est entre gens de qualité[339].

Dans notre cas toutefois, le corps électoral fut beaucoup plus important (environ 1 400 électeurs) et les forts enjeux déjà mentionnés garantirent une certaine ambiance. La campagne se déroula dans la presse, mais pas uniquement. Envisageons donc successivement le poids des journaux puis des autres moyens d'intervention des différents candidats, et en particulier de Jean de Bertier. Les années d'entre-deux-guerres marquèrent l'apogée de l'influence des journaux. Ils représentaient la source d'information de l'ensemble de la population adulte[340]. En Moselle, le tirage quotidien de la presse dépassait ainsi 100 000 exemplaires pour une population de 600 000 habitants[341]. Un exemple puisé dans les archives confirme le pouvoir de la presse, bien montré par François Roth dans *Le temps des journaux*. Des adversaires de Jean de Bertier écrivirent à l'abbé Hackspill, directeur politique de la *Lothringer Volkszeitung*. Ils comptaient sur l'appui du journal pour le décrédibiliser :

> 1re lettre : Reproches : « C'est un flibustier. [...] C'est une canaille. [...]
> Il y a deux ans [il] traitait le chanoine [Collin] d'anguille. [...] obligé de donner sa démission de l'armée il veut refaire sa réputation dans la politique. »
> Demande : « Nous espérons que vous ferez tout votre possible pour faire échouer ce fameux Berthier (sic) »
>
> 2e lettre : Reproche : « Beaucoup l'acceptent comme pis-aller et à défaut d'autre. »
> Demande : « Nous nous en remettons à vous, persuadés que pour la Lorraine vous ferez passer un Lorrain de chez nous, qui est bien du pays et ne l'a jamais quitté »[342].

Nous ne détaillerons pas ici les critiques adressées à Jean de Bertier, fausses (« obligé de donner sa démission de l'armée »), invérifiables (son opinion envers le chanoine Collin) ou plus réelles, à savoir son statut de « revenant » puisqu'il avait décidé en 1911 de se séparer de ses biens lorrains. L'important est que l'auteur

---

338 BILLARD, *Le métier de la politique*, p. 86.

339 *Ibidem*, p. 132.

340 CHARLE, Christophe, *Le siècle de la presse (1830-1939)*, Paris, Seuil, collection « l'Univers historique », 2004, p. 353.

341 PENNERA, p. 236. Au niveau national, le ratio tirage/population n'a pas beaucoup baissé mais nous ne vivons plus dans le « siècle de la presse », tant les nouveaux médias apparus depuis les années 1930 l'ont remplacée auprès d'une très large part de la population.

342 ALG, Lettres anonymes adressées à l'abbé Hackspill, sans date [janvier-février 1922] et transmises par Hackspill à Bertier le 12 décembre 1922.

des lettres était persuadé du pouvoir d'influence de la *Lothringer Volkszeitung*. Les journaux de l'époque assumaient être des journaux politiques. Ils prenaient fait et cause pour tel ou tel candidat et dénonçaient ses concurrents. Tout candidat disposant du soutien d'un journal disposait donc d'un précieux avantage. Ce n'était pas le cas de Jean de Bertier qui ne pouvait compter que sur la trop locale *Moselle républicaine*. Passons en revue les choix politiques des principaux quotidiens du temps, à savoir le *Messin* (20 000 exemplaires), le *Lorrain* (12 000), la *Lothringer Volkszeitung* (20 000) et le *Metzer freies Journal* (25 000)[343].

Le *Messin* porta la candidature de Bastien et attaqua surtout Rollin, si bien que, malgré l'article très hostile à Jean de Bertier publié le 24 février et dont nous avons déjà parlé, il se montra beaucoup plus nuancé dans son édition du lendemain, à la veille de l'élection : « nous avons trop souvent rendu hommage aux grandes qualités d'intelligence et de travail de M. de Bertier et à son dévouement à la cause agricole, pour ne pas insérer volontiers la lettre, si intéressante, des cultivateurs de l'arrondissement de Thionville »[344]. Il y avait là une pratique courante : les journaux servaient de tribune et publiaient les courriers plus ou moins spontanés qui leur étaient adressés. Cette « lettre des cultivateurs » tombait à pic pour corriger l'article désobligeant de la veille.

Le *Lorrain* constituait la « colonne vertébrale de l'URL »[345]. Il affirma ne pas choisir entre les deux candidats du parti mais cette impartialité affichée était-elle sincère ? Dans son éditorial du 24 février, le chanoine Ritz déclara qu'il aurait préféré le chanoine Erman, or nous savons que ce dernier s'était désisté en faveur de Rollin, pour empêcher Jean de Bertier de devenir le candidat unique du parti… Quant à la *Lothringer Volkszeitung*, l'autre grand titre soutenant l'URL, elle n'attaqua pas Jean de Bertier mais avantagea clairement Rollin, en multipliant la publication de lettres favorables à ce dernier, et ce, encore le 26 février[346].

Le *Metzer freies Journal* suivit la campagne d'une façon plus détachée. Le quotidien avait appelé à l'abstention. Il s'amusa à comparer les récits différents d'un même événement dans les colonnes de ses confrères, à savoir une réunion électorale tenue à Sarrebourg le 19 janvier. La *Lothringer Volkszeitung* en retenait que Bertier que Rollin étaient agriculteurs et maîtrisaient tous deux l'allemand comme le français. Le *Messin* n'était pas aussi consensuel :

> *In dieser Versammlung sollte M. Rollin erscheinen, unter Assistenz von l'abbé Hackspill. Weder M. Bastien noch M. de Bertier waren eingeladen… Das Erscheinen des H. de Bertier wurde von den Einberufern der Versammlung eher als unerwünscht angesehen… M. Rollin schien befangen*[347].

343 ROTH, *Le temps des journaux*, p. 49.
344 ADM, 4 MI 106/44, *Le Messin*, 25 février 1922, « La situation électorale ».
345 ROTH, *Le temps des journaux*, p. 113.
346 ADM, 6T 190, *Lothringer Volkszeitung*, 1ᵉʳ, 17, 19 et 26 février 1922.
347 ADM, 6T 238, *Metzer freies Journal*, 24 février 1922, « *Zur Senatswahl* ». Il s'agit de la traduction de l'article paru dans le *Messin* : « cette réunion devait mettre en lumière M. Rollin, avec, à ses côtés, l'abbé Hackspill. Ni M. Bastien ni M. de Bertier n'avaient été invités. Les organisateurs ne goûtèrent guère l'arrivée de M. de Bertier. M. Rollin parut embarrassé » (traduction de l'auteur).

En relevant ces contradictions, le *Metzer freies Journal* insistait certes sur l'absence d'unité de l'URL mais reproduisait aussi les attaques du *Messin* contre Rollin, encore présenté à son désavantage. Nous avons là un élément important qui justifie ce long développement que nous consacrons à la campagne dans les journaux. Bastien et Rollin, faisant figure de candidats principaux, concentrèrent les attaques. Jean de Bertier, tirant parti de son positionnement équivoque, fut relativement épargné : moins URL que Rollin aux yeux des partisans de Bastien, et moins agriculteur que Bastien aux yeux des soutiens de Rollin. Précisons que Jean de Bertier sut se faire ménager par la presse, comme le montre bien le « correctif » du *Messin* du 25 février.

Quittons maintenant le monde de la presse. Une campagne électorale ne se jouait pas seulement dans les journaux. Elle donnait lieu à de multiples écrits : affiches, brochures, tracts. Elle mobilisait un comité et des agents électoraux pour chaque candidat important[348]. Toute cette activité ne se voit que de façon lacunaire dans les archives. Nous n'avons trouvé la trace que d'un seul agent électoral, qui milita en faveur de Jean de Bertier dans les secteurs de Faulquemont, Morhange, Delme et Vic-sur-Seille[349]. Il couvrit donc le sud du département. Nul doute que Jean de Bertier disposa d'autres agents. Il bénéficia en outre de la lettre envoyée par le bureau de l'URL à tous les électeurs, leur indiquant quels candidats le parti avait investis[350]. Les archives révèlent aussi des courriers envoyés aux électeurs par des élus ou des « anonymes » plus ou moins réels et soutenant sa candidature. L'un de ces courriers attesta notamment que Jean de Bertier savait s'exprimer dans les deux langues, afin de couper court à cette rumeur persistante[351]. Pour être complets, indiquons que certaines lettres anonymes tombèrent dans la calomnie, témoignant des tensions suscitées par la campagne. Marie-Louise en fut victime :

> Madame, aller faire des bassesses, des salamalecs et des platitudes auprès des délégués sénatoriaux ou de leurs dames, pour une comtesse ce n'est pas très noble ! Que votre mari attende le verdict la tête haute, sans plier l'échine, sans combattre et sans démarches intéressées, alors il gagnera la partie – dans le cas contraire il sombre dans le mépris public. Un pour beaucoup[352].

Cette lettre révèle que Jean de Bertier n'était pas seul. Il pouvait compter sur son épouse et sur tous les réseaux qu'il avait bâtis depuis 1919. Il disposait aussi de beaucoup d'argent. *A priori*, il faut nuancer le poids de l'argent dans une élection sénatoriale : « en 1920, la campagne sénatoriale d'Albert Lebrun en

---

348 BILLARD, *Le métier de la politique*, p. 92-93.

349 ALG, Lettre à Jean de Bertier, sans date [juste après l'élection, soit fin février ou début mars 1922]. Le nom de cet agent électoral n'a pu être déchiffré. À lire la lettre, il s'agissait sans doute d'un jeune élu du secteur concerné.

350 ALG, Lettre du bureau de l'URL aux électeurs délégués sénatoriaux, 17 février 1922.

351 ALG, Document dactylographié, sans date [entre le 19 et le 26 février 1922] signé « *ein Wahlmann aus dem canton Bouzonville* » et destiné « *an seine Kollegen des deutschsprachigen Lothringens* ». Cet électeur existait-il vraiment ou n'était-il qu'une invention de Jean de Bertier ou de son comité électoral ?

352 ALG, Lettre anonyme, 16 février 1922, à l'origine de « l'affaire Heckmann ».

Meurthe-et-Moselle lui coûte 243 francs, alors que sa dernière élection législative, quelques mois auparavant, avait nécessité 10 000 francs »[353]. Toutefois, un manuscrit de Jean de Bertier intitulé « Frais d'élection arrêtés au 1er avril 1922 » indique une dépense totale de 19 553 francs, dont le détail assez obscur précise notamment : « Ferrette 4 000, Houpert 2 000, Gourdiat 2 000 »[354]. Jean de Bertier consacra donc à cette sénatoriale autant voire plus d'argent que pour une législative[355]. Le détail de l'emploi des fonds révèle que ce fut, en grande partie, pour s'acheter les faveurs de la presse, ce qui était pratique courante à l'époque[356]. Le financement fut soit direct, soit indirect, en confiant par exemple aux les journaux ciblés l'impression du matériel électoral. On comprend désormais mieux pourquoi Jean de Bertier fut à ce point ménagé, et pourquoi le *Messin* se dédit le 25 février de son article critique de la veille pour chanter ses louanges[357]. Le *Messin* était pourtant censé défendre Bastien, lequel n'avait visiblement pas les mêmes moyens financiers. Au-delà du monde de la presse, les formes de corruption étaient multiples, de la simple tournée payée dans un café aux dons opportunément consentis. Raymond Huard estime ainsi que « comme de nos jours l'élection est donc, sinon essentiellement, du moins aussi, une affaire d'argent »[358]. Jean de Bertier en usa et en abusa.

Aux réseaux et à l'argent, Jean de Bertier additionna trois autres atouts. Tout d'abord, ses adversaires le sous-estimaient. Ils continuaient de voir en lui le perdant de 1919-1920, dont l'aura ne dépassait pas les limites des arrondissements thionvillois[359]. Un deuxième atout fut qu'il démarra très tôt sa campagne, en obtenant dès janvier le soutien des agriculteurs de la région de Thionville. Certains lui reprochèrent d'ailleurs une entrée en campagne indigne par son empressement : « *so wurde schon am Tage nach der Beerdigung des Herrn Senators Collin behauptet, Herr de Bertier habe während der Beerdigungsfeier Propaganda für sich gemacht;*

353 CONORD, *Les élections sénatoriales*, p. 279 et 282.
354 ALG, Manuscrit de Jean de Bertier « Frais d'élection arrêtés au 1er avril 1922 ». Il s'agit d'un manuscrit à usage personnel, sorte de pense-bête. Jean de Bertier n'avait pas besoin de détailler pour comprendre.
355 BILLARD, *Le métier de la politique*, p. 108-109. L'auteur estime le coût *médian* d'une campagne législative à 20 000 francs-or et reprend le chiffre donné par Raymond Huard d'un coût *moyen* de 35 000 francs-or. Même en tenant compte de l'inflation, les 20 000 francs dépensés par Jean de Bertier se rapprochaient donc bien plus des dépenses pour une législative que pour une sénatoriale.
356 CHARLE, *Le siècle de la presse*, p. 307 et SCHOR, *Histoire de la société française au XXᵉ siècle*, p. 212 : « la presse française faisait preuve d'une grande vénalité ».
357 Jean de Bertier était en contact avec les dirigeants de la presse. Il 'agissait de René Gourdiat pour la *Moselle républicaine*, Henry Ferrette, alias Claude Lorrain, pour le *Messin* et Nicolas Houpert, membre l'équipe dirigeante du *Lorrain* (PENNERA, p. 245. Dans son article du 24 février, Houpert avait insisté sur la stricte neutralité du *Lorrain* entre les candidats URL (ADM, 4MI 126/37, *Le Lorrain*, 24 février 1922).
358 HUARD, p. 293.
359 ADM, 4MI 103/53, *Le Courrier de Metz*, 1er février 1922 et 6T 190, *Lothringer Volkszeitung*, 1er février 1922.

natürlich eine blanke Lüge! »[360]. Que cet épisode fût véridique ou non, il correspondait très bien à l'ambition et à la détermination de Jean de Bertier. Enfin, son dernier atout fut de réussir des coups d'éclat, comme lors de cette réunion électorale à Sarrebourg dont il força la porte. Jean de Bertier ne manquait ni d'assurance ni de panache et il sut « sillonner voire quadriller sa circonscription », ce qui était une obligation pour tout candidat voulant être élu[361]. Jean de Bertier pouvait être satisfait de sa campagne, même si les archives ne contiennent aucun écrit intime permettant de connaître son état d'esprit.

2.3.3. Une victoire décisive

Le 26 février 1922, les électeurs sénatoriaux du département de la Moselle se rendirent au palais de justice de Metz, afin de procéder au vote. La *Lothringer Volkszeitung* raconta comment les candidats mirent ces dernières heures de campagne à profit. Ils avaient placé des agents dans les trains emmenant les électeurs à Metz. Ces derniers, une fois arrivés, subirent une distribution de journaux, bulletins de vote etc. ... si bien que « *bald bedeckte sich der Vorplatz des Bahnhofs dicht mit allerhand papierenen Beweisen für die Tüchtigkeit der einzelnen Kandidaten* ». Jean de Bertier était lui aussi présent pour s'adresser une dernière fois aux électeurs, en français comme en allemand. La même scène se reproduisit devant le bureau de vote : « *vor dem Palais de Justice ähnliche Bilder. Auch hier eine wahre Papierflut* »[362]. Le 1er tour d'une élection sénatoriale avait lieu le matin et les banquets organisés à la mi-journée étaient l'occasion de tractations et désistements, avant les 2e voire 3e tours[363]. Présentons les résultats des deux tours de vote qui furent nécessaires pour désigner le successeur du chanoine Collin.

Tableau 44: Résultats de l'élection sénatoriale partielle du 26 février 1922[364].

Tours	Inscrits	Votants	Exprimés	Bertier	Rollin	Bastien	Fox
1er tour	1 407	1 398	1 390	527	418	366	79
2e tour	1 407	1 346	1 346	1 109	43	89	105

Albert Fox, secrétaire de syndicat, défendait les couleurs de la gauche.

Puisque Jean de Bertier arriva en tête au premier tour, sa double promesse de désistement envers ses deux rivaux principaux n'eut pas à être mise en œuvre.

---

360 ADM, 6T 190, *Lothringer Volkszeitung*, 28 février 1922. Ici aussi, on pourrait se demander quel jeu jouait la *Lothringer Volkszeitung*, car, en voulant soi-disant briser cette rumeur, elle en assurait la diffusion : « dès le lendemain des obsèques de M. le sénateur Collin, on raconta que M. de Bertier avait, pendant l'office funèbre, fait sa propre propagande : c'est, évidemment, un pur mensonge » (traduction de l'auteur).

361 BILLARD, *Le métier de la politique*, p. 101.

362 ADM, 6T 190, *Lothringer Volkszeitung*, 28 février 1922 : « la place devant la gare fut rapidement couverte de papiers en tout genre, vantant les mérites de chaque candidat. [...] Scène identique devant le palais de justice : là aussi, une marée de tracts » (traduction de l'auteur).

363 BILLARD, *Le métier de la politique*, p. 133 et CONORD, *Les élections sénatoriales*, p. 311.

364 BAUDON, p. 89.

Il bénéficia du retrait de Rollin tout comme de Bastien et un très bon report de leurs voix lui assura une large victoire au 2ᵉ tour. Comment interpréter ces résultats ? Le *Lorrain* titra : « c'est le parti de l'URL qui triomphe ». La *Lothringer Volkszeitung* se félicita de même : « *glatter Sieg der URL* »[365]. Pourtant, le *Messin* comme le *Metzer freies Journal* considéraient le succès de Jean de Bertier comme une défaite de l'URL. Victoire ou défaite de l'URL, le résultat posait question. Le *Lorrain* dut en convenir, en rendant compte d'une initiative de Jean-Pierre Jean. Le jour même de l'élection, le député organisa un déjeuner républicain en vue de créer un nouveau parti lorrain, indépendant de l'URL. L'article indiquait que l'un des partisans de Jean considérait l'élection de Bertier comme la première défaite de l'URL[366]. Pour nous faire une idée plus précise, livrons l'analyse du *Metzer freies Journal*, plus détachée :

> *Mit M. de Bertier hat sich eine ansehnliche Stimmenmehrheit auf einen Mann zusammengedrängt, der zwischen zwei Extremen steht, zwischen Rollin als unentwegtem Mann der URL, wie sie als rigide Machtgruppe in Lothringen ihre Macht weiter führen möchte, ohne Rücksicht und Achtung vor anderer Denkungsart; und Bastien, als Vertreter jener Gruppe, die ohne Zugrundlegung der Realitäten, von heute auf morgen, bei uns alles umwerfen möchte, ohne Prüfung der Zweckmäßigkeiten*[367].

À en croire le journal, Jean de Bertier avait gagné grâce à sa modération et son positionnement médian entre Rollin et Bastien. C'était souvent une stratégie payante lors d'élections sénatoriales[368]. Cette modération reposait aussi sur un flou savamment entretenu, comme en témoigne sa lettre de remerciement aux électeurs :

> *Nach dem Beispiele des H. Chanoine Collin, dem nachzufolgen ich die große Ehre habe, werde ich nach bestem Können daran arbeiten, dass von Tag zu Tag eine immer engere Vereinigung zwischen unserem lieben Vaterlande und dem Département, das so lange von ihm getrennt war, zustande komme.*
>
> *Es lebe das Moseldépartement!*
>
> *Es lebe die Republik!*
>
> *Es lebe Frankreich!*[369]

365 ADM, 4MI 126/37, *Le Lorrain*, 27 février 1922 et 6T 190, *Lothringer Volkszeitung*, 28 février 1922 : « nette victoire de l'URL » (traduction de l'auteur).

366 ADM, 6T 190, *Lothringer Volkszeitung*, 2 mars 1922, « *Pressestimmen zu den Senatswahlen* » et ALG, Article du *Lorrain*, « Vers un nouveau parti ? Le déjeuner républicain du 26 février [1922] ».

367 ADM, 6T 238, 28 février 1922, « *Die Senatswahl und ihre Bedeutung* » : « avec M. de Bertier, une grande majorité des électeurs se sont rassemblés autour d'un homme situé entre deux extrêmes, entre Rollin, éternel candidat d'une URL voulant conserver son pouvoir sans égard aux idées dissidentes, et Bastien, représentant de gens prêts à tout renverser, du jour au lendemain, sans tenir compte des réalités ni des possibilités » (traduction de l'auteur).

368 BILLARD, *Le métier de la politique*, p. 133 : « tout au long de la IIIᵉ République, ce suffrage restreint a permis de tenir à l'écart du Sénat les extrémistes de tout poil ».

369 ADM, 6T 190, *Lothringer Volkszeitung*, 3 mars 1922, « *Dank des H. Comte de Bertier an seine Wähler* » : « en suivant l'exemple du chanoine Collin, auquel j'ai le grand honneur de succéder, je travaillerai de mon mieux à l'unification toujours plus étroite de notre chère patrie et de notre département, qui en fut si longtemps séparé. Vive le département de la Moselle ! Vive la République ! Vive la France ! » (traduction de l'auteur).

À lire ces lignes, on pourrait croire que Jean de Bertier se rangeait parmi la tendance départementaliste et francophone de l'URL, dans la droite ligne du chanoine Collin. Toutefois, dans la même lettre, et quelques lignes auparavant, il s'engageait à défendre les intérêts des Mosellans et à soutenir toutes leurs réclamations justifiées, ce qui le rapprochait des particularistes germanophones... En outre, si le chanoine Collin était conservateur, Jean de Bertier se voulait plus social, ce qui le rapprochait aussi des sensibilités des particularistes. Son agent électoral dans le sud de la Moselle commenta d'ailleurs ainsi sa victoire : « en un mot c'est la gauche de l'URL qui triomphe de la droite »[370].

Jean de Bertier savait décidément ménager toutes les opinions. N'oublions pas non plus que sa générosité pouvait contribuer à convaincre les indécis. Il est d'ailleurs intéressant de remarquer qu'il réussit un triple tour de force en cette fin février 1922. Il fut élu sénateur, avec une confortable majorité, et avec les louanges de la presse. Même le *Metzer freies Journal*, traditionnellement opposé à tout candidat URL, ne trouva rien à redire à sa victoire[371]. En gagnant, Jean de Bertier effaçait ses échecs précédents, désormais relégués dans un passé qu'on oublierait. Il intégrait le groupe restreint et relativement fermé des parlementaires[372]. Parmi tous les courriers de félicitations qu'il reçut, certains lui prédirent un brillant avenir, l'un d'eux l'imaginant même ministre[373]. Les espoirs de ce correspondant étaient assurément exagérés, mais Jean de Bertier changea de statut suite à sa victoire de février 1922. Il devint dès cet instant une figure établie de la vie politique mosellane.

2.4. 1922-1926 : Une figure établie de la vie politique mosellane

2.4.1. En position de force

Remporter l'élection sénatoriale représenta pour Jean de Bertier une consécration politique. Il accédait à la Haute Assemblée à seulement 44 ans alors que l'âge moyen des nouveaux sénateurs était de 55 ans. Il ne lui fallut que trois années pour passer d'un mandat local à un mandat national, alors que le délai moyen pour une telle promotion était cinq fois plus long[374]. Cette performance était d'autant plus remarquable que la campagne avait été difficile. Jean de Bertier profita de sa nouvelle position de force pour éliminer certains adversaires politiques, fortifier sa place au sein de l'URL, renforcer ses réseaux et peser davantage, au conseil général comme au conseil consultatif.

---

370 ALG, Lettre à Jean de Bertier, sans date [juste après l'élection, soit fin février ou début mars 1922].

371 ADM, 6T 238, 28 février 1922, « *Die Senatswahl und ihre Bedeutung* » : « *[wir dürfen] das Wahlergebnis als die bessere der vorhandenen Möglichkeiten ansprechen* ».

372 RÉMOND, p. 173 et 177. Les réélections assez courantes contribuaient à restreindre encore le groupe.

373 ALG, Lettre de P. Goumon à Jean de Bertier, 28 février 1922, depuis Coblence. Sans doute avait-il servi sous les ordres de Jean de Bertier puisqu'il l'appelait « mon commandant »

374 DOGAN, Mattei, « Longévité des carrières politiques. Une biographie collective », [*in*] MAYEUR, Jean-Marie, CHALINE, Jean-Pierre, et CORBIN, Alain (dir.), *Les parlementaires de la troisième République, Publications de la Sorbonne*, 2003, p. 302.

Le premier adversaire éliminé fut l'abbé Heckmann. Ce dernier travaillait comme archiviste à la ville de Thionville et était également correspondant local du *Messin*. Ce fut lui qui suscita et/ou rédigea la lettre anonyme adressée à Marie-Louise pendant la campagne électorale. Les archives de Lagrange recèlent de multiples courriers relatifs à ce qui devint « l'affaire Heckmann ». Jean de Bertier était particulièrement déterminé à laver l'affront subi. Il porta plainte, en se renseignant sur les plus récentes dispositions législatives utilisables. L'abbé Heckmann nia d'abord toute implication mais n'obtint aucun soutien de la hiérarchie ecclésiastique : l'évêque de Metz transmit même une de ses lettres à Jean de Bertier[375] ! Pour éviter le procès, Heckmann fut contraint de faire amende honorable et de reconnaître sa culpabilité : « je vous écris ces lignes pour regretter d'avoir inspiré la lettre reçue par Madame de Bertier le 16 février 1922 »[376]. Il dut par ailleurs s'engager par écrit à démissionner de la présidence des anciens combattants français de Thionville, à renoncer à son poste d'archiviste et même à quitter la ville[377]. Sans surprise, la *Moselle républicaine* prit fait et cause pour Jean de Bertier jusqu'à résolution de l'affaire au bénéfice de ce dernier. Il ne fallait pas que cela ressemblât trop à une vengeance personnelle et le journal précisa : « nous avons […] interrompu notre campagne [contre Heckmann] à la demande expresse de personnages très hauts placés mais qui ne sont pas (pour qu'il n'y ait pas de malentendu) parlementaires »[378]. Cette dernière nuance n'empêche en rien de conclure que Jean de Bertier profita de cette « affaire Heckmann » pour éloigner un opposant local. Thionville était sa base électorale. Elle devait devenir un bastion. Précisons que Heckmann ne tint pas ses engagements. Il resta à Thionville et tenta dès 1924 de reprendre de l'influence dans le mouvement associatif ancien combattant. Après le décès de Jean de Bertier, il reprit son activité de journaliste à Thionville avec le soutien d'un certain… Robert Schuman.

L'abbé Hackspill était un autre adversaire de Jean de Bertier, à l'échelle du département cette fois. Il est difficile de saisir les origines de leurs mauvaises relations. Leurs divergences avaient une base politique : Hackspill incarnait au sein de l'URL la sensibilité particulariste tandis que Bertier, ce « nouveau venu » de 1919, se rattachait davantage au courant départementaliste[379]. Peut-être aussi y avait-il un contentieux personnel entre les deux hommes ? L'abbé Hackspill savait se faire des ennemis :

> De façon plus générale, sa liberté de parole et ses propos parfois trop vifs n'étaient pas toujours appréciés, surtout de la part de ses partenaires politiques ; son célèbre discours prononcé devant 2 000 à 3 000 ouvriers en grève à Hagondange, le 9 mars 1920, en est

375 ALG, Lettre de l'évêque de Metz J. B. Pelt à Jean de Bertier, 22 mars 1922 et Lettre de Heckmann au vicaire général, 20 mars 1922. Les dates montrent que sitôt reçue, la lettre de Heckmann fut transmise à Bertier.

376 ALG, Lettre de l'abbé Heckmann à Jean de Bertier, 5 juin 1922.

377 ALG, Coupure de presse de la *Moselle républicaine*, sans date [été 1922].

378 ALG, Coupure de presse de la *Moselle républicaine*, sans date [été 1922]. On peut imaginer qu'il s'agissait sans doute de Monseigneur Pelt, l'évêque de Metz.

379 DELBREIL, « Les parlementaires et les forces politiques en Moselle », p. 98-101.

un bon exemple : à la fois très social et très critique vis-à-vis des autorités et de certains Français « nouveaux venus », il indisposa fortement un certain nombre de libéraux, de notables et de patriotes de l'URL[380].

Souvenons-nous que dans son manuscrit relatif à ses dépenses de campagne, Jean de Bertier ne mentionna pas la *Lothringer Volkszeitung*. Sans doute ne faisait-il aucune confiance à son directeur politique… lequel avait d'ailleurs reçu des courriers lui demandant de faire campagne contre Jean de Bertier. Comment ces écrits se retrouvèrent-ils dans les archives de Lagrange ? Ils furent tout simplement donnés par Hackspill à Bertier à la fin de l'année 1922 : « je suis réellement confus d'avoir à vous les transmettre ; si je les avais jetés au panier, comme je l'ai fait pour d'autres »[381]. Hackspill s'excusait : le rapport de forces entre les deux hommes était complètement inversé par rapport à la période précédant l'élection sénatoriale. Alors que Jean de Bertier devenait incontournable, Hackspill quittait la scène. Il fut renvoyé de la direction de la *Volkszeitung* au début de 1923 et ne fut pas reconduit sur la liste URL aux législatives de 1924[382].

Jean de Bertier renforça parallèlement sa position au sein du parti. Il contribua à faire élire Guy de Wendel à la présidence de l'URL en mars 1922. Ce dernier était certes un homme de compromis, capable de faire la synthèse entre tous les courants du parti[383]. Il était aussi un ami proche de Jean de Bertier. Précisons pour l'anecdote que Jean de Bertier s'acquittait avec irrégularité de ses cotisations de membre du parti. Il ne versa pas sa cotisation en 1922 mais se rattrapa l'année suivante, avec un versement de 5 000 francs qui permit aussi de renflouer les caisses du parti : « par votre libéralité vous enlevez au trésorier de l'URL un souci pénible »[384]. Décidément, Jean de Bertier devenait indispensable.

Son succès électoral lui permit de gagner en influence et en prestige et par conséquent d'élargir ses réseaux. Prenons deux exemples. Dans le milieu agricole, il put aisément accroître ses responsabilités : au printemps 1923, il devint président de l'office agricole de la Moselle nouvellement créé puis, l'année d'après, il fut élu à l'unanimité président départemental de l'Association des syndicats d'élevage du cheval ardennais-lorrain[385]. Dans le domaine de l'action sociale, le comité national

380 METZLER, Lionel, Article « Hackspill (Louis) 1871-1945 », [*in*] EL GAMMAL, p. 288. Christian PENNERA ajoute au tableau un « esprit vindicatif et procédurier » et « une fâcheuse tendance à l'intrigue » (p. 225).
381 ALG, Lettre de l'abbé Hackspill à Jean de Bertier, 12 décembre 1922.
382 ROTH, *Le temps des journaux*, p. 166-167 : « les lecteurs sont évidemment laissés dans la plus totale ignorance de ces événements. Ceux qui ont de bons yeux peuvent remarquer, à partir du 1er avril 1923, la disparition du nom de Louis Hackspill » [de la manchette de la *Lothringer Volkszeitung*].
383 DELBREIL, « Les parlementaires et les forces politiques en Moselle », p. 98 et PENNERA, p. 222 et 227.
384 ALG, Lettre de M. Losson, trésorier de l'URL, à Jean de Bertier, 18 mai 1923.
385 ALG, Coupure de presse de la *Moselle républicaine*, sans date [avril 1923] et Lettre du secrétaire de l'Association des syndicats d'élevage du cheval ardennais-lorrain de la Moselle à Jean de Bertier, 4 février 1924.

de lutte contre la tuberculose lui proposa sa présidence départementale[386]. Jean de Bertier en profita aussi pour améliorer son réseau de presse : on le vit signer des articles en première page du *Lorrain*[387]. L'accession à un mandat national présentait toutefois un risque, celui de perdre le contact du terrain et de ses administrés et de subir ensuite une « punition électorale »[388]. Jean de Bertier ne commit pas cette erreur. Il ne délaissa pas ses mandats locaux, notamment au conseil général et au conseil consultatif.

Devenu sénateur, Jean de Bertier prit davantage d'assurance et une autre dimension. Il n'était plus ce débutant de 1920-1921. La consultation des procès-verbaux des délibérations du conseil général révèle qu'il se mit à intervenir plus fréquemment et plus longtemps. Il maniait la politesse pour mieux donner son avis sur tous les sujets : « je m'excuse de parler après des médecins sur une telle question, mais […] » sans jamais oublier ses électeurs : « je ne veux pas lasser l'assemblée par les multiples doléances de la population de la région de Thionville mais […] »[389]. Il en vint à relater ses expériences personnelles, à distribuer les bons points à certains collègues, en un mot il était devenu l'un des ténors du conseil général, à l'image de son président Guy de Wendel. Preuve en est cet article de *l'Est républicain* relatif à une motion que des conseillers généraux voulurent faire adopter et face à laquelle tant Guy de Wendel que Jean de Bertier étaient réticents. Ce fut ce dernier qui imposa ses vues à l'assemblée : « finalement, ce fut M. de Bertier dont la diplomatie est bien connue qui arrondit les angles et rédigea le texte devant réunir l'unanimité du conseil »[390].

Quant au conseil consultatif, Jean de Bertier continua d'y siéger en tant que conseiller général de la Moselle. Le chanoine Collin fut remplacé par le général Hirschauer, autre sénateur mosellan. Réeffectuons le travail déjà accompli pour les années précédentes (voir tableau 41), en relevant le nombre des prises de parole et des rapports de Jean de Bertier pour la période 1922-1924, et comparons son activité à celle des autres parlementaires mosellans, à savoir Robert Schuman, Guy de Wendel et le général Hirschauer.

---

386 ALG, Lettre du directeur des services d'hygiène de la Moselle à Jean de Bertier, 24 septembre 1926. Jean de Bertier décéda deux jours plus tard : il s'agit peut-être de la dernière lettre qu'il put lire.

387 ALG, Coupure de presse du *Lorrain*, sans date, « La situation politique depuis les élections du 11 mai – par M. de Bertier, sénateur ». Il ne peut s'agir que des législatives de 1924.

388 AUDIGIER, « Les réseaux des parlementaires lorrains de la IIIᵉ République », p. 68.

389 ADM, 72 N 6, Session de septembre-octobre 1924, p. 426-427 et 411, et, plus généralement, 72 N 4 à 72 N 8.

390 ALG, Coupure de presse de *l'Est républicain*, septembre 1924. La motion initialement envisagée critiquait le gouvernement et, en cela, le conseil général outrepassait ses prérogatives.

Tableau 45: **Activité des parlementaires mosellans au conseil consultatif entre 1922 et 1924[391].**

Conseiller	Activité	3/ 1922	7/ 1922	10/ 1922	1/ 1923	4/ 1923	7/ 1923	10/ 1923	12/ 1923	1/ 1924	4/ 1924	Total
Schuman	Interventions	18	7	16	16	21	22	10	2	10	24	146
	Rapports		1					1				2
Wendel	Interventions	3	4	5	6	5		16	3	2	5	49
	Rapports	1						1			1	2
Hirschauer	Interventions	2	4	5	2	2		11	4	6	2	38
	Rapports							1				1
Bertier	Interventions	5	7	3	1	8		1		4	3	32
	Rapports	1	1			1						3

Précisons que Jean de Bertier, certes sénateur, siégeait en tant que conseiller général.

Nous arrivons pour les années 1922-1924 à une conclusion différente de celle concernant les années 1920-1921. Jean de Bertier, bien que devenu parlementaire, n'était plus que le 4e intervenant par la fréquence de ses interventions, et non plus le 2e comme auparavant. Robert Schuman continuait de dominer largement la scène et d'éclipser tous ses collègues[392]. Certes, on ne peut limiter l'activité d'un élu à ce seul décompte, d'autant que nous n'avons pris en compte que les prises de parole en séance plénière, et non en commission. Le retrait relatif de Jean de Bertier à partir de 1922 pourrait s'expliquer par la nature très spécifique du conseil consultatif. Cette institution annexée au commissariat général était vouée à disparaître à court terme. Peu de temps après son élection, Jean de Bertier appelait d'ailleurs à sa suppression progressive et la *Moselle républicaine* s'en fit l'écho :

> Le comte de Bertier a tout simplement demandé à M. Alapetite [le commissaire général] ce qu'il attendait pour liquider ses services et se retirer avec armes et bagages, avec bagages surtout. Oh, nous savons bien que la chose ne fut pas dite de façon aussi cavalière, mais le sens et le fond y étaient[393].

Ceci pourrait expliquer pourquoi Jean de Bertier se montra moins actif au conseil consultatif. Sa parole continua toutefois d'y compter. Il exerça aussi une

---

391 ADM, 577 PER 1921 [concerne l'année 1922] et 577 PER 1923 [couvre aussi 1924] : procès-verbaux des séances au conseil consultatif.

392 ROTH, *Robert Schuman*, p. 112-113. Cela s'expliquait par sa formation de juriste et par sa ténacité. Cela valait aussi pour l'Assemblée nationale et François Roth constate sévèrement : « la plupart [des autres députés mosellans] étaient dépourvus du bagage juridique élémentaire pour participer utilement aux travaux de l'assemblée ».

393 ALG, Coupure de presse de la *Moselle républicaine*, sans date [juillet 1922]. Le journal était volontiers flagorneur et la consultation des procès-verbaux des séances du conseil consultatif ne permet pas de retrouver un tel échange.

influence sur l'élection des nouveaux membres du conseil. Fin 1922, il fallut procéder au remplacement de Finck et Rollin, décédés. Le conseil général de la Moselle désigna à leur place Henry et Weber. Ces derniers n'avaient que peu de marge de manœuvre. Suivant la rédaction de Jean de Bertier, le conseil général « constate que les deux nouveaux élus [...] se sont engagés à rester en parfait accord avec leurs collègues pour examen et solution de tous les problèmes posés par la réassimilation nécessaire »[394]. Robert Schuman avait déjà tenté d'intervenir sur les élections des premiers conseillers en 1920[395]. Bien que Jean de Bertier restât un homme politique de second rang par rapport à ce dernier, il réussit à renforcer son contrôle sur sa circonscription, à étoffer ses réseaux et à devenir une figure emblématique des assemblées auxquelles il participait. Il pouvait envisager avec sérénité les échéances électorales suivantes.

2.4.2. De faciles réélections ?

Alors qu'un mandat sénatorial était censé durer 9 ans, Jean de Bertier dut remettre le sien en jeu 2 ans seulement après son élection. Il fallait en effet remettre en place le renouvellement de la Haute Assemblée par tiers tous les 3 ans. À cette fin, les départements furent classés en trois catégories, A (de l'Ain au Gard), B (de la Haute-Garonne à l'Oise) et C (de l'Orne à l'Yonne). Les sénateurs élus en janvier 1920 obtenaient un mandat d'une durée de 1, 4 et 7 ans dans les catégories A, B et C respectivement[396]. Le chanoine Collin, tout comme ses autres collègues mosellans, n'avait été élu que pour 4 ans. Jean de Bertier, qui lui succéda en février 1922, n'avait donc plus que 2 ans de mandat à effectuer. Ceci explique le commentaire émis par son agent électoral dont nous avons déjà parlé : « un peu de prudence pendant 2 ans et après vous serez j'imagine sénateur inamovible »[397]. Deux listes s'affrontèrent : la liste de l'URL qui reconduisait tous les sortants et la liste du Parti républicain démocrate et social, sous la direction de Bastien, candidat malheureux en 1922.

Tableau 46: Voix obtenues par les différents candidats aux sénatoriales du 6 janvier 1924[398].

Inscrits	Exprimés	Union républicaine lorraine (URL)					Parti républicain démocrate et social				
		Bertier	Bom-pard	Hir-schauer	Mar-guerie	Stuhl	Bastien	Collinet	Jouin	Sigwald	Vogel
1 407	1 383	1 144	908	1 150	1 092	1 159	246	182	185	151	183

394 ALG, Déclaration du conseil général de la Moselle avec corrections de Jean de Bertier [décembre 1922].

395 ALG, Coupure de presse du *Messin*, 9 octobre 1920 : « M. Schuman, député, était venu lui-même à la préfecture de Metz pour apporter sa liste de candidats et faire pression pour empêcher l'élection de MM. Jung, Finck, Rollin etc. »

396 BERSTEIN, *Le Sénat sous la IIIe République*, p. 16-17 et 20.

397 ALG, Lettre à Jean de Bertier, écrite par un de ses agents électoraux, sans date [février ou début mars 1922].

398 BAUDON, p. 57-58.

Le fiasco de 1920 ne se reproduisit pas. Les résultats sans appel de 1924 pourraient laisser penser que l'URL avait enfin trouvé son unité. Les divergences de sensibilités persistaient cependant. Donnons-en comme seul exemple le fait que les élus, tous membres du même parti à l'échelle locale, ne siégèrent pas dans le même groupe politique au Sénat[399]. Jean de Bertier, en tout cas, fut très confortablement réélu. Il faisait jeu égal voire mieux que ses collègues de l'URL et améliorait son score de 1922, en passant de 1 109 à 1 144 voix, pour un même corps électoral de 1 407 inscrits.

En 1925, les deux mandats locaux de Jean de Bertier arrivèrent à échéance. Les élections municipales se déroulèrent dans l'ensemble de la France au mois de mai 1925. Il est intéressant de comparer deux affiches de cette campagne figurant dans les archives. Alors que Jean de Bertier s'effaçait au profit du conseil municipal dans sa collégialité, ses opposants de gauche ciblaient sa seule personne[400].

Affiche de soutien à Jean de Bertier	Affiche hostile à Jean de Bertier
Qu'a fait le conseil municipal sortant ?	*Waehler von Manom.*
Il s'est réuni 45 fois soit une fois par mois.	*Wählet nicht für den kapitalistischen*
Pour l'intérêt de tous il a […]	*Wahlbestecher.*
Pour le progrès social il a […]	*Sein Bier würdet ihr teuer bezahlen denn*
Il a diminué vos impôts des 3/4. […]	*nur seine eigenen Interessen leiten seine*
Jugez vos conseillers municipaux sortants à leurs actes ! Ils n'ont pas démérité de vos suffrages !	*Handlungen.*

Pour Jean de Bertier, les résultats furent un triomphe personnel. Il obtenait 340 des 376 suffrages exprimés soit plus de 90 % des voix. De tous les conseillers municipaux sortants, il était le mieux élu et toute l'équipe municipale fut, à une exception près, reconduite dès le 1er tour de scrutin[401]. Il est dans ces conditions assez difficile de comprendre la lettre de démission que Jean de Bertier prépara en cas d'échec. Une interprétation logique serait d'y voir sa vigilance et sa prévoyance. Il ne considérait aucune élection comme gagnée d'avance (pas même à Manom) et n'oubliait jamais de faire campagne.

399 DELBREIL, « Les parlementaires et les forces politiques en Moselle », p. 99 : Bertier, Wendel, Hirschauer et Bompard appartenaient à l'union républicaine alors que Marguerie et Stuhl siégeaient avec la Gauche républicaine. Ce dernier groupe, situé entre l'union républicaine (centre-droit) et la droite (royalistes) était donc un groupe conservateur et n'était pas de « gauche » contrairement à ce que son appellation pouvait laisser supposer (BERSTEIN, *Le Sénat sous la IIIᵉ République*, p. 65-66).
400 ADM, 303 M 82, Élections municipales de 1925. Affiches et ALG, Affiche électorale hostile à Jean de Bertier, sans date [municipales de mai 1925]. Les deux affiches étaient bilingues. Nous citons la version allemande pour les opposants parce que ce fut dans cette langue que l'affiche fut initialement rédigée.
401 ALG, Élections des 3 et 10 mai 1925. Brouillon manuscrit de Jean de Bertier indiquant les résultats.

Des élections cantonales furent organisées en juillet 1925, deux mois après les municipales. Les conseils généraux étaient traditionnellement renouvelés par moitié tous les 3 ans. Jean de Bertier, élu en 1919, échappa cette fois au renouvellement anticipé de 1922 qui concerna la moitié des cantons du département[402]. Il put donc effectuer un mandat complet de 6 ans jusqu'en 1925. Il se représenta, obtint l'investiture de l'URL et le soutien de tous les titres de presse liés au parti[403]. Nous avons – pour cette seule élection – retrouvé sa profession de foi de candidat, ce texte important, parfois obligatoire, par lequel un candidat présentait ses mérites et son programme[404]. Celle de Jean de Bertier restait tout à fait classique. Il mit en avant son bilan : « cette mission, je m'y suis consacré avec tout le zèle et le dévouement dont je suis capable ». Il rappela son image de rassembleur : « l'ami sincère des ouvriers comme des agriculteurs, des commerçants comme des industriels ou des fonctionnaires »[405]. Certaines archives auparavant déjà mentionnées révèlent que la campagne ne fut pas très paisible. Elle donna lieu à des intrigues, à des coups bas et sans doute des deux côtés. Ainsi Jean de Bertier dut-il faire face à des « bobards », et ainsi Émile Fritsch fut-il suivi par des détectives payés par son adversaire[406]. Au final, Jean de Bertier fut réélu assez facilement, dans un contexte de forte abstention.

Tableau 47: Résultats des élections cantonales du 19 juillet 1925 dans le canton de Thionville[407].

	Ensemble du canton	Manom	Basse-Yutz
Inscrits	5 956		
Votants	2 967		
Voix obtenues	Ensemble du canton	Manom	Basse-Yutz
Jean de Bertier	1 991	269	438
Émile Fritsch	857	32	499

Avant de commenter ces résultats, arrêtons-nous sur les frais de campagne de Jean de Bertier. Deux factures permettent d'avoir un aperçu de leur détail, sans que l'on puisse savoir si les dépenses s'arrêtèrent à ces seuls deux documents retrouvés.

402 ADM, 303 M 67, Renouvellement triennal du conseil général et des conseils d'arrondissement, 14 et 21 mai 1922. Il concerna 18 cantons sur 36 mais pas celui de Thionville.
403 ALG, Multiples coupures de presse. Le *Messin*, la *Volkszeitung*, la *Moselle républicaine* et le *Journal de Thionville* appelèrent tous à voter pour Jean de Bertier. Le *Metzer freies Journal* prôna l'abstention et la *Volkstribüne* fit campagne pour Émile Fritsch.
404 HUARD, p. 270 et BILLARD, *Le métier de la politique*, p. 99.
405 ALG, Profession de foi de Jean de Bertier à l'occasion des cantonales de 1925.
406 ALG, Lettre de Guy de Wendel à Jean de Bertier, 13 juillet 1925 et Coupure de presse du *Républicain*, 4 juillet 1925.
407 ALG, Résultats des élections cantonales du 19 juillet 1925.

Tableau 48: Frais de campagne de Jean de Bertier pour les cantonales de 1925 (en francs)[408].

Facture de la *Moselle républicaine* dont :	602
– 7 000 lettres aux électeurs	210
– 7 000 lettres « pas d'abstention »	82
– 20 000 bulletins de vote	240
– 50 affiches	70
Facture du *Journal de Thionville* dont :	383
– 1 550 journaux	168
– 400 affiches	215
Dépenses cumulées minimales	817

Il s'agissait là du matériel électoral traditionnel que les candidats faisaient imprimer. Les dépenses cumulées semblent tout à fait modestes : « pour une élection sur une petite circonscription faiblement peuplée (une commune, un canton ou un arrondissement en zone rurale), 1 000 francs-or [...] suffisent largement ». En prenant en compte l'inflation, les 817 francs versés en 1925 représentaient moins du quart de cette somme[409]. Jean de Bertier réussit donc, à moindre frais, à assurer la couverture médiatique de sa circonscription : 7 000 lettres et 20 000 bulletins de vote à son nom alors que le canton ne comptait que 6 000 électeurs. Ces chiffres semblent importants mais sont à relativiser[410]. D'ailleurs, cette propagande eut un effet limité. Les 7 000 lettres « pas d'abstention » n'empêchèrent pas la moitié des électeurs de rester chez eux. Jean de Bertier aurait pu dépenser davantage. S'il ne le fit pas, c'est qu'il se sentait confiant pour sa réélection. Les résultats lui donnèrent raison. Il obtint une large victoire, avec plus de deux tiers des suffrages, et en faisant presque jeu égal avec son adversaire communiste dans le fief de ce dernier[411].

Les réélections de Jean de Bertier ne furent jamais garanties, mais toujours plus faciles que sa campagne sénatoriale de février 1922. En gestionnaire avisé de sa fortune et de sa carrière, il avait engagé la plus forte somme dans cette élection-là : il avait su *investir* au bon moment. Les dépenses suivantes, plus modestes, suffisaient à pérenniser la dynamique enclenchée.

408   ALG, Factures de la *Moselle républicaine* (réglée le 22 juillet 1925) et du *Journal de Thionville* adressées à Jean de Bertier et relatives à ses dépenses électorales.

409   BILLARD, *Le métier de la politique*, p. 108. L'auteur indique : « Un lot de 100 affiches au format "colombier" est facturé 12 francs-or [...] avant 1914. Très curieusement, ces prix ont peu changé au cours du XXe siècle ». Le tableau 49 présente des prix au moins 4 fois plus élevés.

410   Prenons l'exemple des 450 affiches commandées. C'était un nombre modeste puisque « si la commune est petite, on peut même se contenter d'un seul lot de 100 affiches. Pour une élection législative, on aura utilisé 3 à 6 affiches successives reproduites en plusieurs milliers d'exemplaires » (BILLARD, *Le métier de la politique*, p. 108).

411   Émile Fritsch avait été élu maire de Basse-Yutz en mai 1925. Il le resta jusqu'en 1935.

Les bons résultats électoraux de Jean de Bertier s'expliquaient aussi par un véritable travail quotidien d'homme politique. Il disposait de multiples relais pour se tenir au courant de ce qui se disait parmi ses administrés. Citons un exemple datant de 1923, une année sans échéance électorale. Jean de Bertier intervint au Sénat pour demander la fermeture du terrain d'aviation de Basse-Yutz, dont la piste trop courte avait été tenue responsable du décès de plusieurs aviateurs[412]. René Gourdiat l'informa des possibles conséquences électorales de cette initiative :

Monsieur le sénateur,

La publication de votre intervention au Sénat dans l'affaire du terrain de Basse-Yutz a soulevé une tempête de protestations dans le Landerneau thionvillois et je tiens à vous tenir immédiatement au courant de ce qui se passe.

On vous reproche d'avoir sacrifié les intérêts du commerce, de n'avoir tenu aucun compte de la perte irréparable qui résulterait pour la région du fait de la suppression du 1er R.A.C. [1er régiment d'aviation de chasse].

[…] Aux personnes qui m'ont dit que vous aviez compromis vos intérêts électoraux (?) j'ai dit qu'en effet vous deviez savoir que votre intervention pouvait vous porter préjudice auprès de quelques électeurs à l'esprit étroit, mais qu'en tout cas le fait d'avoir négligé cet argument lorsqu'il s'est agi d'une question nationale [la vie des pilotes français], devait au contraire vous rendre d'autant plus sympathique aux yeux des électeurs conscients de leurs véritables intérêts […].

Au fond tout cela est assez ridicule et ne mérite guère qu'on s'y attarde. J'ai voulu simplement vous tenir au courant et j'attendrai, pour intervenir éventuellement, de vous avoir vu à ce sujet[413].

On voit bien comment le réseau de presse de Jean de Bertier était à son service : « j'attendrai, pour intervenir éventuellement, de vous avoir vu ». Il est impossible de déterminer l'éventuel impact électoral de cet épisode. Précisons que le maire de Basse-Yutz soutint la demande de Jean de Bertier, mais que le ministre de la Guerre décida de maintenir le terrain sur place et de l'agrandir[414]. Suite au renouvellement de ses mandats en 1924-1925, la prochaine échéance électorale étaient les municipales de 1931. Jean de Bertier avait donc six années devant lui. Quelles pouvaient être ses perspectives de carrière ?

---

412 <https://gallica.bnf.fr/ark:/12148/bpt6k6352299r/f37.item> : débats parlementaires, 2e séance du 21 juin 1923.

413 ALG, Lettre de René Gourdiat à Jean de Bertier, 28 juin 1923.

414 ALG, Lettre adressées à Jean de Bertier par le maire de Basse-Yutz, 26 juin 1923 et par le ministre de la Guerre, 22 novembre 1923. L'extension décidée donna lieu à des expropriations, et Jean de Bertier dut encore intervenir.

2.4.3. Quelles perspectives ?

Au niveau local, Jean de Bertier ne pouvait espérer d'autres mandats que ceux qu'il détenait déjà. Rien ne laisse penser qu'il ambitionna la mairie de Thionville (rappelons qu'il y songea peut-être à l'automne 1919, aux débuts de son engagement politique). La seule promotion qu'il eût pu envisager aurait été de devenir président du conseil général de la Moselle. Le poste était alors occupé par Guy de Wendel, député et président de l'URL, dont il était très proche. Bien que Jean de Bertier fût influent au sein de l'assemblée départementale, ses positions conservatrices et sa volonté d'affecter prioritairement les crédits disponibles à l'agriculture ne faisaient pas toujours l'unanimité. Rien ne garantit que Jean de Bertier eût pu succéder à Guy de Wendel, ni que ce dernier aurait cédé la place. Guy de Wendel resta président jusqu'en 1936 et ce fut Robert Sérot qui lui succéda, jusqu'en 1954. Or, nous avons vu que, déjà en 1919, l'influence, les réseaux et les compétences de Robert Sérot dépassaient celles de Jean de Bertier. Les chances de ce dernier de pouvoir un jour diriger le département étaient donc limitées[415].

Il faut donc s'interroger sur ses perspectives de carrière à l'échelle nationale. Suite à son succès à l'élection sénatoriale de 1922, son agent électoral le voyait « sénateur inamovible », autrement dit sans cesse réélu, et un autre interlocuteur l'imaginait déjà ministre. Démêlons le possible de l'utopique en expliquant comment Jean de Bertier fit son apprentissage de parlementaire et en déterminant quel type de sénateur il devint.

Jean de Bertier présentait quelques atypismes. Il accéda à la Haute Assemblée à l'âge de 44 ans. Il faisait partie des plus jeunes sénateurs puisque l'âge minimum pour être éligible était fixé à 40 ans[416]. Il n'appartenait pas aux « nouvelles couches » peuplant désormais majoritairement les bancs des assemblées, à savoir les avocats, les médecins, les professeurs, les ingénieurs et les hauts fonctionnaires. Enfin, il restait le représentant d'une noblesse dont la représentation diminua régulièrement tout au long de la IIIᵉ République : 34 % des députés en 1871, 10 % en 1919, 5 % en 1936[417]. L'apprentissage du métier de sénateur n'était pas aisé : « le premier discours d'un parlementaire [...] constitue peut-être l'épreuve la plus difficile d'une carrière politique [...]. Les parlementaires chevronnés guettent le premier discours d'un nouveau venu pour le "couler" »[418]. Jean de Bertier gagna en expérience en déployant progressivement toujours plus d'activité.

---

415   Il faut préciser que Robert Sérot, élu député en 1919, fut par la suite aisément réélu (1924, 1928, 1932, 1936) et qu'il devint sous-secrétaire d'État à l'Agriculture en 1930 (DURAND, Jean-Daniel, Article « Sérot (Robert) 1885-1954 », [*in*] EL GAMMAL (dir.), p. 313-314).

416   BERSTEIN, *Le Sénat sous la IIIᵉ République*, p. 15. En 1920, 10 sénateurs sur 314 avaient moins de 45 ans.

417   BERSTEIN, *Le Sénat sous la IIIᵉ République*, p. 40-42, 57-58, BILLARD, *Le métier de la politique*, p. 50-52 et RÉMOND, p. 180-181 : René Rémond travaille uniquement sur les députés mais élargit ses conclusions aux sénateurs : « députés ou sénateurs, c'est, à vrai dire, du pareil au même : c'est le même personnel [politique] ».

418   BILLARD, *Le métier de la politique*, p. 172.

Tableau 49: Activité en commission du sénateur Jean de Bertier de 1922 à 1926[419].

Commission	1922	1923	1924	1925	1926
Hygiène**					
Séances	23	21	20	39	21
Présences	3	11	13	26	14
Interventions	-	-	-	12	-
Rapports	-	-	4	2	5
Armée					
Séances	*	18	19	17	*
Présences	*	7	11	14	*
Interventions	*	-	4	3	*
Rapports	*	-	-	-	(1)
Alsace-Lorraine					
Séances	12	9	4	8	*
Présences	3	4	2	6	*
Interventions	3	1	2	7	*
Rapports	-	-	-	-	*

*Archives manquantes
**Jean de Bertier devint en 1925 l'un des deux secrétaires de la commission d'hygiène dont il fit désormais partie du « bureau » (le président, les deux vice-présidents, les deux secrétaires).

La lecture du tableau montre une montée en puissance patiente et régulière. À ses débuts, en 1922-1923, Jean de Bertier ne fournit qu'une activité très faible : aucun rapport et seulement quelques interventions, elles-mêmes à nuancer. En effet, en tant que sénateur mosellan, il était membre de droit de la commission d'Alsace-Lorraine. Remarquons que ces deux premières années correspondaient à son premier mandat. Sa priorité était de se faire réélire en 1924. Il lui fallait donc privilégier le contact avec les électeurs sénatoriaux et ne pas passer trop de temps à Paris. Soyons sûrs qu'il profita quand même de ces deux années pour observer et pour apprendre. À partir de sa réélection de 1924, il devint de plus en plus assidu en commission et il fut chargé de plusieurs rapports. On peut résolument le classer dans la catégorie des sénateurs « actifs » que Gisèle Berstein distingue des sénateurs « très effacés », autrement dit sans activité[420].

Comment Jean de Bertier réussit-il à gagner la considération de ses collègues ? Il privilégia la commission de l'hygiène, et s'y manifesta davantage par ses rapports que par ses prises de parole. Jean de Bertier misait donc plus sur son travail que sur son éloquence. Cette dernière était l'apanage des avocats et des juristes, nombreux parmi les sénateurs. Jean de Bertier devait donc s'illustrer autrement, par un

---

419   Archives du Sénat (AS), 69 S 210 à 212, Procès-verbaux des séances de la commission d'hygiène, 69 S 86 à 88, de la commission de l'armée et 69 S 288, de la commission d'Alsace-Lorraine.
420   BERSTEIN, *Le Sénat sous la IIIe République*, p. 90-92 : sur les 745 sénateurs ayant siégé entre 1920 et 1940, Gisèle Berstein estime environ à 600 le nombre des actifs et à 150 celui des effacés.

savoir-faire plus technique : « la force de certains [parlementaires] vient de leur connaissance des dossiers, de la solidité de l'argumentation »[421]. Il savait cependant, si nécessaire, manier le verbe. Sa première intervention en séance plénière porta justement sur la question du terrain d'aviation de Basse-Yutz dont nous avons parlé. Elle fut réussie. Si un collègue l'interrompit, ce fut pour le soutenir : « c'est tout à fait exact » et Jean de Bertier recueillit de « vifs applaudissements » à la fin de son intervention[422]. Il faut dire qu'il avait bien choisi son sujet, condition nécessaire à la réussite[423]. Lequel parmi ses collègues pouvait ne pas approuver la volonté de préserver des vies ? Rapidement, Jean de Bertier gagna la considération des autres sénateurs alsaciens et mosellans. Il s'exprima parfois en leur nom, comme en août 1924 : « Messieurs, je m'excuserais de prendre la parole après tant de voix éloquentes qui ont défendu ou combattu le projet de loi soumis à vos délibérations si mes collègues des trois départements recouvrés ne m'avaient pas chargé de dire, au nom de la population [...] »[424].

On remarque, en outre, que toutes ses interventions étaient suivies de réactions positives de l'assemblée, parfois même du gouvernement, qui reconnaissaient ainsi leur bien-fondé et leur qualité. Peut-être faut-il cependant nuancer cette dernière remarque. En quoi les réactions des autres sénateurs étaient-elles vraiment significatives ? Ne relevaient-elles pas souvent d'une banale politesse, voire d'un certain automatisme ? Lorsque Jean de Bertier demanda l'adoption par les chemins de fer français d'un système de frein automatique, il n'y eut aucune réaction de l'auditoire[425]. Il faut dire que, cette fois-là, Jean de Bertier ne conclut pas par des formules patriotiques convenues qui provoquaient automatiquement des approbations de pure forme, sans que le fond du problème ne fût nécessairement saisi par ses collègues. Ainsi, à propos de la situation difficile des vignerons en Alsace-Moselle, Jean de Bertier finit par ces termes : « c'est à ce sens de la justice qu'à mon tour je m'adresse en faveur des vignerons alsaciens et lorrains enfin rendus à la patrie (*Applaudissements*) »[426]. Jean de Bertier savait donc aussi user, voire abuser, de l'éloquence. En tout cas, grâce à son activité en commission et à la qualité de ses interventions, Jean de Bertier se fit rapidement adopter par ses collègues plus âgés. Le président de séance Justin de Selves en témoigna dans son éloge funèbre :

> Nous avons tous à l'esprit l'image de ce collègue élégant, courtois, distingué, qui montait à la tribune pour défendre, avec précision et clarté, les rapports touchant plus spécialement aux intérêts des trois départements recouvrés. Le comte de Bertier,

---

421 RÉMOND, p. 163-164 et 178.
422 <https://gallica.bnf.fr/ark:/12148/bpt6k6352299r/f37.item> : débats parlementaires, 2e séance du 21 juin 1923.
423 BILLARD, *Le métier de la politique*, p. 173.
424 <https://gallica.bnf.fr/ark:/12148/bpt6k6342890t/f17.item> : débats parlementaires, séance du 22 août 1924.
425 <https://gallica.bnf.fr/ark:/12148/bpt6k6428437m/f40.item> : débats parlementaires, 2e séance du 8 juillet 1925.
426 <https://gallica.bnf.fr/ark:/12148/bpt6k64284470/f6.item> : débats parlementaires, séance du 20 novembre 1925.

qui justifiait les plus légitimes espérances, nous a quittés dans la force de l'âge. Nous nous plaisions à l'entourer d'une croissante affection et à escompter son utile collaboration[427].

Justin de Selves parla d'espérances, mais quelles avaient été les ambitions de Jean de Bertier au Sénat ? Le développement de son activité, sa réélection en 1924 et l'accès au poste de secrétaire de la commission d'hygiène en 1925 prouvent qu'il s'intéressait à son nouveau métier et comptait accroître son rôle. Ce fut sans doute en connaissance de cause qu'il opéra les deux choix très importants que tout parlementaire devait accomplir : celui des commissions où il siégerait et celui du groupe politique qu'il rejoindrait. Il appartenait de droit à la commission d'Alsace-Lorraine. En tant qu'ancien officier d'active, il participa presque naturellement à la commission de l'armée. La commission d'hygiène rassemblait plutôt des docteurs en médecine et des juristes[428]. Ce choix s'insérait dans la continuité de son action entamée au niveau départemental. Ce fut peut-être aussi une décision opportuniste, un chemin plus facile pour accéder à davantage de responsabilités. Preuve en est qu'il réussit à entrer au bureau de cette commission-là, mais pas à celui de la commission de l'armée. Quant au groupe parlementaire, il n'adhéra pas à la Gauche républicaine dont avait fait partie son prédécesseur, le chanoine Collin. Pourtant, les membres de ce groupe étaient des conservateurs ralliés à la République, sociologiquement très proches de Jean de Bertier : « la terre et l'armée »[429]. Pourquoi rejoignit-il l'Union républicaine, groupe de centre-droit ? Deux hypothèses peuvent être formulées. La première est que l'Union républicaine était plus proche de sa propre sensibilité politique : son agent électoral ne l'associait-il pas à « la gauche de l'URL » ? La seconde est que l'Union républicaine et ses 102 membres avaient bien plus de poids politique que la Gauche républicaine, qui ne rassemblait que 38 sénateurs. Si Jean de Bertier ambitionnait un poste de vice-président de commission, il lui fallait choisir l'Union républicaine, laquelle en détenait en moyenne 3 sur 10, contre aucun pour la Gauche républicaine[430].

Malgré son apprentissage réussi du métier de parlementaire, Jean de Bertier ne devint pas – ou n'eut pas le temps de devenir – un grand sénateur. Deux limites très claires apparaissent dans son parcours. D'une part, il ne dépassa pas le stade de secrétaire de commission, fonction avant tout administrative. Seuls le président et les deux vice-présidents disposaient d'un réel pouvoir politique. Leurs titulaires étaient le plus souvent d'anciens ministres, d'anciens députés, plus globalement des hommes politiques notoires parmi lesquels on ne pouvait pas placer Jean de Bertier. D'autre part, la commission d'hygiène n'était ni la plus prestigieuse, ni la plus influente. La « commission-reine », décidant de tout, était celle

---

427 <https://gallica.bnf.fr/ark:/12148/bpt6k6354761n/f2.item> : éloge funèbre de Jean de Bertier, 12 novembre 1926.

428 BERSTEIN, *Le Sénat sous la IIIe République*, p. 186.

429 *Ibidem*, p. 69. Le groupe dit de la « gauche républicaine » n'était donc pas du tout de gauche.

430 *Ibidem*, p. 114-115. Le groupe de la Gauche démocratique détenait 6 postes de vice-présidents sur 10 mais ne correspondait plus du tout à la sensibilité politique de Jean de Bertier.

des finances[431]. Nous en avons trouvé une confirmation dans les archives. Jean de Bertier soutint un amendement demandant des crédits supplémentaires en faveur des routes nationales en Alsace et en Moselle. Si le ministre des Travaux publics ne se montra pas hostile, le rapporteur de la commission des finances eut raison de cette initiative :

> Le rapporteur de la commission des finances : « Messieurs, on éprouve toujours quelque peine à être en désaccord avec l'honorable M. de Bertier et avec ses collègues, parlant au nom de départements qui nous sont particulièrement chers. Tout de même, j'ai senti que M. de Bertier, au début de ses observations – il l'a d'ailleurs dit avec beaucoup de sincérité – éprouvait une réelle hésitation entre ce que j'appellerais dans la langue de Corneille, l'amour et le devoir *(sourires)*. Pour moi, le devoir, c'est l'équilibre du budget. […] [Il demande à Jean de Bertier de ne pas insister.]
>
> Le ministre des Travaux publics : – […] Sensible une fois de plus aux observations de la commission des finances, si elle veut bien promettre de faire une étude […] je demande à M. de Bertier de bien vouloir retirer son amendement »[432].

Mattei Dogan distingue les *grands parlementaires* (environ 10 à 15 % de l'effectif, rôle politique national) des *parlementaires moyens*[433]. Jean de Bertier appartenait assurément à cette seconde catégorie. Il n'aurait jamais pu devenir ministre. Yves Billard avance le nombre de 30 à 100 ministrables en moyenne, soit moins de 10 % du total des parlementaires[434]. Évidemment, Jean de Bertier ne serait jamais non plus devenu président de la République, tant les candidats pouvant prétendre à la fonction étaient en nombre encore plus limité[435].

Donnons donc raison à l'agent électoral de Jean de Bertier. Ce dernier serait devenu « sénateur inamovible ». Il n'y avait en réalité plus de « sénateurs inamovibles » dans les années 1920[436]. Il faut comprendre que Jean de Bertier aurait été réélu en 1933 et serait donc resté sénateur jusqu'au 10 juillet 1940, date de l'ajournement du Sénat suite au vote par les deux assemblées des pleins pouvoirs au maréchal Pétain[437]. Terminons en constatant que Jean de Bertier décéda en

---

431 *Ibidem*, p. 114-115, p. 114, 120, 177 : elle avait tendance à « s'approprier de nombreux rapports sur le fond alors que les commissions techniques ne sont consultées que pour avis ».

432 <https://gallica.bnf.fr/ark:/12148/bpt6k6354725s/f20.item> : débats parlementaires, séance du 14 avril 1926.

433 DOGAN, « Longévité des carrières politiques », p. 303-304.

434 BILLARD, *Le métier de la politique*, p. 142-143.

435 *Ibidem*, p. 136-137 : il fallait le plus souvent être président du Sénat ou de la Chambre, ou être un ancien titulaire de l'un de ces deux postes.

436 Les lois constitutionnelles de 1875 établirent 75 sénateurs inamovibles. La réforme constitutionnelle de 1884 abolit la fonction, mais les titulaires purent conserver leur mandat. Le dernier d'entre eux décéda le 26 avril 1918.

437 Que firent les sénateurs mosellans ? Le général Hirschauer et Jules Wolff étaient absents de Vichy. Le colonel Stuhl et Édouard Corbedaine étaient présents mais ne prirent pas part au vote. Seul Guy de Wendel vota les pleins pouvoirs au maréchal Pétain mais « lorsque la France entr[a] en guerre contre l'Allemagne en septembre 1939, il [fut] le seul des 300 sénateurs à gagner volontairement le front » (DURAND, Jean-Daniel, Article « Wendel (Guy de) 1878-1955 », [*in*] EL GAMMAL, p. 317. Jean de Bertier aurait-il eu la même attitude ?

fonction. Il s'agissait de la principale cause d'interruption des mandats, bien avant la défaite électorale : sur 1 725 sénateurs de la IIIe République, 717 décédèrent en cours de mandat et 304 « seulement » furent battus aux élections[438].

En 1919, Jean de Bertier démissionna de l'armée. En 1926, au moment de mourir, il cumulait les mandats de maire, de conseiller général et de sénateur. De plus, il avait été réélu dans chacune de ces fonctions. Au niveau national, il était devenu un parlementaire actif, estimé de ses collègues et avait intégré le groupe politique et les commissions lui donnant le plus de possibilités d'action et d'influence. Il n'aurait pas pu faire beaucoup plus. En 1926, sa carrière politique était donc déjà réussie. En seulement sept années, il s'était affirmé comme un véritable professionnel de la politique, ce qui représentait un tour de force :

> « Tout lâcher » pour la politique est en effet difficile et très risqué. La politique est un métier, mais plus rarement une profession. Ainsi, peu de fonctions politiques sont correctement rémunérées, à l'exception des ministres. De surcroît, les mandats sont de courte durée […]. Pour faire de la politique sa profession, il faut donc réunir deux conditions : réussir à gagner de l'argent et savoir durer[439].

L'indemnité parlementaire, revalorisée à 15 000 francs-or en 1907, facilitait beaucoup la tâche des sortants qui disposaient ainsi de fonds pour financer leurs campagnes de réélection[440]. Heureusement pour Jean de Bertier, son patrimoine efficacement optimisé lui garantit les ressources nécessaires pour se lancer en politique et décrocher sa victoire de 1922. Ses réélections prouvent qu'il sut durer, tant grâce à son argent qu'à sa personnalité, mais aussi pour d'autres raisons dont il est désormais temps de parler : ses actions et ses idées politiques rencontraient l'assentiment de la majorité des électeurs.

3. Actions et idées politiques

Commençons par étudier les différentes formes de l'action politique de Jean de Bertier et terminons par une réflexion sur son positionnement politique et ses idées. Un tel choix peut surprendre. D'aucuns préféreraient voir ses idées d'emblée expliquées. L'opinion générale n'associe-t-elle pas immédiatement la politique et les idées ? Si nous procédons différemment, c'est pour trois raisons. La première est que nous nous appuyons avant tout sur les archives conservées. Or, celles-ci sont beaucoup plus riches d'informations sur la carrière et sur l'action politique de Jean de Bertier que sur ses idées. Si nous voulons déterminer le plus précisément possible ces dernières, avançons donc pas à pas, en analysant d'abord ses actions. La deuxième raison est qu'il resta un homme politique d'envergure moyenne, éloigné des grandes décisions politiques nationales. Il est donc plus judicieux d'insister d'abord sur ses actions. Ceci nous amène à la troisième raison. Pour pratiquer le métier de la politique, il est nécessaire de *faire carrière* mais tout autant d'*agir, au minimum*

438 DOGAN, « Longévité des carrières politiques », p. 301.
439 BILLARD, *Le métier de la politique*, p. 192.
440 *Ibidem*, p. 194-196 et 202-203.

au niveau local. L'action politique est donc une dimension indispensable du métier, alors que les idées politiques, telles que nous les entendons généralement, pouvaient – et peuvent – revêtir un caractère facultatif à l'échelle d'un canton ou d'un département. Rappelons en outre qu'à cette époque, les conseillers généraux n'étaient pas censés faire de la *politique*. Ils devaient se cantonner à une action fondamentalement *administrative*. Ainsi, l'action primait sur les idées dans le quotidien d'un homme politique, et c'est pourquoi nous les envisagerons dans cet ordre.

Dans le même état d'esprit, passons en revue les principales formes d'action politique de Jean de Bertier, des plus communes aux plus ambitieuses, c'est-à-dire de celles les moins liées aux idées à celles s'y rapportant le plus. Ceci fait, il sera temps de tenter de caractériser la pensée politique de Jean de Bertier.

3.1. Intercession et représentation

La première activité s'imposant à tout élu consistait, d'une part, à intervenir en faveur de ses concitoyens et, de l'autre, à les représenter en public à l'occasion d'inaugurations et autres cérémonies.

3.1.1. De multiples sollicitations

Une grande partie des archives des parlementaires est constituée des requêtes que leurs électeurs leur adressaient[441]. Jean de Bertier n'échappe pas à la règle. Nous disposons d'une quantité très importante de courriers, émanant d'un nombre tout aussi élevé de correspondants et touchant à tous les domaines. En faire l'inventaire exhaustif représenterait un travail de bénédictin et nous détournerait de notre objectif biographique. Une difficulté supplémentaire est que, dans la plupart des cas, nous n'avons accès qu'à la demande initiale du requérant, sans savoir si Jean de Bertier y donna suite, ni si son éventuelle intervention fut efficace ou non. Julie Bour a consacré un ouvrage à cette question des intercessions, en utilisant principalement les réponses des hommes politiques à leurs électeurs[442]. Nous ferons référence à certaines de ses conclusions pour expliciter nos observations.

Lire toutes ces demandes d'intervention et percevoir, à l'occasion, leur traitement par Jean de Bertier montre que cette activité requérait beaucoup de temps. Krémer, le curé de Kuntzig, sollicita Jean de Bertier à propos « d'une église à construire pour la colonie ouvrière des ateliers de chemin de fer de Basse-Yutz ». Les annotations manuscrites de Jean de Bertier nous apprennent qu'il rédigea au moins trois lettres en réponse et qu'il rencontra Krémer au moins à deux reprises[443]. Au même moment, Joseph Jacob, un ingénieur, écrivit à Jean de Bertier pour lui demander un emploi et reçut au minimum deux courriers en

441 MONIER, Frédéric, « La République des faveurs », [*in*] FONTAINE, Marion, MONIER, Frédéric et PROCHASSON, Christophe (dir.), *Une contre-histoire de la IIIe République*, La Découverte, Paris, 2013, p. 339.

442 BOUR, Julie, *Clientélisme politique et recommandation. L'exemple de la Lorraine de la IIIe à la Ve République*, Rennes, Presses universitaires de Rennes, collection « Histoire », 2018, 212 p.

443 ALG, Lettre de Krémer, curé de Kuntzig à Jean de Bertier, et annotations de ce dernier, 25 avril 1922.

retour[444]. Dans ces deux cas, Jean de Bertier n'avait qu'un seul interlocuteur. Dans d'autres, en revanche, il servit de relais, ce qui multipliait les courriers à produire. Le maire d'Hettange-Grande l'ayant interrogé sur le risque de transfert du bureau des douanes implanté dans sa commune, Jean de Bertier écrivit au directeur des douanes à Metz, adressa une copie au maire, puis lui écrivit de nouveau une fois la réponse obtenue[445]. Yves Billard estime que ce seul travail de réponse et de secrétariat nécessitait 1 à 2 heures de travail quotidien, et qu'un élu cumulant mandat national et mandat local comme Jean de Bertier effectuait plus de 300 interventions par an en faveur de ses concitoyens[446]. Il s'agissait donc bien de la tâche première d'un élu et *a fortiori* d'un parlementaire. Nous n'avons pas trouvé trace de l'identité d'un ou d'une secrétaire qui eût pu aider Jean de Bertier, Richshoffer semblant cantonné à la gestion de fortune. Soyons cependant certains qu'il bénéficia de la collaboration active de son épouse dans ce travail.

Julie Bour dresse le portrait-type de l'homme politique générant le plus grand nombre de demandes d'intervention : un professionnel de la politique, de milieu aisé, disposant de revenus professionnels importants, d'un prestige et de réseaux puissants[447]. Ce portrait correspond tout à fait à Jean de Bertier. Certains des courriers qui lui étaient adressés n'avaient d'ailleurs aucun rapport avec la politique, mais relevaient de son statut de grand propriétaire foncier. Il lui fut par exemple demandé « quelques sapins de votre bois sur la route d'Oeutrange. La commune d'Hettange n'a pas de bois et nous sommes forcés de nous adresser de nouveau à vous »[448]. Quant aux requêtes en rapport avec ses mandats, elles émanaient autant de particuliers que d'associations, de syndicats, de fédérations ou d'industriels[449]. Jean de Bertier et ses collègues n'étaient pas sollicités par les plus démunis[450]. Il fallait *pouvoir* faire une telle démarche et *savoir* comment formuler sa doléance. Nous décelons ainsi l'existence d'une pyramide des recommandations : on s'adressait d'abord au maire de sa commune, ou à son conseiller général et ce dernier pouvait ensuite relayer la demande au député ou au sénateur. Jean de Bertier fut par exemple contacté par un élu local d'Escherange pour que Lucien Veiler, un soldat, ne fût pas envoyé au Maroc « afin qu'à l'automne il puisse avoir une permission et venir l'aider [sa mère, veuve] à rentrer ses pommes de terre et ses dernières récoltes »[451].

444 ALG, Lettre de Joseph Jacob à Jean de Bertier, 14 juillet 1922.

445 ALG, Lettres du maire d'Hettange-Grande à Jean de Bertier, 6 et 20 avril 1922 et Lettres de Jean de Bertier au même maire, 10 avril (copie de sa lettre au directeur des douanes) et 14 avril 1922.

446 BILLARD, *Le métier de la politique*, p. 151.

447 BOUR, p. 12.

448 ALG, Lettre de E. Walter, curé d'Hettange-Grande à Jean de Bertier, 11 mai 1922.

449 ALG, Multiples exemples de courriers adressés à Jean de Bertier, comme : Lettre de l'Association des commerçants de Thionville, 15 avril 1922, Lettre du docteur Giss [représentant des souscripteurs de contrats d'assurance-vie suisses], 17 août 1923, Lettre de la Compagnie générale de la céramique du bâtiment (CGCB), 3 novembre 1924.

450 BOUR, p. 176. Les principaux bénéficiaires étaient les fonctionnaires.

451 ALG, Lettre de Schmitt à Jean de Bertier, depuis Escherange, 20 juillet 1926. Jean de Bertier écrivit le 24 juillet au colonel, obtint une réponse favorable et en informa le requérant le 2 août.

Sans surprise, les demandes d'intervention augmentèrent avec les responsabilités croissantes de Jean de Bertier, et de façon immédiate. Par exemple, il reçut une requête de la part du président de la chambre de commerce de Metz deux jours après avoir été élu sénateur[452]. Il serait fastidieux de classer toutes les demandes reçues par le parlementaire qu'était désormais Jean de Bertier. Faisons trois remarques. Ces sollicitations étaient plus éloignées du cadre local et/ou plus complexes ; il fallait donc prendre le temps de se renseigner sur leur sens véritable. Après avoir reçu une lettre du président du Syndicat des cantonniers de la Moselle, Jean de Bertier interrogea l'ingénieur en chef des Ponts et chaussées qui lui répondit : « il s'agit d'une revendication d'ordre général qui ne vise pas la situation particulière de la Moselle et il est probable le projet de résolution a été transmis par les syndicats locaux à tous les parlementaires »[453]. Nous arrivons ainsi à la deuxième constatation. Ces demandes d'intervention, adressées à un grand nombre de parlementaires, pouvaient devenir très impersonnelles. On trouve dans les archives de véritables imprimés sur lesquels il n'y avait plus qu'à ajouter le nom du parlementaire destinataire. L'une de ces requêtes fut adressée à « Bertier de Sauvigny, sénateur de Meurthe et Moselle » (sic)[454]. Une telle erreur prouve qu'il n'y avait dans ce cas aucun lien personnel entre intercédant et intercesseur. Jean de Bertier savait lui aussi fournir des réponses-type, comme le révèle le brouillon suivant :

> Je ne manquerai pas d'étudier avec le plus grand soin et le plus vif intérêt le projet qui nous sera soumis et d'y apporter mon appui si les disponibilités budgétaires permettent de donner satisfaction à vos justes revendications[455].

Il fallait répondre et ménager son interlocuteur, sans prendre d'engagement concret, afin de ne pas décevoir. Face à cette inflation de demandes et de réponses, certains tentaient de se démarquer en fournissant un dossier complet, censé faire économiser son temps à l'élu. L'association des engagés volontaires et anciens combattants de Lorraine demanda en faveur de ses membres des emplois réservés dans les administrations publiques. Le courrier envoyé à Jean de Bertier ne se contenta pas d'exposer la requête :

> Afin de vous documenter à ce sujet, je me permets de vous remettre ci-inclus le numéro du 15 mai 1922 de « la vie française ». [...]

> Je vous serais reconnaissant de vouloir bien, au cours des débats, appuyer de votre autorité notre point de vue, au besoin en proposant un amendement au texte adopté par la Chambre[456].

---

452 ALG, Lettre du président de la Chambre de commerce de Metz à « M. le comte de Bertier, sénateur de la Moselle », 28 février 1926. Jean de Bertier fut élu l'avant-veille.

453 ALG, Lettre de l'ingénieur en chef des Ponts et chaussées à Jean de Bertier, 22 septembre 1922.

454 ALG, Requête des Fédérations maritimes intéressées au sujet de l'augmentation des pensions des invalides, 28 mai 1924.

455 ALG, Brouillon de réponse de Jean de Bertier, 4 mai 1922 suite à la Lettre de l'Association des directeurs et inspecteurs des Postes et télégraphes à Jean de Bertier, 20 avril 1922.

456 ALG, Lettre des Engagés volontaires et anciens combattants de Lorraine à Jean de Bertier, 21 octobre 1922.

Il s'agissait là d'une forme très moderne de *lobbying*, même si, à cette époque, on n'alla pas jusqu'à fournir le texte même de l'amendement que l'on souhaitait voir déposer. Comment interpréter ces relations entre un élu comme Jean de Bertier et certains de ses électeurs ? Yves Billard et Julie Bour s'accordent pour parler de *clientélisme* et non de *corruption*. Tous deux montrent qu'il s'agissait d'une pratique inévitable, assurant un nécessaire relais entre les simples citoyens et les arcanes de l'État[457]. Jens Ivo Engels ajoute qu'il ne faut pas y voir une survivance du passé, mais une pratique très adaptative, qui appartient aussi à la culture politique contemporaine. Il en donne une définition large et neutre :

> Le clientélisme est tout simplement une technique de pouvoir en mutation, se servant des acteurs prêts à s'investir et à s'adapter aux besoins et aux nécessités du champ politique, tout en gardant le sens de leurs intérêts individuels[458].

Ce clientélisme impliquait aussi une reconnaissance mutuelle entre intercédant et intercesseur. Cette réciprocité se retrouve dans les archives et se manifesta publiquement lors de l'élection de Jean de Bertier au Sénat. Suite aux félicitations de la fédération des engagés volontaires, il fit publier la réponse suivante :

> Lettre de M. le comte de Bertier, sénateur de la Moselle
>
> [...] Ceux-ci [les engagés volontaires] me sont infiniment chers, comme de fidèles compagnons d'armes, que j'ai vus au 1er rang, partout où l'honneur de la France était engagé. Aussi peuvent-ils compter sur moi en toute occasion, car je serai heureux d'être leur porte-parole et éventuellement leur défenseur[459].

Les formules de politesse appuyées de Jean de Bertier peuvent conduire à s'interroger sur l'équilibre entre intercédant et intercesseur. Lequel était l'obligé de l'autre ? Quand la requête émanait d'un individu et/ou revêtait un caractère très local, c'était évidemment l'élu qui se trouvait en position de force. Les relations sociales ainsi tissées gardaient alors un caractère archaïque : Julie Bour parle de « persistance des faveurs héritées de l'Ancien Régime » et Yves Billard d'une « relation de type féodal entre un inféodé, l'électeur, et un protecteur, l'élu »[460]. Nous retrouvons cette tonalité dans la lettre d'une institutrice en faveur de laquelle il intervint : « tous mes efforts tendront à me rendre digne de votre bienveillante confiance en inculquant à mes élèves, avec la science, l'amour de la France et l'affection envers notre vénéré, cher et dévoué sénateur »[461]. En revanche, plus les requérants étaient puissants car regroupés en association voire fédération, et plus leur demande était d'envergure nationale, plus le rapport de force s'équilibrait, voire s'inversait. On pouvait dans

---

457 BOUR, p. 10-11, 24 et BILLARD, *Le métier de la politique*, p. 149 et 154.

458 ENGELS, Jens Ivo, « La modernisation du clientélisme politique dans l'Europe du XIXe et du XXe siècles. L'impact du capitalisme et des nouvelles formes d'organisation politique » [*in*] MONIER, DARD, ENGELS (dir.), p. 33-50.

459 ALG, Coupure de presse, « Lettre de M. le comte de Bertier sénateur de la Moselle », 11 mars 1922. Remarquons que les Engagés volontaires prirent Jean de Bertier au mot.

460 BOUR, p. 178 et BILLARD, *Le métier de la politique*, p. 155.

461 ALG, Lettre de Claire Hoss, institutrice suppléante à Creutzwald – la Croix à Jean de Bertier, 10 mai 1922.

ce cas passer du clientélisme à la corruption. Nous n'avons rien trouvé dans les archives permettant de penser que Jean de Bertier agît parfois contre rémunération. La citation précédente révèle en tout cas le poids des associations. Les actions de Jean de Bertier en leur faveur étaient censées lui apporter davantage de voix qu'une intervention au bénéfice d'un seul individu, puisque l'impact électoral se limitait dans ce dernier cas à l'entourage proche du requérant, soit quelques personnes.

On peut toutefois douter de la fidélité électorale des clientèles ainsi créées. Les associations décernaient le titre de membre d'honneur à moult personnalités[462]. Pour reprendre l'image féodale, on pourrait dire qu'elles prêtaient hommage à plusieurs patrons en même temps. En outre, certaines réformes favorisèrent l'affranchissement des électeurs : la mise en place de l'isoloir, garantissant le secret du vote, et l'interdiction de distribuer des bulletins de vote le jour de l'élection[463]. Le clientélisme n'était plus la garantie d'un vote favorable des électeurs. Ne pas le pratiquer risquait cependant de susciter des votes hostiles. Jean de Bertier sut se montrer très disponible : « vous êtes le sénateur aimable et serviable par excellence »[464]. Cette expression n'était-elle que flatterie envers Jean de Bertier ou révélait-elle une activité plus forte que celle de ses collègues ? Il faudrait pouvoir comparer en étudiant également leurs archives... Ce serait un investissement trop long pour de faibles découvertes éventuelles. L'essentiel est de savoir que Jean de Bertier avait conscience de la nécessité de ce travail d'intercession pour assurer ses réélections et donc sa survie politique[465]. Les mots prononcés le jour de ses obsèques par Frantz, son adjoint à la mairie de Manom, résument d'ailleurs bien sa forte implication dans cette première tâche de l'homme politique : « toute notre population perd en ce grand travailleur, un ami sûr et dévoué et un homme bon et généreux »[466].

Remarquons que lui-même pouvait devenir intercédant auprès de différentes administrations, en son nom propre ou au titre d'une des associations qu'il présidait. Dès novembre 1923, il réclama des travaux sur les routes autour de Thionville. Il réitéra sa demande à l'été 1924, en s'adressant à toute l'administration départementale :

> Le Syndicat d'initiative de Thionville, après avoir rendu attentifs, à plusieurs reprises, les services intéressés à l'état déplorable et dangereux des routes dans la région thionvilloise, constatant l'insuccès presque complet de ses démarches, supplie les représentants du département et de l'arrondissement et les autorités compétentes de prendre d'urgence les mesures nécessaires et efficaces pour que l'état actuel cesse le plus vite possible[467].

462 ALG, Lettre de la Fédération des sociétés musicales de la Moselle à Jean de Bertier, 23 mai 1922. On y apprend que s'il était membre d'honneur, pas moins de six autres personnalités publiques avaient également ce titre.
463 MONIER, p. 346 et HUARD, p. 233. Cette interdiction fut promulguée en juin 1923, c'est pourquoi cette pratique eut encore cours lors de l'élection sénatoriale de février 1922.
464 ALG, Lettre de l'abbé Terver à Jean de Bertier, 1er mai 1926.
465 BILLARD, *Le métier de la politique*, p. 150.
466 ALG, *La Moselle républicaine*, 1er octobre 1926.
467 ALG, Lettre du Syndicat d'initiative de Thionville [président : Jean de Bertier] du 9 juillet 1924, aux multiples destinataires : préfet, sous-préfet, président du conseil général, présidents des conseils d'arrondissement de Thionville-est et -ouest, président de la commission des travaux publics du conseil général.

Jean de Bertier tonnait mais constatait son impuissance. Julie Bour s'intéresse plus spécifiquement aux *recommandations* des hommes politiques, et indique qu'elles aboutissaient dans un tiers des cas seulement[468]. Si nous considérons les *interventions* de Jean de Bertier, il est impossible de donner un taux d'efficacité. L'essentiel pour le demandeur était avant tout de savoir que son sénateur avait agi. Même si Jean de Bertier n'obtenait pas gain de cause, il ne perdait pas la confiance de ses concitoyens[469].

Pour terminer, reconnaissons évidemment que toutes ces demandes d'intervention – ainsi que les réponses des hommes politiques, dont nous disposons rarement dans le cas de Jean de Bertier – sont une source très riche pour l'historien, tant elles sont révélatrices des préoccupations des contemporains et de l'ambiance d'une époque[470]. On peut également y percevoir, derrière des formules imprécises, certains sujets désormais publiquement débattus et étudiés, comme les violences, éventuellement à caractère sexuel. N'était-ce pas ce dont il était question dans cette demande d'intervention en faveur d'un soldat : « le 15 juillet prochain le régiment part en manœuvres et de ce fait le jeune homme va être de nouveau en contact avec le lieutenant en question »[471]. Ces documents ouvrent même certaines pistes sur Jean de Bertier lui-même. Il versa 5 francs de cotisation au groupe sénatorial de défense de la culture du tabac[472]. Jean de Bertier fumait-il ? Nous n'avons trouvé aucun document permettant de conclure dans un sens ou dans l'autre, et la piste s'arrête donc sur cette interrogation[473].

3.1.2. Inaugurations et autres cérémonies

Il s'agit du second pan de l'activité de base de tout homme politique. Tout comme l'intercession, on en trouve trace dans les archives. Par exemple, pour l'année 1923, figure à côté du dossier « cotisations – subventions – remerciements » un second dossier intitulé « invitations – fêtes – inaugurations ». On peut immédiatement reprendre certaines des conclusions précédentes. Toutes les cérémonies et manifestations organisées par les collectivités et les associations étaient autant d'occasions de tisser et développer de nécessaires relations entre l'élu et ses électeurs. Le premier y assistait et y prenait la parole, en tant que représentant des seconds. Par sa présence, il donnait de l'importance à l'événement et marquait sa considération pour les organisateurs et les participants. Ceux-ci pouvaient en échange lui témoigner leur reconnaissance par leur fidélité électorale ou par toute autre mesure

---

468 BOUR, p. 178.
469 ALG, Lettre du maire de Gravelotte à Jean de Bertier, 20 novembre 1923. Il ne réussit pas à obtenir des crédits pour la commune, victime du violent orage du 31 juillet 1923, mais reçut une lettre de remerciement pour ses efforts.
470 MONIER, p. 347.
471 ALG, Lettre de [J. P. Antoine ?] à Jean de Bertier, depuis Basse-Yutz, 5 juillet 1926, en faveur du soldat Jean Bour.
472 ALG, Groupe sénatorial de défense de la culture du tabac. Reçu d'une cotisation de 5 francs pour l'année 1923.
473 SELANCY (comte de), Courriel à l'auteur, 20 juin 2022 : « Je n'ai jamais vu de photo de J. de B. en train de fumer ».

la politique comme accomplissement (1919-1926)

permettant d'assurer sa notoriété politique[474]. Le Club lorrain du chien de défense attribua ainsi un « prix Jean de Bertier » lors du concours qu'il organisa en 1922[475].

Certains grands événements imposaient la présence des élus locaux. Ce fut le cas de la visite du président de la République Raymond Poincaré à Thionville, le 15 janvier 1920. Jean de Bertier fit partie du cortège mais ne s'exprima pas. Concentrons-nous donc sur les petits et moyens événements auxquels il fut convié et qui donnèrent lieu à prise de parole. Les sollicitations étaient aussi nombreuses que diversifiées : assemblées générales d'associations, conférences, manifestations patriotiques, rencontres sportives, soirées théâtrales ou artistiques, inaugurations d'équipements, fêtes de Noël. Les annotations de Jean de Bertier sur les courriers d'invitation reçus révèlent ses intentions : « oui », « non », « si possible », « impossible »[476]. Il honorait la plupart des demandes. Beaucoup de ses refus s'expliquaient par des engagements déjà contractés à d'autres endroits. Si l'on ajoute les déplacements et les banquets qui pouvaient accompagner la manifestation proprement dite, on comprend que cette activité de représentation occupait une part importante de l'emploi du temps d'un élu.

Pour tenter de déceler d'autres enjeux politiques que ceux déjà mentionnés, limitons-nous aux manifestations donnant lieu à des discours. Jean de Bertier prit la parole lors de multiples concours agricoles. Il s'exprima aussi lors d'inaugurations de monuments aux morts de la Première Guerre mondiale. En Moselle, ils furent érigés entre 1919 et 1939, et surtout entre 1922 et 1925.[477]. Avec d'autres cérémonies patriotiques, ces inaugurations contribuèrent à entretenir la *mémoire* de la guerre et même une *culture* de guerre au sein de la société de l'époque[478].

Les fragments de discours retrouvés montrent que Jean de Bertier reprit les thèmes traditionnellement mis en avant : éloge de la France, condamnation de l'Allemagne et insistance sur les souffrances des populations locales[479]. À Kœking, il déclara en effet : « on honorera vos morts et on flétrira le crime de l'Empereur et des pangermanistes car c'est le plus grand crime de l'histoire [puisque les Alsaciens-Lorrains ont été] enrôlés de force par le militarisme prussien »[480]. La presse rendait compte de ces inaugurations mais, selon William Kidd, de façon très stéréotypée : « la foule est toujours nombreuse [...] la Marseillaise est toujours vibrante, la voix

474 BILLARD, *Le métier de la politique*, p. 160 : « pour se rappeler au souvenir de tous, il faut aussi se montrer ».

475 ALG, Lettre du Club lorrain du chien de défense à Jean de Bertier, 12 avril 1922. Jean de Bertier était président d'honneur : il avait sans doute versé une cotisation supérieure à la normale.

476 ALG, Dossier « Invitations. Fêtes. Inaugurations » pour l'année 1923.

477 KIDD, William, *Les monuments aux morts mosellans. De 1870 à nos jours*, Metz, Éditions Serpenoise, 1999, p. 55-56.

478 CABANES, *La victoire endeuillée*, p. 480-481 et BERSTEIN, Serge et WINOCK, Michel, *Histoire de la France politique. Tome 4 : La République recommencée. De 1914 à nos jours*, Paris, Seuil, Collection « Points histoire », 2017 [2004], p. 79. Il ne faut pas interpréter la « culture de guerre » comme du bellicisme ou du militarisme.

479 KIDD, p. 85.

480 ALG, Discours de Jean de Bertier à Kœking, sans doute à l'occasion de l'inauguration du monument aux morts [14 octobre 1923].

des orateurs est toujours empreinte d'une fermeté et d'émotions contenues, etc. »[481].
Nous avons la même impression à la lecture d'un article relatif à une inauguration
à laquelle Jean de Bertier assista : « M. le comte de Bertier, conseiller général de la
Moselle, prit la parole – dans les deux langues lui aussi – pour attester, en termes
heureux et vibrants, que le sacrifice de ces pauvres martyrs n'avait pas été vain »[482].
Dans ces conditions, on pourrait penser que les discours d'inauguration étaient
par trop automatiques et standardisés pour être vraiment révélateurs, soit des opinions politiques personnelles des élus, soit de leurs sentiments profonds[483]. Jean
de Bertier fit d'ailleurs lui-même usage de cette standardisation puisqu'il réutilisa,
semble-t-il, le même discours pour plusieurs inaugurations[484].

Dans quelle mesure Jean de Bertier était-il sincèrement convaincu des paroles
qu'il prononçait ? Son passé d'officier et de combattant ne laisse aucune place au
doute quant à l'importance qu'il accordait à de telles cérémonies. Un autre indice
confirme d'ailleurs son fort engagement. Bien que les inaugurations fussent courantes à en devenir banales, elles donnèrent parfois lieu à des tensions politiques.
Les monuments construits en Alsace-Lorraine ne bénéficiaient pas de subventions de l'État. Leur financement dépendait essentiellement des communes et du
Souvenir français, dirigé par Jean-Pierre Jean. À Algrange, le maire communiste
voulut supprimer les crédits alloués par son prédécesseur ; le préfet, le sous-préfet et Guy de Wendel, député, préférèrent ne pas se déplacer[485]. Les deux seules
personnalités présentes furent Jean-Pierre Jean et... Jean de Bertier. Nous pouvons donc déceler à travers cette activité de représentation une idée politique sur
laquelle nous reviendrons : la vigilance face à l'Allemagne.

Intercession et représentation constituaient l'activité première de tout homme
politique et Jean de Bertier s'y conforma. Toutes les démarches et toutes les relations sociales qu'elles suscitaient peuvent *a posteriori* nous paraître ennuyeuses.
Elles étaient cependant essentielles pour les contemporains. Ces derniers avaient,
au-delà de leur cas personnel, de celui de leur entourage ou de l'association dont ils
étaient membres, une autre attente envers leurs élus : la défense des intérêts locaux.

3.2. La défense des intérêts locaux

Il s'agissait d'une obligation pour tout homme politique, y compris et surtout
au niveau national. La majorité des parlementaires ne prenaient en effet la parole
que pour défendre leurs électeurs et/ou leur circonscription. Les intérêts locaux
primaient ainsi sur l'intérêt général[486]. Jean de Bertier ne fit pas exception. Au
Sénat, sur 20 prises de parole en séance, il s'exprima 15 fois sur des sujets locaux[487].

481 KIDD, p. 79-80.
482 ALG, Coupure de presse relative à l'inauguration du monument aux morts de Garche, sans date
   [avant mars 1922].
483 KIDD, p. 79-80.
484 ALG, Deux brouillons de discours pour les monuments de Clouange [septembre 1922] et de
   Manom.
485 KIDD, p. 82-83. Algrange était une ville ouvrière et germanophone.
486 BILLARD, *Le métier de la politique*, p. 156-158.
487 Débats parlementaires pour les années 1922 à 1926 disponibles sur <https://gallica.bnf.fr/>.

Remarquons toutefois qu'il consacra 25 % de ses interventions à des questions d'ordre national, ce qui confirme qu'il fut un sénateur actif et, parmi les parlementaires moyens, un des plus ambitieux. Encore faut-il préciser ce que nous entendons par intérêts locaux. Ceux-ci se rapportaient en réalité à des espaces multiples et de taille très différente, suivant les mandats et la progression de Jean de Bertier dans sa carrière politique : la commune de Manom, le canton de Thionville, le département de la Moselle et, au-delà, les 3 départements redevenus français en 1918, anciennement constitutifs de l'Alsace-Lorraine allemande. Étudions successivement l'action de Jean de Bertier en faveur de chacun d'entre eux.

3.2.1. Manom face à Thionville

En dépit d'une croissance démographique rapide, Manom restait dans les années 1920 une commune rurale, dix fois moins peuplée que Thionville, la ville-centre de l'agglomération. Le rapport de force entre les deux municipalités était évidemment déséquilibré. Thionville tenta d'en tirer profit à propos d'un conflit lié à l'eau. Précisons que l'approvisionnement en eau potable était longtemps resté un problème insoluble pour les Thionvillois. En 1870, ils buvaient encore l'eau de la Moselle[488]. Ce ne fut que dans les années 1880 que les autorités allemandes captèrent les sources de Morlange pour acheminer une eau potable de qualité vers la ville. Les communes voisines en bénéficièrent. En 1920, Thionville voulut augmenter les prix. Jean de Bertier réagit promptement. Il envisagea de saisir la justice et reçut le soutien du maire de Terville et sans doute aussi des maires de Haute-Yutz et de Basse-Yutz[489]. Le conflit fut réglé après 3 ans de négociations[490]. Cet unique exemple retrouvé dans les archives empêche de conclure de façon générale sur les rapports entre les deux communes. Observons simplement que Jean de Bertier sut défendre, si nécessaire, les intérêts de ses administrés, et que ces derniers bénéficièrent évidemment de sa formation et de ses réseaux. Il savait comment mobiliser la justice et par quels moyens agir efficacement. Ce fut sans surprise que ses collègues des communes voisines se rangèrent derrière lui dans cette bataille : « les gens bien renseignés ajoutent encore que tu veux laisser aux tribunaux le soin de trancher le différend [...]. Veux-tu être assez aimable pour me faire connaître ton plan ? »[491]. Dans la plupart des cas toutefois, les intérêts de Manom étaient liés à ceux de Thionville. Voyons comment Jean de Bertier défendit ces derniers.

---

488 EINRICK, Stéphane, « Les Communautés humaines et l'eau dans l'arrondissement de Thionville 1800-1870 », *Les Cahiers lorrains*, n° 2-3, 2005, p. 197, <http://hdl.handle.net/2042/43071>.

489 ALG, Lettre de Châtillon, maire de Terville à Jean de Bertier, 9 février 1920 et Lettre de Jérôme et Gaudin, avocats-avoués à Metz, à Jean de Bertier, 22 septembre 1920.

490 ADM, 27 Z 180, Extraits du registre des délibérations du conseil municipal de Manom. Séance du 15 décembre 1920. L'arrangement final (35 centimes/m³) fut proposé le 3 décembre par Gabriel Mauclaire, maire de Thionville.

491 ALG, Lettre de Châtillon, maire de Terville, à Jean de Bertier, 9 février 1920.

3.2.2. Thionville face à Metz

Dès ses premiers engagements politiques de 1919, Jean de Bertier acquit une image de défenseur de Thionville qui, *a priori*, n'allait pas de soi[492]. Il put la conforter au cours des années suivantes grâce à son mandat de conseiller général du canton de Thionville. Nous avons vu comment, si l'on met de côté l'opposition communiste, il réussit à faire de Thionville et de ses arrondissements un bastion électoral face à ses concurrents de l'URL, notamment à l'occasion de l'élection sénatoriale de février 1922. Expliquons dans quel(s) cadre(s) il put agir en faveur de Thionville, si ses interventions furent efficaces et quelles furent les raisons de leur succès ou de leur échec.

Pour défendre les intérêts de Thionville, il fallait d'abord agir au niveau administratif et directement solliciter les différents services concernés. Jean de Bertier s'y employa. Par exemple, il appuya la revendication de transformation du collège en un lycée[493]. De même, il s'adressa au haut-commissaire à l'Éducation physique afin d'obtenir une subvention pour la Sportive thionvilloise. L'association, qu'il présidait, avait financé le nouveau stade et se trouvait endettée. Jean de Bertier justifia sa gestion et insista sur l'importance de Thionville : « à l'heure actuelle nos efforts ne sont égalés par aucune autre société du département. [...] la 1ʳᵉ ville française [...] la ville française la plus avancée vers ces deux pays [Belgique et Luxembourg] »[494]. D'un autre côté, Jean de Bertier agit au sein des instances politiques dans lesquelles il avait été élu. Au conseil général, il fut le rapporteur de multiples vœux intéressant la région de Thionville, visant en particulier le développement et la modernisation des installations ferroviaires. Il demanda aussi un rééquilibrage des subventions versées aux différents syndicats d'initiative du département, en critiquant la trop grande part octroyée à Metz[495]. Au Sénat, il tenta d'obtenir l'établissement d'un tribunal de première instance à Thionville. Il en parla en commission et en séance plénière :

> Le tribunal de première instance de Metz – puisque le tribunal régional portera dorénavant ce nom – est saisi d'un très grand nombre d'affaires provenant de la région si peuplée de Thionville. [...] Pour l'année 1921 cette région a fourni environ le quart des affaires civiles et plus du tiers des affaires pénales jugées à Metz. Cela n'a rien de surprenant puisque Thionville et ses environs ont une nombreuse population flottante,

---

492 N'oublions pas qu'il avait vendu Lagrange en 1911-1912. Certains adversaires lui reprochaient d'avoir abandonné la région et donc de ne pas être un enfant du pays mais un « revenant », voire un « nouveau venu ».

493 ALG, Dossier « création du lycée de Thionville », documents de 1921 à 1925. Par la suite, le collège devint lycée et prit le nom de Charlemagne dans les années 1960.

494 ALG, Lettre de Jean de Bertier, président de la Sportive thionvilloise, à Henry Pathé, haut-commissaire à l'Éducation physique, 6 avril 1923. La Sportive était endettée à hauteur de 50 000 francs.

495 ADM, Procès-verbaux des délibérations du conseil général de la Moselle, 72 N 3, septembre 1921, 72 N 5, octobre 1923 et 72 N 6, septembre-octobre 1924.

en grande partie étrangère et que, d'autre part, l'activité commerciale et industrielle y est également considérable[496].

Nous remarquons donc que, pour Jean de Bertier, il s'agissait avant tout de faire la promotion de Thionville, afin d'obtenir un maximum d'investissements et/ ou d'équipements. Cela n'impliquait pas nécessairement de conflit avec Metz. La demande de rétablissement du tribunal fut ainsi soutenue par tous les sénateurs mosellans. En réalité, la défense de Thionville face à Metz était surtout un argument électoral, très émotionnel et donc très efficace.

Quels étaient les enjeux locaux majeurs dans les années 1920 ? Le retour à la France et les mouvements de population ainsi que les transferts de propriété qui en avaient résulté avaient désorganisé la vie économique et sociale locale[497]. Une coupure de presse retrouvée dans les archives de Lagrange affirme que le principal problème de la ville était le manque de logements et non pas la question du tribunal[498]. On comprend ici la difficulté d'identifier les véritables intérêts locaux à défendre. Ces derniers variaient en fonction des acteurs concernés et n'ont pas forcément laissé dans les archives une empreinte représentative de leur importance du moment. Sur ce que nous pourrions qualifier de « grands sujets », à savoir le tribunal, le lycée, la canalisation de la Moselle, force est de constater que Jean de Bertier ne réussit à obtenir aucune avancée de son vivant. En revanche, il connut des succès sur de plus « petits sujets », moins identifiables. Par exemple, une société des conférences parvint, sous son impulsion, à proposer régulièrement des conférences publiques. Il dut pour cela effectuer un travail de coordination avec le directeur départemental de l'instruction publique, le principal du collège de Thionville et le proviseur du lycée de Metz[499]. Ici encore, les intérêts des deux villes ne s'opposaient pas, puisqu'elles purent bénéficier d'une mutualisation de la compétence de certains enseignants.

Cette faible efficacité relative de Jean de Bertier lui fut naturellement reprochée par ses adversaires. Le *Républicain* du 4 juillet 1925 critiqua ses « promesses en l'air » sur la question du lycée[500]. L'essentiel, pourtant, n'était pas que Jean de Bertier fût efficace ou non. Il suffisait que ses électeurs fussent convaincus de son engagement et de ses efforts en faveur des intérêts locaux[501]. Son réseau de presse veilla à le leur rappeler et cet argument vint en première position dans les raisons données pour le réélire : « Si Thionville cherchait plus "thionvillois" que Monsieur le comte

---

496 AS, 69 S 288, Procès-verbaux des délibérations de la commission d'Alsace-Lorraine, 30 mai 1922, et <https://gallica.bnf.fr/ark:/12148/bpt6k63523088/f10.item> : débats parlementaires, séance du 5 juillet 1923.

497 CABARET, Pascal, *La vie politique à Thionville (1918-1940)*, Mémoire de maîtrise d'histoire sous la direction de François Roth, [non publié], 1986, p. 7-11.

498 ALG, Coupure de presse, sans indication de source ni de date, sans doute de 1922/1923 car « depuis 4 ans » fait sans doute référence au retour à la France en 1918/1919.

499 ALG, Dossier « société des conférences », dont Lettre de Renault, directeur de l'instruction publique de la Moselle à Jean de Bertier, 28 novembre 1921.

500 ALG, Coupure de presse du *Républicain*, 4 juillet 1925.

501 BILLARD, *Le métier de la politique*, p. 155.

de Bertier, il ne le trouverait pas. Si on lui cherchait un concurrent plus travailleur, à l'activité plus étendue et plus multiforme, on ne le trouverait pas non plus »[502].

Il convient toutefois de s'interroger sur les raisons pour lesquelles ces projets ne connurent pas de concrétisation au cours des années 1920. Une première explication reposerait sur les lenteurs et les lourdeurs de l'administration, qui étaient réelles. Dans le cas du lycée, le commissariat général d'Alsace-Lorraine à Strasbourg écrivit en 1925, soit plus de quatre années après les premières demandes : « vous avez bien voulu attirer [notre] attention sur la question de la transformation en lycée, du collège actuel de Thionville, et insister sur l'urgence de cette opération »[503]. Une deuxième explication pointerait le manque d'influence de Jean de Bertier. François Roth indique que le tribunal de Thionville fut « rétabli en 1931 grâce aux instances de Robert Schuman »[504]. Cet exemple prouve encore une fois que les deux hommes ne jouaient pas dans la même catégorie. Jean de Bertier resta un homme politique local, au(x) pouvoir(s) limité(s). Robert Schuman le surclassait en réseaux, en compétence, en influence. Déjà perçait son envergure nationale, qui devint européenne après 1945. N'accablons toutefois pas Jean de Bertier, puisque Robert Schuman n'obtint le tribunal qu'en 1931, assez tardivement. Une troisième raison doit donc être mise en avant. Les prétentions thionvilloises étaient tout simplement trop fortes. La ville bénéficiait certes du développement de l'activité sidérurgique à ses portes. La vieille cité carolingienne osa se présenter comme la « métropole du fer » mais « assez vite les Thionvillois se sont rendu compte combien cette formule ronflante était éloignée de la réalité »[505]. Thionville n'avait rien d'une métropole : elle restait une petite ville d'environ 15 000 habitants.

Cette troisième et dernière explication peut être reliée à la précédente. Ces prétentions thionvilloises n'avaient-elles pas été nourries par Jean de Bertier lui-même ? Comme de nombreux hommes et femmes politiques, ne voyait-il pas sa circonscription et sa ville plus grandes qu'elles ne l'étaient vraiment, à l'aune de ses ambitions mais non des réalités ? Il avait cependant sans doute déjà pressenti que l'avenir de Thionville passerait par le Luxembourg. Au cours d'une de ses sessions, le conseil consultatif émit le vœu d'une amélioration des connexions téléphoniques et télégraphiques entre la France et les trois départements recouvrés. Jean de Bertier en profita pour suggérer un complément :

> Les communications téléphoniques entre la Moselle et le Luxembourg – qui sont très nombreuses et de grande importance – demandent en moyenne 2 heures ½. Il faudrait donc mentionner dans le vœu, après les départements de l'est et du nord-est, le Luxembourg et même la Belgique[506].

502 ALG, Coupure de presse du *Messin*, 10 juillet 1925 [dans le cadre de la campagne électorale des cantonales].
503 ALG, Lettre du commissariat général d'Alsace-Lorraine à Jean de Bertier, 21 juin 1925.
504 ROTH (dir.), *Histoire de Thionville*, p. 232. Le palais de justice actuel fut achevé en 1939.
505 *Ibidem*, p. 228.
506 ALG, *Conseil consultatif d'Alsace et Lorraine. Session d'octobre 1921. Procès-verbaux*, Strasbourg, Imprimerie alsacienne, 1921, p. 36. Il s'agit ici aussi d'un conflit d'intérêt avéré puisque Jean de Bertier avait des intérêts personnels au Luxembourg et donc tout intérêt à cette modernisation des télécommunications.

Tout comme dans d'autres interventions au conseil général, Jean de Bertier veillait à tirer le meilleur parti de la situation géographique de Thionville, pour conserver et développer sa place de nœud dans les infrastructures ferroviaires et les réseaux de communication en général. Les archives consultées ne permettent cependant pas d'explorer davantage les idées et actions de Jean de Bertier à propos des relations économiques entre France et Luxembourg.

Nous avons donc constaté que, la plupart du temps, la défense des intérêts manomois et thionvillois ne créait pas nécessairement de conflit avec les centres de décision plus grands qu'étaient respectivement Thionville et Metz. Il faut dire qu'il n'y avait dans ces deux premiers cas ni dépendance politique ni subordination administrative entre les territoires considérés. Ce n'est plus le cas pour les deux échelles qu'il nous reste à étudier. Voyons à présent comment la défense des intérêts locaux s'organisa aux niveaux départemental puis régional.

3.2.3. La Moselle face à Strasbourg

Par le traité de Francfort du 10 mai 1871, la France céda au nouvel Empire allemand l'Alsace, sauf Belfort, ainsi qu'une partie des départements lorrains de la Moselle, de la Meurthe et des Vosges. Les vainqueurs érigèrent ce territoire en une « terre d'empire d'Alsace-Lorraine » (*Reichsland Elsass-Lothringen*) dont Strasbourg devint la capitale. En novembre 1918, la souveraineté française fut rétablie. En octobre 1919, l'ancienne Alsace-Lorraine allemande fut découpée en trois nouveaux départements ne reprenant pas leurs limites de 1870 : le Bas-Rhin, le Haut-Rhin et la Moselle[507]. Dès ce moment, l'expression correcte pour désigner ce territoire serait « Alsace-Moselle » bien que, dans les usages et pour de multiples raisons, l'expression « Alsace-Lorraine » prédominât et perdurât, pendant des décennies et même jusqu'à nos jours[508]. Pendant l'hiver 1918-1919, le gouvernement français essaya de mener à bien une politique d'assimilation rapide des anciens territoires annexés, mais quarante-huit années de séparation avaient laissé leur empreinte. Les populations réagirent, surtout en Alsace. On parla de « malaise ». Le gouvernement dut revoir sa copie. Des institutions spécifiques furent créées en mars 1919, afin d'assurer une transition plus progressive entre les régimes allemand et français. Nous les avons déjà évoquées : il s'agit bien sûr du commissariat général, de ses directions, ainsi que du conseil consultatif[509]. Dans ce qui allait devenir la Moselle, on fut déçu. Les nouvelles institutions, toutes installées à Strasbourg, maintenaient cette dépendance mise en place par les Allemands et dont on avait espéré, grâce au retour à la France, se défaire. Cela provoqua une « flambée anti-alsacienne » en 1919-1920[510]. Au même moment, Jean de Bertier

---

507 Le changement le plus important concerna la Moselle. La Meurthe-et-Moselle, créée en 1871 avec les parties non annexées des anciens départements de la Moselle et de la Meurthe, fut conservée. La nouvelle Moselle correspondit ainsi à la seule Lorraine annexée, que les Allemands avaient appelée « district de Lorraine » (*Bezirk Lothringen*).

508 ROTH, *Alsace-Lorraine*, p. 185-187.

509 SCHMAUCH, p. 427, 437 et 439.

510 ROTH, *La Lorraine annexée*, p. 678.

fit ses premiers pas en politique, en accédant au conseil général (décembre 1919) puis au conseil consultatif (octobre 1920). Examinons comment il défendit les intérêts des Mosellans face aux Alsaciens et étudions pourquoi il fut, avec ses collègues, souvent impuissant ou mis en échec.

Jean de Bertier et les autres membres mosellans du conseil consultatif souhaitaient la suppression du commissariat général. Ils se méfiaient de cette nouvelle institution qui, officiellement transitoire, aurait pu s'enraciner[511]. La Moselle (sauf sa partie orientale) et l'Alsace avaient peu de liens entre elles, tant historiques qu'économiques. Elles n'avaient en commun qu'un cadre juridique et administratif, en grande partie hérité de la période allemande, dont on souhaitait se défaire pour réintégrer plus rapidement le cadre français. Le rattachement à Strasbourg était donc perçu comme inutile et blessant pour l'identité mosellane : « la fierté lorraine souffrait de dépendre de Strasbourg »[512]. Jean de Bertier réclama donc régulièrement soit le transfert de certaines compétences de Strasbourg vers Paris (par exemple, la direction de l'agriculture), soit la création en Moselle d'organes indépendants de Strasbourg (par exemple, une chambre des métiers)[513]. Citons quelques extraits des débats relatifs à la suppression de la direction de l'agriculture.

Tableau 50: Extraits d'échanges au conseil consultatif lors de la séance du 6 octobre 1922[514].

Conseillers alsaciens	Conseillers mosellans
Pfleger insiste sur l'importance de « maintenir l'union entre l'Alsace et la Lorraine »	Jean de Bertier « fait remarquer qu'union ne veut pas dire subordination »
Pfleger « attire l'attention des Lorrains sur les dangers que peut présenter leur politique »	Le général Hirschauer : « la culture alsacienne ne ressemble pas à la culture lorraine, car le sol de l'Alsace ne ressemble pas à celui de la Lorraine »
Gegauff : « il est donc d'une grande importance, même pour la Moselle, qu'Alsaciens et Lorrains restent ensemble jusqu'à la liquidation du commissariat général »	Jean de Bertier : « on comprend parfaitement l'intérêt de l'Alsace à conserver cette direction mais la Moselle n'en a aucun »
Pfleger critique les offices agricoles et reproche à Jean de Bertier, plus ou moins explicitement, de ne suivre que des ambitions électorales	

Ces quelques lignes donnent une idée de l'ambiance qui régnait quelquefois au conseil consultatif. Les échanges pouvaient être tendus et Jean de Bertier, tout en politesse, n'était pas le moins véhément. Il est significatif de remarquer à quel point

---

511 SCHMAUCH, p. 457.
512 ROTH, *La Lorraine annexée*, p. 677.
513 ADM, 577 PER 1921 [concerne 1922] : procès-verbaux des séances du conseil consultatif, 5 et 6 octobre 1922.
514 ADM, 577 PER 1921 [concerne 1922] : procès-verbaux des séances du conseil consultatif, 6 octobre 1922.

l'identité était mise en avant par les différents intervenants. Il n'y avait pas d'*Alsaciens-Lorrains*, il n'y avait que des *Alsaciens* et des *Mosellans*, aux intérêts divergents. Les premiers espéraient conserver le maximum de compétences à Strasbourg quand les seconds tentaient de les transférer à Paris. Au-delà de cette querelle identitaire se cachaient des intérêts financiers. Les Mosellans se considéraient lésés. Jean de Bertier jugea les répartitions de fonds trop favorables aux Alsaciens dans le domaine des subventions agricoles :

> Je ne crois pas m'écarter de la vérité en disant que notre département atteint les 4/5ᵉ de superficie des départements alsaciens. Je ne pense pas qu'il soit légitime qu'on divise en trois parts égales les sommes revenant aux trois départements[515].

L'affrontement principal concerna deux équipements importants dont pouvait bénéficier le territoire : l'extension du port de Strasbourg (coût estimé : 250 millions de francs) et/ou la canalisation de la Moselle entre Metz et Thionville (80 millions de francs). Jean de Bertier milita en faveur du second projet. Les archives montrent qu'il fut en contact avec les acteurs intéressés et qu'il lut et annota des dossiers sur la question[516]. Ainsi renseigné, il porta l'estocade au Sénat au moment de voter des crédits en faveur du port de Strasbourg :

> C'est donc volontiers que je donne mon accord à ce projet de loi [relatif à l'extension du port de Strasbourg] mais en remarquant qu'à l'autre extrémité des départements libérés s'impose une œuvre analogue dont l'utilité est reconnue et proclamée depuis 1867 [la canalisation de la Moselle]. Les deux projets sont intimement liés […].

> La régularisation du cours du Rhin et la création du port n'ont ni l'une ni l'autre été l'œuvre de la seule municipalité de Strasbourg. L'État d'Alsace-Lorraine, constitué par nos trois départements liés par le malheur, a largement contribué à ces dépenses, et le contribuable haut-rhinois, comme le mosellan, ont parfois fait entendre leurs doléances, affirmant qu'ils se désintéressaient de travaux pour lesquels ils devaient apporter leur concours financier. […]

> Aujourd'hui, on nous demande pour le port de Strasbourg une subvention forte importante. Et les ports qui s'échelonneront sur la Moselle canalisée, qui en financera l'établissement[517] ?

À travers cette déclaration, on comprend que les désaccords financiers entre Alsaciens et Mosellans n'étaient pas nouveaux. Tout un passé de frustrations avait

---

515 ADM, 72 N 4, Procès-verbaux des délibérations du conseil général de la Moselle, session d'avril 1922, p. 211. Jean de Bertier s'écartait *un peu* de la réalité car la Moselle (6 216 km²) représente les 3/4 et non pas les 4/5ᵉ des deux départements alsaciens (8 280 km²). Suivant sa logique, elle aurait dû recevoir 42 % et non 33 % des subventions.

516 ALG, Copie de la lettre du ministre des Travaux publics Yves Le Trocquer au préfet de la Moselle, 16 février 1924, Lettre de A. Houpert, gérant du consortium pour la canalisation de la Moselle à Jean de Bertier, 19 mars 1924, et État actuel du projet de loi relatif à la canalisation de la Moselle, par la chambre de commerce de Metz [19 pages, début 1924].

517 <https://gallica.bnf.fr/ark:/12148/bpt6k63428665/f14.item> : débats parlementaires, séance du 8 avril 1924.

été accumulé[518]. Strasbourg avait été favorisée pendant l'annexion et, aux yeux des Mosellans, elle continuait de l'être. L'extension du port de Strasbourg avait été jugée prioritaire et fut largement financée par l'État. En revanche, le projet de loi relatif à la canalisation de la Moselle ne progressait pas, pour des questions de montage financier. Derrière les batailles de chiffres entre le gouvernement et les acteurs mosellans, l'important est de retenir que les seconds avaient le sentiment, réel ou non, d'être désavantagés[519]. Jean de Bertier fit une proposition : les villes et les industriels mosellans en faveur de la canalisation pourraient davantage y contribuer, à condition de ne rien payer pour le port de Strasbourg[520]. Dans son esprit, le développement de la Moselle ne pouvait donc se faire que contre l'Alsace, ou, autrement dit, pour se développer, la Moselle devait être coupée de l'Alsace. En cela, on pourrait qualifier Jean de Bertier d'anti-alsacien, ce qui était un positionnement courant chez les hommes politiques mosellans[521]. Toujours est-il que la canalisation de la Moselle prit du retard. Jean de Bertier réinterrogea le ministre 2 ans plus tard et, malgré les assurances données, rien ne se concrétisa[522].

Remarquons toutefois que l'opposition de Jean de Bertier à Strasbourg, aux Alsaciens et au commissariat général n'était pas obtuse. Il soutint par exemple l'idée d'une subvention pour un théâtre strasbourgeois, le théâtre de l'union[523]. Plus généralement, il savait faire évoluer son point de vue, en homme politique professionnel et avisé. Le sujet fondamental était celui du rythme de rattachement des différentes directions à Paris : devait-il être rapide ou lent, global ou progressif ? Dans une interview accordée en 1922 à la *Moselle républicaine*, Jean de Bertier affirma qu'il fallait savoir temporiser et ne pas vouloir précipiter les évolutions :

> En attendant ce jour [la suppression du commissariat général], nos efforts doivent tendre, non pas à satisfaire un désir qui nous est cher à tous, mais à chercher le meilleur moyen d'amener sagement, sans heurts et sans brusquerie, la vie des trois nouveaux départements dans le cadre de l'administration française, en se rappelant ce grand principe de toute cuisine, fut-elle gouvernementale, que les bonnes soupes se cuisent à petit feu[524].

---

518 PENNERA, p. 138.
519 Le nœud du problème était de savoir si les intéressés aux deux projets les finançaient par des *avances* (remboursées par l'État) ou par des *subventions* (non remboursées). Jean de Bertier et les Mosellans affirmèrent que le port de Strasbourg bénéficiait intégralement du système des avances. Le ministre nia, en assurant que la même règle s'appliquait à tous, à savoir que les subventions locales devaient représenter au moins 30 % du coût total.
520 <https://gallica.bnf.fr/ark:/12148/bpt6k63428665/f14.item> : débats parlementaires, séance du 8 avril 1924.
521 ROTH, *Le temps de journaux*, p. 30.
522 <https://gallica.bnf.fr/ark:/12148/bpt6k6354725s/f19.item> : débats parlementaires, séance du 14 avril 1926.
523 577 PER 1920, Procès-verbaux des séances du conseil consultatif, 4 janvier 1921.
524 ALG, Interview de Jean de Bertier dans la *Moselle républicaine*, sans date [mars 1922]. Il est intéressant de remarquer qu'elle fut reprise le 26 mars dans un titre à plus fort tirage, la *Lothringer Volkszeitung*.

Ce fut l'une des seules occasions où sa position divergea de celle de René Gourdiat, lequel dénonçait régulièrement « la grande gabegie administrative organisée à Strasbourg »[525]. Il faut dire que l'homme politique et le journaliste n'avaient ni le même public, ni les mêmes interlocuteurs. Si Jean de Bertier voulait obtenir des résultats, il se devait de *discuter* avec ses collègues alsaciens et donc, dans une certaine mesure, de les *ménager*. Ceci était d'autant plus vrai que, sur d'autres sujets, Alsaciens et Mosellans avaient des intérêts communs, et se devaient de travailler ensemble pour les défendre face à Paris. Un homme politique mosellan comme Jean de Bertier se voyait donc contraint à un jeu d'équilibriste entre les intérêts *départementaux*, le poussant à s'opposer aux Alsaciens, et les intérêts *régionaux* ou alsaciens-mosellans, le conduisant à faire cause commune avec eux. Il est donc très difficile, à partir d'archives toujours lacunaires, de retracer avec précision les changements d'attitude de Jean de Bertier, entre opposition et conciliation par rapport aux Alsaciens et entre demande de suppression du commissariat général et accommodements.

En dehors du conseil consultatif, Jean de Bertier défendit les intérêts mosellans dans deux autres institutions. Il s'agissait d'abord du conseil général de la Moselle auprès duquel il pouvait rendre compte des débats au conseil consultatif. L'assemblée départementale se montrait unanime dans son souhait d'indépendance vis-à-vis de Strasbourg :

> M. le comte de Bertier : « le département ne paraît pas avoir reçu sa part légitime des fonds à répartir. Monsieur le Directeur de l'agriculture à Strasbourg nous a fourni au conseil consultatif un texte que je n'ai pas sous les yeux, mais duquel il résulte que le département de la Moselle a déjà touché plus que sa part. [Suivent des explications dénonçant les "calculs de Strasbourg"]. Voilà comment on peut faire paraître sur le papier que le département de la Moselle a reçu une subvention supérieure à celle qui lui revient […].

> M. Charles François : – Il serait bientôt temps qu'on sépare l'agriculture de la Moselle de celle d'Alsace et qu'on la relie au ministère de l'Agriculture à Paris […]. La difficulté vient de Strasbourg […].

> M. Bour : – La question devrait être tranchée depuis trois ans. À chaque débat nous entendons dire que l'Alsace accapare les crédits agricoles. Nous sommes tous d'accord pour que cette situation cesse »[526].

Cette unanimité masquait une réelle impuissance. Le conseil général pouvait certes voter des vœux, mais ne pouvait rien imposer, ni à Paris, ni à Strasbourg. Le deuxième cadre d'action était le Sénat. Nous avons déjà vu comment Jean de Bertier y défendit sans succès le projet de canalisation de la Moselle. Son collègue Maurice Bompard demanda le rétablissement de la cour d'appel de Metz,

---

525 ALG, Coupure de presse de la *Moselle républicaine*, 5 avril 1922. René Gourdiat, toujours acerbe, avait déjà exposé les mêmes idées dans un article du 9 juillet 1921 : « petite comédie que personne ne prend plus au sérieux ».

526 ADM, 307 M 2, Procès-verbaux des délibérations du conseil général de la Moselle, avril 1922.

supprimée par les Allemands en 1871. Depuis lors, les Mosellans dépendaient de la cour d'appel de Colmar. Tous les sénateurs mosellans soutinrent le projet. Ici encore, le gouvernement tergiversa, et rien ne bougea[527]. Malgré leur solidarité, les cinq sénateurs mosellans étaient bien trop peu nombreux pour peser sur les choix du gouvernement. Restait donc une dernière arène : le conseil consultatif. Comme son nom l'indique, ce n'était pas un organe de décision. Pourtant, il réussit à prendre de l'importance et à gagner en influence auprès des décisions du commissaire général[528]. Pour les Mosellans, c'était d'abord une tribune politique. Jean de Bertier l'utilisa et René Gourdiat rapporta, en les grossissant, les paroles de son champion :

> Enfin il s'est trouvé un homme qui a eu le courage de mettre Monsieur le commissaire général Alapetite en face de la volonté bien arrêtée de la population alsacienne et mosellane de le voir disparaître au plus vite [...]. Il nous plaît de constater que cet homme sort de notre Thionville. [...]

> Le comte de Bertier a tout simplement demandé à M. Alapetite ce qu'il attendait pour liquider ses services et se retirer avec armes et bagages, avec bagages surtout. Oh, nous savons bien que la chose ne fut pas dite de façon aussi cavalière, mais le sens et le fond y étaient[529].

La lecture des procès-verbaux des réunions du conseil consultatif ne permet pas de retrouver une telle intransigeance. Jean de Bertier se contenta de demander la suppression de certains services, et René Gourdiat embellit le récit pour ses lecteurs. De tels articles, sortes d'exutoires de rancœurs, ne changeaient rien à la réalité des choses. Il fallait, pour Jean de Bertier et ses collègues, réussir à obtenir un vote majoritaire du conseil dans leur sens. Expliquons pourquoi ils n'y parvinrent que très peu souvent[530]. La première raison était qu'ils étaient minoritaires en nombre. Le conseil consultatif ne comptait que 10 Mosellans pour 20 Alsaciens. Ces derniers restaient la plupart du temps solidaires, malgré les tentatives mosellanes de détacher les Haut-Rhinois des Bas-Rhinois (voir *supra*, l'intervention de Jean de Bertier au Sénat relative au port de Strasbourg). Jouin, président du comice agricole de Metz, résuma ainsi la situation : « il y a trop longtemps que nous sommes seuls contre deux »[531]. En privé, les Alsaciens devenaient même un commode bouc-émissaire, sur lequel ironiser : « ces braves gens nous aiment tellement qu'ils ne veulent absolument pas nous lâcher »[532].

---

527 <https://gallica.bnf.fr/ark:/12148/bpt6k63523088/f10.item> : débats parlementaires, séance du 5 juillet 1922.
528 PENNERA, p. 105.
529 ALG, Article de René Gourdiat, « Enfin... », dans la *Moselle républicaine*, sans date. Tout comme les préfets assistaient aux délibérations des conseils généraux, le commissaire général participait aux sessions du conseil consultatif.
530 Par exemple, suite au débat présenté dans le tableau 51, la direction de l'agriculture fut maintenue à Strasbourg.
531 ALG, Lettre de Jouin, président du comice agricole de Metz, à Jean de Bertier, 8 octobre 1922.
532 *Ibidem*, 13 décembre 1921.

En réalité, il n'y avait pas d'unité totale des Mosellans sur la position à adopter face à Strasbourg. Au détour de documents relatifs à l'apiculture, on apprend que le comité de la fédération lorraine (mosellane) s'opposait à la séparation d'avec l'Alsace. Jean de Bertier et le député Louis Meyer réfléchirent comment poursuivre leurs desseins malgré l'opposition de certains Mosellans : « notre plan doit être maintenant de rallier les apiculteurs qui ne veulent plus rien savoir des Alsaciens et de créer une société mosellane indépendante »[533]. Les Mosellans souhaitant garder des liens étroits avec l'Alsace purent compter sur le soutien de la *Lothringer Volkszeitung* germanophone. Elle critiqua l'action de Jean de Bertier au conseil consultatif, en affirmant que ce dernier ne représentait pas le point de vue des Mosellans[534]. En fait, derrière la question de l'attitude face à Strasbourg, on retrouvait les divisions existant au sein de l'URL entre une tendance départementaliste ou assimilationniste et une mouvance régionaliste ou particulariste. Il existait des hommes de compromis : « Robert Schuman ne partageait pas les préjugés anti-alsaciens de nombreux mosellans »[535]. Cette division des Mosellans s'expliquait par plusieurs facteurs. Il y avait, bien sûr, le vécu et la sensibilité propres des hommes politiques concernés. S'y ajoutaient les différences linguistiques et par là même, géographiques. Jean de Bertier était élu dans la région de Thionville, la ville de Moselle la plus éloignée de Strasbourg. En revanche, l'est du département de la Moselle regardait traditionnellement davantage vers Strasbourg que vers Metz[536].

Ainsi, les efforts de Jean de Bertier et des autres élus du département ne se concrétisèrent pas. Il fallut attendre quarante années supplémentaires pour voir la Moselle canalisée et la cour d'appel rétablie à Metz[537]. Cependant, le fait même que ces projets finirent par être accomplis prouve leur légitimité. Nous avons également vu comment Jean de Bertier fit preuve de volontarisme, voire d'activisme, et de logique dans ses choix. Il imaginait Thionville comme une plaque tournante, un nœud de communications non seulement ferroviaire, mais aussi fluvial. Les instances dans lesquelles il put s'exprimer étaient cependant dépourvues de pouvoir réel (conseil général), sinon indifférentes (Sénat) ou hostiles (conseil consultatif). En 1925, le commissariat général fut, par décision gouvernementale, supprimé. Lui succéda une direction générale des services d'Alsace et de Lorraine, installée à Paris. Seuls quelques services furent maintenus à Strasbourg. Tout au long du XXᵉ siècle, la Moselle, progressivement, se détacha de l'Alsace[538].

Nous avons présenté cette défense par Jean de Bertier des intérêts mosellans en détail. Ceci est légitime pour deux raisons. En premier lieu, cette question est

---

533 ALG, Lettre de [Louis] Meyer à Jean de Bertier, 11 octobre 1923.

534 ALG, Coupure de presse de la *Lothringer Volkszeitung*, 26 novembre 1922, insistant sur les « frères alsaciens ».

535 ROTH, *Robert Schuman*, p. 118.

536 ROTH, *Alsace-Lorraine*, p. 123.

537 La cour d'appel de Metz fut rétablie en 1973. La canalisation de la Moselle n'avait d'intérêt que si elle était poursuivie jusqu'au Rhin, autrement dit jusqu'à Coblence, mais les Allemands y étaient opposés. La situation se débloqua dans les années 1950 dans le cadre de la coopération européenne. La Moselle canalisée fut inaugurée en 1964 par le général de Gaulle, la grande-duchesse Charlotte et Konrad Adenauer.

538 ROTH, *Alsace-Lorraine*, p. 156-158.

survolée, pour ne pas dire omise, dans la plupart des ouvrages historiques qui, soit envisagent l'Alsace-Moselle dans sa globalité, soit se limitent à la seule Alsace[539]. En second lieu, le sujet des relations entre la Moselle et Strasbourg est redevenu d'actualité. En 2010, François Roth, passant en revue les « ultimes survivances » de la notion d'Alsace-Lorraine, s'interrogeait : « l'Alsace-Lorraine a-t-elle un avenir ? Le passé ne renaît jamais tout à fait mais il met des siècles à s'évanouir. Une nouvelle page des relations entre l'Alsace et la Lorraine ne peut manquer de s'écrire. Laquelle ? »[540]. Il ne croyait pas si bien dire. En 2016, la création de la région Grand Est replaça de nouveau Alsaciens et Mosellans dans le même cadre institutionnel. Strasbourg reprit le statut de capitale régionale. Dans ce nouvel ensemble, les identités et les intérêts des anciennes régions et des anciens départements ressurgirent très vite. En 2021, l'État accorda au Haut-Rhin et au Bas-Rhin le droit de fusionner en une « communauté européenne d'Alsace », aux pouvoirs élargis. La Moselle, quant à elle, se présente depuis 2019 comme un « eurodépartement » mais cette expression reste une coquille vide tant que l'État ne la concrétise pas au niveau institutionnel. Ainsi, la Moselle se retrouve, de nouveau, en partie dépendante de Strasbourg, et, d'une certaine manière, désavantagée. Cela ne nous rappelle-t-il pas les années 1920 ? Cette situation nouvelle va-t-elle perdurer ?

3.2.4. La Moselle et l'Alsace face à Paris

Terminons notre étude de la défense des intérêts locaux par l'échelle régionale, c'est-à-dire par cet espace communément appelé « Alsace-Lorraine » mais que, à partir de la refondation des trois départements en 1919, il est plus juste de dénommer « Alsace-Moselle ». Pour mettre la Moselle en avant, et pour mieux rappeler la défense par Jean de Bertier des intérêts du département, nous avons choisi, pour le titre de cette sous-partie, d'inverser l'ordre classique des mots : à l'« Alsace-Moselle » nous avons donc préféré « la Moselle et l'Alsace ». Les quarante-huit années d'intégration à l'Empire allemand avaient donné à ce territoire une double spécificité. D'une part, des liens économiques très étroits avaient été tissés avec l'Allemagne. Il était impossible de s'en défaire brusquement. Le traité de Versailles définit un régime transitoire, devant assurer aux acteurs économiques locaux un accès sans droits de douane au marché allemand jusqu'au 10 janvier 1925[541]. D'autre part, l'arsenal législatif et réglementaire différait de la France. Étaient en vigueur d'anciens textes français d'avant 1870 (comme le concordat de 1801, abrogé en France par la loi de séparation de 1905), des lois de l'Empire allemand ainsi que d'autres dispositions votées par les institutions locales mises en

---

539 Par exemple, Frédéric ECCARD, sénateur du Bas-Rhin, ne dit, dans son article sur le sujet que nous avons déjà cité, aucun mot du point de vue et des critiques des Mosellans sur le commissariat général.

540 ROTH, *Alsace-Lorraine*, p. 187.

541 ROTH, *La Lorraine annexée*, p. 676 et *Alsace-Lorraine*, p. 155-156 et SOUTOU, Georges-Henri, « la France et l'Allemagne en 1919 », [*in*] BARIÉTY, Jacques, GUTH, Alfred et VALENTIN, Jean-Marie (dir.), *La France et l'Allemagne entre les deux guerres mondiales, Actes du colloque tenu en Sorbonne (Paris IV)*, 15-16-17 janvier 1987, Nancy, Presses universitaires de Nancy, 1987, p. 9 et 15.

place par les Allemands, le tout constituant le « droit local » d'Alsace-Moselle[542].
Après avoir essayé sans succès une réunification rapide, le gouvernement français
choisit dès mars 1919 la voie d'une réintégration progressive des départements
recouvrés, notamment au travers d'institutions dont nous avons déjà parlé, à savoir
le commissariat général et le conseil consultatif. Face à Paris, que souhaitaient
Jean de Bertier et les Alsaciens-Mosellans ? Dans quels cadres pouvaient-ils se faire
entendre et quels étaient les grands sujets donnant lieu à de potentiels contentieux ?

Très peu de Mosellans et d'Alsaciens se montraient favorables à une assimilation pure et simple[543]. Le *Messin* présentait ainsi sa ligne politique : « la réunion de
la Lorraine à la France avec toutes les précautions et les réserves sur le terrain religieux, réserves sur lesquelles tout le monde en Lorraine est à peu près d'accord »[544].
On retrouve le même positionnement en lisant le portrait du sénateur idéal
dressé par les agriculteurs des arrondissements thionvillois peu avant l'élection de
février 1922 : « Point 1 : veiller au maintien de nos institutions religieuses et scolaires ; point 2 : rentrée progressive dans la législation française [...] en tenant un
compte équitable de chaque situation acquise »[545]. Il est intéressant de remarquer
que la défense des intérêts locaux (point 1) primait sur la réintégration (point 2) et
que cette dernière se voyait d'emblée conditionnée (« en tenant compte de chaque
situation acquise »). Ce texte résume bien l'attitude des Mosellans et des Alsaciens.
Il y avait deux choses intouchables, les seules d'ailleurs que Jean de Bertier se
donna la peine d'expliciter dans un tract très consensuel : « je partage toutes vos
convictions, toutes vos opinions, toutes vos aspirations : maintien intégral de nos
institutions religieuses, défense de nos lois scolaires actuelles »[546]. Il fallait donc
absolument conserver le régime du concordat ainsi que le caractère confessionnel
des écoles[547]. Ces deux points cardinaux étaient d'ailleurs la raison d'être de l'URL
et le seul garant de son unité au-delà des querelles internes déjà évoquées[548]. Sur
tous les autres sujets, les Mosellans et les Alsaciens étaient prêts à transiger, tout
en insistant régulièrement sur la nécessité de ne rien faire de façon trop brusquée.
Jean de Bertier exprima le même point de vue et, en l'endossant, perdait un peu
son costume de revenant pour reprendre celui de l'enfant du pays :

> Nul n'oublie que pendant cinquante ans, nos trois départements ont vécu sous un
> régime différent de celui du reste de la France et que les habitudes contractées pendant

---

542 ROTH, *Alsace-Lorraine*, p. 155.

543 On pourrait citer Georges Weill, député socialiste du Bas-Rhin (1924-1928).

544 ADM, 4 MI 106/44, *Le Messin*, 1er février 1922.

545 ALG, Ordre du jour adopté par les cultivateurs des arrondissements de Thionville-est et -ouest
     dans leur réunion du 28 janvier 1922. Ces agriculteurs accordèrent le même jour leur soutien à
     Jean de Bertier qui suscita, voire rédigea sans doute lui-même, ce portrait du sénateur idéal.

546 ALG, Tract électoral de Jean de Bertier à l'occasion des élections cantonales de 1919.

547 ROTH, *La Lorraine annexée*, p. 671 et 673 et DELBREIL, « Les parlementaires et les forces
     politiques en Moselle », p. 89.

548 DELBREIL, « Les parlementaires et les forces politiques en Moselle », p. 102 : « l'URL ne devait
     plus son maintien [en 1921] qu'à l'unanimité de ses membres sur le principe de la défense des
     intérêts religieux ».

ces cinquante années ne s'effacent pas d'un trait de plume […]. Je suis donc loin de partager l'avis de ceux qui réclament la réassimilation immédiate et l'introduction intégrale de toutes les lois françaises[549].

Les adjectifs, soigneusement choisis, laissaient une marge de manœuvre importante : on souhaitait la réassimilation, mais pas *immédiate*, on acceptait l'introduction des lois françaises, mais pas de manière *intégrale*. François Audigier montre que les députés alsaciens élus en 1919 combinaient patriotisme français intransigeant et, en même temps, défense des intérêts spécifiques de la « petite patrie » alsacienne[550]. La législation française ne pouvait donc être introduite que progressivement.

À cette situation initiale s'ajoutaient deux éléments de complexification. Le premier était que certaines nouvelles lois françaises, votées à partir de 1919, n'étaient pas directement introduites en Moselle et en Alsace, mais soumises à avis du commissariat général et du conseil consultatif. Jean de Bertier s'inquiéta des modifications éventuelles que ces instances pourraient vouloir y apporter :

Ce qui importe avant tout d'éviter, c'est de créer une troisième législation. Il faut ou rejeter complètement la loi du 5 août 1920 bien que, encore une fois, elle ait été faite longtemps après la réintégration des trois départements dans l'unité française, ou, au contraire, l'accepter sans réserve. Mais on ne saurait adopter un moyen terme, un régime qui ne sera ni le régime local ni le régime français[551].

Le second élément résultait de ce que chacun trouvait son intérêt où il le pouvait. Jean de Bertier reçut ainsi moult demandes d'intervention défendant des positions différentes, voire antagonistes. Présentons-en deux parmi les plus opposées :

Le président de la corporation des bouchers de Metz, 23 novembre 1923	Le président du syndicat national des vétérinaires, rapportant l'assemblée générale du 26 novembre 1921, 13 juillet 1922[552]
[…] Les lois locales dont la disposition rapide s'impose […]. Il est intolérable que nous soyons encore classés comme des Français de seconde classe, des bâtards. […] Il est inadmissible que nous subissions encore des charges fiscales aussi lourdes. L'assimilation complète s'impose.	Émet le vœu : que lors de l'introduction des lois françaises en Alsace-Lorraine, ces organisations et ces lois [locales] ne soient pas abrogées. Considérant en outre : que cette organisation et ces lois constituent sur l'état de choses actuel en France un indéniable progrès, déclare qu'il serait désirable de voir étendre à toute la France les organisations et la législation d'Alsace-Lorraine.

La seconde lettre révèle un autre aspect de la question. On trouvait dans le droit local des dispositifs qui, autant du point de vue technique que par leur utilité sociale, étaient plus avancés que leurs équivalents français. C'était bien sûr le cas des assurances sociales, dont nous reparlerons. La défense du droit local s'appuyait

549 ALG, Manuscrit de Jean de Bertier (brouillon de discours ?), sans date [1922 ?].
550 AUDIGIER, « Le retour des députés alsaciens au palais Bourbon ».
551 ALG, Procès-verbaux du Conseil consultatif, Session d'octobre 1921, p. 72 [14 octobre].
552 ALG, Lettres adressées à Jean de Bertier par le président de la corporation des bouchers de Metz, 23 novembre 1923 et par le président du syndicat national des vétérinaires, 13 juillet 1922.

donc non seulement sur des facteurs identitaires (pour les questions religieuses notamment) mais aussi sur des arguments très rationnels. Face à ces multiples sollicitations, l'attitude d'un homme politique comme Jean de Bertier n'est pas très aisée à suivre. Il pouvait varier dans ses déclarations entre une assimilation relativement rapide et une temporisation beaucoup plus forte, en fonction des moments et des interlocuteurs... Nous avons déjà vu que, sur les questions agricoles et face aux Alsaciens, il se montra souvent départementaliste, autrement dit assimilationniste. Si l'on devait résumer son positionnement, on pourrait reprendre l'expression employée à ses obsèques par le maire de Thionville : Jean de Bertier plaidait pour une « assimilation rationnelle »[553]. Cela consistait, afin d'assurer une réintégration plus efficace, à en augmenter les délais. Un petit échange au Sénat résume bien cette attitude, à propos du délai maximum de deux années initialement défini pour la mise en vigueur en Moselle et en Alsace d'un nouveau dispositif :

> Paul Strauss [sénateur de la Seine] : « Ne trouvez-vous pas que ce délai est trop court ? Il me semble qu'il serait indispensable de prévoir cinq ans.
>
> Jean de Bertier : – Je crois que vous avez raison. Nous avions cependant accepté le délai de deux ans, pour montrer combien est vif notre désir de voir réaliser l'unité de législation ».[554]

Jean de Bertier rejoignait donc la ligne politique d'un Robert Schuman, définie par Christian Pennera comme une « assimilation lente et progressive » et par Jean-Claude Delbreil comme une « assimilation progressive et tenant compte des réalités »[555]. Cela correspond à l'« assimilation rationnelle » prônée par Jean de Bertier.

À Paris, les représentants des départements recouvrés se retrouvaient dilués dans l'ensemble de la représentation nationale. Pour pouvoir se faire entendre, ils devaient se montrer solidaires. Ils réussirent à faire bloc pour défendre leurs intérêts communs. Ils bénéficièrent pour cela de trois atouts. D'abord, ils n'hésitaient jamais à mêler leurs demandes de rappels au patriotisme et aux années de séparation. Jean de Bertier y eut recours, alors qu'il s'agissait de demander des crédits pour la réparation des routes :

> Il y a un devoir d'équité, devoir auquel le Sénat n'a jamais manqué, à donner aux départements recouvrés le même traitement qu'aux départements de l'intérieur, afin que nos compatriotes délivrés du joug allemand n'aient pas le sentiment qu'il y a entre eux et ceux des autres départements des différences qui seraient entièrement injustifiables. [réactions : *Très bien ! Très bien !*][556]

Les contradicteurs éventuels devaient d'abord désactiver ce logiciel patriotique avant d'en venir au sujet lui-même. Le deuxième atout des parlementaires mosellans et alsaciens était que leur attitude n'était ni foncièrement conservatrice ni

---

553 ALG, *La Moselle républicaine*, 1er octobre 1926, Reproduction du discours de Gabriel Mauclaire, maire de Thionville, lors des obsèques de Jean de Bertier.

554 AS, 69 S 211, Procès-verbaux des séances de la commission d'hygiène, 17 juin 1925.

555 PENNERA, p. 135 et DELBREIL, « Les parlementaires et les forces politiques en Moselle », p. 100.

556 <https://gallica.bnf.fr/ark:/12148/bpt6k6354725s/f20.item> : débats parlementaires, séance du 14 avril 1926.

purement locale, puisque, sur bien des points, il pouvait être souhaité que le droit local alsacien-mosellan fût étendu à l'ensemble du pays. Enfin, une commission d'Alsace-Lorraine fut mise en place dans chaque assemblée, avec pour mission de se prononcer sur chaque texte législatif concernant les trois départements. Au Sénat, cette commission comptait 41 membres. Les 14 sénateurs alsaciens-mosellans, membres de droit, représentaient un tiers de l'effectif et pouvaient ainsi largement peser sur les avis de la dite commission[557].

Nous ne pouvons évidemment pas retracer l'ensemble des débats ni expliquer l'ensemble du processus de réintégration. Il faut pour l'essentiel remarquer que Jean de Bertier reçut un très abondant courrier relatif à cette question. Un des principaux sujets de préoccupation avait trait, dans la perspective de la fin du régime transitoire en janvier 1925, aux droits de douane, à l'accès aux marchés et à la concurrence. Des acteurs économiques s'adressaient à lui pour exposer leurs craintes et/ou proposer leurs solutions. Les commerçants de Thionville lui assurèrent que « notre commerce très éprouvé est en marche vers la ruine, si un remède efficace devait tarder à être trouvé » ; un industriel alsacien redoutait l'« invasion du marché français par les produits céramiques allemands »[558]. En revanche, les viticulteurs avaient perdu leurs débouchés en Allemagne et n'arrivaient pas à trouver des marchés de substitution en France : les vins, notamment mosellans, ne pouvaient rivaliser avec les vins du midi[559]. La réintégration économique de la Moselle et de l'Alsace posait donc de multiples problèmes économiques. Globalement, l'Allemagne réussit rapidement à se passer des productions mosellanes (minerai de fer, vin) alors que les usines françaises restèrent dépendantes du charbon et du coke allemands[560]. Jean de Bertier, tout comme ses collègues, prit la parole au Sénat pour exposer ces difficultés[561]. Les applaudissements étaient consensuels mais n'apportaient pas de solution concrète.

En ce qui concerne les sujets plus politiques, il pouvait y avoir débat. Les représentants mosellans et alsaciens se montrèrent particulièrement vigilants sur la question de l'imposition, qui, hier comme aujourd'hui, était une préoccupation majeure des électeurs. Jean de Bertier fut même chargé d'un rapport sur la question, concernant les impôts payés dans le monde de l'agriculture : « si dans l'ensemble, certains contribuables ont pu croire, à un moment donné – et c'est toujours ce qui arrive lors de l'introduction d'une nouvelle législation – qu'ils étaient lésés sur tel ou tel point, dans la pratique il ne me semble pas qu'ils soient surtaxés »[562]. De manière générale, Jean de Bertier et ses collègues intervinrent

557 BERSTEIN, *Le Sénat sous la IIIe République*, p. 206.

558 ALG, Lettres adressées à Jean de Bertier par l'Association des commerçants de Thionville, 15 avril 1922 et par la Compagnie générale de la céramique du bâtiment (à Strasbourg), 3 novembre 1924.

559 ALG, Lettre de Auguste Adam, président de la Société de viticulture de Vic-sur-Seille, à Jean de Bertier, 6 janvier 1921 : « il est vrai que pour notre viticulture il faut créer un marché et trouver de nouveaux débouchés ».

560 BAECHLER, Christian, « L'Alsace-Lorraine dans les relations franco-allemandes de 1918 à 1933 » [*in*] BARIÉTY, GUTH et VALENTIN (dir.), *op. cit.*, p. 79 et 82.

561 <https://gallica.bnf.fr/ark:/12148/bpt6k64284470/f6.item> : débats parlementaires, séance du 20 novembre 1925.

562 ALG, Rapport de Jean de Bertier au conseil consultatif, sans date [après novembre 1922]. Précisons que Jean de Bertier s'intéressa aux impôts fonciers sur les propriétés non bâties et à l'impôt sur les bénéfices agricoles. Ce même rapport fut présenté au conseil général de la Moselle le 21 avril 1923 (ADM, 577 PER 1923).

chaque fois qu'ils le jugèrent nécessaire, tant en commission qu'en séance. Ils mettaient régulièrement en avant la notion d'équité, qui devait justifier aménagements et compensations en faveur de leurs administrés et donc, au bout du compte, un maintien des particularismes mosellans et alsaciens. Donnons en exemple le débat du 28 mai 1925. Treize sénateurs alsaciens-lorrains (c'est-à-dire tous, dont Jean de Bertier, sauf un) déposèrent un amendement pour que l'indemnité compensatrice versée aux fonctionnaires travaillant en Moselle et en Alsace, mise en place par une loi de juillet 1923, fût calculée sur la base des nouveaux traitements, et non des anciens, afin de compenser l'inflation. Présentons sous formes d'extraits et en deux colonnes les arguments des partisans et des adversaires de cet amendement.

Extraits du débat du 28 mai 1925 à propos d'un amendement relatif à la base de calcul de l'indemnité compensatrice versée aux fonctionnaires travaillant en Alsace-Moselle.[563]
Les prises de parole des partisans du texte sont alignées à gauche, celles des adversaires alignées à droite.

Paul-Albert Helmer (Haut-Rhin) : « devoir de justice » ; « rétablir l'égalité entre les fonctionnaires d'Alsace-Lorraine et ceux des autres départements »

Le ministre des Finances : « on nous demande un privilège » ; « illogisme »

Le rapporteur : « il faut pourtant que les assemblées [...] ne cèdent pas continuellement à des mouvements de ce genre [...] Nous ne pourrons jamais arriver, de la sorte, à avoir des budgets équilibrés »

Jean de Bertier (Moselle) : « véritable injustice » ; « préjudice évident »

Le rapporteur : « une faveur » ; « quand une exception qui peut paraître même équitable au premier abord, est accordée par un mouvement de générosité et de sympathie très naturelle, immédiatement des revendications nouvelles s'élèvent sur tous les points du territoire et elles se traduisent par de nombreux millions de dépenses nouvelles. Il faut donc respecter l'égalité. »

Le général Hirschauer (Moselle) : « le problème est des plus simples, ce n'est qu'une question de justice »

Pierre-Armand Brangier (Deux-Sèvres) : « j'interviens dans cette discussion bien que n'étant ni d'Alsace ni de Lorraine, parce qu'elle me semble dominée par une question d'équité » [il soutient l'amendement]

Léon Perrier (Isère) : « la thèse que soutiennent nos collègues des départements recouvrés aboutirait à ce résultat qu'il faudrait faire entrer, dans le calcul du traitement de nos fonctionnaires, les impôts payés dans chaque département et dans chaque commune [...]. Cette formule est inacceptable. [Des revendications apparaîtront.] Voilà à quoi aboutit la thèse : elle est donc extrêmement dangereuse »

Jean de Bertier (Moselle) : « je crois l'avoir suffisamment établi, il y a une différence très nette à la fin du mois ou à la fin de l'année, entre les avoirs des fonctionnaires suivant qu'ils résident dans nos départements ou dans le reste de la France. [Beaucoup demandent une mutation :] « un fait indéniable auquel il est grand temps de porter remède » ; « une question d'équité »

---

563 <https://gallica.bnf.fr/ark:/12148/bpt6k64284225/f15.item> : débats parlementaires, séance du 28 mai 1925. Paul-Albert Helmer cita la loi du 22 juillet 1923 créant une « indemnité compensatrice des difficultés inhérentes à la dualité des langues et au régime spécial dans les départements du Haut-Rhin, du Bas-Rhin et de la Moselle ».

On remarque la solidarité des sénateurs mosellans et alsaciens, leur insistance et leur pugnacité. Ils faisaient durer les débats, si bien que d'autres sénateurs s'en mêlaient, y compris pour rallier leur point de vue, à l'image d'un Pierre-Armand Brangier. Jean de Bertier, comme à son habitude, s'efforçait d'être le plus précis et le plus factuel possible pour obtenir l'adhésion d'un maximum de sénateurs. Au final, l'amendement fut rejeté, par 178 votes contre 106. Jean de Bertier et ses collègues alsaciens-mosellans réussirent donc, même sur des sujets techniques, à trouver une forte audience (106 votes en faveur de l'amendement), bien au-delà de leur seul effectif (14 sénateurs pour les trois départements recouvrés). Leur défense des intérêts locaux était donc vigilante, active et potentiellement très efficace.

Le plus grand sujet de mobilisation des Mosellans et des Alsaciens fut, sans surprise, la défense du statut religieux et scolaire, fondamental à leurs yeux. Édouard Herriot, devenu président du Conseil en juin 1924 suite à la victoire électorale du Cartel des gauches, « annonça sur le conseil de Georges Weill, député SFIO du Bas-Rhin, la prochaine introduction des lois républicaines en Alsace-Moselle »[564]. Cela signifiait l'entrée en vigueur des lois de laïcisation de l'école (1882) et de séparation des Églises et de l'État (1905) et donc la disparition de l'école confessionnelle et du concordat. La réaction des Mosellans et des Alsaciens fut rapide et massive. La très grande majorité de leurs parlementaires protesta. La mobilisation gagna la population et déborda le cadre régional puisque l'épiscopat français et la Fédération nationale catholique (FNC) se joignirent au mouvement[565]. Il est important de remarquer qu'aucune pièce des archives de Lagrange ne mentionne une quelconque participation de Jean de Bertier à ce mouvement de protestation. Il n'assista pas, contrairement à la majorité de ses collègues parlementaires, au grand rassemblement des catholiques mosellans, organisé à Metz le 13 juillet 1924[566]. Il semble pourtant évident que tant son milieu que ses réseaux et ses idées le poussaient à soutenir et à accompagner ce mouvement. Comment alors expliquer le silence des archives ? Peut-être Jean de Bertier fut-il absent, ou malade ? Peut-être jugeait-il la FNC trop cléricale, trop droitière, alors que lui-même privilégiait une approche plus modérée ?

Face à cette levée de boucliers, Édouard Herriot dut renoncer à concrétiser son projet de laïcisation. Il supprima toutefois le sous-secrétariat d'État à l'Alsace-Lorraine en janvier 1925 et le commissariat général disparut à la fin de la même année[567]. Le Cartel des gauches voulut ainsi affirmer l'achèvement de la réintégration des départements recouvrés. En réalité, de telles décisions mettaient avant tout fin à la période transitoire ouverte en 1919, que beaucoup d'acteurs

564 ROTH, *Alsace-Lorraine*, p. 158.
565 ROTH, *Robert Schuman*, p. 130 et 134 et PAILLAT, « Malaise profond en Alsace », p. 300 et 315. Pour en savoir plus sur la FNC, voir BONAFOUX-VERRAX, Corinne, *À la droite de Dieu. La Fédération nationale catholique 1924-1944*, Paris, Fayard, 2004, 660 p.
566 DELBREIL, « Les parlementaires et les forces politiques en Moselle », p. 106. 4 députés sur 6, dont Schuman, et 3 sénateurs sur 5.
567 ALG, *Le Journal des débats*, 13 et 23 janvier 1925 et ECCARD, p. 223-228.

envisageaient plus longue. En 1924, par exemple, s'exprimant dans la commission d'Alsace-Lorraine, Jean de Bertier n'imaginait pas la réintégration achevée avant 1934 : « pendant ces dix ans on complétera l'unification, soit par des modifications à la loi locale, soit par adaptation de la loi française à notre régime local. C'est là le vœu émis par le conseil consultatif »[568]. Au final, il n'y eut donc pas de réassimilation complète mais une réintégration partielle[569]. Si le régime transitoire prit fin, le statut local, lui, perdura. Il existe encore aujourd'hui. D'autres spécificités, non héritées d'avant 1918, sont également toujours en vigueur, comme cette fameuse indemnité compensatrice précédemment évoquée. Sous l'appellation « indemnité de difficulté administrative », l'auteur de ces lignes, également enseignant, la perçoit. Elle s'élève à un montant de 2 euros par mois.

Les décisions gouvernementales de 1924-1925 furent donc mal acceptées en Moselle et en Alsace. Frédéric Eccard, sénateur du Bas-Rhin critiqua leur inefficacité : le commissariat général fut remplacé par des services parisiens employant douze fonctionnaires de plus et coûtant davantage[570]. Leur principale conséquence fut la réactivation du « malaise » né dès la fin de l'année 1918, suite aux premières tentatives brutales d'unification. Contemporains et historiens voient dans les maladresses gouvernementales la cause principale de cette « flambée autonomiste des années 1925-1929 » selon les mots de François Roth[571]. Les événements les plus marquants furent, en avril 1925, le lancement d'un nouveau titre de presse, *die Zukunft* et, en juin 1926, le manifeste du *Heimatbund*, présentant les Alsaciens-Mosellans comme une minorité nationale et réclamant à ce titre une complète autonomie pour la région.

Le mouvement autonomiste ne se limita pas à la seule Alsace. Le nord-est de la Moselle fut également concerné[572]. Jean de Bertier s'opposa activement aux thèses autonomistes en privilégiant, à son habitude, une approche concrète et argumentée. On le remarque en avril 1926 à l'occasion d'une prise de parole au Sénat. Les autonomistes critiquaient les ponctions opérées par l'État sur le réseau ferroviaire d'Alsace-Lorraine, financièrement excédentaire. Jean de Bertier interrogea le ministre des Travaux publics, Anatole de Monzie, en « espérant que sa réponse éclairera et apaisera l'opinion publique dans les trois départements recouvrés ». Le ministre présenta une explication chiffrée détaillée et déclara : « voulez-vous me permettre de rappeler [la situation], non pas à Monsieur de Bertier, qui connaît admirablement la question, mais aux agitateurs alsaciens ». Le ministre précisa en outre qu'il avait passé deux jours à Strasbourg avec Jean de Bertier pour discuter avec les représentants des cheminots. Dans cette affaire, tous deux étaient donc complices. Jean de Bertier posait cette question avec comme seul objectif la

---

568 AS, 69 S 288, Procès-verbaux de la commission d'Alsace-Lorraine, Séance du 1ᵉʳ avril 1924.
569 BARRAL, p. 121 : les codes français furent mis en application à partir de 1924 (fin de la période transitoire) mais de nombreux éléments du droit local furent maintenus (par exemple à propos de la chasse, du notariat, etc. …).
570 ECCARD, p. 235.
571 ROTH, *Alsace-Lorraine*, p. 158 et ECCARD, p. 228.
572 ROTH, *Alsace-Lorraine*, p. 159.

publicité de la réponse du ministre dans la presse, afin de contrer les arguments des autonomistes. Sans aucune surprise, il ajouta, après les explications données par Monzie : « je suis particulièrement heureux des explications qu'a bien voulu donner monsieur le ministre »[573].

Jean de Bertier veilla aussi à minimiser l'autonomisme, en replaçant les choses dans un contexte plus général. Il agit de concert avec les autres parlementaires URL et les réseaux liés au parti (clergé, journaux)[574]. Il participa à de multiples réunions au cours de l'année 1926. Il y était avant tout question des problèmes économiques du temps, mais ce fut aussi le moyen de faire barrage à l'autonomisme. Dans l'une de ses interventions, Jean de Bertier mit l'accent sur les problèmes spécifiques à la Moselle et à l'Alsace, à savoir la réorientation des marchés. Cela lui permit de noyer l'autonomisme dans une crise globale, non centrée sur les seules questions politiques : « malaise que tout cela ? Non, acclimatement, crise de croissance »[575]. Le *Messin* et les autres titres de presse, contribuèrent à cette stratégie en relatant, évidemment, le grand succès de ces réunions politiques : « quelques jours après, à la réunion de Sarrebourg, échec à l'autonomisme »[576]. En tout cas, cette action eut une certaine efficacité puisque l'autonomisme ne parvint pas à s'implanter durablement en Moselle, sauf dans sa partie orientale. Dès 1926, le mouvement se limita à l'Alsace, et s'y renforça[577].

Jean de Bertier et les autres élus alsaciens-mosellans menèrent donc une défense efficace du statut local : l'essentiel (concordat et école confessionnelle) fut sauvegardé et d'autres éléments furent également conservés. Ce résultat avait été permis autant par leur mobilisation que par les maladresses gouvernementales. Les décisions théoriquement centralisatrices de 1924-1925 entérinèrent en réalité la pérennité du droit local.

Les intérêts locaux défendus par Jean de Bertier étaient multiscalaires. Il n'était en effet pas un élu du *centre* mais des *périphéries* : Manom par rapport à Thionville, Thionville par rapport à Metz, la Moselle par rapport à Strasbourg et, enfin, la Moselle et l'Alsace réunies face à Paris. Tous ces intérêts locaux pouvaient, parfois, être contradictoires, mais, le plus souvent, ils s'imbriquaient de façon très fine en un *continuum* qui donna une cohérence aux actions de Jean de Bertier. De même, ses mandats revêtaient un caractère très complémentaire puisqu'il était l'élu ou le représentant de chaque échelon local à défendre : maire de Manom, conseiller

573 <https://gallica.bnf.fr/ark:/12148/bpt6k63547281/f59.item> : débats parlementaires, séance du 17 avril 1926. Le réseau ferroviaire d'Alsace-Lorraine était exploité par l'Administration des chemins de fer d'Alsace et de Lorraine, créée en 1919 et disparue en 1938 (création de la SNCF).
574 DELBREIL, « Les parlementaires et les forces politiques en Moselle », p. 107.
575 ALG, Brouillon de discours de Jean de Bertier, sans date, minimisant le malaise alsacien-mosellan [après 1924].
576 ALG, Coupure de presse du *Messin*, sans date [février 1926] et autres coupures du *Lorrain* et de la *Lothringer Volkszeitung*, de décembre 1925 à février 1926, montrant l'intérêt de Jean de Bertier pour ces questions.
577 DELBREIL, « Les parlementaires et les forces politiques en Moselle », p. 107, ROTH, *Alsace-Lorraine*, p. 160 et SCHMAUCH, p. 466.

général de Thionville, représentant de la Moselle au conseil consultatif et sénateur d'un département recouvré.

Défendre les intérêts locaux représentait un travail considérable. Beaucoup, sinon la plupart, des hommes politiques se consacrèrent – et se consacrent – uniquement à cette tâche[578]. L'ambition et les capacités de travail de Jean de Bertier l'amenèrent à intervenir aussi dans des domaines plus généraux et de portée nationale.

3.3. Les autres domaines d'action

3.3.1. Moderniser l'agriculture

Expliquons d'abord pourquoi Jean de Bertier s'intéressa à l'agriculture et la situation de cette dernière au lendemain de la Grande Guerre. Nous présenterons ensuite les formes d'engagement de Jean de Bertier, avant de dresser le bilan de son action en la matière.

L'intérêt de Jean de Bertier pour l'agriculture résulte de plusieurs motivations. La première est personnelle. Il possédait une vaste ferme, installée sur le domaine de Lagrange. Une deuxième raison est électorale. Le monde rural de l'époque, dominé par les agriculteurs, représentait encore la majorité de la population et le système électoral conduisait à sa surreprésentation, notamment au Sénat. Pour être élu, il fallait donc se concilier le monde agricole, ce que sut faire Jean de Bertier, en se présentant en février 1922 comme le candidat des agriculteurs. Ces deux premières raisons peuvent laisser croire que Jean de Bertier n'était mû que par égoïsme ou par opportunisme électoral, or cela ne semble pas être le cas. D'abord, l'agriculture occupe une part importante dans les archives de Lagrange, ce qui révèle un réel intérêt pour la question. Les acteurs du monde agricole le connaissaient et espéraient trouver en lui un relais, voire un appui politique. Le secrétaire d'un syndicat agricole lui écrivit : « connaissant l'intérêt que vous portez à tout ce qui est du domaine des choses agricoles »[579]. Le directeur des services agricoles du département portait le même regard sur Jean de Bertier : « j'ai pensé que, comme vous vous préoccupiez spécialement des questions agricoles, vous examineriez volontiers [etc.] »[580]. Ce statut d'interlocuteur en matière agricole dépassait le cadre départemental. Il fut convié à des conférences et des communications également dans la capitale[581].

---

578   BILLARD, *Le métier de la politique*, p. 156-158. Yves Billard insiste sur le caractère normal de la chose : c'est « la définition même du représentant du peuple : [...] l'élu de quelque part et en même temps de quelques-uns. »

579   ALG, Lettre du secrétaire de l'Association des syndicats d'élevage du cheval ardennais-lorrain de la Moselle à Jean de Bertier, 4 février 1924.

580   ALG, Lettre de Grand, directeur des services agricoles de la Moselle à Jean de Bertier, 27 décembre 1922.

581   ALG, par exemple, 19 mai 1924, Invitation du comité national d'études à une communication sur « la situation sociale actuelle des milieux agricoles français » ou 23 mai 1925, Exposé de Fernand David, ancien ministre de l'Agriculture, à la Cour de cassation.

Si Jean de Bertier s'intéressa autant à l'agriculture, ce fut surtout parce qu'il y voyait non seulement un secteur économique prioritaire mais aussi des enjeux politiques et sociaux :

> Contre le renchérissement de la vie il n'y a qu'un remède : produire chaque jour davantage pour arriver à l'abondance. [...] Cette abondance naîtra sans doute de l'effort de tous. [...] Il ne tend pas à un but égoïste : enrichir le seul cultivateur, mais s'exerce pour le bien général de tous les membres de la société, acquérant ainsi une haute portée sociale. La politique agricole n'est ainsi pas une politique agraire et mérite la collaboration de toutes les professions[582].

Ces phrases affirment le primat de l'agriculture, montrent une volonté d'union nationale et laissent, peut-être, transparaître une vision corporatiste, tout cela plaçant clairement Jean de Bertier dans le camp des conservateurs[583]. N'oublions pas, pour terminer, que l'intérêt pour l'agriculture restait à l'époque très banal et très partagé. En 1936, 25 % des sénateurs étaient encore agriculteurs ou plutôt grands propriétaires fonciers[584]. En 1926, les ruraux représentaient encore 52 % de la population française et, parmi les citadins, on trouvait beaucoup d'anciens paysans si bien que « les mentalités sont encore largement imprimées de culture rurale »[585]. On le retrouve dans les archives. Une association de quartier thionvilloise, la Jeunesse Saint-François, convia Jean de Bertier à la fête qu'elle organisait. Le plus intéressant est le complément suivant :

> Au même lieu il y a un concours de quilles qui commencera dimanche 1er avril 1923 à 1 heure de l'après-midi. Les prix sont les suivants :
> 1er prix : une oie avec une boîte à cigares
> 2e prix : une oie avec une bouteille de vin
> 3e prix : une oie
> 4e prix : un canard
> 5e prix : un canard
> 6e prix : une poule
> 7e prix : une saucisse[586]

Ainsi, même à Thionville, la « métropole du fer », on distribuait des lots qui évoquent aujourd'hui la campagne mais qui, alors, faisaient partie du quotidien des urbains. Les contemporains vivaient donc dans une ambiance rurale.

582 ALG, Brouillon de discours de Jean de Bertier en vue du concours agricole de Cattenom du 31 août 1924.
583 GAVIGNAUD, Geneviève, *Les campagnes en France au XXe siècle (1914-1989)*, Paris, Ophrys, 1990, p. 7.
584 GERVAIS, Michel, JOLLIVET, Marcel et TAVERNIER, Yves, *Histoire de la France rurale. Tome 4 : la fin de la France paysanne de 1914 à nos jours*, Paris, Seuil, 1976, p. 527-528.
585 ALARY, Éric, *Histoire des paysans français*, Paris, Perrin, 2016, p. 141.
586 ALG, Invitation adressée par la Jeunesse Saint-François à Jean de Bertier pour le 1er avril 1923. On peut se demander pourquoi les organisateurs précisèrent toutes ces choses à Jean de Bertier. Espéraient-ils sa participation au concours ? En tout cas, lui dire autant montrait confiance et attachement envers l'homme politique qu'il était.

L'engagement de Jean de Bertier sur les questions agricoles n'avait en cela rien d'exceptionnel.

La Première Guerre mondiale avait désorganisé l'agriculture. Les pertes humaines liées au conflit avaient fait fondre le nombre des actifs agricoles et toute une partie des terres du nord et de l'est de la France avait été dévastée par les combats. Il en résultait une forte baisse de la production, de l'ordre de 40 % pour le blé[587]. Ce recul est aussi visible dans les archives. On apprend par exemple que les haras de Strasbourg ne disposaient plus que de 64 étalons en 1920, contre 77 en 1914 (soit une baisse de 20 % de l'effectif)[588]. En Alsace-Moselle redevenue française, très peu de terres agricoles avaient été ruinées par le conflit. Le problème principal était la réorientation des marchés, notamment pour la vigne. Jean de Bertier se renseigna sur le sujet, prit conscience des enjeux et proposa même une stratégie visant à trouver de nouveaux consommateurs[589]. Au-delà des situations régionales particulières, il y avait consensus autour d'une priorité, l'intensification de la production : « combien faudra-t-il de temps pour retrouver les productions d'avant-guerre et même les dépasser comme le pays en aurait besoin pour rétablir la situation économique ? »[590]. Jean de Bertier poursuivit le même objectif, celui de retrouver « l'abondance ». La difficulté résultait de la baisse constante de la population agricole et donc de la main d'œuvre, qui se prolongea après la guerre. Cet exode rural provoquait un recul des surfaces cultivées[591]. Dans ces conditions, pour produire davantage avec moins de bras, il fallait nécessairement accroître la productivité et les rendements. Autrement dit, la modernisation de l'agriculture s'imposait.

L'engagement de Bertier fut double, associatif et politique. Il devint président de diverses structures associatives et syndicales, comme le comice agricole de Thionville-est (en 1920) ou l'Association des syndicats d'élevage du cheval ardennais-lorrain de la Moselle (en 1924). À ce titre, il participa également aux réunions des groupements de comices et à l'organisation de différents concours agricoles. Ces structures pouvaient servir de relais à la modernisation, comme l'a montré François Audigier à propos des comices agricoles de Moselle au XIXᵉ siècle[592].

Relativisons toutefois la place occupée par Jean de Bertier, que la consultation des archives de Lagrange tend, par effet de source, à grossir. On ne comptait pas moins de 23 comices rassemblant plus de 40 000 adhérents dans le département

587 ABBAD, p. 112.
588 ALG, Lettre du directeur des haras de Strasbourg à Jean de Bertier, 4 décembre 1920.
589 ALG, Notes manuscrites « thèse soutenue par Monsieur le comte de Bertier à l'exposition de viticulture », 28 septembre [1920 ?]. Jean de Bertier proposait de la « propagande dans le pays » auprès des cafés et restaurateurs, une « propagande par les journaux » et aussi une « séance de dégustation annuelle ».
590 ALG, Texte dactylographié « l'agriculture dans le département de la Moselle », véritable exposé géographique, sans indication d'auteur, [après 1921].
591 GAVIGNAUD, p. 44 et ABBAD, p. 113.
592 AUDIGIER, François, « Les comices agricoles de Moselle de 1836 à 1870, réussites et limites d'une modernisation agricole en Lorraine », *Annales de l'Est*, 2018, p. 63-75.

de la Moselle dans les années 1920[593]. Jean de Bertier ne présidait donc que l'une de ces 23 structures. Remarquons aussi que nous avons là des structures plus traditionnelles que modernes. Les comices existaient depuis longtemps et révélaient le manque d'action constant des pouvoirs publics[594]. Le fait que ces associations agricoles fussent dirigées par des grands propriétaires fonciers comme Jean de Bertier était aussi un héritage du passé. La modernisation intervint à partir des années 1930, avec l'accès aux responsabilités de véritables agriculteurs[595].

Il est donc plus pertinent de se focaliser sur l'action politique de Jean de Bertier en matière agricole. Il participa à des instances spécialisées comme le comité de perfectionnement des instituts viticoles de l'État en Alsace et en Lorraine (10 membres seulement)[596]. Au conseil général, il se montra très actif. Sans surprise, il fit partie de la 3e commission (affaires générales) dont dépendait l'agriculture. Cette dernière en fut détachée en 1925 pour créer une 4e commission que Jean de Bertier rejoignit[597]. En outre, il parlait volontiers, voire beaucoup, de toutes les questions agricoles au cours des séances de l'assemblée départementale, quitte à leur subordonner ou à leur sacrifier d'autres dépenses. Concentrons-nous sur ses deux principales initiatives.

L'après-guerre vit l'émergence du cadre régional. Dans le domaine de l'agriculture, la loi du 6 janvier 1919 créa les offices agricoles régionaux et départementaux, avec mission d'améliorer les méthodes de production, d'organiser des centres d'expérimentation et de développer les associations d'agriculteurs. Le directeur des services agricoles de la Moselle assura le préfet que le désir de création d'un office agricole « se manifest[ait] dans tout le département »[598]. Toutefois, la loi du 6 janvier 1919 ne pouvait s'appliquer en Moselle comme en Alsace qu'après accord du conseil consultatif. Il fallait que ce dernier acceptât de supprimer la direction de l'agriculture, qui, depuis Strasbourg, pilotait la répartition des crédits agricoles entre les trois départements. Jean de Bertier porta le débat au conseil consultatif. La question de l'introduction de la loi sur les offices agricoles fut d'ailleurs un des principaux points de friction entre Mosellans et Alsaciens. Finalement, l'office agricole de la Moselle vit le jour au printemps 1923. La nouvelle structure comptait 5 membres, 2 conseillers généraux (Corbedaine et Bertier) et 3 membres d'associations agricoles (Jouin, Welcker, Bertrand). Jean de Bertier en prit la présidence, ce dont la *Moselle républicaine*, sans surprise, se félicita : « le comte de Bertier sénateur de la Moselle s'était fait le champion convaincu de cette nouveauté dans le

593 ALG, Texte dactylographié « l'agriculture dans le département de la Moselle », [après 1921].
594 GAVIGNAUD, p. 46.
595 GERVAIS, JOLLIVET, TAVERNIER, p. 430.
596 ALG, Lettre du directeur de l'agriculture d'Alsace et Lorraine à Jean de Bertier, sans date [au plus tard 1923].
597 ADM, 628 PER/STO 15 1921, Conseil général, Session de septembre 1921, p. 4-5 et 72 N 7, Procès-verbaux des délibérations du conseil général de la Moselle, session de septembre-octobre 1925, p. 473.
598 ADM, 307 M 69, Comices agricoles 1920-1935, Lettre du directeur des services agricoles de la Moselle au préfet [1923 au plus tard].

département »[599]. Il réussit à pérenniser le budget initial de 200 000 francs (dont 150 000 apportés par l'État, 25 000 par l'office régional et 25 000 par le conseil général)[600]. Au-delà des dépenses de fonctionnement (environ 10 % du budget) et des subventions en faveur des comices et des fédérations agricoles (environ 10 % également), l'office agricole consacra plus de 70 % de son budget à l'intensification. L'accent fut essentiellement mis sur la sélection, tant animale que végétale (90 % des investissements)[601]. Jean de Bertier et ses collègues ne choisirent donc pas la voie de la mécanisation. En France, cette dernière n'en était qu'à ses débuts. Elle reposait sur des machines non motorisées nécessitant encore une traction animale. Il y avait ainsi en 1929 près de 1,5 million de charrues et autant de faucheuses, mais seulement 27 000 tracteurs[602]. Le choix de privilégier la sélection (et donc les rendements) plutôt que la mécanisation (et donc la productivité) avait aussi un arrière-plan politique. Jean de Bertier et les conservateurs souhaitaient maintenir un maximum de population dans le secteur agricole et dans les zones rurales. À défaut de pouvoir stopper l'exode rural, il fallait au moins, à leurs yeux, le freiner, en redynamisant les campagnes[603]. C'est dans cette perspective que, pour remplacer la vigne désormais non rentable, l'introduction de nouvelles cultures fut envisagée : mûrier, sériciculture et même canne à sucre, avec construction de sucreries[604].

Toujours dans le cadre du conseil général, la seconde grande action de Jean de Bertier fut la mise en place d'un centre d'expérimentation agricole qui existe encore aujourd'hui : l'Établissement public d'enseignement et de formation professionnelle agricoles (Eplefpa) de Courcelles-Chaussy. À l'origine, il y avait le domaine d'Urville, où l'empereur allemand s'était fait construire un château en vue de ses séjours en Lorraine annexée. Le tout représentait environ 250 hectares, dont 200 occupés par la ferme des Mesnils. Comme tous les biens allemands, le domaine fut placé sous séquestre. Jean de Bertier s'exprima devant l'assemblée départementale pour exposer son projet, à savoir la transformation de ladite ferme en une école d'agriculture, « une action qui m'est chère depuis longtemps »[605]. Il demanda le report de l'adjudication, sans succès, et se vit donc contraint de demander au conseil général de se porter acquéreur, dans l'urgence : la vente aux enchères commençait à quinze heures, le jour-même de son intervention. Jean de Bertier réussit à convaincre ses collègues (et le préfet). Le conseil général acquit le

---

599 ALG, Coupure de presse de la *Moselle républicaine*, 20 avril 1923.

600 ADM, 307 M 2, Subventions à l'office agricole départemental, Lettres du ministre au préfet, 1924-1926 et Lettres du préfet à Jean de Bertier (copies), 1923-1926.

601 ALG, 1ᵉʳ budget de l'office agricole de la Moselle [1923] et Projet de programme d'action, 17 septembre 1923.

602 GERVAIS, JOLLIVET, TAVERNIER, p. 60-61.

603 *Ibidem*, p. 546-548.

604 ALG, Lettres à Jean de Bertier du colonel Deville, 9 février 1926, et du directeur des services agricoles de la Moselle, 11 mars 1922. Ce dernier l'invitait bel et bien à une réunion portant sur la canne à sucre et non pas sur la betterave sucrière, comme le climat mosellan pourrait plutôt le laisser penser.

605 ADM, 72 N 6, Procès-verbaux des délibérations du conseil général de la Moselle, session de septembre-octobre 1924, p. 378-380.

domaine d'Urville pour 605 000 francs et l'État, validant *a posteriori* l'initiative, le racheta immédiatement en vue d'y installer une école. Jean de Bertier s'en félicita : « il me reste à remercier le conseil général d'avoir bien voulu faire preuve d'une célérité dont nous n'avons pas trouvé l'exemple dans les bureaux de Paris »[606].

Ce dernier exemple nous révèle deux grandes forces de Jean de Bertier : sa réactivité et sa ténacité, pour ne pas dire sa combativité. Il sut faire face aux difficultés administratives et saisir les opportunités politiques. Peu après l'acquisition de la ferme des Mesnils, une circulaire ministérielle enjoignit aux offices agricoles de consacrer au moins le tiers de leur budget à l'expérimentation[607]. Au Sénat, Jean de Bertier en profita pour demander très habilement au ministre 100 000 francs supplémentaires pour la création d'un cinquième centre national d'expérimentation « dans un département du nord-est, de préférence dans celui de la Moselle »[608]. Ainsi, sans l'expliciter et sans forcer la main du ministre, il guidait la future subvention vers la ferme des Mesnils. Par ailleurs, il recueillit les doléances de ses interlocuteurs du monde agricole à propos de la fin des subventions pour l'élevage chevalin et s'en empara pour rencontrer le directeur général des haras et le ministre lui-même[609]. Il n'hésita pas non plus à écrire au ministre de l'Agriculture à d'autres occasions[610]. Ses responsabilités départementales, associatives et politiques, se voyaient donc idéalement complétées par son statut de sénateur, lui permettant d'intercéder au plus près des décideurs gouvernementaux. Convergeaient ainsi la volonté de faire progresser l'agriculture, la défense des intérêts locaux et le soutien réciproque entre l'élu et ses électeurs, majoritairement ruraux. On reconnaît d'ailleurs immédiatement Jean de Bertier dans ce portrait-type des hommes politiques ayant réussi à s'implanter dans les campagnes :

> Ils doivent parler le langage de la paysannerie, proclamer sa spécificité, garantir son autonomie et, en même temps, être suffisamment introduits dans les allées du pouvoir, au chef-lieu du département et à Paris, pour répondre aux besoins quotidiens, individuels et collectifs, de chacune des communautés locales[611].

Il est désormais temps de dresser le bilan de l'action de Jean de Bertier. Luimême se décerna un *satisfecit* à propos de son action à la tête de l'office agricole départemental. Il insista sur sa bonne gestion. Selon ses dires, l'office agricole

---

606 ADM, 72 N 6, Procès-verbaux des délibérations du conseil général de la Moselle, session de septembre-octobre 1924, p. 439. Cet épisode, anecdotique, n'est pas évoqué sur la page de l'eplefpa consacrée à l'histoire du site : « après la guerre le château d'Urville est abandonné et reste sous séquestre jusqu'en 1927. Le site, classé monument historique, devient propriété du ministère de l'Agriculture » (<https://eplea.metz.educagri.fr/leplefpa/histoire-du-site>).

607 ALG, Procès-verbal de la séance de l'office agricole de l'est, 17 décembre 1924.

608 <https://gallica.bnf.fr/ark:/12148/bpt6k6428411c/f15.item> : débats parlementaires, séance du 7 avril 1925. La réponse du ministre fut engageante : « j'étudierai volontiers la question ».

609 ALG, Procès-verbal de la séance de l'office agricole de l'est, 17 décembre 1924.

610 ALG, Lettre de Jean de Bertier au ministre de l'Agriculture, 27 juin 1924, à propos des travailleurs agricoles étrangers rompant leurs contrats pour aller travailler dans l'industrie et toucher des salaires plus rémunérateurs.

611 GERVAIS, JOLLIVET, TAVERNIER, p. 528.

employait moins de fonctionnaires que la direction de l'agriculture à Strasbourg et, surtout, il aidait bien davantage les agriculteurs : plus de 180 000 francs distribués annuellement contre un peu moins de 40 000 francs à l'époque de la direction de l'agriculture[612]. Il faut toutefois souligner que Jean de Bertier manipulait les chiffres ou, plutôt, comparait des choses non comparables. Par exemple, la direction de l'agriculture ne disposait pas des 150 000 francs de subvention attribués par l'État. Jean de Bertier veilla aussi à légitimer l'office agricole, non concurrent mais complémentaire des comices (qu'il subventionnait) tout comme de la chambre d'agriculture, créée par une loi de janvier 1924 et à l'objectif différent (la défense de la profession agricole). Enfin, il réaffirma son but : « l'office ne manquera jamais d'encourager les efforts suivant le proverbe : aide-toi, l'office t'aidera »[613]. En Moselle comme en France, on peut estimer que les offices agricoles furent une structure efficace et qu'ils accompagnèrent les progrès de l'agriculture dans les années 1920. Le niveau de production de 1913 fut retrouvé en 1925 et la production augmenta en moyenne de 1 % par an, « chiffre rarement atteint auparavant »[614]. Jean de Bertier, de par son action à la tête de l'office et de par sa détermination à voir concrétisé le projet de centre d'expérimentation agricole, contribua, à son niveau, à corriger les deux gros points faibles de l'agriculture française, à savoir le manque d'investissements et de formation des agriculteurs[615].

Il faut cependant nuancer aussi bien l'importance de l'action de Jean de Bertier que l'ampleur de la modernisation opérée au cours des années 1920. Un premier bémol est le comportement de Jean de Bertier. Il incitait les agriculteurs à ne pas quitter la terre et à moderniser leur exploitation mais lui-même se désintéressait des fermes des Rosaires et de Lagrange. Il était en cela représentatif des autres grands propriétaires fonciers, préférant investir ailleurs[616]. Nous en connaissons déjà la raison : il s'agit de l'inflation. Nous avons déjà vu comment Jean de Bertier se sépara de l'essentiel de ses biens fonciers en Bretagne et au Luxembourg. S'il conserva la ferme de Lagrange, ce fut pour des raisons identitaires et non économiques : il s'agissait de l'exploitation adossée au château familial.

Le deuxième bémol est la faiblesse des financements publics consacrés à l'agriculture. Jean de Bertier dut chaque année se battre pour que le conseil général consentît à maintenir les 25 000 francs de subvention dont bénéficiait l'office agricole. Derrière les politesses, Jean de Bertier laissa pointer son amertume :

Je remercie le conseil général et en particulier la 1re commission [finances], de vouloir bien, même à regret, accorder une subvention de 25 000 francs à l'office agricole départemental. Il paraît au moins légitime, sur un budget de 20 millions, dans un

612 ALG, Brouillon de discours de Jean de Bertier faisant le bilan des actions de l'office agricole [1925 ou 1926].
613 *Ibidem.*
614 GERVAIS, JOLLIVET, TAVERNIER, p. 74 et 544 et ABBAD, p. 114.
615 GAVIGNAUD, p. 45. Un autre problème structurel était la taille en moyenne trop réduite des exploitations, ne favorisant pas les investissements, dont les retours espérés restaient trop faibles dans le cadre d'une agriculture encore peu intensive.
616 GERVAIS, JOLLIVET, TAVERNIER, p. 201.

département où une grande partie des citoyens font de l'agriculture, de consacrer 25 000 francs en leur faveur[617].

La subvention accordée ne représentait donc que 0,1 % du budget départemental, autrement dit presque rien. Jean de Bertier n'hésita pas, à plusieurs occasions, à demander davantage. Sa grande idée pour 1926 était l'organisation d'un concours agricole départemental à Metz[618]. Il sollicita à cette fin 24 000 francs de subventions, mais la commission des finances ne lui en accorda que 10 000. Jean de Bertier critiqua nettement cet arbitrage : « il faut que chacun prenne ses responsabilités. Ce n'est pas avec une subvention de 10 000 francs du département que nous pourrons organiser un concours départemental »[619]. Cet exemple départemental peut être généralisé au cadre national. Les gouvernements successifs n'accordèrent jamais la priorité à l'agriculture qui souffrit d'un sous-investissement chronique[620]. L'État s'en remettait à l'initiative privée qui, dans le contexte d'inflation et de faible rentabilité de l'investissement foncier, ne pouvait rester que limitée. Seul le ministre de l'Agriculture Henri Queuille présenta en 1927 un projet ambitieux. Il prévoyait un milliard d'investissements en faveur de la recherche agronomique et de la modernisation des exploitations. Ce projet fut toutefois abandonné dès 1928[621]. Il fallut attendre les lendemains de la Seconde Guerre mondiale pour que l'agriculture française entamât une modernisation générale et systématique, qualifiée de « troisième révolution agricole »[622].

Dernier bémol, Jean de Bertier ne fit pas de l'agriculture une priorité dans son engagement politique national. Au Sénat, il siégea à la commission des affaires sociales et à la commission de l'armée, mais pas à la commission de l'agriculture. Considérait-il que son engagement au niveau départemental fût suffisant ? Aurait-il voulu rejoindre la commission de l'agriculture, et en fut-il empêché, pour des raisons d'effectifs et/ou d'équilibre entre les groupes parlementaires[623] ? Nous ne pouvons trancher. En tout cas, et en dépit des critiques qu'on peut lui adresser,

617 ADM, 72 N 6, Procès-verbaux des délibérations du conseil général de la Moselle, session de septembre-octobre 1924, p. 451. N'oublions pas non plus que l'inflation faisait que le maintien de la somme de 25 000 francs, sans revalorisation, correspondait à une diminution de la valeur réelle de la subvention.

618 ALG, Copie d'une lettre de Jean de Bertier au maire de Metz, 26 mai 1926.

619 ADM, 72 N 8, Procès-verbaux des délibérations du conseil général de la Moselle, session de mai 1926, p. 297-301. Faute de financement suffisant, le concours, prévu pour le 29 août 1926, n'eut semble-t-il pas lieu.

620 Finalement, les gouvernements délaissèrent l'agriculture à l'échelle du pays comme Jean de Bertier la délaissa à l'échelle de sa propre ferme de Lagrange (!).

621 GERVAIS, JOLLIVET, TAVERNIER, p. 552-553.

622 GAVIGNAUD, p. 8. La modernisation des années 1920 resta donc ponctuelle. Le célèbre ouvrage d'Alain Prévost relatant la vie d'Ephraïm Grenadou, paysan du village de Saint-Loup, dans la Beauce, montre le développement de la mécanisation, de l'usage des engrais et les premiers changements des systèmes de culture (GRENADOU, Ephraïm et PRÉVOST, Alain, *Grenadou paysan français*, Paris, Seuil, collection « Points histoire », 1978, 256 p).

623 BERSTEIN, *Le Sénat sous la IIIe République*, p. 111 : chaque commission ne comptait que 36 membres, et sa composition politique devait représenter celle du Sénat tout entier.

Jean de Bertier mena une action régulière, volontaire et plutôt efficace de modernisation de l'agriculture. Réussit-il également à faire progresser l'action sociale ?

3.3.2. Promouvoir l'action sociale

Dominique Dessertine et Olivier Faure distinguent trois principaux modes d'action en matière de protection sociale : la charité, l'assurance (via la mutualité) et l'assistance. Jusqu'aux lendemains de la Seconde Guerre mondiale, les dépenses publiques restèrent limitées. La plupart des projets continuaient de relever de l'initiative privée, autant individuelle qu'associative[624]. Nous le vérifions avec Jean de Bertier. Tout comme pour l'agriculture, il s'appuya, d'une part, sur son statut personnel et son réseau associatif et, de l'autre, sur ses mandats et responsabilités politiques. Après avoir présenté cette double façon d'agir, privée comme publique, nous réfléchirons à sa signification et à sa portée, tout en présentant ses limites.

La position sociale de Jean de Bertier, sa fortune ainsi que les réseaux locaux hérités de ses parents l'amenaient naturellement à pratiquer la charité, à titre individuel. Les archives de Lagrange en témoignent au travers de multiples lettres de remerciements. Les bénéficiaires étaient soit des personnes isolées, soit des groupes spécifiques (par exemple, les enfants de l'école de Manom), soit encore des collectivités. Le maire de Thionville, Gabriel Mauclaire, lui écrivit en janvier 1924 : « j'apprends à l'instant que vous avez fait remettre à l'hôpital civil un magnifique sanglier. Je ne puis que vous adresser mes plus vifs remerciements pour cette nouvelle marque de générosité »[625]. Il s'agissait là de la forme la plus ancienne, pour ne pas dire antique, de l'action sociale : le don engendrait un contre-don, ici immatériel, à savoir reconnaissance et fidélité[626]. Au-delà de ses bienfaits directs, la charité permettait donc à Jean de Bertier d'entretenir et d'élargir ses réseaux.

Les associations, notamment locales, furent d'ailleurs le second vecteur de l'action sociale conduite par Jean de Bertier. Le maire de Thionville, Gabriel Mauclaire, lui rendit hommage à ce sujet, en citant les « œuvres sociales » qu'il suscita et/ ou développa : la Goutte de lait, le dispensaire antituberculeux et les colonies de vacances[627]. Curieusement, les archives ne contiennent que très peu de documents relatifs à ces multiples associations que, bien souvent, Jean de Bertier présidait. Il s'agissait souvent de branches locales d'organismes nationaux. Les associations

---

624 DESSERTINE, Dominique et FAURE, Olivier, « Assistance traditionnelle, assistance nouvelle : coût et financement 1850-1940 », [*in*] GUESLIN, André et GUILLAUME, Pierre (dir.), *De la charité médiévale à la sécurité sociale. Économie de la protection sociale du Moyen Âge à l'époque contemporaine*, Paris, les Éditions ouvrières, collection « Patrimoine », 1992, p. 139-140.

625 ALG, Lettre du maire de Thionville à Jean de Bertier, 17 janvier 1924, et d'autres exemples à travers la Lettre de E. Walter, curé d'Hettange-Grande, 11 mai 1922 et un Extrait du *Journal de Thionville* du 27 décembre 1919.

626 GUESLIN et GUILLAUME (dir.), p. 17.

627 ALG, *La Moselle républicaine*, 1ᵉʳ octobre 1926, Discours prononcé par Gabriel Mauclaire, maire de Thionville, lors des obsèques de Jean de Bertier [30 septembre 1926]. La Goutte de lait visait à lutter contre la mortalité infantile en prodiguant des conseils aux mères pour l'allaitement et en leur fournissant si nécessaire du lait stérilisé.

les plus développées présentaient d'ailleurs une telle arborescence qu'elles finissaient par regrouper tous les notables. Beaucoup y adhéraient par conformisme social, ainsi que pour entretenir leur capital social et leur bonne conscience. Seuls quelques membres étaient véritablement actifs. Par exemple, le comité mosellan du Timbre antituberculeux fonctionnait grâce à deux personnes (plus une troisième chargée du courrier) qui s'attelaient à créer des sous-comités au niveau des arrondissements ou des cantons, afin de rassembler un maximum de donateurs et donatrices. Quel pouvait être le rôle effectif de Jean de Bertier au sein d'une telle structure ?

> Quelques signatures d'une part pour les lettres exceptionnellement importantes, et peut-être la présidence d'une grande réunion, seront l'essentiel de ce que nous venions vous demander. Mais par contre nous accueillerons inlassablement les conseils les instructions et les directives d'organisation que votre expérience et votre profonde connaissance du pays voudront bien nous apporter : l'admirable réussite de l'œuvre d'hygiène sociale de Thionville vous désigne avant toute autre personnalité pour assumer ce rôle[628].

Veillons à lire ces lignes avec un certain recul : l'objet du courrier était de convaincre Jean de Bertier d'accepter la présidence de l'association. Son « admirable réussite » à Thionville était donc sans doute, par flatterie, exagérée. La même lettre révèle d'ailleurs que la présidence fut, dans un premier temps, proposée à Robert Schuman. On comprend donc qu'il s'agissait de trouver une personnalité politique influente, donnant visibilité et crédibilité à l'association, de manière à susciter les dons et favoriser les subventions. En retour, l'homme politique choisi pouvait accroître ses réseaux et sa notoriété. On retrouve donc les mêmes logiques opératoires, tant dans le cadre collectif des structures associatives que dans le cadre individuel de la charité.

Progressivement, les dépenses publiques en matière sociale augmentèrent pendant l'entre-deux-guerres. En matière d'assistance, elles représentèrent jusqu'à 60 % des budgets[629]. Il y avait là un nouveau champ d'action pour les hommes politiques intéressés par ces questions, comme Jean de Bertier. Son engagement semble d'ailleurs plus fort en matière sociale que sur les questions agricoles, au vu des commissions dans lesquelles il siégea. Au conseil général, il fit partie de deux commissions spéciales dont l'intitulé désignait bien la mission : le comité d'administration de l'association départementale d'assistance publique et la commission de l'hospice Sainte-Madeleine de Thionville[630]. Au Sénat, il intégra la commission des affaires sociales, officiellement dénommée « commission de l'hygiène, de l'assistance, de l'assurance et de la prévoyance sociales ». Ce fut au sein de cette

---

628 ALG, Lettre du directeur des services d'hygiène de la Moselle à Jean de Bertier, 24 septembre 1926. Le directeur des services d'hygiène était justement l'une des deux chevilles ouvrières du comité.

629 DESSERTINE et FAURE, p. 146. N'oublions pas que les deux autres pôles de la protection sociale (charité et assurance) restaient, pour le premier, purement privé et, pour le second, essentiellement privé, jusqu'à la mise en place des assurances sociales en 1930.

630 ADM, 628 PER/STO 15 1921, Conseil général, Session de septembre 1921, p. 4-5.

commission qu'il se montra le plus actif et qu'il progressa dans la carrière parlementaire, en accédant en 1925 au poste de secrétaire. Tout comme en matière agricole, son action dans le cadre associatif et celle au titre de ses mandats politiques se
complétaient et contribuaient à augmenter l'« expérience » que lui reconnaissaient
ses interlocuteurs.

Il serait fastidieux et peu intéressant d'exposer tous les sujets sur lesquels Jean
de Bertier put émettre un avis. Concentrons-nous sur les deux questions principales ayant intéressé le conseil général de la Moselle et le Sénat au cours de ses
mandats. Au niveau départemental, il fut décidé en 1921 de fermer l'asile d'aliénés
de Lorquin et d'envisager une reconversion du site. En tant que membre de la
première commission spéciale précédemment mentionnée, Jean de Bertier fut particulièrement impliqué dans la recherche de solutions[631]. Les projets initiaux (sana-
torium, centre de colonies de vacances) n'aboutirent pas. L'établissement rouvrit
finalement en 1925 pour accueillir 300 malades du département de la Seine. Les
principales préoccupations de l'assemblée départementale étaient d'ordre pécu-
niaire. Lorquin représentait une dépense de 200 000 francs par an et les sommes
versées par le département de la Seine (7,70 francs par malade et par jour) couvraient à peine les coûts de fonctionnement estimés à 8 francs par malade et par
jour[632]. Cet exemple correspond bien aux réalités du temps. Les politiques de
santé n'étaient pas vues comme prioritaires ; hôpitaux et hospices concentraient
la grande majorité des dépenses, en accueillant principalement des malades et des
vieillards ne recevant que peu de soins médicaux. Il s'agissait d'une forme d'assistance encore très traditionnelle[633].

Au Sénat, le sujet principal fut l'adoption d'une loi instaurant les assurances
sociales, devant protéger contre les risques de la maladie, de l'accident et de l'inva-
lidité. Le contexte de l'après-guerre était propice à la mise en place d'un tel système
d'assurances. D'une part, le conflit avait déjà habitué les esprits à une plus grande
intervention de l'État, tant en matière de santé (soins aux blessés, aux handicapés)
qu'en matière sociale au sens général (pensions aux anciens combattants). D'autre
part, les trois départements recouvrés disposaient déjà du système d'assurances
sociales allemand, mis en place sous Bismarck. Il s'agissait de s'en inspirer très
largement, voire de l'étendre à la France entière[634].

Le projet de loi relatif aux assurances sociales, déposé pourtant dès 1921, ne fut
adopté qu'en 1928 (loi Loucheur) et n'entra en application qu'en 1930. Comment

---

631 ALG, Annotations manuscrites de Jean de Bertier relatives aux réunions du conseil d'adminis-
     tration de l'Association départementale d'assistance de la Moselle, décembre 1920 à août 1921
     et Procès-verbal de la séance du 1ᵉʳ décembre 1921 tenue par la commission interdépartementale
     en vue de créer un sanatorium à Lorquin. Il fut décidé de créer une commission d'étude de
     6 membres, dont Jean de Bertier fit partie.
632 ADM, Procès-verbaux des délibérations du conseil général de la Moselle, 72 N 6, session de
     mai 1924, p. 222-225 et 72 N 7, session de mai 1925, p. 255.
633 DESSERTINE et FAURE, p. 141 et 145.
634 DREYFUS, Michel, *Liberté, égalité, mutualité. Mutualisme et syndicalisme, 1852-1967*, Paris,
     Les Éditions de l'Atelier/Les Éditions ouvrières, collection « Patrimoine », 2001, p. 125-128.

expliquer un tel délai ? Une première raison était la résistance initiale du mouvement mutualiste, hostile au caractère obligatoire des assurances sociales envisagées.
Cette opposition cessa cependant dès 1923 et la Fédération nationale de la mutualité française en vint même à réclamer une adoption rapide de la loi dès 1926[635].
La seconde et principale raison fut l'action retardatrice des sénateurs. Tentons de
déterminer si Jean de Bertier y prit part et quelles purent être ses motivations. Au
cours des débats en commission, il se posa en expert, rappelant régulièrement à ses
collègues les détails du fonctionnement du système en Alsace-Moselle :

> [1er avril 1925 :] C'est là ce qui se passe dans nos trois départements. Des commissions
> paritaires fixent les salaires pour chaque catégorie de salariés. Il y a des règlements
> très compliqués chez nous, mais ils existent et ils apportent la solution de toutes les
> difficultés d'application.

> [19 juin 1925 :] Toutes les personnes compétentes d'Alsace et de Lorraine considèrent
> qu'il est inutile d'établir des tribunaux spéciaux pour le contentieux des assurances
> sociales.

> [18 novembre 1925 :] En Alsace et en Lorraine les caisses fixent elles-mêmes la durée
> du délai de carence. Cela me paraît être le meilleur procédé[636].

À la lecture de ses interventions, il ressort l'impression que Jean de Bertier
souhaitait l'extension du système alsacien-mosellan à l'ensemble de la France. En
réalité, il s'attachait surtout à défendre et à justifier le droit local en matière sociale,
pour éviter son remplacement par un nouveau système français, forcément moins
protecteur. On comprend dès lors mieux deux autres éléments trouvés dans les
archives. En juin 1925, Jean de Bertier s'exprima en faveur d'une prolongation
du délai d'application en Alsace-Moselle de certains articles de la future loi sur
les assurances sociales[637]. Il n'était pas pressé de voir le futur projet mis en œuvre.
Surtout, un extrait de presse de la *Lothringer Volkszeitung* conservé dans les archives
de Lagrange rend compte d'un contre-projet de loi présenté au Sénat. Le quotidien relate comment le texte fut « diversement accueilli », bénéficiant toutefois du
soutien de « l'union des employés de la société minière des Terres rouges »[638]. Or,
nous savons que Jean de Bertier était vice-président du conseil d'administration
de cette entreprise. La coïncidence est trop forte pour ne pas penser que ce contre-
projet fut, sinon imaginé, du mois approuvé par Jean de Bertier et que ce dernier
suscita opportunément une déclaration de soutien provenant de cette « union des
employés ». L'article de la *Volkszeitung* comparait ensuite projet initial et contre-
projet. Il mit en évidence le caractère moins ambitieux du second et en tira la
conclusion pour ses lecteurs :

> Pour les trois départements dans lesquels l'assurance sociale existe déjà, le contre-projet
> ne pourra guère conduire en cette matière à l'unification souhaitée avec la législation

---

635 *Ibidem*, p. 124 et 129-130.
636 AS, 69 S 211, Procès-verbaux des séances de la commission d'hygiène pour l'année 1925.
637 *Ibidem*, 17 juin 1925.
638 ALG, Coupure de presse de la *Lothringer Volkszeitung*, après le 25 février [1925].

nationale ; en effet, on s'en tiendra fermement aux avantages fournis par l'assurance sociale locale et consacrés par l'expérience[639].

Tout se passait donc comme si Jean de Bertier ne souhaitait pas la mise en place en France du système alsacien-mosellan, par souci des deniers publics et pour ne pas augmenter les charges pesant sur les entreprises. Veillons toutefois à ne pas exagérer le rôle de Jean de Bertier dans le retard d'adoption et/ou la réduction des ambitions de la loi sur les assurances sociales. Son influence politique restait limitée : parlementaire moyen, simple *secrétaire* de la commission d'hygiène et non *président* ou *vice-président*. Le texte fut d'ailleurs encore débattu bien après son décès. Le retard de la France en matière de protection sociale était tel que le rattrapage législatif nécessitait de régler moult détails, et tous les problèmes très techniques qui apparurent demandèrent beaucoup de temps pour être aplanis. Au final, le système alsacien-mosellan hérité de Bismarck resta plus abouti et plus protecteur que toutes les législations françaises successives (loi sur les assurances sociales de 1928, Sécurité sociale à partir de 1945, etc.) : il est aujourd'hui toujours en vigueur sous l'appellation « régime local d'assurance-maladie »[640].

L'attitude de Jean de Bertier sur la question des assurances sociales montre combien il est ardu de déterminer avec certitude le positionnement d'un homme politique. Ses ambitions en matière de protection sociale pouvaient être en contra-diction avec la défense des intérêts locaux, toujours prioritaires, ou, plus sim-plement, se voir contraintes par des données conjoncturelles comme l'équilibre budgétaire. Malgré ces reculs et ces renoncements, Jean de Bertier réussit à se for-ger l'image d'un homme politique attentif aux questions sociales. Nous avons déjà expliqué comment cela lui permit de renforcer ses réseaux. Il n'hésita pas non plus à en faire un argument électoral : « vous connaissez aussi mon dévouement à toutes les œuvres de progrès social »[641]. Du progrès social à la paix sociale, il n'y avait qu'un pas qu'un tract de l'URL franchit allègrement : « votez contre les com-munistes et leurs alliés pour les défenseurs de la paix sociale [les candidats URL, dont Jean de Bertier] »[642]. L'action *sociale* selon Jean de Bertier avait en effet aussi un sens et un but politiques. Il fallait contrer toute forme de *socialisme*, et s'opposer à toute révolution ou bouleversement des structures existantes. Cela ne signifie pas que ses engagements étaient feints : de multiples témoignages rapportent sa bonté, sa générosité et donc sa sincérité[643]. Comprenons simplement qu'il s'inscrivait dans une vision traditionnelle de l'action sociale, conservatrice et hiérarchique,

639 *Ibidem.*
640 Citons par exemple un taux de remboursement de 90 % pour les consultations médicales et les soins infirmiers, contre 70 % et 60 % respectivement dans le cadre du régime général. Plus d'informations sur <https://regime-local.fr>.
641 ALG, Profession de foi de Jean de Bertier à l'occasion des élections cantonales du 19 juillet 1925.
642 ALG, Tract de l'URL à l'occasion des élections cantonales du 19 juillet 1925.
643 ALG, *La Moselle républicaine*, 1ᵉʳ octobre 1926. Plusieurs des discours prononcés lors des obsèques insistent sur ce point : « un homme bon et généreux » (Frantz, adjoint au maire à Manom), « un exemple de bonté » (Mauclaire).

maintenant un « déséquilibre entre celui qui donne ou qui se fait l'intermédiaire et celui qui demande ou reçoit »[644].

À ce titre, l'action sociale menée par Jean de Bertier resta limitée ou inachevée. Prenons deux exemples. Au conseil général, il s'opposa au versement d'une subvention en faveur de la lutte contre le cancer, selon une argumentation qu'il convient de reproduire en longueur pour en saisir toute la logique :

> Je m'excuse de parler après des médecins sur une telle question ; mais sans être médecin on peut s'intéresser à l'hygiène et la santé publiques. Dans une des dernières séances de la commission d'hygiène [du Sénat], j'ai entendu dire qu'une récente découverte, relative au cancer, était sur le point d'entrer dans le domaine de la pratique ; il s'agit du traitement par les rayons ultra-violets, dont l'effet serait très actif. […]
>
> Je me demande s'il est bon d'engager aujourd'hui des dépenses très considérables pour employer le radium, substance extrêmement coûteuse, alors qu'on peut prévoir d'ici peu de mois l'utilisation d'un procédé beaucoup moins onéreux, capable de donner les mêmes résultats.
>
> Nous aurions mauvaise grâce à refuser une subvention pour la lutte contre le cancer ; mais peut-être y aurait-il lieu d'ajourner la question jusqu'à plus ample information, quitte à y revenir quand nous réglerons le budget additionnel[645].

Jean de Bertier ne convainquit pas ses collègues et une subvention de 6 000 francs fut accordée au Centre anticancéreux de Strasbourg. Cette prise de position résume bien son attitude : il s'intéressait véritablement et sincèrement aux questions sanitaires et sociales mais la volonté de maîtriser les dépenses finissait toujours par primer. Il favorisa d'ailleurs parfois l'agriculture, au détriment de l'action sociale :

> Jean de Bertier : « Dans les circonstances actuelles nous devons nous montrer infiniment ménagers des deniers publics.
>
> Un autre conseiller général : – Alors il ne fallait pas acheter la ferme des Mesnils.
>
> Jean de Bertier : – J'estime qu'il y a des choses indispensables, et d'autres qui ne le sont pas »[646].

Rappelons, à sa décharge, que ni l'agriculture ni l'action sociale n'étaient vues comme des secteurs d'investissement, tant par les gouvernements que par la très grande majorité du personnel politique. Pour Jean de Bertier comme pour ses collègues, on ne pouvait – et il ne fallait – agir qu'avec des sommes minimales. Le second exemple de cette retenue de Jean de Bertier en matière de politique sociale concerne la journée de 8 heures (correspondant à la semaine de 48 heures). Elle

---

644 GUESLIN et GUILLAUME, p. 17.

645 ADM, 72 N 6, Procès-verbaux des délibérations du conseil général de la Moselle, session de septembre-octobre 1924, p. 426-427.

646 ADM, 72 N 7, Procès-verbaux des délibérations du conseil général de la Moselle, session de mai 1925, p. 299.

fut votée par la majorité de Bloc national dans le contexte très particulier de l'année 1919. Les grèves très dures du printemps et les poussées révolutionnaires en Europe avaient réactivé la peur du « rouge », qui devint un des thèmes de la campagne législative de l'automne. Dominique Lejeune parle de « vague anti-bolchevique »[647]. Pour le Bloc national parvenu au pouvoir, la loi des 8 heures devait couper l'herbe sous le pied des mouvements révolutionnaires. Il s'agissait donc, fondamentalement, d'une décision politique. Jean-Charles Asselain, évaluant sa portée économique, considère que, « malgré un contexte *a priori* très défavorable, cette réforme sociale se trouv[a] "absorbée" dans de bonnes conditions, grâce aux progrès de la productivité »[648]. Pour les contemporains toutefois, les débats sur le bien-fondé de la journée de 8 heures se poursuivirent au cours des années 1920. Les archives révèlent que Jean de Bertier se documenta sur la question. À son habitude, il collecta informations et données précises. Ses notes manuscrites, en fait des relevés de citations puisées dans ses lectures, témoignent d'une ambivalence face à une mesure aujourd'hui considérée comme un évident progrès social.

Tableau 51: Notes manuscrites de Jean de Bertier à propos de la journée de 8 heures[649].

Jean de Bertier ne semble pas être *radicalement* opposé à la loi des 8 heures…	… mais on retrouve dans ses notes un point de vue très libéral
Dans des circonstances normales, la loi de 8 heures eût été acceptable, tandis que dans les circonstances exceptionnelles d'après-guerre qui faussent son jeu, elle a eu des effets néfastes. Qu'on garde donc ce terme de 8 heures s'il doit signifier que le législateur que le patron […] ne sont pas indifférents à ce qui touche les loisirs et la vie personnelle des ouvriers. Qu'on garde la loi de 8 heures où on le pourra, quand on le pourra, mais que là où il s'agit de dérogations réclamées d'un commun accord par les patrons et les ouvriers, les dérogations à la journée de 8 heures doivent être accordées.	Il convient d'enlever toute apparence de vérité, tout prétexte à l'accusation si aisément répandue et si facilement écoutée, que la société moderne traite les ouvriers en esclaves, en parias. 10 heures, 8 heures, 6 heures de travail, ces limitations, en elles-mêmes, ne signifient rien […]. Ce sont les exigences économiques, les nécessités de la production et de la concurrence internationale qui doivent déterminer la durée du travail.

647 LEJEUNE, Dominique, *La peur du « rouge » en France. Des partageux aux gauchistes*, Paris, Belin, 2003, p. 131. L'auteur précise que la célèbre affiche dite de l'homme au couteau entre les dents « fit merveille en 1919 ».

648 ASSELAIN, Tome 2, p. 27. Entre 1913 et 1929, la productivité par travailleur augmenta de 25 % et la productivité par heure de travail de 50 % (hors agriculture – p. 27).

649 ALG, Notes manuscrites de Jean de Bertier à propos de la journée de 8 heures.

Si ces notes correspondent au point de vue de Jean de Bertier, force est de constater qu'il était plutôt un opposant à la journée de 8 heures[650]. S'il pouvait, semble-t-il, en accepter le principe, il refusait sa mise en application, puisqu'il n'estimait pas le moment propice et insistait sur la nécessité des dérogations. Au point de vue économique, Jean de Bertier se montrait donc très libéral. Ainsi, et assez logiquement, son action sociale resta cantonnée dans des champs d'action traditionnels et restreinte dans ses ambitions.

3.3.3. *Rester vigilant face à l'Allemagne*

Jean de Bertier avait rapidement démissionné de l'armée, dès l'été 1919, pour s'engager en politique. Les deux domaines restaient cependant proches, comme l'illustre ce commentaire de Denis Woronoff dans sa biographie de François de Wendel : « pourquoi la politique ? Wendel a répondu, on l'a dit, en lecteur de Barrès : c'est une autre façon d'être officier »[651]. Réfléchissons, en une sorte d'avant-propos, au rapport de Jean de Bertier au patriotisme, avant d'expliquer sa vision de la relation franco-allemande, puis sa conception d'une défense efficace face à l'adversaire d'outre-Rhin.

Romain Gary, de façon succincte et parlante, a distingué le patriotisme (« l'amour des siens ») du nationalisme (« la haine des autres »). Formulé d'une autre manière, le patriotisme serait foncièrement défensif, alors que le nationalisme pousserait à l'expansion territoriale, potentiellement agressive. Il existe en réalité un *continuum* entre les deux notions, que le cas des « provinces perdues » illustre bien pour la période 1871-1918. Les partisans du retour pouvaient être considérés comme patriotes ou bien comme nationalistes ; tout dépendait des modalités d'action envisagées. En 1918, l'Alsace-Lorraine redevint française et le nationalisme perdit sa raison d'être[652]. Il se perpétua toutefois, autour d'une figure comme Maurice Barrès et de projets d'expansion territoriale vers la Rhénanie, ou de sécession de cette dernière, afin de démembrer l'Allemagne[653]. Dans les années 1920, le patriotisme de Jean de Bertier n'était plus un nationalisme. La défense de la paix primait : « nous voulons la paix durable, la fin des guerres, la sécurité, la liberté [...] la réduction des armements »[654]. La grande majorité de ses contemporains

---

650 Les archives ne laissent pas apparaître de liens avec les syndicats patronaux, comme le Comité des forges, mais, en tant que parlementaire, il fut nécessairement en contact, au moins de façon informelle, avec certains de leurs représentants ou partisans.

651 WORONOFF, Denis, *François de Wendel*, Paris, Presses de Sciences Po, 2001, p. 242.

652 BERSTEIN et WINOCK, p. 82.

653 NICKLAS, Thomas, « Maurice Barrès, le "Génie du Rhin" et la politique en Rhénanie après 1918 » [*in*] DARD, GRUNEWALD, LEYMARIE, WITTMANN (dir.), p. 141-143. Les articles 42 et 43 du traité de Versailles avaient imposé à l'Allemagne la démilitarisation de la Rhénanie (en fait la rive gauche du Rhin, plus une bande de 50 kilomètres à l'est du fleuve). Sa remilitarisation fut l'un des coups de force d'Hitler (7 mars 1936).

654 ALG, Notes manuscrites de Jean de Bertier, sans qu'il soit possible de déterminer s'il s'agit de brouillons préparatoires pour des discours, ou bien de citations relevées ici ou là. On peut dans ce dernier cas penser que Jean de Bertier partageait ou, tout le moins, comprenait les idées politiques ainsi récrites.

partageaient ses vues, et parmi eux les très nombreux anciens combattants, dont la plupart des associations se voulaient pacifistes et parfois même antimilitaristes[655].

Pour maintenir cette paix, deux lignes politiques étaient possibles. L'une consistait à obtenir une stricte application des clauses du traité de Versailles par l'Allemagne : cette politique de fermeté fut associée à Raymond Poincaré. L'autre préférait associer l'Allemagne à une nouvelle forme de sécurité collective à créer en Europe : cette politique de conciliation fut incarnée par Aristide Briand[656]. Pour Jean de Bertier, seule la fermeté était possible puisqu'il ne faisait aucune confiance aux Allemands : « une seule nation est militariste, c'est l'Allemagne impérialiste, l'Allemagne prussienne »[657]. Cette dernière restait perçue comme menaçante, ce qui entretenait en Moselle un fort patriotisme de la frontière. L'URL y trouva l'un de ses ciments, et en bénéficia électoralement, puisque cette « priorité absolue du national par rapport au social » restreignit les suffrages accordés aux candidats socialistes et communistes[658]. Précisons ici que le patriotisme, d'abord associé à la gauche, avait été, à partir de la fin du XIXe siècle, progressivement récupéré par les partis de droite[659].

En dépit du traité de Versailles, l'Allemagne conservait des avantages potentiellement décisifs en cas de futur conflit, à savoir une population et une puissance industrielle nettement supérieures à la France[660]. L'Allemagne n'avait accepté le « *Diktat* » de Versailles que contrainte et forcée. Il était possible de craindre, à terme, une guerre de revanche, et Jean de Bertier en avait conscience : « une guerre que personne ne souhaite mais qui nous serait peut-être un jour imposée »[661]. Comment, dans ces conditions, assurer la sécurité de la France ?

Il existait une première batterie de solutions, d'ordre politique. Une première garantie eût été une alliance défensive avec les États-Unis, rendue illusoire dès la fin 1919 par la non-ratification du traité de Versailles par le Congrès américain et les maladresses françaises. La seconde solution – incompatible avec la précédente – reposait sur la constitution d'un glacis territorial, en séparant la Rhénanie de l'Allemagne. Cette seconde solution fut également abandonnée dès 1919[662]. Pourtant, elle conserva des promoteurs et Jean de Bertier fut en contact avec certains d'entre eux. Il reçut début 1922 une lettre d'Alphonse [Jouet], vice-président du « comité

---

655 RICHARD, p. 180, RÉMOND, p. 349 et BERSTEIN et WINOCK, p. 82.

656 COCHET, François, « Des outils militaires en reconversion », [*in*] COCHET, François (dir.), *Les guerres des années folles 1919-1925*, Paris, Passés composés/Hunensis, 2021, p. 286.

657 ALG, Notes manuscrites de Jean de Bertier, sans date [années 1920].

658 ROTH, [*in*] EL GAMMAL, p. 84 et DELBREIL, « Les parlementaires et les forces politiques en Moselle », p. 93.

659 WINOCK, Michel, *La France politique, XIXe-XXe siècles*, Paris, Seuil, collection « Points histoire », 2003 [1999], p. 114-115 et 118.

660 SCHOR, Ralph, *Le dernier siècle français. 1914-2014. Destin ou déclin ?*, Paris, Perrin, 2016, p. 157.

661 <https://gallica.bnf.fr/ark:/12148/bpt6k63523088/f6.item> : débats parlementaires, séance du 5 juillet 1923. Il pouvait s'agir aussi d'un discours politique favorisant l'obtention de crédits en faveur de la défense.

662 COCHET, François, « De la guerre suspendue à la guerre hors-la-loi », [*in*] COCHET (dir.), *Les guerres des années folles*, p. 37 et 40.

de protestation contre l'abandon du Luxembourg », ainsi qu'une missive de Kircher, rédacteur au *Journal de Thionville*. Ce dernier lui demanda d'accorder audience à un certain Pierra, propriétaire d'une imprimerie à Strasbourg et « qui s'intéresse beaucoup aux questions rhénanes »[663]. Un rédacteur de journal, un imprimeur, un sénateur : nous avons là comme le début d'un réseau. Le plus intéressant est cette annotation de Jean de Bertier sur la lettre de Kircher : « faire comprendre à Smeets que la séparation en 3 factions est une erreur ». Sans doute, Bertier rencontra-t-il donc effectivement Pierra. Joseph Smeets était l'un des leaders séparatistes rhénans qui décéda à Metz en mars 1925[664]. Ces quelques éléments ténus suffisent à penser que Jean de Bertier aida, à son niveau, le séparatisme rhénan, ce qui confirme son hostilité à l'Allemagne et sa volonté de l'affaiblir.

Dans les années 1921-1922, le gouvernement allemand renforça sa position. Il brisa son isolement diplomatique en signant le traité de Rapallo avec la Russie soviétique et il joua du rythme de paiement des réparations pour gagner en influence[665]. Le gouvernement français, dirigé par Poincaré, répliqua par l'occupation de la Ruhr, à partir de janvier 1923. Jean de Bertier approuva cette politique de fermeté et s'efforça en public de montrer les soutiens qu'elle obtenait, y compris aux États-Unis :

> La nécessité où nous sommes de conserver une armée puissante apparaît aux meilleurs esprits américains : de nombreux hommes politiques, parmi les plus notoires, tous les anciens combattants, la fraction la plus éclairée de l'opinion publique, approuvent à cet égard le point de vue du gouvernement français. [Suivent des citations d'interventions de sénateurs américains][666].

Les propos de Jean de Bertier restaient vagues. En réalité, Royaume-Uni et États-Unis se montrèrent hostiles à l'intervention française, dès son commencement[667]. La consultation des archives de Lagrange permet de découvrir que, derrière ce soutien public affiché, Jean de Bertier fut sans doute en proie au doute. Il reçut en effet plusieurs lettres d'un officier de ses connaissances qui l'alerta sur les conséquences délétères de cette intervention pour l'armée française :

> Pour les raisons succinctement exposées, que comme militaire tu comprendras d'autant plus facilement, nous perdons dans la Ruhr et notre temps et l'argent du gouvernement [...]. J'envoie la même note à l'oncle d'Elsa pour que vous meniez l'offensive ensemble[668].

663 ALG, Lettres adressées à Jean de Bertier par Alphonse [Jouet], vice-président du « comité de protestation contre l'abandon du Luxembourg », 25 avril 1922, et par Kircher, rédacteur au *Journal de Thionville*, 8 juin 1922.

664 <https://gallica.bnf.fr/ark:/12148/bpt6k6060708/f1.textePage.langEN> : *Le Petit Parisien*, 30 mars 1925.

665 SCHIRMANN, Sylvain, « Weimar : de l'instabilité fondatrice à une stabilité illusoire ? 1918-1924 », [*in*] COCHET (dir.), *Les guerres des années folles*, p. 234 et 246.

666 ALG, Brouillon de discours de Jean de Bertier, au Sénat ? En commission ? [sans date]. Il devait être contemporain de l'occupation de la Ruhr, puisque nous l'avons retrouvé dans le même feuillet que les autres documents déjà cités.

667 COCHET, « Des outils militaires en reconversion », p. 286. Seule la Belgique soutint la France.

668 ALG, Lettre de Jean de [Reviers], commandant le 10ᵉ bataillon de chasseurs-mitrailleurs dans la Ruhr.

Jean de [Reviers] déplorait surtout l'impossibilité d'une instruction efficace des soldats, à cause des modalités de l'intervention. Il demanda à Jean de Bertier de ne plus la soutenir. La sortie de crise intervint en 1924. Le plan Dawes organisa le rééchelonnement du paiement des réparations par l'Allemagne. La Ruhr fut évacuée. Il s'ouvrit alors « une nouvelle ère de paix dans le monde »[669]. L'apaisement entre la France et l'Allemagne fut conforté par la signature des accords de Locarno (octobre 1925) puis l'attribution du prix Nobel de la paix à Aristide Briand et Gustav Stresemann (décembre 1926). Lorsque Jean de Bertier décéda en septembre 1926, l'évolution de la situation semblait lui donner tort. La conciliation était plus efficace que la fermeté, et des relations de coopération et de confiance paraissaient possibles entre les ennemis héréditaires.

Venons-en maintenant à la seconde batterie de solutions destinées à assurer la sécurité de la France. Celles-ci étaient d'ordre militaire. Face aux incertitudes politico-diplomatiques, le pays devait disposer d'un outil militaire puissant. Au Sénat, Jean de Bertier y travailla, dans le cadre de la commission de l'armée. Il s'y montra de plus en plus assidu et actif. En 1923, il se contenta d'observer les débats, puis, à partir de 1924, il prit plus volontiers la parole[670]. Les opinions qu'il exprima en commission et en séance peuvent être regroupées en trois idées-forces principales. Tout d'abord, il plaida en faveur du maintien des dépenses militaires. Dans le contexte de rigueur budgétaire de l'époque, il mit en avant, pour convaincre, la nécessité de protéger au mieux la vie des personnels militaires. Il proposa par exemple une meilleure rémunération des mécaniciens de l'aéronautique, afin de recruter des ouvriers compétents, ce qui contribuerait à préserver le matériel et la vie des pilotes : « faisons des économies, ah oui ! Sans doute, mais avant tout des économies de vies humaines. Elles sont encore plus importantes que les économies d'argent (applaudissements) »[671]. La saignée démographique de 1914-1918 imposait de mieux préserver la vie des combattants. Il y avait là un angle d'attaque pour plaider en faveur du maintien de crédits militaires importants[672]. Pour Jean de Bertier, cette préoccupation des financements dépassait de loin la seule protection face à l'Allemagne. Il s'inquiéta notamment du manque de défenses protégeant les ports d'Alger et de Bizerte et réclama l'installation de batteries supplémentaires :

> Et j'ajoute que cet effort peut être réalisé sans dépense exagérée, car il n'est pas nécessaire de construire de nouvelles pièces, assurément fort onéreuses. [...]

---

669 BILLARD, *Le monde de 1914 à 1945*, p. 69. Pour en savoir plus sur l'occupation de la Ruhr, voir JEANNESSON, Stanislas, *Poincaré la France et la Ruhr (1922-1924). Histoire d'une occupation*, Strasbourg, Presses universitaires de Strasbourg, collection « Mondes germaniques », 1998, 432 p.

670 AS, 69 S 86, 87 et 88, Procès-verbaux des séances de la commission de l'armée pour les années 1923, 1924 et 1925 respectivement. Les années 1922 et 1926 sont manquantes. En 1923, Jean de Bertier assista à 7 séances sur 18, en 1924 à 11 séances sur 19, en 1925 à 14 séances sur 17.

671 <https://gallica.bnf.fr/ark:/12148/bpt6k63547281/f53.item> : débats parlementaires, 17 avril 1926.

672 Cet argument serait l'un de ceux employés pour justifier la construction de la ligne Maginot.

Le touriste que j'ai été récemment, se promenant sur le front de mer des deux ports indiqués, est péniblement impressionné par l'absence de toute pièce d'un calibre tant soit peu important, et peut concevoir des craintes pour l'éventualité d'une guerre, hélas ! toujours possible »[673].

Alger et Bizerte ne pouvaient être menacées par la marine allemande, que le traité de Versailles avait d'ailleurs quasiment supprimée[674]. Au-delà de ses efforts pour maintenir un niveau de dépenses élevé, Jean de Bertier effectua un bon diagnostic des défauts de l'armée française. Il pointa le déséquilibre entre des officiers supérieurs trop nombreux et des officiers subalternes en sous-effectif. Il souligna aussi la faiblesse des soldes, gênant le recrutement et empêchant le renouvellement des cadres. Le tout compromettait l'instruction efficace des soldats. Il en vint même à dire : « en réalité nous avons une façade d'armée, mais ni esprit militaire, ni organisation »[675]. Les historiens d'aujourd'hui valident ce constat. L'armée française ne comptait plus que 37 000 sous-officiers en 1923. Les soldes n'avaient pas été suffisamment réévaluées pour compenser l'inflation. Leur faible niveau alimentait la crise des vocations. On manquait aussi de soldats, puisque la loi du 1er avril 1923 avait ramené la durée du service militaire de 3 ans à 18 mois. La solution fut le recours accru aux troupes coloniales, dont la part doubla de 1920 à 1924[676]. Jean de Bertier ne fut pas convaincu :

Rien ne ressemble à un indigène comme un autre indigène et […] on ne retrouvera jamais le réserviste s'il ne veut pas se présenter. […]

Si le général Messimy était là, je lui prouverais que ce n'est pas 10 jours qu'il faut avant de faire faire un assouplissement à l'indigène, mais 2 mois et plus. Après quoi on envoie ces hommes comme un troupeau, qui en Syrie, qui sur le Rhin[677].

Jean de Bertier estimait que les troupes coloniales avaient une valeur militaire très faible, voire nulle, et qu'elles n'étaient pas fiables. Le lecteur d'aujourd'hui peut déceler dans ses propos sinon une tonalité raciste, du moins un profond mépris pour ces unités. Jean de Bertier ne se montra pas visionnaire. Ce furent justement ces troupes coloniales qui permirent de rebâtir une armée française après le désastre de 1940. Elles s'illustrèrent dès les premières batailles de la France libre

---

673 <https://gallica.bnf.fr/ark:/12148/bpt6k6354727m/f37.item> : débats parlementaires, 16 avril 1926. Nous découvrons que Jean de Bertier voyagea en 1926 en Afrique du Nord... L'absence de correspondance privée et de carnets personnels conservés pour cette période 1919-1926 nous dissimule tout un pan de la vie de Jean de Bertier.

674 Ce ne fut pas Alger ou Bizerte qui subit une attaque navale, mais Mers-el-Kébir, début juillet 1940 ; et les assaillants ne furent pas les Allemands, mais les Britanniques, ces derniers craignant, suite à l'armistice du 22 juin 1940, que la flotte française ne tombât aux mains des Allemands, ou de leurs alliés italiens.

675 AS, 69 S 87 et 88, Procès-verbaux des séances de la commission de l'armée, Interventions de Jean de Bertier des 12 mars 1924 et 25 mars 1925.

676 COCHET, « Des outils militaires en reconversion », p. 293-295.

677 AS, 69 S 10, Intervention de Jean de Bertier lors de l'audition du général Nollet, ministre de la Guerre, 19 novembre 1924. Le général Messimy fut élu sénateur de l'Ain en 1923 et défendait au contraire l'idée d'une plus grande utilisation des troupes coloniales.

et, plus tard, dans de multiples combats, comme à Monte Cassino en 1944. Nous arrivons ainsi à la troisième et dernière idée-force. Si Jean de Bertier faisait le bon diagnostic, il n'avait pas la bonne solution. Il ne croyait pas aux chars et s'appuyait sur son expérience de la Première Guerre mondiale pour insister sur leur vulnérabilité. Il préférait une « organisation défensive de la frontière » reposant sur une ligne de fortifications fixes[678]. Ce point de vue, largement partagé par la grande majorité des cadres militaires de l'époque, devint, sous l'influence du maréchal Pétain, un véritable dogme, qui enferma l'armée française dans des conceptions dépassées et la conduisit à l'effondrement militaire de 1940[679].

En matière de défense et de positionnement face à l'Allemagne, Jean de Bertier fut donc en accord avec les idées majoritaires, tant au sein de l'armée que parmi les hommes politiques mosellans. Son passé d'officier et le fait qu'il vécut jusque 1918 en France, et non pas en Alsace-Lorraine, l'éloignaient d'une figure politique « exceptionnelle » comme Robert Schuman. Ce dernier, comme l'écrit François Roth, avait sans doute, dès les années 1920, compris que la coopération valait mieux que l'affrontement, mais le contexte de l'époque ne lui permit pas d'exprimer ses vues[680]. En tout cas, au moment du décès de Jean de Bertier (septembre 1926), le danger allemand paraissait s'éloigner. Finalement, ce ne fut pas le traité de Versailles mais la crise économique de 1929 qui, poussant les nazis au pouvoir, remit la France et l'Allemagne sur le chemin de l'affrontement armé.

Nous avons désormais achevé notre analyse de l'action politique de Jean de Bertier. Insistons encore une fois sur l'importance fondamentale de la défense des intérêts locaux. Les autres domaines d'action n'en sont, finalement, qu'une variation, puisqu'il s'agit toujours de prioriser l'attribution de moyens à tel domaine plutôt qu'à tel autre. On retrouve les mêmes mécanismes : d'une part, le local face au national et, de l'autre, le sectoriel face au global.

Jean de Bertier s'impliqua, nous l'avons vu, dans des domaines multiples et variés, mais, curieusement, laissa de côté l'industrie. Il différencia la gestion de son patrimoine privé, largement appuyé sur les valeurs industrielles, de son action politique, qui se concentra sur d'autres sujets. Ainsi évita-t-il tout reproche de conflit d'intérêts[681]. On ne trouve dans les archives aucune intervention politique relative à l'industrie, cette dernière n'étant que très rarement évoquée, uniquement à titre de comparatif : « il est inadmissible qu'un ingénieur sortant dans les premiers rangs de Polytechnique se contente de 25 000 francs à 40 ans, alors que

---

678 AS, 69 S 10, Intervention de Jean de Bertier lors de l'audition du général Nollet, ministre de la Guerre, 19 novembre 1924.

679 COCHET, « Des outils militaires en reconversion », p. 287-289 et 291.

680 ROTH, [*in*] EL GAMMAL, p. 85 : « les thèmes européens qui seront les siens au début des années 1950 étaient déjà probablement en lui mais il ne pouvait ni les exprimer ni les formuler ».

681 La seule interrogation porterait sur son action en faveur de la canalisation de la Moselle, devant profiter à la sidérurgie. Toutefois, il s'agissait, à l'époque, d'un aménagement franco-français, limité à la partie française de la rivière, alors que les intérêts de Jean de Bertier étaient principalement liés à l'ARBED, peu présente en Lorraine.

dans l'industrie il peut trouver des offres à plus de 100 000 francs »[682]. Jean de Bertier parlait là des ingénieurs employés par l'État et critiquait le mauvais fonctionnement de ce dernier : trop de fonctionnaires, trop mal payés, et mal répartis. Nous voyons ici encore comment, derrière les actions, transparaissaient des idées. Les pages précédentes nous ont déjà permis d'entrevoir quelques-unes des principales idées politiques de Jean de Bertier, qu'il convient maintenant d'analyser en elles-mêmes.

3.4. Un conservateur en politique

Jean de Bertier ne fut ni un théoricien ni même un penseur politique. Ses idées en la matière n'apparaissent qu'en filigrane de ses actions, dont l'essentiel se concentra à l'échelon local et resta détaché des grandes réflexions politiques. Pour la période 1919-1926, l'absence dans les archives de correspondance privée et de carnets personnels augmente la difficulté, en dissimulant en grande partie ses pensées intimes, dans lesquelles la politique prenait, peut-être, une place. Nous nous appuierons donc sur une collection d'éléments assez ténus, parfois discutables, comme ces passages manuscrits dont on ne peut déterminer s'ils correspondaient aux opinions de Jean de Bertier lui-même ou bien à de simples retranscriptions d'extraits de discours ou d'articles de presse, piochés ici et là. Pour en terminer avec ces précautions liminaires, citons un homme politique célèbre de l'époque, Louis Barthou, qui, déjà, avertissait sur la difficulté pour tout observateur extérieur d'appréhender le monde politique :

> Celui qui vient du dehors regarde au contraire avec des yeux frais un spectacle dont l'usage ne l'a pas encore lassé : il est, ou il peut être, un témoin impartial. Mais est-il renseigné ? Il faut beaucoup d'expérience pour démêler tous les dessous d'un monde très complexe, où les apparences, si l'on s'en tient uniquement à elles, risquent de tromper, tantôt en bien et tantôt en mal, sur le fond et sur le jeu des réalités[683].

Même si Gilles Richard prévient que le concept de « droite » est très complexe et très évolutif au cours du temps, nous pouvons d'emblée affirmer que Jean de Bertier fut un homme de droite[684]. Il se présentait comme le défenseur « des doctrines d'ordre, de travail, de paix religieuse et sociale », autant de de points communs aux familles politiques de droite de cette époque[685]. Afin de préciser le profil politique de Jean de Bertier, nous envisagerons successivement les marqueurs suivants : le ralliement au régime républicain, l'opposition au communisme et au Cartel des gauches et puis nous évaluerons le degré de son conservatisme, en nous demandant si Jean de Bertier fut un modéré.

---

682 ALG, Rapport de Jean de Bertier au Conseil consultatif sur le commerce, l'industrie et les mines, et sur le ravitaillement civil, séance du 22 décembre 1920.
683 BARTHOU, Louis, *Le politique*, Hachette livre, [1923], p. 5.
684 RICHARD, p. 19.
685 ALG, Brouillon d'une lettre de démission de Jean de Bertier, au moment des municipales de mai 1925, ABBAD, p. 130 et LÉVÊQUE, Tome 2, p. 58.

3.4.1. Le ralliement au régime républicain

Le terme de ralliement désigne l'acceptation par les catholiques des institutions républicaines. Le pape Léon XIII initia un premier ralliement dans les années 1890, avec un succès mitigé[686]. Dans les années qui suivirent, les mesures de laïcisation de l'État et de la société ne furent ni comprises ni acceptées dans toute une partie des milieux catholiques. Des affrontements se produisirent, comme lors de la querelle des inventaires en 1906[687]. La Grande Guerre changea la donne : « l'Union sacrée avait été aussi, la guerre durant, celle des catholiques avec les autres Français »[688]. Les deux camps, si l'on peut les appeler ainsi, étaient prêts aux concessions. L'apaisement se poursuivit après la Première Guerre mondiale. La majorité de Bloc national élue en novembre 1919 souhaitait prolonger l'expérience de l'Union sacrée : de nombreux catholiques, abandonnant l'étiquette de monarchistes, se présentèrent et furent élus. Le maintien du régime concordataire et de l'école confessionnelle en Alsace-Moselle s'inscrivirent totalement dans ce contexte d'apaisement (même s'ils répondaient avant tout à une réalité très locale)[689].

On est en droit de se demander si Jean de Bertier participa à ce second ralliement de 1918-1919. Rappelons que les Bertier étaient, par tradition, partisans du rétablissement de la monarchie, dans son courant légitimiste, très associé au catholicisme. Les archives relatives à Jean de Bertier sont jusqu'en 1919 muettes quant à ses préférences politiques. Nous en sommes donc réduits à de multiples conjectures. Nous avons cependant pu mettre en évidence son grand légalisme en tant qu'officier, dès la Belle Époque, ce qui signifiait, au minimum, un ralliement par pragmatisme au régime. En outre, une fois engagé en politique, Jean de Bertier ne remit jamais les institutions en question. La République était étroitement associée à l'idée de démocratie et Jean de Bertier s'affirma « profondément attaché à ces principes démocratiques »[690]. Le légitimisme des Bertier appartenait donc au passé. Jean de Bertier opéra son ralliement aux institutions républicaines sans doute dès la Belle Époque, ou, au plus tard, en 1919. Ce ralliement paraît sincère, comme celui des autres hommes politiques catholiques de l'époque[691]. Seule une minorité continua de refuser la République : il s'agissait des catholiques les plus

---

686   RÉMOND, p. 402.

687   Il ne faudrait toutefois pas croire que la majorité des catholiques demeurait activement hostile à la République : on ne comprendrait alors pas son enracinement, ni le recul continu des suffrages accordés aux monarchistes : une partie importante des catholiques accepta la République, au moins passivement.

688   BERSTEIN et WINOCK, p. 89.

689   *Ibidem*, p. 89 et 91. Le Bloc national est présenté comme une « fédération provisoire de catholiques et de laïques » (p. 89).

690   ALG, Brouillon d'une lettre de démission de Jean de Bertier, au moment des municipales de mai 1925. Le fait même d'envisager de démissionner est évidemment une pratique en elle-même très démocratique.

691   RÉMOND, p. 403. Il faut dire aussi que, depuis le début du siècle, « le monarchisme est mort en tant qu'alternative crédible à la République » (BILLARD, *La politique en France au XXᵉ siècle*, p. 8).

intransigeants, correspondant à une « droite radicale et contre-révolutionnaire », incarnée par l'Action française de Charles Maurras[692].

Pierre Lévêque considère que, dès lors, dans les années 1920, la question religieuse ne fut plus clivante. Il précise : « certes, le clergé et les fidèles les plus convaincus se sont encore mobilisés en masse en 1925-1926 pour résister – victorieusement cette fois – à la dernière offensive laïque, celle du Cartel »[693]. Il fait ici référence à la volonté du gouvernement Herriot d'introduire en Alsace-Moselle la législation laïque. Ce qui nous intéresse dans cette citation est la formule des « fidèles les plus convaincus ». Souvenons-nous que nous n'avions pas trouvé trace de mobilisation active de Jean de Bertier à l'occasion des manifestations catholiques de 1925. Cet élément, s'il était avéré, accentuerait cette impression d'un ralliement fort et sincère au régime. Jean de Bertier était catholique, à n'en point douter, mais il n'était ni radical, ni intransigeant. Il pouvait donc s'accommoder sans gêne du système républicain. Il serait sans doute possible de le qualifier de « catholique modéré »[694].

Michel Winock précise toutefois un point important : « même après le second ralliement, la légitimité républicaine fait toujours défaut aux représentants du monde catholique : la vieille querelle est apaisée, mais la ligne de démarcation n'est pas effacée »[695]. Même si Jean de Bertier, nous l'avons vu, ne pouvait plus être considéré comme un « représentant du monde catholique », il était, de par son milieu familial, un rallié tardif à la République. La comparaison de l'oraison funèbre de Jean de Bertier et de celle d'Alfred-Auguste Mascuraud, sénateur de la Seine, permet de vérifier l'affirmation de Michel Winock. Ce fut Justin de Selves, président de séance, qui les prononça successivement, le 12 novembre 1926. On remarque qu'il rendit hommage à Mascuraud en louant « ses convictions républicaines, sa foi et son ardent dévouement à la démocratie »[696]. En revanche, en évoquant Jean de Bertier, il ne fit aucune allusion aux valeurs républicaines ou démocratiques, comme si quelque suspicion subsistait. Cette méfiance face aux hommes de droite de tradition familiale monarchiste les empêcha d'accéder aux responsabilités[697]. Laissons Louis Barthou résumer toutes nos conclusions précédentes en quelques lignes s'appliquant très bien à Jean de Bertier : « il a fallu le

692 VAVASSEUR-DESPERRIERS, Jean, *Les droites en France*, Paris, Presses universitaires de France, collection « Que sais-je ? », 2006, p. 67. Au début des années 1920, l'Action française fut très active et influente, mais la condamnation papale de 1926 en détacha une partie des membres qui rallièrent eux aussi la République (BERSTEIN et WINOCK, p. 92).

693 LÉVÊQUE, Tome 2, p. 59.

694 POULAT, Émilie, « À la recherche des catholiques modérés. De quoi et de qui s'agit-il ? », [*in*] PRÉVOTAT, Jacques et VAVASSEUR-DESPERRIERS, Jean (dir.), *Les « chrétiens modérés » en France et en Europe (1870-1960)*, Villeneuve d'Ascq, Presses universitaires du Septentrion, 2013, p. 45-62.

695 BERSTEIN et WINOCK, p. 96.

696 <https://gallica.bnf.fr/ark:/12148/bpt6k6354761n/f2.item#> : débats parlementaires, 12 novembre 1926.

697 WINOCK, Michel, *La droite, hier et aujourd'hui*, Paris, Perrin, collection « Tempus », 2012, p. 104.

grand mouvement né de la guerre pour ouvrir, après leur belle conduite militaire, le Parlement à certains hommes que leurs noms rattachent à des régimes déchus : ils n'y ont pas joué de rôle »[698].

Il faut pour terminer évoquer le contexte particulier de l'Alsace-Moselle. Nous avons jusqu'à présent réfléchi au ralliement de Jean de Bertier au régime républicain. En Alsace-Moselle, et donc pour ses électeurs, la question du ralliement se posait en des termes fort différents. La population, très attachée au catholicisme, n'avait connu ni le régime républicain, ni les querelles françaises d'avant-guerre sur la laïcité. En 1918-1919, la République fut spontanément associée à la France, et les garanties données en matière religieuse firent que République, patriotisme et démocratie se confondirent. Tout positionnement monarchique était donc impensable. Le ralliement de Jean de Bertier correspondait donc à la fois à un mouvement national et à un impératif local.

3.4.2. L'opposition au communisme et au Cartel des gauches

De façon triviale, on pourrait dire que Jean de Bertier, en homme de droite, s'opposa à la gauche. La difficulté tient à identifier les différentes forces de gauche, du fait du positionnement mouvant des partis. Dans les années 1880, les radicaux occupaient la gauche, voire l'extrême gauche de l'échiquier politique. L'essor électoral des socialistes à partir des années 1900 puis celui des communistes après 1920 poussa les radicaux vers le centre. Ce mouvement d'ensemble, transportant les formations politiques vers la droite, s'appelle, contre-intuitivement, « sinistrisme » puisqu'il signifie un glissement vers la gauche du centre de gravité des idées politiques[699]. Dans les années 1920, la gauche comprenait donc trois composantes principales : communistes, socialistes et radicaux, tous adversaires de Jean de Bertier, mais à des échelles différentes.

Précisons pour commencer que la victoire de la coalition de Bloc national aux élections législatives de novembre 1919 marqua un tournant dans l'histoire de la IIIᵉ République. Pour la première fois, les députés de la droite et du centre obtinrent la majorité des sièges. Ils avaient notamment fait campagne sur la peur du danger bolchevique[700]. Jean de Bertier n'avait pas réussi à se faire investir sur la liste URL mais ses « amis » politiques enregistrèrent leur premier succès grâce, en partie, au rejet de la gauche.

Au niveau local et mosellan, l'opposition de gauche à l'URL se résuma essentiellement au parti communiste, né de la scission de la SFIO au Congrès de Tours de décembre 1920[701]. N'oublions pas que Jean de Bertier se présenta dans des

---

698 BARTHOU, p. 15. Cet élément pourrait être ajouté aux autres facteurs déjà analysés et qui limitaient les possibilités de carrière de Jean de Bertier.

699 RÉMOND, p. 336 et BILLARD, *La politique en France au XXᵉ siècle*, p. 39.

700 VAVASSEUR-DESPERRIERS, p. 75. Précisons que le Bloc national débordait sur la gauche en incluant aussi certains radicaux (p. 76).

701 ROTH, *La vie politique en Lorraine au XXᵉ siècle*, p. 40. Les radicaux, très attachés à la laïcité, n'avaient pas essayé de s'implanter dans la très catholique Moselle.

circonscriptions en partie ouvrières, où le parti communiste était bien implanté, et disposait de représentants connus, comme Émile Fritsch. Les rares sources disponibles ne permettent pas de connaître de façon précise les sentiments de Jean de Bertier sur le mouvement communiste. Il l'associa, semble-t-il, aux mots-clés suivants : « révolution – guerre civile – désordre – anarchie »[702]. Beaucoup de contemporains, et Jean de Bertier aussi, y voyaient une menace pour la liberté, la propriété et l'indépendance de la France : c'était la « peur des rouges »[703]. En conséquence, le communisme resta très minoritaire dans les années 1920. Jamais il ne fut en mesure d'espérer se hisser au pouvoir. Pourtant, cadres et militants se montrèrent très actifs et suscitèrent de grandes grèves, comme au printemps 1920 ou à l'automne 1925, lorsque près d'un million de manifestants protestèrent contre la guerre du Rif[704]. Cette force de mobilisation des communistes faisait peur. Afin de réduire au maximum leur influence, Jean de Bertier prit systématiquement le contre-pied de leurs idées. Quand le parti communiste français (PCF) fit campagne contre la guerre du Rif au nom de l'anticolonialisme, Jean de Bertier défendit cette « œuvre de civilisation » que représentait l'empire envers des « indigènes ignorants [et] fanatiques »[705].

À l'échelle nationale, et en tant que parlementaire, Jean de Bertier s'opposa au Cartel des gauches. Cette alliance électorale des radicaux et des socialistes remporta les législatives de 1924 et fut en mesure de gouverner le pays jusqu'à l'été 1926[706]. Précisons que radicaux et socialistes étaient majoritaires en sièges, mais pas en voix, si bien que « l'opposition au Cartel [pût] toujours se prévaloir d'avoir une majorité dans le pays »[707]. L'impression d'avoir été privée d'une victoire potentielle augmenta l'hostilité naturelle de la droite pour le Cartel. Les critiques étaient cependant très différentes de celles adressées au parti communiste. Celles formulées par Jean de Bertier peuvent être classées en deux catégories. À destination du public, il rédigea une tribune en une du *Lorrain*, dans laquelle il présenta de manière très antagoniste le Cartel et l'URL.

---

702 ALG, Notes manuscrites de Jean de Bertier, [années 1920].
703 DARD, Olivier, article « anticommunisme » [*in*] ROUVILLOIS, Frédéric, DARD, Olivier et BOUTIN, Christophe (dir.), *Le dictionnaire du conservatisme*, Paris, Éditions du Cerf, 2017, p. 62.
704 LÉVÊQUE, Tome 2, p. 173-174 et 177. Le parti communiste s'appela SFIC de 1920 à 1922.
705 ALG, Notes manuscrites de Jean de Bertier, [années 1920]. Dominique Lejeune note d'ailleurs que beaucoup de Français, par patriotisme, furent choqués du soutien du PCF à Abdel-Krim. Tout ceci renforçait l'image d'un PCF « corps étranger en France », aux ordres de Moscou, et, peut-être, indirectement, de Berlin (*La peur du « rouge »*, p. 138, 149 et 151).
706 Les communistes n'obtinrent que 26 députés, sans participer ni soutenir les gouvernements du Cartel. Pour les hommes de droite comme Jean de Bertier, l'adversaire de gauche le plus puissant était donc bien le Cartel.
707 ABBAD, p. 157.

Tableau 52. L'opposition Cartel-URL selon les mots de Jean de Bertier[708].

Radicaux et socialistes	URL et Fédération républicaine
Flatter la foule	Ouvrir les yeux
Parti-pris	Droiture et élévation de la pensée
« La politique antireligieuse que les Loges leur ont imposée. Le Cartel des Gauches se montre ainsi un des plus néfastes gouvernements qu'ait eus notre pays »	Paix religieuse
	Progrès de l'ordre, solidarité sociale

Il n'y avait pas, dans cet article, de véritables arguments de fond, à part celui d'une supposée dépendance du Cartel par rapport à des forces extérieures, ici la franc-maçonnerie. Jacques Lemaire distingue l'antimaçonnerie « animosité ou antipathie circonstancielle ou ponctuelle contre les francs-maçons et leurs usages » de l'antimaçonnisme, « agressivité plus permanente fondée en système, et comportant des implications directes en matière de politique et de religion »[709]. Jean de Bertier relevait de la seconde catégorie, même si nous n'avons pas trouvé d'autres archives explicites. Ce positionnement le plaçait clairement à droite. Le manque d'arguments plus détaillés face au Cartel n'était pas un problème : en Moselle, l'URL était suffisamment dominante pour ne rien craindre de ses candidats (seuls les communistes pouvaient localement se montrer menaçants, mais ils ne faisaient pas partie du Cartel). Il suffisait donc, de manière polémique, d'entretenir une opposition droite-gauche simpliste, en mettant en avant les questions religieuses.

Ce qui était valable à Thionville ou à Metz ne l'était plus à Paris. Pour s'opposer efficacement à la majorité radicale-socialiste, il fallait pouvoir déployer une argumentation politique plus solide. Jean de Bertier la déclina en trois axes majeurs. Tout d'abord, et de façon très globale, il réprouvait la philosophie générale des gouvernements de Cartel. À ses yeux, ces derniers étaient trop interventionnistes en matière administrative, économique et de laïcité, sans l'être assez en politique étrangère, surtout face à l'Allemagne[710]. Ensuite, deux critiques plus précises pesèrent très lourd dans son hostilité au Cartel. La première concernait la politique monétaire et les décisions économiques et financières. Rappelons que les dettes héritées de la guerre puis l'inflation qu'elles avaient suscitée désemparaient les contemporains, y compris les décideurs[711]. Jean de Bertier n'échappa pas à cette incompréhension générale face à la situation monétaire. Il prit soin de se documenter sur la question, les notes conservées laissant même penser qu'il lut certains économistes, comme Keynes ou Fisher. Avec un esprit très pratique, il concentra ses observations suivant des paragraphes intitulés « causes de la crise de trésorerie »,

---

708   ALG, Coupure de presse du *Lorrain* du 7 avril 1925, article en une « La situation politique depuis les élections du 11 mai [1924] par M. de Bertier, sénateur ».

709   LEMAIRE, Jacques Ch., « Antimaçonnerie et antimaçonnisme », *La chaîne d'union*, 2007/3 (n° 41), p. 12-23, <https://doi.org/10.3917/cdu.041.0012>.

710   ALG, Notes manuscrites de Jean de Bertier, [années 1920].

711   BONIN, p. 54-55 et ASSELAIN, Tome 2, p. 21.

« menaces du Cartel », « solutions possibles » et « remèdes à la crise actuelle »[712]. Il déduisit assez justement que les composantes psychologiques jouaient un rôle décisif dans la crise : population, investisseurs et marchés perdaient confiance, ce qui provoquait automatiquement des mouvements déstabilisant la monnaie (non-souscription d'emprunts, fuite des capitaux, prise de positions-refuges sur des devises étrangères, voire spéculation contre le franc)[713].

Toutefois, et c'est bien compréhensible, Jean de Bertier et la droite en général considérèrent le Cartel comme responsable de cette perte de confiance, de par son incompétence en matière économique et financière[714]. D'autres, et notamment les principales figures du Cartel, tel Herriot, firent une analyse opposée, en affirmant que ce furent justement le « mur d'argent » et les « deux cents familles » qui précipitèrent les difficultés, par méfiance intrinsèque envers la gauche. Il ne s'agissait pas que d'une question politique, puisque la monnaie et donc les revenus, l'épargne et les patrimoines étaient en jeu. On comprend que sa grande fortune rendit Jean de Bertier particulièrement attentif à la question.

Il n'était pas pourtant lui-même à l'abri de contradictions. Lors de ses interventions au Sénat, il se montra toujours conscient des capacités financières très limitées du pays et soucieux d'efficacité budgétaire. La Haute Assemblée s'était fait une spécialité de chasser les dépenses inutiles et de contracter les budgets votés à la Chambre[715]. Cependant, Jean de Bertier plaida aussi, et à de multiples occasions, pour le maintien, voire l'augmentation, de certaines dépenses, notamment dans le cadre de la défense des intérêts locaux. Il reçut également, en tant que parlementaire, beaucoup de sollicitations lui demandant, qui de s'opposer à une nouvelle taxe devant augmenter les recettes de l'État, qui de refuser une réduction de crédits devant diminuer les dépenses de ce même État. Remarquons par exemple que, déjà à cette époque, l'université souffrit de cette politique d'économies tous azimuts. Le recteur de l'Université de Strasbourg s'éleva ainsi contre la diminution de son budget de 400 000 francs, décidée par la commission des finances du Sénat, qui l'amputait de 25 % de ses moyens[716]. En tant qu'élu, Jean de Bertier ne put ignorer et décliner *toutes* les demandes d'intervention qu'il recevait. Il dut nécessairement consentir à en appuyer *certaines*. Ses propres réflexions l'amenaient à refuser les impôts nouveaux et préférer la réduction des dépenses et donc du champ d'intervention de l'État : « politique d'économies, abandon de la plupart des exploitations industrielles d'État »[717]. Diminuer les dépenses, telle était donc, selon lui, la ligne à suivre. Elle était toutefois plus facile à décréter qu'à réaliser.

712 ALG, Notes manuscrites de Jean de Bertier, [1924-1926], pochette « effort de stabilisation monétaire ».
713 BONIN, p. 61 : « la crise est surtout psychologique » et CARON, p. 189 : « processus "psychologique" de méfiance ».
714 LÉVÊQUE, Tome 2, p. 58.
715 BERSTEIN, *Le Sénat sous la IIIe République*, p. 154 et 156.
716 ALG, Note signée Sébastien Charléty [recteur de l'université de Strasbourg], [sans doute 1925].
717 ALG, Notes manuscrites de Jean de Bertier, [1924-1926], paragraphe « remèdes à la crise actuelle ».

Elle imposait des arbitrages, révélateurs des préférences politiques. Sa défense des budgets militaires, sa propension à favoriser l'agriculture et sa méfiance par rapport aux mesures sociales comme la journée de 8 heures le classaient au centre-droit, ou à droite.

En plus de ce reproche d'inefficacité économique et financière adressé au Cartel, Jean de Bertier craignait que, tôt ou tard, les radicaux ne fussent manipulés par les communistes et que le Cartel ne préparât, consciemment ou inconsciemment, le terrain au bolchevisme[718]. Ce point de vue était largement diffusé à droite et apparaît parfois dans certaines des demandes d'intervention qui lui parvinrent. Prenons l'exemple d'un courrier protestant contre un projet de loi créant une « propriété commerciale » au profit du locataire d'un bien à usage industriel ou commercial :

> Si le vote de cette loi a lieu c'en est fait du droit de propriété individuelle [...]. Il n'y a qu'à considérer l'ardeur avec laquelle les socialistes et les communistes ont soutenu le projet sur la propriété commerciale, le collectivisme grandit, il fera surtout place au communisme[719].

Pour prévenir un supposé coup de force communiste, Pierre Taittinger fonda en décembre 1924 la ligue des Jeunesses patriotes[720]. Les fortes tensions politiques de l'époque firent que les forces de gauche y virent un groupe menaçant pour le régime, voire même fasciste. En réalité, les Jeunesses patriotes servirent avant tout de service d'ordre aux formations politiques de la droite et du centre, sans intention de renverser les institutions : « de respectables parlementaires [...] présentent des rapports à ses congrès »[721]. Jean de Bertier, qui n'avait rien d'un extrémiste, s'appuya lui aussi sur le mouvement. Il présida une réunion des Jeunesses patriotes à Thionville, au Trianon-Palace, le 29 novembre 1925[722]. Il semble que son fils Arnaud fut membre de la ligue. Une pièce retrouvée dans les archives fait part d'une invitation du chef du 8ᵉ arrondissement [de Paris] pour le « dimanche 13 mai »[723]. Cela ne peut correspondre qu'à l'année 1928, soit après le décès de Jean de Bertier. Arnaud de Bertier avait alors 18 ans. Les Jeunesses patriotes comptaient 90 000 membres en 1926 et, selon Gilles Richard, « leur succès [démontrait] la volonté d'une partie de la jeunesse urbaine de droite de s'engager en politique sur

---

718 ALG, Notes manuscrites de Jean de Bertier, [1924-1926] et ABBAD, p. 133. On pouvait en effet penser que l'échec économique et financier du Cartel pourrait susciter des mouvements sociaux, des grèves et, dans l'esprit de la droite, un effondrement social et moral du pays, ouvrant la voie au chaos et donc à une révolution communiste.

719 ALG, Lettre de la Chambre syndicale des propriétaires de Nancy et de la région de l'est à Jean de Bertier, 22 juin 1925.

720 Les jeunesses patriotes ont été étudiées dans le cadre d'une thèse : PHILIPPET, Jean, *Le temps des ligues : Pierre Taittinger et les Jeunesses patriotes : 1919-1944*, [thèse d'histoire, sous la direction de Raoul GIRARDET], 2000, <www.theses.fr/2000IEPP0009>.

721 VAVASSEUR-DESPERRIERS, p. 78.

722 ALG, Invitation du comité des Jeunesses patriotes adressée à Jean de Bertier, le 23 novembre 1925.

723 ALG, Invitation du chef du 8ᵉ arrondissement pour le dimanche 13 mai [1928].

un mode plus direct, "massif" et violent »[724]. Nous n'avons pas d'autres éléments pour développer cette approche générationnelle entre un père plutôt modéré et un fils à la ligue.

Les cabinets successifs de Cartel des gauches échouèrent à régler la crise moné-taire. Peu à peu, dès 1925, le centre de gravité gouvernemental glissa vers le centre et, à l'été 1926, Poincaré redevint président du Conseil, dans le cadre d'une nou-velle majorité, dite d'union nationale, ouverte à la participation de la droite. Le nouveau chef du gouvernement réussit rapidement à redresser puis à stabiliser le franc, validant, aux yeux de la droite, toutes les critiques formulées envers le Cartel. Sans rentrer dans les détails, précisons toutefois qu'au-delà des mesures efficaces qu'il prit, Poincaré bénéficia de la confiance qu'il inspirait et des évolutions favorables du contexte mondial[725]. En tout cas, Jean de Bertier pouvait se montrer satisfait. La nouvelle majorité d'union nationale rappelait l'Union sacrée main-tenue au temps du Bloc national (1919-1924). Radicaux et socialistes n'étaient plus seuls au pouvoir et Jean de Bertier pouvait espérer la fin de la ligne politique du Cartel qu'il avait combattue, à savoir la conciliation envers l'Allemagne, les ten-tatives de laïcisation et, surtout, une politique fiscale d'augmentation des impôts, parallèlement à une politique économique et sociale trop interventionniste et trop peu libérale à ses yeux.

Au final, l'opposition à la gauche en général et à ses trois composantes princi-pales, des communistes aux radicaux, fut un puissant facteur d'unité et de mobi-lisation pour les partis de droite et leurs représentants comme Jean de Bertier. À l'échelle de la Moselle, l'URL regroupait toutes les tendances de la droite et du centre et réussit, non sans mal, à maintenir un lien lâche mais suffisant entre tous ses membres. On pourrait donc arrêter notre étude ici, en concluant simplement que Jean de Bertier fut un homme de droite, rallié à la République, prônant libé-ralisme économique et conservatisme social. Toutefois, puisque Jean de Bertier participa au jeu politique national, il convient d'aller plus loin, afin de déterminer quelle place il occupa au sein de la galaxie des familles de la droite et du centre.

3.4.3. Jean de Bertier était-il un modéré ?

Pour répondre à cette question, il faut commencer par définir le terme de modéré. Or « le concept politique de "modération" est un des plus complexes et difficiles à cerner » puisqu'il s'étendrait aussi bien aux libéraux qu'aux conserva-teurs[726]. On pourrait, dès lors, s'en tenir à une définition traditionnelle, datant de la fin du XIXe siècle : les modérés rassemblaient ceux qui ne voulaient « ni réaction

---

724 RICHARD, p. 200.
725 CARON, p. 189-190 et ASSELAIN, Tome 2, p. 22-23 : Poincaré ne fut donc pas un « magi-cien ». La nécessaire dévaluation institua le « franc Poincaré » en juin 1928 ; il ne représentait plus que 20 % de la valeur du franc-or de 1914 mais permettait au pays de repartir sur des bases monétaires saines.
726 CRAIATU, Aurelian, Article « modération », [in] ROUVILLOIS, DARD et BOUTIN (dir.), p. 622.

ni révolution »[727]. Cette large définition excluait, à droite, les monarchistes et les cléricaux et, à gauche, les communistes, les socialistes mais aussi les radicaux, puisque ces derniers pouvaient accepter de gouverner avec les socialistes[728]. Dans ces conditions, nous pourrions déjà conclure par l'affirmative : oui, Jean de Bertier fut bel et bien un modéré. Jean-Claude Delbreil envisage toutefois une définition plus restreinte du concept :

> Des problèmes de définition et de limites se posent, et notamment celui de savoir si l'on doit réserver l'appellation de « modéré » à un certain centrisme ou bien si on doit l'étendre à une grande partie de la droite ou à sa majorité, en dehors des extrêmes et donc de l'extrême-droite[729].

La droite républicaine se composait alors de deux partis principaux : la Fédération républicaine (FR) et l'Alliance républicaine et démocratique (ARD)[730]. Ils divergeaient sur la stratégie et les idées. La FR avait pour objectif l'union des droites, en écartant les radicaux, alors que l'ARD préférait l'alliance avec ces derniers, de manière à les détacher des socialistes, dans l'espoir de créer un grand parti central[731]. En outre, la FR privilégiait le rassemblement des catholiques, tandis que l'ARD était attachée, comme les radicaux, à la défense de la laïcité. Yves Billard résume ainsi les différences entre les deux partis : « dit plus simplement, la Fédération républicaine est plus à droite que l'Alliance démocratique », cette dernière occupant une position plus centrale[732].

Essayons dans un premier temps de positionner Jean de Bertier de façon générale. Il était membre de l'URL, parti affilié à la Fédération républicaine[733]. Jean-Claude Delbreil hésite à étendre le concept de modération à ce « parti de droite authentique. [...] On doit se demander s'il faut le classer entièrement parmi les modérés »[734]. Ceci remet en question notre conclusion des débuts : Jean de Bertier ne fut peut-être pas un modéré. Le nœud du problème tient finalement à deux éléments. Beaucoup d'historiens s'accordent pour affirmer que les modérés

---

727 Il s'agit de la définition donnée en 1896 par Jean-Paul LAFFITTE dans son ouvrage *Le parti modéré, ce qu'il est, ce qu'il devrait être* et reprise par ROTH, François, « Raymond Poincaré, un républicain modéré ? », [*in*] ROTH, François (dir.), *Les modérés dans la vie politique française (1870-1965)*, Nancy, Presses universitaires de Nancy, p. 287.

728 BILLARD, *La politique en France au XXᵉ siècle*, p. 35 et GRIVEL, Gilles, « Les modérés des Vosges (1919-1940) », [*in*] ROTH (dir.), *Les modérés*, p. 249 et 259.

729 DELBREIL, Jean-Claude, « Parti démocrate populaire, modérés, centrisme et démocratie chrétienne (1919-1940) », [*in*] ROTH (dir.), *Les modérés*, p. 352.

730 Pour en savoir plus sur l'ARD, voir SANSON, Rosemonde, *L'alliance républicaine démocratique : une formation de centre (1901-1920)*, Rennes, Presses universitaires de Rennes, 2003, 562 p.

731 RICHARD, p. 158-159.

732 BILLARD, *La politique en France au XXᵉ siècle*, p. 35.

733 ROTH, *La vie politique en Lorraine*, p. 43. Par suite de cet accord, la FR ne s'implanta pas en Moselle.

734 DELBREIL, « Parti démocrate populaire, modérés, centrisme et démocratie chrétienne (1919-1940) », p. 358.

correspondent à un certain centre, un centre-droit[735]. En même temps, le sinistrisme poussait les centristes toujours plus à droite, si bien qu'il est difficile de déterminer jusqu'où, vers la droite, le vocable de modéré conservait sa validité. Remarquons d'ailleurs que Jean-Claude Delbreil lui-même s'interroge, mais ne tranche pas. Il faut dire que la FR représentait elle-même une galaxie composite, avec des éléments programmatiques inspirés des trois courants historiques de la droite française tels que définis par René Rémond, le légitimisme, l'orléanisme et le bonapartisme[736]. Gilles Richard ajoute que la FR regroupait trois mouvances, les anciens mélinistes, des nationalistes et des catholiques[737]. Enfin, au niveau mosellan, nous avons vu que l'URL n'était pas moins disparate, au-delà de quelques thèmes principaux servant de ciment. L'appartenance de Jean de Bertier à l'URL et l'alliance du parti mosellan avec la FR ne permettent donc aucune conclusion définitive. Revenons vers les archives et tirons-en un maximum d'éléments afin d'affiner notre analyse.

Nous allons donc, dans ce second temps, nous concentrer sur les éléments éloignant Jean de Bertier de la modération. Un point de départ pourrait être son attachement à la religion catholique. Il écrivit à son fils Arnaud en 1919 : « je suis maintenant en pleine lutte pour défendre ce que je crois être les intérêts de la religion, de la France et de la Lorraine »[738]. La religion aurait donc occupé une place majeure dans action politique, ce qui le rapprocherait de la Fédération nationale catholique. D'autres exemples montrent ses liens avec des institutions religieuses. En Bretagne, il finança l'école privée de Plérin et le vicaire se tourna volontiers vers lui pour lui demander un terrain, afin de créer un club de football. En Moselle, il fut en contact étroit avec le curé de Kuntzig, dans l'optique de bâtir une église « pour la colonie ouvrière des ateliers de chemin de fer de Basse-Yutz ». Il participa aussi au congrès catholique cantonal de Sierck en 1922, et y prit la parole pour défendre « la nécessité de la religion »[739]. Tout cela pourrait donner l'image d'un homme politique très catholique, à la limite du prosélytisme. Si on le replace dans le contexte national de l'époque, déjà marqué par la déchristianisation, on en retire l'image d'un homme attaché au conservatisme[740]. Allons plus loin en repro-

---

735 Par exemple, François ROTH et René RÉMOND eux-mêmes respectivement dans l'introduction (p. 3) et la conclusion (p. 512) de ROTH (dir.), *Les modérés*.

736 LÉVÊQUE, Tome 2, p. 57.

737 RICHARD, p. 193. Louis Marin, député de Meurthe-et-Moselle, fut président de la FR à partir de 1925. La formation évolua dans les années 1930 en un « pôle nationaliste clérico-conservateur » si bien que Gilles Richard parle d'une « fédération de moins en moins républicaine » (p. 229 et 231).

738 ALG, Lettre de Jean de Bertier à son fils Arnaud [alors âgé de 9 ans], 25 octobre 1919. Jean de Bertier tentait alors, sans succès, de se faire investir par l'URL pour les législatives de novembre 1919.

739 ALG, Lettres adressées à Jean de Bertier par de J. Hervé, vicaire de Plérin, 8 octobre 1925, Krémer, curé de Kuntzig, 25 avril 1922 [avec multiples annotations de Jean de Bertier] et Koch, curé de Sierck, 8 mai 1922.

740 SCHOR, *Histoire de la société française*, p. 190-191. Par exemple, le nombre de prêtres passa de 55 000 en 1914 à 43 000 en 1929 – il en reste environ 12 000 aujourd'hui.

duisant les paroles de Jean de Bertier au cours d'une séance du conseil général de la Moselle. La discussion portait sur les modalités d'installation d'une école normale d'institutrices à Metz. Jean de Bertier intervint pour remettre en cause le projet :

> Jean de Bertier : « Des jeunes filles sortant d'un milieu agricole et devant y passer toute leur vie peuvent paraître déracinées quand elles ont passé un certain nombre d'années dans une ville. Or nous savons tous que le déracinement est actuellement une des plaies sociales les plus grosses, parce que la jeune fille, quand elle a joui d'une certaine liberté, quand elle a vu autre chose que son village natal où elle doit retourner jusqu'à sa mort, aura toujours le regret de la grande ville, de ses attractions, de ses magasins, de ses cinémas etc.
>
> François : – Nous avons décidé, il y a deux ans, d'ouvrir l'école à Metz et personne n'a protesté [...]. Il me semble que l'heure est passée de discuter cette question.
>
> Thiry : – Je suis le pédagogue du conseil et j'estime que l'école est mieux à Metz qu'ailleurs.
>
> Vautrin [maire de Metz] : – Nous pouvons constater que Monsieur de Bertier lui-même, qui habite surtout la grande ville, n'est pas du tout déraciné de l'agriculture (sourires) »[741].

La tonalité réactionnaire des déclarations de Jean de Bertier provoqua incompréhension et agacement chez ses collègues. Si nous appliquons la définition traditionnelle des modérés (« ni réaction ni révolution »), il faudrait donc exclure Jean de Bertier de ce groupe.

Présentons dans un troisième et dernier temps d'autres éléments permettant de nuancer cette conclusion intermédiaire. Certes, Jean de Bertier était catholique, mais il avait rallié la République. En outre, il semble ne pas avoir été particulièrement actif en 1924-1925, au moment où le Cartel des gauches tenta d'introduire les lois laïques en Alsace-Moselle. Robert Schuman fut beaucoup plus impliqué, ce qui amène François Roth à s'interroger : « Était-il pour autant un clérical ? [...] L'étiquette qui lui conviendrait serait celle de chrétien-social »[742]. Si Robert Schuman n'était pas clérical, il paraîtrait difficile d'appliquer ce terme à Jean de Bertier. Ce dernier se définissait lui-même comme un « catholique de tradition et d'instinct mais [...] surtout un catholique de raison »[743]. Il est difficile d'interpréter cette formulation. Elle signifie son pragmatisme, peut-être son opportunisme, et donc sa modération.

---

741 ADM, 72 N 7, Procès-verbaux des délibérations du conseil général de la Moselle, session de mai 1925, p. 297-298. Jean de Bertier ne réussit pas à convaincre, l'école fut maintenue à Metz.

742 ROTH, *Robert Schuman*, p. 194. La dimension sociale, liée à la doctrine sociale de l'Église, était très présente chez Schuman. Bien que membre de l'URL pour des raisons locales, il se sentait proche du Parti démocrate populaire (fondé en 1924), représentatif de la famille de la démocratie chrétienne et ambitionnant de regrouper catholiques de gauche et du centre (RICHARD, p. 171-172 et DELBREIL, « Parti démocrate populaire, modérés, centrisme et démocratie chrétienne (1919-1940) », p. 353-355).

743 ALG, Notes manuscrites de Jean de Bertier [années 1920].

Deux autres éléments parlent en faveur d'un positionnement modéré de Jean de Bertier. Le premier est cette fameuse remarque de son agent électoral, suite à sa victoire aux sénatoriales : « en un mot c'est la gauche de l'URL qui triomphe de la droite »[744]. Ici aussi, le sens profond de cette remarque reste obscur à déchiffrer. Si Jean de Bertier occupait l'aile gauche du parti, cela le rapprochait automatiquement d'une position modérée. D'un autre côté, tout était relatif puisque, en 1922, Jean de Bertier succéda au chanoine Collin, lequel échappait difficilement à l'étiquette de clérical. Être vu par son propre agent comme « la gauche de l'URL » dans le contexte local de 1922 ne suffit donc pas pour conclure à la modération.

Le second élément est en réalité la pratique politique de Jean de Bertier, au-delà de ses idées. Son ambition et se déboires initiaux l'avaient conduit à se montrer très « souple », selon le mot de Yves Billard. Cela qui lui valut même cette pique du satirique *Cri de Metz* : « on se méfie néanmoins de la mollesse de ses convictions »[745]. Jean de Bertier visait à l'efficacité politique et ne se réfugia pas dans un positionnement intransigeant. Au Sénat, il rejoignit le groupe parlementaire de l'union républicaine (centre-droit, 102 membres en 1921) et non pas celui de la gauche républicaine (qui, comme son nom l'indique mal, rassemblait les conservateurs ralliés, 38 membres en 1921)[746]. Nous tenons sans doute ici la clé du problème. Son choix d'adhérer à l'union républicaine fut sans doute davantage motivé par les opportunités de carrière qui en découlaient que par ses convictions politiques propres. Louis Barthou prévient d'ailleurs que l'affiliation à un groupe n'était que peu significative des idées politiques du parlementaire en question :

> Quels bariolages ! Qui prendrait un à un les noms dont se composent les treize groupes du Parlement éprouverait plus d'une surprise : il verrait que Pierre, dont il sait les tendances modérées, siège dans un groupe avancé, mais il constaterait, par contre, que Paul, ancien extrémiste, après avoir déteint le rouge de son drapeau, s'est inscrit dans un groupe incolore dont l'étiquette vague permet toutes les évolutions et se prête au jeu de toutes les circonstances[747].

En 1921, les sénateurs d'Alsace-Moselle (quasiment tous issus de l'URL et de son équivalent alsacien, l'UPR) appartenaient d'ailleurs très majoritairement à l'union républicaine (9 d'entre eux). Seuls quelques-uns avaient préféré la gauche républicaine : les 3 élus ecclésiastiques, dont le chanoine Collin[748]. Ces derniers, ne pouvant espérer aucune carrière politique nationale, conservèrent leur positionnement réactionnaire. Souvenons-nous aussi de la très faible activité du chanoine Collin au conseil consultatif. Jean de Bertier, tout au contraire, s'était lancé en politique pour agir. Cela nécessitait de se rapprocher du centre et donc de prendre l'habit d'un modéré.

---

744 ALG, Lettre à Jean de Bertier, sans date [juste après l'élection, soit fin février ou début mars 1922].

745 ALG, *Le Cri de Metz*, 4 mai 1923, Article « Leurs figures » signé Antoine Nicolaï.

746 BERSTEIN, *Le Sénat sous la IIIe République*, p. 65-66.

747 BARTHOU, p. 43.

748 BERSTEIN, *Le Sénat sous la IIIe République*, p. 73.

Il est difficile de conclure de manière définitive. Déterminer précisément le positionnement de Jean de Bertier au sein de la droite et du centre reste complexe. Notons que cette question n'intéressait pas ses électeurs, si bien qu'elle apparaît peu dans les archives. Nous pourrions tout de même dire la chose suivante : *idéologiquement*, Jean de Bertier n'était pas un modéré mais, *dans sa pratique politique*, il le fut. Ajoutons que son accession à des responsabilités toujours plus grandes le conduisit à développer fortement sa pratique, et donc, automatiquement, sa modération. Jean de Bertier aurait donc, les années passant, glissé vers le centre, en s'éloignant de la tradition, au nom d'une nécessaire adaptation à la modernité et aux innovations (au moins dans certains domaines) :

> Barrès était attiré par le passé : la terre et les morts. Et les vivants ? Et l'avenir ?? Il y a autre chose à dire aux générations qui viennent que ce mot fastidieux de tradition. Nietzsche professe qu'il ne faut pas penser seulement au pays de nos pères mais à celui de nos fils[749].

Barrès avait pourtant été une grande référence pour Jean de Bertier, quoiqu'il ne fût pas son écrivain favori. Jean de Bertier, dans sa complexité d'individu, évoluait donc, à droite, dans un spectre chevauchant celui de la modération, sans pour autant s'y superposer[750]. Nous conclurons en affirmant, de manière sobre mais certaine, que Jean de Bertier fut un homme politique conservateur.

Conclusion sur la politique comme accomplissement

Jean de Bertier fut un homme politique. Il répondait parfaitement à la définition donnée par Louis Barthou : « le *Politique* est l'homme qui fait de la politique, dans l'exercice ou l'espérance d'un mandat parlementaire, son occupation principale »[751]. Fondamentalement, Jean de Bertier fut un homme d'action, un homme de toutes ces *petites actions* qui assurent le lien entre l'homme politique et ses électeurs : interventions, invitations, inaugurations et toujours, la défense des intérêts locaux. Jean de Bertier ne réussit pas à faire aboutir les projets les plus ambitieux qu'il défendit, de la canalisation de la Moselle au tribunal de Thionville. Ces *plus grandes actions* nécessitaient une influence qu'il n'acquit jamais. De plus, ses idées restaient, malgré toutes les nuances, conventionnelles et il ne fut visionnaire que sur quelques points, comme la nécessité pour Thionville de renforcer ses liens avec le Luxembourg. Il resta ainsi toujours dans l'ombre d'un Robert Schuman, plus jeune, plus brillant, plus influent. Visualisons sous forme de schéma les différents cadres spatiaux dans lesquels il inscrivit son action politique, en mettant en évidence ses déplacements vers les différents centres de décision politique, le nom des

749 ALG, Notes manuscrites de Jean de Bertier [années 1920].
750 Nous adaptons ici la formule de René RÉMOND dans ROTH (dir.), *Les modérés* : « les modérés ne se confondent pas avec le centre. Les deux espaces ne se recouvrent pas exactement : ils se chevauchent sans se superposer ».
751 BARTHOU, p. 13 (souligné par l'auteur).

institutions auxquelles il participa, ainsi que certains grands enjeux politiques et économiques.

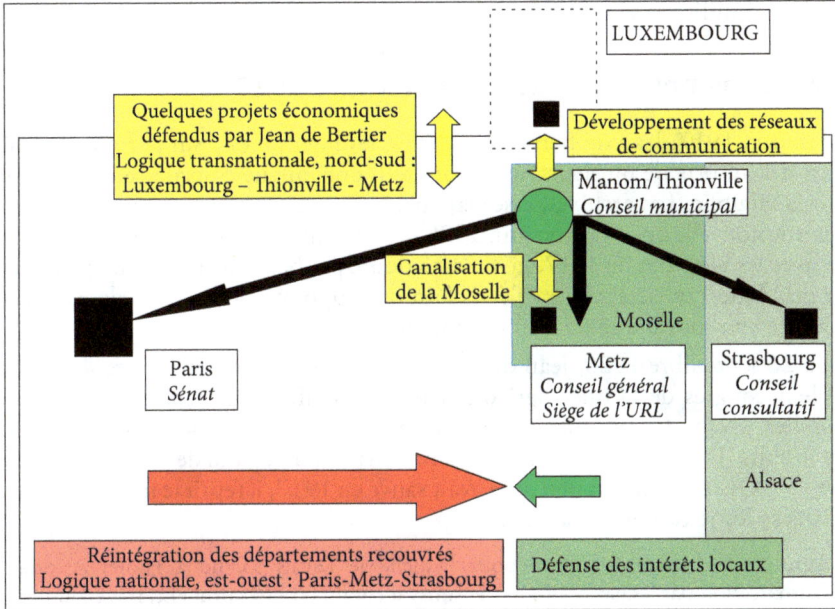

Schéma 3 : *Cadres spatiaux de l'action politique de Jean de Bertier.*

La priorité accordée à l'action sur les idées conduisit Jean de Bertier à développer une pratique modérée de la politique dans l'esprit des institutions. Louis Barthou distingue le politique du politicien suivant quelques caractères.

Tableau 53: **Caractères du politique et du politicien selon Louis Barthou**[752].

Homme politique, « le politique »	Politicien
• action	• intrigue
• au service du bien public	• égoïsme
• dévouement	• mensonge
« L'opinion d'un homme peut donc changer honorablement, pourvu que sa conscience ne change pas ».	« Ce qui est honteux, c'est de changer d'opinion pour son intérêt, et que ce soit un écu ou un galon qui vous fasse brusquement passer du blanc au tricolore, et vice versa ».

Jean de Bertier ne fut pas un politicien corrompu. Nous avons aussi vu qu'il évita tout conflit d'intérêts de par la nette séparation entre ses champs d'action politiques et ses intérêts privés, souvent industriels et luxembourgeois. Son engagement était

752 BARTHOU, p. 105-108 et 110.

sincère et il se fondit complètement dans la figure du politique, dont il devint un représentant accompli. Ceci correspondait aussi à un accomplissement personnel, tant il semble avoir pris goût et plaisir à exercer cette carrière, peut-être même jusqu'à en oublier sa santé.

L'« affreuse nouvelle » du 26 septembre 1926

Fin juin 1917, Jean de Bertier avait été grièvement blessé sur le front français. Il s'en tira au prix de plusieurs opérations et d'une longue convalescence. Sa santé en resta affaiblie. Les archives, assez lacunaires sur ce sujet, nous apprennent qu'il subit une nouvelle opération en juin 1920[753]. Cette intervention, peut-être sans rapport avec les blessures de 1917, ne fut sans doute pas bénigne, puisqu'un interlocuteur de Marie-Louise écrivit : « j'étais loin de supposer que les jours de Monsieur le Comte eussent pu être un seul instant en danger »[754].

Le 26 septembre 1926, Jean de Bertier décéda brutalement, à l'âge de 48 ans, en plein congrès de l'Office agricole départemental, qui se tenait à Volmunster (Moselle). Deux de ses proches y virent la conséquence d'une activité politique trop intense. Le maire de Thionville, Gabriel Mauclaire, parla de « surmenage sans trêve »[755]. Quant au chirurgien qui l'avait sauvé en 1917, il reprit le même qualificatif dans sa lettre de condoléances :

> Après cette blessure si grave pour laquelle je l'avais soigné à l'hôtel Astoria et l'intoxication par les gaz qu'il subit ensuite, il eût dû être très prudent, très économe de ses forces. Je le lui disais chaque fois que j'en avais l'occasion et je suis convaincu que s'il m'avait écouté et que s'il n'avait pas aggravé ses lésions par un surmenage insensé, il serait encore parmi nous. Il est vraiment mort au service de son pays[756].

Marie-Louise tenta de faire reconnaître le décès comme une conséquence des blessures subies au front. Le docteur Schatz, qui avait tenté, en vain, de sauver Jean de Bertier le 26 septembre 1926, certifia que « le malade est décédé de troubles organiques consécutifs à une grave blessure thoraco-abdominale contractée aux armées »[757]. Les médecins militaires demandèrent de plus amples précisions. Les fameux « troubles organiques » ne provenant pas du foie, touché en 1917, il ne fut finalement pas considéré que Jean de Bertier fût décédé de ses blessures. Il ne lui fut pas décerné la mention « mort pour la France »[758].

---

753 ALG, Facture de la Maison de santé Saint-Ferdinand, 19, rue d'Armaillé, d'un montant de 1 034,05 francs, 10 juin 1920. Jean de Bertier y fut sans doute opéré, et y resta de façon certaine en convalescence, du 4 au 10 juin.

754 ALG, Lettre de [Georges Simon ?] à Marie-Louise, 7 juin 1920.

755 ALG, *La Moselle républicaine* du 1er octobre 1926, Discours de G. Mauclaire lors des obsèques de Jean de Bertier.

756 ALG, Lettre de T. de Martel à Marie-Louise, 10 octobre 1926. Jean de Bertier subit plusieurs opérations en 1917, et nous ne pouvons savoir si ce chirurgien les réalisa toutes. Nous n'en savons pas plus sur cette mention d'une intoxication aux gaz de combat.

757 ALG, Copie du certificat médical du docteur Schatz du 20 octobre 1926.

758 ALG, Document sans date, émanant des autorités militaires.

Marie-Louise reçut d'innombrables condoléances. Plusieurs qualifièrent d'« affreuse nouvelle » la disparition de Jean de Bertier. Les sentiments dominants étaient la stupéfaction, l'incrédulité et la peine : « toute une population le regrette. Le premier jour de la nouvelle terrible, les paysans sont venus chez nous demander si la nouvelle était bien vraie... Hélas ! »[759]. Les obsèques se déroulèrent le 30 septembre. Le vestibule du château de Lagrange servit de chapelle ardente. La levée de corps eut lieu à neuf heures quarante-cinq et il fallut « cinq quarts d'heures » pour atteindre l'église de Manom, où la messe d'enterrement commença à onze heures. Près de 4 000 personnes s'étaient déplacées[760]. Marteroy fut sollicité une dernière fois, pour construire le tombeau de Jean de Bertier, au bord de l'étang, dans le parc de Lagrange[761].

En lisant les articles de presse relatant l'événement, nous pouvons émettre trois observations principales. La première est que la description des obsèques par la presse rappelle les poncifs relevés par Jean-Marie Moine à propos des enterrements des maîtres de forge : « l'église était évidemment trop petite pour accueillir tout le monde ». Il parle de « concours de foules » allant jusqu'à 5 à 10 000 personnes pour l'enterrement d'un Wendel à Hayange[762]. Les 4 000 personnes présentes à Manom permettraient donc de déterminer la position de Jean de Bertier dans le paysage politique, économique et social départemental de l'époque : une position forte, sans être dominante. La deuxième observation a trait aux activités de Jean de Bertier. Laquelle de ses multiples facettes fut mise en avant ? Toutes furent présentes, puisque des représentants d'association prirent la parole, de même que Gaston Barbanson pour l'ARBED. Toutefois, la presque totalité des cordons du cercueil furent tenus par des hommes politiques[763]. De même, le conseil général au complet assista aux obsèques. On enterra donc un homme politique. La troisième observation contredit en partie la précédente. Très vite, le militaire refit surface. La *Moselle républicaine* publia dans ses pages une « biographie du Comte de Bertier ». L'essentiel du texte revenait sur son parcours militaire. Était-ce parce que les lecteurs connaissaient déjà bien ses activités politiques, pour les avoir suivies dans les colonnes du journal ? En tout cas, déjà la réalité s'effaçait au profit du mythe, au vu des lignes suivantes, très peu vraisemblables :

> Rentré immédiatement à Paris [à l'été 1914], ses premières paroles à la Comtesse de Bertier furent celles-ci : « la guerre durera au moins 4 ans ; nous rachèterons Lagrange et je serai député d'un département enfin redevenu français »[764].

759 ALG, Lettre de L. Schmit à Marie-Louise, 1er octobre 1926.
760 ALG, *Le Messin*, 1er octobre 1926.
761 ALG, Récépissé de l'ARBED du 24 septembre 1927 : 30 000 francs avaient été versés à Marteroy.
762 MOINE, p. 408-409.
763 ALG, *La Moselle républicaine*, 1er octobre 1923. Le seul non-politique fut Plumeré « un vieux serviteur du domaine de Lagrange qu'a connu le Comte dès sa plus tendre enfance ».
764 ALG, *La Moselle républicaine*, 1er octobre 1923. Très peu de gens envisageaient une guerre longue en 1914.

Le 27 septembre 1926, le conseil général de la Moselle décida une suspension de séance de 15 minutes pour rendre hommage à Jean de Bertier[765]. Le 12 novembre 1926, Justin de Selves prononça son éloge funèbre au Sénat. Jean de Bertier disparaissait sans héritier politique. Peut-être comptait-il sur son fils Arnaud, mais à plus long terme[766]. D'autres le remplacèrent. En novembre 1926, après une élection difficile, Gabriel Mauclaire lui succéda au conseil général, puis, en janvier 1927, Guy de Wendel au Sénat. Ni l'un ni l'autre n'étaient des hommes politiques de grande envergure[767]. Une place se trouvait vacante à Thionville. Elle fut rapidement investie par Robert Schuman, qui choisit la circonscription comme terre d'élection suite au rétablissement du scrutin d'arrondissement pour les législatives de 1928. L'ancien rival de Jean de Bertier fut mis en ballottage par Émile Fritsch. Aux législatives suivantes (1932 et 1936), il l'emporta dès le premier tour, toujours contre le même candidat communiste[768]. Il réussit donc son implantation. À cette fin, il avait créé dès 1928 *L'écho de Thionville*, un hebdomadaire dirigé par… l'abbé Heckmann, le vieil ennemi de Jean de Bertier[769]. Avec son décès se démantelaient donc les réseaux qu'il avait constitués. La *Moselle républicaine* sombra en quelques mois :

> En mars 1927, la trésorerie est défaillante et les dettes s'accumulent ; René Gourdiat prend congé de ses lecteurs […]. Ainsi disparaît discrètement la *Moselle républicaine*, tandis que son rédacteur en chef quitte Thionville définitivement[770].

En moins de deux ans, le tandem Bertier-Gourdiat fut donc supplanté et éclipsé par Robert Schuman. Le 30 septembre 1926, on enterra bien un homme politique, au sens propre comme au sens figuré.

---

765 ADM, 72 N 8, Procès-verbaux des délibérations du conseil général de la Moselle, session de septembre 1926.

766 ALG, Lettre de Jean de Bertier à son fils Arnaud, 25 octobre 1919 : « avec la pensée que tu me succéderas un jour pour la défense de ces idées ». Arnaud n'avait que 16 ans au décès de son père.

767 Pierre BARRAL écrit : « Guy de Wendel, qui préside le conseil général mais se sent en danger devant le suffrage universel, est heureux de passer de la Chambre au Sénat à l'occasion d'une vacance » [il avait été le plus mal élu des députés URL en 1924] (p. 124-125).

768 BAUDON, p. 19, 22, 26 et 89.

769 ROTH (dir.), *Histoire de Thionville*, p. 237.

770 ROTH, *Le temps des journaux*, p. 226. François Roth précise que Gourdiat partit pour l'Autriche. La disparition du titre de presse, si vite après celle de Jean de Bertier, tend à prouver que ce dernier était bel et bien son inspirateur et son argentier.

Épilogue : Marie-Louise ou la continuité des engagements (1926-1940)

Autant nous avons fréquemment parlé de Marie-Louise dans la deuxième partie, autant elle est très rarement apparue dans la troisième. Cela résulte d'un simple effet de source. À partir de 1919, Jean et Marie-Louise vécurent la plupart du temps ensemble, si bien que nous perdons quasiment toute trace de correspondance entre eux[1]. Marie-Louise disparaît ainsi des archives, alors que cette plus grande proximité entre les époux doit nous faire supposer un rôle accru[2]. Les archives portant sur les années 1926 à 1940 sont ténues, mais permettent d'observer Marie-Louise, seule, sans son mari, à la tête de la famille. C'est l'occasion de déterminer dans quelle mesure elle poursuivit son action, ce qui, rétrospectivement, confirmerait son rôle éminent au cours des années précédentes. Commençons par réfléchir à la gestion du patrimoine, avant de nous pencher sur les formes d'action politique développées par Marie-Louise. Nous terminerons cet épilogue d'une façon plus spécifique, par un double achèvement dramatique, pour les Bertier et pour le pays.

1. Un patrimoine sérieusement menacé

Les deux principales menaces qui s'étaient exercées sur le patrimoine familial au début des années 1920 s'atténuèrent à partir de 1926 : la stabilisation monétaire opérée par Poincaré de 1926 à 1928 endigua l'inflation et le niveau de prélèvement opéré par l'impôt sur le revenu baissa quelque peu[3]. Cependant, Marie-Louise dut faire face à deux nouveaux dangers. Le premier résultait du décès de Jean et relevait des modalités de succession. Le second n'était autre que la crise économique mondiale, déclenchée en 1929 et marquant toute la décennie suivante. Nous verrons quelles contre-mesures furent envisagées afin de défendre la richesse familiale et nous tenterons de conclure sur son maintien ou sa diminution.

---

1   Ici aussi, nous ne pouvons déduire cette vie commune que de l'absence de correspondance conservée et de quelques indices montrant l'implication quotidienne de Marie-Louise dans les investissements et la carrière de son mari. Jean et Marie-Louise avaient conservé leur appartement parisien et devaient également se rendre aux Rosaires, sans que l'on puisse déterminer avec quelle fréquence.

2   Sur cet écart entre présence dans les archives et rôle effectif des femmes, voir EINRICK, « Les femmes chez les Bertier au XIXᵉ siècle », p. 28-41.

3   PIKETTY, *Les hauts revenus*, p. 267 : la loi de finances du 3 août 1926 baissait le taux d'imposition des revenus les plus élevés de 50 à 30 % et supprimait le « double décime » établi en 1924 [dispositif conduisant à augmenter les impôts de 20 %, si bien qu'un taux de prélèvement de 50 % passait en réalité à 60 %].

1.1. Les conséquences du décès de Jean de Bertier

Une première conséquence fut la perte de revenus d'activité. N'oublions pas qu'en tant qu'administrateur de l'ARBED, Jean de Bertier percevait 250 000 francs belges chaque année. Il touchait également une indemnité parlementaire, que l'on peut assimiler à un revenu[4]. Marie-Louise perdit toute rémunération de l'ARBED et ne reçut, en tant que veuve de sénateur, qu'une pension de 2 500 francs annuels[5]. Elle perdit donc, au minimum, 99 % des revenus d'activité de son mari. La seconde conséquence avait trait à la succession. Présentons-en un bilan chiffré sous forme de tableau.

Tableau 54: Succession de Jean de Bertier : répartition et prélèvements fiscaux (en francs)[6].

Identité	Actif déclaré	Taxe successorale	Droits à payer	Taux de prélèvement	Actif final
Marie-Louise	569 512	40 474	36 669	14 %	492 369
Arnaud	2 105 155	149 610	176 246	15 %	1 779 299
Sylvie	2 105 155	149 610	176 246	15 %	1 779 299
TOTAL	4 779 822	339 694	389 161	15 %	4 050 967

À première vue, Marie-Louise ne disposait plus, en son nom propre, que de 10 % environ du patrimoine initialement déclaré. En réalité, ses deux enfants étant encore mineurs, le partage ne fut pas concrétisé. Le décès d'Arnaud en 1935 fit de Sylvie l'unique héritière de ses parents et la fortune familiale échappa à l'écueil du partage égalitaire entre les enfants. Elle ne subit qu'un prélèvement fiscal relativement modéré de 15 %[7]. La fortune des Bertier ne fut donc pas *immédiatement* compromise par le règlement de la succession de Jean, mais elle se voyait, *à moyen terme*, menacée par la forte diminution des revenus annuels. Ces derniers ne reposaient toutefois pas que sur les fonctions occupées par Jean de Bertier. L'essentiel provenait des biens mobiliers et fonciers, eux aussi pris dans la tourmente des années 1930.

1.2. Les effets de la crise économique mondiale

Nous avons vu comment Jean de Bertier sauvegarda la fortune familiale, en se désengageant des biens fonciers pour investir dans les biens mobiliers, et

---

4   L'indemnité parlementaire avait été fixée, en 1907, à 15 000 francs-or. Elle devait donc, en 1926, se situer aux alentours de 75 000 francs puisque le franc Poincaré, institué en 1928, ne représentait plus que 20 % du franc-or.

5   ALG, Lettre du secrétaire général de la questure du Sénat à Marie-Louise, 21 janvier 1927.

6   ADM, 3Q 29/884, n° 157, Succession de Monsieur le comte de Bertier, déclarée au bureau des successions de Paris le 9 juin 1929. Le domicile principal restait donc établi à Paris.

7   PIKETTY, *Les hauts revenus*, p. 140-141 et 451. La loi du 25 février 1901 avait établi la progressivité de l'impôt sur les successions, et les taux de prélèvement s'élevèrent à une fourchette comprise entre 20 et 30 % après 1945.

prioritairement dans les actions industrielles. La crise économique apparue aux États-Unis en 1929 remit en cause ce modèle. La contraction de l'activité économique fit chuter les bénéfices des entreprises et, par conséquent, les dividendes versés aux actionnaires. Les hauts revenus connurent alors une phase d'effondrement (1929-1945)[8].

Les archives de la période 1926-1940, trop éparses, ne permettent de déterminer précisément ni l'évolution ni la composition du patrimoine des Bertier. Le mouvement de désengagement foncier initié par Jean de Bertier semble s'être poursuivi, tant en Bretagne qu'au Luxembourg[9]. On ne peut toutefois pas savoir si et comment les 800 000 francs débloqués dès 1929 furent réinvestis. Quant à la composition du portefeuille de valeurs mobilières, les données disponibles sont également très lacunaires et ne permettent pas de conclure[10]. Seuls deux types de documents nous fournissent quelques indications. Une série de bordereaux de transactions révèlent une activité assez spéculative, notamment orientée vers les titres étrangers. Les sommes engagées restant cependant restreintes, on ne peut généraliser ce comportement à l'ensemble de la fortune[11]. Par ailleurs, d'autres documents ont trait à la liquidation de la Société des constructions mixtes du Maroc. Marie-Louise possédait 800 des 1 200 actions et réclama à ce titre plus de 42 000 francs au liquidateur, Jacques Chalmeton, qui n'était autre que son frère. Nous avons donc bien l'exemple d'une faillite, mais avec des sommes très limitées et sans lien avec la crise mondiale, puisque la dissolution de la société fut prononcée dès 1928[12]. Malgré l'ampleur de la crise économique des années 1930, nous ne trouvons donc aucun signe d'une ruine des Bertier, ou d'une nette diminution de leur fortune. Cela s'explique peut-être par les contre-mesures mises en œuvre.

1.3. Les contre-mesures possibles

Au vu des archives, trois types de contre-mesures peuvent être mises en évidence. La première consista à rétablir des revenus d'activité importants. Pour ce faire, Marie-Louise chercha à obtenir en faveur de son fils Arnaud une place d'administrateur de l'ARBED. Elle envisagea même d'écrire directement à Gaston Barbanson. Un interlocuteur non identifié l'en dissuada :

---

8   *Ibidem*, p. 56, 134, 154-155.

9   ADCA, 4Q 14 889, cases n° 696 et 697 et ALG, Quittance du compte possédé à l'ARBED indiquant un versement de 585 241,55 francs (belges) par M. François Wurth, maire de Dudelange, ce qui indiquerait une vente de terrains à la commune. Marie-Louise puis Sylvie vendirent les biens possédés à Dudelange « par petits bouts » (SELANCY (de), Marie-François, Courriel à l'auteur, 26 juin 2022).

10   ALG, Relevé de portefeuille au 21 décembre 1928 ne faisant état que de 885 actions Belgomineira et de 60 actions Aubrives-Villerupt. Une quittance du compte ARBED de mai 1929 indique la souscription à 120 actions Aubrives supplémentaires. Nous ne connaissons pas en revanche le nombre d'actions ARBED détenues.

11   ALG, Bordereaux d'achat/vente d'actions établis par Cathala [gestionnaire de portefeuille] [1928 ou après].

12   ALG, Sommation du 3 juillet 1934, enregistrée par J. Clément, huissier à Levallois-Perret. Il semble qu'un accord amiable fut finalement trouvé pour 25 000 francs (Lettre de Jacques Chalmeton, 10 novembre 1935).

Ce jour-là [jour des obsèques de Jean de Bertier, 30 septembre 1926] j'ai entendu Gaston dire que plus tard Arnaud serait administrateur, que son âge [16 ans] ne lui permettait pas de l'être tout de suite. Nous avons alors discuté si la loi permettait qu'il soit nommé immédiatement commissaire et il a dit que le plus simple ce serait de remplacer la place vacante d'administrateur par un des commissaires (je crois M. [Béarn ?]) et celle de ce dernier par le fils Dutreux. Comme celui-ci pourrait dans peu de temps succéder à son père, comme administrateur, il resterait alors une place de commissaire, pour être remplacée par un autre Français. […]

Ne trouvez-vous pas que le but est atteint, puisqu'Arnaud serait commissaire à l'ARBED dans 3 ou 4 ans, aussitôt qu'il finirait ses études ? Jamais à l'ARBED on aura eu un commissaire aussi jeune ! Il vaut donc mieux ne rien écrire à Gaston[13].

Manifestement, cet interlocuteur mystère connaissait bien l'ARBED et avait facilement accès à Barbanson. S'agissait-il d'un autre administrateur, ou d'un collaborateur direct ? Il est impossible de le savoir. Sa réponse laisse en tout cas deviner les conflits de pouvoir s'exerçant au sein du CA et leur côté brumeux : cet interlocuteur agissait-il en tant que personne de confiance de Marie-Louise, ou bien selon ses propres intérêts ? Toute l'ambiguïté tient dans la dernière phrase : « il vaut donc mieux ne rien écrire à Gaston ». Nous comprenons aussi que les motifs de Marie-Louise n'avaient rien à voir avec la stratégie industrielle du groupe. Il fallait qu'Arnaud devînt administrateur pour récupérer la rémunération associée, tout simplement. Cette première contre-mesure fut compromise par le décès d'Arnaud en 1935. Ce dernier ne devint jamais administrateur et ne fut, semble-t-il, pas non plus commissaire[14].

Une deuxième contre-mesure consista à protéger le patrimoine des prélèvements fiscaux opérés sur la succession de Jean de Bertier. Comme les enfants du défunt étaient encore mineurs, un inventaire après décès fut établi par les notaires de famille, Legay et Péronne. Ils prirent en compte uniquement les biens de Lagrange, qu'ils estimèrent à environ 200 000 francs[15]. Ce document ne donna donc qu'une image très incomplète du patrimoine réellement possédé qui se composait, en grande partie, de biens détenus à l'étranger, à propos desquels l'ARBED refusa de communiquer :

Nous nous proposons de laisser sans réponse la lettre de maître Péronne ; nous nous bornerions à lui écrire que notre société, n'ayant aucune obligation en l'espèce, a pris pour principe de ne pas communiquer à quiconque la situation de ses actionnaires[16].

Nous en déduisons que le capital déclaré de 4,8 millions de francs (tableau 53) correspondait en réalité à une valeur minimale. D'ailleurs, l'administration fiscale française estima le capital réellement possédé à 4 829 823,14 et non

---

13 ALG, Lettre à Marie-Louise, 5 janvier 1927.
14 SELANCY (de), Marie-François, Courriel à l'auteur, 26 juin 2022.
15 ADM, 3Q 29/884, n° 157, Succession de Monsieur le comte de Bertier, Inventaire après décès, 19 octobre 1926.
16 ALG, Lettre de l'ARBED à Marie-Louise, 1ᵉʳ avril 1927.

4 779 823,14 francs. Ce déficit de déclaration de 50 000 francs entraîna un redressement fiscal de 8 954,48 francs[17]. L'actif réellement détenu dépassait sans doute largement les 5 millions de francs, mais il est impossible de déterminer l'ampleur de la dissimulation. Les fraudes étaient monnaie courante[18]. Le fait que les Bertier possédaient des biens à l'étranger et donc, à l'époque, hors de portée du fisc français, leur facilita les choses et permit de limiter efficacement le prélèvement fiscal.

La dernière des contre-mesures visibles consista à adapter les placements aux nouvelles réalités. D'une part, un « groupement de capitaux pour leur gestion en commun » fut créé en 1928 à l'initiative de Charles des Isnards, avec 86 parts de 25 000 francs chacune, soit un capital total de 2 150 000 francs. Marie-Louise souscrivit sans doute à une part, au minimum[19]. Il s'agissait de créer un fonds regroupant des investisseurs privés, et de chercher les placements présentant les meilleurs rendements. D'autre part, au début de l'année 1929, Marie-Louise acheta de l'or, pour 600 000 francs au moins[20]. Ce placement de capital sur une valeur refuge peut être interprété comme une adaptation à la diminution du rendement des actions. Marie-Louise s'inscrivait là dans la continuité de la gestion de Jean de Bertier (dont elle fut sans doute partie prenante, bien que cachée). Il avait déjà opéré des investissements à caractère spéculatif sur des monnaies étrangères. Il avait également déjà eu recours au conseil de spécialistes. Toutefois, ces toutes relatives nouveautés décidées par Marie-Louise intervinrent en 1928-1929, et nous n'avons aucune idée de leur maintien et/ou de leur développement au cours des années suivantes. Ainsi, des contre-mesures existaient, mais les archives, trop lacunaires, ne permettent pas de correctement les observer, notamment au cours des années 1930, et encore moins de les évaluer.

1.4. Un bilan difficile à établir

Au vu des développements précédents, nous manquons de données pour estimer l'ampleur de la diminution de la fortune familiale. Il paraît de toute façon improbable que cette dernière ne se fût pas considérablement amoindrie. Nous avons déjà établi qu'elle s'était rétractée au minimum de moitié, plus vraisemblablement des deux tiers entre 1903 et 1926. Or, il s'agissait là d'une période encore relativement clémente pour les grands patrimoines, contrairement à celle des années 1930 et de la Seconde Guerre mondiale, beaucoup plus destructrice des fortunes. Celle des Bertier dut donc être, nécessairement et automatiquement, grandement malmenée.

17 ADM, 3Q 29/884, n° 157, Succession de Monsieur le comte de Bertier.
18 PIKETTY, *Les hauts revenus*, p. 462.
19 Lettre de Cathala à Marie-Louise, 9 juillet 1928. Le comte Charles des Isnards était un « grand ami de la famille » (SELANCY (de), Marie-François, Courriel à l'auteur, 26 juin 2022). Il fut membre de la Fédération républicaine, vice-président des Jeunesses patriotes, puis député de la Seine (élu en 1936). Son profil nettement conservateur et ses liens étroits avec les Bertier confirment nos déductions sur le positionnement politique de Jean de Bertier, conservateur dans ses idées et modéré dans ses pratiques politiques.
20 ALG, Quittances du compte ARBED, 27 mars, 17 mai et 1ᵉʳ juillet 1929.

Tentons une nuance. Les années 1930 offrirent certaines opportunités ou rattrapages. En France, les politiques de déflation adoptées par les gouvernements successifs entre 1931 et 1935 favorisèrent les propriétaires fonciers, au détriment des actionnaires[21]. Marie-Louise put-elle, à cette occasion, tirer parti des revenus revalorisés tirés de Lagrange, qui représentaient, d'après la succession de Jean, un tiers du patrimoine total de la famille[22] ? Par la suite, les gouvernements de Front populaire réactivèrent l'inflation, en faisant le choix d'augmenter les salaires et de procéder à une dévaluation de la monnaie. La situation s'inversa de nouveau, rendant les placements mobiliers plus rémunérateurs que les biens fonciers[23]. Pour protéger au mieux sa fortune, il fallait donc pouvoir l'adapter très rapidement aux fluctuations de la conjoncture économico-politique. La tâche était difficile, mais pas impossible. Certains grands patrimoines réussirent ainsi à limiter les pertes, ce qui amène à distinguer les années 1930 des années de guerre : « en fait il n'y a vraiment que lors des années de la Seconde Guerre mondiale que les hauts revenus connaissent un effondrement *généralisé* »[24]. Il paraît toutefois peu vraisemblable que Marie-Louise pût redéployer si rapidement et efficacement son patrimoine.

Les plus grandes fortunes (autrement dit le fractile P 99,99-100, ou, par commodité de langage, les « deux cent familles ») virent leur patrimoine en moyenne divisé par 4 entre 1929 et 1945[25]. Puisque les Bertier appartenaient au fractile immédiatement inférieur – et en supposant que la baisse de leur patrimoine ne fût pas trop élevée pour les faire quitter cette catégorie – leurs pertes furent moindres. On pourrait, très grossièrement, supposer une division par 2 voire 3 de leur fortune. Un tel résultat nous permettrait de conclure, très opportunément, que Marie-Louise ne fit ni mieux, ni moins bien que Jean de Bertier, et, à choisir, plutôt mieux, vu le contexte plus difficile. Cependant, les données restent trop éparses pour valider cette dernière conclusion. Retenons que, comme son époux et dans la continuité de celui-ci, elle se montra active, réactive et déterminée à défendre au mieux la fortune familiale.

Quant à son mode de vie, il semble ne pas avoir été affecté. Lagrange ne fut pas vendu. La double résidence se poursuivit, même si Marie-Louise quitta le 37, avenue George-V pour s'établir au 8, rue d'Anjou puis au 218, boulevard Saint-Germain, toujours dans les beaux quartiers (8e et 7e arrondissements respectivement)[26].

---

21 PIKETTY, *Les hauts revenus*, p. 58 : « le propriétaire foncier se délecte de la déflation, alors que l'actionnaire la redoute ».

22 Ici aussi nous manquons de données. Les seuls chiffres disponibles concernent les années 1929 et 1930, avec des bénéfices respectifs de 121 385 et 108 872 francs (ALG, Gestion du domaine en 1929 et en 1930). Avec de telles bases de départ, et même avec forte revalorisation, les revenus fonciers tirés de Lagrange ne pouvaient compenser les pertes de revenus dans les autres secteurs.

23 PIKETTY, *Les hauts revenus*, p. 157. L'auteur remarque qu'ainsi, et de façon contre-intuitive, la politique suivie par la gauche au pouvoir favorisa les plus grandes fortunes (puisque ces dernières reposaient en grande exclusivité sur les revenus tirés des capitaux mobiliers).

24 *Ibidem*, p. 162. C'est nous qui soulignons.

25 *Ibidem*, p. 135.

26 ALG, Lettre de Cathala et compagnie à Marie-Louise, 9 juillet 1928 (pour le 8, rue d'Anjou) et Copie de la décision rendue par le jury national des marchés de guerre, 17 mai 1939 (pour le 218, boulevard Saint-Germain).

2. Une femme politique ?

Nous ne trouvons pas trace, dans les archives, d'un(e) secrétaire qui eût pu aider Jean de Bertier dans ses multiples activités politiques[27]. Tout laisse à penser que Marie-Louise fut sa première et principale collaboratrice. Après 1926, elle persévéra dans l'engagement politique, mais à sa manière, selon ses possibilités et avec ses propres objectifs.

2.1. Une femme d'influence

Dès avant 1926, Marie-Louise avait développé ses propres réseaux dans le domaine de la protection sociale. Il s'agissait là d'un champ d'action tradition-nel des femmes du milieu aristocratique. Le bénévolat déployé leur permettait de concilier utilité sociale, affirmation de leur différence et légitimation de leur parti-cipation aux mondanités[28]. Marie-Louise agit à titre individuel en répondant à de multiples demandes d'assistance[29]. Elle s'inscrivit aussi dans le mouvement asso-ciatif. Elle dirigea, semble-t-il, la section mosellane de l'Association alsacienne et lorraine de puériculture[30]. Après 1926, elle hérita d'une grande partie des réseaux construits par son mari. Elle récupéra la présidence de la section thionvilloise de la Société de secours aux blessés militaires (SSBM, ancêtre de la Croix-Rouge)[31]. La façon dont le poste lui fut offert prouve que son engagement était antérieur au décès de son mari : « vous êtes l'âme et l'animatrice de nombreuses et si utiles œuvres du comité »[32]. Toutefois, le souvenir de Jean laissa parfois Marie-Louise dans l'ombre. Le programme de la 14e traversée de Thionville à la nage, organisée le 23 juillet 1939 par le Sporting-club thionvillois, présente les portraits de Jean et d'Arnaud, mais ne cite à aucun moment Marie-Louise. L'historique de la course se contente de préciser :

> Monsieur le comte de Bertier [...] avait bien voulu doter la « Traversée » d'un superbe challenge. Fidèle à la tradition établie par son chef, prématurément disparu, la famille de Bertier a continué à manifester à notre société sa générosité amicale[33].

---

27 Richshoffer se cantonnait aux questions patrimoniales et sa trace est d'ailleurs perdue après 1926.

28 SAINT-MARTIN (de), Monique, *L'espace de la noblesse*, Paris, Métailié, 1993, p. 167-168. Marie-Louise elle-même n'était pas issue de la noblesse mais elle était devenue « la comtesse de Bertier » par son mariage.

29 Par exemple, ALG, Lettre de Lucie Schmit à Marie-Louise, 25 février 1927 : « dernièrement encore, quelqu'un disait de vous : elle est foncièrement bonne, elle aide de tout cœur là où elle peut ». Suite à cette flatterie, la requérante sollicita un prêt de 5 000 francs, qu'elle s'engageait à rembourser avec 10 % d'intérêts.

30 ALG, Association alsacienne et lorraine de puériculture, Procès-verbaux de réunion du bureau permanent de la section mosellane, 9 avril 1932 et 5 novembre 1932.

31 La Croix-Rouge fut créée en août 1940 par la fusion de la SSBM et de deux autres associations satellites (<www.croix-rouge.fr>).

32 ALG, Lettre du général T. de [Dant... ?], délégué de la SSBM, à Marie-Louise, 23 décembre 1926.

33 ALG, Programme officiel de la 14e traversée de Thionville à la nage et de la fête de la natation, juillet 1939.

Ce fut pourtant nécessairement Marie-Louise qui décida du maintien des gratifications accordées aux vainqueurs. Cet exemple nous montre combien une lecture trop littérale des archives conduirait à faussement minimiser son rôle. En réalité, elle reçut sans doute une nombreuse correspondance, seulement en partie conservée. Elle reprit à son compte cette activité d'intercession, typique des hommes politiques, et que Jean avait, avant elle, exercée. Il est d'ailleurs remarquable de noter qu'on s'adressait à elle comme si elle disposait d'un mandat politique. Prenons deux exemples. L'une de ses interlocutrices, souhaitant une assistance médicale, s'était naturellement tournée vers le maire de sa commune, qui avait transmis la requête au préfet. Devant l'absence de réponse de ce dernier, elle changea de tactique, et s'adressa à Marie-Louise « en voulant espérer, Madame la comtesse, que votre demande en ma faveur sera plus favorisée »[34]. De même, le curé de Terville écrivit à Marie-Louise en pensant profiter de ses contacts au Luxembourg :

> Mon paroissien Süss aimerait bien que ses enfants lui soient rendus, même s'ils se plaisent bien en Allemagne – affirmation qui me semble sujet à caution. Ce serait donc bien si le gouvernement luxembourgeois pouvait se saisir de l'affaire[35].

Marie-Louise disposait donc d'un véritable poids politique à une échelle locale transnationale, mosellane et luxembourgeoise. Nous avons également trouvé trace d'un voyage effectué en Allemagne en décembre 1937. Elle y fut invitée par Kurt von Lersner, qu'elle avait connu aux États-Unis en 1914 : « *Comtesse de Bertier ist die Witwe des früheren französischen Militär-Attachés in Washington und mir bekannt* »[36]. Ainsi donc, par-delà la Grande Guerre et la défiance conservée par Jean de Bertier envers une Allemagne vue en ennemie, les Bertier avaient gardé des contacts avec certains Allemands. Par cet intermédiaire, Marie-Louise approcha certaines grandes figures du IIIᵉ Reich puisqu'elle participa à des repas comptant parmi les convives Franz von Papen et le futur maréchal von Rundstedt[37]. Ces réceptions nous rappellent le maintien de toute une vie mondaine sous le IIIᵉ Reich[38]. Lersner, Papen, Rundstedt partageaient des idées très conservatrices et nationalistes. Sans être des nazis fanatiques, ils étaient devenus des dignitaires du

---

34 ALG, Lettre de Madame Henri Cornéo à Marie-Louise, 22 décembre [année manquante].

35 ALG, Lettre de l'abbé Houldinger, curé de Terville, à Marie-Louise, 25 octobre 1939. Les deux enfants en question étaient en vacances en Allemagne quand la guerre fut déclarée (3 septembre 1939).

36 ALG, Sauf-conduit délivré par l'attaché militaire allemand à Paris, 29 décembre 1937. Kurt von Lersner avait été secrétaire d'ambassade à Washington en 1914 : « je connais la comtesse de Bertier. Elle est la veuve de l'ancien attaché militaire français à Washington » (traduction de l'auteur).

37 ALG, Deux listes de convives, à l'occasion du voyage de Marie-Louise en Allemagne en décembre 1937. Papen était aussi une vieille connaissance de Marie-Louise puisqu'il avait été attaché militaire allemand à Washington en 1914, et qu'il y avait également connu Lersner...

38 Voir à ce propos l'ouvrage de Fabrice d'ALMEIDA, *La vie mondaine sous le nazisme*, Paris, Perrin, 2008, 529 p.

régime[39]. La difficulté ici est de déterminer comment ils purent être considérés par Marie-Louise. Nous manquons de sources pour pousser plus en avant l'analyse. Nous ne savons ni ce qui se dit au cours de ces repas, ni ce à quoi Marie-Louise occupa le reste de son voyage en Allemagne, ni les sentiments et jugements qu'elle put en tirer sur le nazisme[40]. Retenons pour le moment que ses très vastes réseaux lui permettaient d'envisager des formes d'actions réellement politiques.

2.2. Le combat pour les droits des femmes

Précisons d'emblée le vocabulaire utilisé. L'entre-deux-guerres vit un essor des associations *féminines*. Beaucoup opéraient en dehors du champ politique, comme la Ligue féminine de l'action catholique française, fondée en 1933, et dont Marie-Louise fut membre. D'autres réclamèrent davantage de droits politiques pour les femmes : on peut donc les qualifier de *féministes*. Les partisans du vote des femmes furent qualifiés de *suffragistes*. Ils étaient nombreux, notamment à droite. Leurs adversaires tentèrent de déconsidérer les femmes combattant pour leurs droits civiques en les affublant du sobriquet de *suffragettes*[41].

Marie-Louise s'engagea dans l'Union nationale pour le vote des femmes (UNVF), fondée en 1920 : « depuis plusieurs années, je suis pour la Moselle présidente de l'Union nationale pour le vote des femmes, dont la présidente générale à Paris est Madame la duchesse de La Rochefoucauld »[42]. Cette dernière présida l'association dans les années 1930 et en fit une structure très active. De 1931 à 1937, plus de 600 réunions furent organisées, ainsi que 6 congrès nationaux, 6 congrès régionaux. L'UNVF comptait de solides soutiens parmi les élites, revendiquait 100 000 adhérents et publiait un journal, *L'Union nationale des femmes*. Il s'agissait de l'association féministe aux plus gros effectifs et au plus gros budget[43].

---

39 Le sujet, complexe, ne peut être développé ici. Après avoir été brièvement chancelier en 1932, Papen facilita l'arrivée de Hitler au pouvoir, devint son vice-chancelier en janvier 1933, puis resta actif dans la diplomatie à partir de 1934. Il figura parmi les 21 accusés du procès de Nuremberg mais fut acquitté des quatre chefs d'accusation. Rundstedt devint un des maréchaux de la *Wehrmacht*. Accusé de crimes de guerre, il échappa, pour raisons de santé, à son procès. Signalons la récente biographie de Laurent SCHANG, *Von Rundstedt. Le maréchal oublié*, Paris, Perrin, 2020, 400 p.

40 La question du voyage dans l'Allemagne nazie peut être explorée à partir du livre dirigé par Olivier DARD, Emmanuel MATTIATO, Christophe POUPAULT et Frédéric SALLÉE, *Voyager dans les États autoritaires et totalitaires de l'Europe de l'entre-deux-guerres : confrontation aux régimes, perceptions des idéologies et comparaisons*, Chambéry, LLSETI/Université Savoie Mont Blanc, 2017, 254 p.

41 RIPA, Yannick, *Les femmes, actrices de l'Histoire. France, 1789-1945*, SEDES/HER, collection « Campus histoire », 1999, p. 116-119, BARD, Christine, *Les filles de Marianne. Histoire des féminismes 1914-1940*, Paris, Fayard, 1995, p. 274 et 348 et DESANTI, Dominique, *La femme au temps des années folles*, Stock/Laurence Pernoud, 1992 [1984], p. 299.

42 ALG, Document dactylographié, sans date, certainement le texte d'un discours de Marie-Louise devant les membres mosellans de l'UNVF.

43 BARD, p. 268-269 et 271 et ALG, Sorte de programme de l'UNVF, sans date [après 1934]. Christine BARD indique que certaines catholiques refusaient ce qualificatif de « féministes » (p. 280).

Marie-Louise, à la tête du groupement de la Moselle, veilla à informer les membres départementaux des activités du mouvement :

> Tous les ans nous envoyons un message au président du Conseil ; comme il faut s'y attendre ce message ne donne aucun résultat. Nos messages périodiques s'endorment à la présidence du Conseil et pourtant que de démarches, que de visites au Sénat, à la Chambre, que de pétitions[44] !

Nous disposons de l'un de ces messages au chef du gouvernement, reproduit dans *l'Est républicain*. Le quotidien régional publia la lettre rédigée par Marie-Louise, à l'occasion d'une réunion départementale de l'UNVF. Elle mentionna les multiples soutiens politiques locaux ayant assisté à la réunion : le président du conseil général, le président de la Fédération des anciens combattants et le maire de Metz. Elle n'hésita pas à comparer la situation française à celle des pays voisins et à se montrer combative :

> Le 13 janvier 1935 les Sarroises votaient pour Hitler. Tout sentiment national mis à part, que pouvait leur offrir la France au point de vue civique ? […]
>
> Nous regrettons infiniment, Monsieur le président du Conseil, de venir vous importuner d'une question qui vous semblera puérile en face des grands problèmes de l'heure, mais pour nous, femmes de France, elle est de majeure importance, puisque, ainsi que les hommes, nous subissons les décisions du gouvernement[45].

En refusant le droit de vote aux femmes, la France était, en effet, à la traîne des pays européens. Ce retard devait être particulièrement ressenti par les Mosellanes, puisque leurs voisines luxembourgeoises et allemandes purent participer aux élections dès 1919. Plus encore, le retour de l'Alsace-Lorraine à la France en 1918 eut comme conséquence inattendue d'y priver les femmes d'un droit de vote qu'elles eussent obtenu si le territoire était resté allemand[46]. La Chambre des députés vota en faveur du suffrage des femmes en 1922 puis en 1932, mais le Sénat enterra par deux fois le projet. Une possibilité de rattrapage se présenta en 1934. L'émeute du 6 février provoqua une crise de régime. Le nouveau gouvernement, dirigé par l'ancien président de la République Gaston Doumergue, réfléchit à une réforme de l'État visant essentiellement au renforcement du pouvoir exécutif[47]. Peut-être que l'UNVF et les autres associations suffragistes profitèrent de l'occasion pour pousser leurs revendications. Une des interlocutrices de Marie-Louise lui souhaita en effet

---

44 ALG, Document dactylographié, sans date, certainement le texte d'un discours de Marie-Louise devant les membres mosellans de l'UNVF.

45 ALG, Coupure de presse de *l'Est républicain*, sans date [1935, ou plutôt les années suivantes, sinon il n'aurait pas été utile de mentionner l'année 1935 (« le 13 janvier 1935 ») dans le corps du texte].

46 RIPA, p. 118. L'auteur cite une lettre d'une autre association suffragiste, l'Union française pour le suffrage des femmes, adressée aux députés en 1919 : « faut-il encore leur laisser répéter [aux femmes des pays ennemis] aux femmes d'Alsace et de Lorraine qu'en redevenant nos sœurs, elles ont perdu toute chance de conquérir le bulletin de vote que possèdent les Allemandes ? ».

47 BERSTEIN, Serge, *La France des années 30*, Paris, Armand Colin, collection « Cursus », 2011 [1988], p. 91.

« de parfaites réussites politiques » en juillet 1934[48]. Les archives sont cependant trop peu explicites pour que l'on puisse être certain d'une totale corrélation entre les actions de Marie-Louise et les projets du gouvernement. Ce dernier présenta sa réforme à l'automne 1934, mais fut renversé avant d'avoir pu la concrétiser[49]. On comprend donc l'amertume de Marie-Louise lorsqu'elle mentionna les Sarroises[50]. La Chambre renouvela son vote en faveur du suffrage féminin en 1935 et encore en 1936, mais le Sénat maintint son blocage. La seule avancée fut, en 1938, une réforme du code civil assurant l'émancipation en droit de la femme mariée[51]. Il fallut attendre la Libération de 1944 pour que les femmes françaises obtinssent le droit de vote.

On pourrait donc conclure à l'échec du mouvement suffragiste en général et de Marie-Louise en particulier. Une des causes principales fut l'absence d'unité du mouvement[52]. Les différentes associations féministes représentaient des idées et des conceptions très différentes de la femme et de son rôle dans la société. Les luttes étaient aussi féroces que celles opposant les partis politiques :

> Mardi soir, 28 courant, aura lieu à Thionville, salle de l'ancien hôtel de ville, une réunion pour le vote des femmes, organisée par Madame Dufays, de Metz, présidente départementale de l'Union française [pour le suffrage des femmes, UFSF, association concurrente de l'UNVF]. L'Action catholique féminine prévient ses adhérentes qu'elle leur interdit absolument de s'inscrire à ce groupement, ni même d'assister à une seule de ses réunions.[53]

L'Action catholique était intimement liée à l'UNVF, cette dernière prenant en charge les revendications politiques des femmes catholiques. Marie-Louise appartenait à ces deux associations, et présidait la section départementale de la seconde. On peut donc penser qu'elle rédigea, suscita ou, tout du moins, valida les lignes précédentes. *Mutatis mutandis*, l'action *associative* de Marie-Louise ressemblait donc de près à l'action *politique* de son mari. Tout comme lui, elle agit contre celles

---

48 ALG, Lettre de [H. de Quénétain], à Marie-Louise, 14 juillet 1934.

49 BERSTEIN, *La France des années 30*, p. 91-92.

50 Précisons simplement que le référendum de janvier 1935 proposa trois alternatives aux habitants : l'intégration au *Reich* (plus de 90 % des voix), le maintien de l'administration par la Société des nations (presque 9 %) ou l'intégration à la France (moins de 1 %). Les phrases de Marie-Louise sont intéressantes, car elles proposent une motivation autre que nationale au vote des Sarroises, sans que l'on puisse en mesurer la réelle ampleur. Il faut aussi indiquer que le vote se déroula sous influence de la propagande nazie et des autorités locales (l'Église notamment) et que ses résultats sont donc contestables.

51 BARD, p. 361 et RIPA, p. 119. L'émancipation demeura très incomplète puisque le mari était déclaré « chef de famille » et que les régimes matrimoniaux restaient inchangés – seule la séparation de biens garantissait l'émancipation (p. 364-365).

52 RIPA, p. 12 et BARD, p. 453. Pour expliquer le déclin du mouvement suffragiste à la fin des années 1930, Yannick Ripa insiste sur les facteurs externes (crise économique, montée des fascismes) et Christine Bard sur les facteurs internes (dispersion des efforts, trop grande révérence envers les autorités).

53 ALG, Tract de la Ligue féminine de l'Action catholique française [dénommée « Action catholique féminine » dans le texte], sans date.

qu'elle considérait comme des adversaires. Tout comme lui, elle veilla à entretenir et à conserver ses réseaux, c'est-à-dire une clientèle, et finalement son pouvoir. Emily Machen remarque d'ailleurs que les postes à responsabilité des grandes associations comme l'UNVF donnèrent à des femmes comme Marie-Louise « *a church-accepted voice in a community where women's leadership opportunities were limited* »[54]. Il n'était donc pas évident pour Marie-Louise d'acquérir une position de pouvoir. Le fait qu'elle y parvînt représentait déjà, à titre personnel, un succès, bien que les revendications du mouvement, elles, fussent tenues en échec.

Poursuivons le parallèle avec Jean de Bertier en déterminant quelle carrière Marie-Louise accomplit au sein du mouvement suffragiste. Il semble que, tout comme son mari resta un parlementaire moyen, essentiellement actif sur les problématiques locales, Marie-Louise n'acquit aucune envergure nationale. Son nom ne figure pas dans *Problèmes nationaux vus par des Françaises*, ouvrage dans lequel la duchesse de La Rochefoucauld et huit autres dirigeantes de l'UNVF présentaient leurs propositions dans de multiples domaines, de la justice à la défense[55]. Son nom n'apparaît pas non plus dans le « glossaire des groupes et personnalités marquantes » qu'Anne-Sarah Moalic insère à la fin de son récent ouvrage consacré au droit de vote des femmes en France[56]. Marie-Louise resta donc une dirigeante locale, voire régionale, mais très active, car n'hésitant pas à s'adresser, même sans réponse, à des instances nationales. Dans sa pratique Marie-Louise avait donc tout d'une femme politique. Il nous reste à exposer ses idées, et à déterminer si ces dernières aussi s'inscrivaient dans la continuité de celles de son mari.

2.3. *Entre modération et conservatisme*

Yannick Ripa distingue trois types de féministes, couvrant peu ou prou le spectre politique de l'époque : les radicales, les réformistes et les modérées, ce dernier groupe étant associé aux catholiques et à l'UNVF[57]. On retrouve ici la définition très large de la modération, englobant quasiment toute la droite, à l'exception de ses franges les plus extrêmes, antiféministes et donc non concernées[58]. Marie-Louise se classe évidemment, au premier abord, parmi ces modérées.

---

54 MACHEN, Emily, « *Catholic women, international engagement and the battle for suffrage in interwar France : the case of the Action sociale de la femme and the Union nationale pour le vote des femmes* », [*in*] *Women's history review*, Volume 26, 2017, p. 229-244, <https://doi-org.bases-doc.univ-lorraine.fr/10.1080/09612025.2016.1181336> : « un moyen d'expression accepté par l'Église, dans une communauté où les possibilités offertes aux femmes d'accéder aux responsabilités étaient rares » (traduction de l'auteur).

55 LA ROCHEFOUCAULD (de), Edmée, (*et alii*), *Problèmes nationaux vus par des Françaises*, Paris, Éditions du Sagittaire, 1934, 238 p.

56 MOALIC, Anne-Sarah, *La marche des citoyennes. Le droit de vote des femmes en France 1870-1944*, Paris, Éditions du Cerf, 2021, p. 209-239. Marie-Louise est toutefois l'une des dix femmes nobles mentionnées par Bertrand Goujon comme membres éminentes des comités de l'UNVF (*Je maintiendrai*, p. 679).

57 RIPA, p. 116.

58 *Ibidem*, p. 120. Nous parlons des franges les plus extrêmes, fascisantes mais aussi réactionnaires (non ralliées à la République, encore légitimistes et/ou cléricales).

Tentons de préciser son positionnement. Il apparaît très clairement que son engagement politique procédait de considérations religieuses : « dans l'ordre spirituel, elle [la femme] est son égale absolue [de l'homme] puisque notre seigneur Jésus-Christ a dit : "il n'y a plus ni homme ni femme vous êtes un en Jésus-Christ" »[59]. De plus, Marie-Louise était réticente à rallier le régime républicain : « la femme française s'est inclinée pendant 145 ans devant l'absolutisme de la République, lui enlevant les quelques droits civiques qu'elle possédait sous l'Ancien Régime »[60]. Tout à son objectif de donner davantage de droits aux femmes, Marie-Louise revisita l'histoire du XIXe siècle, en quelques lignes polémiques :

Napoléon, ce Latin épris de Rome, raya définitivement la femme du rôle national. Le code civil, enfant du code romain, régit encore notre époque. La femme française n'est pas et ne doit pas être une citoyenne, elle n'est que la fille, la femme, la mère du Français.

Après l'Empire, la Restauration avait sur les bras une trop lourde tâche pour s'occuper des femmes ; la Monarchie de Juillet ne s'en occupa pas davantage. Après la Révolution de 1848, quelques femmes très avancées d'idées réclamèrent aux côtés des hommes le suffrage universel ; elles obtinrent le suffrage, mais il ne fut que masculin.

Après le coup d'État du 2 décembre [1851], le Second Empire comme les gouvernements précédents ignora la moitié des Français. Vint l'année terrible 1870-1871. Nos meilleures provinces arrachées de nous-mêmes ! En 1873, une constitution bâtarde hâtivement bâclée dans l'attente d'une monarchie donna tous les maux dont le pays souffre aujourd'hui[61].

À ses yeux, seule la Restauration bénéficiait de circonstances atténuantes. Il ressort d'un tel texte l'impression d'une fidélité légitimiste encore d'actualité en ces années 1930, ce qui pourrait faire douter du ralliement de Jean de Bertier à la République. Ce dernier accepta le régime républicain de la même manière qu'il fut modéré, c'est-à-dire par réalisme, par raison. Au moins la République lui permit-elle de faire une brillante carrière, refusée à son épouse. Marie-Louise pouvait donc laisser libre cours à une acrimonie absente chez son mari et exprimer, par passion, les préférences familiales profondes. On remarque aussi que, dans un programme de l'UNVF, elle barra le paragraphe laissant aux adhérentes libertés de soutien entre les trois formations politiques modérées et/ou de droite, à savoir l'ARD, le PDP et la FR[62]. On ne peut que très difficilement interpréter le sens de cette rature[63]. Quoi qu'il en soit, tous ces éléments l'éloignent et la séparent de toute modération, au sens politique, sans qu'elle semble proche des ligues pour autant.

---

59 ALG, Document dactylographié, sans date, certainement le texte d'un discours de Marie-Louise devant les membres mosellans de l'UNVF.

60 ALG, Coupure de presse de *l'Est républicain*, sans date. Si les « 145 ans » sont rigoureux, le texte daterait de 1937 ou 1938 (1792+145).

61 ALG, Document dactylographié, sans date, certainement le texte d'un discours de Marie-Louise devant les membres mosellans de l'UNVF.

62 Le Parti démocrate populaire (PDP), fondé en 1924, était de mouvance démocrate-chrétienne.

63 ALG, Sorte de programme de l'UNVF, avec des marques de lecture de Marie-Louise, sans date. Était-elle contre la liberté de choix entre les trois formations ? Contre toute référence à des partis existants, dans un souci de s'adresser à toutes les femmes ? Ou bien s'agissait-il d'un refus du régime et donc de tous ceux qui y participaient ?

Continuons notre analyse en nous intéressant de plus près aux idées politiques défendues par Marie-Louise. Ces dernières découlaient de son fervent catholicisme. On retrouvait d'abord l'anticommunisme : « les forces occultes, le bolchevisme cherchent en sapant les valeurs religieuses et morales de la France à préparer sa ruine ». Venait ensuite la volonté d'universalité, de s'adresser à toutes les femmes « qu'il s'agisse de la travailleuse, de l'ouvrière, de la femme agricole, de la femme commerçante ». Enfin, et surtout, il n'était pas question d'une véritable égalité entre les hommes et les femmes :

> J'ai souvent parlé dans le département de nos droits civiques et du vote des femmes. Il est évident que si, dans le domaine politique et civique, la femme se sentait l'égale de l'homme tout en lui restant absolument soumise dans l'exercice de ses devoirs, elle se sentirait davantage son égale dans le domaine intellectuel[64].

Cette dernière idée montre l'attachement de Marie-Louise, et des catholiques en général, aux rôles sexuels traditionnels[65]. Derrière la primordiale revendication du suffrage, l'UNVF développait surtout un programme « social et familial »[66]. Elle s'appuyait sur « l'argument maternel » : l'expérience personnelle des femmes sur les questions de la maternité et de l'enfance leur donnait une légitimité politique[67]. Cela conduisait aussi à cantonner principalement la femme dans son rôle de mère et trouvait une résonance dans le contexte de l'époque marqué par le poids des mouvements natalistes prônant le retour des femmes à la maison. En ce sens, les idées de Marie-Louise étaient tout à fait conservatrices[68].

Pourtant, le modèle de la femme au foyer n'était pas celui de Marie-Louise. Elle ne fut pas satisfaite par l'émancipation civile de la femme mariée accordée en 1938. Elle poursuivit le combat pour obtenir une pleine liberté des femmes quant à l'exercice d'une profession, indépendamment de toute autorisation de leur mari[69]. De même, Emily Machen montre les complexités de l'UNVF : certes, l'association restait conservatrice, mais elle invita les femmes catholiques à repenser les traditions de genre, ne présenta jamais les femmes comme inférieures aux hommes et affirma que sa première mission était la défense et l'éducation des femmes, indépendamment de leur statut de mère[70]. Tous ces éléments nous montrent que Marie-Louise et de l'UNVF développèrent aussi des idées modérées, en plus de l'étiquette conservatrice qui leur est justement associée.

---

64 *Ibidem.* Les « forces occultes » désignaient sans doute la franc-maçonnerie, associée à la laïcisation du pays.

65 BARD, p. 275.

66 ALG, Sorte de programme de l'UNVF, avec des marques de lecture de Marie-Louise, sans date.

67 BARD, p. 270.

68 MACHEN, *op. cit.*

69 ALG, Document dactylographié, avec des corrections de Marie-Louise, sans date. On ne peut déterminer si ce document était de sa main ou fut rédigé par une autre. Le modèle de la femme au foyer s'était diffusé à toutes les catégories sociales pendant l'entre-deux-guerres (MARTIN-FUGIER, Anne, « La maîtresse de maison », [*in*] ARON, Jean-Paul (dir.), *Misérable et glorieuse, la femme du XIXᵉ siècle*, Paris, Fayard, 1980, p. 117).

70 MACHEN, *op. cit.*

Quel jugement peut-on finalement porter sur les femmes catholiques engagées en faveur du droit de vote ? Une première réponse possible, insistant sur le conservatisme des idées défendues, conduit à minimiser leur impact, voire à le juger contre-productif :

> Certes, le ralliement des catholiques au suffrage des femmes est utile à la cause féministe. Mais le « féminisme catholique » est ambivalent et ses militantes sont fidèles au discours de l'Église qui condamne le travail salarié des femmes comme « contre nature » [...]. Or les féministes [des autres associations, radicales ou réformistes] peuvent difficilement faire contrepoids à l'influence des natalistes, des catholiques sociaux, des chrétiennes, qui sont de loin les plus nombreuses.[71]

Il est cependant difficile d'essentialiser les femmes catholiques, tant les positions à l'intérieur de ce groupe étaient différentes. Marie-Louise, par exemple, défendit le travail féminin. Nous pouvons donc adopter le point de vue d'Emily Machen : l'apport fondamental de l'UNVF et de ses dirigeantes comme Marie-Louise fut de faire bouger les lignes à l'intérieur de la communauté catholique, en promouvant une vision qui, malgré ses conservatismes, fit avancer les femmes dans une direction moderne :

> *This made them* [l'UNVF et une autre association étudiée par l'autrice, l'Action sociale de la femme] *vitally important in moving catholic women and the French catholic community in a direction that was more accepting of women's accomplishments outside the home and women's leadership both within and outside the nation.*[72]

On retrouve chez Marie-Louise les ambivalences mises en évidence chez son mari. Leurs idées, quoique conservatrices, furent tempérées par leur volonté d'efficacité et de modernité, ce qui les poussa vers plus de modération. Marie-Louise fut donc la continuatrice de son mari. Certes, elle ne put exercer aucun mandat, mais agit autrement, à travers ses responsabilités associatives et ses réseaux. On peut ainsi certainement, avant l'heure, la qualifier de femme politique.

3. Drame familial et drame national

3.1. Le drame familial : la mort d'Arnaud (1935)

Les archives nous renseignent très peu sur Arnaud. Il n'apparaît que de manière passive, et seulement dans quelques lettres. L'une d'elles, déjà mentionnée, envisageait pour lui une possible carrière de commissaire à l'ARBED suite au décès de son père, en 1926. Nous ne savons en revanche rien de son avis. Il était encore mineur et ne pouvait rien décider par lui-même.

---

71 BARD, p. 283. L'autrice distingue les féministes des catholiques, en affirmant que ces dernières ne se définissaient pas elles-mêmes comme féministes (p. 280). On pourrait ranger Marie-Louise parmi les « chrétiennes ».

72 MACHEN, *op. cit.* : « ces deux associations jouèrent un rôle décisif pour que les femmes catholiques et les catholiques français acceptent l'affirmation des femmes en dehors de leur foyer et leur accession à des postes de responsabilité dans leur pays comme à l'étranger » (traduction de l'auteur).

Pour les années suivantes, nous disposons de quelques pièces laissant penser qu'il échoua à son baccalauréat en 1928 et qu'il fut un élève plutôt médiocre[73]. Nous perdons ensuite sa trace. La mémoire familiale retient qu'il fit HEC[74]. Dans le cadre de son service militaire, il fut affecté, en 1935, au 2e régiment de hussards, basé à Tarbes. Le 1er juin de cette même année, il se rendit avec un autre officier à un concours hippique. Suite au franchissement d'un dos-d'âne, il perdit le contrôle de la Bugatti qu'il conduisait. Le véhicule quitta la chaussée et percuta un arbre sur le bas-côté. Arnaud décéda quelques heures plus tard, à l'âge de 25 ans[75].

Un membre éloigné de la famille écrivit : « je sais qu'il avait dans l'Est une situation tout à fait éminente et que sa mort met en deuil toute une région qui fondait sur lui de grandes espérances »[76]. Cette affirmation est manifestement exagérée. Il semble qu'Arnaud n'occupait pas de responsabilités à l'ARBED, contrairement aux assurances données à Marie-Louise au début de 1927[77]. Ayant fait HEC, il n'aurait sans doute pas accompli de carrière militaire. Se serait-il lancé, à la suite de son père, dans la politique ? Cette question reste et restera certainement sans réponse.

Le drame familial était double. Puisque la noblesse ne pouvait se transmettre que par les hommes, et qu'Arnaud n'avait lui-même aucun enfant et donc aucun fils, sa mort signifiait l'extinction du lignage des Bertier issus d'Anne-Pierre. Ce risque, très présent dans la noblesse française, avait été évité par la famille au XIXe siècle, mais la rattrapa finalement en cette année 1935. À la perte du lignage s'ajoutait, bien sûr, la perte d'un fils et d'un frère. Nous ne disposons d'aucun écrit permettant de savoir comment Marie-Louise et Sylvie, alors âgée de 15 ans, réagirent. À la génération précédente, la disparition de Louise avait profondément marqué ses parents et son frère Jean. Sa mère Henriette s'était en partie réfugiée dans une vie austère à Lagrange. Marie-Louise, restée seule avec Sylvie, ne pouvait pas suivre ce chemin. Elle devait faire face. Tout ceci ne put que renforcer son volontarisme, tant dans ses ambitions politiques que dans sa défense du patrimoine familial. Ce dernier reviendrait à sa fille Sylvie. Pour la première fois, les

73 ALG, Lettre d'un(e) correspondant(e) non identifié(e), depuis New York, 8 janvier 1929 : « *it's too bad you missed your exam last year [...] I hope you succeed this year* » et Bulletin de notes d'Arnaud de Bertier pour octobre 1928, de l'école Bossuet, 6, rue Guynemer, Paris 6e.
74 SELANCY (de), Marie-François, Courriel à l'auteur, 26 juin 2022. Il dut donc réussir son baccalauréat en 1929, sésame déjà « indispensable » dans les élites (BERSTEIN, *La France des années 30*, p. 23).
75 ALG, Coupures de presse de l'*Express du midi*, 2 et 4 juin 1935, et de la *Dépêche de Toulouse*, 3 et 4 juin 1935. Le passager d'Arnaud, le lieutenant Gérard Melchior-Bonnet, 28 ans, décéda sur le coup.
76 ALG, Lettre de Bernard de Solages, 7 juin 1935. En réalité, il ne savait pas grand-chose d'Arnaud, puisqu'il demanda à son oncle, destinataire de la lettre, quels étaient leurs liens de parenté. Le comte de SELANCY nous éclaire à ce sujet : « les Solages sont, je crois, apparentés aux Bertier, car ils descendent de l'intendant massacré en 1789. Je crois qu'une des filles de l'intendant a épousé un Solages. Les liens familiaux ne sont donc pas très proches » (Courriel à l'auteur, 26 juin 2022).
77 SELANCY (de), Marie-François, Courriel à l'auteur, 26 juin 2022.

femmes se retrouvaient donc seules à décider[78]. Ce dernier élément, couplé à la disparition du lignage, donne à la mort d'Arnaud une portée qui le dépasse et qui marque une rupture dans l'histoire des Bertier à Lagrange.

3.2. Le drame national : la guerre recommencée

Terminons notre examen des actions de Marie-Louise par les années 1939-1940, autrement dit les débuts de la Seconde Guerre mondiale. Tentons au préalable d'entrevoir quelles purent être ses convictions lors des dernières années de la décennie, face à la montée du péril nazi, puis suivons-la pendant la drôle de guerre (septembre 1939-mai 1940) et les mois de combat et de défaite (mai-août 1940).

3.2.1. Face à Hitler : le choix de la fermeté

Jean de Bertier avait toujours été un partisan de la fermeté face à l'Allemagne, dans laquelle il voyait l'ennemi principal. Il n'y a pas de raison de penser que Marie-Louise ne partageât pas ce point de vue. Pourtant, dans les années 1930, une partie de la droite et de l'extrême-droite françaises put voir en l'Allemagne devenue nazie un rempart contre le communisme[79]. Jean et Marie-Louise, tous deux très anticommunistes, y prêtèrent peut-être une oreille attentive. La situation évolua suite aux coups de force d'Hitler commencés en 1935 et surtout après la conférence de Munich de 1938. Deux attitudes s'opposaient : les « munichois » prônaient l'apaisement et les « antimunichois » la fermeté. Cette fracture traversait tous les courants politiques, de droite comme de gauche[80].

Un document retrouvé dans les archives nous pousse à conclure que Marie-Louise fut très clairvoyante quant au danger nazi. Peut-être que son voyage en Allemagne fin 1937 joua un rôle dans cette prise de conscience. Elle sut différencier une éventuelle menace communiste, *à l'intérieur* du pays, du réel et seul péril *extérieur* que l'Allemagne faisait peser sur la France. Une de ses correspondantes lui écrivit : « nos pauvres petites voix n'avaient-elles pas raison de clamer dans le désert en ce qui concernait les intentions du gangster Hitler ? »[81]. Suite à l'invasion de la Pologne, la France et le Royaume-Uni déclarèrent la guerre à l'Allemagne le 3 septembre 1939. Au sein de la population française, les divisions et les hésitations des années précédentes laissèrent place à une grande unanimité, faite de résignation, de patriotisme et de détermination à combattre[82].

---

78 Pour une mise en perspective, voir EINRICK, « Les femmes chez les Bertier au XIXᵉsiècle ».
79 GRENARD, Fabrice, *La drôle de guerre. L'entrée en guerre des Français. Septembre 1939-mai 1940*, Paris, Belin, 2015, p. 33 et DURAND, Yves, *La France dans la Seconde Guerre mondiale, 1939-1945*, Paris, Armand Colin, collection « Cursus », 2011 [1993], p. 13.
80 COCHET, François, *Les soldats de la drôle de guerre, septembre 1939-mai 1940*, Paris, Fayard, 2014 [2004], p. 16.
81 ALG, Lettre à Marie-Louise d'une correspondante non identifiée, depuis Lausanne, 30 décembre 1939.
82 COCHET, *Les soldats de la drôle de guerre*, p. 10.

3.2.2. Pendant la drôle de guerre (septembre 1939-mai 1940) : l'action humanitaire en faveur des civils et des soldats

Nous savons que Marie-Louise était une femme engagée. La guerre déclenchée, les féministes mirent leurs revendications en suspens et la plupart des militantes, dont Marie-Louise, se réorientèrent dans l'action humanitaire[83]. Marie-Louise disposait déjà d'une solide expérience en la matière, forgée durant la Grande Guerre. Désormais seule avec sa fille Sylvie, âgée de 19 ans, et à proximité immédiate de la frontière allemande et donc de futurs combats, elle put donner toute la mesure de sa générosité. Elle concourut à l'effort de guerre national de trois façons.

La première forme d'action fut de participer à des œuvres de bienfaisance à destination des soldats. Marie-Louise fut prioritairement sollicitée au sein de ses réseaux aristocratiques, catholiques et politiques. Par exemple, on la pria de devenir membre du comité des dames de l'Union interalliée, présidé par la duchesse de la Rochefoucauld[84]. Marie-Louise répondait souvent favorablement aux demandes qui lui étaient adressées, et cela se sut, favorisant l'afflux de nouvelles sollicitations : « on lui a causé de votre zèle pour des œuvres en faveur des soldats »[85]. Concrètement, il s'agissait de faire des dons, de participer à des comités ou à des événements plus ou moins mondains permettant des collectes[86]. Cela n'impliquait pas de contact direct avec les groupes les plus directement concernés par la guerre, à savoir les populations évacuées et les soldats mobilisés.

Les deux formes d'actions suivantes mirent Marie-Louise en prise directe avec les réalités très spécifiques de cette période que fut la drôle de guerre appelée *Sitzkrieg*, « guerre assise », par les Allemands et *phoney war*, « semblant de guerre », par les Britanniques. François Cochet estime que « cette période de septembre 1939 à mai 1940 est réellement inclassable » et la qualifie à la fois de « vraie-fausse guerre » et de « fausse-vraie guerre »[87]. L'absence d'affrontement armé était le résultat d'une stratégie délibérée des Franco-Britanniques. Ils préféraient temporiser et d'abord renforcer le potentiel militaire des deux pays, dans la perspective de lancer par la suite une offensive contre l'Allemagne, envisagée pour l'année 1941[88]. En attendant, la ligne Maginot devint la ligne de défense française. En Moselle, elle avait été construite à une distance de 15 à 20 kilomètres de la frontière. Les populations vivant au-devant de la Ligne, dans la zone dite A ou rouge, furent évacuées dès les premiers jours de septembre 1939. Dans l'arrondissement de Thionville-est, la mesure concerna les cantons de Sierck (l'ensemble des 26 communes), de

---

83 BARD, p. 457. L'autrice y voit la preuve du grand sens civique de toutes ces femmes.

84 ALG, Lettre de l'Union interalliée à Marie-Louise, 2 avril 1940.

85 ALG, Lettre de P. Wampach, aumônier, à Marie-Louise, 17 février 1940.

86 Donnons l'exemple de deux représentations théâtrales organisées le 21 avril 1940 à Thionville, au profit des œuvres de guerre, et auxquelles Marie-Louise fut conviée (ALG, Lettre de Frédy Cosman à Marie-Louise, 18 avril 1940).

87 COCHET, *Les soldats de la drôle de guerre*, p. 20.

88 *Ibidem*, p. 110-111.

Cattenom (18 communes sur 23) et de Metzervisse (8 communes sur 26)[89]. Le canton de Thionville, dont Jean de Bertier avait été conseiller général, était pour le moment préservé, mais toute une partie des populations proches de Lagrange et intégrées aux réseaux des Bertier durent partir pour le département de la Vienne. Les conditions de départ, de transport et d'accueil dans le Poitou furent globalement difficiles. Pour venir en aide aux réfugiés, les autorités décidèrent la mise en place d'une allocation quotidienne ainsi que de certaines aides en nature[90]. En mars 1940, un sous-secrétariat d'État aux réfugiés fut mis en place et confié à Robert Schuman[91]. Cette assistance publique fut accompagnée d'aides privées. Marie-Louise fut, sans surprise, sollicitée. Elle put fournir trois types d'assistance. Il pouvait s'agir d'une demande de secours direct : un curé évacué lui demanda de lui envoyer une aube. L'aide pouvait aussi être indirecte. Une habitante d'Apach lui écrivit : « je suis devenue pauvre » par suite de l'évacuation et la pria d'envoyer à son fils mobilisé « tant à tant un petit paquet de cigarettes »[92]. Le troisième type d'assistance différait des deux précédents. Il consistait à bénéficier des réseaux de Marie-Louise pour obtenir une autorisation particulière, comme de se rendre dans la zone rouge pour récupérer des effets personnels dans sa maison de famille[93]. Marie-Louise gardait donc toute son influence et sa capacité d'action.

En plus de cette assistance en faveur des civils évacués, Marie-Louise vint également en aide aux soldats, nombreux à proximité immédiate de Lagrange. Le secteur fortifié de Thionville était l'un des mieux défendus, avec les plus gros ouvrages de la ligne Maginot. La détermination à combattre de septembre 1939 s'émoussa avec l'inactivité des mois suivants. La routine quotidienne se transforma peu à peu en ennui. S'y ajoutèrent les difficultés d'une « vie de quasi plein air » pendant des mois d'hiver particulièrement rigoureux. Une grave dépression gagna l'armée française de novembre 1939 à février 1940[94]. Nous en trouvons trace dans les très nombreuses lettres envoyées à Marie-Louise par des soldats comme des officiers. Derrière les formules de politesse et les marques de déférence, ils exprimaient leurs besoins pour briser la monotonie du quotidien, et Marie-Louise souligna au crayon les demandes très diverses qui lui furent ainsi adressées : paires de chaussons ou

89 ODENT-GUTH, Christine, *Les évacués du pays thionvillois. De septembre 1939 à novembre 1940*, Metz, Éditions Serpenoise, 2010, p. 7.
90 ODENT-GUTH, p. 15-34, 43 et 49 et RIGOULOT, Pierre, *L'Alsace-Lorraine pendant la guerre de 1939-1945*, Paris, PUF, collection « Que sais-je ? », 1998 [1997], p. 8-10. Les Alsaciens et Mosellans ne devant jamais dépasser 35 % de la population locale, les habitants de Strasbourg furent répartis dans 357 communes de Dordogne.
91 Il obtenait ainsi son premier portefeuille ministériel.
92 ALG, Lettre de E. Weiten, curé des réfugiés à Sérigny, 22 décembre 1939 et Lettre de Madame [Fisch ?] Grégoire, 16 octobre 1939. La plupart des curés avaient suivi leurs paroissiens évacués (ODENT-GUTH, p. 53).
93 ALG, Lettre de l'abbé Valentiny à Marie-Louise, 15 octobre 1939 : « vous […] qui […] disposez de relations puissantes ».
94 COCHET, *Les soldats de la drôle de guerre*, p. 64, 67 et 70 et GRENARD, p. 249, 299, 310-311. Les soldats britanniques utilisèrent l'expression de *bore war*, « la guerre de l'ennui » (COCHET, p. 12).

d'espadrilles, lainages, harmonicas, cartes à jouer, jeux de dames, livres de lectures, ustensiles pour préparer des boissons chaudes, médailles saintes. Un correspondant écrivit même, dans une fausse retenue : « je n'irai pas jusqu'à demander un appareil à douches »[95]. Au-delà de certains abus liés à la générosité notoire de Marie-Louise, l'examen de ces requêtes confirme les difficultés des conditions de vie des soldats. Ils manquaient de protections contre le froid et de divertissement, mais aussi de contact avec l'extérieur : la demande la plus récurrente fut celle d'un poste de radio (TSF). La consultation de ces lettres permet donc d'approcher finement le vécu des combattants, nouveau champ d'études investi par les historiens depuis deux décennies. Pour compléter, précisons que les dons de Marie-Louise purent aussi donner lieu à détournements, ce qui entraînait une nouvelle demande. Elle se devait donc d'assurer un suivi de ses envois[96]. La seconde est qu'au-delà des demandes matérielles, certains soldats avouaient leur profonde détresse :

> Madame Bertiers la Contesse.
>
> Ces mots sont écrit par un soldat du front, qui sennui beaucoup par tout c'est temp froid, et qui étant seul, serais heureux, de recevoir une petite carte de temp en temp de vous qui me fairais grand plaisir. Car dans ma vie civil le bonheur ma toujours échappé. Ma fiancée étant décédée avant la mobilisation.
>
> Veuilliez Madame la contesse dans l'attente de vos nouvelles resevez mes salutations distinguer. Mercie.[97]

Un possible biais d'interprétation existe ici. Les soldats dont le moral était au beau fixe et qui ne manquaient de rien n'écrivirent pas, ou peu, à Marie-Louise. Les courriers présents dans les archives ne sont donc pas représentatifs de l'ensemble de l'armée. Ils n'en demeurent pas moins révélateurs. Pour combattre la dépression hivernale, les autorités offrirent, pour Noël 1939, des ballons de football et 10 000 postes de radio. Furent également mis en place le théâtre aux armées et les foyers du soldat[98]. Marie-Louise fut particulièrement impliquée dans le développement de cette dernière structure. Il s'agissait de fournir aux soldats un local fermé et chauffé pour qu'ils puissent se réunir, se divertir et se soutenir. Elle installa même une sorte de foyer à Lagrange[99]. Elle rendait aussi régulièrement visite aux soldats. Ceux stationnés à Hettange-Grande eurent le privilège de la voir chaque jour. Un de ses correspondants présente ainsi ce rituel du point de vue des

---

95 ALG, Multitude de lettres de soldats et d'officiers envoyées à Marie-Louise pendant le drôle de guerre.

96 ALG, Lettre du sergent-chef Charles Barré, 73e RI : les offrandes de Marie-Louise auraient été détournées « au profit des chauffeurs et des bureaucrates du 2e bataillon ». Elle annota : « fait », donc elle réagit.

97 ALG, Lettre de Gustave [Baussard ?], 332e RI, à Marie-Louise, sans date. Il demandait, en réalité, à Marie-Louise de devenir sa marraine de guerre, sans utiliser le terme.

98 COCHET, *Les soldats de la drôle de guerre*, p. 158 et GRENARD, p. 320.

99 ALG, Lettre du commandant de La Fournière, 168e RIF, à Marie-Louise, sans date, relatant la considération de ses hommes pour Marie-Louise : « leur bienfaitrice [...] qui est accueillante pour eux lorsqu'ils descendent au repas à Lagrange ».

soldats : « la comtesse qui chaque matin au volant de sa voiture allait les voir et leur distribuait des cigarettes. Ils parlaient de vous avec un respect et une admiration vraiment touchantes »[100]. On peut s'imaginer la scène. Elle nous confirme la générosité et l'activisme de Marie-Louise qui était, à elle seule, une véritable organisation caritative. Elle révèle aussi les différences de conditions de vie et le contraste entre des soldats, immobilisés et rongés par l'ennui, et une dame de la noblesse, se déplaçant avec son propre véhicule et distribuant les largesses. Marie-Louise se constituait une nouvelle clientèle de personnes reconnaissantes, qui en retour lui montraient leur déférence. Nous voyons ici peut-être une des dernières formes de persistance du grand monde et des hiérarchies sociales traditionnelles[101].

Les actions du gouvernement, de la hiérarchie militaire, les initiatives privées comme celles de Marie-Louise et la sortie de l'hiver permirent une amélioration du moral de la troupe dès le mois de mars 1940, avec des exceptions bien sûr[102]. Marie-Louise reçut encore des demandes motivées par le sentiment d'ennui au milieu d'avril : « nous nous ennuyons terriblement à rester des journées entières à attendre, sans pouvoir quitter la position ». Il s'agissait encore d'une demande d'un poste TSF pour laquelle Marie-Louise fournit l'argent et le contact d'un électricien. Elle reçut une lettre de remerciements, son action ayant pu, selon les mots des bénéficiaires, « relever leur moral parfois chancelant »[103]. Pendant le drôle de guerre, Marie-Louise donna son maximum, en temps comme en argent. Elle le fit par patriotisme et par humanité[104]. Elle-même n'était pas, évidemment, militaire, mais, tout comme dans le domaine politique, elle fit comme si, et travailla au quotidien avec les dirigeants, les officiers et les soldats : nous trouvons ici aussi une continuité avec son défunt mari.

3.2.3. Prise dans la tourmente (mai-août 1940) : la persévérance dans l'action

Le 10 mai 1940, les forces allemandes attaquèrent les Pays-Bas, la Belgique, le Luxembourg et la France. Le déclenchement des combats entraîna l'évacuation des populations de la zone dite B ou bleue, située juste derrière la ligne Maginot[105]. Par la suite, les progrès de l'invasion allemande provoquèrent un premier puis un second exode, jetant des millions de Français sur les routes, en direction du sud

---

100 ALG, Lettre de Paul [Frémy ?] à Marie-Louise, 17 décembre 1939.

101 Voir BRAVARD et ALG, Lettre de Marie Jean Berchmans, supérieure générale de l'orphelinat de Pépinville : « vos chers soldats » comme s'ils étaient sinon de la famille, du moins sa clientèle, avec un rapport forcément inégal.

102 COCHET, *Les soldats de la drôle de guerre*, p. 11, 147, 210.

103 ALG, Lettres du sergent-chef Neufcourt, 6ᵉ compagnie de DAT, 16 et 23 avril 1940 : on remarque la grande rapidité de réaction de Marie-Louise.

104 Une analyse très froide conduirait à dire qu'il s'agissait aussi de son intérêt : les soldats défendaient le pays, c'est-à-dire aussi les (grands) patrimoines, et par exemple Lagrange, des destructions ou d'une mainmise ennemie. Thomas PIKETTY insiste d'ailleurs sur la place essentielle des destructions liées à la guerre dans la disparition des fortunes (*Les hauts revenus*, p. 487).

105 ODENT-GUTH, p. 7.

du pays[106]. Nous perdons toute trace de Marie-Louise et de Sylvie, faute d'archives, ce qui témoigne aussi de la profonde désorganisation qui frappa la société tout entière et pas uniquement l'armée, l'État ou l'administration[107]. Pourtant, les combats furent féroces, et l'une des rares pièces conservées s'en fait l'écho :

> Sylvie dearest, tous ceux que vous avez connu du régiment sont morts, je suis seul prisonnier, je ne sais où sont les quelques rares survivants qui ne sont pas plus de cinquante, dont aucun officier : la tradition a été perpétuée, même inutilement[108].

Les pertes de l'armée française en mai-juin 1940 s'établissaient en effet au chiffre de 1 200 à 1 400 combattants par jour, soit bien plus que pendant la Première Guerre mondiale[109]. Marie-Louise et Sylvie continuèrent, semble-t-il, d'agir en faveur des populations. Un ordre de mission de la SSBM d'août 1940 indique :

> La comtesse de Bertier et sa fille Mademoiselle de Bertier de Sauvigny doivent se rendre à Nancy, Metz et Thionville pour y réorganiser les services de la Croix-Rouge et envisager la création des services de ravitaillement pour les réfugiés et les prisonniers. Prière aux autorités civiles et militaires françaises et allemandes de leur faciliter leur mission.[110]

Les deux femmes réussirent-elles à retourner en Moselle, annexée de fait au *Reich* ? Nous ne pouvons pas répondre à cette question. Toujours est-il que Marie-Louise et Sylvie se retrouvèrent à Paris en août 1940[111]. La guerre mondiale ne faisait que commencer, mais déjà les contemporains pressentaient que rien ne serait plus comme avant : « écrivez-moi Sylvie. C'est à notre génération qu'incombera de bâtir sur les ruines la France de demain »[112].

Conclusion : continuités et ruptures

Au terme de cet épilogue, il paraît légitime d'avoir présenté et analysé ces années 1926 à 1940, tant la continuité fut forte entre les actions de Jean de Bertier et celles de son épouse, à tous les niveaux, aussi bien dans la défense du patrimoine que dans la volonté d'action politique et dans la détermination à défendre le pays. Les époux partageaient les mêmes idées conservatrices, mais avec des tonalités et des modes d'action les rapprochant des modérés. L'originalité de l'accent mis sur Marie-Louise fut de révéler son combat pour les droits des femmes.

---

106 ALARY, Éric (dir.), *Les Français au quotidien, 1939-1949*, Paris, Perrin, collection « Tempus », 2009 [2006], p. 62.

107 DURAND, p. 22.

108 ALG, Lettre d'Alain de Kergoër à Sylvie, depuis son camp de prisonniers en Allemagne, 29 juillet 1940.

109 COCHET, François, « Relire la défaite à l'aune de l'historiographie récente », [*in*] VERGNON, Gilles et SANTAMARIA, Yves (dir.), *Le syndrome de 1940. Un trou noir mémoriel ?*, Paris, Riveneuve éditions, collection « Actes académiques », 2015, p. 29.

110 ALG, Ordre de mission de la SSBM, 29 juillet 1940.

111 ALG, Lettre d'un correspondant non identifié à Marie-Louise, 19 août 1940.

112 ALG, Lettre d'Alain de Kergoër à Sylvie, 29 juillet 1940.

Malgré ces continuités très fortes, les années 1926 à 1940 furent annonciatrices de profondes ruptures, indépendantes de la volonté de Marie-Louise. La mort d'Arnaud condamna le lignage des Bertier, et la guerre recommencée allait détruire les grands patrimoines et compromettre le mode de vie aristocratique que nous avons vu persister encore en 1940[113]. En cela, la Seconde Guerre mondiale marqua une profonde césure dans l'histoire familiale, et trouve sa manifestation matérielle dans l'interruption du fil des archives. D'aucuns pourraient voir dans ces ruptures des recommencements. Le fait que Sylvie devînt l'unique héritière des Bertier ne rappelait-il pas l'exemple de Reinette, dernière représentante des Fouquet, 140 années plus tôt ? Terminer notre étude en 1940 nous renvoie ainsi vers le prologue, et nous permet de boucler le cycle des Bertier à Lagrange.

113 Autant Thomas PIKETTY qu'Alice BRAVARD considèrent que ce fut la Seconde Guerre mondiale qui, plus que les années 1930, firent de ces deux phénomènes, souvent proclamés mais en réalité toujours retardés, une réalité.

Conclusion

1. Prudence et précautions

1.1. Une biographie définitive ?

De prime abord, une telle expression peut surprendre. Par définition, aucun travail historique ne saurait être « définitif ». Si le passé, lui, est définitivement figé, l'histoire, elle, évolue sans cesse, par le renouvellement des questionnements, la découverte de nouvelles sources et la réinterprétation des précédentes. Chaque synthèse clôturant un travail scientifique suscite elle-même de nouvelles problématiques. Pourtant, François Dosse indique que les éditions Flammarion préféraient publier des biographies « définitives », accomplissant une longue carrière éditoriale[1]. L'adjectif « définitif » relève donc de contraintes commerciales, et non de motivations scientifiques. Il permet toutefois de s'interroger sur la longévité d'un travail biographique. Plusieurs raisons nous font penser qu'une future étude de Jean de Bertier est improbable et que cet ouvrage revêt *de facto* un caractère définitif.

Tout d'abord, il ne faut pas oublier que Jean de Bertier reste, dans tous les domaines, un acteur secondaire. Or, seules les grandes figures font l'objet de multiples biographies. Bartolomé Bennassar le regrette, en souhaitant davantage de travaux tournés vers les « personnages obscurs dont la vie a pu être passionnante »[2]. Rien qu'en France, au cours des dernières années, Cléopâtre a fait l'objet de nouvelles études, dont celles rédigées par les universitaires Christian-Georges Schwentzel et Bernard Legras. Ce dernier justifie d'ailleurs son entreprise par l'utilisation de nouvelles sources[3]. La multiplication des travaux biographiques ne ressort donc pas seulement de l'engouement du public pour les personnages les plus célèbres. Ceux-ci suscitèrent dès leur vivant une intense production documentaire, qui fournit encore aujourd'hui de nouveaux matériaux à l'historien.

Il faut donc s'interroger sur de possibles sources supplémentaires relatives à Jean de Bertier. Elles existent. À Lagrange, je n'ai pas lu l'absolue totalité des pièces conservées. Je pense principalement aux demandes d'intervention adressées à Jean de Bertier, du fait de ses mandats politiques. En ce qui concerne les fonds publics, il pourrait être utile d'effectuer des recherches aux archives départementales de Paris (pour les originaux de la succession de Jean de Bertier) et de l'Essonne (par rapport au domaine de Sainte-Geneviève-des-Bois). Une étude cadastrale des propriétés

---

1 DOSSE, *Le pari biographique*, p. 34.
2 BENNASSAR, *op. cit.*
3 SCHWENTZEL, Christian-Georges, *Cléopâtre, la déesse-reine*, Paris, Payot, 2014 et LEGRAS, Bernard, *Cléopâtre l'Égyptienne*, Paris, Les Belles Lettres, 2021, p. 21-22.

possédées sur les communes de Dudelange, Kayl et Bettembourg permettrait de préciser les possessions foncières au Luxembourg, et leur évolution, en les mettant en perspective avec les travaux réalisés par Antoine Paccoud[4]. Toutefois, l'exploitation de ces sources nécessiterait beaucoup de temps, pour un résultat relativement faible[5]. Bien sûr, elles présentent un intérêt, mais dans le cadre d'une problématique limitée. Une biographie globale de Jean de Bertier nécessiterait de reprendre, avant tout, les archives que j'ai déjà compulsées. L'argument des nouvelles sources pour une nouvelle biographie paraît donc très peu convaincant.

Toujours à propos des sources, il faut rappeler que j'ai bénéficié d'une conjonction rare entre mes propres études, la confiance de la famille de Selancy et la disponibilité des archives. Je suis heureux d'avoir pu faire de ces dernières la matière et la matrice d'une biographie scientifique, diffusée et publiée. Comme le note Claude-Isabelle Brelot, « c'est le travail de l'historien qui fait l'utilité de la conservation des archives privées et qui lui donne sens »[6]. Il est aussi du rôle de l'historien de chercher de nouvelles sources, et, quand il en décèle, de les exploiter pour enrichir par son travail la bibliographie existante.

Les propriétaires privés de fonds d'archives ont la possibilité de les transférer aux archives départementales. Cela suscite tout un processus, décrit par Christine Nougaret et Pascal Éven, que l'on peut résumer comme suit : sélection chez le propriétaire, convoiement, vérification de l'état sanitaire, enregistrement, reçu, dénomination du fonds, tri et classement[7]. Le comte Pierre-Antoine de Selancy préfère toutefois maintenir les archives à Lagrange, leur demeure de toujours. Dans le cadre de la restauration du château, en cours, une pièce spéciale devrait leur être consacrée et permettra, peut-être, d'accueillir certains chercheurs intéressés à leur consultation. L'essentiel des pièces, tirées de leur sommeil par ma lecture, pourra sans doute paisiblement se rendormir à Lagrange[8].

1.2. *Une reconstruction partielle*

Il est impossible de reconstituer de manière exacte le passé. Tout travail historique est une reconstruction. L'« illusion biographique », dénoncée par Pierre Bourdieu et mentionnée en introduction, reste une caractéristique innée du genre. Ainsi, la structuration détaillée, en parties et sous-parties, donne à la vie de Jean de Bertier une cohérence et une logique non pas fictives, mais tout du moins grossies. Sans revenir sur les autres pièges du genre biographique, présentons ici trois

---

4   Antoine Paccoud travaille notamment sur la question de la concentration foncière et immobilière au Luxembourg. Les Bertier seraient une sorte d'exemple décalé dans le temps, puisqu'ils accumulèrent des biens fonciers au Luxembourg au XIXe siècle, avant de s'en désengager à partir des années 1920.

5   Gilles REGENER, conservateur aux archives nationales de Luxembourg (section économique) convient du côté fastidieux d'une telle recherche, en l'absence d'outils informatiques disponibles adaptés (conversation avec l'auteur, 1er août 2022).

6   BRELOT, [*in*] FAVIER, p. 87.

7   NOUGARET et ÉVEN, p. 116-126.

8   Un travail de numérisation serait également, aussi bien dans le cadre public que privé, improbable.

nouvelles réflexions qui en établissent les limites. Elles prennent mieux leur place en conclusion qu'en introduction, tant elles permettent de garder une distanciation *a posteriori*, une fois le travail achevé.

En premier lieu, Charles Dupêchez estime que si « le biographié ressuscitait, il ne pourrait pas se reconnaître dans une biographie écrite sur lui »[9]. Les mots sont peut-être exagérés. Disons plutôt qu'il ne s'y reconnaîtrait que partiellement. Ce phénomène peut être expliqué de plusieurs manières. Il faut, d'abord, prendre en compte la différence de cadre spatio-temporel dans lequel biographe et biographié évoluent. Toute biographie reste une production du présent. Elle s'adresse aux contemporains de l'auteur, non à un personnage d'une autre époque, fût-il le personnage analysé lui-même.

Dans le même ordre d'idées, toute biographie relève, à travers ses questionnements, de choix subjectifs de l'auteur[10]. Ce dernier place la focale là où il l'entend, sur des thèmes qui n'étaient peut-être pas une préoccupation principale du biographié. J'ai, autant que possible, essayé d'articuler les questionnements aux sources disponibles. Le but est de tenir l'équilibre, c'est-à-dire de ne pas trop s'éloigner de Jean de Bertier en sacrifiant à quelque mode historiographique, sans pour autant rester enfermé sur sa personne, ce qui représenterait un second écueil.

Malgré tout son travail, l'historien ne peut expliquer la trajectoire d'un individu que de manière partielle ; il doit toujours le faire de manière prudente. Laurent Theis intitule ainsi l'épilogue de sa biographie de Charles le Chauve : « esquisse de portrait d'un roi »[11]. Cette limite ne s'applique pas qu'aux figures antiques ou médiévales. Pensons au célèbre film *Citizen Kane*, dans lequel le secret qui hante le parcours de ce magnat de la presse américain n'est dévoilé qu'à la dernière image (le fameux *Rosebud*) et reste un mystère pour tous ceux qui tentent de le comprendre. Comme tout un chacun, Jean de Bertier avait aussi ses secrets. Nous avons pu en identifier quelques-uns, notamment son activité d'agent de renseignements ou l'identité de certaines liaisons féminines, mais seulement à une certaine période de sa vie, et sans pouvoir non plus déterminer si ce que nous avons établi représentait une petite ou une grande partie de la réalité vécue.

Cette impossibilité de percer tous les secrets d'un être devrait sans doute se perpétuer à l'âge numérique. Les futurs biographes auront-ils le loisir de lire des dizaines de milliers de courriels, de textos et de publications sur les réseaux sociaux ? Quels outils informatiques utiliser pour faire le tri entre l'utile et le facultatif, et comment faire la part de la sincérité et de l'auto-biographisation ? Yves Combeau s'interroge aussi : « l'historien du XXIᵉ siècle devra-t-il, dans l'écriture des biographies, se mettre en quête de ce disque dur en le considérant comme une

9   Cité par DOSSE, *Le pari biographique*, p. 43. Charles Dupêchez était responsable éditorial chez Pygmalion.
10 SÉGAL, p. 20 : l'historien doit accepter l'« objectivation de la subjectivité » c'est-à-dire reconnaître et assumer sa subjectivité, nécessaire à la création historique (qu'il ne faut pas confondre avec la partialité).
11 THEIS, Laurent, *Charles le Chauve. L'empire des Francs*, Paris, Gallimard, 2021, p. 235-239.

pièce maîtresse ? »[12]. Quand bien même toutes les archives pourront être collectées et traitées, le biographe n'en sera pas pour autant plus avancé : « il n'en aura jamais fini, quel que soit le nombre de sources qu'il peut exhumer. De nouvelles pistes s'ouvrent où il risque de s'enliser à chaque pas »[13].

La présente publication montre que j'ai, au moins, évité l'enlisement, mais ai-je pris le bon itinéraire ? Ai-je correctement interprété les archives consultées et les ai-je suffisamment mises en regard de la bibliographie pour en tirer des conclusions solides ? Toutes ces limites, tant objectives que subjectives, rappellent que la biographie n'est qu'une interprétation limitée, à un moment donné, d'un parcours de vie donné, par un historien donné. Ceci ressort bien des titres régulièrement utilisés par les auteurs anglo-saxons pour ce genre d'exercice, qui adjoignent au nom du personnage étudié : « *a biography* »[14]. Cette formulation indique clairement que d'autres lectures sont possibles et légitimes. Elle montre la différence entre l'unicité du biographié (il n'y eut qu'un seul Jean de Bertier) et la pluralité possible des biographies. On retrouve ici la différence entre le passé, figé, et l'histoire, vivante, elle-même nourrie d'échanges, de débats et de controverses entre les historiens[15].

1.3. La part des aléas

Il ne faut pas non plus oublier la part du hasard, que l'on peut mettre en évidence par une réflexion contre-factuelle[16]. Que se serait-il passé si Jean de Bertier n'était pas brusquement décédé en 1926 et avait poursuivi sa carrière de sénateur jusqu'en 1940 ? La retraite venue, il aurait pu classer ses papiers et y effectuer, peut-être, une sélection. Les archives n'auraient pas eu ce caractère figé, *in medias res*, que nous leur avons découvert. Le travail de biographie qui en eût résulté aurait forcément été différent.

Si nous quittons la question de l'écriture de l'histoire pour nous interroger sur la vie de Jean de Bertier elle-même, il faut considérer que certains éléments, très mal documentés, eurent nécessairement un grand impact. Prenons l'exemple de ses relations avec Marie-Louise. Grâce aux agendas de Jean de Bertier, nous avons pu découvrir que le couple traversa une très grave crise en 1917. Il est cependant impossible de déterminer si un *modus vivendi* fut trouvé entre les époux,

12 COMBEAU, Yves, « Les savoirs historiques sur l'écran numérique », [*in*] BARJOT *et al.*, *Regards croisés*, p. 186.
13 DOSSE, *Le pari biographique*, p. 10.
14 Aurais-je pu adopter comme titre *Jean de Bertier : une biographie* ? Cela convient mieux aux figures maintes fois biographiées ; de plus, cela diminue le poids des questionnements, au profit d'une lecture très linéaire de tous les éléments d'une vie. Précisons enfin que la variante *Jean de Bertier : la biographie* serait bien prétentieuse (!).
15 En ce sens, le biographe prend le pas sur le biographié dans la *relation biographique* décrite par Martine BOYER-WEINMANN et déjà évoquée dans l'introduction. Il l'utilise à sa guise, en tire des avantages réels et concrets, tandis que le biographié, généralement décédé, ne peut qu'espérer un éventuel regain mémoriel, non garanti.
16 OFFENSTADT, *L'historiographie*, p. 17 : la démarche est plus employée aux États-Unis (*what if?*) ou en Allemagne (*was wäre geschehen, wenn?*) qu'en France.

et à quelles conditions. Sans pouvoir en dire davantage, il faut garder à l'esprit que d'importantes inflexions furent peut-être imposées à Jean de Bertier par son épouse, ou, au minimum, négociées avec elle.

Il faut aussi penser que plusieurs événements auraient pu, facilement, prendre un tour très différent, et orienter la vie de Jean de Bertier dans une autre direction. L'élection sénatoriale de février 1922 en est une bonne illustration. La victoire de Jean de Bertier fut décisive pour la suite de sa carrière politique. Dans une démarche causale, très classique, j'ai tenté de démontrer les raisons du succès de Jean de Bertier. Ces dernières relèvent de réalités que le chercheur peut attester. Cependant, il s'agit aussi, à l'échelle d'un événement, d'une forme d'application de la fameuse illusion biographique. Puisque Jean de Bertier fut élu, c'est donc que sa stratégie était efficace. On peut alors facilement glisser dans un déterminisme qui, renversant l'explication, considérerait que les mesures mises en œuvre par Jean de Bertier pour l'emporter devaient nécessairement lui assurer la victoire. Or, ce n'est pas le cas. Il obtint la co-investiture de l'URL de justesse, et, au cours de la campagne, les jeux furent ouverts entre les trois principaux candidats. À quelques dizaines de voix près (rappelons qu'il s'agissait d'une sénatoriale), Jean de Bertier aurait pu perdre. Un échec en 1922 après celui de 1920 ne lui aurait sans doute plus permis d'espérer une nouvelle investiture en 1924. Sa carrière politique nationale n'eût alors pas existé.

Il ne s'agit pas ici d'appliquer une grille de lecture contre-factuelle systématique pour déconstruire un travail fraîchement terminé. Il s'agit simplement de garder vivace toute forme de questionnement et de ne jamais oublier que Jean de Bertier eut ses chances et ses malchances, changea d'avis, se trompa et hésita. Je l'ai mis en évidence à plusieurs reprises au cours du développement. Il fallait aussi l'affirmer clairement dans la conclusion.

1.4. Une mémoire très estompée, ou partiale

La mémoire collective a oublié Jean de Bertier. Il existe, certes, une avenue à son nom à Thionville mais cette voie menant au château de Lagrange n'a rien d'une artère urbaine prestigieuse[17]. Trois raisons de cet effacement mémoriel peuvent être avancées. La première est la brièveté de ses mandats politiques. Il n'occupa des responsabilités locales que pendant sept années et, malgré sa très grande activité, il ne fut connu et apprécié que d'un nombre limité d'électeurs, qui ne transmirent pas forcément son souvenir à leurs enfants. La deuxième raison est son échec à faire aboutir certains grands projets comme le tribunal, la canalisation de la Moselle, le renforcement des liens avec le Luxembourg. Il ne put ainsi imprimer aucune marque dans l'espace thionvillois. Enfin, la dernière raison, fondamentale, est qu'il fut supplanté par Robert Schuman. Ce dernier choisit Thionville comme circonscription électorale à partir de 1928. Les deux hommes ne s'appréciant guère, nul doute que Robert Schuman et ses amis ne firent aucun zèle pour promouvoir la

17 Il existe aussi, à Manom, le complexe sportif Arnaud-de-Bertier.

mémoire de Jean de Bertier[18]. Par la suite, la longue carrière politique de Robert Schuman et son engagement européen lui conférèrent un prestige international qui ne pouvait que totalement et définitivement éclipser Jean de Bertier.

Ce dernier garde cependant toute sa place dans la mémoire familiale. On retient de lui le succès de son parcours politique : parmi les ancêtres, il est « le sénateur », et le seul membre de la famille parvenu à ce niveau de responsabilités. Il se place, si l'on peut effectuer un tel classement des honneurs, en 2ᵉ position, derrière Louis-Bénigne de Bertier. La mémoire familiale associe essentiellement un événement à Jean de Bertier : la vente puis le rachat de Lagrange. Ce fut cet épisode qui fut mis en scène ce dimanche 16 septembre 2001, lorsque, pour la première fois, je me trouvai confronté à un Jean de Bertier réincarné en la personne d'Emmanuel de Blic. Le texte du dialogue figure en annexe. À sa lecture, et cette biographie étant désormais achevée, on mesure combien l'écart peut être grand entre mémoire et histoire. La première raconte un patriotisme inébranlable, la certitude, encore en 1912, d'une reconquête prochaine de l'Alsace-Lorraine ; elle nous présente un Jean de Bertier plein de superbe, s'imposant facilement à son interlocuteur défendant les intérêts allemands. La seconde établit que Jean de Bertier décida, de sa propre initiative, de vendre Lagrange, en considérant justement que jamais l'Alsace-Lorraine ne redeviendrait française. Cette cession du château de famille et donc cette rupture avec le modèle parental fut, à l'époque, mal vécue par toute une partie de ceux qui constituaient le réseau local des Bertier et qui se trouvaient de ce fait mal récompensés de leur fidélité. L'Alsace-Lorraine redevenue française, il fallut, pour Jean de Bertier, expier cette renonciation de 1912. Il inventa donc le mythe d'une vente forcée par des tracasseries administratives allemandes, opportunément exagérées. Une autre composante de la mémoire familiale, non mise en avant lors des spectacles des *fantômes de Lagrange*, correspond mieux à l'analyse historique : il s'agit de la recherche, par Jean de Bertier, des plaisirs, notamment sexuels, à travers les conquêtes féminines. Il est très intéressant de noter que lui sont associées des dépenses, vues comme considérables, et pouvant expliquer la perte de fortune familiale. Il n'a pas été possible de déterminer quelles sommes Jean de Bertier consacra à ses plaisirs et à l'entretien d'une ou de plusieurs femmes, mais cela resta forcément minime face aux effets bien plus forts de l'inflation, de l'imposition et des crises. Venons-en donc maintenant à nos conclusions proprement dites.

2. Des enseignements tous azimuts

2.1. *Un aristocrate au comportement social traditionnel*

Jean de Bertier conserva le modèle aristocratique parental. La volonté de démarcation par rapport à ses parents, exprimée lors de ses jeunes années, relevait

---

18 Il faut ici avouer que le boulevard-pont Robert-Schuman, reliant Thionville à Yutz, par-dessus la voie ferrée, n'est pas non plus une artère prestigieuse. Seul un immeuble d'habitation y trouve son adresse. Ce dernier est opportunément appelé « l'Européen ».

surtout d'un anti-conformisme très à la mode parmi les jeunes nobles, sans caractère subversif par rapport au groupe. Devenu détenteur du patrimoine familial, il réussit à minimiser la perte de fortune afin de disposer des revenus nécessaires pour ne pas déchoir et, avant tout, perpétuer la pratique de la double résidence entre un domicile parisien et un château de famille dont il ne se sépara finalement que temporairement. Les quelques pièces relatives à Arnaud et Sylvie montrent qu'il veilla soigneusement à leur éducation, critère essentiel au maintien de la distinction proprement nobiliaire. Même son souci d'économies face aux dépenses de Marie-Louise serait un marqueur typique de l'aristocratie[19]. La transmission des valeurs et des codes à Arnaud semble avoir été réussie. Malgré le peu d'informations dont nous disposons sur ce dernier, nous savons qu'il fit HEC, qu'il servit comme militaire et qu'il se tua au volant d'une Bugatti. Nous retrouvons, à travers ces quelques éléments, l'importance de l'éducation, la volonté de service et le riche niveau de vie. Même si HEC n'était pas, à l'époque, la grande école prestigieuse qu'elle devint par la suite, ce choix confirme la primauté acquise par les questions économiques, dans la suite du modèle de pragmatisme et d'adaptation aux réalités initié sous Anatole et confirmé sous Jean.

Quant aux idées de Jean de Bertier, elles restaient conservatrices. Dans les archives familiales, elles apparaissent rarement de façon directe et explicite. Lorsque c'est le cas, on a l'impression d'un attachement envers les cadres sociaux traditionnels. Dans certains documents, Marie-Louise exprime même une nostalgie de la monarchie, qui n'apparaît jamais sous la plume de son mari, mais représente peut-être un impensé de ce dernier. Cependant, les époux agirent toujours en fonction des réalités, et Jean de Bertier accepta sans réserve le régime républicain[20]. Il ne soutint ni les ligues d'extrême-droite, ni les catholiques les plus intransigeants. Il préféra suivre, dans sa pratique politique, le modèle de la modération. Ici aussi, on retrouve la volonté d'agir et donc, pour cela, la nécessité préalable de s'adapter, tant à son électorat qu'à ses collègues politiques.

Quelques comportements de Jean de Bertier peuvent paraître disruptifs, comme sa démission de l'armée ou la vente de Lagrange. En réalité, la première représentait une pratique courante chez les nobles, dès lors qu'ils héritaient du patrimoine familial. La seconde était beaucoup plus contestable aux yeux des valeurs nobiliaires. Ce fut la raison pour laquelle Jean de Bertier dut bien réfléchir à la composition du conseil de famille, censé lever la substitution imposant à Jean de transmettre Lagrange à son héritier à naître. Il sut trouver les bons arguments, et la situation très particulière de Lagrange lui permit d'emporter l'adhésion. Ainsi, les continuités l'emportent largement. Cela ne signifie pas que mode de vie et valeurs étaient figés dans le temps, mais que les évolutions se faisaient très progressivement.

19 MENSION-RIGAU, *Aristocrates et grands bourgeois*, p. 371 : « l'avarice relative a aussi une fonction symbolique », celle de se démarquer des parvenus. Il faut montrer que l'argent n'est pas tout.
20 *Ibidem*, p. 468-469 : certains aristocrates interrogés par l'auteur évoquent même une haine de la République, conservée jusqu'à la Seconde Guerre mondiale.

2.2. Entre service, faculté d'adaptation et désir d'affranchissement : un individu opportuniste

Jean de Bertier accomplit une double carrière, militaire puis politique. Dans les deux cas, on retrouve une motivation liée à la tradition nobiliaire du service de l'État. Jean de Bertier s'adapta parfaitement au nouveau cadre républicain du régime. En tant que militaire, et en dépit de la tradition familiale légitimiste et catholique, il se montra, comme la grande majorité des officiers, très légaliste. Il passa ainsi sans difficulté à travers les crises du tournant et du début du siècle (affaire Dreyfus, affaire des fiches, crise des inventaires). Il réussit même un brillant début de carrière, accomplit son stage d'officier breveté au Maroc et fut nommé attaché militaire à Washington à la fin de l'année 1913. Il sut montrer sa souplesse dans ses différentes fonctions et sur différents théâtres d'opérations. De même, devenu homme politique, il apparut totalement rallié à une République qui, entre temps, avait remporté la Grande Guerre et s'était rapprochée des catholiques. Il sut, alors encore, s'adapter. Ses premiers échecs de 1919 lui firent comprendre qu'il ne pouvait s'appuyer, en notable traditionnel, sur son seul nom, sa seule fortune et les seuls réseaux familiaux. Il s'attela ainsi à devenir un véritable professionnel de la politique. Il participa aux instances du parti local mosellan, l'URL, et en accepta les règles, afin d'assurer ses futures investitures. Il veilla aussi à progressivement élargir son réseau de presse et, grâce aux réseaux agricoles notamment, son influence, en sortant de son bastion thionvillois initial.

Dans les deux domaines également, cette faculté d'adaptation se combina parfois en une volonté d'indépendance et/ou de décision solitaire, au rebours de la hiérarchie militaire ou d'instances politiques supérieures. La première mention de cette attitude remonte aux combats effectués au Maroc, à propos desquels il lui fut reproché d'avoir, à un moment, fait *cavalier seul*. Par la suite, en Tunisie, aux Dardanelles, à Londres, des critiques parallèles furent formulées. Jean de Bertier aimait décider par lui-même, et pour lui-même. Peut-être y a-t-il là un germe de son départ de l'armée pour rejoindre la politique. Il brûla les étapes et ses postures dissidentes, à l'automne 1919 puis en janvier 1920, faillirent compromettre sa carrière. Ce ne fut qu'après son élection au Sénat en 1922 qu'il devint une figure établie de la vie politique mosellane, lui permettant de concilier service de ses concitoyens et faculté de décision indépendante.

Ainsi, Jean de Bertier réunissait en sa personne une valeur traditionnelle, comme le service, et des comportements plus modernes comme la volonté de rompre les cadres imposés, et le désir de changement. Il apparaît aussi comme tiraillé entre ses passions (les femmes, plus tard la politique ?) et la raison (son épouse, le nécessaire retour à Lagrange, la religion ?)[21]. Tout ceci générait des comportements toujours opportunistes, parfois contradictoires, le faisant passer

---

21 Rappelons ces propos de Jean de Bertier : « surtout un catholique de raison » et, à propos de l'Alsace-Lorraine : « Bien que celle-là me plaise assez peu pour mon goût personnel, elle m'est, par raisonnement, la plus chère, quand je l'aperçois ».

d'une activité à l'autre, d'une attitude à l'autre. En ce sens, il était toujours à la frontière des possibles, basculant d'un côté ou de l'autre suivant ses intérêts.

2.3. *La Grande Guerre : une rupture… et des continuités*

Le premier conflit mondial représente assurément l'événement majeur auquel Jean de Bertier fut confronté. Il conditionna son passage du militaire au politique et son recentrement de Paris vers la Moselle. Il est impossible de déterminer précisément à quel moment Jean de Bertier prit la décision de quitter l'armée. Il paraît probable cette idée germa dans son esprit en 1917. Disgracié de la liaison auprès des Britanniques, blessé sur le front, il vit son avenir militaire compromis, malgré son rebond comme officier instructeur puis de liaison auprès des Américains. Encore chef d'escadrons à la fin du conflit, que pouvait-il espérer d'une poursuite de carrière, à part une vie de garnison ennuyeuse ? Sa décision de s'engager en politique fut cristallisée début 1919, lorsqu'il put se rendre compte, par ses multiples déplacements à Thionville, de toutes les potentialités qui s'offraient à lui. On voit ici comment les spécificités d'un parcours personnel et d'un contexte local poussent naturellement l'individu vers une décision de démission *a priori* disruptive, ou, du moins, non représentative de son groupe[22].

La Grande Guerre fut donc une rupture dans la vie de Jean de Bertier, mais sa réinstallation à Lagrange et son accession au conseil d'administration de l'ARBED le rapprochaient du modèle paternel. Anatole avait, lui aussi, démissionné de l'armée puis développé ses participations et son activité dans la sidérurgie luxembourgeoise. Le conflit ne remit pas non plus en cause le mode de vie aristocratique, tant pour Marie-Louise que pour Jean de Bertier, qui, même lors de la très dure opération des Dardanelles, recevait par l'intermédiaire de son épouse du champagne et, profita, par l'intermédiaire des Britanniques, de permissions pour mener grand train à Alexandrie. Suivant les grilles de lecture et les temporalités adoptées, le premier conflit mondial peut ainsi être perçu, ou non, comme une rupture.

2.4. *De la biographie d'un homme à l'émergence d'une femme*

La biographie de Jean de Bertier représente une première mise en lumière de Marie-Louise, mais partielle, puisque sa position, décentrée, la place dans l'ombre d'archives au nom de son mari. Celles relatives à la Grande Guerre révèlent toutefois la place majeure de Marie-Louise. La question est de savoir si cette influence perdura lorsque son mari était lui-même présent pour la gestion des affaires. Il faut conclure affirmativement. Les faibles indices relevés montrent toujours Marie-Louise en position de relais et de substitut de son mari vis-à-vis d'autres interlocuteurs, et il est bien probable que ces bribes conservées soient le témoin d'une activité beaucoup plus importante, mais non documentée.

---

22 Jean de Bertier ne fut pas le seul officier de carrière à démissionner pour s'engager en politique mais, au sein de sa promotion de Saint-Cyr, il fut le seul (sur 520 diplômés), d'après le général Jean BOY, *Historique de la 81ᵉ promotion de l'École spéciale militaire de Saint-Cyr (1896-1898), promotion Première des Grandes Manœuvres*, 2010, <https://saint-cyr.org>.

La position éminente de Marie-Louise s'explique de deux façons. Il y avait, d'une part, sa façon d'être, sa facilité à contracter et à nouer des réseaux, si bien qu'elle réussit à être tenue au courant des incartades de son mari par différentes personnes. S'y ajoute son goût de la générosité et de l'assistance à autrui qui, automatiquement, lui attiraient la sympathie, mais aussi des demandes intéressées. N'oublions pas non plus qu'elle avait été remarquée à Washington pour son élégance et qu'elle veillait à se vêtir dans les maisons parisiennes du meilleur goût. Marie-Louise n'était pas une personne introvertie[23]. D'autre part, elle avait ses propres idées politiques qu'elle n'hésita ni à exprimer, ni à promouvoir. Elle était une femme d'action et une femme d'idées. Il faut ici considérer que, au-delà des paragraphes qui lui sont spécifiquement consacrés, elle aida, épaula et orienta sans doute aussi les choix de son mari, notamment en matière patrimoniale.

2.5. L'effondrement du patrimoine et sa relativisation

Il apparaît très clairement que Jean de Bertier ne réussit pas à accroître la fortune familiale. Au contraire, au cours de sa gestion (1903-1926), la perte de richesse fut importante, entre la moitié et les deux tiers du patrimoine légué par ses parents. Si l'on prend en compte la période suivante, pendant laquelle Marie-Louise fut seule gestionnaire (1926-1940), le recul serait du même ordre. Ces estimations sont, nous l'avons vu, très difficiles à affiner, tant les pièces disponibles sont lacunaires et sujettes à caution. En tout cas, et même en gardant une estimation très optimiste, il semble que le patrimoine des Bertier se réduisît au moins des deux tiers au cours de la première moitié du XXe siècle. Pourtant, nous avons pu établir que Jean de Bertier se montra volontariste et impliqué dans la défense de sa fortune. Il sut jouer des frontières et jongler d'un investissement à l'autre, n'hésitant pas à vendre les biens fonciers familiaux pour placer le capital dégagé dans des prêts à des particuliers, puis, progressivement, vers les actions d'entreprises industrielles, voire, à la fin de sa vie, sur les valeurs monétaires. En réalité, cet activisme de l'individu ne pouvait annuler le poids décisif du contexte, marqué par la montée de l'inflation, de l'imposition, puis les effets de la crise économique des années 1930.

L'absence de détermination précise de la perte de fortune importe peu. L'essentiel est de comparer les Bertier aux autres membres du groupe des grandes fortunes. Ils n'appartenaient pas au fractile supérieur P 99,99-100, mais au fractile immédiatement en dessous, P 99,9-99,99[24]. Tout porte à croire qu'ils réussirent à s'y maintenir, notamment grâce aux multiples optimisations opérées par Jean de Bertier. Cette seconde lecture, d'une perte de fortune à relativiser, est corroborée par le maintien d'un train de vie très élevé : conservation du château familial, double résidence dans la capitale, participation au grand monde. Le patrimoine conservé restait suffisant pour garantir la perpétuation du mode de vie

---

23 Rappelons aussi la fameuse anecdote, racontée par Sylvie, des confitures laxatives données à Joffre avant la bataille de la Marne : Marie-Louise prend dans ce récit un ascendant très net sur Jean. Il faut cependant préciser que Sylvie, née en 1920, ne connut que très peu son père, décédé en 1926.

24 Nous reprenons ici l'outil présenté dans PIKETTY, Les hauts revenus, p. 112, et déjà mentionné.

aristocratique, maintenant distinction sociale et culturelle, nécessaires à l'identification du groupe nobiliaire.

2.6. Les réalisations du militaire et du politique

Jean de Bertier aimait décider et agir, et trouver dans des réalisations concrètes un sens à ses engagements. Souvenons-nous par exemple qu'après sa grave blessure en 1917, il accepta de devenir instructeur et donc de transformer la fin de sa convalescence en une période de préparation de cours. En tant que militaire en guerre, Jean de Bertier occupa des fonctions mal reconnues et rarement étudiées, car éloignées des combats, mobilisant un petit nombre d'officiers et requérant de la discrétion. Il s'agissait des missions de liaison, de renseignement et d'instruction. Nous avons pu montrer, à travers les multiples affectations de Jean de Bertier (sur le front des Flandres, dans l'expédition des Dardanelles et auprès du *War Office* à Londres), comment la liaison franco-britannique, peu à peu, tenta de se perfectionner. De même, l'instruction des troupes américaines par les Franco-Britanniques à partir de 1917 fut l'une des clés de leur efficacité sur le terrain. Ainsi Jean de Bertier contribua-t-il à la victoire, en étant l'un des agents compétents de la nécessaire coopération entre les Alliés.

L'engagement politique représentait une nouveauté chez les Bertier et apparaît comme un résultat de circonstances nouvelles et exceptionnelles, à savoir les opportunités de carrière dans une Alsace-Lorraine redevenue française et en grande partie dépourvue de personnel politique, suite à l'expulsion des Allemands. L'examen de son activité sur la période 1919-1926 fait apparaître un engagement intense et continu, révélateur d'un véritable intérêt pour ce métier dans lequel Jean de Bertier trouva sans doute son accomplissement. L'étude de son action politique révèle l'importance fondamentale de tout le travail d'intercession et de représentation, condition de longévité politique. L'action tant locale que nationale de Jean de Bertier fut dominée par la défense des intérêts mosellans et, plus généralement, alsaciens-lorrains. Par ces deux aspects, son action politique ressembla beaucoup à celle de ses collègues mosellans, et s'adressa prioritairement à ses électeurs du moment, envers lesquels il cultiva proximité et disponibilité. Son sérieux garantit sa popularité, mais son manque d'éclat explique aussi son oubli postérieur.

2.7. Primat de l'économique

Pour maintenir les traditions, les valeurs, le mode de vie hérités des ancêtres, Jean de Bertier devait conserver un patrimoine et des revenus élevés. Son traitement d'officier puis ses indemnités de parlementaire ne pouvaient suffire. Il fallait investir le champ économique, pour obtenir de lucratifs émoluments d'administrateur de société, ainsi que les dividendes fournis par des placements mobiliers les plus intéressants. L'économique est le seul champ d'action toujours présent dans la vie de Jean de Bertier, contrairement au militaire, qui s'efface en 1919, remplacé par le politique. Certes, au début du siècle, il préféra la carrière militaire, mais jamais il ne renonça à occuper des positions dans l'industrie. Ce fut ainsi qu'il devint dès 1912 commissaire au sein de la toute nouvelle ARBED.

Il faut dire que l'économique présentait un atout de taille par rapport au politique. L'engagement dans la vie politique restait, à l'époque, circonscrit au cadre national. L'action économique, en revanche, offrait des opportunités au-delà des frontières, d'abord dans l'espace transnational proche (Luxembourg essentiellement, mais aussi Sarre, Belgique) et, au-delà, dans le monde entier (investissements au Maroc, au Brésil). Ce fut ainsi que Jean de Bertier put se garantir des revenus maximisés et se protéger du fisc français. On trouve ici une certaine bipartition (voire contradiction) entre son intérêt privé et l'intérêt public qu'il était censé promouvoir dans son action politique. Par ses optimisations patrimoniales, légales ou non, il privait l'État de certains revenus, alors que, pour beaucoup de questions militaires, agricoles, ou liées aux intérêts mosellans et alsaciens, il soutint des décisions générant des dépenses supplémentaires. Remarquons à son crédit qu'aucun véritable conflit d'intérêt impliquant une dimension financière n'a pu être mis en évidence. Jean de Bertier séparait nettement sa carrière, publique, de sa fortune, privée[25].

Contre-intuitivement, le domaine économique était celui qu'il maîtrisait le moins. Fondamentalement, il était officier, et avait accompli le cursus d'un futur chef (Saint-Cyr, Saumur, École de guerre). Quant à son engagement politique, la volonté de rapidement décrocher un mandat national lui imposa, de 1919 à 1922, un engagement intense, gage d'une formation accélérée aux arcanes du métier. Ses activités de commissaire puis d'administrateur de société n'entraînèrent jamais une telle immersion. Jamais non plus il ne fut en position de décideur. À l'ARBED et dans ses sociétés satellites, toutes les orientations, majeures ou moindres, émanaient d'Émile Mayrisch et de Gaston Barbanson. La comparaison des archives de Lagrange et des archives nationales du Luxembourg permet toutefois de constater que Jean de Bertier fut très assidu aux conseils d'administration et resta toujours très informé des questions industrielles. Suivre Jean de Bertier dans ses rapports à l'ARBED a ainsi permis de porter le regard non pas sur les aspects techniques du développement du groupe, mais sur le comportement d'un investisseur, décidant rationnellement de placer sa fortune dans un groupe dont il pouvait vérifier les capacités. Dans ces années 1920, anxiogènes pour les détenteurs de patrimoine de par les désordres liés à l'inflation et aux fluctuations des valeurs des changes, cette position de membre du conseil d'administration, et donc d'observateur privilégié, était pour Jean de Bertier un avantage considérable.

2.8. D'une périphérie nationale à un espace central transnational

À l'âge de 42 ans, Jean de Bertier débuta un parcours politique atypique, inscrit dans un contexte temporel et spatial très spécifique, celui des années d'après-guerre

25 Tant et si bien qu'il semble n'avoir eu aucun contact avec le cercle de Colpach, animé par les époux Mayrisch, et promouvant un rapprochement franco-allemand dans un cadre européen. Ses contacts avec Mayrisch restèrent, semble-t-il, purement d'ordre industriel. Les archives de Lagrange ne contiennent aucune lettre des Mayrisch, ce qui témoigne aussi d'une absence de proximité entre les deux hommes, alors que nous avons vu que les contacts furent quelque peu plus étroits avec Barbanson.

dans les départements recouvrés. Il commença sa carrière dans des confins, dans une périphérie, qu'il fallut après 1918 réintégrer dans le cadre juridique et réglementaire national. Lui-même, ayant davantage vécu en région parisienne qu'en Lorraine allemande, fut considéré comme un « revenant » et nous avons vu comment la question de sa maîtrise de l'allemand, faux débat mais vraie rumeur, fut plusieurs fois utilisée par ses adversaires. Ayant réussi son implantation locale, il parvint à s'élever au rang de parlementaire. Désormais habitué des ors de la République, il resta forcément perçu, par nombre de ses collègues, comme le représentant d'une périphérie, d'autant plus que les élus mosellans et alsaciens firent souvent bloc dans la défense de leurs intérêts particuliers. Si l'on s'en tient à une grille de lecture politique, Jean de Bertier évolua dans un cadre géographique purement national, et sa réussite électorale le conduisit de la périphérie vers le centre, à savoir évidemment Paris. Cela suscitait de fréquents déplacements entre Thionville et la capitale, et l'article de presse de la *Moselle républicaine* placé en annexe en restitue bien l'ambiance.

Lagrange et la Moselle n'étaient cependant pas uniquement en position de périphérie. Pour Jean de Bertier, le nord de la Moselle et sud du Luxembourg constituèrent un espace transnational central, notamment au niveau économique, le plus fondamental. Il retrouva ainsi le modèle développé par Anatole, et l'accentua. Père et fils surent tous deux profiter des opportunités qui se présentèrent à eux, révélant leur faculté d'adaptation et d'opportunisme, nécessaire à la sauvegarde d'un patrimoine important. Les Bertier avaient la chance d'habiter près du Luxembourg. Ils eurent le mérite d'en tirer parti.

François Roth distingue Raymond Poincaré, Lorrain *de la* frontière, de Robert Schuman, Lorrain *des* frontières[26]. Jean de Bertier fut les deux à la fois. Lorrain de la frontière, il l'était, assurément : il était de culture uniquement française, fit une carrière d'officier français et justifia la vente de Lagrange par son emplacement en Alsace-Lorraine désormais allemande. Il se distinguait ainsi complètement d'un Robert Schuman qui, né à Luxembourg, effectua des études en Allemagne avant de s'établir comme avocat à Metz, en Alsace-Lorraine alors allemande. L'éducation patriotique de Jean de Bertier, dans le cadre familial, scolaire et militaire, lui avait inculqué l'image d'une Allemagne ennemie et l'idéal du retour des « provinces perdues »[27]. Jusqu'en 1919, Jean de Bertier paraît ne pas avoir développé, au Luxembourg et en Belgique, de sociabilité ni de réseaux autres que ceux hérités de son père. Il évolua ainsi dans un univers essentiellement français, le rapprochant

26 ROTH, *Robert Schuman*, Introduction. Précisons que François Roth rédigea également une biographie de Poincaré, chez Fayard également. Son jugement s'en trouve renforcé.
27 En tant qu'enfant, il eut nécessairement, à Lagrange, des contacts avec des Allemands, qui durent lui permettre de ne pas percevoir les Allemands comme des ennemis, d'autant que les liens de sociabilité entre aristocrates dépassaient traditionnellement les frontières. Rappelons ici cette lettre, déjà évoquée : « nous avons eu hier des officiers [allemands] à dîner. Ils ont été aussi aimables et bien élevés que possible […]. Le costume des cuirassiers est très joli » (ALG, Lettre de Jean de Bertier à sa mère, sans date).

d'un Poincaré[28]. On pourrait même faire perdurer ce positionnement après 1919, puisque les deux hommes se rejoignent dans leur volonté de fermeté face à l'Allemagne. Cependant, Jean de Bertier fut aussi un Lorrain des frontières, de par ses responsabilités à l'ARBED et ses investissements dans une sidérurgie qui, par ses implantations industrielles et les flux de produits et de capitaux qu'elle générait, définissait déjà un espace transfrontalier. En plus du Luxembourg et de la Lorraine, Jean de Bertier posséda des obligations, des actions, des comptes en Sarre et en Belgique ; indirectement, il était aussi intéressé à la bonne marche des usines possédées par l'ARBED dans la Ruhr. Ainsi, quand il était question du militaire, du politique et du culturel, Jean de Bertier était uniquement Français, « cisnational » pourrait-on écrire ; quand il s'agissait d'économie, d'investissements, de patrimoine, il adoptait volontiers un comportement transnational. Nous le décrirons donc comme un Lorrain à la frontière, ou, pour embrasser davantage les autres conclusions de ce travail, un aristocrate à la frontière.

3. Perspectives d'extension de la réflexion

3.1. *Approfondir et réorienter les questionnements*

Le travail de défrichement systématique des archives de Lagrange, complété par d'autres fonds publics, a permis de donner à Jean de Bertier sa première – et sans doute dernière – biographie. La vision d'ensemble ainsi obtenue suscite de nouvelles interrogations, et prioritairement sur les points relativement laissés dans l'ombre. C'est bien sûr le cas des enfants. Arnaud et Sylvie apparaissent peu dans ce travail. Il faut dire qu'ils n'avaient, au moment du décès de Jean, que 16 ans et 6 ans respectivement, et qu'Arnaud décéda neuf ans plus tard, à l'âge de 25 ans. Les lettres conservées sont en nombre très restreint, inférieur à celui de la correspondance entre Jean de Bertier et sa mère. Il serait intéressant de s'interroger sur leur éducation, en confrontant ce qui peut relever de la transmission de valeurs traditionnelles et d'une adaptation à des cadres modernes. Il faudrait également identifier les rôles relatifs des différents adultes concernés (les parents bien sûr, mais aussi les autres membres de la famille, les nourrices, les précepteurs etc.), la part des structures publiques et leur degré d'interaction avec d'autres enfants, ainsi que l'âge et le milieu de ces derniers. Une étude du vocabulaire et de la fréquence des lettres permettrait aussi de s'interroger sur la proximité entre parents et enfants, ainsi que sur la place de l'affection, apparemment encore balbutiante à l'époque[29]. La relative faiblesse des sources ne doit pas empêcher la réflexion. Il ne m'a pas paru indispensable de suivre cette piste à l'intérieur du présent travail,

---

28 Évidemment, Jean de Bertier n'évoluait pas dans un univers uniquement français puisqu'il faisait partie du monde, avec sa dimension cosmopolite. Il s'agit ici de signifier qu'il n'y avait pas de double appartenance identitaire. Jean de Bertier ne pouvait pas, à l'instar d'un Schuman, se sentir partout chez lui dans l'espace lotharingien (ROTH, *Robert Schuman*, p. 201).

29 PROST, *Les Français de la Belle Époque*, p. 239.

lequel aurait, dans ce cas, requis davantage de temps pris un volume encore plus important.

La subjectivité du biographe conduit nécessairement à des arbitrages. J'ai décidé de prioriser les questionnements initiaux et de ne pas laisser de côté certains questionnements nouveaux apparus au cours de l'enquête. Je pense en particulier à la pratique religieuse des Bertier ou à des aspects de la vie quotidienne, relatifs à la domesticité notamment. Il est donc possible, à l'avenir, de répondre au vœu de Catherine Bertho-Lavenir en envisageant une « biographie culturelle » des Bertier[30]. Une autre forme d'approfondissement serait d'utiliser le présent travail comme nouvelle source et base de départ pour des réflexions déplaçant la focale. Une biographie de Marie-Louise serait possible, dans un exercice de décentrage de Jean de Bertier. Une autre possibilité serait, puisque j'ai fini de *construire* (*reconstruire* aurait dit Pierre Bourdieu) cette biographie de Jean de Bertier, de la *déconstruire*, en mettant l'accent sur l'une de ses facettes uniquement. En lien avec son opportunisme, on pourrait interroger sa vision et sa pratique de la fidélité, dans tous les domaines, ce qui permet aussi de remobiliser la notion de frontière. Jean de Bertier, de par ses fidélités à géométrie variable, ou multiples (*multiple loyalties*), fut souvent *à la frontière*, dans toutes les acceptions possibles du mot.

3.2. *Poursuivre l'enquête postérieurement*

1940 correspond au terme logique d'une étude centrée sur Jean de Bertier, tant du point de vue des réflexions que des sources disponibles. La Seconde Guerre mondiale, davantage que la Première, suscita un nouveau cadre politique, social et économique, dans lequel Jean de Bertier n'évolua jamais. Il serait en revanche pertinent de s'intéresser au devenir de Marie-Louise et de Sylvie après 1940. Le comte Marie-François de Selancy peut nous livrer ses propres souvenirs sur Marie-Louise :

> Dans les années 55, elle avait une Peugeot qu'on appelait « la pauvre chérie ». Elle la conduisait elle-même en ville mais elle passait pour être un danger public. Il y avait bien un chauffeur, mais je pense qu'il conduisait surtout pour les longs trajets.

> J'ai connu le docteur Pochon, qui était déjà âgé, dans les années 50-55. C'était le médecin de famille. Marie-Louise était maigre comme un clou : on disait qu'elle n'avait jamais pesé plus de 40 kilos, je n'ai jamais vérifié… Il est certain que sa fille la tarabustait pour qu'elle mange plus et qu'elle prenne du poids, et pour cela elle devait se peser régulièrement. Marie-Louise avait trouvé la solution : elle mettait des poids dans sa poche, mais Sylvie (ou l'infirmière) s'en apercevait… Elle avait de l'emphysème pulmonaire et elle est morte en juillet (?) 1958[31].

On retrouve, à travers ces anecdotes, la forte personnalité de Marie-Louise, et l'on voit poindre celle de sa fille Sylvie. Cette dernière épousa le 21 juillet 1951 le comte Jean de Selancy. Elle avait auparavant été élue, dès 1945, maire de Manom. Elle fut alors la plus jeune femme portée à cette fonction. Elle s'inscrivit dans les

---

30 BERTHO LAVENIR, *op. cit.*
31 SELANCY (de), Marie-François, Courriel à l'auteur, 26 juin 2022.

pas de son père, en tentant, sans succès, d'accéder au Sénat et à la députation. Mariage homogamique, carrière politique : les questionnements de la présente étude pourraient être transposés dans une biographie de Sylvie. À l'époque de son père, le patrimoine fut sérieusement diminué mais se maintint à un niveau suffisant pour conserver l'essentiel, à savoir les valeurs et le mode de vie aristocratiques. Il n'y eut pas d'effondrement de la fortune, mais une progressive érosion. Il faudrait donc déterminer si Sylvie (1920-2000) réussit à son tour, au cours de la seconde moitié du siècle, à pérenniser ce mode de vie et ses caractéristiques spécifiques. Quels moyens d'action furent mis en œuvre pour sauvegarder la fortune, et avec quel succès ? Il s'agirait d'une recherche différente du présent travail, tant par rapport aux sources disponibles (importance de l'histoire orale) que par rapport aux problématiques principales (centrage sur les domaines économiques, sociaux et culturels, avec dimension secondaire du militaire et du politique).

3.3. Comparer, dans l'espace de la Grande Région

La présente biographie peut servir d'appui à des études prosopographiques et à des travaux comparatifs, appliqués à un domaine spécifique (par exemple, la participation à la direction des entreprises). L'intérêt d'une telle démarche est renforcé par la perspective transnationale offerte par la Grande Région. D'autres acteurs, individuels ou collectifs, ont-ils, à la même époque ou à d'autres, suivi des stratégies similaires à celles de Jean de Bertier ? Les avantages offerts par le Luxembourg n'en firent-ils pas un espace privilégié de rencontres et d'échanges entre des individus appartenant à des pays distincts, parfois hostiles ? Les expériences historiques de ces acteurs suscitèrent-elles l'émergence de nouvelles pratiques, non seulement économiques, mais aussi culturelles ? Il s'agit là d'une question d'intérêt pour un pays comme le Luxembourg, lui permettant d'élargir la perspective au-delà de ses frontières nationales. Pour les autres membres de la Grande Région (Lorraine, Wallonie, Sarre et Rhénanie-Palatinat), c'est l'occasion d'échapper à l'attraction des paradigmes nationaux et de mieux éclairer des réalités souvent regardées comme temporaires ou annexes. L'exemple des Bertier montre l'ancienneté des liens économiques et la durabilité de communautés d'intérêts de part et d'autre des frontières.

Dans une perspective plus européenne se pose la question des identités. De par son éducation, Jean de Bertier était assurément français, tout en étant à l'aise au contact du grand monde international. Aurait-il pu se définir comme un Européen ? Ses pratiques des frontières, aux ressorts fondamentalement économiques, eurent-elles des inflexions culturelles ? Ceci rejoint des interrogations actuelles. Les citoyens de la Grande Région, y compris frontaliers, sont-ils devenus des Européens, ou bien restent-ils marqués par leurs identités nationales, notamment au vu de la pratique des langues et de la dimension encore nationale de beaucoup de médias ? Si le nom de Robert Schuman, Européen accompli mais exceptionnel, s'est imposé dans l'espace public de la Grande Région, ses habitants, eux, ne se comportent-ils pas davantage, vis-à-vis des frontières, comme Jean de Bertier ?

Côte atlantique française, été 2024

Postface

J'ai été très heureux, et mon fils Pierre-Antoine après moi, d'avoir pu mettre les archives de Lagrange à la libre disposition de Stéphane Einrick pour ses travaux universitaires. Ces archives reposaient depuis des années dans le grenier de Lagrange et n'avaient jamais été exploitées. Pourtant, elles étaient le conservatoire de son histoire et de ses habitants pendant les deux cents dernières années.

Il faut dire que la vie de cette maison a connu bien des bouleversements depuis le XVIIIᵉ siècle : entrée dans la famille dans les années 1750, elle a connu la révolution et l'exil de ses propriétaires d'alors puis l'annexion entre 1870 et 1918 et sa vente vers 1912, et enfin son rachat après 1918. Durant ces périodes, les archives ont suivi les pérégrinations de la famille. Après la dernière guerre elles se sont retrouvées dans un appartement à Paris. Transportées en vrac à Lagrange, elles ont posé un vrai problème à mon père qui se demandait comment les exploiter !

Le résultat de cette histoire est que, après chaque période, le château était très abîmé et qu'il fallait donc le faire revivre. Chacune des générations qui s'y sont succédées, en témoignage de leur amour du lieu, ont apporté leur pierre à sa reconstruction. C'est, aujourd'hui, grâce à cet engagement de chacun de ses propriétaires, un endroit qui vit dans son siècle, et, j'espère que cela continuera.

De l'étude de ces archives, Stéphane Einrick a tiré les biographies de deux aïeux qui ont aimé Lagrange et y ont vécu pendant ces périodes difficiles : celle de Jean de Bertier qui était mon grand-père et celle d'Anne-Pierre qui était l'arrière-grand-père de Jean. La première, parue il y a quelques années, retrace la vie d'Anne-Pierre de Bertier, à cheval sur les XVIIIᵉ et XIXᵉ siècles, toujours fidèle à son Roi et marqué par le massacre de son père en juillet 1789. La deuxième, celle que vous venez de lire, est la vie de Jean de Bertier, un siècles plus tard, républicain, tout en conservant les valeurs et les traditions de son milieu. Mort trop jeune, à 48 ans, il n'a pas eu vraiment le temps de développer ses qualités et de réaliser pleinement ses ambitions.

Le grand mérite de Stéphane Einrick est de remettre ces deux personnages, figures de la famille, dans leur cadre, sans les auréoler de légendes dont la tradition familiale les entourait.

Merci à lui pour ce travail.

Marie-François de Selancy

Sources et bibliographie

Sources

Archives publiques

Archives nationales du Luxembourg (Luxembourg)

ADU-U1-102 [cote provisoire], Procès-verbaux des conseils d'administration de la Société anonyme des hauts-fourneaux et forges de Dudelange, 1882-1896.

ADU-U1-105 [cote provisoire], Registre aux délibérations du Conseil général de la Société anonyme des hauts-fourneaux et forges de Dudelange, 1882-1911.

ARBED-PR-XXXVI [cote provisoire], Procès-verbaux des conseils d'administration de l'ARBED, 1919-1923 et 1924-1929.

Archives du Sénat (Paris)

Procès-verbaux des commissions de la IIIe République :

69 S 86 à 88, Commission d'Alsace-Lorraine (1922-1925).

69 S 210 à 212, Commission d'hygiène, (1919-1926).

69 S 288, Commission de l'armée (1923-1925).

69 S 10, Comptes-rendus sténographiques d'auditions de la commission de l'armée.

Les débats parlementaires sont consultables en ligne à partir de la page suivante : <https://www.senat.fr/histoire/les_travaux_du_senat_de_la_troisieme_republique.html>.

Service historique de la Défense (Vincennes)

Dossiers militaires :

GR 5YE 39915, Dossier militaire d'Anatole de Bertier : États de service, Livret matricule d'officier, Rapport fait au ministre le 17 août 1874 sur une demande de permission de mariage, Lettre de démission du 21 juillet 1883 avec Lettre du colonel commandant le 9e cuirassiers au ministre de la Guerre, Inspections générales de 1879, 1880, 1881, États de notes pour officier et Feuille signalétique de l'école impériale spéciale militaire.

GR 6YE 1413, Dossier militaire de Jean de Bertier : États de service, Note sur le capitaine de Bertier de Sauvigny, remise le 17 janvier 1911 et Lettre de démission de Jean de Bertier, 18 juillet 1919.

Sources imprimées :

4M 136, PUYBAUDET, BERNOUIS et CLÉRIC, *Historique de la marche du 10ᵉ régiment de dragons de Limoges à Sedan 20 juillet-1ᵉʳ septembre*, Poitiers, 10 août 1871.

Sous-série 7N : état-major

GR 7N 331, à propos des Dardanelles : tableaux, composition, ordres de bataille, situation des effectifs.

GR 7N 1261, à propos de son activité de liaison à Londres, auprès du *War Office*.

GR 7N 1716, à propos de sa fonction d'attaché militaire à Washington.

Opérations aux Dardanelles :

GR 7N 2169, Résumé chronologique et conduite des opérations

GR 7N 2170, Lettres et rapports du commandant de Bertier

Sous-série 16N : GQG

GR 16N 12, Officiers, affectations et mutations

GR 16N 206, Instructeurs auprès de l'armée américaine

GR 16N 1906 et 1907, Mission auprès de l'armée américaine : correspondance reçue

GR 16N 2901, TOE, Corps expéditionnaire des Dardanelles

GR 16N 2940, TOE, Correspondance reçue du corps expéditionnaire aux Dardanelles

Sous-série 17N : Missions militaires

– Mission américaine

GR 17N 78 et 79, Rôle de la mission, rapports mensuels

GR 17N 80, Correspondance générale

GR 17N 82 et 83, Correspondance reçue et expédiée

GR 17N 87, École d'armée de Langres et écoles de corps d'armée

GR 17N 214, Dossiers individuels, lettres A-F

GR 17N 218, Fiches de renseignement des officiers ayant appartenu la mission

– Mission britannique

GR 17N 322 à 326, Correspondance expédiée et reçue par la mission

Archives départementales de la Moselle (Saint-Julien-lès-Metz)

3Q 29/884, n° 157, Succession de monsieur le comte de Bertier déclarée au bureau des successions de Paris le 9 juin 1929.

Commune de Manom :
7 OP 446, Comptes de gestion et budgets des communes
8 OP 133, Dossiers d'administration communale

Délibérations du conseil général de la Moselle :
72 N 2 à 72 N 8, Années 1920-1926

Délibérations du conseil consultatif d'Alsace-Lorraine :
577 PER 1919 à 577 PER 1924, Années 1920-1924

Agriculture :
307 M 2, Office agricole
307 M 11, Chambre d'agriculture
307 M 69, Comices agricoles
307 M 54, Élevage de chevaux

Élections :
303 M 60 à 62, Sénatoriales
303 M 53, Législatives de 1919
303 M 65, 67, 69 et 70, Cantonales
303 M 81 et 82, Municipales

Questions diverses :
304 M 129 et 130, Associations à Thionville
27 Z2, Cérémonies patriotiques
27 Z 307, Action sociale

Presse : Les cotes correspondent aux périodes électorales
4MI 103/48, 49 et 53 : *Le courrier de Metz*
4MI 106/40, 41 et 44 : *Le Messin*
4MI 126/34, 36 et 37 : *Le Lorrain*
6T 185, 186 et 190 : *Lothringer Volkszeitung*
6T 233, 234 et 238 : *Metzer freies Journal*
6T 181 : *Le Thionvillois* (1919)

Archives départementales des Côtes d'Armor (Saint-Brieuc)
4Q 14 789, 4Q 14 868 : Récapitulatifs des actes notariés relatifs à Jean de Bertier.
4Q 15 532 : Acte notarié de la vente du 29 mai 1920.

Archives privées

Château de Lagrange (Manom, Moselle)

Note : les archives de Lagrange ne sont ni classées, ni dotées de cotes. Dans le cadre de ce travail, elles ont été ordonnées d'abord chronologiquement, puis thématiquement. Pour donner une image aussi réelle que possible du fonds dans son état actuel d'archivage, la structure chronologique est ci-dessous reprise. Vu la grande quantité de pièces utilisées, toutes référencées en notes, la liste suivante n'est pas exhaustive et se contente de mentionner les principaux documents et groupes de documents exploités.

Prologue : la part des héritages

Correspondances et écrits à caractère familial :

– Lettres d'Anne-Pierre (1826-1834), de Louis (1830-1833), du baron de Klinglin (1836-1855)
– Lettre de Reinette à son fils (1822), Éloge funèbre d'Anatole prononcé par le comte de Saintignon (1903) et Document rédigé par Arnaud de Bertier (1931)
– Option de Louis pour la nationalité française (1872)
– Lettres du comte de Chambord (1848 et 1877), de François-Louis Fleck, évêque de Metz (1891), du baron de Syberg, maréchal de la cour grand-ducale (1895)

Pièces généalogiques et successorales :

– Contrats de mariage d'Anne-Pierre et Reinette (1803), Louis et Éléonore (1839) et Anatole et Henriette (1874)
– Testament d'Anne-Pierre (1846), Règlement de la succession de Louis (1878), Inventaire après décès d'Éléonore (1880)

Documents à dimension économique, liés à la gestion du patrimoine :

– État de la fortune des Bertier dressé par Anne-Pierre (1834), Traité entre Anne-Pierre et Louis (1845)
– Acquisition du domaine de Dudelange sur les héritiers Metz (1829), Acquisitions foncières enregistrées par les notaires suivants : Brasseur à Esch, Baldauff puis Thilges à Hellange, Sibenaler à Rémich et Faber à Bettembourg
– Prêt du Crédit foncier de France accordé à Louis (1870) et pièces associées (1870-1886)

Extraits de presse :

– Coupures de presse relatives à la mort de Ludovic (1862) et d'Anatole (1903)

La Belle Époque de Jean de Bertier

Correspondances et écrits à caractère familial :

– Lettres à sa mère (1892-1903), à son père (1890-1903), à François de La Tour du Pin, à son épouse (à partir de 1907)

– Lettres reçues de Marie-Louise, de multiples maîtresses, de sœur Odilia (1904)

– Lettres d'Émilie Parreaux à Henriette de Kergariou (1891), de Jean de Laborde à Marie-Louise (1914)

Pièces généalogiques et successorales :

– Certificat de mariage (1907)

– Multiples pièces provenant du notaire Legay relatives à la succession d'Anatole et à la substitution

Documents à dimension économique, liés à la gestion du patrimoine :

– Correspondance de Jean de Bertier et Richshoffer avec les notaires Legay (Paris, à propos des prêts aux particuliers), Duval (Bretagne) et Brasseur et Neuman (Dudelange)

– Lettres reçues de la BIL, de la Gutehoffnungshütte (1911-1912), de la commune de Dudelange

– Notes justifiant la vente de Lagrange et Copie de l'acte de vente du 4 novembre 1911

– Statuts de la Société anonyme des hauts-fourneaux et forges de Dudelange et Bilans annuels, Statuts de l'ARBED et Documents liés à la création du groupe en 1911-1912

– Conventions et projets de conventions relatifs à des investissements au Maroc (1911-1912) et Dossier sur la Société des constructions mixtes du Maroc (1913-1914)

Documents en rapport avec la carrière militaire :

– Compte-rendu (militaire et politique) d'opérations par Aubert (1910) et Récit manuscrit de son engagement par Jean de Bertier (pièces relatives à sa participation à la colonne Aubert)

Divers :

– Manuscrit relatif à son grand tour (Grèce et Italie, 1903 ou avant)

– Dossier relatif au procès intenté par la baronne de Wedel et pièces relatives à l'affaire Koschwitz (retranscription de décisions de justice et de l'accord amiable, 1910)

– Factures multiples

– Enquête relative à Madame Perrin [Mone, femme entretenue par Jean]

Les chemins de la victoire

Écrits intimes :

– Agendas de Jean de Bertier : 3e et 4e trimestres 1915, 2e semestre 1917, 1er semestre 1918, 1er semestre 1919

– Lettres à son épouse (1914-1919)

– Lettres reçues de ses maîtresses (1915-1917) et d'Esther (1915)

Correspondance reçue par Marie-Louise :
– Lettres de ses frères Denys (1914, 1917) et Henri (1914)
– Lettres de Jean de Laborde et de Jean de Guiroye (1914), de Cecilia von Katz (1914)
– Lettres de Ballero (1914-1915)
– Enquête relative à Mademoiselle Perrin [maîtresse de Jean] (1916)
– Lettres d'Alice Townsend (1917)

Documents en rapport avec la carrière militaire :
– Lettres du prince de Galles (1915), du colonel Hamelin (1915), de Sabatier [médecin à Alexandrie] (1915), du capitaine Aspinall [EM britannique aux Dardanelles] (1916), du général Birdwood (1917), du colonel Koechlin-Schwartz (1917)
– Lettres du ministre de la Guerre (1914, 1917)
– Ordres de mobilisation individuels (1914)
– Télégrammes chiffrés adressés à Jogal-Paris depuis Londres (1916)
– Note manuscrite par rapport à l'entrevue avec Loyd George et Hankey (1917)
– Notes manuscrites et textes de conférences données à Langres (1917-1918)

Documents à dimension économique, liés à la gestion du patrimoine :
– Dossier sur les prêts consentis à des particuliers encore en cours
– Correspondance reçue des notaires Duval, Neuman (1916-1919) et Carlenbach (1919)
– Comptes aux études des notaires Legay (1918-1920) et Duval (1914-1918)
– Comptabilité de Sainte-Geneviève-des-Bois (1914-1919)
– Lettres de la BIL (1914-1915), relevés bancaires (1915-1919) et procès-verbal d'AG (1919)
– Rapport du CA à l'AG de l'ARBED (1919) et rapports et bilans annuels (1913-1918)

La politique comme accomplissement
Écrits intimes :
– Agenda de Jean de Bertier, 2ᵉ semestre 1919
– Lettres à Arnaud (1919)
– Lettre d'une maîtresse à Marie-Louise (1920 ou 1921)

Correspondance reçue :
– Lettres de Barbanson (1921-1926), du bourgmestre de Dudelange (1925), de Marteroy (1920-1926)

– Lettres de monseigneur Pelt (1921), de Hackspill (1922), de Guy de Wendel (1925)
– Lettres d'un agent électoral (1922) et de René Gourdiat
– Très nombreuse correspondance de divers interlocuteurs, individuels ou collectifs (entreprises, associations, syndicats), privés ou publics (autres élus par exemple)

Documents en rapport avec la carrière politique :
– Dossiers : cotisations/subventions/remerciements ; invitation/fêtes/inaugurations ; création du lycée de Thionville ; canalisation de la Moselle
– Manuscrits relatifs aux campagnes électorales dont les législatives de 1919
– Dossier URL : lettres, procès-verbaux de réunion du comité central, et documents relatifs au fonctionnement du parti (surtout 1922-1923)
– Brouillons de discours politiques / pour des manifestations agricoles ; brouillon de lettre de démission
– Profession de foi (1925) et affiche électorale hostile (1925)
– Notes manuscrites sur les idées politiques
– Multiples coupures de presse et notamment de la *Moselle républicaine*

Documents à dimension économique, liés à la gestion du patrimoine :
– Notes dactylographiées sur Lagrange, jugement d'adjudication (1920), résultats annuels d'exploitation et rapport du régisseur (1924)
– Documents relatifs aux ventes de Sainte-Geneviève-des-Bois et de terres en Bretagne (1919, 1925) dont correspondance reçue de Bernheim frère et fils
– Comptes et correspondances avec les notaires Legay (1922-1923) et Duval puis Seïté (1924-1926)
– Documents fiscaux en tous genres (surtaxe sur le revenu, impôts sur le revenu, avertissements etc.)
– Documents reçus de la Banque régionale de la Sarre (1922-1923), de la Banque Leclaire (1920-1922), de le Société nancéienne (1920-1925), de la Banque de Bruxelles (1922-1926) et de l'ARBED – section comptabilité
– Extraits de comptes de la BIL
– Société des constructions mixtes du Maroc (1920-1924)
– Société minière des Terres rouges : rapports, bilans, correspondance (1920-1924)
– ARBED : rapports et bilans (1920-1925), Notes manuscrites de Jean de Bertier sur les ordres du jour des CA
– Factures d'habillement (1920) et médicales

Épilogue : Marie-Louise ou la continuité des engagements

Correspondance et sociabilité :

– Multiples lettres de diverses personnes, dont Bernard de Solages (1935), l'abbé Valentiny (1939) ; le commandant de La Fournière (168ᵉ RIF – 1939 ou 1940) et Alain de Kergoër (1940)

– Sauf-conduit délivré par l'attaché militaire allemand à Paris, Kurt von Lersner (1937) et deux listes de convives à l'occasion du voyage de Marie-Louise en Allemagne (1937)

Documents à dimension économique, liés à la gestion du patrimoine :

– Achats et ventes d'actions (1928 et après – fragmentaire)

– Relevés de portefeuille et quittances ARBED – très fragmentaire

Documents en rapport avec l'engagement caritatif et politique :

– Brouillons de discours

– Sorte de programme de l'UNVF, avec annotations manuscrites

– Ordre de mission de la SSBM (été 1940)

Extraits de presse :

– Relatifs à l'accident de la route mortel d'Arnaud (1935)

– Relatifs à l'engagement politique (1935 ou après)

Sources imprimées

BARRÈS, Maurice, *Au service de l'Allemagne*, Paris, Fayard, 1906, 128 p.

BARTHOU, Louis, *Le politique*, Hachette livre, [1923], 131 p.

BAUDON, E. L. *Les élections en Moselle 1919-1956*, Metz, 1956, 96 p.

CHASTENET, Jacques, *La France de M. Fallières. Une époque pathétique*, Paris, Fayard, 1959, 392 p.

ECCARD, Frédéric, « L'Alsace et la Lorraine sous le commissariat général et après sa suppression », *Revue politique et parlementaire*, octobre-novembre 1925, p. 197-237.

KOHN, Jean-Charles, *Histoire des seigneurs et de la seigneurie de Lagrange, Tome second : Histoire de la seigneurie de Lagrange*, Luxembourg, Worré-Mertens, 1899, 328 p.

JOFFRE, Joseph, *Mémoires du maréchal Joffre (1910-1917)*, Paris, Plon, 1932, 1218 p.

LA ROCHEFOUCAULD (de), Edmée (*et alii*), *Problèmes nationaux vus par des Françaises*, Paris, Éditions du Sagittaire, 1934, 238 p.

PERSHING, John J., *Mes souvenirs de la Guerre*, Paris, Plon, 1931, 2 tomes, 424 p. et 400 p.

Bibliographie

Ouvrages

À propos du château de Lagrange et de la famille de Bertier

EINRICK, Stéphane, *Le général de Bertier de Sauvigny (1770-1848). Un royaliste au temps des révolutions*, Metz, Éditions des Paraiges, 2016, 200 p.

À propos de l'histoire de la Lorraine, du Luxembourg et de la Grande Région

BRASME, Pierre, *La population de la Moselle au XIXe siècle*, Metz, Éditions Serpenoise, 2000, 196 p.

CABARET Pascal, *La vie politique à Thionville (1918-1940)*, Mémoire de maîtrise d'histoire sous la direction de François Roth, 1986, 119 p. [non publié].

CONORD, Fabien, *La France mutilée. 1871-1918, La question de l'Alsace-Lorraine*, Paris, Vendémiaire, 2017, 286 p.

KREINS, Jean-Marie, *Histoire du Luxembourg*, Paris, PUF, collection « Que sais-je ? », 2015 [1996], 128 p.

LINK, René, *Histoire juridique du franc et du franc luxembourgeois*, Luxembourg, Institut monétaire luxembourgeois, collection « Études », n°4, juillet 1995, 93 p.

ODENT-GUTH, Christine, *Les évacués du pays thionvillois. De septembre 1939 à novembre 1940*, Metz, Éditions Serpenoise, 2010, 96 p.

PENNERA, Christian, *Robert Schuman. La jeunesse et les débuts politiques d'un grand européen, de 1886 à 1924*, Sarreguemines, Pierron, 1985, 340 p.

RIGOULOT, Pierre, *L'Alsace-Lorraine pendant la guerre de 1939-1945*, Paris, PUF, collection « Que sais-je ? », 1998 [1997], 128 p.

ROTH, François (dir.), *Histoire de Thionville*, Gérard Klopp, 1995, 310 p.

ROTH, François, *La Lorraine dans la Guerre de 1870*, Presses universitaires de Nancy, 1984, 120 p.

La Lorraine annexée. Étude sur la Présidence de Lorraine dans l'Empire allemand (1870-1918), Metz, Éditions Serpenoise, 2011 [1976], 752 p.

Alsace-Lorraine, Histoire d'un « pays perdu ». De 1870 à nos jours, Place Stanislas, 2010, 200 p.

Robert Schuman. Du Lorrain des frontières au père de l'Europe, Paris, Fayard, 2008, 658 p.

SCHAEPDRIJVER (de), Sophie, *La Belgique et la Première Guerre mondiale*, Bruxelles, Presses interuniversitaires européennes, 2004 [1997], 336 p.

SCUTO, Denis, *La nationalité luxembourgeoise (XIXe-XXIe siècles). Histoire d'un alliage européen*, Éditions de l'Université de Bruxelles, 2012, 390 p.

TRAUSCH, Gilbert (dir.), *Histoire du Luxembourg. Le destin européen d'un « petit pays »*, Toulouse, Privat, 2003, 336 p.

Le Luxembourg à l'époque contemporaine (du partage de 1839 à nos jours) [Tome IV du Manuel d'histoire franco-luxembourgeoise], Luxembourg, Bourg-Bourger, 1975, 232 p.

TURETTI, Laurence, *Quand la France pleurait l'Alsace-Lorraine. 1870-1914. Les « provinces perdues » aux sources du patriotisme républicain*, Strasbourg, La Nuée bleue, 2008, 208 p.

VAILLOT, Benoît, *L'invention d'une frontière. Entre France et Allemagne, 1871-1914*, Paris, CNRS Éditions, 2023, 512 p.

WAHL, Alfred, *L'option et l'émigration des Alsaciens-Lorrains (1871-1872)*, Paris, Ophrys, 1974, 276 p.

À propos de l'histoire de la France

ABBAD, Fabrice, *La France des années 1920*, Paris, Armand Colin, collection « Cursus », 1993, 192 p.

ADOUMIÉ, Vincent, *De la République à l'État français 1918-1944*, Paris, Hachette, collection « Carré histoire », 2005, 256 p.

BECKER, Jean-Jacques et BERSTEIN, Serge, *Victoire et frustrations 1914-1929*, Paris, Seuil, collection « Points histoire », Paris, 1990, 466 p.

BERSTEIN, Serge, *La France des années 30*, Paris, Armand Colin, collection « Cursus », 2011 [1988], 224 p.

BILLARD, Yves, *Le Monde de 1914 à 1945*, Paris, Ellipses, 2006, 240 p.

GERVAIS, Michel, JOLLIVET, Marcel et TAVERNIER, Yves, *Histoire de la France rurale. Tome 4 : la fin de la France paysanne de 1914 à nos jours*, Paris, Seuil, 1976, 674 p.

HOUTE, Arnaud-Dominique, *Le triomphe de la République 1871-1914*, Paris, Seuil, collection « Points histoire », 2018 [2014], 480 p.

JEANNENEY, Jean-Noël, *François de Wendel en République. L'argent et le pouvoir (1914-1940)*, Paris, Seuil, collection « L'univers historique », 1976, 672 p.

LEJEUNE, Dominique, *La France de la Belle Époque 1896-1914*, Paris, Armand Colin, collection « Cursus », 2011 [1991], 240 p.

SCHOR, Ralph, *Le dernier siècle français. 1914-2014. Destin ou déclin ?*, Paris, Perrin, 2016, 640 p.

WINOCK, Michel, *La Belle Époque. La France de 1900 à 1914*, Paris, Perrin, 2002, 442 p.

À propos de l'histoire du Royaume-Uni et des États-Unis

BÉDARIDA, François, *Churchill*, Paris, Fayard, 1999, 576 p.

La société anglaise du milieu du 19ᵉ siècle à nos jours, Paris, Seuil, collection « Points histoire », 1990 [1976], 364 p.

CABANES, Bruno, *Les Américains dans la Grande Guerre*, Paris, Gallimard/ Ministère de la Défense, 2017, 159 p.

CHASSAIGNE, Philippe, *La Grande-Bretagne et le monde de 1815 à nos jours*, Paris, Armand Colin, 2009 [2003], 320 p.

CLARKE, Peter, *Hope and Glory. Britain 1900-1990*, Londres, Allen Lane, 1996, 454 p.

HARTER, Hélène, *Les États-Unis dans la Grande Guerre*, Paris, Tallandier, 2017, 512 p.

KASPI, André, *Le temps des Américains. Le concours américain à la France en 1917-1918*, Paris, Publications de la Sorbonne, 1976, 376 p.

MOUGEL, François-Charles, *Une histoire du Royaume-Uni de 1900 à nos jours*, Paris, Perrin, 2014, 576 p.

TAYLOR, A. J. P., *English history. 1914-1945*, Oxford, Oxford University Press, 2001 [1965], 719 p.

À propos de l'histoire économique

ASSELAIN, Jean-Charles, *Histoire économique de la France du XVIIIᵉ siècle à nos jours, 1. De l'Ancien Régime à la Première Guerre mondiale*, Paris, Seuil, collection « Points histoire », 2002 [1984], 226 p. *2. Depuis 1918*, Paris, Seuil, collection « Points histoire », 2011 [1984], 276 p.

BONIN, Hubert, *Histoire économique de la France depuis 1880*, Paris, Masson, collection « Un siècle d'histoire », 1988, 336 p.

L'argent en France depuis 1880. Banquiers, financiers, épargnants dans la vie économique et politique, Paris, Masson, collection « Un siècle d'histoire », 1989, 304 p.

BOULOC, François, *Les profiteurs de guerre 1914-1918*, Paris, Éditions Complexe, 2009, 386 p.

CAMERON, Rondo, *La France et le développement économique de l'Europe 1800-1914*, Paris, Seuil, 1971 [1961], 432 p.

CARON, François, *Histoire économique de la France XIXᵉ-XXᵉ siècles*, Paris, Armand Colin, 1995 [1981], 456 p.

GAVIGNAUD, Geneviève, *Les campagnes en France au XXᵉ siècle (1914-1989)*, Paris, Ophrys, 1990, 176 p.

LAÏDI, Ali, *Histoire mondiale de la guerre économique*, Paris, Perrin, 2016, 576 p.

LEMÉNOREL, Alain, *Nouvelle histoire économique de la France contemporaine, 3. L'économie libérale à l'épreuve 1914-1948*, Paris, La Découverte, collection « Repères », 1998, 124 p.

PIKETTY, Thomas, *Le capital au XXIᵉ siècle*, Paris, Seuil, 2013, 976 p.

Les hauts revenus en France au XXᵉ siècle. Inégalités et redistribution, Paris, Grasset, 2001, 812 p.

À propos de l'histoire industrielle, et notamment sidérurgique

AINVAL (d'), Henri, *Deux siècles de sidérurgie française. De 1003 entreprises à la dernière*, Presses universitaires de Grenoble, 1994, 360 p.

BARTHEL, Charles, *Bras de fer. Les maîtres de forge luxembourgeois entre les débuts difficiles de l'UEBL et le Locarno sidérurgique des cartels internationaux. 1918-1929*, Luxembourg, Saint-Paul, 2006, 686 p.

LEBOUTTE, René, PUISSANT, Jean et SCUTO, Denis, *Un siècle d'histoire industrielle (1873-1973). Belgique, Luxembourg, Pays-Bas. Industrialisations et sociétés*, SEDES, 1998, 298 p.

MOINE, Jean-Marie, *Les barons du fer. Les maîtres de forge en Lorraine du milieu du XIXe siècle aux années 1930. Histoire sociale d'un patronat sidérurgique*, Metz, Éditions Serpenoise, 2003, 572 p.

PRÊCHEUR, Claude, *La Lorraine sidérurgique*, Paris, SABRI, 1959, 632 p.

TRAUSCH, Gilbert, *L'ARBED dans la société luxembourgeoise*, Luxembourg, ARBED, 2000, 96 p.

TRINKHAUS, Fabian, *Arbeiterexistenzen und Arbeiterbewegung in den Hüttenstädten Neunkirchen/Saar und Düdelingen/Luxemburg (1880-1935/1940), Ein historischer Vergleich*, Saarbrücken, Kommission für saarländische Landesgeschichte e. V., 2014, 639 p.

WORONOFF, Denis, *Histoire de l'industrie en France. Du XVIe siècle à nos jours*, Paris, Seuil, collection « Points histoire », 1998 [1994], 684 p.

À propos de l'histoire sociale

ALARY, Éric, *Histoire des paysans français*, Paris, Perrin, 2016, 384 p.

La Grande Guerre des civils, 1914-1919, Paris, Perrin, collection « Tempus », 2018 [2013], 480 p.

BARD, Christine, *Les filles de Marianne. Histoire des féminismes 1914-1940*, Paris, Fayard, 1995, 528 p.

BONIFACE, Xavier, *L'armée, l'Église et la République, 1879-1914*, Paris, Nouveau monde éditions, 2012, 523 p.

CHARLE, Christophe, *La crise des sociétés impériales. Allemagne, France, Grande-Bretagne 1900-1940. Essai d'histoire sociale comparée*, Paris, Seuil, collection « L'Univers historique », 2001, 532 p.

Histoire sociale de la France au XIXe siècle, Paris, Seuil, collection « Points histoire », 2015 [1991], 430 p.

DESANTI, Dominique, *La femme au temps des années folles*, Stock/Laurence Pernoud, 1992 [1984], 448 p.

DREYFUS, Michel, *Liberté, égalité, mutualité. Mutualisme et syndicalisme, 1852-1967*, Paris, Les Éditions de l'Atelier/Les Éditions ouvrières, collection « Patrimoine », 2001, 352 p.

GRENADOU, Ephraïm et PRÉVOST, Alain, *Grenadou paysan français*, Paris, Seuil, collection « Points histoire », 1978, 256 p.

GUESLIN, André et GUILLAUME, Pierre (dir.), *De la charité médiévale à la sécurité sociale. Économie de la protection sociale du Moyen Âge à l'époque contemporaine*, Paris, les Éditions ouvrières, collection « Patrimoine », 1992, 342 p.

GUILLAUME, Pierre, *Histoire sociale de la France au XXᵉ siècle*, Paris, Masson, 1992, 244 p.

HAUPT, Heinz-Gerhard, *Histoire sociale de la France*, Éditions de la maison des sciences de l'homme, 1993, 302 p.

KIDD, William, *Les monuments aux morts mosellans. De 1870 à nos jours*, Metz, Éditions Serpenoise, 1999, 172 p.

LEJEUNE, Dominique, *La peur du « rouge » en France. Des partageux aux gauchistes*, Paris, Belin, 2003, p. 131.

PROST, Antoine, *Les anciens combattants 1914-1940*, Gallimard/Julliard, 2014 [1977], 338 p.

Les Français de la Belle Époque, Paris, Gallimard, 2019, 383 p.

RIPA, Yannick, *Les femmes, actrices de l'Histoire. France, 1789-1945*, SEDES/HER, collection « Campus histoire », 1999, 192 p.

SCHOR, Ralph, *Histoire de la société française au XXᵉ siècle*, Paris, Belin, 2004, 480 p.

À propos de l'histoire de la noblesse

BRAVARD, Alice, *Le grand monde parisien. 1900-1939. La persistance du modèle aristocratique*, Rennes, Presses universitaires de Rennes, collection « Histoire », 2013, 404 p.

FIETTE, Suzanne, *La noblesse française. Des Lumières à la Belle Époque. Psychologies d'une adaptation*, Paris, Perrin, 1997, 350 p.

FIGEAC, Michel, *Les noblesses en France du XVIᵉ au milieu du XIXᵉ siècle*, Paris, Armand Colin, 2013, 415 p.

GOUJON, Bertrand, *Du sang bleu dans les tranchées. Expériences militaires de nobles français durant la Grande Guerre*, Paris, Vendémiaire, 2015, 672 p.

Je maintiendrai. Femmes, nobles et françaises 1914-1919, Paris, Vendémiaire, 2022, 912 p.

HIGGS, David, *Nobles, titrés, aristocrates en France après la Révolution, 1800-1870*, Paris, Liana Lévi, 1990, 437 p.

MENSION-RIGAU, Éric, *Aristocrates et grands bourgeois : éducation, traditions, valeurs*, Paris, Plon, 1994, 516 p.

Le Donjon et le clocher. Nobles et curés de campagne de 1850 à nos jours, Paris, Perrin, 2003, 511 p.

Enquête sur la noblesse. La permanence aristocratique, Paris, Perrin, 2019, 396 p.

SAINT-MARTIN (de), Monique, *L'espace de la noblesse*, Paris, Métailié, 1993, 326 p.

À propos de l'histoire militaire et des conflits

COCHET, François, *Les Français en guerre de 1870 à nos jours*, Paris, Perrin, 2017, 544 p.

CORVISIER, André (dir.), *Histoire militaire de la France. Tome 2 : de 1715 à 1871*, Paris, PUF, 1992, 635 p.

FARRÉ, Sébastien, *Colis de guerre. Secours alimentaire et organisations humanitaires (1914-1947)*, Rennes, Presses universitaires de Rennes, 2014, 284 p.

FORCADE, Olivier et LAURENT, Sébastien, *Secrets d'État. Pouvoirs et renseignement dans le monde contemporain*, Paris, Armand Colin, 2005, 238 p.

GIRARDET, Raoul, *La société militaire de 1815 à nos jours*, Paris, Perrin, 1998, 341 p.

ROTH, François, *La guerre de 1870*, Paris, Fayard, 1990, 778 p.

SERMAN, William, *Les officiers français dans la nation 1848-1914*, Paris, Aubier Montaigne, 1982, 286 p.

SERMAN, William et BERTAUD, Jean-Paul, *Nouvelle histoire militaire de la France 1789-1919*, Paris, Fayard, 1998, 855 p.

À propos de l'histoire de la colonisation, et du Maroc

ABITBOL, Michel, *Histoire du Maroc*, Paris, Perrin, 2009, 682 p.

ANDURAIN (d'), Julie, *Le général Gouraud. Un destin hors du commun, de l'Afrique au Levant*, Paris, Perrin, 2022, 512 p.

FERRO, Marc, *Histoire des colonisations. Des conquêtes aux indépendances*, Paris, Seuil, 1994, 538 p.

FRÉMEAUX, Jacques, *De quoi fut fait l'empire. Les guerres coloniales au XIXᵉ siècle*, Paris, CNRS éditions, 2010, 582 p.

JULIEN, Charles-André, *Le Maroc face aux impérialismes 1415-1956*, Paris, Éditions du Jaguar, 2011 [1978], 556 p.

MEYER, Jean, TARRADE, Jean, REY-GOLDZEIGUER, Anne et THOBIE, Jacques, *Histoire de la France coloniale des origines à 1914*, Paris, Armand Colin, 2016 [1991], 848 p.

WEIBEL, Ernest, *Occident-Maghreb, 13 siècles d'histoire*, Paris, Ellipses, 2010, 624 p.

À propos de l'histoire de la Première Guerre mondiale

AUDOUIN-ROUZEAU, Stéphane et BECKER, Jean-Jacques (dir.), *Encyclopédie de la Grande Guerre, 1914-1918*, Paris, Bayard, 2004, 1345 p.

BECKER, Jean-Jacques, *1914 : Comment les Français sont entrés dans la guerre*, Paris, Presses de la fondation nationale des sciences politiques, 1977, 642 p.

L'Europe dans la Grande Guerre, Paris, Belin, 1996, 320 p.

BECKER, Jean-Jacques et KRUMEICH, Gerd, *La Grande Guerre. Une histoire franco-allemande*, Paris, Tallandier, 2008, 382 p.

BENOIT, Christian, *Les officiers français dans la Grande Guerre (1914-1918)*, Soteca, 2019, 432 p.

BOURNE, J. M., *Britain and the Great War 1914-1918*, London, Edward Arnold, 1991 [1989], 258 p.

CABANES, Bruno, *La victoire endeuillée. La sortie de guerre des soldats français (1918-1920)*, Paris, Seuil, collection « L'Univers historique », 2004, 560 p.

CAZALS, Rémy, *Les mots de 14-18*, Toulouse, Presses universitaires du Mirail, 2003, 126 p.

COCHET, François, *La Grande Guerre. Fin d'un monde, début d'un siècle. 1914-1918*, Paris, Perrin, collection « Tempus », 2018 [2014], 624 p.

Survivre au front 1914-1918. Les poilus entre contrainte et consentement, Saint-Cloud, Soteca 14/18 éditions, 2005, 268 p.

COCHET, François et PORTE, Rémy, *Histoire de l'Armée française 1914-1918*, Paris, Tallandier, 2017, 520 p.

COCHET, François et PORTE, Rémy (dir.), *Dictionnaire de la Grande Guerre 1914-1918*, Paris, Robert Laffont, collection « Bouquins », 2008, 1122 p.

GREENHALGH, Elizabeth, *Victory through coalition. Britain and France during the First World War*, Cambridge, Cambridge University Press, 2008 [2005], 308 p.

KEEGAN, John, *La Première Guerre mondiale*, Paris, Perrin, 2003 [1998], 560 p.

LE NAOUR, Jean-Yves (dir.), *Dictionnaire de la Grande Guerre*, Paris, Larousse, 2008, 478 p.

PORTE, Rémy, *Chronologie commentée de la Première Guerre mondiale*, Paris, Perrin, 2011, 650 p.

ROUSSEAU, Frédéric, *14-18, Penser le patriotisme*, Paris, Gallimard, 2018, 482 p.

SCHIAVON, Max, *Le front d'Orient. Du désastre des Dardanelles à la victoire finale 1915-1918*, Paris, Tallandier, collection « Texto », 2016 [2014], 398 p.

WINTER, Jay (dir.), *La Première Guerre mondiale. Tome 1 : Combats*, Paris, Fayard, 2013, 848 p. ; *Tome 2 : États*, Paris, Fayard, 2014, 896 p.

À propos de l'histoire de la Seconde Guerre mondiale

COCHET, François, *Les soldats de la drôle de guerre, septembre 1939-mai 1940*, Paris, Fayard, 2014 [2004], 274 p.

DURAND, Yves, *La France dans la Seconde Guerre mondiale, 1939-1945*, Paris, Armand Colin, collection « Cursus », 2011 [1993], 224 p.

GRENARD, Fabrice, *La drôle de guerre. L'entrée en guerre des Français. Septembre 1939-mai 1940*, Paris, Belin, 2015, 448 p.

À propos de l'histoire politique

AGULHON, Maurice, *1848 ou l'apprentissage de la République 1848-1852*, Paris, Seuil, collection « Points histoire », 1992 [1967], 290 p.

BERSTEIN, Gisèle, *Le Sénat sous la IIIe République, 1920-1940*, Paris, CNRS Éditions, 2014, 496 p.

BERSTEIN, Serge et WINOCK, Michel, *Histoire de la France politique. Tome 4 : La République recommencée. De 1914 à nos jours*, Paris, Seuil, Collection « Points histoire », 2017 [2004], 796 p.

BILLARD, Yves, *Le métier de la politique sous la IIIe République*, Perpignan, Presses universitaires de Perpignan, collection « Études », 2003, 224 p.

BOUR, Julie, *Clientélisme politique et recommandation. L'exemple de la Lorraine de la IIIe à la Ve République*, Rennes, Presses universitaires de Rennes, collection « Histoire », 2018, 212 p.

CHANGY (de), Hugues, *Le mouvement légitimiste sous la monarchie de Juillet (1833-1848)*, Rennes, Presses universitaires de Rennes, collection « Histoire », 2004, p. 12-13 et 16.

CHARLE, Christophe, *Le siècle de la presse (1830-1939)*, Paris, Seuil, collection « l'Univers historique », 2004, 416 p.

CONORD, Fabien, *Les élections sénatoriales en France 1875-2015*, Rennes, Presses universitaires de Rennes, collection « Histoire », 2016, 378 p.

HUARD, Raymond, *Le suffrage universel en France 1848-1946*, Paris, Aubier, 1991, 496 p.

LÉVÊQUE, Pierre, *Histoire des forces politiques en France.*

Tome 1 : 1789-1880, Paris, Armand Colin, 1992, 392 p.

Tome 2 : 1880-1940, Paris, Armand Colin, 1994, 314 p.

MOALIC, Anne-Sarah, *La marche des citoyennes. Le droit de vote des femmes en France 1870-1944*, Paris, Éditions du Cerf, 2021, 248 p.

RÉMOND, René, *La vie politique en France 1879-1939. La République souveraine*, Paris, Fayard, collection « Agora », 2002, 436 p.

RICHARD, Gilles, *Histoire des droites en France. De 1815 à nos jours*, Paris, Perrin, 2017, 640 p.

ROTH, François, *La vie politique en Lorraine au XXe siècle*, Presses universitaires de Nancy et Éditions Serpenoise, collection « Regards », 1985, 176 p.

ROUVILLOIS, Frédéric, DARD, Olivier et BOUTIN, Christophe (dir.), *Le dictionnaire du conservatisme*, Paris, Éditions du Cerf, 2017, 1072 p.

TORT, Olivier, *La droite française. Aux origines de sa division 1814-1830*, Paris, Éditions du comité des travaux historiques et scientifiques, 2013, 351 p.

VAVASSEUR-DESPERRIERS, Jean, *Les droites en France*, Paris, Presses universitaires de France, collection « Que sais-je ? », 2006, 128 p.

WINOCK, Michel, *La France politique, XIXe-XXe siècles*, Paris, Seuil, collection « Points histoire », 2003 [1999], 610 p.

La droite, hier et aujourd'hui, Paris, Perrin, collection « Tempus », 2012, 288 p.

WORONOFF, Denis, *François de Wendel*, Paris, Presses de Sciences Po, 2001, 302 p.

À propos de l'histoire culturelle

ADLER, Laure, *Secrets d'alcôve. Histoire du couple de 1830 à 1930*, Paris, Hachette, 2006 [1983], 230 p.

BERTRAND, Gilles, *Le grand tour revisité : pour une archéologie du tourisme. Le voyage des Français en Italie, milieu XVIIIe siècle-début XIXe siècle*, Rome, École française de Rome, 2008, 791 p.

BOLOGNE, Jean-Claude, *Histoire du mariage en Occident*, Paris, J. C. Lattès, 1995, 480 p.

CORBIN, Alain, *Les filles de noce. Misère sexuelle et prostitution (19e et 20e siècles)*, Paris, Aubier, 1978, 576 p.

DARMON, Pierre, *Vivre à Paris pendant la Grande Guerre*, Paris, Fayard, 2002, 454 p.

RIOUX, Jean-Pierre et SIRINELLI, Jean-François, *Histoire culturelle de la France, 4. Le temps des masses. Le 20e siècle*, Paris, Seuil, collection « Points histoire », 2005 [1998], 528 p.

SOHN, Anne-Marie, *Chrysalides. Femmes dans la vie privée (XIXe-XXe siècle)*, Paris, Publications de la Sorbonne, 1996, 1100 p.

Du premier baiser à l'alcôve. La sexualité des Français au quotidien (1850-1950), Paris, Aubier, 1996, 320 p.

« *Sois un homme !* ». *La construction de la masculinité au XIXe siècle*, Paris, Seuil, 2009, 462 p.

THÉBAUD, Françoise, *Les femmes au temps de la guerre de 14*, Paris, Payot, 2013 [1986], 480 p.

VIDAL-NAQUET, Clémentine, *Couples dans la Grande Guerre. Le tragique et l'ordinaire du lien conjugal*, Paris, Les Belles Lettres, 2014, 680 p.

WALCH, Agnès, *Histoire du couple en France de la Renaissance à nos jours*, Rennes, Éditions Ouest-France, 2003, 224 p.

Histoire de l'adultère (XVIe-XIXe siècles), Paris, Perrin, 2009, p. 306.

À propos de l'histoire des idées

GIRARDET, Raoul, *Le nationalisme français. Anthologie 1871-1914*, Paris, Seuil, 1992 [1966], 286 p.

HOBSBAWM, Eric, *Nations et nationalismes depuis 1780. Programme, mythe, réalité*, Paris, Gallimard, collection « Folio histoire », 384 p.

KALIFA, Dominique, *La véritable histoire de la « Belle Époque »*, Paris, Fayard, 2017, 296 p.

Articles et chapitres d'ouvrages

À propos du château de Lagrange et de la famille de Bertier de Sauvigny

EINRICK, Stéphane, « Louis de Bertier (1808-1877). Un rentier au temps des notables », *Les Cahiers lorrains*, 2018, n° 3-4, p. 23-34.

« Anatole de Bertier (1839-1903). Un investisseur au temps de l'industrialisation », *Les Cahiers lorrains*, 2019, n° 3-4, p. 28-39.

« Les femmes chez les Bertier au XIXe siècle (1803-1903) », *Les Cahiers du pays thionvillois*, 2020, p. 28-41.

À propos de l'histoire de la Lorraine, du Luxembourg et de la Grande Région

AUDIGIER, François, « Les réseaux des parlementaires lorrains de la IIIe République », [*in*] EL GAMMAL, Jean (dir.), *Dictionnaire des parlementaires lorrains de la IIIe République*, Metz, Éditions Serpenoise, 2006, p. 37-77.

DELBREIL, Jean-Claude, « Les parlementaires et les forces politiques en Moselle dans l'entre-deux-guerres », [*in*] *ibidem*, p. 87-129.

DURAND, Jean-Daniel, Article « Sérot (Robert) 1885-1954 », [*in*] *ibidem*, p. 313-315.

Article « Wendel (Guy de) 1878-1955 », [*in*] *ibidem*, p. 316-317.

METZLER, Lionel, Article « Hackspill (Louis) 1871-1945 », [*in*] *ibidem*, p. 286-288.

AUDIGIER, François, « Les comices agricoles de Moselle de 1836 à 1870, réussites et limites d'une modernisation agricole en Lorraine », *Annales de l'Est*, 2018, p. 63-75.

BARRAL, Pierre, « Les luttes politiques », [*in*] BONNEFONT, Jean-Claude (dir.), *Histoire de la Lorraine de 1900 à nos jours*, Toulouse, Privat, collection « Le passé présent », 1979, p. 109-160.

BONNEFONT, Jean-Claude, « L'essor industriel et la crise », [*in*] *ibidem*, p. 160-188.

BARTHEL, Charles, « Les marchés de l'acier et le "projet sidérurgique" : l'expansionnisme des maîtres de forge français au Grand-Duché de Luxembourg », [*in*] MIOCHE, Philippe et WORONOFF, Denis (dir.), *L'acier en France : produits et marchés de la fin du XVIIIe à nos jours*, Dijon, Études universitaires de Dijon, 2006, p. 85-102.

BARTHEL, Charles, « L'émergence de l'ARBED (1904/1905-1913) », [*in*] *Terres rouges. Histoire de la sidérurgie luxembourgeoise : volume 7*, Luxembourg, Archives nationales de Luxembourg, 2022,

BEMTGEN, Georges, « Une erreur récurrente » [à propos de la date de création de l'ARBED], *Luxemburger Wort*, cahier *die Warte-Perspectives*, 8 juin 2023, p. 4-5.

FELTES, Paul, « La stratégie de l'ARBED dans l'entre-deux-guerres », [*in*] *Du Luxembourg à l'Europe. Hommages à Gilbert Trausch à l'occasion de son 80ᵉ anniversaire*, Luxembourg, Saint-Paul, 2011, p. 219-233.

GRANDHOMME, Jean-Nöel, « Les Alsaciens-Lorrains dans la Première Guerre mondiale », [*in*] GRANDHOMME, Jean-Noël (dir.), *Boches ou tricolores : les Alsaciens-Lorrains dans la Grande Guerre*, Strasbourg, la Nuée bleue, 2008.

PAILLAT, Claude, « "Papa Mayrisch", aciériste et visionnaire européen », p. 173-184 et « Malaise profond en Alsace », p. 300-318, [*in*] *Dossiers secrets de la France contemporaine, tome II : la victoire perdue 1920-1929*, Robert Laffont, 1980.

RAGGI, Pascal, « Le retour à la France des mines de fer et des usines sidérurgiques mosellanes. Aspects économiques, financiers et techniques », [*in*] GRANDHOMME, Jean-Noël, JALABERT, Laurent et KLEINHENTZ, Laurent, *Le retour à la France de la Lorraine annexée 1918-1925*, Actes du colloque organisé au musée de Gravelotte et à Metz les 31 mai et 1ᵉʳ juin 2018, Metz, Éditions des Paraiges, 2021, p. 187-202.

ROTH, François, « Espaces sarrois et Lorraine, relations et convergences 1815-1925 », [*in*] BRÜCHER, Wolfgang et FRANKE, Peter Robert (dir.), *Probleme von Grenzregionen : das Beispiel SAAR-LOR-LUX Raum*, Saarbrücken, Philosophische Fakultät der Universität des Saarlandes, 1987.

ROTH, François, « La Lorraine dans la vie nationale (1789-1870) », [*in*] PARISSE, Michel (dir.), *Histoire de la Lorraine*, Toulouse, Privat, 1987 [1977], 500 p., p. 357-388.

« La Lorraine divisée (1871-1914) », [*in*] *ibidem* p. 389-417.

À propos de l'histoire sociale

DESSERTINE, Dominique et FAURE, Olivier, « Assistance traditionnelle, assistance nouvelle : coût et financement 1850-1940 », [*in*] GUESLIN, André et GUILLAUME, Pierre (dir.), *De la charité médiévale à la sécurité sociale. Économie de la protection sociale du Moyen Âge à l'époque contemporaine*, Paris, les Éditions ouvrières, collection « Patrimoine », 1992, p. 139-140.

MARTIN-FUGIER, Anne, « La maîtresse de maison », [*in*] ARON, Jean-Paul (dir.), *Misérable et glorieuse, la femme du XIXᵉ siècle*, Paris, Fayard, 1980, p. 117-134.

À propos de l'histoire de la noblesse

BRELOT, Claude-Isabelle, « Itinérances nobles : la noblesse et la maîtrise de l'espace, entre ville et château au XIXᵉ siècle », [*in*] BRELOT, Claude-Isabelle (dir.), *Noblesses et villes (1780-1950), Actes du colloque de Tours 17-19 mars 1994*, Éditions de la Maison des sciences de la ville, Université de Tours, 1995, p. 95-105.

DAUMARD, Adeline, « Noblesses parisiennes et civilisation bourgeoise au XIXᵉ siècle », [*in*] *ibidem*, p. 109-121.

GRANGE, Cyril, « Fusion des élites aristocratiques et bourgeoises à la Belle Époque : les mariages à Paris et en province », [*in*] *ibidem*, p. 247-259.

MAYAUD, Jean-Luc, « Noblesses et paysanneries de 1789 à 1914 : des rapports d'exclusion ? », [*in*] *ibidem*, p. 55-69.

MENSION-RIGAU, Éric, « La persistance du modèle du "château" ou les limites de la fusion des élites dans l'univers de la ville », [*in*] *ibidem*, p. 215-225.

PINÇON, Michel et PINÇON-CHARLOT, Monique, « Beaux quartiers et stations balnéaires : la logique de l'entre-soi menacée », [*in*] *ibidem*, p. 205-214.

WISCART, Jean-Marie, « Un contre-exemple ? La noblesse de la Somme et la ville à la fin du XVIIIᵉ et au XIXᵉ siècle », [*in*] *ibidem*, p. 72-74.

RANCE, Karine, « Les nobles furent-ils victimes de la Révolution ? », [*in*] BIARD, Michel (dir.), *La Révolution française. Une histoire toujours vivante*, Tallandier, 2009, p. 209-223.

À propos de l'histoire militaire

COCHET, François, « De la guerre suspendue à la guerre hors-la-loi », [*in*] COCHET, François (dir.), *Les guerres des années folles 1919-1925*, Paris, Passés composés/Hunensis, 2021, p. 13-43.

« Des outils militaires en reconversion », [*in*] *ibidem*, p. 285-318.

SCHIRMANN, Sylvain, « Weimar : de l'instabilité fondatrice à une stabilité illusoire ? 1918-1924 », [*in*] *ibidem*, p. 223-252.

BONIFACE, Xavier, « Décorer les militaires (XIXᵉ-XXᵉ siècles) » [*in*] DUMONS, Bruno et POLLET, Gilles (dir.), *La fabrique de l'honneur. Les médailles et les décorations en France (XIXᵉ-XXᵉ siècles)*, Rennes, Presses universitaires de Rennes, 2009, p. 99-116.

COCHET, François, « Relire la défaite à l'aune de l'historiographie récente », [*in*] VERGNON, Gilles et SANTAMARIA, Yves (dir.), *Le syndrome de 1940. Un trou noir mémoriel ?*, Paris, Riveneuve éditions, collection « Actes académiques », 2015, p. 15-30.

À propos de l'histoire de la Première Guerre mondiale

DESBOIS-THIBAULT, Claire, « Le champagne et la Grande Guerre. Des hommes et des femmes dans la tourmente », [*in*] BONIN, Hubert (dir.), *Vins et alcools pendant la Première Guerre mondiale*, Féret, 2018, p. 91-125.

LE BRAS, Stéphane, « Et le vin faillit devenir un alcool. Perceptions, représentations et pratiques autour du vin pendant la Première Guerre mondiale », [*in*] *ibidem*, p. 41-61.

GOUJON, Bertrand, « Insertion et distinction nobiliaires parmi les combattants français de la Grande Guerre », [*in*] BOULOC, François, CAZALS, Rémy et LOEZ, André (dir.), *Identités troublées, 1914-1918. Les appartenances nationales et sociales à l'épreuve de la guerre*, Toulouse, Privat, 2011, p. 47-60.

GREENHALGH, Elizabeth and GUELTON, Frédéric, « *The French on Gallipoli and observations on Australian and British forces during the August offensive* », [in] EKINS, Ashley (dir.), *Gallipoli. A ridge too far*, 2013, p. 214-231.

SHAALAN, Cécile, « Alexandrie ville-hôpital », *[in]* EMPEREUR, Jean-Yves (dir.), *Alexandrie dans la Première Guerre mondiale*, Alexandrie, Centre d'études alexandrines, 2018, p. 287-327.

BOURLET, Michaël, « Les officiers du 5ᵉ bureau en 1916 : Recrutements et profils », *[in]* FORCADE, Olivier et VAÏSSE, Maurice (dir.), *Espionnage et renseignement pendant la Première Guerre mondiale*, Actes du colloque international organisé par l'académie du renseignement le 26 novembre 2014, Paris, La Documentation française, 2017, p. 37-50.

COUDERC, Agathe, « Transmettre, chiffrer, écouter et intercepter sur le front français 1914-1918 », *[in] ibidem*, p. 107-122.

FORCADE, Olivier, « Le renseignement français pendant la Première Guerre mondiale », *[in] ibidem*, p. 25-36.

LAHAIE, Olivier, « Pratiques du renseignement humain en France pendant la Grande Guerre : Permanences et évolutions », *[in] ibidem*, p. 123-144.

À propos de l'histoire politique

DELBREIL, Jean-Claude, « Parti démocrate populaire, modérés, centrisme et démocratie chrétienne (1919-1940) », *[in]* ROTH, François (dir.), *Les modérés dans la vie politique française (1870-1965)*, Nancy, Presses universitaires de Nancy, 2000, p. 351-365.

GRIVEL, Gilles, « Les modérés des Vosges (1919-1940) », *[in] ibidem*, p. 249-259.

ROTH, François, « Raymond Poincaré, un républicain modéré ? », *[in] ibidem*, p. 287-297.

CRAIATU, Aurelian, Article « modération », *[in]* ROUVILLOIS, Frédéric, DARD, Olivier et BOUTIN, Christophe (dir.), *Le dictionnaire du conservatisme*, Paris, Éditions du Cerf, 2017, p. 622.

DARD, Olivier, article « anticommunisme » *[in] ibidem*, p. 62.

DOGAN, Mattei, « Les professions propices à la carrière politique. Osmoses, filières et viviers », *[in]* OFFERLÉ, Michel (dir.), *La Profession politique XIXᵉ-XXᵉ siècles*, Paris, Belin, 2017 [1999], p. 201-243.

DOGAN, Mattei, « Longévité des carrières politiques. Une biographie collective », *[in]* MAYEUR, Jean-Marie, CHALINE, Jean-Pierre, et CORBIN, Alain (dir.), *Les parlementaires de la troisième République*, Publications de la Sorbonne, 2003, p. 295-321.

DOMPNIER, Nathalie, « Corruption ou système d'échange local ? Des normes en concurrence pour une définition de la légitimité électorale en France sous la IIIᵉ République », *[in]* MONIER Frédéric, DARD, Olivier et ENGELS, Jens Ivo (dir.), *Patronage et corruption politiques dans l'Europe contemporaine. Les* *coulisses du politique à l'époque contemporaine XIXe-XXe siècles*, Paris, Armand Colin, 2014, p. 127-140.

ENGELS, Jens Ivo, « La modernisation du clientélisme politique dans l'Europe du XIXe et du XXe siècles. L'impact du capitalisme et des nouvelles formes d'organisation politique », [*in*] *ibidem*, p. 33-50.

MONIER, Frédéric, « La République des faveurs », [*in*] FONTAINE, Marion, MONIER, Frédéric et PROCHASSON, Christophe (dir.), *Une Contre-histoire de la IIIe République*, La Découverte, Paris, 2013, p. 339-352.

JOLY, Laurent, « Le césarisme ou le roi ? Maurice Barrès et les débuts de l'Action française », [*in*] DARD, Olivier, GRUNEWALD, Maurice, LEYMARIE, Michel et WITTMANN, Jean-Michel (dir.), *Maurice Barrès, la Lorraine, la France, l'étranger*, Berne, Peter Lang, 2011, p. 93-106.

NICKLAS, Thomas, « Maurice Barrès, le "Génie du Rhin" et la politique en Rhénanie après 1918 » [*in*] *ibidem*, p. 139-148.

POULAT, Émilie, « À la recherche des catholiques modérés. De quoi et de qui s'agit-il ? », [*in*] PRÉVOTAT, Jacques et VAVASSEUR-DESPERRIERS, Jean (dir.), *Les « chrétiens modérés » en France et en Europe (1870-1960)*, Villeneuve d'Ascq, Presses universitaires du Septentrion, 2013, p. 45-62.

À propos de l'histoire économique

BAECHLER, Christian, « L'Alsace-Lorraine dans les relations franco-allemandes de 1918 à 1933 » [*in*] BARIÉTY, Jacques, GUTH, Alfred et VALENTIN, Jean-Marie (dir.), *La France et l'Allemagne entre les deux guerres mondiales, Actes du colloque tenu en Sorbonne (Paris IV)*, 15-16-17 janvier 1987, Nancy, Presses universitaires de Nancy, 1987, p. 69-109.

SOUTOU, Georges-Henri, « la France et l'Allemagne en 1919 », [*in*] *ibidem*, p. 9-20.

Autres domaines

BARON-YELLÈS, Nacima, « Le tourisme à la conquête des littoraux », [*in*] CABANTOUS, Alain, LESPAGNOL, André et PÉRON, Françoise (dir.), *Les Français, la terre et la mer XIIIe-XIXe siècle*, Paris, Fayard, 2005, p. 688-725.

GRIGG, John, « Edward VIII (1894-1972 », [*in*] YOUNG, Hugo (dir.), *Political lives. Intimate biographies of the famous by the famous*, Oxford, Oxford University Press, 2001, p. 335-345.

Références en ligne

À propos du château de Lagrange et de la famille de Bertier de Sauvigny

Extrait du journal *Le Temps* du 24 mars 1862 <http://gallica.bnf.fr/ark:/12148/bpt6k221115p.texte.langFR>

SELANCY (comtesse de), Sylvie, « Drôles de guerres, drôles d'histoires », [*in*] *Mémoires de l'Académie nationale de Metz*, 1991, <http://hdl.handle.net/2042/34521>

Histoire de l'Hôtel de Ville de Dudelange, <dudelange.lu/index.php/hotel-de-ville>

À propos de l'histoire de la Lorraine, du Luxembourg et de la Grande Région

AUDIGIER, François, « Le retour des députés alsaciens au palais Bourbon », [*in*] *Revue d'Alsace*, 144/2018, Actes du colloque « De l'éblouissement tricolore au malaise alsacien. Le retour de l'Alsace à la France 1918-1924 », p. 191-209, <https://doi.org/10.4000/alsace.3479>

BROUSSE, Hendry, *Le Luxembourg de la guerre à la paix (1918-1923) : la France, actrice majeure de cette transition*, [thèse d'histoire, sous la direction de Jean-Noël GRANDHOMMME], Universités de Lorraine et du Luxembourg, 2019, p. 52-59, <theses.fr/2019LORR0320>

EINRICK, Stéphane, « Les Communautés humaines et l'eau dans l'arrondissement de Thionville 1800-1870 », *Les Cahiers lorrains*, N° 2-3, 2005, <http://hdl.handle.net/2042/43071>

À propos de l'histoire sociale

BERNARD [aujourd'hui BRAVARD], Alice, « Le grand monde parisien à l'épreuve de la guerre », *Vingtième siècle*, 2008, n° 99, p. 13-32, <www.jstor.org/stable/20475388>.

LEMAIRE, Jacques Ch., « Antimaçonnerie et antimaçonnisme », *La chaîne d'union*, 2007/3 (n° 41), p. 12-23, <https://doi.org/10.3917/cdu.041.0012>.

MACHEN Emily, « *Catholic women, international engagement and the battle for suffrage in interwar France: the case of the Action sociale de la femme and the Union nationale pour le vote des femmes* », [*in*] *Women's history review*, Volume 26, 2017, p. 229-244, <https://doi-org.bases-doc.univ-lorraine.fr/10.1080/09612025.2016.1181336>.

MULLER, Caroline, « Un secret bien partagé. La place du directeur de conscience dans les négociations de mariage d'une famille noble (seconde partie du XIXe siècle) », *Genre&Histoire* [En ligne], 18 | Automne 2016, <http://genrehistoire.revues.org/2558>.

À propos de l'histoire économique et industrielle

KOVACS, Stéphanie, *Relations entre maîtres de forges, autorités communales et gouvernementales au Grand-Duché de Luxembourg de 1850 à 1914*, [thèse d'histoire, sous la direction de René Leboutte], Université du Luxembourg, 2012, 394 p., <http://hdl.handle.net/10993/15629>

Les industries de la famille de Bertier, Historique, <http://www.industrie.lu/deBertier.html>

Les ardoisières d'Asselborn, Historique, <http://www.industrie.lu/ardoisieresAsselborn. html>

La société anonyme luxembourgeoise de produits physiologiques, Historique, <http:// www.industrie.lu/AschmanSchieren.html>

À propos des forêts à Troisfontaines, <http://troisfontaines.free.fr/livre/chap13. html>

À propos de l'histoire militaire et des conflits

ALBER, Alex, « Une sacralisation professionnelle par l'histoire : la formation morale des Saint-Cyriens et la martyrologie politique », [*in*] Temporalités, 6/7, 2007, <https://doi.org/10.4000/temporalites.88>

ANDURAIN (d'), Julie, « Le désastre franco-britannique des Dardanelles », <orientxxi.info/l-orient-dans-la-guerre-1914-1918/le-desastre-franco-britannique-des-dardanelles,1272>

AUTRIC, Raphaëlle, « La rivalité franco-américaine : l'instruction des soldats américains en France (1917-1918) », *Revue historique des armées*, vol. 246, 2007, p. 22-32, <http://journals.openedition.org.bases-doc.univ-lorraine.fr/rha/2363>

BOURCART, Jean, *Lunéville : une garnison de cavalerie dans l'espace frontalier lorrain 1873-1921*, [thèse d'histoire, sous la direction de François Cochet], Université de Lorraine, 2013, 534 p., <www.theses.fr/2013LORR0331>

BOY (général), Jean, *Historique de la 81ᵉ promotion de l'École spéciale militaire de Saint-Cyr (1896-1898), promotion Première des Grandes Manœuvres*, 2010, <https://saint-cyr.org>

GREENHALGH, Elizabeth et GUELTON, Frédéric, « Soldats australiens de l'ANZAC vus à travers la correspondance du chef d'escadrons de Bertier, mars-décembre 1915 », *Revue historique des armées*, 264 | 2011, <http://journals. openedition.org/rha/7274>

Accès à la base de données militaire :

<www.penseemiliterre.fr/milindex/plugins/milindex/entry_list.php>

Courriels reçus :

AUDIGIER, François, BARTHEL, Charles, COCHET, François, GREEN-HALGH, Elizabeth, LEINER, Edith, REGENER, Gilles, SELANCY (de), Marie-François.

Remerciements

Le présent ouvrage est issu de ma thèse et je tiens à remercier chaleureusement le professeur Audigier pour son encadrement. Je bénéficiais, dans mon organisation, d'une grande liberté, et, dans nos échanges, de conseils formateurs et enrichissants, tellement d'ailleurs qu'il fut impossible de tous les mettre en œuvre. Son soutien ne se limita pas aux problématiques purement scientifiques, mais s'étendit aussi aux questions administratives et institutionnelles, parfois tout aussi complexes. Je savais pouvoir compter sur sa disponibilité et sur son aide et, en retour, je m'efforçais d'être digne de la confiance qu'il avait placée en moi.

Je remercie le comte Pierre-Antoine de Selancy, propriétaire du château de Lagrange, pour avoir, à la suite de ses parents, continué à me faire confiance, en me laissant librement accéder aux archives familiales. La possibilité d'emprunter des cartons de documents pour les examiner chez moi me conféra un privilège que peu de chercheurs peuvent connaître. Je remercie aussi son père, le comte Marie-François de Selancy, qui, en dépositaire de la mémoire familiale, sut compléter et/ou éclairer certaines données des archives, et me prodiguer toutes les remarques d'un relecteur exigeant.

Je remercie également toutes les personnes qui, dans les différents services d'archives et les bibliothèques, ont pu m'aider à accéder à certains documents, parfois mal identifiés, m'indiquer d'autres pièces susceptibles de m'intéresser et, tout simplement, m'encourager. Je pense aussi à tous les interlocuteurs qui, au cours de colloques, de formations, par échange de courriels ou de façon plus informelle, ont pu faire naître dans mon esprit de nouvelles pistes de réflexion.

Enfin, je remercie affectueusement ma mère, Micheline Einrick, et mon cousin, Sébastien Neiers, pour leur courage et leur constance. En relecteurs attentifs, ils se sont consacrés à la traque impitoyable de toute faute d'orthographe, de syntaxe ou de logique. Le confort de lecture du présent ouvrage leur doit beaucoup.

Index des noms

Nota bene : Les épouses des Bertier sont référencées suivant leur nom de naissance (Fouquet, Klinglin, Kergariou, Chalmeton). Concernant les militaires et leurs grades : « puis » signifie une promotion au cours de la période de contact avec Jean de Bertier, « plus tard » au-delà. Les autres précisions entre parenthèses aident à identifier au mieux les protagonistes, dans le but d'aider toute recherche future.

Liste des tableaux

Liste des schémas et cartes

Annexes

Toutes les annexes sont issues des Archives du château de Lagrange, Manom, Moselle

Scène des fantômes de Lagrange – Chambre dorée, 16 septembre 2001

CHAMBRE DORÉE

Jean, Comte de Bertier de Sauvigny (1877-1926) [Emmanuel de Blic]

Lionel Delaval, Représentant en France de la Gutehoffnungshütte [Stéphane Einrick]

Cte de B de S : Mon cher Monsieur, je vous charge d'un message pour vos patrons de la Gutehoffnungshütte et, j'espère que vous le leur transmettrez fidèlement

LD : Monsieur le Comte, vous pouvez compter sur moi

Cte de B de S : Je suis officier français, et fier de l'être. La conséquence en est que je ne peux pas retourner dans ma chère Lorraine annexée, pour combien de temps encore ?. Ou plus exactement, il me faut, à chaque fois une permission écrite, signée de la main du *Kaiser*. Autant dire donc que je suis interdit de séjour à La Grange. J'ai donc dû me résoudre, la mort dans l'âme, à me séparer de La Grange. Votre société s'est portée acquéreur.

LD : Un bon prix, Monsieur le Comte, 2 500 000 Francs, ce n'est pas rien. La Société veut en faire un casino pour ses cadres.

Cte de B de S : Je ne le conteste pas, mais, là n'est pas le problème. Je vous avais proposé de vous vendre également le mobilier. Vous avez refusé de l'acheter, très bien. J'ai donc tiré les conclusions qui s'imposaient : j'ai fait enlever les meubles et, j'ai fait aussi démonter le poêle de la salle à manger. J'espère bien, le jour où nous aurons reconquis l'Alsace et la Lorraine pouvoir racheter La Grange et, y réinstaller le poêle à sa place.

LD : Mais, Monsieur le Comte, ce poêle est un bien immobilier, il était bien inclus dans ce que vous avez vendu.

Cte de B de S : Mon cher, c'est bien là le message que je vous demande de transmettre à ces Messieurs : ce qui est fait est fait, j'ai pris le poêle, un point c'est tout !

Annexe 1: *Il s'agit du texte de la scène jouée dans la chambre dorée, à l'occasion du spectacle «les fantômes de Lagrange», dans le cadre des Journées du patrimoine. L'illusion théâtrale me confronta pour la première fois à Jean de Bertier, ainsi qu'à la mémoire familiale... et à ses déformations. On remarquera l'ancienne graphie « La Grange ».*

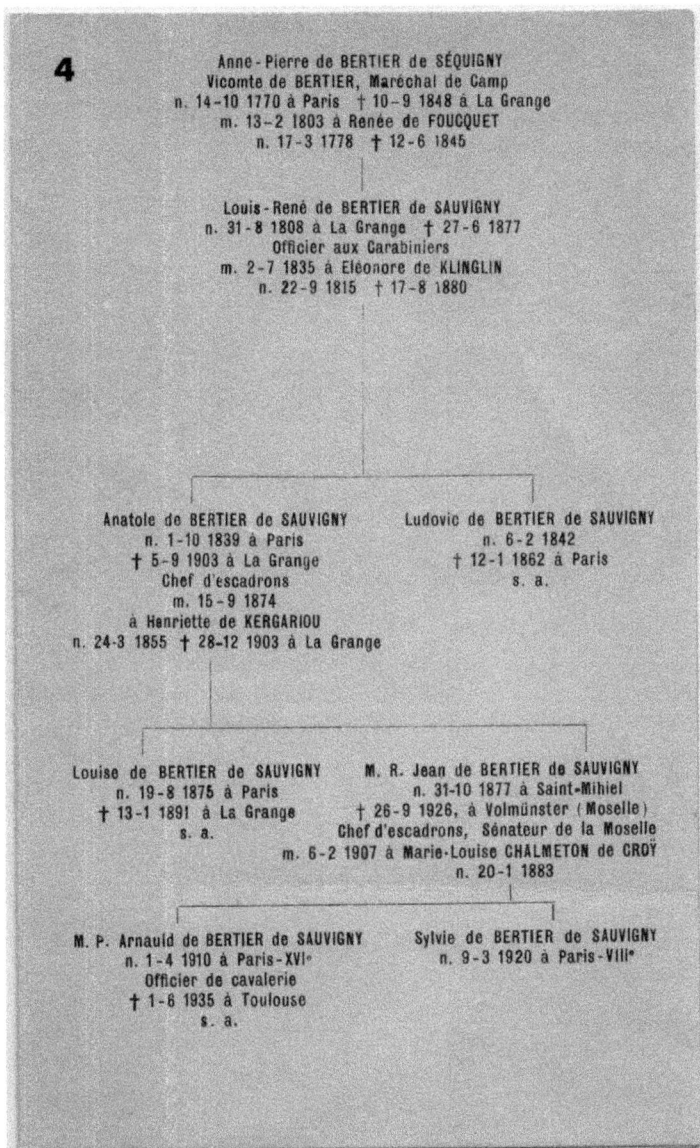

4

Anne-Pierre de BERTIER de SÉQUIGNY
Vicomte de BERTIER, Maréchal de Camp
n. 14-10 1770 à Paris   † 10-9 1848 à La Grange
m. 13-2 1803 à Renée de FOUCQUET
n. 17-3 1778   † 12-6 1845

Louis-René de BERTIER de SAUVIGNY
n. 31-8 1808 à La Grange   † 27-6 1877
Officier aux Carabiniers
m. 2-7 1835 à Éléonore de KLINGLIN
n. 22-9 1815   † 17-8 1880

Anatole de BERTIER de SAUVIGNY
n. 1-10 1839 à Paris
† 5-9 1903 à La Grange
Chef d'escadrons
m. 15-9 1874
à Henriette de KERGARIOU
n. 24-3 1855 † 28-12 1903 à La Grange

Ludovic de BERTIER de SAUVIGNY
n. 6-2 1842
† 12-1 1862 à Paris
s. a.

Louise de BERTIER de SAUVIGNY
n. 19-8 1875 à Paris
† 13-1 1891 à La Grange
s. a.

M. R. Jean de BERTIER de SAUVIGNY
n. 31-10 1877 à Saint-Mihiel
† 26-9 1926, à Volmünster (Moselle)
Chef d'escadrons, Sénateur de la Moselle
m. 6-2 1907 à Marie-Louise CHALMETON de CROŸ
n. 20-1 1883

M. P. Arnauld de BERTIER de SAUVIGNY
n. 1-4 1910 à Paris-XVI°
Officier de cavalerie
† 1-6 1935 à Toulouse
s. a.

Sylvie de BERTIER de SAUVIGNY
n. 9-3 1920 à Paris-VIII°

Annexe 2: *D'Anne-Pierre (1770-1848) à Sylvie (1920-2000),
cinq générations de Bertier se succédèrent à Lagrange.*

Annexe 3: *Cette photographie prise dans la serre du château de Lagrange permet de reconnaître Anatole de Bertier (à l'extrême-gauche) et son fils Jean (l'enfant au premier plan). Elle montre que Jean de Bertier passa une partie de son enfance à Lagrange, en plus des autres domiciles de ses parents à Paris et aux Rosaires (pratique de la multi-résidence).*

D O M A I N E de Ste G E N E V I E V E .

La contenance totale du Domaine de Ste Genevièv
est de 334.h.24.a.75.c. se décomposant comme suit:

I. Le PARC comprenant bâtiments,cour,ruines,jardins,
terres,bois,fossés et allées,pour.......93.h.66.a.93.

II.Les bois en dehors de ceux du Parc,
lieu dit"les Bois Clairs,"etc.pour......71.h.79.a.50.

III.La Ferme de Liers et ses dépendances
pour.................................166.h.19.a.37.

IV.Terres louées en dehors pour .... 2.h.58.a.95.

Contenance totale:,..334.h.24.a.75.

Recettes

chasse { Bail Say, expirant en 1906 comprenant 192ʰ82a34c   7500ᶠ
{ Bail J. Ravel   1500
{ Bail Bisson (chasse louée 5000ᶠ à Mᵐᵉ Say)   750

Fermage Bisson (15 ans expirant en 1915)   12 000
Location de 4 parcelles (2ʰ58ᵃ95ᶜ)   305
Rendement moyen des coupes, ventes, etc   3 000
                                                             25 055

Dépenses
    Impôts   3 686ᶠ85
    garde   800
                                                           4 486,85

Annexe 4: *Les parents de Jean, Anatole et Henriette, décédèrent successivement en septembre et décembre 1903. Jean de Bertier se retrouva à la tête du patrimoine familial et s'informa de la situation des biens fonciers en sa possession. Ici, il est question de Sainte-Geneviève-des-Bois, avec des notes manuscrites de Jean de Bertier.*

Annexe 5: *Arnaud naquit en 1910 et décéda accidentellement en 1935. Sa soeur Sylvie naquit en 1920 et décéda en l'an 2000.*

Annexe 6: *Cette carte d'identité militaire résume bien la carrière accomplie par Jean de Bertier jusqu'en 1914 : officier de cavalerie breveté, attaché militaire à Washington. On remarque l'absence de son troisième prénom (Jean), pourtant son prénom d'usage, et on peut observer sa signature «Bertier», oubliant systématiquement le complément «de Sauvigny».*

FAIR MATRON OF THE DIPLOMATIC SET,
AND SUCCESS AS AMATEUR ACTRESS

COUNTESS DE BERTIER DE SAUVIGNY,
Beautiful wife of the military attache of the French embassy,
who took part yesterday in the play given at the home of Mr.
and Mrs. Franklin MacVeagh for the Washington Diet Kitehen
Association.

Annexe 7: *Cette coupure de presse d'un titre américain montre l'importance acquise par Marie-Louise, sans doute dès les débuts de son mariage avec Jean en 1907.*

N° 65

:-:-: SUPPLEMENT d' ENQUETE Melle PERRIN :-:-:

:-:-:-:-:-:-:-:-:-:-:-:-:-:

Comme supplement d'investigations nous apprenons ce qui suit:

Mademoiselle PERRIN dite de MONGRAS a pris toutes les précautions afin de faire ignorer sa nouvelle adresse.

Elle serait mère d'une fillette âgée de huit ans environ, laquelle vient d'être remise à la campagne très récemment.

Cette personne est un ancien mannequin de la Maison de Couture Doguet.

On laisse entendre également que si tout est tenu caché ainsi, ce serait surtout et principalement pour le commandant qui fut son amant.

On raconte l'histoire suivante: Que le Principal amant de Mademoiselle Perrin fut un Commandant d'Etat Major dont on ignore le nom, lequel était marié.

Après la découverte par sa femme, de ses relations avec Mademoiselle P... le commandant ne venait plus voir à son domicile la Demoiselle P... mais cette dernière continuait à le voir ailleurs, et recevait de cet amant Frs: 8000,- environ.-

C'est ce Commandant qu'elle faisait passer pour son Mari et qu'elle appelait réguliérement Monsieur PERRIN.-

Elle a eu, comme dit précédemment dans un autre rapport de nombreux amants, et l'on mentionne qu'elle a été aperçue, " racolant " la nuit, aux Champs Elysées et à l'Etoile.-

Ses autres amants, elle les faisait passer tantôt pour ses beau-frére, cousins, etc...

:-:-:-:-:-:-:-:

Annexe 8: *Cette première page d'un supplément (!) d'enquête sans doute commandé à un détective privé (?) par Marie-Louise (?) nous donne des informations sur l'une des maîtresses entretenues par Jean de Bertier, à savoir Anne-Marguerite Perrin, dite Mone. Le «commandant» mentionné est évidemment Jean de Bertier.*

saurait rentrer, paraît-il, dans le programme permis. Voilà qui m'arrange mal, car j'enrage de revoir Soissons toujours bombardé, Coeuvres toujours "héroïque", et Compiègne de plus en plus désert, sans trouver un joint pour filer vous voir tous les deux !!! L'"éducation de Prince" a de ces exigences !!

Quelles qu'elles soient, et malgré le froid dont je souffre dans ces sacrés hôtels, je ne suis pas fâché de changer de local, et de voir ce qui se passe au point de vue militaire. Hier, j'ai eu un très fort coup au coeur, en apercevant du haut d'une colline la cathédrale de Metz, que je n'avais pas vu depuis dix ans, et en donnant l'ordre de faire un tir contre un village lorrain occupé par les Boches. Je me faisais tout à fait l'effet du vieux Moïse, auquel le bon Jéhovah a permis de voir de loin la Terre Promise. Bien que celle-là me plaise assez peu pour mon goût personnel, elle m'est, par raisonnement, la plus chère, quand je l'aperçois.....

Ma petite Mimi chérie, je ne te ferai pas de conférence patriotique ce soir, parceque j'ai horriblement sommeil, et me contenterai de vous embrasser tous deux très fort comme je vous aime

Ton Mimi

Annexe 9: *Ce document permet de visualiser l'écriture de Jean de Bertier, bien formée et agréable à lire. Il éclaire aussi sur ses sentiments vis-à-vis de l'Alsace-Lorraine.*

Annexe 10: *Jean de Bertier est l'officier qui salue, à l'extrême-gauche de la photographie.*
Ce document est emblématique de sa position pendant une grande partie du conflit,
dans le cadre des missions de liaison : très proche des grands chefs (dont ici Foch, Man-
gin), mais coupé sur la photo, car simple exécutant, dénué de pouvoir de décision

Annexe 11: *Ce document de la main de Jean de Bertier montre qu'il suivait de près les résultats des élections, avec le détail de chaque commune ou quartier de Thionville. Des précisions supplémentaires sont même indiquées concernant Manom, dont il était maire.*

Autour du Commissariat Général.

Nous avons voulu savoir de notre sénateur, le comte de Bertier, qu'elle attitude il entendait prendre dans la question de la suppression du Commissariat Général, et nous sommes allés le lui demander.

Nous avons eu la bonne fortune de rencontrer le sénateur entre deux trains, si on peut dire, venant de Paris, retournant à Paris pour repartir ensuite immédiatement à Strasbourg, défendre nos intérêts au Conseil Consultatif, pour retourner ensuite sans perdre de temps, à Paris, où la Commission Sénatoriale d'Alsace-Lorraine siège en ce moment et discute des questions fort intéressantes et dont nous tiendrons nos lecteurs au courant.

Évidemment la vie d'un parlementaire qui prend sa mission au sérieux n'est pas toute rose. Pour peu qu'il veuille assister en personne à toutes les réunions où sa présence peut être utile à ses électeurs, pour peu aussi qu'il veuille également assister en personne aux séances de la Chambre ou du Sénat et se tenir au courant non seulement des petits problèmes régionaux pour lesquels il a été principalement élu, mais encore des grandes questions de politique nationale et internationale; lire tous les journaux d'information et d'opinion; suivre la presse régionale; étudier les revues politiques; s'intéresser à la politique de nos alliés et de nos ex-ennemis; commencer ou poursuivre les études financières et économiques indispensables à tout homme politique vraiment digne de ce nom; participer à toutes les cérémonies et manifestations artistiques, littéraires, sportives, charitables où son concours est sollicité; entretenir dans les milieux gouvernementaux et parlementaires les relations qui en fin d'analyse ne profitent qu'aux électeurs; étudier avec soin les questions qui lui sont posées, élaborer consciencieusement les rapports qui lui sont confiés; pour peu, dirons-nous, que le parlementaire veuille faire tout cela et le faire bien, tout le monde sera obligé d'admettre que la vie d'un Sénateur ou d'un député n'est pas une sinécure.

Nous avons donc demandé au Sénateur, comte de Bertier comment, personnellement, il envisageait la suppression du Commissariat Général.

Et voici ce qu'il nous a dit:

« Actuellement encore le Commissariat est un organisme administratif dont les trois départements ne sauraient se passer brusquement. Un demi-siècle de législation et d'administration allemandes ont créé un état de choses avec lequel il faut compter. Il y a une longue et pénible liquidation à entreprendre dont toute la difficulté n'est pas inconnue sans doute à des profanes. On ne saurait donc envisager une suppression immédiate et brusque du Commissariat. Ceci dit, il n'en est pas moins vrai que tôt ou tard ce rouage administratif deviendra inutile et qu'il est appelé à disparaître. C'est en vue de cette disparition inévitable qu'il serait bon de prendre dès à présent

des mesures préparatoires, afin d'éviter toute confusion lorsque le moment sera venu de clore définitivement ce qui n'a jamais été qu'une liquidation.

La première mesure à prendre serait de supprimer au fur et à mesure des possibilités ceux des services du Commissariat qui auraient à un moment donné terminé leur mission. Toutes les directions dont l'utilité ne serait pas absolument démontrée devraient être immédiatement rayées du contrôle et surtout du budget.

Il s'agit donc en principe non pas d'une suppression dans le véritable sens du mot, mais bien plutôt d'une élimination progressive des rouages devenus inutiles, jusqu'au jour où le dernier organisme de la grande liquidation aura terminé sa tâche. A ce moment rien n'empêchera l'administration régulière française de remplacer le Commissariat. Mais en attendant ce jour, nos efforts doivent tendre, non pas à satisfaire un désir qui nous est cher à tous, mais à chercher le meilleur moyen d'amener sagement, sans heurts et sans brusquerie, la vie des trois nouveaux départements dans le cadre de l'administration française, en se rappelant ce grand principe de toute cuisine, fut-elle gouvernementale, que les bonnes soupes se cuisent à petit feu.

Nous sommes assez de l'avis de l'honorable sénateur, du moins en ce qui concerne le bienfondé de son raisonnement. Là où nous voyons la grande difficulté c'est quand il s'agira de convaincre telle ou telle direction qu'elle est devenue inutile. Nous craignons qu'on ne trouvera pas à Strasbourg de nombreux hauts fonctionnaires disposés à admettre que leur tâche est terminée.

Il faudrait donc pour que le plan exposé plus haut fut réalisable que la décision vienne de haut, chaque fois qu'un service de M. Alapetite sera mûr pour la suppression, et que dans aucun cas la décision dépende surtout de la plus ou moins bonne volonté de disparaître des intéressés eux-mêmes.

Mais il est évident qu'à cette condition près, les idées exposées par le comte de Bertier sont encore les meilleures et leur application se recommande à toutes les bonnes volontés.

L'avenir nous prouvera si cette bonne volonté existe au Commissariat Général de Strasbourg.

Moselle républicaine 22 mars.

Annexe 12: *Cet article du journal financé par Jean de Bertier le met en scène sous le jour le plus favorable, la distanciation minimale opérée dans les dernières lignes ne devant pas faire illusion. Malgré ce parti-pris, il s'agit d'un bon résumé de l'activité politique de Jean de Bertier, présentant concrètement son action quotidienne, notamment de défense des intérêts locaux. Il révèle également la souplesse affichée par Jean de Bertier, dans laquelle ses adversaires voyaient de l'opportunisme.*

Annexe 12: (Suite)

Retranscription

Autour du Commissariat général

Nous avons voulu savoir de notre sénateur, le comte de Bertier, quelle attitude il entendait prendre dans la question de la suppression du Commissariat général et nous sommes allés le lui demander. Nous avons eu la bonne fortune de rencontrer le sénateur entre deux trains, si on peut dire, venant de Paris, retournant à Paris pour repartir ensuite immédiatement à Strasbourg, défendre nos intérêts au Conseil consultatif pour retourner ensuite sans perdre de temps à Paris, où la Commission Sénatoriale d'Alsace-Lorraine en ce moment et discute des questions fort intéressantes et dont nous tiendrons nos lecteurs au courant.

Évidemment, la vie d'un parlementaire qui prend sa mission au sérieux n'est pas toute rose. Pour peu qu'il veuille assister en personne à toutes les réunions où sa présence peut être utile à ces électeurs, pour peu aussi qu'il veuille également assister en personne aux séances de la Chambre ou du Sénat et se tenir au courant non seulement des petits problèmes régionaux pour lesquels il a été principalement élu, mais encore des grandes questions de politique nationale et internationale ; lire tous les journaux d'information et d'opinion ; suivre la presse régionale ; étudier les revues politiques ; s'intéresser à la politique de nos alliés et de nos ex-ennemis ; commencer ou poursuivre les études financières et économiques indispensables à tout homme politique vraiment digne de ce nom ; participer à toutes les cérémonies et manifestations artistiques, littéraires, sportives, charitables où son concours est sollicité ; entretenir dans les milieux gouvernementaux et parlementaires les relations qui en fin d'analyse ne profitent qu'aux électeurs ; étudier avec soin les questions qui lui sont posées, élaborer consciencieusement les rapports qui lui sont confiés ; pour peu, disons-nous, que le parlementaire veuille bien faire tout cela et le faire bien, tout le monde sera obligé d'admettre que la vie d'un sénateur ou d'un député n'est pas une sinécure.

Nous avons donc demandé au sénateur, comte de Bertier comment, personnellement, il envisageait la suppression du Commissariat général. Et voici ce qu'il nous a dit :

« Actuellement encore, le Commissariat est un organisme administratif dont les trois départements ne sauraient se passer brusquement. Un demi-siècle de législation et d'administration allemandes ont créé un état de choses avec lequel il faut compter. Il y a là une longue et pénible liquidation à entreprendre dont toute la difficulté n'est pas connue sans doute des profanes. On ne saurait donc envisager une suppression immédiate et brusque du Commissariat. Ceci dit, il n'en est pas moins vrai que tôt ou tard ce rouage administratif deviendra inutile et qu'il est appelé à disparaître. C'est en vue de cette disparition inévitable qu'il serait bon de prendre dès à présent des mesures préparatoires afin d'éviter toute confusion lorsque le moment sera venu de clore définitivement ce qui n'a jamais été qu'une liquidation.

La première mesure à prendre serait de supprimer au fur et à mesure des possibilités, ceux des services du Commissariat qui auraient à un moment donné terminé leur mission. Toutes les directions dont l'utilité ne serait pas absolument démontrée devraient être immédiatement rayées du contrôle et surtout du budget. Il s'agit donc en principe non pas d'une suppression dans le véritable sens du mot, mais bien plutôt d'une élimination progressive des rouages devenus inutiles jusqu'au jour où le dernier organisme de la grande liquidation aura terminé sa tâche. À ce moment rien n'empêchera l'administration régulière française de remplacer le Commissariat. Mais en attendant ce jour, nos efforts doivent tendre, non pas à satisfaire un désir qui nous est cher à tous, mais à chercher le meilleur moyen d'amener sagement, sans heurts et sans brusquerie, la vie des trois nouveaux départements dans le cadre de l'administration française, en se rappelant ce grand principe de toute cuisine, fût-elle gouvernementale, que les bonnes soupes se cuisent à petit feu. »

Nous sommes assez de la vie de l'honorable sénateur, du moins en ce qui concerne le bien-fondé de son raisonnement. Là où nous voyons la grande difficulté, c'est quand il s'agira de convaincre telle ou telle direction qu'elle est devenue inutile. Nous craignons qu'on ne trouvera pas à Strasbourg de nombreux hauts fonctionnaires disposés à admettre que leur tâche est terminée. Il faudrait donc, pour que le plan exposé plus haut fût réalisable, que la décision vienne de haut chaque fois qu'un service de M. Alapetite sera mûr pour la suppression, et que dans un aucun cas la décision dépende surtout de la plus ou moins bonne volonté de disparaître des intéressés eux-mêmes.

Mais il est évident qu'à cette condition près, les idées exposées par le comte de Bertier sont encore les meilleures et leur application se recommande à toutes les bonnes volontés. L'avenir nous prouvera si cette bonne volonté existe au Commissariat général de Strasbourg.

Mes chers Concitoyens,

La confiance que vous me manifestez avec tant de fidélité m'appelle à solliciter aujourd'hui vos suffrages pour le Conseil Général au nom de l'Union Républicaine Lorraine.

Le programme de notre Parti, vous le connaissez; c'est celui de la Lorraine Française, c'est celui de tous ceux qui veulent le Progrès dans l'Ordre, le vôtre.

C'est le mien.

Sans doute, le Conseil Général est, avant tout appelé à gérer les finances du Département, c'est-à-dire à répartir équitablement les impositions et à obtenir que les dépenses effectuées contribuent efficacement au développement économique du pays; car le canton de Thionville est assurément dans notre contrée la région appelée au plus grand essor commercial et industriel; pour atteindre ce développement, il faut étudier avec méthode et réaliser avec énergie les mesures qui constitueront réellement la métropole industrielle de la Lorraine.

La Création d'une gare nouvelle et d'un port, l'amélioration des moyens de transport, le développement de la ville et de la banlieue, l'extension du commerce, l'encouragement à l'industrie et à l'agriculture, l'établissement d'un tribunal et d'un collège donneront à Thionville et aux communes voisines la place éminente qui leur revient dans la vie économique de la France et de l'Europe.

Ces revendications si pleinement justifiées rencontreront en moi le plus ferme défenseur; chaque commune, chaque habitant me trouvera toujours le dévoué champion de ses droits.

Mais le Conseil Général ne borne pas son rôle à l'étude des intérêts économiques; il est aussi appelé à émettre les vœux de la population, c'est-à-dire à guider les autorités de la République dans la solution des multiples problèmes qui se posent ici devant elle.

Je partage toutes vos convictions, toutes vos opinions, toutes vos aspirations : maintien intégral de nos institutions religieuses, défense de nos lois scolaires actuelles, efforts sincères vers le progrès social, vers la sauvegarde des travailleurs, vers la moralisation des masses, le tout en s'inspirant des principes démocratiques interprétés de la façon la plus large.

Tels seront, mes chers Concitoyens, les buts de notre effort commun, but que nous atteindrons par le travail dans l'ordre, par l'économie, par la discipline librement consentie, par l'union des classes et par la paix sociale.

Je viens donc, mes chers Concitoyens, vous demander vos suffrages pour Dimanche prochain, en vous rappelant notre mot d'ordre :

Pour le Canton de Thionville!

Pour la République!

Pour la France!

COMTE DE BERTIER
MAIRE DE MANOM.

Annexe 13: *Cette seule profession de foi retrouvée révèle l'ambition de Jean de Bertier de faire de Thionville «la métropole industrielle de la Lorraine». Elle montre la primauté de la défense des intérêts locaux et l'importance de l'investiture de l'URL, que Jean de Bertier met en avant. Son opportunisme se fait aussi sentir puisqu'il confia aux électeurs : «je partage toutes vos opinions».*

17, RUE DU CIRQUE
ÉLY. 55-95

Paris, le 27 Juillet 1926

Mon cher Jean,

Tu t'aperçois évidemment un peu tard
qu'il est dangereux de garder en compte-courant une
grosse somme en devises papier. Je te félicite
cependant de réaliser ce fait quand il est encore
temps et d'avoir réussi les négociations que tu as
entamées avec l'Arbed, ce qui te laissera les coudées
plus franches.

Mon opinion est très nette: Ce misérable
Herriot a déclanché la machine; les prix intérieurs
ont considérablement monté depuis 10 jours mais sans
rejoindre encore le niveau auquel ils devraient être
en raison de la dépréciation des monnaies.

Aujourd'hui, on ne peut plus traiter,
en somme d'affaire quelle qu'elle soit que sur la
base de l'or. Dans ces conditions la hausse du franc
actuelle est purement sentimentale ; elle est d'autre

Annexe 14: *Dans ce document, un certain Raindre donna à Jean de Bertier des conseils de gestion de son patrimoine. On décèle à travers ces lignes la fébrilité des plus riches (et d'autres catégories) face aux évolutions rapides et nouvelles de la conjoncture politico-économique.*

Annexe 15: *La dépouille de Jean de Bertier fut exposée au château de Lagrange, puis le cortège funèbre gagna l'église de Manom, où fut dite la messe d'enterrement. Des milliers de personnes y assistèrent.*

Annexe 16: *Le château de Lagrange (vu ici avec ses dépendances) abrite aujourd'hui encore les archives familiales.*

Table des matières

Liste des publications de la collection Convergences

Michel Grunewald (éd./Hrsg.) en collaboration avec Helga Abret et Hans Manfred Bock : *Le discours européen dans les revues allemandes (1871-1914) / Der Europadiskurs in den deutschen Zeitschriften (1871-1914)*. Berne : Peter Lang (Convergences, vol. /Bd. 1) 1996.

Paul Distelbarth : *Das andere Frankreich. Essays zur Gesellschaft, Politikund Kultur Frankreichs und zu den deutsch-französischen Beziehungen 1932 bis 1945*. Eingeleitet und mit Anmerkungen versehen von Hans Manfred Bock. Berne : Peter Lang (Convergences, Bd. 2) 1997.

Michel Grunewald (éd./Hrsg.) en collaboration avec Hans Manfred Bock : *Le discours européen dans les revues allemandes (1918-1933) / Der Europadiskurs in den deutschen Zeitschriften (1918-1933)*. Berne : Peter Lang (Convergences, vol./ Bd. 3) 1997.

Pierre-André Bois, Roland Krebs et Jean Moes (éds/Hrsg.) : *Les lettres françaises dans les revues allemandes du XVIII e siècle / Die französische Literatur in den deutschen Zeitschriften des 18. Jahrhunderts*. Berne : Peter Lang (Convergences, vol./Bd. 4) 1997.

Catherine Julliard : *Gottsched et l'esthétique théâtrale française : la réception allemande des théories françaises*. Berne : Peter Lang (Convergences, vol. 5) 1998.

Helga Abret et Ilse Nagelschmidt (Hrsg.) : *Zwischen Distanz und Nähe. Eine Autorinnengeneration in den 80er Jahren*. Berne : Peter Lang (Convergences, Bd. 6) 1998, 2000.

Michel Grunewald (éd./Hrsg.) : *Le problème d'Alsace-Lorraine vu par les périodiques (1871-1914) / Die elsaß-lothringische Frage im Spiegel der Zeitschriften (1871-1914)*. Berne : Peter Lang (Convergences, vol./Bd. 7) 1998.

Charles W. Schell et Damien Ehrhardt (éds/Hrsg.) : *Karl Ristenpart et l'orchestre de chambre de la Sarre (1953-1967) / Karl Ristenpart und das Saarländische Kammerorchester (1953-1967)*. Berne : Peter Lang (Convergences, vol./Bd. 8) 1999.

Frédérique Colombat-Didier : *La situation poétique de Peter Rühmkorf*. Berne : Peter Lang (Convergences, vol. 9) 2000.

Jeanne Benay et Gilbert Ravy (éds/Hrsg.) : *Ecritures et langages satiriques en Autriche (1914-1938) / Satire in österreich (1914-1938)*. Berne : Peter Lang (Convergences, vol./Bd. 10) 1999.

Michel Grunewald (éd./Hrsg.) en collaboration avec Hans Manfred Bock : *Le discours européen dans les revues allemandes (1933-1939) / Der Europadiskurs in den deutschen Zeitschriften (1933-1939)*. Berne : Peter Lang (Convergences, vol. 11) 1999.

Hans Manfred Bock und Ilja Mieck (Hrsg.) : *Berlin-Paris (1900-1933) – Begegnungsorte, Wahrnehmungsmuster, Infrastrukturprobleme im Vergleich.* Berne : Peter Lang (Convergences, Bd. 12) 2006.

Pierre-André Bois, Raymond Heitz et Roland Krebs (éds) : *Voix conservatrices et réactionnaires dans les périodiques allemands de la Révolution française à la Restauration.* Berne : Peter Lang (Convergences, vol. 13) 1999.

Ilde Gorguet : *Les mouvements pacifistes et la réconciliation franco-allemande dans les années vingt (1919-1931).* Berne : Peter Lang (Convergences, vol. 14) 1999.

Stefan Woltersdorff : *Chronik einer Traumlandschaft : Elsaßmodelle in Prosatexten von René Schickele (1899-1932).* Berne : Peter Lang (Convergences, Bd. 15) 2000.

Hans-Jürgen Lüsebrink et Jean-Yves Mollier (éds), avec la collaboration de Susanne Greilich : *Presse et événement : journaux, gazettes, almanachs (XVIIIe XIXe siècles). Actes du colloque international « La perception de l' événement dans la presse de langue allemande et française » (Université de la Sarre, 12-14 mars 1998).* Berne : Peter Lang (Convergences, vol. 16) 2000.

Michel Grunewald: *Moellervanden Brucks Geschichtsphilosophie : « Ewige Urzeugung», « Ewige Anderswerdung », « Ewige Weitergabe ».* Band I. Michel Grunewald (Hrsg.) : *Moeller van den Brucks Geschichtsphilosophie : Rasse und Nation, Meinungen über deutsche Dinge, Der Untergang des Abendlandes. Drei Texte zur Geschichtsphilosophie.* Band II. Berne : Peter Lang (Convergences, Bd. 17) 2001.

Michel Grunewald (éd./Hrsg.) en collaboration avec Hans Manfred Bock : *Le discours européen dans les revues allemandes (1945-1955) / Der Europadiskurs in den deutschen Zeitschriften (1945-1955).* Berne : Peter Lang (Convergences, vol./ Bd. 18) 2001.

Patricia Brons : *Erich Kästner, un écrivain journaliste.* Berne : Peter Lang (Convergences, vol. 19) 2002.

Dominique Lingens : *Hermann Hesse et la musique.* Berne : Peter Lang (Convergences, vol. 20) 2001.

Valérie Chevassus : *Roman original et stratégies de la création littéraire chez Joseph Roth.* Berne : Peter Lang (Convergences, vol. 21) 2002.

Raymond Heitz et Roland Krebs (éd./Hrsg.) : *Théâtre et « Publizistik » dans l'espace germanophone au XVIIIe siècle / Theater und Publizistik im deutschen Sprachraum im 18. Jahrhundert.* Berne : Peter Lang (Convergences, vol. 22) 2001.

Jeanne Benay und Gerald Stieg (Hrsg.) : *Österreich (1945-2000). Das Land der Satire.* Berne : Peter Lang (Convergences, Bd. 23) 2002.

Michel Grunewald (éd./Hrsg.) en collaboration avec Hans Manfred Bock : *Le milieu intellectuel de gauche en Allemagne, sa presse et ses réseaux (1890-1960) / Das linke Intellektuellenmilieu in Deutschland, seine Presse und seine Netzwerke (1890-1960).* Berne : Peter Lang (Convergences, vol./Bd. 24) 2002.

Martine Carré : *Les* Elégies de Duino, *tomes 1 et 2. Essai de lecture.* Berne : Peter Lang (Convergences, vol. 25) 2002.

Michel Durand und Volker Neuhaus (Hrsg./éd.) : *Die Provinz des Weiblichen. Zum erzählerischen Werk von Clara Viebig / Terroirs au féminin. La province et la femme dans les récits de Clara Viebig.* Berne : Peter Lang (Convergences, Bd./ vol. 26) 2004.

Michel Grunewald et Uwe Puschner (éds/Hrsg.) en collaboration avec Hans Manfred Bock : *Le milieu intellectuel conservateur en Allemagne, sa presse et ses réseaux (1890-1960) / Das konservative Intellektuellenmilieu in Deutschland, seine Presse und seine Netzwerke (1890-1960).* Berne : Peter Lang (Convergences, vol./ Bd. 27) 2003.

Christina Stange-Fayos : *Lumières et obscurantisme en Prusse. Le débat autour des édits de religion et de censure (1788-1797).* Berne : Peter Lang (Convergences, vol. 28) 2003.

Jeanne Benay, Alfred Pfabigan und Anne Saint-Sauveur (Hrsg.) : *Österreiche Satire (1933-2000). Exil – Reemigration – Assimilation.* Berne : Peter Lang (Convergences, Bd. 29) 2003.

Régine Battiston-Zuliani (Hrsg./éd.) : *Funktion von Natur und Landschaft in der österreichischen Literatur / Nature et paysage : un enjeu autrichien.* Berne : Peter Lang (Convergences, Bd./vol. 30) 2004.

Pierluca Azzaro : *Deutsche Geschichtsdenker um die Jahrhundertwende und ihr Einfluss in Italien. Kurt Breysig, Walther Rathenau, Oswald Spengler.* Berne : Peter Lang (Convergences, Bd. 31) 2005.

Michel Durand: *Michael Georg Conradà Paris(1878-1882). «Annéesd'apprentissage» d'un intellectuel critique.* Berne : Peter Lang (Convergences, vol. 32) 2004.

Maurice Godé et Michel Grunewald (éds) : *La volonté de comprendre. Hommage à Roland Krebs.* Berne : Peter Lang (Convergences, vol. 33) 2005.

Jeanne Benay und Alfred Pfabigan (Hrsg.) : *Hermann Bahr – Für eine andere Moderne. Anhang : Hermann Bahr,* Lenke. *Erzählung (1909) / Korrespondenz von Peter Altenberg an Hermann Bahr (1895-1913) (Erstveröffentlichung).* Berne : Peter Lang (Convergences, Bd. 34) 2004.

Claire Moreau Trichet : *Henri Pichot et l'Allemagne de 1930 à 1945.* Berne : Peter Lang (Convergences, vol. 35) 2004.

Friedrich Albrecht : *Bemühungen. Arbeiten zum Werk von Anna Seghers 1965-2004.* Berne : Peter Lang (Convergences, Bd. 36) 2005.

Anne Feuchter-Feler : *Le drame militaire en Allemagne au XVIIIe siècle. Esthétique et Cité.* Berne : Peter Lang (Convergences, vol. 37) 2005.

Pierre Béhar et Michel Grunewald (éds) : *Frontières, transferts, échanges transfrontaliers et interculturels. Actes du XXXVIe Congrès de l'Association des Germanistes de l'Enseignement Supérieur.* Berne : Peter Lang (Convergences, vol. 38) 2005.

Jeanne Benay et Jean-Marc Leveratto (éds) : *Culture et histoire des spectacles en Alsace et en Lorraine. De l'annexion à la décentralisation (1871-1946).* Berne : Peter Lang (Convergences, vol. 39) 2005.

Michel Grunewald et Uwe Puschner (éds/Hrsg.) en collaboration avec Hans Manfred Bock : *Le milieu intellectuel catholique en Allemagne, sa presse et ses réseaux (1871-1963) / Das katholische Intellektuellenmilieu in Deutschland, seine Presse und seine Netzwerke (1871-1963)*. Berne : Peter Lang (Convergences, vol./ Bd. 40) 2006.

Stéphanie Dalbin : *Visions croisées franco-allemandes de la Première Guerre mondiale. Etude de deux quotidiens :* la Metzer Zeitung *et L'Est Républicain*. Berne : Peter Lang (Convergences, vol. 41) 2007.

Raymond Heitz et Roland Krebs (éd./Hrsg.) : *Schiller publiciste / Schiller als Publizist*. Berne : Peter Lang (Convergences, vol. 42) 2007.

Stefanie Müller : *Ernst Robert Curtius als journalistischer Autor (1918-1932). Auffassungen über Deutschland und Frankreich im Spiegel seiner publizistischen Tätigkeit*. Berne : Peter Lang (Convergences, Bd. 43) 2008.

Julia Schroda : *Nationaler Anspruch und regionale Identität im Reichsland Elsass Lothringen im Spiegel des französischsprachigen Elsassromans (1871-1914)*. Berne : Peter Lang (Convergences, Bd. 44) 2008.

Jean Schillinger et Philippe Alexandre (éds) : *Le Barbare. Images phobiques et réflexions sur l'altérité dans la culture européenne*. Berne : Peter Lang (Convergences, vol. 45) 2008.

Françoise Lartillot und Axel Gellhaus (Hrsg.) : *Dokument / Monument. Textvarianz in den verschiedenen Disziplinen der europäischen Germanistik – Akten des 38. Kongresses des französischen Hochschulgermanistikverbandes*. Berne : Peter Lang (Convergences, Bd. 46) 2008.

Michel Grunewald und Uwe Puschner (Hrsg.) in Zusammenarbeit mit Hans Manfred Bock : *Das evangelische Intellektuellenmilieu in Deutschland, seine Presse und seine Netzwerke (1871-1963) / Le milieu intellectuel protestant en Allemagne, sa presse et ses réseaux (1871-1963)*. Berne : Peter Lang (Convergences, Bd./ vol. 47) 2008.

Sabine Kremser-Dubois : *Dramaturgie de la provocation. Carl Sternheim*. Berne : Peter Lang (Convergences, vol. 48) 2008.

Christian Bank Pedersen : *Le suicide de Don Quichotte. Récits de Franz Kafka*. Berne : Peter Lang (Convergences, vol. 49) 2009.

Olivier Dard et Michel Grunewald (éds) : *Charles Maurras et l' étranger – L' étranger et Charles Maurras. L'Action française – culture, politique, société II*. Berne : Peter Lang (Convergences, vol. 50) 2009.

Friedrich Albrecht : *Klaus Mann der Mittler. Studien aus vier Jahrzehnten*. Berne : Peter Lang (Convergences, vol. 51) 2009.

Françoise Lartillot et Axel Gellhaus (éds/Hrsg.) : *Années vingt – Années soixante. Réseau du sens – Réseaux des sens / Zwanziger Jahre – Sechziger Jahre. Netzwerk des Sinns – Netzwerke der Sinne*. Berne : Peter Lang (Convergences, Bd./vol. 52) 2009.

Didier Musiedlak (éd.) : *Les expériences corporatives dans l'aire latine*. Berne : Peter Lang (Convergences, vol. 53) 2010.

Christine Aquatias et Catherine Desbois (Hrsg./éds) : *Turbulenzen in Deutschland zu Beginn des 21. Jahrhunderts : Was bleibt von der deutschen wirtschaftlichen Identität ? / Allemagne, début XXIe siècle : une identité économique en pleine transformation*. Berne : Peter Lang (Convergences, Bd./ vol. 54) 2010.

Michel Grunewald und Uwe Puschner (Hrsg.) : *Krisenwahrnehmungen in Deutschland um 1900. – Zeitschriften als Foren der Umbruchszeit im wilhelminischen Reich / Perceptions de la crise en Allemagne au début du XXe siècle. – Les périodiques et la mutation de la société allemande à l'époque wilhelmienne*. Berne : Peter Lang (Convergences, Bd./vol. 55) 2010.

Philippe Alexandre et Reiner Marcowitz (éd./Hrsg.) : *La revue « Die Hilfe », un laboratoire d'idées en Allemagne, 1894-1944 / Die Zeitschrift « Die Hilfe », ein Ideelabor in Deutschland, 1894-1944*. Berne : Peter Lang (Convergences, Bd./ vol. 56) 2011.

Olivier Dard et Michel Grunewald (éd.) : *Jacques Bainville – Profils et réceptions*. Berne : Peter Lang (Convergences, vol. 57) 2010.

Olivier de Lapparent : *Raymond Aron et l'Europe. Itinéraire d'un Européen dans le siècle*. Berne : Peter Lang (Convergences, vol. 58) 2010.

Olivier Dard (éd.) : *Georges Valois : itinéraire et réceptions*. Berne : Peter Lang (Convergences, vol. 59) 2011.

Jean Bonnet : *Dékantations. Fonctions idéologiques du kantisme dans le XIXe siècle français*. Berne : Peter Lang (Convergences, vol. 60) 2011.

Dorle Merchiers et Gérard Siary (éd./Hrsg.) : *Transmission de la mémoire allemande en Europe centrale et orientale depuis 1945 / Spuren deutscher Identität in Mittel- und Osteuropa seit 1945*. Berne : Peter Lang (Convergences, vol. 61) 2011.

Olivier Dard, Michel Grunewald, Michel Leymarie et Jean-Michel Wittmann (éds) : *Maurice Barrès, la Lorraine, la France et l'étranger*. Berne : Peter Lang (Convergences, vol. 62) 2011.

Michel Grunewald, Roland Krebs, Jean Mondot, Roger Sauter (éd.) : *Visages de la modernité. Hommage à Maurice Godé*. Berne : Peter Lang (Convergences, vol. 63) 2011.

Michel Grunewald, Hans-Jürgen Lüsebrink, Reiner Marcowitz, Uwe Puschner (éd./ Hrsg) : *France-Allemagne au XXe siècle – La production de savoir sur l'Autre (vol. 1) / Deutschland und Frankreich im 20. Jahrhundert – Akademische Wissensproduktion über das andere Land (Bd. 1)*. Berne : Peter Lang (Convergences, Bd./vol. 64) 2011.

Ulrich Pfeil (éd./Hrsg) : *Mythes et tabous des relations franco-allemandes au XXe siècle / Mythen und Tabus der deutsch-französischen Beziehungen im 20. Jahrhundert*. Berne : Peter Lang (Convergences, vol. 65) 2011.

Olivier Dard (éd.) : *Le corporatisme dans l'aire francophone au XXe siècle.* Berne: Peter Lang (Convergences, vol. 66) 2011.

Roland Krebs : *De Gottsched à Goethe. 24 études sur le théâtre allemand / Von Gottsched bis Goethe. 24 Untersuchungen zur Geschichte des deutschen Theaters.* Berne : Peter Lang (Convergences, Bd./vol. 67) 2012.

Olivier Dard (éd.) : *Doctrinaires, vulgarisateurs et passeurs des droites radicales au XXe siècle (Europe-Amériques).* Berne : Peter Lang (Convergences, vol. 68) 2012.

Michel Grunewald, Hans-Jürgen Lüsebrink, Reiner Marcowitz, Uwe Puschner (éd./ Hrsg) : *France-Allemagne au XXe siècle – La production de savoir sur l'Autre (vol. 2) / Deutschland und Frankreich im 20. Jahrhundert – Akademische Wissensproduktion über das andere Land (Bd. 2).* Berne : Peter Lang (Convergences, Bd./vol. 69) 2012.

Anne-Laure Briatte-Peters : *Citoyennes sous tutelle. Le mouvement féministe « radical » dans l'Allemagne wilhelmienne.* Berne : Peter Lang (Convergences, vol. 70) 2013.

Françoise Lartillot et Ulrich Pfeil (éd.). *Constructions de l'espace dans les cultures d'expression allemande.* Berne : Peter Lang (Convergences, vol. 71) 2013.

Landry Charrier, Karine Rance, Friederike Spitzl-Dupic (éd.). *Circulations et réseaux transnationaux en Europe (XVIIIe-XXe siècles). Acteurs, pratiques, modèles.* Berne : Peter Lang (Convergences, vol. 72) 2013.

Olivier Dard (éd.) : *Supports et vecteurs des droites radicales au XXe siècle (Europe Amériques).* Berne : Peter Lang (Convergences, vol. 73) 2013.

Ana Maria Alves : *Guerre et exil chez Louis-Ferdinand Céline.* Berne : Peter Lang (Convergences, vol. 74) 2013.

Michel Grunewald, Hans-Jürgen Lüsebrink, Reiner Marcowitz, Uwe Puschner (éd./ Hrsg.) : *France-Allemagne au XXe siècle – La production de savoir sur l'Autre (vol. 3) / Deutschland und Frankreich im 20. Jahrhundert – Akademische Wissensproduktion über das andere Land (Bd. 3).* Berne : Peter Lang (Convergences, Bd./vol. 75) 2013.

Ingrid Lacheny, Henning Fauser, Bérénice Zunino (éd./Hrsg.) : *« Le passage ». Esthétique du discours, écritures, histoires et réceptions croisées / « Der Übergang ». Diskursästhetik, Schreibverfahren, Perspektiven und Rezeptionen.* Peter Lang (Convergences, Bd./vol. 76) 2014.

Gabriela Antunes, Sonia Goldblum, Noémi Pineau (Hrsg.) : *Rationalität und Formen des Irrationalen. Vom Mittelalter bis zur Gegenwart.* Peter Lang (Convergences, Bd. 77) 2013.

Jean-René Maillot : *Jean Luchaire et la revue* Notre Temps *(1927-1940).* Peter Lang (Convergences, vol. 78) 2013.

Friedrich Albrecht : *Streiflichter. Deutsche Literatur und Publizistik zwischen Kaiserreich und sechziger Jahren.* Peter Lang (Convergences, Bd. 79) 2014.

Reiner Marcowitz et Andreas Wilkens (éd.) : *Une « Europe des citoyens ». Société civile et identité européenne de 1945 à nos jours.* Peter Lang (Convergences, vol. 80) 2014.

Cécilia Fernandez & Olivier Hanse (éds./Hrsg.) : *A contre-courant. Résistances souterraines à l'autorité et construction de contrecultures dans les pays germanophones au XXe siècle / Gegen den Strom. Untergrundbewegungen und Gegenkulturen in den deutschsprachigen Ländern des 20. Jahrhunderts.* Peter Lang (Convergences, vol./ Bd. 81) 2014.

Michel Grunewald, Hans-Jürgen Lüsebrink, Reiner Marcowitz, Uwe Puschner (éd./ Hrsg.) : *France-Allemagne au XXe siècle – La production de savoir sur l'Autre (vol. 4) / Deutschland und Frankreich im 20. Jahrhundert – Akademische Wissensproduktion über das andere Land (Bd. 4).* Berne : Peter Lang (Convergences, Bd./vol. 82) 2014.

Olivier Dard (éd.) : *Références et thèmes des droites radicales au XXe siècle (Europe/ Amériques).* Berne : Peter Lang (Convergences, vol. 83) 2015.

Michel Hau : *France-Allemagne : la difficile convergence.* Berne : Peter Lang (Convergences, vol. 84) 2015.

Christine Aquatias : *Entre conventions collectives et salaire minimum. Syndicats, patronat et conventions collectives en Allemagne de 1992 à 2008.* Berne : Peter Lang (Convergences, vol. 85) 2015.

Dard, Olivier (éd.) : *Organisations, mouvements et partis des droites radicales au XXe siècle (Europe-Amériques).* Berne : Peter Lang (Convergences, vol. 86) 2016.

Silvia Richter & Maude Williams (Hrsg./dir.) : *Zum Phänomen des Austauschs in den Geistwissenschaften/Les phénomènes de l' échange dans les sciences humaines.* Bruxelles : Peter Lang (Convergences, vol. 87) 2016.

Michel Grunewald, Olivier Dard et/und Uwe Puschner (dir./Hrsg.) : *Confrontations au national-socialisme dans l'Europe francophone et germanophone (1919-1949). Volume 1 : Introduction générale – Savoirs et opinions publiques / Auseinandersetzungen mit dem Nationalsozialismus im deutsch-und* französischsprachigen Europa (1919– 1949). Band 1 : Allgemeine historische und methodische Grundlagen. Bruxelles : Peter Lang (Convergences, vol. 88) 2017.

Jean El Gammal (dir.) : *La France, l'Allemagne, l'Europe. Mélanges en l' honneur de Chantal Metzger.* Bruxelles : Peter Lang (Convergences, vol. 89) 2017.

Olivier Dard et Ana Isabel Sardinha-Desvignes : *Célébrer Salazar en France (1930-1974). Du philosalazarisme au salazarisme français.* Bruxelles : Peter Lang (Convergences, vol. 90) 2017.

Jean-Noël Grandhomme (dir.) : *1866, une querelle d'Allemands ? Perceptions croisées et mémoire(s) d'un moment clé de l' histoire européenne.* Bruxelles : Peter Lang (Convergences, vol. 91) 2018.

Olivier Hanse, Annette Lensing, Birgit Metzger (dir./Hrsg.) : *Mission écologie. Tensions entre conservatisme et progressisme dans une perspective franco-allemande /*

Auftrag Ökologie Konservativ-progressive Ambivalenzen in deutsch-französischer Perspektive. Bruxelles : Peter Lang (Convergences, vol. 92) 2018.

Michel Grunewald, Olivier Dard et/und Uwe Puschner (dir./Hrsg.) : *Confrontations au national-socialisme dans l'Europe francophone et germanophone (1919-1949). Volume 2 : Les libéraux, modérés et européistes / Auseinandersetzungen mit dem Nationalsozialismus im deutsch- und französischsprachigen Europa (1919-1949). Band 2 : Die Liberalen,* modérés und *Proeuropäer*. Bruxelles : Peter Lang (Convergences, vol. 93) 2018.

Constant Kpao Sarè : *Le philosophe noir des Lumières Anton Wilhelm Amo, vu à travers la fiction littéraire*. Bruxelles : Peter Lang (Convergences, vol. 94) 2018.

Stéphanie Bertrand et Sylvie Freyermuth (dir.) : *Le Nationalisme en littérature. Des idées au style (1870-1920)*. Bruxelles : Peter Lang (Convergences, vol. 95) 2019.

Marc Bergère et Marie-Bénédicte Vincent (dir.) : *Pour une histoire connectée et transnationale des épurations en Europe*. Bruxelles : Peter Lang (Convergences, vol. 96) 2019.

Michel Grunewald, Olivier Dard et/und Uwe Puschner (dir./Hrsg.) : *Confrontations au national-socialisme dans l'Europe francophone et germanophone (1919-1949). Volume 3 : Les gauches face au national-socialisme / Auseinandersetzungen mit dem Nationalsozialismus im deutsch- und französischsprachigen Europa (1919-1949). Band 3 : Die Linke und der Nationalsozialismus*. Bruxelles : Peter Lang (Convergences, vol. 97) 2019.

Sebastian Moll : *Albert Schweitzer. Autobiographie et réalité historique*. Bruxelles : Peter Lang (Convergences, vol. 98) 2020.

Stéphanie Bertrand et Jean-Michel Wittmann (dir.): *Le Nationalisme en littérature (II). Le « génie de la langue française » (1870-1940)*. Bruxelles : Peter Lang (Convergences, vol. 99) 2020.

Michel Grunewald, Olivier Dardet/und Uwe Puschner(dir./Hrsg.): *Confrontationsau national-socialisme dans l'Europe francophone et germanophone (1919-1949). Volume 4 : Conservateurs, nationalistes, anciens nationaux-socialistes / Auseinandersetzungen mit dem Nationalsozialismus im deutsch- und französischsprachigen Europa (1919-1949). Band 4 : Konservative, Nationalisten, ehemalige Nationalsozialisten*. Bruxelles : Peter Lang (Convergences, vol. 100) 2020.

Michel Grunewald, Olivier Dard und/et Uwe Puschner (Hrsg./dir.) : *Confrontations au national-socialisme dans l'Europe francophone et germanophone (1919-1949) / Auseinandersetzungen mit dem Nationalsozialismus im deutsch- und französischsprachigen Europa (1919-1949). Band 5.1: Protestanten und Katholiken aus dem deutschsprachigen Europa*. Bruxelles: Peter Lang (Convergences, vol. 101) 2021.

Michel Vanoosthuyse: *De Kleist à Döblin. Littérature, Histoire, Politique*. Bruxelles: Peter Lang (Convergences, vol. 102) 2021.

Valérie Dubslaff, Jasmin Nicklas, Maude Williams (Dir./Hrsg.) : *Émotions, politique et médias aux xxe et xxie siècles. Perspectives franco-allemandes pour une histoire européenne des émotions / Emotionen, Politik und Medien im 20. und 21. Jahrhundert. Ein deutsch-französischer Blick auf eine europäische Emotionsgeschichte.* Bruxelles: Peter Lang (Convergences, vol. 103) 2022.

Anne-Catherine Schmidt-Trimborn : *La ligue d'Action française (1905-1936). Organisations, lieux et pratiques militantes.* Bruxelles : Peter Lang (Convergences, vol. 104) 2022.

Paul Dirkx (dir.) : *Le nationalisme en littérature (III). Écritures « françaises » et nations européennes dans la tourmente (1940-2000).* Bruxelles : Peter Lang (Convergences, vol. 105) 2022.

Béatrice Fleury and Jacques Walter (Eds.) : *Understanding Publics: Theories, Practices, Transformations.* Bruxelles : Peter Lang (Convergences, vol. 106) 2022.

Michel Grunewald et Olivier Dard (dir./Hrsg.) : *Confrontations au national-socialisme dans l'Europe francophone et germanophone (1919-1949)/ Auseinandersetzungen mit dem Nationalsozialismus im deutsch- und französischsprachigen Europa (1919-1949): Volume 5.2/ Band 5.2 Catholiques et protestants francophones – juifs allemands et français / Französischsprachige Christen, deutsche und französische Juden und der Nationalsozialismus.* Bruxelles : Peter Lang (Convergences, vol. 107) 2022.

Benjamin Pinhas : *Au-delà du Sonderweg: L' historiographie de la République fédérale d'Allemagne entre l' historisme et les sciences sociales (1949-1989).* Bruxelles : Peter Lang (Convergences, vol. 108) 2024.

George Gomes : *António Sardinha (1887-1925), la contre-révolution et l'Alliance péninsulaire: Le penseur et ses héritages.* Bruxelles : Peter Lang (Convergences, vol. 109) 2024.

Cécile Chamayou-Kuhn, Ingrid Lacheny, Romana Weiershausen, Dirk Weissmann (éd./Hrsg.): *Exil, migration et transferts culturels : Perspectives franco-allemandes. Exil, Migration und Kulturtransfer : Deutsch-französische Perspektiven.* Bruxelles : Peter Lang (Convergences, vol. 110) 2024.

Denis Goeldel : *Le souci de l'Allemagne chez Habermas: l' incessante peur d'une "rechute". Culture et politique dans les "Petits Ecrits Politiques" (Kleine Politische Schriften 1957-2012).* Bruxelles : Peter Lang (Convergences, vol. 111) 2024.

Anne Marle : *Ecclésiastiques émigrés dans le Saint-Empire (1769-1806). Récits de voyages.* Bruxelles : Peter Lang (Convergences, vol. 112) 2025.

Michel Grunewald et Olivier Dard (dir./Hrsg.) : *Confrontations au national-socialisme dans l'Europe francophone et germanophone (1919-1949)/ Auseinandersetzungen mit dem Nationalsozialismus im deutsch- und französischsprachigen Europa (1919-1949). Volume 6: Universitaires, Ecrivains, Publicistes/Band 6: Akademische, literarische, publizistische Deutungen.* Bruxelles : Peter Lang (Convergences, vol. 113) 2025.

Stéphane Einrick : *Jean de Bertier (1877-1926). Un aristocrate à la frontière. France, Allemagne, Luxembourg.* Bruxelles : Peter Lang (Convergences, vol. 114) 2025.

www.ingramcontent.com/pod-product-compliance
Lightning Source LLC
Chambersburg PA
CBHW070346100426
42812CB00005B/1446